스타워즈, 반지의 제왕, 듄, 오즈 등 상상의

상상의 세계 구축의
이론과 역사

Building Imaginary Worlds: The Theory and History of Subcreation

마크 J. P. 울프 지음
변문경, 박정연 옮김

스타워즈, 반지의 제왕, 듄, 오즈 등 상상의 세계 구축의 바이블

상상의 세계 구축 : 이론과 역사

Building Imaginary Worlds: the Theory and History of Subcreation

| 원서 | BUILDING IMAGINARY WORLDS, Mark J. P. Wolf, 2012

 Taylor & Francis Group, LLC

| 초판 1쇄 인쇄 | 2024년 8월 7일
| 초판 1쇄 발행 | 2024년 8월 16일
| 기획 | 변문경
| 역자 | 변문경, 박정연
| 책임 편집 | 김현
| 디자인 | 오지윤
| 인 쇄 | 영신사
| 종 이 | 세종페이퍼
| 제작/IP 투자 | ㈜메타유니버스 www.metauniverse.net
| 유 통 | 다빈치 books
| 출판등록일 | 2021년 12월 4일
| 주 소 | 서울특별시 마포구 월드컵북로 375 다빈치 books
| 팩 스 | 0504-393-5042
| 전 화 | 070-4458-2890
| 출판 콘텐츠 및 강연 관련 문의 | storypia23@gmail.com

Building Imaginary Worlds 리뷰

Building Imaginary Worlds

상상의 세계를 구축하는 것은 하나의 학문이며, 그 범위가 백과사전적이고, 이론에 박식하고, 주제에 대한 열정은 전염성이 있다. 이 책은 상상의 세계 구축에 관한 바이블로 기록될 것이다.

— 마리 로르 라이언Marie-Laure Ryan
『이야기 아바타Avatars of Story』의 저자

Wolf는 환상적인 세계로 우리의 주의를 이끈다. 상상의 세계는 우리의 가장 깊은 희망을 표현하며, 단순한 상상의 장소에 국한되어 있지 않다. 우리는 그곳에서 살려고 노력하지만, 이 선택에는 엄청난 사회적 혼란이 깔려 있다.

— 에드워드 카스트로노바Edward Castronova
『합성 세계Synthetic Worlds』의 저자

글로벌 판권

2012년 Routledge에서 최초 발행

711 Third Avenue, 뉴욕, NY 10017에서 영국 동시 출간

2 Park Square, Milton Park, Abingdon, Oxon OX14 4RN

Routledge는 인포마 비즈니스인 테일러 앤 프랜시스 그룹의 날인이다.

출판물 데이터의 의회 도서관 카탈로그

Mark J. P. Wolf

상상의 세계 구축: 하위 창조의 이론과 역사 / 마크 J. P. 울프. p. cm.

참고 문헌 및 색인을 포함한다.

1. 창작(문학, 예술 등)

2. 상상의 사회-저작물

3. 소설-역사 및 비평-이론 등

3. I.제목. PN56.C69W67 2013

801'.92-dc23 2012016677

ISBN: 978-0-415-63119-8(hbk)

ISBN: 978-0-415-63120-4(pbk)

ISBN: 978-0-203-09699-4(ebk)

벰보 조판

작성자: Cenveo 출판사 서비스

상상의 세계 구축

마크 J. P. 울프Mark J. P. Wolf의 상상 세계에 관한 연구는 문학, 만화, 영화, 라디오, 텔레비전, 보드게임, 비디오 게임, 인터넷 등을 포함하는 미디어에서 세계관 구축의 이론을 연구한다.『상상의 세계 구축』은 서사, 매체 또는 장르에 주로 초점을 맞추는 주제에 대한 이전의 접근 방식에서 벗어나 상상의 세계를 그 자체로 역동적인 개체로 여기고 있다. 울프는 초서사적, 초중간적, 초저자적 상상의 세계가 미디어 연구에서 매력적인 탐구 대상이라는 점에 주안점을 두고 다음의 연구를 수행하고 있다.

- 세계 구축이 스토리텔링, 청중의 참여, 세계가 개념화되고 경험되는 방식을 넘어, 어떻게 확장되는지에 대한 이론적 분석
- 호머의 오디세이에 나오는 의 섬에서 현재에 이르기까지 3,000년에 걸쳐 발전한 상상 세계의 역사
- 같은 세계를 배경으로 한 서사가 서로 어떻게 상호작용하고 관련될 수 있는지를 조사하는 서사 간 이론
- 초월적 성장과 적응에 대한 조사, 세계가 매체 사이를 이동할 때 발생하는 일
- 상상 세계의 초 권위적 특성 분석, 저자의 결과 동심원, 정경, 참여 세계, 신성한 창조와 하위 창조의 관계에 대한 관련 주제

마크 J. P. 울프는 현재 콩코디아 대학교 위스콘신Concordia University Wisconsin의 커뮤니케이션학과 교수다. 그는『미스트 앤 리븐: 디니의 세계Myst and Riven: The World of the D'ni』의 저자이자 2권으로 구성된『비디오 게임 백과사전 Encyclopedia of Video Games』의 편집자이며, 버나드 페론Bernard Perron과『비디오 게임 이론 리더The Video Game Theory Reader』1 및 2의 공동 편집자다.

스타워즈, 반지의 제왕, 듄, 오즈 등 상상의 세계 구축의 바이블

이야기 세계관 구축의 이론과 역사

마크 J. P. 울프

헌정

A. M. D. G.

콘텐츠CONTENTS

그림 목록LIST OF FIGURES

감사

이 책은 다른 어떤 학문적 작업보다 오랜 시간 동안 개발됐으며, 다행히 그 시간은 저자에게 매우 유익했다. 이 자료의 일부는 '서브크리에이션' 프레젠테이션을 포함하여 개발 과정에서 수년 동안 다른 저작물과 프레젠테이션한 내용을 정리한 것이다. "상상의 세계와 내재된 세계관"이라는 제목으로 2002년 콩코르디아 대학교 위스콘신의 Cranach Institute 봄 연사 시리즈에 초청받아 발표했으며, Compar(a)ison의 미디어 문화 호 편집자가 요청한 에세이『트랜스미디어 세계의 하위 창조』를 썼다. 2005년 가을호 국제 비교문학 저널, 2010년 세컨드 라이프에서 온라인으로 개최된 가상 세계 교육 우수 사례 콘퍼런스에서 "상상의 세계에 대한 간략한 역사"라는 제목으로 발표한 초청 기조연설, "세계 게슈탈트: 상상의 세계에서의 줄임표, 논리, 외삽법", 2012년 여름호를 위해 'Projections' 편집자가 요청한 논문, 2006년 "트랜스미디어 세계의 하위 창조", 2011년 "상상의 세계 전통에서의 비디오 게임" 등 영화 및 미디어 연구학회(SCMS) 콘퍼런스에서 발표한 두 편의 논문이 있다. 이 에세이와 프레젠테이션의 자료는 해당 책의 연구 자료에서 발췌한 것이며, 이 자료를 책에 소개할 기회를 주신 청중 여러분께도 감사한다.

또한 제안, 질문에 대한 답변, 연구 지원에 대해 앵거스 메뉴게, 더글라스 A. 앤더슨, 크리스찬 힘셸, 토마스 크렌츠케, 리드 퍼킨스-부조, 브라이언 스테이블포드, 크리스틴 R. 존슨, 셀리 카나파, 게일런드 스돈, 나크 헤이스; 원고 검토자 케빈 슈트, 마리로르 라이언, 헨리 로우우드, 그리고 기타 모든 친구, 동료, 학생들이 도움을 주었기에 감사의 말씀을 전한다. 다양한 활용에 대해 허락해주신 에이드리언 레스키, 프랑코 마리아 리치, 마크 베넷과 마크 무어 갤러리, 제임스 L. 딘, 리차드 왓슨, 마이클 O. 라일리 및 알렉산더 K. 듀드니에게 감사의 말씀을 전하고 싶다. 또한 라우틀리지의 매튜 버니와 에리카 웨터의 열정과 격려에도 감사드린다.

　이 책을 집필하는 동안 나를 참아준 아내 다이앤과 아들 마이클, 크리스티안, 프란시스에게도 감사를 드린다. 그리고 언제나 그렇듯이 모든 창조자의 창조주이신 하느님께 감사를 드린다.

소개INTRODUCTION

유토피아가 포함되지 않은 세계 지도는 인류가 항상 지향하는 국가가 빠져 있으므로 훑어볼 가치가 없다.

— 오스카 와일드Oscar Wilde, 『사회주의에서의 인간의 영혼』[1]

또래 대부분의 미국인처럼(책을 접할 수 있는) 나도 어린 시절의 상당 부분을 바움Baum이 쓴 오즈의 나라에서 보냈다. 내 손에 들어온 첫 번째 오즈 책에 대한 기억이 정확하고 촉각적으로 남아 있다. 에메랄드 시티의 1910년 오리지널 에디션이었다. 짙은 파란색 표지의 모양과 촉감, 먼지와 오래된 잉크 냄새가 아직도 생생하게 기억난다. 또한 그 책을 읽고 또 읽는 것을 멈출 수 없었던 것도 기억한다. 하지만 이때 내가 오즈 책을 읽었다고 한다면 그것은 올바른 표현은 아니다. 나는 오즈 세계에 흠뻑 빠져 있었다. 몰입되어 있었다는 표현이 정확할 것이다. 신기할 정도로 나는 수년 동안 오즈에서 살고 있었고, 내가 다양한 모습으로 변신할 수 있었으며, 동시에 다른 가상의 세계를 방문하고 각종 위험한 세계에서 살아남았다. 에메랄드 시티를 통해 내가 독서에 깊이 몰입하였던 것은 중독이라고 설명해야 옳다.

— 고어 비달Gore Vidal, 『오즈 북스The Oz Books』[2]

제 영화는 모두 직접 만들어서 영하하지 않으면 들어갈 수 없는 이상한 세계에 관한 이야기이다. 그게 바로 나에게 영화가 중요한 이유다. 나는 낯선 세계로 들어가는 것을 좋아한다.

— 데이비드 린치David Lynch, 영화 제작자[3]

상상의 세계는 환상적인 영역에서 무한한 가능성을 실현하여 우리에게 대리만족의 경험을 제공해왔다. 새로운 경이로움, 기묘한 공포, 미개척지의 신비한 풍경을 떠올리게 하는 상상의 세계가 가진 매력은 기술이 진화함에 따라 구체적인 영상으로 표현할 수 있었고, 책, 그림, 사진, 영화, 라디오, 텔레비전, 비디오 게임, 웹사이트 및 기타 미디어를 활용하여 세계가 더욱 선명하고 세밀하게 펼쳐지는 포털이 열렸다. 우리는 그 세계에 초대받아 생생한 경험을 기억 속에 간직하는 즐거움에 매료되어 있다.

이러한 상상의 세계는 3,000년에 걸친 역사에도 불구하고 미디어 연구에서 크게 중요하게 다뤄지지 못했다. 상상의 세계는 때때로 그 배경이 되는 특정 스토리나 특정 매체의 관점에서 고려하는 수준이고, 두 경우 모두 세계를 들여다보는 시야가 너무 좁다는 한계가 있다. 종종 어떤 세계가 주목받더라도 그 자체가 연구 대상이 아니라 그 세계를 배경으로 하는 스토리의 배경으로만 간주되는 경우가 흔하다. 동시에 어떤 세계는 특정한 이야기나 인물, 상황보다 묘사나 분석으로 압축하여 설명하기는 어려워 간과하기 쉽다. 말과 이미지, 소리로 이루어진 상상의 세계가 생각보다 더 거대할 수 있기 때문이다.

예를 들어 2012년 여름 기준으로 스타트렉 세계는 500시간이 넘는 텔레비전 프로그램, 11편의 장편 영화, 수백 권의 소설로 구성되었으며, 수십 권에 달하는 비디오 게임, 만화책, 기술 매뉴얼, 연대기, 백과사전 등의 기타 서적도 있다. 또한 개방적이고 계속 성장하는 우주이기 때문에 매년 더 많은 스타트렉 자료가 등장한다. 이 정도 규모의 세계는 더는 추가되지 않는 폐쇄된 세계라도(여전히 각색되고 해석될 수 있지만) 그 전체를 파악하기 어려울 수 있으며, 세계에 대해 충분히 학습하여 전체적인 형태와 디자인을 파악하려면 많은 시간을 투자해야 한다. 이러한 의미에서 상상의 세계는 다양한 미디어 창을 통해 경험되는 거대한 실체가 될 수 있지만, 하나의 창이 모든 것을 보여주지 않는 경우가 많으며, 다양한 창을 결합한 종합적인 시각만이 세계의 모습과 그곳에서 일어난 일을 완전히 파악할 수 있다. 따라서 상상의 세계를 온전히 경험하는 것은 때때로 상당히 어려운 일이 될 수 있다.

연구에 필요한 시간 외에도 상상의 세계를 학문적으로 소홀히 하는 또 다른 이유는 상상의 세계가 다른 미디어 실체와 다른 방식 때문일 수 있다. 먼저 소설, 영화, 텔레비전 프로그램 등 대부분의 서사 미디어 실체의 구성은 일반적으로 그 안에 포함된 서사 라인(또는 대사)에 의해 결정된다. 즉, 어떤 세부 사항과 사건이 등장할지 결정하는 것은 전통적인 스토리텔링에서 가장 중요하게 여기는 스토리 진행의 단계에 따른다. 세계 구축이 이루어지는 작품의 경우, 스토리를 진행하지 않고 세계 구축에 집중한다. 이때 상상 세계의 배경에 세세한 정보와 사실적인 정보를 제공하는 세부 사항과 사건(또는 단순한 언급)이 풍부하게 포함될 수 있다.

때로는 이러한 자료가 부록, 지도, 타임라인, 발명 언어 용어집 등의 형태로 스토리를 제공하는 이외의 공간이나 장소에서 제공되기도 한다. 이러한 추가 정보는 관객의 경험과 몰입도를 높인다. 독자에게 캐릭터, 사건 및 배경에 대한 정보에 더 깊은 의미를 부여하게 되기 때문이다. 이는 독자가 스토리에 대한 몰입도를 높이게 할 수 있다. 하지만 서사에 집중하는 독자는 그러한 부수적인 자료가 과도하고, 불필요한 연결고리라고 생각할 수 있다. 하지만 이야기의 세계관을 고려하는 사람들에게 더 풍부한 경험을 제공하여 향상된 몰입감을 느끼게 한다.

또한 상상의 세계가 기존 미디어와 다른 또 다른 점은 책, 영화, 비디오, 게임, 웹사이트는 물론 사전, 지도, 백과사전 등의 참고 저작물까지 아우르는 초서사 및 초매체적 형태로 제공되는 경우가 더 많아지고 있다는 점이다. 또한 같은 세계를 가지고 다른 작가가 작품을 쓸 수도 있다. 이 경우 스토리가 같은 세계를 배경으로 전개되므로, 상상의 세계 안에서 벌어지는 이차 저작물이 될 수 있다. 여러 미디어에 걸쳐 확장되고 확장되는 세계관을 확인하는 일은 이제 흔한 일이다. 동일한 세계 안에 새로운 스토리, 장소, 캐릭터가 지속적으로 추가되면서 하나의 세계가 브랜드 이름이나 프랜차이즈, 최근에는 유니버스로 불린다. 이런 경우를 봐도 상상의 세계는 개방적이고 현재 진행형이어서 폐쇄적인 세계가 아닌 역동적인 세계로 연구되어야 한다.

마지막으로 상상의 세계는 서사에 상대적으로 덜 의존할 수 있다. 또한 서사에 의존하더라도 그 형태와 조직화를 위해 다른 구조에 의존하는 예도 많다(3장 참조). 상상의 세계는 본질적으로 학제간 연구 대상이기 때문에 학문과 하위 학문 사이의 틈새에 끼어 있거나 적용하는 분석 도구에 따라 어떤 특징을 가장 중점적으로 볼 것인지가 달라지고, 특정 부분만이 활용되어 이야기가 전개될 수도 있다. 그러나 상상의 세계에 관한 연구가 철학, 영화학, 심리학, 비디오 게임학, 경제학, 종교학 등 다양한 분야에서 이루어지고 있고, 이에 관한 연구도 점차 융합되고 있다는 점은 상상의 세계 연구가 미디어학 내에서 독자적인 하위 분야를 구성할 수 있음을 시사한다. 이 책이 그런 방향으로 나아가는 첫걸음이 되기를 기대한다. 상상의 세계를 방문하고 창조하는 것은 앞으로도 보편적이고 대중적인 활동으로 이어질 수 있으므로 이러한 연구 분야가 필요하다.

인간 활동으로서의 세계 구축World-building as a Human Activity

상상의 세계는 방문하는 사람뿐만 아니라 세계를 발명하는 사람들도 동시에 즐길 수 있다. 아주 어린 나이부터 세계 만들기 활동을 하는 경우가 많다. 어린아이들은 소파와 쿠션 같은 집안 집기류로 요새를 짓고, 자신이 구축한 공간에서 상상 놀이를 즐긴다. 나이가 들면서 이러한 놀이는 해적선, 우주 정거장, 레고 도시, 도화지에 그려진 던전과 같은 더 구체적이고 큰 상상이 가능한 공간이 되지만, 물리적인 크기는 압축되어 탁상용 플레이 세트처럼 작아진다. 공간뿐만 아니라 시간도 압축되어 전쟁과 문명의 흥망성쇠가 단 하루 오후에 일어날 수 있다. 그러한 그들의 놀이는 보드게임과 비디오 게임의 가상 세계에서 발견되는 추상화된 버전의 사건일 경우 더욱 압축된다. 성인이 되면 소설, 영화, 텔레비전 등을 통해서 상상의 세계를 즐기는 방식도 변화된다. 결과적으로 상상의 세계에 대한 사람들의 욕구는 시간이 지나도 변하지 않으며, 나이가 들면서 상상의 세계를 구성하고 경험하는 방식만 변할 뿐이다.

　일부 연구자들은 상상의 세계를 구축하는 일은 인간이 본능적으로 타고난 것이며 심지어 인간 진화적 목적에도 부합한다고 주장한다. 노먼 N. 홀랜드Norman Holland는 『문학과 뇌In Literature and the Brain』(2009)에서 심리학자 존 투비John Tooby와 레다 코즈미디즈Leda Cosmides의 연구를 요약하며 그들의 입장을 다섯 가지로 정리했다.

> 1. 상황 '시뮬레이션(행동하지 않고 상상하는 것)'하는 능력은 인간이 생존과 번식을 하는 데 크게 기여했다. 이러한 시뮬레이션 능력은 인간종에서 선천적으로 발생하는데 대뇌 전두엽에 있는 '연상 피질'이 진화하는 효과가 있었다.
> 2. 모든 문화는 가상의 세계를 창조한다. 인간은 이러한 상상의 세계에 본질적으로 흥미를 느낀다.
> 3. 상상의 세계에 반응하면서 우리는 감정 시스템을 활성화하고 행동 시스템을 비활성화한다.
> 4. 인간은 이러한 가상 세계에 참여할 수 있는 특별한 인지 체계를 발전시켰다. 간단히 말해, 우리는 정신 상태와 다른 정신 상태로 어떤 상황으로 가장하거나, 속이거나, 상상할 수 있다.
> 5. 우리는 이러한 가상 세계와 실제 경험을 분리할 수 있다. 다시 말해 우리는 핵심 단어로 그것들을 분리할 수 있다.[4]

　그렇다면 이러한 능력과 활동이 기본적인 초기 목적을 넘어 예술과 오락의 한 형태로 계속 발전하는 것은 가능해 보인다.

　세계 구축은 인생의 아주 이른 시기에 의도적으로 시작될 수 있다. 유아기에 구축되는 상상의 세계는 심리학 분야에서 '파라코즘paracosm'이라고 불릴 만큼 흔한 일이며, 1970년대 후반부터 수많은 논문과 책의 주제가 되어 왔다. Michele Root-Bernstein은 '창의적 영재성 지표로서의 상상 세계 놀이'에서 다음과 같이 말한다.

> 초기 연구에서는 세계 만들기 놀이와 이후의 예술적 노력 사이의 연관성을 탐구했다. 최근 영재를 대상으로 한 연구에서는 과학 및 사회 과학 분야에서 세계 놀이와 성숙한 창의적 성취 사이에 강력한 연관성이 있음을 발견했다. 어린이 30명 중 1명 정도는 남들이 볼 수 없는 혼자만의 비밀스러운 놀이를 통해 세계를 창조할 수 있다. 그런데도 세계 놀이는 지적 조숙성에 관한 초기 연구와 관련이 있다고 밝혀졌다. 조숙함의 개념과 그 본질, 영재성의 육성 가능성에 대한 이해가 높아짐에 따라 창의적 영재성의 지표로 어린 시절의 세계 상상 놀이를 주목할 필요가 있다.[5]

파라코즘은 어린 시절 가상놀이를 통해 자신만의 환상 속 세계를 만드는 경험을 말한다. 변신 로봇에서 우주 전쟁을 상상하거나 목욕하는 욕조에서 거품 놀이를 즐기며 손가락으로 구름 위를 달리는 상상을 하는 등 다양한 자신만의 세계를 창조하는 것을 의미한다. Michele Root-Bernstein은 이러한 상상력이 창의성과 높은 지능을 평가하는 지표로 활용될 수 있으며, 탁월한 창의적 성취를 이룬 사람들은 일반 대학생들보다 유년기에 가상놀이를 했을 확률이 두 배 더 높다고 했다. 실제로 어린 시절 상상의 세계는 나중에 판타지 문학으로 발전하기도 한다. 톨킨 Tolkien은 『반지의 제왕』이 그가 어린 시절부터 상상해 보던 가상 세계였다고 이야기한 바 있다.[1]

---

1) 역자 추가, 그 외에도 Hartley Coleridge(Samuel Taylor Coleridge의 아들), Thomas Penson de Quincey, the Bronte siblings(Emily, Anne, Charlotte, and Patrick), James M. Barrie, Isak Dineson, C. S. Lewis, Austin Tappan Wright, M. A. R. Barker, 그리고 Steph Swainton 등의

이런 초기 상상의 세계는 종종 그들이 커리어를 쌓는 동안 고도화되어 작품이 될 상상 세계의 시초가 되었다. 상상의 세계는 때때로 창작자에게 매우 중요하며, 창작자 자기 삶의 중심이 되기도 한다. 프랑크 바움Frank Baum이 임종을 앞두고 남긴 유언은 "이제 우리는 변화하는 모래를 건널 수 있다"[6]라는 말이었고, 톨킨과 그의 아내 에디스Edith의 묘비에는 두 사람의 이름과 함께 『실마릴리온The Silmarillion』(1977)의 영웅적인 부부인 베렌Beren과 루티엔Luthien의 이름을 새겼다고 전해진다. 또 다른 하위 창작자인 헨리 다거Henry Darger는 1892년에 태어나 1973년에 사망했으며, 톨킨과 마찬가지로 수십 년 동안 상상의 세계를 작업한 인물이다. 그는 평생 상상의 세계에 대한 글을 쓰고 삽화를 그리는 데 몰두했으며, 심지어 자신이 상상의 세계에 등장인물로 등장하기도 했다. 마크 호건캠프Mark Hogancamp는 심한 구타로 인해 뇌 손상을 입고 혼수상태에서 회복하는 동안 치료의 한 형태로 상상의 마을인 마웬콜Marwencol을 만들기 시작했고, 이 마을을 촬영한 사진은 나중에 맨해튼에서 갤러리 쇼와 수상 경력에 빛나는 장편 다큐멘터리인 '마웬콜'(2010)로 이어졌다. 작가가 상상의 세계와 밀접한 관련이 없는 경우에도 상상의 세계는 작가의 작품 내에서 여러 스토리의 배경이 되며 중심적인 위치를 차지하고 있는 경우가 많다.

상상의 세계에 대한 나의 관심은 어린 시절로 거슬러 올라간다. 돌이켜보면 그림, 건축, 영화, 레고 조립, 애니메이션, 어드벤처 게임, 가장 좋아하는 작가인 톨킨의 작품 등 나를 흥미롭게 했던 많은 것들이 모두 상상의 세계와 관련이 있음을 알 수 있다. 1967년에 태어난 나는 1970년대에 탁상용 롤플레잉 게임과 비디오 게임이 인기를 얻고, 특히 '스타워즈Star Wars'(1977년)에서 영화적 특수 효과가 세계 구축을 위해 개발되던 시기에 자랐다. 당시 톨킨의 작품은 판타지 소설, 판타지 아트, 롤플레잉 게임, 어드벤처 장르의 비디오 게임에 이르기까지 막강한 영향력을 행사했다. 가히 문화 전반에 걸쳐 영향을 미치고 있었다. 나는 그림과 글쓰기, 스

작가가 어린 시절에 '파라코즘'을 발명했으며 성인이 되어서도 이를 계속 발전시켜 나갔다고 말했다.

톱 모션 영화 제작, 텍사스 인스트루먼트Texas Instruments의 TI-99/4A 가정용 컴퓨터로 그래픽을 디자인하고, 게임을 프로그래밍하는 등 다양한 창작 활동을 했다. 결국 대학에 진학해 위스콘신대학교 밀워키 캠퍼스 영화과에 입학한 후 서던 캘리포니아대학교로 편입해 영화/텔레비전과(당시 명칭)에 합격했다. 영화 학교에서 프로덕션 분야의 학사 학위를 받는 동안 나는 영화와 미디어 연구에서 분석하는 일이 얼마나 즐거운지 깨달았다. 프로덕션 쪽의 애니메이션학과에서 조교로 일하면서 나는 비평학 분야의 석사 학위를 취득했다. 그 후 박사 학위를 따야겠다고 생각했다. 1995년 봄에 소설을 완성하고, 이후 나는 두 권의 소설(환상 소설, 공상과학소설)을 완성했고 그 소설을 출판할 에이전트와 출판사를 찾게 되었다.

이 모든 내용을 구체적으로 소개하는 이유는 내가 영화를 공부할 때부터 이미 상상의 세계를 만드는 데 관심이 있었고, 다양한 미디어에서 분석하는 것을 즐기면서도 의식적으로 상상의 세계를 인식하고 연구해 왔다는 사실을 전하기 위함이다. 일찍부터 상상의 세계 구축에 대한 나의 관심은 상상의 세계를 바라보고 분석하는 방식에도 큰 영향을 미쳤다. 상상의 세계를 만드는 사람의 관점은 세계의 구조물을 설명하는 데 상당 부분 도움이 되었다. 또한 초기 계획이 있는 상태에서 상상의 세계를 구축하더라도 대부분 세계의 구축은 결국 스토리 안에서 문제 해결을 위한 우연의 일치로 이루어졌다. 돌이켜보니 내가 과거에 했던 몇 가지 활동이 연구적 가치가 있었고, 이것이 앞으로의 연구를 위해서도 좋은 토대가 되었던 것 같다. 이후 나의 연구는 더욱 깊어졌고, 비디오 게임에 관한 연구도 처음에는 상상의 세계로서 게임을 더 잘 이해하기 위해, 그리고 이 책에 필요한 배경 연구의 일부로 수행하게 되었다.

상상의 세계는 학제간 연구Interdisciplinarity 주제이며 다양한 각도에서 접근할 수 있지만, 상상의 세계를 바라보는 창을 인정하고 설명하는 미디어학은 그 자체로 하나의 실체로서 상상의 세계를 살펴볼 수 있는 가장 좋은 기반을 제공하며, 다른 학문과의 융합을 위한 토대를 마련한다. 동시에 문학 이론, 영화 및 텔레비전 연구, 심리학, 수사학, 언어학, 기호학, 인류학, 사회학, 미술사 등 다양한 분야의 관심사, 방법론, 관심사가 융합된 미디어학은 한 세기 이상 거슬러 올라가는 상상의 세계에 관한 연구에 비해 비교적 새로운 학문 분야로 자리 잡고 있다.

상상의 세계 이론을 향해Toward a Theory of Imaginary Worlds

미디어 연구라는 분야가 학계에 존재하기 전에는 조지 맥도널드George MacDonald와 톨킨J. R. R. Tolkien, 도로시 L. 세이어스Dorothy L. Sayers , 루이스C. S. Lewis 같은 작가와 시인들이 상상의 세계를 만드는 것에 대해 논의하고 이론을 정립했다. 그리고 이후 작가들을 위한 세계 구축에 관한 '방법론how-to' 책들, 예를 들어 오슨 스콧 카드Orson Scott Card의 『공상과학과 판타지를 쓰는 방법』(1990)이나 스티븐 L. 길렛의 『세계 구축』(1995)에서도 이 방법론을 논의했다. 항성계와 생명 유지 행성 건설을 위한 작가 가이드(1995). 린 카터Lin Carter의 『상상의 세계: 환상의 예술Imaginary Worlds: The Art of Fantasy』(1973)은 주로 판타지 장르의 소설에 국한되었지만, 상상의 세계를 연구한 최초의 장편 연구 중 하나였다. 톨킨은 특히 상상의 세계에 대해 평생을 고민하고 연구했으며, 사후에 출간된 12권으로 구성된 '중간계 역사Middle-earth series' 시리즈에서 알 수 있듯이 50년 넘게 작업한 자신의 세계를 수정하고 추가하는 등의 활동을 하면서 하위 창작물을 완성하기 위해 노력했다. 이 책의 부제에 사용된 용어는 상상의 세계에 관한 톨킨의 유명한 에세이 '동화 스토리On Fairy-stories'에서 따온 것으로, '하위 창조 subcreation'는 상상의 세계를 만드는 것을 의미하는 톨킨의 단어였으며, 접두사 '하위sub'는 하나님의 무로부터의 인간 세상을 창조하신 것과 다르고, 단지 그것에 의존하는 특정한 종류의 창조를 지칭한다(따라서 '하위'는 '아래'를 의미함).

위에서 언급한 작가들은 주로 시인과 소설가로서 자신만의 세계를 창조하고 이를 이론화하는 작업을 수행했다. 그 결과 작가가 발명한 세계의 한계점, 세계에 대한 관객의 경험에 대해 분석이 이루어졌다. 1960년대 이후에는 가상 세계의 존재론적 지위, 기능의 본질, 실제 세계와의 관계를 고려하는 '가능한 세계possible worlds' 이론과 양상논리modal logic를 사용하여 철학적 관점에서 가상 세계를 연구했다. 이러한 아이디어는 문학 이론을 결합하여 가상의 세계를 연구하는 토대를 마련했다. 가상 세계에 대한 철학적 저술은 주로 언어의 문제를 고려하고 대부분 예를 문학에서 가져왔기 때문에 시청각적 특성을 보인 가상 세계의 경우 제대로 다룰 수 없었다. 따라서 앞으로의 미디어 연구는 그들이 중단했던 부분을 다시 시작해야 한다는 점도 이 책을 통해 밝히고 싶다.

물론 『반지의 제왕』(1954~1955), '스타트렉', '스타워즈', '비디오 게임 세계' 등을 연구하는 학술적 연구도 존재한다. 그러나 대부분의 접근 방식은 기본적으로 매체 중심적(특정 매체와 그 형식을 살펴봄)이거나 서사 중심적(스토리 또는 콘텐츠에 중점을 두는) 접근 방식 또는 이 둘을 조합한 접근 방식을 취하는 경향이 있다. 첫 번째 접근 방식은 세상을 바라보는 창에 초점을 맞추지만, 두 번째 접근 방식은 세상 자체보다는 세상을 배경으로 한 스토리를 살펴봄으로써 조금 더 깊게 접근한다.

그러나 지난 몇 년 동안 미디어 연구의 접근 방식은 연구 대상으로서 세계에 더욱 가까이 다가가고 있다. 예를 들어 '미디어 프랜차이즈'라는 개념은 20세기 초에 등장하여 단일 매체나 스토리 그 이상을 다루었지만, 초기 프랜차이즈에서는 일반적으로 캐릭터를 중심으로 구축된 세계(예: 타잔, 앤디 하디, 엄마와 아빠 주전자, 슈퍼맨 등을 중심으로 구축된 스튜디오 영화 프랜차이즈)를 제작하는 상업적 원동력에 더 관심을 가졌다. 이러한 프랜차이즈 중 일부는 만화책, 연재물, 애니메이션 단편, 라디오 드라마, 장편 영화에 등장하는 등 미디어를 넘나들기 시작했다.

마샤 킨더Marsha Kinder는 프랜차이즈의 개념을 뛰어넘어 그녀의 저서 『영화, 텔레비전, 비디오 게임에서 권력을 가지고 놀기: 머펫 베이비부터 10대 돌연변이 닌자 거북이까지Playing with Power in Movies, Television, and Video Games: From

Muppet Babies to Teenage Mutant Ninja Turtle』(1991)에서 '엔터테인먼트의 슈퍼시스템supersystem of entertainment'이라는 개념을 소개했고, 이 개념은 세계 자체에 초점을 맞추지는 않았지만, 세계가 가지고 있는 트랜스미디어적 성격을 인정하기 시작했다.

> 슈퍼시스템은 허구(TMNT, 스타워즈 캐릭터들, 슈퍼마리오 형제, 심프슨 가족, 뮤펫Muppet, 배트맨Batman, 그리고 딕 트레이시Dick Tracy) 또는 '진짜real'(예: 피위 허먼PeeWee Herman, 엘비스 프레슬리Elvis Presley, 마릴린 먼로Marilyn Monroe, 마돈나Madonna, 마이클 잭슨Michael Jackson, 비틀즈Beatles, 그리고 가장 최근에는 뉴 키즈 온 더 블록New Kids on the Block)의 대중문화 인물 또는 인물 그룹을 중심으로 구축된 상호텍스트성 네트워크다. 슈퍼시스템이 되기 위해서는 네트워크가 이미지 생성의 여러 모드를 거쳐야 한다. 다양한 세대, 계층, 민족적 하위문화에 호소해야 하며, 이들은 차례로 다양한 전략의 대상이 된다. 관련 상품의 확산을 통해 '수집성collectability'을 키워야 한다. 그리고 상품화의 급격한 증가를 경험하게 된다. 그 성공은 반사적으로 시스템의 상업적 성공의 성장 곡선을 극적으로 가속하는 미디어 이벤트가 된다.[7]

프랜차이즈의 개념과 마찬가지로 슈퍼시스템은 주로 상업적 용도로 활용된다. 슈퍼시스템의 중심에 있는 인물이라면 꼭 자신을 중심으로 전체 세계가 구축될 필요는 없다. '여러 가지 이미지 제작 방식'이 가능하기 때문이다. 요즘은 슈퍼시스템에서 문학적인 세계만을 구축하는 것이 아니라, 다른 유형의 상품화를 통해 상업적 성공을 거두는 세계까지를 포함한다. 상위 시스템이라는 개념은 일반적으로 세계가 제공하는 '상호텍스트성의 네트워크'가 필요하며 이러한 현상은 종종 트랜스미디어적 현상으로 나타난다. 그러나 초체계가 모두 세계로 인정되는 것은 아니며, 아마도 다수의 상상 세계는 유형이 가진 기준에 따라 초체계로 여겨지지 않을 것이다.

자넷 머레이Janet H. Murray는 『홀로덱의 햄릿: 사이버공간에서 서사의 미래Hamlet on the Holodeck: The Future of Narrative in Cyberspace』(1997)라는 저서에서 상상의 세계가 새로운 미디어에 의해 어떻게 장려되고 있는지, 그로 인한 사람들의 소비 변화에 주목함으로써 상상 세계의 연구에서 한 걸음 진보했다. 그녀는 '하이퍼리얼 hyperserials'이라고 부르는 비선형적이고 연속적인 스토리를 다음과 같이 설명했다.

> 아마도 새로운 하이퍼리얼 포맷을 향한 첫 번째 단계는 웹 사이트와 같은 디지털 아카이브와 방송 텔레비전 프로그램을 긴밀하게 통합하는 것이다. 현재 텔레비전 프로그램과 관련된 웹 사이트가 단순히 홍보용으로만 사용되는 것과 달리 통합 디지털 아카이브는 일기, 사진 앨범, 전화 메시지뿐만 아니라 출생증명서, 법률 요약서 또는 이혼 서류와 같은 문서를 포함하여 시리즈의 가상 세계에서 나온 가상 유물virtual artifact 등을 보여줄 수 있다. 컴퓨터 안 매력적인 공간에서 보여주는 현실은 또한 현실 세계의 확장인 가상 환경으로 이어지고 있다. 예를 들어 응급실의 에피소드에 등장하는 모든 입원실을 가상 공간으로 구현하여 시청자가 그곳에 접속했을 때 전화 메시지, 환자 파일, 의료 검사 결과 등을 발견할 수 있다. 이 모든 것은 현재 스토리라인을 확장하거나 향후 전개에 대한 힌트를 제공하는 데 사용될 수 있다. 잘 구상된 하이퍼리얼에서는 모든 단역 캐릭터가 각자의 잠재적인 스토리 주인공이 되어 확대된 스토리 웹 내에서 대체 스레드를 제공할 수 있다. 시청자는 계속되는 병치ongoing juxtapositions, 다양한 삶의 교차, 동일한 사건이 다양한 감성과 관점으로 표현되는 것의 즐거움을 느낄 수 있다.[8]

머레이의 예측은 이미 현실이 되었으며, 그녀가 설명한 내용은 관객의 관심이 중심 스토리라인에서 여러 스토리라인이 거미줄처럼 얽혀 있는 스토리가 펼쳐지는 세계로 이동하고 있음을 반영한다는 점에서 중요한 의미가 있다. 이 아이디어는 레프 마노비치Lev Manovich의 개념에서 한 단계 더 발전하여 '데이터베이스 서사database narrative'는 몇 년 후 그의 저서『뉴미디어의 언어The Language of New Media』(2001)에서 논의되었다. 마노비치는 "데이터베이스와 서사Database and Narrative"라는 제목의 섹션에서 다음과 같이 썼다.

> 문화적 형태로서 데이터베이스는 세계를 항목 목록으로 제시하며, 이 목록에 순서를 매기는 것을 거부한다. 어떤 미디어 객체는 구조상 데이터베이스 로직을 명시적으로 따르지만, 다른 객체는 그렇지 않다. 하지만 표면적으로는 거의 모든 미디어 객체는 데이터베이스다. 일반적으로 새로운 미디어에서 작품을 만드는 것은 데이터베이스에 대한 인터페이스를 구축하는 것으로 이해할 수 있다. 인터페이스는 기본 데이터베이스에 대한 액세스를 제공할 뿐이다. 새로운 미디어 객체는 멀티미디어 자료 데이터베이스에 대한 하나 이상의 인터페이스로 구성된다. 인터페이스가 하나만 구성되면 결과는 전통적인 아트 오브젝트를 제공하는 형태와 비슷하지만, 표준화된 것을 제공하기보다는 예외적인 것을 적용하는 때도 많다.
>
> 이 공식은 데이터베이스와 서사 사이의 대척점을 새로운 시각으로 바라보게 하며, 서사의 개념을 재정의한다. 서사의 '사용자user'는 데이터베이스 제작자가 설정한 레코드 간의 링크를 따라 데이터베이스를 탐색한다.[9]

여기시 하나 이상의 인터페이스를 통해 보는 데이터베이스는 다양한 미디어 창을 통해 보는 상상의 세계와 매우 유사하지만, '데이터베이스'는 훨씬 더 광범위하게 정의되며 일관된 세계로 데이터로 정렬할 필요는 없다.

머레이와 마노비치는 멀티미디어 작품의 경우 사용자가 상상의 세계 콘텐츠를 탐색할 수 있는 공간을 생성하는 것이라고 여긴다. 각 작품에는 상상의 세계에 디테일을 더하는 서사(또는 최소한 정보) 요소가 포함되어 있다. 다양한 미디어에 걸쳐 스토리를 배포하는 것은 헨리 젠킨스Henry Jenkins가 그의 저서 『컨버전스 문화올드미디어와 뉴미디어가 충돌하는 곳Convergence Culture: Where Old and New Media Collide』(2006)에서 설명한 '트랜스미디어 스토리텔링'이라는 개념의 근거가 된다.[10] 어떤 의미에서 상상의 세계는 항상 융합하는 문화를 촉진해왔다. 개별세계는 여러 미디어 창을 통해 등장하고 있기 때문이다. 젠킨스는 이야기가 어떻게 한 미디어 창에서 다른 창으로 흘러가고 다른 세계의 서사와 상호 연결되는지 살펴본다.

> 트랜스미디어 스토리는 여러 미디어 플랫폼에 걸쳐 전개되며, 각각의 새로운 텍스트는 스토리 전체에 독특하고 가치 있는 공헌을 한다. 이상적인 형태의 트랜스미디어 스토리텔링에서는 각 미디어가 가장 효율적으로 표현할 수 있는 작업을 수행하므로 스토리가 영화로 소개되거나 텔레비전, 소설, 만화 들을 통해 확장될 수 있다. 또 게임 플레이를 통해 세계를 탐험하거나 놀이공원의 어트랙션을 통해서도 경험할 수 있다. 각 프랜차이즈 항목은 독립적으로 구성되어야 하므로 영화를 보지 않아도 게임을 즐길 수 있으며, 그 반대의 경우도 마찬가지다. 특정 제품은 프랜차이즈 전체로 진입할 수 있는 시작이 되기도 한다.[11]

같은 에세이의 다른 섹션에서 젠킨스는 컬트 영화와 다른 영화와의 차이점에 관해 설명하며 다음과 같이 썼다:

> 움베르토 에코Umberto Eco는 '카사블랑카'(1942)와 같은 영화가 사랑

받는 것 외에 무엇이 컬트적인 유물cult artifact로 변모했는지 묻는다. 첫째, 그는 작품이 '팬들이 캐릭터와 에피소드를 인용할 수 있도록 철저하게 꾸며진 세계completely furnished world'로 다가가야 한다고 주장한다. 둘째, 작품이 백과사전적encyclopedic이어야 하며, 열성적인 소비자들이 탐구하고 연습하고 숙달할 수 있는 풍부한 정보를 담고 있어야 한다.

영화가 웰메이드일 필요는 없다. 단, 소비자가 자신이 상상하는 바를 구성하는 데 사용할 수 있는 리소스를 풍부하게 제공해야 한다. '작품을 컬트 대상으로 바꾸기 위해서는 작품 전체의 원래 관계와 관계없이 일부만 기억할 수 있도록 작품을 깨뜨리고, 전위시키고, 고리를 풀 수 있어야 한다.' 컬트 영화는 일관성이 있을 필요가 없다. 다양한 방향으로 나아갈수록 다양한 커뮤니티를 유지할 수 있고, 다양한 경험을 제공할수록 더 좋다. 그는 컬트 영화는 '하나의 중심 사상이 아니라 여러 가지'로, '단절된 일련의 이미지, 봉우리, 시각적 빙산'으로 경험한다고 말한다.[12]

'철저하게 꾸며진 세계'의 필요성은 세계의 중요성을 강조하며, 백과사전적 성격은 그것을 데이터베이스 서사로 설명하는 또 다른 방법이다. 여기서 인용한 에코의 마지막 요점, 즉 컬트 영화에는 중심 아이디어가 없고 단절된 시리즈에 많은 아이디어가 있다는 점은 단순한 스토리텔링을 넘어 세계 구축의 필요성을 더욱 강조한 것으로 본다. 마지막으로 젠킨스는 스토리에서 세계로의 전환에 대해서도 다음과 같이 언급한다.

아티스트들이 단일 작품이나 단일 매체로는 완전히 탐구하거나 소진할 수 없는 매력적인 환경을 창조하면서 스토리텔링은 점점 더 세계를 구축하는 예술이 되고 있다. 팬들의 추측과 상상력이 다양한 방향으로 세계를 확장하기 때문에 세계는 영화보다 더 크고 프랜차이즈보다 더 크다. 경

험 많은 한 시나리오 작가는 "처음 시작할 때는 좋은 스토리가 없으면 애
초에 영화가 아니었기 때문에 스토리를 중점적으로 구상했다. 나중에 속
편이 나오기 시작하자 좋은 캐릭터가 여러 스토리를 뒷받침할 수 있어서
캐릭터를 중심으로 소개했다. 이제는 하나의 세계가 여러 캐릭터와 여러
스토리를 여러 미디어에 걸쳐 지원할 수 있으므로 세계를 소개한다"라고
말했다. '엑스맨X-Men'(2000) 영화처럼 1편에서 세계를 개발한 후 속편
에서 그 세계를 배경으로 다양한 스토리를 전개하는 예도 있고, '에일리언
Alien'(1979) 영화나 조지 로메로George Romero의 '리빙 데드Living Dead'(1968)
시리즈처럼 새로운 속편이 나올 때마다 세계의 새로운 측면을 소개하여
세계에 거주하는 것보다 세계를 매핑하는 데 더 많은 에너지를 쏟는 프랜
차이즈도 있다.[13]

2007년 말, 젠킨스는 자신의 웹 사이트에 올라온 기사에 다음과 같이 관련 댓글
을 달았다.

　　　대부분 트랜스미디어 스토리는 개별 캐릭터나 특정 플롯이 아니라 여
러 캐릭터와 스토리가 상호 연관된 복잡한 가상 세계를 기반으로 한다. 이
러한 세계 구축 과정은 독자와 작가 모두에게 백과사전적 충격을 불러일
으킨다. 우리는 항상 우리의 이해를 넘어 확장되는 세계에 대해 알 수 있는
것을 습득하고 싶어 한다. 이는 특정 스토리를 이해하는 데 필요한 모든 것
을 알고 극장을 떠날 것을 기대하는 대부분의 고전적 서사에서 발견되는
결말과는 매우 다른 즐거움이다.[14]

서사는 그 서사가 발생하는 세계와 많은 관련이 있고, 일반적으로 세계를 경험
하는 수단이 된다. 하지만 세계의 경험은 단순히 서사를 경험하는 것과는 다르고,

분명히 구별된다는 점을 인식하는 것은 세계가 그 안에 설정된 서사와 어떻게 구별되는지 확인하는 데 중요하다. 데이비드 보드웰David Bordwell은 세계 구축의 인기가 높아지고 있다는 점에 주목하여 다음과 같이 썼다.

> 최근 몇 년 동안 매우 눈에 띄는 것은 '세계 만들기worldmaking'가 퍼져 나가고 있다는 점이다. 점점 더 많은 영화가 액션을 풍부하게 보이기 위해 완벽한 분위기를 조성하려고 고심하고 있다. 소소한 것들이 쌓여 일종의 정보 과부하가 발생하기도 한다. 브랜드 이름과 로고로 완성된 레이어드 세계Layered worlds는 공상과학 영화의 필수 요소를 모두 갖추고 있는데, 이 전략은 다른 장르에까지 적용되고 있다. 1970년대 로케이션 촬영은 할리우드 스타일의 깔끔한 세트가 어색하게 보이도록 만들었다. 그 때문에 영화 제작자들은 지저분하면서도 풍부하게 표현된 세계를 찾았다. '스타워즈'는 대규모 디테일에 대한 마케팅 잠재력을 보여주는 신호탄이었다. 1977년 루카스Lucas는 옷, 은식기, 관습 등 모든 걸 처음부터 다시 만들면서 '다층적인 현실'이 만들어졌다고 말했다. 이제 스토리 이해는 다차원적이다. 초보자도 기본 줄거리를 따라갈 수 있지만, 영화 안팎의 마이크로 데이터를 뒤져보면 더 재미있게 볼 수 있다.[15]

그 밖에도 제스퍼 줄Jesper Juul의 책 『하프-리얼: 비디오 게임, 실제 규칙과 허구의 세계 사이Half-Real: Video Games Between Real Rules and Fictional Worlds』(2005), 에드워드 카스트로노바Edward Castronova의 『합성 세계: 온라인 게임의 비즈니스와 문화Synthetic Worlds: The Business and Culture of Online Games』(2005), 팻 하리긴Pat Harrigan과 노아 워드립-프루인Noah Wardrip-Fruin의 『삼인칭: 방대한 서사의 저작과 탐구Third Person: Authoring and Exploring Vast Narratives』(2009)에 실린 글은 서로 다른 각도에서 다른 목적을 가지고 상상의 세계와 세계 구축에 대해 논

의한다. 이러한 작품과 위에서 언급한 킨더, 머레이, 마노비치, 젠킨스의 작품에서 발견되는 태도와 관련 아이디어에 관한 연구가 미디어 분야에서 활발하게 이루어지고 있다. 비디오 게임 연구와 같은 특정 하위 분야에서는 세계를 단순히 서사가 발생하는 배경으로 인식하는 것이 아니라, 그 자체의 실체로서 사고하도록 장려한다.[16] 그중 한 작가인 마이클 라일리Michael O. Riley는 이미 그의 저서 『오즈와 그 너머: 프랭크 바움의 판타지 세계Oz and Beyond: The Fantasy World of L. Frank Baum』(1997)에서 동일한 접근법을 사용했고, 책의 프롤로그에 다음과 같이 썼다.

바움의 판타지를 오로지 세계의 관점에서만 조사하거나 그의 다른 세계를 전체적으로 조사한 연구는 없다. 오즈는 바움의 대표작품이고, 많은 사람이 기억하고 있어서 『오즈의 마법사』에만 집중하고 이외의 판타지는 크게 강조하지 않고 오즈 시리즈만 다루는 경향이 이 책에도 있다. 바움의 다른 세계도 오즈 이상으로 많은 것을 포함하고 있으며, 오즈 자체도 고정된 창작물이 아니라 시리즈가 출간되는 동안 세계가 발전하고 변화해 왔다. 따라서 오즈를 불활성이고 변하지 않는 상상의 세계로만 생각하면 때로 혼란과 오해를 불러일으킬 수 있다. 나의 접근 방식은 바움의 판타지(장편이든 단편이든)를 각각의 세계로 검토하고, 그의 다른 세계를 탐색하며, 그 세계가 처음부터 바움이 죽을 때까지 어떻게 등장, 변화, 수정 또는 확대되었는지에 대한 맥락을 함께 들여다보는 것이다. 또한 그 세계와 발전 단계별로 바움이 미국에서 지낸 삶의 환경이 그의 경험에 어떤 영향을 미쳤는지도 짚어볼 것이다. 이 연구의 목적상 그의 모든 판타지 작품은 동등한 중요성을 지니며, 비평가들이 줄거리, 등장인물 및 주제의 관점에서 그에게 취약하다고 여기는 일부 스토리에 대한 비판적 평가는 거의 시도하지 않을 것이다.[17]

라일리는 전통적인 문학 비평에서 사용되는 기준은 세계를 비평하는 기준과 다르다고 제안했다. 세계의 구축 분석에 중요한 많은 요소는 일반적인 비평과는 다른 관점에서 구성되어야 하므로 세계를 검토하는 데 새로운 기준이 필요하다는 것이다. 이러한 제안에 동의하며, 이 책에서 라일리와 같은 접근 방식과 맥도널드, 톨킨, 젠킨스 및 다른 작가들의 접근 방식을 결합하여 미디어 연구의 관점에서 상상의 세계를 통합적으로 살펴보고, 그 발전의 역사와 구조는 물론 서사 구성, 매체 간 성장과 적응, 자기 재현성, 저자와 같은 다른 영역까지를 살펴보고자 한다.

고려되는 세계가 클수록 세계 내에서 발생하는 개별 서사나 이러한 서사를 보고 들을 수 있는 다양한 미디어 창이 아닌 세계 자체에 초점을 맞추는 것은 흥미로운 작업이 된다. 특히 문제가 되는 세계가 트랜스 서사 및 트랜스미디어 세계면 더 총체적인 분석 접근 방식을 제공할 수 있다. 하위 세계 또는 이차세계의 경험에 대한 조사는 '스타워즈 프리퀄' 3부작과 같은 영화의 대중적 수용과 비평적 수용 사이의 불일치를 설명하는 데에도 도움이 된다. 비평가들은 비평을 위해 연기, 대화, 캐릭터 개발, 스토리 등 전통적인 범주에 더 관심을 두는 경향이 있지만, 관객들은 전반적인 경험, 특히 그들이 간접경험의 주체로 입장하도록 설계된 세계에 관해 관심을 두는 경우가 더 많다. 앞서 인용한 바 있는 컬트 대상에 대한 에코의 언급에서 알 수 있듯이, 상상의 세계는 특정 스토리라인이나 등장인물보다는 세계 자체의 충만함과 풍요로움에 더 의존하는 추측과 환상의 형태로 청중의 참여를 유도한다. 이는 전통적인 서사 영화나 소설과는 상당히 다른 양상을 띠고 있다. 루이스 케네디 Louis Kennedy가 2003년 보스턴 글로브에 기고한 매트릭스 프랜차이즈 영화 '피스 오브 마인드: 시작, 중간, 끝은 잊어버리세요. 새로운 스토리텔링은 파편화된 상상의 세계에서 길을 찾는 것입니다'에 대한 리뷰에서 다음과 같이 언급했다.

이 영화들은 우리가 평생 영화에 대해 생각해 온 것들, 즉 연극에서 소설에 이르는 오래된 형태의 스토리텔링에 관한 것이 아니다. 캐릭터 개발이나 플롯에 크게 신경 쓰지 않는다. A 지점에서 시작하여 B 지점으로 깔끔하고 명확하게 이동하는 것, 그리고 그 행동을 실행하는 인간의 필요와 욕구를 신빙성 있게 묘사하여 동기를 부여하고 풍성하게 만드는 것에는 신경 쓰지 않는다.

그러나 그들이 가장 중요하게 생각하는 것은 시청자가 다양한 방식으로 들어가 탐험할 수 있는 풍부하고 다면적이며 복잡한 환경인 세계를 창조하는 것이다. '매트릭스' 시리즈의 제작자인 래리Larry와 앤디 워쇼스키 Andy Wachowski에 대해 많은 비판을 할 수 있지만, 그들을 나쁜 스토리텔러로 치부해 버리는 함정에 빠져서는 안 된다. 그들은 스토리텔러가 전혀 아니다. 그들은 세상을 구축하고 만드는 사람이다.[18]

프랜차이즈와 엔터테인먼트 전반이 점점 더 하위문화 세계 구축의 방향으로 나아가고 있다. 공상과학과 판타지는 수십 년 동안 대중 시장의 주요 출판 장르로 자리 잡았으며, 디지털 특수 효과 기술은 영화에서 이 두 장르를 새롭게 변화시켰다. 역대 최고 수익을 올린 영화 중 상당수는 중간계, 호그와트 마법학교, 스타워즈 은하계와 같은 이차세계가 배경이다. 비디오 게임 세계는 소설과 만화는 말할 것도 없고 영화와 텔레비전의 세계와도 치열한 경쟁을 벌이고 있다. 그리고 하위 창작 세계는 종종 이러한 모든 미디어에 동시에 걸쳐 있다.

이 책을 쓰기 위해 나는 수많은 세계의 트랜스미디어적 특성을 반영할 수 있는 더욱 일반화된 언어를 찾아야 했다. '작가'라는 용어는 작가, 영화 제작자, 게임 제작자 등을 포함하며, '청중'은 독자, 시청자, 청취자, 플레이어 등을 포함한다. 책, 사진, 영화, 라디오 연극, 만화, 비디오 게임 등 세계가 등장하는 미디어 개체를 통칭하여 시청자가 읽고, 보고, 듣고, 플레이하는 등 '경험'하는 세계를 배경으로 한 '작품'이다. 따라서 특정 미디어 및 미디어 관련 활동에 국한하지 않고 세계와 그 사용에 대해 일반적인 설명을 말할 수 있다.

　상상의 세계는 여러 가지 방식으로 언급됐으며, 이 책에서도 '하위 창조 세계', '이차세계', '다이제틱 세계', '구성된 세계', '상상의 세계' 등 여러 가지 방식으로 등장한다. 이러한 용어는 때때로 같은 의미로 사용되며, 각 용어는 동일한 현상의 다른 측면을 강조한다. 톨킨의 '하위 창조 세계'라는 용어는 창조와 하위 창조 사이의 철학적·존재론적 구분(하위 창조가 창조에 의존하는 것)을 나타내며, '이차세계'는 우리가 사는 세계인 '일차세계'와의 관계를 나타낸다. '다이제틱 세계'라는 용어는 서사학에서, '구성 세계'는 대중문화에서 유래했으며, '상상 세계'는 아마도 가장 광범위하고 가장 기술적인 전문적 용어는 아니다. 더 구체적인 용어가 필요하지 않은 한 이 책에서는 일반적인 용어로 사용하려고 한다.

　이 책 전반에서 다양한 예시를 들어 미디어의 광범위한 세계를 인정하려고 노력했으며, 동시에 톨킨의 아르다(중간계가 등장하는 세계), 스타워즈와 스타트렉의 세계, 오즈, 미스트, 매트릭스 등 가장 널리 알려진 세계에 대한 많은 예시를 가져왔다. 이러한 세계를 중심으로 연구하는 이유는 가장 친숙하고 접근하기 쉬울 뿐만 아니라 가장 크고 상세하고 발전된 세계 중 하나이며, 따라서 내가 논의하고 싶은 세계와 관련된 내용의 많은 예시가 여기에 들어있기 때문이다.

　이 책은 총 7장으로 구성되어 있으며, 처음 세 장에서 기초를 다진 후 후반 네 장에서 상상 세계의 특정 측면에 대해 깊이 있게 탐구할 수 있다.

　1장에서는 상상의 세계를 정의하고 스토리텔링을 넘어선 세계 구축 방식, 관객의 참여, 세계를 경험하는 방식 등 상상의 세계가 어떻게 작동하는지에 대한 이론적 설명의 토대를 마련한다.

　2장에서는 호머의 『오디세이』에 등장하는 가상의 섬에서부터 현재에 이르기까지 3,000년에 걸쳐 발전해 온 상상의 세계를 살펴보고, 특히 지난 한 세기 동안 상상의 세계가 어떻게 새로운 방향과 용도로 활용되었는지 살펴본다. 또한 시간이 지남에 따라 관습과 비유가 어떻게 변화했는지, 새로운 기술과 이를 경험할 수 있는 새로운 미디어 창에 세계가 어떻게 적응했는지 살펴본다.

3장에서는 작가와 관객이 세계를 하나로 묶는 데 사용하는 다양한 인프라를 살펴보고, 수천 가지 요소 간의 모든 관계와 이러한 구조가 서로 어떻게 연관될 수 있는지를 추적한다. 상상의 세계는 본질적으로 초서사transnarrative, 초매개transmedial, 그리고 본질적으로 초저작transauthorial인 경우가 많다는 점을 이미 언급한 바 있다. 이 책의 나머지 부분에서도 이러한 문제를 다루고 있다.

4장에서는 구조화 장치로서의 서사와 한 세계를 배경으로 하는 여러 서사가 어떻게 상호작용을 하여 서사 이론이라는 결과를 만들어내는지 살펴본다. 서사와 관련하여 소급 연속성, 다중 구절, 상호작용성 같은 다른 아이디어에 대해서도 다룬다.

5장에서는 하위 창조를 주제로 재연성과 하위창조자를 낳는 특정한 상황에 초점을 맞춘다.

6장에서는 트랜스미디어적 성장과 적응이라는 거대한 주제의 표면을 살짝 훑어보고, 트랜스미디어가 세계에 요구하는 사항과 세계가 미디어 간에 이동할 때 발생하는 몇 가지 프로세스를 살펴본다.

7장에서는 상상 세계의 초저작적transauthorial 본질, 그 결과로 인한 저자의 동심원, 규범성, 참여적 세계 및 하위 창조와 창조의 관계 등과 관련 주제를 다루고 있다.

마지막으로 이 책은 용어집과 부록으로 구성되어 있으며, 3,000년에 걸쳐 제작된 1,440개의 상상의 세계를 작가 이름과 처음 공개된 작품과 함께 소개하는 연대표를 제공한다.

상상의 세계는 다양하고 역동적이며 종종 진행되고 있는 프로젝트로, 이 책이 지금보다 몇 배의 분량이 될 수도 있었을 것이다. 하위 창조 연구의 영역에는 아직 할 일이 많이 남아 있으며, 이 책이 상상의 세계에 대한 사고의 틀을 제공할 뿐만 아니라 여행자 스토리의 초기 탐험가들처럼 세계가 어떻게 성장하고 기능하며 우리 세계에 영향을 미치는지 탐구하기 위해 모험을 떠나는 사람들에게 좋은 출발점이 될 수 있기를 바란다.

　　또한 우리 자신의 일차세계는 고도로 매개된 세계가 되어버렸고, 우리가 알고 있는 많은 것들이 직접적인 경험보다는 미디어를 통해 전달되기 때문에 사람들이 이차세계를 어떻게 경험하고 상상하는지에 대한 이해는 우리가 사는 세계에 대해 정신적으로 이미지를 형성하는 방식과 그것을 경험하고 우리 자신의 삶과 교차하는 것을 보는 방식에 대해서도 시사점을 얻을 수 있을 것이다.

1

세계 속의 세계WORLDS WITHIN THE WORLD

우주에서 그 시점을 향해 제 생각의 방향이 바뀌었고, 스타리안Starian 책을 읽고 공부하면서 완전히 몰입한 나는 빛의 속도보다 빠르게 하늘을 가로질러 더는 지상의 어떤 것도 내 생각 속에 없었고, 내가 정말로 태양계의 행성 중 하나의 별에 있다고 믿었다.

— 샤를 이쉬르 데퐁테네Charles Ischir Defontenay, 『별Star』

(카시오페아자리Psi Cassiopeia)[1]

마침내 어느 정도 이미지 작업을 진행하다 보면 내가 그림을 그리고 있는 것이 아니라 실제로 내가 그 계곡 안에 있는 것처럼 느껴진다.

— 앤드류 와이어스Andrew Wyeth, 화가[2]

텍스트, 미디어는 단순히 세계로 연결되는 참조 경로가 아니다. 텍스트를 읽거나 그림을 본다는 것은 이미 그 세계에 있다는 것을 의미한다.

— 토마스 G. 파벨Thomas G. Pavel, 문학 이론가[3]

　　그림, 소설, 영화, 텔레비전 쇼, 비디오 게임에 몰입한다는 것은 새로운 경험, 상상의 세계로 대리 체험하는 것이다. 이는 작품의 작가에게도 그렇지만 작품의 관객에게도 마찬가지다. 이러한 작품이 잘 만들어지면 청중을 매우 능숙하게 끌어들여 의도적인 노력 없이도 그들의 상상력을 자극할 뿐만 아니라 더 즐거운 경험이 될 수 있게 지원한다. 스토리텔링을 통해 청중에게 전달하는 세계가 우리의 현실 세계와 크게 다를 때는 세계 자체의 매력을 느끼고 몰입하려는 시도가 적다. 언어적 묘사, 시각적 디자인, 사운드 디자인, 상호작용을 통해 드러나는 가상 공간 등 그 안에 설정된 모든 서사를 뒷받침하고 관객이 경험하는 동안 끊임없이 존재하는 것은 세계(때때로 이야기 세계storyworld 또는 소화된 세계diegetic world라고도 함)이다. 그리고 그 경험에는 이야기가 포함될 수도 있고, 포함되지 않을 수도 있다. 예를 들어 '리븐Riven'(1997)의 섬을 인터랙티브하게 탐험하거나, '스타트렉: 차세대 기술 매뉴얼Star Trek: The Next Generation Technical Manual'(1991)의 평면도와 기술 사양을 꼼꼼히 살펴보고, 『코덱스 세라피니아누스Codex Seraphinianus』(1981)의 기괴한 이미지와 읽을 수 없는 텍스트를 넘기거나, 이노우에 나오히사Naohisa Inoue의 그림 '이블라드Iblard'를 관조하는 등 세계 자체를 즐길 수도 있다. 관객을 다른 세계로 초대하여 그곳에 잠시 머물게 하는 것은 결국 엔터테인먼트의 본질이며, 그 어원은 라틴어로 '사이among'라는 뜻의 인터inter와 '붙잡다to hold'라는 뜻의 테네레tenére에서 유래한 것이다.

　　성공적으로 역동하는 상상의 세계가 어떻게 작동하는 메커니즘은 그 세계가 어떻게 구성되고 그것을 경험하는 청중의 상상력이 어떻게 불러일으키는지에 따라 달라진다. 스토리와 달리 세계는 서사 구조에 의존할 필요는 없다. 하지만 스토리는 항상 그 스토리가 진행되는 세계에 의존한다면, 세계는 그 안에서 일어나는 스토리 이상으로 확장되며, 독자들은 상상력을 더해서 추측과 탐험을 경험하게 된다. 세계는 익숙한 것과 낯선 것, 소망과 공포, 꿈이 뒤섞일 가능성의 영역이자 우리가 사는 실제 세계의 상황과 조건을 더 잘 인식할 수 있게 해주는 스토리와 다른 존재이다.

가능한 세계에 대한 철학The Philosophy of Possible Worlds

'사물이 지금과 다른 모습일 수도 있다'라는 개념은 형식적 의미론의 문제 해결을 위해 고안된 철학의 한 분야인 가능한 세계 철학의 이면에 있는 개념으로, 가능성, 가상의 대상, 존재론적 지위, 가상 세계와 실제 세계 사이의 관계를 고려한 개념이다. 가능 세계 이론은 세계 계층 구조의 중심에 '실제 세계'를 두고, 그 주변에 실제 세계에 '접근 가능한' 것으로 알려진 '가능 세계'를 배치한다. 이러한 세계는 가능성과 필연성에 관한 명제를 공식화하는 데 사용된다(즉, 어떤 명제가 세계 중 하나에서 발견되면 '가능'하고, 모든 세계에서 발견되면 '필연적'인 것이다). 철학자 중 하나인 데이비드 루이스David Lewis는 모든 가능한 세계는 적어도 그 세상에 거주하는 사람에게는 우리가 사는 세계만큼이나 실재하고 있다는 극단적인 입장을 옹호하기도 했다.[4]

1970년대에는 가능한 세계 의미론, 언어 행위 이론, 세계 버전 인식론의 철학적 아이디어가 문학 연구에 도입되어 가상 세계 분석에 사용되었다.[5] 또한 가상 세계가 특정 종류의 진실을 포함할 수 있다는 개념을 정당화하는 데 도움이 되었다. 이 글에서 나오는 한 가지 아이디어는 상상의 세계가 표현될 수 있다는 사실에 대한 감사이다. 철학자 토마스 G. 파벨Thomas G. Pavel은 사실주의를 "놀랍도록 용감한 프로젝트a remarkably courageous project"라고 부르며 다음과 같이 썼다.

우리는 우리의 세계를 단일하고 일관된 것으로 간주한다. 우리는 또한 그것들이 존재하기에 부적합할 수가 있음에도 불구하고 적합한 존재들의 집합으로 취급한다. 이들이 갖는 일관성과 경제성 자체가 깊이 탐색할 가치조차 없는 경우도 많다. 하지만 우리가 말하는 세계는 실제든 허구든 그 깊은 균열을 깔끔하게 숨기고 있어야 한다. 우리의 언어와 텍스트는 잠깐만이라도 청중을 세계로 이끄는 보이지 않는 미디어로 더욱 고차원적인 난제에 직면하기 전까지 우리는 세계를 이루는 백과사전과 텍스트가 묘사하는 영역을 독자가 탐험하게 만들어야 한다. 이는 우리의 창조적 모험심을 자극하고 어떤 의미에서는 세계에 접근하는 단순한 통로 역할을 하며, 일단 목표에 도달하면 여정에서 발생한 미미한 사건은 잊힐 수 있게 된다.[6]

그 후 수십 년 동안 넬슨 굿맨Nelson Goodman의 『세계 제작의 방식들Ways of Worldmaking』(1978), 토마스 G. 파벨의 『허구적 세계Fictional Worlds』(1986), 루보미르 돌레젤Lubomir Doležel의 『헤테로코미카Heterocosmica: 소설과 가능한 세계 Fiction and Possible Worlds』 등 여러 책에서 가능한 세계 이론을 가상 세계 제작에 직접 적용했다. 마리-로르 라이언Marie-Laure Ryan의 『가능한 세계, 인공 지능, 서사 이론Possible Worlds, Artificial Intelligence, and Narrative Theory』(1991), 『문학과 전자매체의 가상 현실 몰입과 상호작용성에 관한 내러티브Narrative as Virtual Reality Immersion and Interactivity in Literature and Electronic Media』(2001) 등이 있다. 굿맨의 책은 과학, 예술 및 기타 실천의 세계가 어떻게 만들어지고 서로 연관되는지, 그리고 그 속에 담긴 의미와 진실의 가치에 대해 다루며, 주로 마지막 장에서 가상 세계를 다룬다. 파벨의 책은 허구적 세계, 그 철학적 토대, 존재론적 지위와 실제 세계와의 관계로 초점을 좁혀가면서 대부분 더 일반적인 용어로 표현된다. 돌레젤은 더 구체적인 분석과 문학 작품을 예로 들어가며 세계와 문학 이론과의 연관성을 더욱 확고히 한다. 파벨과 마찬가지로 그는 소설의 진리 가치를 부정하거나 현실과 비현실 사이의 고유한 위치를 인정하지 않는 철학적 관념을 거부한다.

허구의 텍스트가 특별한 진리 조건적 지위를 갖는다는 주장은 과학, 저널리즘 또는 일상적인 대화의 이미지 텍스트보다 덜 실제적이라는 것을 의미하지 않는다. 허구 텍스트는 실제 저자(스토리텔러, 작가)가 실제 인간 인어라는 자원을 사용하여 실제 독자를 대상으로 작성한다. 가상의 세계를 만들고, 보존하고, 전달하기 위한 미디어로서의 기능적인 측면에서 이는 가상의 텍스트라고 불린다. 소설은 작가가 상상력의 산물을 수용하는 독자가 영구적으로 이용할 수 있는 현실 세계 내 기능의 저장소다. 역사적·지리적·문화적으로 세계 창조 행위와 아무리 멀리 떨어져 있더라도 독자는 상상의 세계가 보존된 이 거대한 도서관을 방문하고 이용할 수 있는 권리가 있다.[7]

돌레젤은 일인칭 서사 세계와 다인칭 서사 세계의 기능, 그 안에서 일어나는 행동을 형성하는 서사 양식, 텍스트가 기능적 실체를 구현하는 방식을 살펴보면서 가능한 세계 이론을 서사 이론에 통합하는 작업을 더욱 발전시킨다.

라이언의 저서는 서사 이론에 가능한 세계 이론을 적용하는 데서 더 나아가 미디어 연구와 가장 많이 겹치는 부분이 있다. 가상 현실로서의 서사에서 라이언은 하이퍼텍스트와 비디오 게임에서 발견되는 상호작용의 효과와 매개 영역에서 다른 형태의 참여형 상호작용, 심지어 '세계' 은유 자체까지 포함하여 텍스트가 어떻게 세계를 만들고 청중을 몰입시키는지 고려한다. 라이언은 몰입과 상호작용이 문학 텍스트뿐만 아니라 서로 어떻게 관련되어 있는지를 고려하며, 논의 대부분은 텍스트가 설정된 세계와 읽기 과정에서 독자가 텍스트를 재구성하는 것과 관련 있다고 설명한다. 라이언은 또한 다양한 유형의 허구성을 고려하는데, 저서 『가능한 세계, 인공 지능, 서사 이론』의 두 번째 장에서 허구 세계와 실제 세계 사이에 존재할 수 있는 일련의 접근성 관계를 파악하여 대상, 연대기적 호환성, 자연 법칙, 분석적 진실, 언어적 호환성을 어떻게 공유할 수 있는지를 살펴보았다. 공유되는 것과 공유되지 않는 것을 기반으로 장르 목록을 고안하여 이러한 속성 중 일부는 공유하고 다른 속성은 공유하지 않는 세계를 고안 할 수 있는 방법을 설명한다.

가능한 세계의 철학은 필요한 출발점이지만, 실제적인 구체성보다는 추상적이고 상상 세계의 개념적 성격에 더 치우치는 경향이 있으며, 경험과 디자인보다는 지위와 존재 방식에 더 관심을 기울였다(여기서 라이언은 미디어 연구의 관심사와 더 일치하기 때문에 예외이다). 돌레젤에 따르면, 가상 세계는 특정한 종류의 가능한 세계로 논리나 철학의 세계와는 다르며, 필연적으로 불완전하고 거시적 구조가 이질적이며(세계는 여러 영역의 합성물), 텍스트 시(문학이나 다른 매체를 통해 저자가 만든)의 구성물이라고 한다.[8] 넬슨 굿맨에 따르면, 픽션은 글이든 그림이든 연기든, 무無나 허구적 가능 세계에 적용되는 것이 아니라 은유적이기는 하지만 실제 세계에 적용된다. 내가 다른 곳에서 단지 가능한 것, 즉 전혀 인정할 수 없는 것은 실제 세계 안에 있다고 주장했듯이 여기서도 다른 맥락에서 소위 가능한 허구의 세계가 실제 세계 안에 있다고 말할 수 있다.[9]

라이언은 텍스트 세계에 대한 설명에서 가장 명확하게 '세계'의 개념이 '연결된 사물과 개인의 집합, 거주 가능한 환경, 외부 관찰자가 합리적으로 이해할 수 있는 전체성, 구성원들의 활동 영역'을 포함한다고 요약했고,[10] 계속해서 텍스트에서 세계가 출현하는 과정을 설명하고 있다.

> 텍스트를 세계로 은유할 때 텍스트는 언어 외부에 존재하며 창틀 너머로 시공간을 확장하는 무언가에 대한 창으로 이해된다. 텍스트 세계에 관해 이야기한다는 것은 이름, 명확한 설명, 문장, 명제로 구성된 언어의 영역과 언어적 표현을 지시하는 역할을 하는 인물, 사물, 사실, 상황의 참조 역할을 하는 언어 외적 영역을 구분하는 것을 의미한다. 텍스트 세계라는 개념은 독자가 텍스트의 선언을 지침으로 삼아 언어와 무관한 일련의 대상을 상상 속에서 구성하지만, 내면화된 인지 모델, 추론 메커니즘, 실제 경험, 다른 텍스트에서 파생된 지식을 포함한 문화적 지식이 제공하는 정보를 가져와서 이 항상 불완전한 이미지를 더욱 생생한 표현으로 구축한다는 것을 전제로 한다.[11]

라이언은 주로 단어로 이루어진 텍스트를 언급하지만, 이미지와 소리까지 포함하도록 설명을 확대할 수도 있다(상상 세계의 초매개적 특성은 6장에서 논의한다).

가능한 세계의 철학은 허구적 세계에 대한 철학적 토대를 제공하며, 서사 이론에 적용되어 스토리가 일어나는 세계의 역할을 강조하는 데 도움이 되었다. 그러나 대부분의 철학적 저술은 서사 기반 세계에 거의 전적으로 초점을 맞출 뿐만 아니라, 주로 문학에서 예를 들어 언어의 문제를 다루며 시청각 기반 세계와 그 표현에 대한 검토는 훨씬 적다(예를 들어 굿맨은 주로 언어적 표현과 대조되는 그림 표현을 다루고, 라이언같이 더욱 최근 작품만이 비디오 게임과 같은 새로운 미디어를 고려한다). 물론 텍스트는 선형적이고 불연속적인 단위로 구성되어 있어 이미지와 소리에 대한 유사한 분석보다 인용, 해부 및 분석이 더 쉽게 이루어질 수 있으므로 다루기가 더 쉽다. 이미지와 소리는 동시에 많은 양의 정보를 전달할 수 있으며, 둘 다 순수한 언어적 용어로는 적절하게 설명할 수 없다. 이미지와 소리는 참조 및 모방 능력에서 텍스트와 다르며, 청중이나 세계를 구성하는 작가에게 훨씬 다른 경험을 제공하므로 철학적 고민에 실용적 고민이 더해져야 한다. 이를 위해 우리는 세계 만들기의 이론가이자 실천가였던 작가들의 글에서 상상의 세계를 구축하고 방문하는 관점에서 상상의 세계를 고찰해 볼 필요가 있다.

상상력, 창작, 하위 창작Imagination, Creation, and Subcreation

18세기에는 홉스Hobbes, 로크Locke, 흄Hume으로 대표되는 경험 철학이 마음을 정보의 저장고이자 감각으로 기록되는 백지 또는 타불라 라사tabula rasa로 개념화하는 데 지배적인 영향을 미쳤다. 상상은 단지 기억의 기능, 즉 대상이 사라진 후에 떠오르는 쇠퇴하는 감각 데이터의 기억으로 간주하였다. 윌리엄 더프William Duff나 듀걸드 스튜어트Dugald Stewart와 같은 일부 철학자들에게 상상력은 아이디어를 결합하거나 연관시킬 수는 있지만 새로운 것을 만들어낼 수 있는 진정한 창조적 힘으로 여겨지지는 않았다.[12] 윌리엄 워즈워스William Wordsworth나 새뮤얼 테일러 콜리지Samuel Taylor Coleridge 같은 시인들은 적극적이고 창의적인 상상력의 개념으로 이러한 생각에 도전하고 지각하는 첫 순간부터를 표현하기 시작했다.

콜리지는 인간이 하나님의 형상대로 지음을 받은 한 가지 방법으로 능동적인 마음을 보았다.

> 뉴턴은 단순한 유물론자였다. 그의 체계에서 마음은 항상 수동적이며 외부 세계를 게으르게 바라보는 사람이다. 만약 마음이 수동적이지 않다면, 그것이 참으로 하나님의 형상, 그것도 가장 숭고한 의미, 즉 창조주의 형상으로 만들어졌다면, 마음의 수동성에 기초한 모든 체계는 체계로서 거짓일 수밖에 없다는 의심의 근거가 있다.[13]

따라서 콜리지에게 상상력은 신이 우리에게 부여한 고귀한 속성이며, 그 속성을 활발하게 사용하는 것은 우리의 신성한 의무와도 같은 것이다. 그는 1795년 강연에서 다음과 같이 말했다.

> 우리는 육체적 욕구를 충족하는 것에서 행복을 찾도록 만들어지지 않았다. 우리의 정신은 활동 영역을 넓히고 지적 자양분을 얻는 활동으로 바빠야 한다. 창조주가 주신 우리의 능력을 개발하는 것이 우리의 사명이다. 우리는 가장 고귀하고 스스로 만족스러운 기쁨을 결합하여 신의 창조성을 모방해야 한다. 그 과정에서 우리는 진보적이어야 하며 현재 주어진 축복에 만족해서는 안 된다. 그러므로 우리의 전능하신 하나님은 우리가 가진 찬란한 가능성에 대한 묵상을 통해 탁월함에 도달하도록 자극하는 상상력을 우리에게 주셨다.[14]

감각 데이터의 기억이나 재구성이 아닌 가능성에 대한 관조는 전통적으로 생각했던 상상력과는 다른 유형의 상상력을 의미했다. 콜리지는 상상력을 조사하면서 주제와 기능에 따라 이 두 가지 유형의 상상력을 구분하면서 다음과 같이 말했다.

나는 상상력을 일차적 또는 부차적이라고 생각한다. 일차적 상상력은 모든 인간 지각의 살아 있는 힘이자 주체이며, 무한한 내 안의 영원한 창조 행위의 무한한 내적 반복 작용이라고 생각한다. 이차적 상상력은 의식적 의지와 공존하는 그것들의 메아리로 간주하지만, 여전히 그 작용이 일어나는 기관의 종류를 통해 볼 때 일차적 상상력과 같으며, 정도와 작동 방식에서만 차이가 있다. 그것은 재창조하기 위해 용해되고, 확산되고, 소멸되며, 또는 이러한 과정이 불가능하게 된 곳에서도 여전히 이상적으로 발전하며 통일성을 가지려고 고군분투한다. 모든 사물(객체)이 본질적으로 고정되어 있고 죽어 있더라도 그것은 본질적으로 생명을 가지고 있다.[15]

일차적 상상력은 우리가 감각 데이터를 조정하고 해석하여 주변 세계를 이해하는 지각으로 전환할 수 있게 해준다. 이차적 상상력은 우리 주변 세계의 개념과 요소를 '용해, 확산, 소멸'시켜 그들과 함께 새로운 것을 재창조한다. 따라서 일차 상상력의 사용은 대부분 무의식적으로 주변 세계와 그 안에서 우리의 위치를 개념화할 때 일어나는 반면, 이차 상상력의 사용은 습관이나 필요에 의해서가 아니라 창조적인 행위로서 의식적이고 의도적으로 이루어진다.

하지만 이차적 상상력이 제대로 작동하고 온전히 활용되려면 나름의 제한이 필요하다. 이차적 상상력을 최대한 활용하면 도시, 섬, 국가, 행성 등 가상의 세계 전체를 구성할 수 있다. 하지만 이러한 세계가 관객의 흥미를 끌 수 있을 만큼 믿을 만 하려면 무작위로 만들어낸 것들만 뒤섞어서는 절대 안 된다. 스코틀랜드의 작가 조지 맥도널드는 『빛의 공주와 다른 동화들The Light Princess and Other Fairy Tales』(1893)의 서문인 '환상적인 상상력'에서 이차적 상상력이 내부적으로 일관된 세계를 형성하는 데 사용될 때 어떻게 명료한 법칙에 따라 형성되는지 조사하기 시작했다.

자연계에는 법칙이 있으며, 법칙을 활용하는 방식에서나, 표현 방식에서 자연법칙을 침해해서는 안 된다. 그러나 세계 안에서 개연성 있는 다른 법칙을 제안할 수는 있다. 대신 그 법칙의 타당성과 일관성이 존재해야 할 것이다. 인간은 원한다면 자신의 법칙으로 자신의 작은 세계를 발명할 수 있다. 왜냐하면 그 안에 새로운 형태를 소환하는 것이 기쁨일 수 있으며, 오롯한 그의 창조물에 가깝기 때문이다. 그러한 형태의 창조한 세계가 오랜 진리를 토대로 하고 있을수록 다른 사람이 머물 가능성이 커진다. 또한 이 세계 안에서 새로운 생성이 가능하고 구체화도 가능한 세계일 때 우리는 그것을 상상력의 산물이라고 부를 수 있다. 반대로 그것이 아무리 사랑스럽더라도 단순한 발명품일 때 나는 그것을 공상의 결과물이라고 부를 것이다. 어느 경우이든 규칙은 부지런히 작동해 왔다.

일단 창작자에 의해 발명된 세계는 새로운 세계가 존재하기 시작하면서 구성된 법칙들이 적절히 조화되어야 한다는 것이 가장 기본적이며 중요한 법칙이다. 발명가는 창조 과정에서 이러한 법칙을 철저히 지켜야 한다. 그중 하나를 잊어버리는 순간, 그는 그 세계의 가설에 따르지 않는 것이고, 세계에 입장한 사람들이 세계에서 벌어지는 이야기를 믿을 수 없게 만든다. 상상의 세계에서 한순간이라도 살 수 있으려면 그 존재의 법칙이 지켜져야 한다. 그 법칙이 깨지면 우리는 세계 밖으로 나오게 되고 거기서 멀어진다. 다른 사람의 상상력에 일시적으로 동화되는 데 필수인 우리 내적 상상력은 법칙이 사라짐과 동시에 즉시 작동을 중단한다.

사람의 발명품은 때로는 불필요하거나 어리석은 생각의 결과물이거나 때로 필요하고 영리한 발명일 수 있지만, 사람이 법칙을 지키지 않거나 혹은 하나의 법칙과 조화되지 않은 다른 법칙을 만든다면 그는 발명가로서 스스로 모순을 만드는 것이며, 더는 예술가가 아니다. 그는 자신의 악기를 올바른 방식으로 연주하지 않거나 다른 악기의 방식으로 조율하는 어리석음을 범하는 것이다. 법칙을 지키면 제작자는 창조주처럼 일하고, 법을 지키지 않으면 돌무더기를 쌓아놓고 이것이 교회라고 우기는 어리석은 사람이다.

　도덕적 세계에서는 다르다. 그곳에서 사람은 새로운 형태의 외관을 가지고 존재하지 않았던 옷을 입을 수 있으며 이러한 설정을 위해 상상력을 자유롭게 사용할 수 있지만, 부가적인 것을 발명해서는 안 된다. 그는 어떤 목적으로든 그 법칙을 거꾸로 뒤집어서는 안 된다. 그는 살아있는 영혼 간의 관계에 간섭해서도 안 된다. 영의 법칙은 이 세상과 그가 발명할 어떤 세상에서도 똑같이 지켜져야 한다. 모든 것이 주변의 것들을 끌어당기는 대신 밀어내는 세상을 가정하는 것은 범죄가 아니다. 항상 나쁜 일을 하면서 선하다고 하는 사람이나 항상 좋은 일을 하면서 나쁘다고 하는 사람을 나타내는 이야기를 쓰는 것은 결과적으로는 사악할 것이다; 그 개념 자체는 절대적으로 무법적이다. 육체적인 것은 사람이 발명할 수도 있지만, 도덕적인 것은 순종해야 하며, 그 법칙을 발명된 세계로 가져갔을 때 맞아떨어져야 한다.[16]

　가상 세계와 실제 세계의 초기 차이점이 확립되면, 이는 종종 추가적인 발명을 할 때 제한점으로 작용하기 시작한다. 저자가 법칙을 적용할 때 발생하는 모든 결과를 파악하면서, 세계를 구체화하여 정의할 다른 법칙이나 제한점에 대해서 제안하거나 요구받기도 한다(법칙이 세계를 형성하는 기본 논리를 형성하는 방법은 이 장의 뒷부분에서 다룰 주제이다). 맥도널드의 작업은 또 다른 작가에게 영감을 주었는데, 그는 가장 성공적인 이차세계 중 하나를 제작했다. 바로 중간계의 땅이 있는 톨킨의 아르다Arda이다. 맥도널드와 마찬가지로 톨킨도 자신이 하는 세계를 만드는 일에 대해 철저한 이론을 세웠다.

　콜리지와 맥도널드에 이어 톨킨은 그들의 아이디어를 재정의하고 결합하여 상상의 세계를 구축하는 데 적용했다. 1939년 앤드류 랭Andrew Lang 강연에서 톨킨은 1947년 『동화 스토리에 관하여On Fairy stories』라는 제목으로 출간된 후 1964년 개정판으로 재출간한 더욱 발전된 버전에서 작가적 발명에 대해 논의하고 일차적 상상력과 이차적 상상력의 개념을 그들이 언급하는 세계로 확장했다. <u>그는 우리가 사는 물질적이고 주관적인 세계를 일차세계, 작가가 창조한 상상의 세계를 이차세계라고 불렀다.</u> 톨킨의 용어는 '현실'이나 '환상'과 같은 다른 용어에서 발생할 수 있는 철학적 함정을 조심스럽게 피하는 동시에, 이차세계는 일차세계에 의존하고 그 안에 존재하기 때문에 세계 유형 간의 계층적 관계를 나타낸다.

톨킨은 언어학자로서 단어에 항상 주의를 기울였기 때문에 일차세계와 이차세계의 존재론적 차이점을 충분히 인식하고 있었다. 그 때문에 창조물을 언급할 때도 비슷한 구분을 해야 한다는 것을 깨달았다. 콜리지와 마찬가지로 톨킨은 상상력을 인간이 공유하는 신성한 속성으로 보았고, 창의성과 창조 욕구를 인간이 하나님의 형상대로 창조된 주요 방법의 하나로 보았다(이 아이디어는 니콜라이 베르댜예프Nikolai Berdyaev의 『인간의 운명The Destiny of Man』(1931)에서도 찾아볼 수 있는데, 그는 "하나님은 인간을 자신의 형상과 모양대로 창조하셨으며, 즉 인간을 창조자로 만드셨고, 자신의 힘에 형식적인 복종이 아닌 자유로운 자발적인 활동으로 부르셨다"라고 썼다.

'자유로운 창조성은 창조주의 위대한 부르심에 대한 피조물의 응답이다.'[17] 인간은 하나님의 형상대로 창조되었기 때문에 창조하려는 욕구도 있지만, 이차세계를 만드는 창조 활동은 일차세계를 존재하게 하는 데 사용된 하나님의 무God's ex nihilo에서('from nothing') 창조하는 힘과는 그 정도와 종류가 모두 다르다. 따라서 톨킨은 "인간은 신의 창조물에서 발견되는 기존의 개념을 사용하는 데 제한되어 있으며, 그중 많은 부분이 일차세계에는 존재하지 않는 가능성의 영역을 탐구하는 새로운 조합을 발견하는 것"이기 때문에 이차세계를 만드는 것을 '하위 창조subcreation'라고 불렀다.[18] 따라서 '하위창조자'는 매우 의도적으로 상상의 세계를 구축하는 특정 종류의 저자이며, 단순히 스토리의 배경을 제공하는 것 이상의 이유가 있다.

톨킨이 언어와 아이디어는 분리할 수 없다고 보았던 것처럼, '하위 창작'은 명사로서 과정과 결과물을 모두 별개로 분리할 수 없는 성격을 암시한다. 톨킨에게 언어는 형용사와 명사가 분리됨으로써 가능해진 '하위 창조'의 주요 수단이었다.

> 풀에서 초록을, 하늘에서 파랑을, 피에서 빨강을 가져올 수 있을 때, 우리는 이미 일차원에 마법사의 힘을 가지고 있으며, 마음 밖의 세상에서 그 힘을 휘두르고 싶은 욕망이 깨어나게 된다. 그렇다고 해서 그 힘을 어떤 차원에서든 잘 사용해야 하는 것은 아니다. 우리는 사람의 얼굴에 치명적인 녹색을 입혀 공포를 불러일으킬 수도 있고, 희귀하고 끔찍한 푸른 달을 빛나게 할 수도 있으며, 숲에 은빛 잎이 돋아나게 하고 숫양에게 금덩이를 입히거나 차가운 벌레의 배 속에 뜨거운 불을 넣을 수도 있다. 그러나 그러한 '판타지'에서는 새로운 형태가 만들어진다. 그리고 비소로 인간은 하위창조자가 된다.[19]

따라서 하위 창조는 기존 개념의 새로운 조합을 포함하며, 이는 이차세계를 구축할 때 이차세계의 기본값(예: 새로운 동식물, 새로운 언어, 새로운 지리 등)을 대체하거나 재설정하는 발명품이 된다. 이러한 기본값을 더 많이 변경할수록 이차세계는 일차세계와 더 많이 달라지고 구별된다. 따라서 이차세계가 여러 면에서 일차세계와 유사하다는 것이 당연하며 놀라운 일이 아니다. 일차세계는 이차세계를 창조하는 소재의 원천일 뿐만 아니라 이러한 친숙함 때문에 이차세계, 특히 캐릭터와 그 감정에 공감할 수 있다. 따라서 이차세계는 저자가 다르게 정의한 경우를 제외하고 일차세계와 동일한 기본 가정을 갖는다.

톨킨도 맥도널드와 마찬가지로 이차세계가 그곳에 들어온 사람들에게 미치는 영향과 그러한 영향이 어떻게 일어나는지에 관심이 많았다. 톨킨은 관객의 마음 상태와 콜리지의 '기꺼이 불신을 중단하는 것willing suspension of disbelief'과 '시적 믿음poetic faith'에 대한 생각에서 출발하여 불신이 아닌 새로운 형태의 믿음이 필요하다고 제안했다.

> 이러한 마음 상태를 '기꺼이 불신을 중단하는 상태willing suspension of disbelief'라고 한다. 그러나 이것은 실제로 발생하는 일에 대한 좋은 설명은 아닌 것 같다. 실제로 일어나야 하는 일은 스토리 제작자가 성공적인 '하위창조자'임을 증명하는 것이다. 성공적인 하위창조자는 독자의 마음이 입장하고 정신세계가 동화될 수 있는 이차세계를 만든다. 그 안에서 그가 이야기하는 것이 '사실'이라고 받아들이며 그 세계의 법칙에 동조한다. 그러므로 당신은 그 안에 있는 동안 그것을 그대로 믿는다. 불신이 생기는 순간 주문은 깨지고 마법, 아니 오히려 예술은 실패한 것이다. 그러면 독자는 다시 일차세계로 나와서 바깥에서 이차세계를 더욱 객관적으로 바라보게 된다. 이러한 불신은 이차세계 자체를 부정하는 것이라 판타지 창작에서는 중단되어야 한다. 이러한 불신을 중단하고 진짜라고 믿어보는 것은 어떤가![20]

톨킨은 이 필수적인 믿음을 강조하며 이를 '이차적 믿음'이라고 부른다. 이는 단순히 이차세계가 일차세계에 어떻게 존재하는지에 대한 지식의 유예가 아니라 문제의 이차세계와 관련된 추가적인 믿음, 즉 책(또는 다른 미디어)에 나오는 스토리일 뿐이라고 생각하며 무시하지 않고 실제로 존재한다고 여기면서 그 세계가 어떻게 생겼을지 상상하는 것이다. 이차적 믿음은, 이 장의 뒷부분에서 설명하는 주제인 이차세계의 완전성과 일관성에 의존한다.

가장 넓은 의미에서 하위 창작은 아이디어, 개념적 발명품, 상상의 세계뿐만 아니라 자동차, 바이올린, 테레빈유turpentine, 언월도scimitars, 초코칩 쿠키 반죽 아이스크림과 같은 것들은 인간이 발명하기 전에는 일차세계에 존재하지 않았기 때문에 인간이 세상에 만들어낸 물리적 결과물도 포함할 수 있다. 그러나 이 개념은 너무 광범위하여 여기서는 유용하지 않으며, 톨킨은 이 용어를 주로 이차세계의 발전이라고 제한하여 사용했다. 마찬가지로 모든 스토리는 하나의 세계를 배경으로 하지만, 어떤 스토리 세계는 일차세계와 더 비슷하거나 일차세계와 더 통합되어 있지만, 어떤 스토리 세계는 일차세계에서 고립되어 있거나 분리되어 있다. 어떤 세계는 더 디테일하고 발전됐지만, 어떤 세계는 기존 기본 세계의 기본값에 크게 의존하고 최소한의 발명만 하는 예도 있다. 따라서 가상 세계는 하위 창조의 양에 따라 스펙트럼을 배치할 수 있으며, 스토리 세계의 '이차 세계성'은 일차세계와의 연결 강도 정도에 따라 달라진다.

하위 창조의 정도Degrees of Subcreation

가상 세계가 가능한 세계의 하위 집합인 것처럼 이차세계도 가상 세계의 하위 집합이다. 이차세계는 반드시 일차세계와 아주 다르므로 (그리고 어떤 방식으로든 분리되거나 분리되어 있으므로) '이차' 상태를 부여할 수 있다. 따라서 무언가를 이차세계로 규정하기 위해서는 실제적인 장소(즉, 일차세계에 실제로 나타나지 않는 장소)가 필요하지만, 장소가 항상 세계는 아니다. 여기서 사용되는 '세계'라는 용어는 단순히 지리적 개념이 아니라 경험적 개념으로, 고대 독일어에서 유래한 어원 세계가 동물이나 신이 아닌 '인간과 관련된 모든 것'을 의미하는 것처럼 관련 인물들이 경험하는 모든 것, 즉 문화, 자연, 철학적 세계관, 장소, 관습, 사건 등 누군가의 삶을 감싸는 요소들을 의미한다. 이러한 종류의 세계는 문학에 등장하는 '잃어버린 세계'처럼 지리적 고립을 수반하는 경우가 많으며, 섬, 산골짜기, 지하 왕국 등 미지의 세계로 발견하거나 여행하기 어려운 장소가 이에 해당한다. 어떤 세계가 '이차세계'가 되려면 일차세계 어딘가에 존재해도(또는 지구가 포함된 스타트렉 세계관의 경우처럼 일차세계 일부라고 해도) 일차세계와 구분되는 뚜렷한 경계가 있어야 한다.

이차세계는 일반적으로 어떤 방식으로든 일차세계와 연결되어 있지만, 동시에 그 자체로 '세계'가 될 만큼 충분히 분리되어 있어 접근이 어려워야 한다(이차세계가 일차세계와 연결되는 방식은 이 장의 뒷부분에서 살펴본다). 티베트, 투바, 아프리카나 아마존 정글의 깊은 곳, 화산 내부, 해저 등 관객이 들어본 적은 있지만, 접근성이 떨어져 직접 경험해 보지 못한 다른 장소와 같이 이차세계가 멀리 떨어져 있고 진입이 어려워서 더욱 사실적인 세계가 될 수 있다. 접근성 부족은 정보 부족으로 인한 것일 수도 있는데, 예를 들어 워베곤 호수는 역사에 따르면 무능한 측량사들로 인해 지도에 표시되지 않았다.

이차세계와 일차세계를 구분하는 경계의 특성은 이차세계의 위치와 크기에 따라 달라지며, 두 세계 사이를 통과할 수 있는 진입 지점은 매우 제한적인 경우가 많다. 이차세계의 매개변수는 전체 우주에서부터 캐릭터의 세계를 완전히 포함하는 작은 마을이나 마을에 이르기까지 매우 다양하다. 전체 큰 스케일의 끝에서 아래로 내려가면 우리는 우리 자신을 포함하거나 어떻게든 연결된 다중 우주 또는 평행 우주를 발견한다. 여전히 같은 유니버스 안에 있는 전체 은하계(스타워즈 은하계처럼), 지구가 포함된 일련의 행성(듄Dune이나 스타트렉의 세계처럼), 지구 자체이지만 다른 역사나 가상의 시간대가 있는 지구(로버트 E. 하워드Robert E. Howard의 하이보리안 시대Hyborian Age 또는 톨킨의 첫 번째, 두 번째, 세 번째 시대처럼) 등을 발견할 수 있다. 미래의 지구('매트릭스' 시리즈에서처럼), 실제 지구의 가상의 대륙(예: 로버트 E. 하워드의 투리아Thuria, 조지 R. R. 마틴의 웨스테로스Westeros, 오스틴 태판 라이트Austin Tappan Wrigh의 카레인 대륙Karain Continent 등), 실제 대륙을 배경으로 한 가상의 국가(레오 맥캐리Leo McCarey의 프리도니아Freedonia, 멕 캐봇Meg Cabot의 제노비아Genovia, 리아 웨인스타인Lia Wainstein의 드리모니아Drimonia, 새뮤얼 버틀러Samuel Butler의 에레혼Erewhon,

노먼 더글라스Norman Douglas의 크로탈로포보이 랜드Crotalophoboi Land 등) 등이 있다. 마지막으로 가상의 도시, 정착지 또는 마을(에드거 라이스 버로스Edgar Rice Burroughs의 애쉬헤어Ashair, 폴 알페린Paul Alperine의 에리크라우데비그Erikraudebyg, 레르너Lerner와 로웨Loewe의 브리가둔Brigadoon 등). 애쉬헤어는 화산 깊숙한 곳을 배경으로 하고, 에리크라우데비그는 산으로 둘러싸여 있으며, 브리가둔은 가끔만 나타나고 주민들이 떠날 수 없는 것처럼 하나의 도시나 마을이 주변 환경으로부터 매우 외떨어져 있다면 그 자체로 하나의 세계라고 할 수 있다. 예를 들어 스티븐 킹Stephen King의 캐슬 록Castle Rock, 존 업다이크John Updike의 이스트윅Eastwick, 개리슨 케일러Garrison Keillor의 워베곤 호수Lake Wobegon는 지리적으로나, 개념적으로나 일차세계의 도시에 훨씬 더 가깝고, 위에서 언급한 다른 예들보다 훨씬 덜 '이차적'인 도시라고 할 수 있다. 이차세계를 더욱 포괄적으로 정의할 때만 이차세계를 포함할 수 있으며, 그 이유는 작가가 여러 스토리를 설정하고 대부분 실제 마을이나 도시보다 더 많이 개발했기 때문이다.

한 세계의 '이차성'은 한 장소가 일차세계와 얼마나 분리되고 다른지, 그리고 그 허구적 측면이 어느 정도 발전되고 구축되는지에 따라 달라진다(그곳에 얼마나 많은 이야기가 설정되어 있는지, 그 장소가 지도로 그려졌는지, 그 역사가 얼마나 발전했는지 등을 포함). 예를 들어, 레오 톨스토이Leo Tolstoy의『전쟁과 평화 War and Peace』(1869)는 가상의 인물, 사건, 장소(등장인물의 집과 영지 등)가 등장하지만, 주요 액션이 실제 역사적 기간에 러시아의 일차세계를 배경으로 하므로 이차세계가 포함되어 있다고 할 수 없다. 반면에 바움의『오즈의 위대한 마법사 The Wonderful Wizard of Oz』(1900)는 캔자스주에 있는 제일세계에서 시작하고 끝이 나지만, 대부분의 액션은 분명히 제이세계의 일부인 오즈의 땅에서 벌어진다. 그렇다면 '블레이드 러너Blade Runner'(1982)에 묘사된 2019년의 로스앤젤레스는 어떨까? 로스앤젤레스는 일차세계 일부이지만, 영화에서 묘사된 도시는 실제 로스앤젤레스에는 없는 수많은 발명품이 존재하며 일차세계와는 매우 다른 곳이다. '블레이드 러너'의 로스앤젤레스는 오즈만큼이나 건설된 환경이지만, 2019년 (1982년 개봉)의 대체 버전을 배경으로 인조인간, 인공 동물, 하늘을 나는 자동차, 거대한 건물이 존재할 뿐만 아니라 흔하게 볼 수 있는 일차세계 장소를 묘사하고 있다. 이러한 예는 일차세계와 이차세계를 엄격하게 구분하기보다는 '기능'과 '비非기능'이 처음에 보이는 것처럼 상호 배타적이지 않은 것처럼 이들을 연결하는 스펙트럼 같은 것이 존재한다는 것을 보여준다.

이차성은 정도의 문제이기 때문에 일차세계(우리가 알고 있는 일차세계)와 그 기본값에 대한 애착 또는 의존의 스펙트럼을 따라 일차세계와 가장 가까운 이차세계부터 가장 멀리 떨어져 있는(가장 높은 수준의 하위창조물을 포함하는) 이차세계까지 배열하는 게 더 유용할 수 있다. 스펙트럼의 일차세계 끝에는 개인의 실제 삶의 경험을 주제로 삼아 그 개인이 말한 대로 서술하는 비실제적 자서전이 있다. 여기에는 실제 인물과 실제 장소가 관련된 실제 사건이 발생하지만, 아무리 신중한 자서전이라도 기억의 불완전성으로 인해 의식적 또는 무의식적으로 사건의 일부 재구성이 발생하므로 묘사된 세계에는 허구의 요소가 들어간다.[21] 타인의 사건과 경험을 이야기하는 전기 및 역사 다큐멘터리는 더 많은 추측을 혼합에 추가하고, 자신의 자료에 의문을 제기하고 종종 전통적인 다큐멘터리에서 발견되는 진실 주장을 포기하는, 공개적으로 추측에 가까운 다큐멘터리는 여러 버전을 제안할 수도 있다.

한 단계 더 나아가 역사 소설(또는 영화)은 다큐멘터리의 영역을 벗어나 실제 사건, 인물, 장소의 사실적인 버전을 만들어낸다. 예를 들어 톨스토이의 『전쟁과 평화』에서는 나폴레옹이 러시아를 침공하고 모스크바가 불타고 프랑스군이 결국 후퇴하지만, 그보다 작은 규모로 피에르Pierre와 니콜라이Nicolai, 그리고 그들의 영지와 같은 장소가 만들어지고 나폴레옹Napoleon의 행동과 대사도 가상의 인물로 설정된다. 이러한 소설은 적어도 정신적으로는 역사에 충실하려고 노력하지만, 일차세계의 연속성을 최대한 방해하지 않는 방식으로 일부 인물과 장소도 반드시 발명하게 된다. 스펙트럼이 더 아래로 내려갈수록 '역사적historical' 또는 '사실적realistic'이라는 개념은 점점 더 적용되지 않는다. 스토리는 표면적으로 여전히 일차세계가 배경임에도 불구하고 점점 더 일차세계 기본값을 대체하거나 재설정하기 때문이다. 여기서 우리는 '겹쳐진 세계overlaid worlds'라고 부를 수 있는 것들을 발견한다. 예를 들어 스파이더맨(일명 피터 파커Peter Parker)과 관련된 스토리는 스파이더맨과 그가 물리치는 슈퍼 악당들이 실제와 미디어에서 모두 대중의 눈에 띄는 뉴욕시를 배경으로 한다. 이럴 때 영화적 요소는 실제 장소에 오버랩되지만 여기서 이차세계와 일차세계를 분리하지 않는다.

지금까지 언급한 모든 사례에서 스토리 이벤트는 원시 세계의 일부이거나 원시 세계와 밀접한 관련이 있는 장소에서 발생한다. 예를 들어 마가렛 미첼Margaret Mitchell의 『바람과 함께 사라지다Gone with the Wind』(1936)에서 타라는 남북전쟁 시대의 전형적인 남부 농장으로 디자인되어 있다. 타라에 살거나 타라를 방문하는 캐릭터는 실제로 원시 세계를 떠나는 게 아니라 여전히 원시 세계 한가운데에 있는 것이다. 그런데도 가상의 장소는 일차세계와 분리되거나 심지어 분리되도록 설계되어 그사이에 뚜렷한 경계가 존재하도록 할 수 있지만, 이러한 경계 역시 정도의 문제다. 인구가 많고 잘 알려진 지역으로부터 멀리 떨어진 곳으로 설정할수록 외딴곳이고 접근하기 어려워서 일차세계로부터 고립되기 시작하여 별도의 이차세계가 된다. 미지의 섬, 사막 도시, 숨겨진 산악 왕국, 지하 왕국, 그리고 다른 행성들 역시 그곳을 떠나지 않고 우리가 알고 있는 일차세계를 모르는 주민들로 채워져 있는 경우가 많다. 관습, 언어, 문화, 심지어 동식물까지도 제일세계의 것과는 다르며, 거의 완전히 독립적인 존재가 될 수 있다. 그러한 발명의 양이 많은 세계일수록, 그 세계는 일차세계와 비교할 때 이차세계가 된다.

일차세계와의 구분 또는 분리는 시간적으로도 발생할 수 있는데, 과거의 고대(또는 가상의) 시대나 아직 알 수 없는 미래를 배경으로 하는 세계마저도 알려진 원시 세계와 다르게 만들 수 있다(작가인 L. P. 하틀리Hartley가 "과거는 다른 나라이며 그곳에서는 일을 다르게 한다The past is a foreign country: they do things differently there"[22]라고 주장한 데서 암시되듯이). 미래를 배경으로 하는 스토리의 경우, 시간적 거리가 멀수록 일반적으로 더 많은 일차세계 기본값이 변경된다. 따라서 가까운 미래를 배경으로 하는 스토리는 단순히 겹쳐진 세계일 정도로 일차세계와 유사할 수 있지만, 먼 미래를 배경으로 하는 스토리는 일반적으로 지구와는 매우 다르고 이질적인 지구를 묘사한다.

일차세계와 아주 많이 다른 이차세계는 가장 많은 하위 창작물을 포함하고 있으며, 따라서 이 책에서 가장 많이 논의되고 그 초점이 좁혀질 세계 유형이다: 일차세계와 지리적으로 구분되는 이차세계(지구 어딘가에 존재하는 것으로 알려져 있더라도), 스토리의 등장인물이 일차세계에서 왔거나, 돌아오거나, 방문하더라도 주로 이차세계 내에서 행동이 이루어지는 스토리에 사용되는 이차세계 등 이러한 세계는 고립성과 고유성을 지닌 복잡한 실체이다. 그 종류가 매우 다양하고, 때로는 청중에게 간접(대리) 경험을 제공하기 위해 만들어지기도 하며, 스토리와는 별개로 그 자체만으로 흥미롭기도 하다. 따라서 이러한 세계를 살펴보기 전에 먼저 그 세계에서 일어나는 스토리와 어떤 관련이 있고 무엇이 다른지 살펴보는 것은 유용할 것이다.

스토리 vs 세계: 스토리텔링과 세계 구축Story vs. World: Storytelling and World-building

테마파크 디자이너 돈 카슨Don Carson이 설명한 '환경 스토리텔링environmental storytelling'처럼 세계는 종종 그 안에 설정된 스토리를 뒷받침하기 위해 존재하며, 심지어 스토리가 내재하여 있을 수도 있다.[23] 그러나 스토리를 들려준다는 것은 필연적으로 그 스토리가 일어나는 세계에 대해서도 알려주긴 하지만, 스토리텔링과 세계 구축은 서로 다른 과정이며 때로는 충돌이 일어날 수 있다. 신인 작가에게 종종 이야기하는 세계의 기본 규칙 중 하나는 내러티브 경제narrative economy와 관련된 것이다. 그들은 산문 구절prose passage을 줄이고 스토리를 적극적으로 운반하지 않는 모든 것을 제거하라는 지시를 받게 된다. 그러나 세계 구축은 종종 세계에 대한 정보를 제공하는 데이터, 설명, 여담으로 이어지게 되어, 내러티브가 느려지거나 일시적으로 중단되기도 한다. 이렇게 과도한 디테일과 풍부한 묘사는 관객의 경험을 위해서는 중요한 부분이다.[24] 스토리를 적극적으로 운반하지 않는 세계 정보는 여전히 분위기와 분위기를 제공하거나 캐릭터, 장소, 사건에 대한 이미지를 형성하는 데 도움이 될 수 있다. 설득력 있는 스토리와 매력적인 세계관은 매우 다른 것으로, 한 가지가 다른 한 가지를 반드시 요구할 필요는 없다. 예를 들어, 오즈 학자인 마이클 라일리Michael O. Riley는 바움의 작품에 대해 "비평가들이 줄거리, 등장인물, 주제의 관점에서 그의 작품 중 가장 약하다고 평가하는 스토리는 그의 다른 세계의 전개 관점에서 가장 강하다"라고 평가한다.[25] 동시에 일반적으로 우리를 세계로 끌어들여 그곳에 머물게 하는 것은 대체로 스토리이다, 설득력 있는 이야기가 부족하면 누군가를 이차적인 세계 안에 머무르게 하기에 어려울 수 있다.

스토리는 시간, 공간, 인과관계를 포함하므로 모든 스토리는 그것이 일어나는 세계가 내포되어 있다. 세계는 스토리 없이 존재할 수 있지만, 스토리는 세계 없이 존재할 수 없다. 돌레젤의 설명처럼 말이다.

> 허구적 의미론Fictional semantics은 스토리가 내러티브의 정의적 특징이라는 점을 부정하지 않지만, 스토리의 생성이라는 거시적 조건, 즉 스토리는 특정한 종류의 가능한 세계 속에서 발생하고, 제정된다는 점을 표방하고 있다. 내러티브학의 기본 개념은 '스토리'가 아니라 가능한 세계의 유형학typology 내에서 정의되는 '내러티브 세계'다.[26]

그러나 스토리가 한 세계에서 진행되더라도 그 세계의 많은 부분을 보여줄 필요는 없다(보조 세계를 배경으로 하는 스토리는 일반적으로 보조 세계의 고유성과 관련된 이유가 있으며, 주세계에서는 스토리를 설정할 수 없거나 그렇지 않으면 일차

세계에 설정될 것이다). 하나의 세계에는 여러 스토리가 설정될 수 있으며, 특정 스토리에만 의존하여 존재할 필요는 없다. 그러나 스토리와 세계는 일반적으로 함께 작동하여 서로를 풍성하게 하며, 작가가 스토리 구성에 주의를 기울인다면 세계는 스토리에서 다루는 직접적인 사건, 장소, 캐릭터 너머에 존재하는 것처럼 보일 것이다.

따라서 모든 이야기는 어떤 종류의 세계를 배경으로 하고 있지만, 이 책에서 '전통적인' 이야기라고 부르는 것은 일반적으로 이야기를 발전시키는 데 필요한 것 이상으로 세계 구축이 이루어지지 않는 서사 작품들이 대부분이다. 어떤 서사적 자료가 존재하든지 바로 필요한 것 이상으로, 의도적으로 세계를 구축한 서사적(또는 비非서사적)인 작품들을 의미한다.

세계 구축은 종종 주가 되는 활동이 아닌 백그라운드 활동으로 이루어지기 때문에 관객의 경험 전면에 자리 잡은 것은 스토리텔링이다. 그러나 때로는 세계 구축이 스토리텔링을 압도할 수도 있다. 이차세계의 다른 점으로 인해 하위 창조 작품에서는 종종 설명적인 막간, 즉 세계와 주민들에 대한 정보를 제공하고 싶은 마음에 내러티브가 중단되는 지점에서 '백과사전적 충동encyclopedic impulse'이 드러나기도 한다. 풍경, 민족, 관습, 배경 스토리, 철학적 전망에 대한 설명은 일인칭으로 스토리가 진행되는 경우 주인공이 직접 청중에게 전달하거나 주인공과 청중이 함께 경험하고(주인공이 청중의 대역을 맡음), 다른 등장인물이 땅과 민족을 소개하는 설명 구절과 함께 제공된다. 주로 오락용으로 설계된 세계(예: 제임스 카메론James Cameron의 '아바타Avatar'(2009)의 판도라), 풍자적 목적(예: 새뮤얼 버틀러의 에레혼), 과학적 추측을 위한 목적(예: A. K. 듀드니Dewdney의 플래니버스Planiverse), 또는 철학적 성격의 사고 실험(앨런 라이트먼Alan Lightman의 『아인슈타인의 꿈Einstein's Dreams』(1992)) 또는 정치적 또는 사회적 성격의 사고 실험(토머스 모어의 『유토피아』)의 경우, 이차세계의 특성에 관한 설명은 내러티브를 완전히 추월하여 프레임 스토리 또는 세계의 다양한 측면에 대한 설명을 이동하고 결합하는 수단으로 축소시킬 수 있다. 많은 비디오 게임에서 내러티브는 게임 액션의 맥락을 제공하는 수단이 되기도 하는데, 특히 어드벤처 게임과 삼차원 환경의 게임에서는 게임 세계의 탐험과 탐색을 강조하는 경우가 많아 플레이어 경험의 중요한 부분이 된다.

하위 창조 세계는 하나의 메인 스토리라인을 따라 구축할 필요도 없다. 설명적인 막간에 대한 백과사전적으로 이는 충동을 한 단계 더 발전시키면 일련의 단편들이 모여 한 세계와 그 안의 문화와 사건에 대한 총체적인 그림을 형성할 수 있다. 어슐러 K. 르 귄Ursula K. Le Guin은 소설『항상 돌아오는 집Always Coming Home』(1985)에서 주인공이나 중심 스토리 없이 다양한 화자와 짧은 스토리, 우화, 시, 예술 작품, 지도, 차트, 고고학 및 인류학 노트, 간단한 에세이를 통해 계곡에 사는 케쉬족을 묘사한다(스톤 텔링Stone Telling이라는 여성이 주인공에 가장 가깝지만, 그녀의 스토리는 책 일부분에서만 다루고 있다). 루이지 세라피니Luigi Serafini의 『코덱스 세라피니아누스Codex Seraphinianus』는 이름 없는 상상 세계의 동식물, 발명품, 문명을 설명하는 과학 논문처럼 보이도록 디자인된 번역되지 않은 구성 언어로 쓰인 360페이지 분량의 책으로, 문서가 서사를 완전히 대체하는 극단적인 사례도 있다. 읽을 수 없는 텍스트를 통해 각 페이지를 넘길 때마다 묘사된 세계에 대한 경험을 더하면서 독자는 세계를 탐색하고, 추측만 할 수 있다(<그림 1-1> 참조).

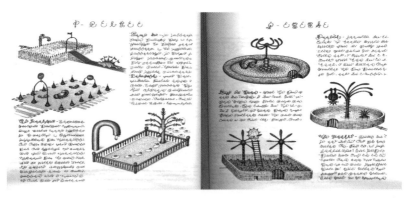

<그림 1-1> 내러티브가 없는 세계 문서의 예: 루이지 세라피니Luigi Serafini가 쓴 수수께끼의 『코덱스 세라피니아누스Codex Seraphinianus』(1981)의 전형적인 페이지(이미지 제공: Luigi Serafini, Codex Seraphinianus, Milano, Franco Maria Ricci, 초판 1981).

앞서 언급한 세계관의 정치적·사회적·철학적 사고 실험은 세계관 하위 창작자가 전통적인 스토리의 작가보다 세계관을 작품에 포함할 수 있는 전략이 더 많다는 것을 보여주는 예시이기도 하다. 전통적인 스토리는 작가가 이데올로기와 세계관을 작품에 통합하는 여러 가지 방법을 제공하는데, 가장 일반적으로 사용되는 방법은 등장인물이 서로 다른 관점을 구현하고 스토리 이벤트를 통해 이러한 관점이 서로 대립하게 만드는 것이다. 예를 들어, 도스토옙스키Dostoyevsky의『카라마조프 형제들The Brothers Karamazov』(1880)에서 드미트리, 이반, 알렉세이 형제는 각각 다른 철학적 관점을 구현하며 갈등을 빚고 스토리의 방향을 결정한다. 행동과 결과가 연결되는 방식은 세계관을 암시하기도 하는데, 범죄자가 범죄의 대가를 치르거나 처벌을 받지 않는지, 사건이 다음 사건으로 이어지는 방식과 등장인물의 행동이 결국 어디로 향하는지 등, 이 모든 것이 결합하면서 세계가 작동하는 방식 또는 작동해야 하는 방식에 대한 특정 관점을 나타낸다. 또한 문체 선택은 작품을 구성하고, 관객에게 특정한 요구를 하기도 하며, 세계관을 암시한다.

윌리엄 포크너William Faulkner의 길고 장황한 문장과 제임스 엘로이James Ellroy의 짧은 스타카토 문장, 미클로슈 얀초Miklos Jancso 영화의 롱테이크와 많은 현대 액션 영화의 빠른 컷을 비교해보면 각각 다른 의미를 담고 있으며, 관객에게 미치는 영향이 달라진다. 대부분 작가에게 전통적인 스토리텔링의 도구는 작품에 담긴 아이디어를 표현하는 데 충분하지만, 일부 작가에게는 세계 구축을 통해서만 가능한 도구와 전략이 필요하다.

세계 건설은 새로운 사물의 하위 창조와 일반적으로 당연하게 여겨지는 현존하는 것과 친숙한 것에 관한 가정의 변화를 불러온다. 표현을 조금만 바꾸어도 세상의 기본 가정이 바뀔 수 있다. SF 작가인 로버트 하인라인Robert Heinlein이 "문이 닫혔다the door closed" 대신 "문이 열렸다the door dilated"라고 표현한 것을 생각해보자.[27] 이 표현은 다른 건축과 기술뿐만 아니라 그러한 문이 가능할 만큼 기술적으로 진보한 사회를 암시한다. 왜 그런 문을 사용해야 하는지는 다른 의문을 제기한다. 왜 여닫이문 대신 확장형 문을 사용해야 할까? 공간을 절약하기 위한 것일까? 그런 문은 손으로 작동하는 대신 자동화되어 있고 전원이 필요할 수도 있는데, 그렇다면 그 문이 생겨난 문화와 사람들에 대해 무엇을 말해주는 것일까? 등등.

발명은 기술로 끝나지 않는다. 하위창조자는 세계관을 구현하기 위해 캐릭터를 사용하는 것 외에도 존재 자체가 특정 사상이나 전망을 암시할 수 있는 새로운 문화, 인종, 종족을 발명할 수 있다. 어슐러 K. 르 귄의 『어둠의 왼손The Left Hand of Darkness』(1969)에서 게텐Gethen족은 남성 또는 여성이 될 수 있는 중성적인 종족으로, 작가는 성차별과 문화적 편견에 대해 새로운 방식으로 접근했다. J. R. R. 톨킨의 엘프Elve는 아르다(세계)가 멸망할 때까지 머물러야 하는 불멸의 종족으로, 인간의 죽음을 부러워하며 『반지의 제왕』의 주요 주제인 죽음과 불멸에 대한 확장된 해설을 가능하게 한다. 새뮤얼 버틀러의 에레혼니언Erewhonians의 문화와 관습은 19세기 영국을 풍자적으로 반영하고 있지만, 유추가 명시적으로 이루어지지 않는다. 특히 관객의 기대를 드러내고 뒤집는 유쾌한 방식으로 일차세계의 기본값을 변경함으로써, 이차세계는 평범한 것에 대한 대안을 탐색하여 낯선 것을 익숙하게 만들 수 있다.

이차세계가 일차세계와 현저하게 다른 경우가 많아서 일부 사람들은 이차세계를 '비현실적'이라고 생각하는데, 이는 대부분 이차세계의 핵심을 놓치는 것이다. 이차세계가 기이하고 환상적인 대안 세계일 수는 있지만, 이차세계를 무조건 '도피주의적'이라고 주장하는 것은(경멸적인 의미로 이 용어를 사용하는 것) 이차세계를 부당하게 취급하는 것이다. 톨킨 자신도 이러한 비난에 대해 다음과 같은 글을 썼다.

　… '도피주의적'이 현재 자주 사용되는 경멸이나 동정의 어조, 즉 문학적 비평 이외의 어조를 받아들이지 않는 것은 분명하다. 오용자들이 실제 생활이라고 부르는 것을 좋아해서 '도피주의적'이라는 말은 분명히 매우 실용적이며 심지어 영웅적일 수도 있다. 현실에서는 실패하지 않는 한 비난하기 어렵고, 비판은 성공할수록 더 나쁜 것처럼 보일 것이다. 분명히

우리는 단어의 오용과 생각의 혼란에 직면하고 있다. 감옥에 갇혀있는 자신을 발견한 사람이 집에 간다고 하면 왜 경멸하는 걸까? 아니면 그렇게 할 수 없을 때 간수와 감옥 벽이 아닌 다른 주제에 대해 생각하고 이야기한다면? 감옥 밖의 세상은 죄수가 볼 수 없다고 해서 덜 현실적인 것이 아니다. 이런 식으로 탈출을 사용할 때 비평가들은 잘못된 단어를 선택했으며, 더군다나 그들은 항상 진지한 실수가 아니라 죄수의 탈출과 탈영병의 탈출을 혼동하고 있다.[28]

이차세계가 배경이 되는 많은 스토리에 억압, 분쟁, 전쟁, 등장인물들의 암울한 시대가 자주 등장한다는 점을 고려하면, 이 세계는 물리적으로 탈출하고 싶거나 살고 싶은 세계가 아니라는 사실이 분명해진다.

세계가 그 배경이 되는 스토리와 어떻게 구별되는지, 그리고 '이차성'이 정도의 문제인지 살펴봤으니 이제 이차세계를 제작하고, 이를 하나로 묶고, 일차세계와 구별하는 데 필요한 세 가지 주요 속성에 대해 살펴보겠다.

발명, 완성도 및 일관성Invention, Completeness, and Consistency

이차세계가 믿을 만하고 흥미롭기 위해서는 높은 수준의 발명, 완성도, 일관성을 갖춰야 한다. 물론 이차세계가 일차세계만큼 완벽할 수는 없으며, 세계가 성장함에 따라 불일치가 발생할 가능성이 점점 커지고, 일차세계와 더는 닮은 점이 없을 정도로 발명의 산물이 될 수 있는 세계는 없다. 그런데도 이 모든 방향으로 노력하지 않으면 하위창조물은 독립된 세계라는 환상을 만드는 데 실패할 것이다. 충분한 발상이 없다면 뱀파이어나 외계인이 추가되거나 새로운 기술이 등장하거나 스토리의 동력이 되는 기이한 사건이 발생하는 등 일차세계 또는 일차세계와 매우 유사한 세계가 등장하지만, 우리 세계와는 다르며 독특하고 차별화된 세계는 등장하지 않는다. 완성도를 위한 시도가 없다면 내러티브를 넘어서는 확장의 시작은 있지만, 독립적인 세계를 제시하기에는 충분하지 않으며, 답할 수 없는 질문이 너무 많이 남아 하나의 세계라는 환상을 무너뜨릴 것이다. 일관성이 없다면 이 질적이고 상반되는 모든 작품, 아이디어, 디자인은 서로 모순될 것이며, 다른 세계에 대한 환상을 함께 만들어내는 데 성공하지 못할 것이다.

동시에 이 세 가지 속성이 각각 커질수록 세계 구축은 더욱 어려워진다. 세계의 완성도가 높아질수록 모든 것이 이해되도록 기존 소재에 새로운 소재를 추가해야 하므로 일관성을 유지하기가 더 어려워진다. 또한 완성도가 높아지면 더 많은 세계가 드러나므로 더 많은 발명이 필요하다. 세계에 더 많은 발명품이 포함될수록 세계의 모든 것을 일관되게 유지하기가 더 어려워지는데, 변경되는 모든 세계의 기본값은 세계의 다른 측면에 영향을 미치고, 이러한 변경은 차례로 더 많은 변경을 야기할 수 있기 때문이다. 마찬가지로 일관성은 세계가 성장함에 따라 가능한 발명품의 종류를 제한한다. 따라서 세계가 형성되고 발전할 때 세 가지 속성을 동시에 고려해야 한다.

발명Invention

발명은 지리, 역사, 언어, 물리학, 생물학, 동물학, 문화, 관습 등과 관련하여 제일세계에 기초한 기본 가정이 변경된 정도라고 정의할 수 있다. 이러한 차이점, 즉 작품 저작물의 지위를 나타내는 명백한 표시는 신빙성을 갖기 위해 신중하게 제시되어야 한다(시청각 미디어의 경우, 설계 및 구성도 마찬가지이다). 신뢰성은 기술적인 구성의 문제일 뿐만 아니라(이 분야의 대표적인 실패 사례로 B급 영화의 형편없는 특수효과를 들 수 있다), 단순히 공상적이거나 무작위적인 게 아니라 현실적이고 실용적으로 보이도록 일정한 논리를 통합해야 하는 디자인의 문제이기도 하다. 일반적으로 다른 장르에 비해 발명품이 많이 등장하는 판타지나 공상과학 영화 같은 장르에서는 믿을 수 있는 디자인이 특히 중요하다. 톨킨은 이러한 필요성을 인식하고 다음과 같이 썼다.

　　물론 판타지는 낯섦을 포착한다는 장점에서 출발한다. 하지만 그 장점이 오히려 역으로 작용하여 불명예를 안게 되었다. 많은 사람이 '체포'되는 것을 싫어한다. 그들은 원시 세계에 간섭하는 것, 또는 그들에게 익숙한 원시 세계를 조금이라도 엿보는 것을 싫어한다. 따라서 그들은 어리석고 심지어 악의적으로 판타지를 예술이 없는 꿈과 혼동하고, 통제조차 없는 정신 장애, 즉 망상 및 환각과 혼동한다. 판타지에는 본질적인 단점이 있다. 달성하기 어렵다는 것이다. 제가 생각하기에 판타지는 덜 창조적인 것이 아니라 더 창조적일 수도 있지만, 어쨌든 '현실의 내적 일관성'은 이미지와 일차 자료의 재배치가 일차세계의 실제 배열과 다를수록 제작하기가 더 어렵다는 것을 실제로 발견할 수 있다. 이런 종류의 '현실'은 좀 더 '냉정한' 소재로 제작하기가 더 쉽다. 따라서 판타지는 너무 자주 개발되지 않은 채로 남아 있으며, 경솔하게 사용되거나 반만 진지하게 사용되거나 장식용으로만 사용됐으며 '공상적인' 상태로 남아 있다. 인간 언어의 환상적인 장치를 물려받은 사람이라면 누구나 녹색 태양을 말할 수 있다. 그러면 많은 사람이 그것을 상상하거나 그릴 수 있다. 하지만 그것만으로는 충분하지 않다. 이미 문학적 찬사를 받는 많은 '썸네일 스케치'나 '삶의 기록'보다 더 강력한 힘을 발휘할 수 있다.

　　녹색 태양이 믿을 만하고 이차적 믿음을 지휘하는 이차세계를 만들려면 아마도 노동과 사색이 필요하며, 일종의 엘프 공예와 같은 특별한 기술이 필요할 것이다. 그런 어려운 일을 시도하는 사람은 거의 없다. 그러나 이러한 시도가 어느 정도 성취된다면, 우리는 예술의 희귀한 업적, 즉 서사 예술, 일차적이고 가장 강력한 모드의 스토리 만들기를 얻게 될 것이다.[29]

　무언가를 발명하는 정도와 깊이는 하위창조자의 기술과 작품의 필요에 따라 달라진다. 어떤 스토리가 존재하든 발명은 필연적으로 중요한 역할을 할 수밖에 없으며, 그렇지 않다면 발명이 필요 없고, 스토리는 단순히 원시 세계를 배경으로 할 수 있다. 세계가 그 자체로 존재하고 스토리가 단순한 구조화 장치로 추가되더라도, 기본 세계의 기본값을 변경하는 아이디어에 따라 기본 세계의 변경 정도가 결정된다.

일차세계 기본 변경(발명이 일어나는 곳)은 네 가지 영역으로 나눌 수 있으며, 각 영역은 서로 다른 수준에서 세계 디자인에 영향을 미친다. 첫 번째는 기존 사물에 새로운 이름을 부여하는 명목 영역의 변경이다. 이 경우 새로운 언어가 발명될 수는 있지만, 세계 기본값은 거의 변경되지 않는다. 언어에는 고유한 문화적 세계관이 내재하여 있으므로 새로운 이름은 익숙한 사물의 다른 측면에 주의를 환기하거나 새로운 개념을 정의할 수도 있다(하위 제작자가 사용할 수 있는 또 다른 도구). 거의 모든 세계에 새로운 이름이 등장하지만, 새로운 언어는 일반적으로 새로운 문화를 의미하기 때문에 일반적으로 이름만 바뀌는 것이 아니다.

가장 많은 변화를 발견할 수 있는 것은 다음 단계인 문화적 영역으로, 인간(또는 다른 생물)이 만든 모든 것으로 구성되며 새로운 사물, 유물, 기술, 관습, 제도, 아이디어 등이 등장한다. 이 외에도 작가는 새로운 국가와 문화, 새로운 제도와 질서(예: 제다이Jedi, 베네 게세리트Bene Gesserit, 아사 신족Aes Sedai), 심지어 톨킨의 '마톰mathom'이나 필립 K. 딕의 '키플'과 같은 새로운 개념을 발명했다.[30] 허구적 문화를 사용하는 작가는 기존 문화에 대해 대조적으로 논평할 수 있고, 기존 문화를 사용하는 데 따르는 제한과 의미 없이 가상의 상황을 만들 수 있다. 동시에 가상의 문화는 종종 실제 문화를 모델로 삼아 관객이 친숙하게 느낄 수 있는 다양한 특성을 조합하여 새로운 구성으로 만들어지기도 하며, 일부는 고정관념과 관객의 기대를 흥미로운 방식으로 가지고 놀기도 한다(앞서 언급한 르 귄의 『어둠의 왼손』에 등장하는 중성적인 게헨Gethen이나 C. I. 데퐁테네의 『별』(1854)에 등장하는 자웅동체인 타슐리안Tassulians처럼). 게헨족과 타슐리안족과 같은 문화는 새로운 종의 존재에 의존하며, 이는 문화와 자연의 경계에 우리를 데려다준다.

세 번째 레벨은 자연 영역으로, 새로운 땅덩어리(또는 지하 지역과 같은 다른 장소)뿐만 아니라 새로운 종류의 식물과 동물, 새로운 종과 종족의 생물을 포함한다. 『반지의 제왕』의 호빗이나 『듄』의 모래벌레처럼 이러한 생물의 독특한 측면은 세계와 스토리에서 중요한 역할을 하는 경우가 많다. 이 분야의 발명은 때때로 개별 동식물종을 넘어 여러 동식물을 통합하는 전체 생태계로 확장되기도 한다(영화 '아바타'에서처럼). 이 수준은 문화적인 것보다 더 깊어서 자연 영역의 발명은 관습에 의존하거나(예를 들어, 유니콘, 용, 그리핀 등과 같은 잘 알려진 가상 동물), 어느 정도의 사실성을 원한다면 생물학 및 동물학과 관련된 그럴듯한 설명을 포함해야 한다(그렇지 않을 수도 있지만). 자연 영역에서의 발명은 작게는 새로운 동식물을 제안하고, 크게는 래리 니븐Larry Niven의 『링월드Ringworld』 시리즈나 테리 프래쳇Terry Pratchett의 『디스크월드Discworld』 시리즈처럼 각각 고리와 원반 모양의 행성을 가진 새로운 행성 형태를 제안할 수 있다.

가장 깊은 수준은 존재론적 영역 자체로, 세계를 구성하는 물성과 물리, 공간, 시간 등의 법칙, 즉 세계 존재의 파라미터를 결정한다. 예를 들어, 에드윈 A. 애보트Edwin A. Abbott의 『플랫랜드』(1884)와 A. K. 듀드니Dewdney의 『플래니버스Planiverse』(1984)의 세계는 모두 우리와 매우 다른 이차원 우주를 배경으로 하며, 두 책 모두 앞서 설명한 백과사전적 충격으로 지배되며 내러티브는 세계를 설명하는 수단으로만 활용된다. 앨런 라이트맨Alan Lightman의 『아인슈타인의 꿈』도 시간과 공간이 다르게 작동하는 우주의 비네팅이 등장하며, 각 우주에 철학적인 영향을 미친다. 빛보다 빠른 여행, 다른 차원, 시간 여행, 성간 여행에 사용되는 웜홀 등 공상과학소설의 여러 관습은 일반적으로 현재 이해되는 것과 다른 물리 법칙을 의미하지만, 이러한 차이의 결과는 일반적으로 세계를 설계할 때 수행되지 않는다. 『플래니버스』에서와 같이 이런 일이 발생하는 몇 안 되는 경우, 세계가 중심이 되고, 내러티브는 세계 탐험(및 설명)을 진행하기 위한 프레임 스토리에 지나지 않는다. 따라서 이 정도 깊이로 서브컬처를 다루는 책은 상대적으로 드물다.

이 네 가지 수준 중 첫 번째와 두 번째는 인간(또는 다른 생물)이 쉽게 바꿀 수 있

는 것들을 포함하며, 마지막 두 가지는 일반적으로 형성하거나 통제하기가 훨씬
더 어렵다.[31] 문화와 자연을 포함하는 두 번째와 세 번째 수준은 익숙한 기본 세계
기본 설정과 새롭게 하위 창조된 기본 설정 사이의 균형을 가장 잘 맞췄다. 이는 이
차적 신념에도 가장 적합한 조합인 것 같다. 세계에서 발생하는 모든 발명품은 어
떤 식으로든 일차세계와 유사성을 유지해야만 이해할 수 있다(물론 스토리 속 과
학자들이 소통할 방법을 찾지 못했지만, 지능적이라는 것을 알고 있는 스타니스
와프 렘Stanisław Lem의 『솔라리스Solaris』(1961)에 나오는 지각 있는 바다처럼 이
해할 수 없는 것이 전체 요점인 경우는 예외다).

　유용한 것으로 입증되거나 내러티브의 문제를 해결하는 사물과 아이디어는 여
러 세계관에 등장할 수 있으며, 심지어 일반적인 관습이 될 수도 있다. 빛보다 빠른
우주선, 레이저 총, 마법의 검, 주문, 웜홀, 체인질링, 반중력 기술, 엘프, 용, 클론,
역장, 지각 있는 로봇, 그리고 기타 공상과학과 판타지의 비유는 모두 처음 등장했
던 세계를 초월하여 새로운 세계에 등장할 때 설명이나 정당화가 거의 필요 없는
친숙하고 수용 가능한 관습이 되었으며, 작품이 적절한 장르인 경우에만 등장할
수 있다. (하지만 진부한 표현이 될 정도로 남용되는 예도 있는데, 판타지 장르의
경우 다이애나 윈 존스Diana Wynne Jones의 책 『환상 나라의 터프 가이드The Tough
Guide to Fantasyland』(1996)에 잘 정리되어 있다).

　그러나 발명이 내러티브와 관객의 경험에 해가 될 수 있으므로 일반적으로 발
명이 일어나지 않는 특정 영역이 있다. 어떤 세계가 진지하게 받아들여지려면 관
객이 원시 세계의 비슷한 상황과 비교하면서 그 세계와 주민들에게 공감할 수 있
어야 한다. 따라서 목성 대기에 사는 아메바나 가스주머니처럼 인간이 아닌 캐릭
터가 등장하는 스토리는 거의 찾아보기 힘들며, 등장하더라도 그들의 경험을 공
감할 수 있도록 의인화할 수밖에 없다(리처드 애덤스Richard Adams의 『워터십 다
운Watership Down』(1972)에 등장하는 토끼의 삶처럼). 세계는 또한 어떤 형태의
인과관계, 선과 악의 개념, 감정적 사실주의를 유지해야 한다. 인과관계가 없으면

내러티브가 사라진다. 인과관계에 의해 사건이 연결되는 방식은 크게 달라질 수 있지만, 행동이 예측 가능한 결과를 가져오고, 사건이 내러티브 형식으로 일관성을 가지려면 인과관계가 존재해야 한다. 마찬가지로 문화마다 선과 악에 대한 정의는 다를 수 있지만, 개념 자체는 모든 인류 문화에 존재하는 것처럼 반드시 존재해야 한다. 개념이 없다면 무법천지가 될 뿐만 아니라 등장인물이 무슨 일을 했는지, 무슨 일이 일어났는지는 중요하지 않기 때문에 모든 내러티브가 무의미해질 것이다(앞서 언급한 맥도널드의 인용문에서 논의한 바와 같이). 마지막으로, 감정적 사실주의는 캐릭터 식별을 위해 필요하다. 감정은 다르게 표현되거나 심지어 억압될 수도 있지만('스타트렉'의 벌컨처럼), 캐릭터의 상호작용에는 반드시 존재해야 한다. 감정적 사실성이 부족하면 감정이입이 어려워져 세계 캐릭터와의 동일시가 심도 있게 제한되거나 심지어 제거될 수도 있다.

청중의 관심을 유지하기 위해서 발명된 세계는 청중의 지식을 고려하고, 세계의 신뢰성을 방해할 수 있는 비현실성을 피하려고 노력하며 구성되어야 한다. 관객이 어떤 것이 진짜가 아니라는 것을 알고 있더라도, 제안된 발명품이 청중이 일차세계에 대해 알고 있는 것(혹은 모르는)에 들어맞으면 이차세계에 대한 믿음이 더 쉽게 형성된다. 다른 행성을 배경으로 한 스토리는 다른 행성에 어떤 생명체가 있을지 모르기 때문에 알려진 사실과 모순되는 지점이 없다. 마찬가지로 남태평양의 모든 섬을 다 안다고 주장하는 사람도 거의 없으므로 남태평양에 가상의 섬이 있다는 것도 합리적으로 받아들일 수 있다. 그러나 청중이 이미 알고 있는 것과 상충하는 발명된 세계는 쉽게 받아들이기 어렵다. 예를 들어, 가상의 미국 주州는 50개 주를 알고 있는 미국 청중이 그렇지 않은 외국인 청중보다 이차세계에 대한 믿음을 갖는 것이 더 어려울 수 있다. 마찬가지로 가상의 아프리카 국가를 가상의 북미 국가보다 청중이 받아들이기 쉬울 수 있는데, 이는 단순히 아프리카 국가가 더 많고 모든 국가의 이름을 아는 사람이 적기 때문이다.[32] 조너선 스위프트 Jonathan Swift는 1726년 거인국Brobdingnag이 캘리포니아 해안에서 떨어진 반도에 있다고 주장했는데, 이는 그의 청중이 유럽인이었고, 아직 탐험 중인 바다 건너의 땅에 대해 잘 알지 못했기 때문이다(물론 풍자를 쓰고 있었기 때문이기도 하다).

발명이 우리가 이미 알고 있는 것과 노골적으로 모순되는 경우, 그것은 가벼운 방식으로만 작동할 수 있다. 브로드웨이 뮤지컬 '피니안의 무지개Finian's Rainbow'(1947)의 미시시피주와 리사 휠러Lisa Wheeler의 동화책『눈사태 애니』에 나오는 미시소타주처럼 그리 크지 않은 스토리(2003) 또는 실제 장소의 대체 현실 또는 얇게 가려진 버전(미네소타주 소크 센터Sauk Centre를 기반으로 한 싱클레어 루이스Sinclair Lewis의 고퍼 프레리Gopher Prairie, 일리노이주 유티카Utica를 기반으로 한 레오 에드워즈Leo Edwards의 튜터Tutter, 미시시피주 라파예트 카운티 Lafayette County의 버전으로 추정되는 윌리엄 포크너William Faulkner의 요크나파토파 카운티Yoknapatawpha County 등)으로 등장하기도 한다. 또는 특정 실제 주를 참조하지 않고 일종의 주를 나타내는 합성어(예: 제임스 미처너James Michener의 『우주』(1982)에 나오는 콜로라도와 유사한 주 프리몬트Fremont나 또는 싱클레어 루이스Sinclair Lewis의 소설에 나오는 반 중서부, 반 동부의 주 위네맥)로 사용된다. 그러나 가상의 카운티, 도시, 마을은 실제 존재하는 곳이 너무 많아 관객이 모두 알지 못할 가능성이 커서 더 쉽게 받아들일 수 있다(가상의 장소에 실제로 살고 있다면 인위적으로 보일 수 있지만).

따라서 발명은 보조 세계를 '하위secondary'로 만드는 것이다. 그런데도 하위창조자가 발명할 때 초기에는 자유롭지만, 각 발명과 변경된 기본값은 세계가 더 발전할 수 있는 방향에 대한 제한을 두어 통합된 발명 시스템을 더욱 어렵게 만든다. 또 더 완벽하게 세계를 발명할수록 시스템은 더 복잡하고 어려워진다.

완전성Completeness

상상의 세계는 필연적으로 불완전할 수밖에 없으며, 루보미르 돌레젤은 "불완전성이야말로 가상의 세계가 실제 세계와 다른 주요 특징 중 하나이자, '필요하고 보편적인 특징'이다"라고 말하기도 했다.[33] 완전성이란 세계가 인물들의 경험에 대한 다양한 측면을 모두 포괄하는 설명과 세부 사항, 그리고 실현 가능한 실제 세계를 제시하는 배경의 세부 사항을 포함하는 정도를 말하며, 진정한 완전성은 불가능하다. 스토리에는 종종 매우 불완전한 세계가 존재하며, 이야기를 전달하는 데 필요한 것 이상의 세계 세부 사항은 종종 관련 없는 것으로 간주하기도 한다. 하지만 어떤 세계가 작가나 관객에게 중요하거나, 일련의 스토리나 프랜차이즈의 배경이 되거나, 관객이 그 세계로 대리 입장하고 싶을 정도로 매력적이어야 한다면, 완성도 또는 완성도에 대한 환상은 하위창조자의 목표 중 하나가 될 것이다(이 장의 마지막에 설명하는 추측을 유발하는 수수께끼와 고의적인 차이는 예외이다). 톰 쉬피Tom Shippey가 영화 '미들어스로 가는 길The Road to Middle-earth'(2003)에서 말한 것처럼, "불필요한 디테일이 많이 들어가면 들어갈수록 더 사실적으로 표현할 수 있다."[34]

스토리가 설득력 있고 만족스러워지려면 균형 잡힌 다차원 캐릭터와 동기를 설명할 수 있는 충분한 배경 스토리 등 어느 정도의 완성도가 필요하다. 세계가 완전히 개발되고 설득력 있게 실현할 수 있는 것처럼 보이려면 추가적인 정보도 필요하다. 우선, 캐릭터는 생존을 위해 그 안에서 의식주를 해결해야 하며, 어떤 문화권 출신이어야 한다. 더 큰 규모의 커뮤니티에는 어떤 형태의 거버넌스, 경제, 식량 생산, 공유된 형태의 커뮤니케이션, 외부인에 대한 방어 등이 필요할 것이다. 어떤 것은 스토리의 중심이 될 수도 있고, 어떤 것은 배경 세부 사항으로만 등장할 수도 있으며, 관객이 캐릭터의 생존과 생계에 관한 기본적인 질문에 답할 수 있는 충분한 힌트만 제공될 수도 있다. 답이 없는 질문이라도 관객이 함께 조합하거나 최소한 답이 무엇인지 추측할 수 있는 충분한 정보가 있다면 관객을 방해하지 않는다. 청중이 질문에 대한 답을 찾을 수 없다고 느끼지 않는 한, 세상은 충분히 완성된 것처럼 보일 것이다. 특정 질문에 대한 답을 얻기 위해 관련 세부 정보를 수집하고 연관시키는 데는 약간의 노력이 필요할 수 있지만, 많은 팬이 이러한 노력을 즐기며 이러한 활동은 세계에 관한 토론과 추가 추측을 촉진한다.

　예를 들어, 스타워즈 영화 에피소드 1, 2, 3, 4, 6에 등장하는 타투인 행성의 사막 정착지의 실현 가능성에 대해 식량과 물과 같은 기본적인 것부터 의문을 제기할 수 있다. 오웬 라스Owen Lars는 대기에서 물을 모으는 증발기를 갖춘 수분 농장을 운영한다고 한다. 일부 장면에서는 하늘에 구름이 있어 수증기가 존재한다(에피소드 4에서 보이는 구름은 실제로 영화 촬영 당시 튀니지 상공에 존재했으므로 사실적이다). 그럼, 물이 있기는 한데 충분할까? 라스 농장은 외딴 인구 밀집 지역에 있는 것처럼 보이지만, 모스 아이슬리Mos Eisley와 모스 에스파Mos Espa는 비교적 큰 도시로, 다양한 거리 장면과 설정 장면에서 이를 확인할 수 있다. 물이 충분하다고 해도 타투인Tatooine의 식량 공급은 어떻게 하나? 농장은 없는 것 같고, 농작물을 재배할 만한 충분한 수분도 없는 것 같다(에피소드 2에서 슈미가 기화기에서 버섯을 따 먹는 장면이 나오기는 하지만). 어떤 종류의 나무도 보이지 않으며, 라스 농장의 작은 관엽식물 몇 개와 에피소드 IV에서 루크가 R2-D2를 찾기 위해 C-3P0과 함께 떠날 때 두 장면의 배경에 자라는 약간의 녹지를 제외하고는 녹지가 거의 등장하지 않는다(<그림 1-2> 참조).

<그림 1-2> 타투인의 식물 생활에 대한 증거. 상단 이미지에서만 라스 농가에서 자라는 식물 9개를 찾을 수 있다. 중앙 이미지에서 베루 이모는 요리에 사용하는 큰 채소(실제로는 회향)를 들고 있다. 하단 이미지에서는 터스켄 레이더스Tusken Raiders가 위에서 지켜보는 동안 루크Luke의 랜드스피더landspeeder가 지나가는 길을 따라 계곡에서 자라는 녹지의 가장자리를 볼 수 있다. '스타워즈 에피소드 IV: 새로운 희망'(20세기 폭스, 1977)의 모든 이미지.

하지만 에피소드 1, 2, 4에서는 타투인 사람들의 집에서 식사하는 장면이 등장한다. 음식의 출처는 어디일까? 모스 에스파 거리의 상인 가판대에서 한 가지 단서를 찾을 수 있다. 에피소드 1에서 자자 빙크스Jar Jar Binks는 한 가판대에서 개구리 모양의 고그gorg를 훔치는데, 다른 가판대에는 더 많이 걸려 있다. 이 동물들은 다른 행성에서 수입한 것일까? 아니면 토종일까? 에피소드 6의 자바 더 헛Jabba the Hutt의 궁전 외부 장면에서는 또 다른 큰 생물이 혀를 내밀어 작은 생물을 잡아먹는 장면이 나온다. 에피소드 6에서는 반타 무리가, 에피소드 1과 4에서는 듀백 Dewbacks이 등장하는 등 타투인에는 훨씬 더 큰 동물들이 살고 있다. 듀백은 사람이 탈 수 있을 만큼 큰 동물이고, 반타는 코끼리만 한 크기다. 그렇다면 이 사막 동물들은 어떻게 살아남을까? 큰 동물은 작은 동물을 잡아먹을 수 있지만, 생태계의 어느 시점에서는 동물이 먹을 식물과 물 공급원이 필요하다. 에피소드 4에서는 루크의 숙모 베루가 믹서기 같은 기계에 채소를 넣는 장면이 나오고, 에피소드 1에서는 스카이워커 오두막집 식탁에 과일 한 그릇이 놓여 있다. 또 에피소드 2에서는 슈미 스카이워커가 터스켄 레이더의 포로가 되어 오두막집 안에 굵은 나뭇가지로 만든 틀에 묶여 있는 등 식물 생활이 일부 드러난다. 채소, 과일, 나무는 어디에서 온 걸까? 타투인의 다른 지역에도 식물이 자라고 있다고 생각할 수 있지만, 우주에서 촬영한 모든 사진에는 녹색이나 파란색 영역이 보이지 않는다(이 사진에서 행성의 표면이 모두 보이지 않는다).

타투인의 식량을 다른 행성에서 수입한다고 가정하면, 행성 경제에 어떤 의미가 있을까? 무역 균형을 맞추기 위해 무엇을 수출해야 할까? 이러한 질문은 프랭크 허버트의 『듄』 시리즈에 등장하는 아라키스 행성에 대해 더 나은 답을 찾을 수 있다. 듄이라고도 불리는 아라키스는 사막 행성으로, 주요 수출품은 듄의 모래벌레가 생산하고 길드 내비게이터가 성간 여행(이 향신료를 사용해야만 가능)을 할 때 필요한 멜란지라는 값비싼 향신료다. 이 귀중한 향신료는 듄의 정치적인 중요성을 부여하고, 행성을 지배하는 자가 향신료 생산을 통제할 수 있어서 행성의 경제를 활성화하는 데 도움이 된다. 허버트는『듄』(1965)의 뒷부분에 '듄의 생태'라는 제목의 짧은 섹션을 포함하기도 했다. 타투인도 비슷할까? 에피소드 4에서 루크는 삼촌 오웬의 말을 믿고 자신의 아버지가 "향신료 운반선의 항해사였다"라고 말하는데, 이는 듄과 매우 흡사하게 들린다. 에피소드 4의 사막 촬영 배경에는 듄의 모래벌레에서 영감을 받은 것으로 보이는 뱀 같은 동물의 긴 골격이 보인다(사라악의 중앙 부분도 모래벌레와 비슷하게 생겼으며, 타투인의 모래벌레는 피터 M. 슈바이호퍼Peter M. Schweighofer의 단편 소설『타투인의 샌드바운드Sandbound on Tatooine』와 슈퍼 닌텐도 엔터테인먼트 시스템용 비디오 게임 '슈퍼 스타워즈'(1992)에도 언급되어 있다). 마지막으로, 타투인이 있는 구역은 아라키스와 매우 가까운 아르카니스라고 불리며, 이는 타투인의 디자인이 듄의 영향을 받았을 수 있음을 시사한다.[35]

따라서 영화는 타투인의 음식과 식물의 생명에 대해 다소 결정적이지 않다. 영화를 넘어 영화 외의 미디어를 포함하는 스타워즈 '확장 유니버스'로 들어가면 타투인에는 몇 가지 토종 식물이 있다는 것을 알 수 있다. 라스의 농가에서 자라는 식물은 '깔때기 꽃'(1995년 스타워즈 일러스트 유니버스에서 처음 확인됨)이다. 바바라 햄블리Barbara Hambley의 1995년 저서『제다이의 아이들The Children of the Jedi』에서 '뎁-뎁'은 오아시스에서 자란 달콤한 과일이며, '허바 조롱박hubba gourds'는 몇몇 작품에 등장하는데, A. C. 크리스핀의 단편 소설『스킨 딥: 뚱뚱한 댄서의 스토리Skin Deep: The Fat Dancer's Tale』에 처음 등장한다.[36] 또한 스타워즈 위키 데이터베이스인 우키피디아에 따르면 에피소드 1의 고르그 판매자의 이름은 그라그라이며, 그녀는 '모스 에스파의 시장에서 일하던 스웍스 스웍스 고르그 장사꾼'으로 '모스 에스파 아래 하수구에서 식량을 재배'했다고 한다.[37] 추가 세부 사항은 우리의 질문에 완전히 답하지는 않으며, 심지어 자체적으로 질문을 제기하지만, 어떤 해결책이 있을 수 있는지에 대한 힌트를 제공한다.[38]

이 예에서는 여러 출처에서 정보를 가져와 조합해야 하지만, 프랜차이즈에 익숙한 팬의 경우 이러한 활동을 통해 전문 지식을 활용할 수 있고(프랜차이즈에 투자한 시간과 노력에 대한 보상), 친숙하지 않은 관객보다 더 빠르고 자동으로 갭을 메울 수 있어 세상에 대해 다른 경험을 하게 될 수 있다. 이 특별한 사례에서는 여러 세계관(이 경우에는 '스타워즈'와 '듄'의 세계관)에 대한 지식이 추론 과정에 어떤 영향을 미칠 수 있는지 확인할 수 있다. 내러티브를 따라가는 데만 관심이 있는 일반 관객은 이러한 세계 데이터를 적극적으로 조합하거나 다른 장소에서 추적하지는 않겠지만, 세계가 얼마나 잘 드러나는지 감을 잡을 수 있으며, 이는 작품 전체의 수용에 영향을 미칠 수 있다(다음 텍스트에서 세계에 대한 설명을 참조).

세계의 완성도는 인프라, 생태 시스템, 사회와 문화 등 존재는 보이게 하지만, 직접 묘사되거나 명확하게 드러나지 않는 요소들을 암시하여 스토리를 훨씬 뛰어넘는 것처럼 보이게 하는 요소다. 마찬가지로 세계가 완전해 보이려면 과거 역사가 있다는 느낌도 필요하다. 톨킨은 『반지의 제왕』에 대한 두 편의 편지에서 암시적 배경과 역사의 필요성을 잘 알고 있었다.

> 디테일에 세심한 주의를 기울여 천천히 쓰인 이 작품은 마침내 액자 없는 그림, 즉 역사의 짧은 에피소드와 시간과 공간의 무한한 확장이라는 희미한 빛에 둘러싸인 중간계의 작은 부분에 대한 탐조등으로 세상에 모습을 드러냈다.[39]

> 『반지의 제왕』의 매력 중 하나는 배경이 되는 거대한 역사를 엿볼 수 있다는 점, 즉 아무도 가보지 않은 섬을 멀리서 바라보거나 햇빛이 비치는 안개 속에서 반짝이는 먼 도시의 탑을 보는 것과 같은 매력 때문이라고 생각한다. 그곳에 가는 것은 또 하나의 도달할 수 없는 새로운 풍경이 다시 드러나지 않는 한 마법을 파괴하는 것일 수도 있다.[40]

'액자 없는 그림Frameless Picture'의 결과물인 '거대한 역사의 엿보기glimpses of a large history'는 완성된 듯한 착각을 불러일으키며, 세계의 지치지 않은, 아니 더 나은 표현으로 무궁무진한 세계의 풍경은 신선함을 느끼면서 탐험과 사색을 할 수 있게 한다(이장의 뒷부분에서 다루는 주제).

직접적인 설명 외에도 확장된 배경 스토리부터 유적과 전설을 포함하여 물체의 상태와 같은 더 미묘한 것까지 과거 역사의 존재를 나타내는 방법은 다양하다, '스타워즈'(1977)가 처음 개봉했을 때, 이 영화는 살아있는 우주를 묘사하는 방식으로 주목받았는데, 차량과 장비에는 먼지, 긁힘, 녹 등 과거의 역사가 묻어나는 '중고' 외관을 연출했다. 이러한 과거의 조용한 증거는 이제 모든 시각 매체에서 찾아볼 수 있으며, 등장 세계의 분위기와 분위기를 조성하는 데 중요한 부분이 되었다.

완성도는 작가가 원하는 효과에 따라 달라지는데, 예를 들어 일부 포스트모던 텍스트는 불완전함을 드러내고 이를 전면에 내세우기도 한다. 어떤 경우든 이차세계의 완성도에 따라 세계가 얼마나 믿을 수 있는지가 결정되지만, 모순을 피하려면 세계에 추가되는 깊이와 디테일이 신중하게 표현되어야 한다. 세계에 모든 것을 담아내는 내적 일관성이 있을 때만 완성도 있는 느낌을 줄 수 있다는 것에 동의한다.

일관성Consistency

일관성이란 세계의 디테일이 그럴듯하고 실현 가능하며 모순이 없는 정도를 말한다. 이를 위해서는 디테일을 세심하게 통합하고 모든 것이 서로 연결되는 방식에 주의를 기울여야 한다. 일관성이 부족하면 세계가 엉성하게 구성되거나 심지어 무작위적이고 단절된 듯하게 보일 수 있다. 일관성은 세계의 다양한 부분의 상호 관계를 포함하며, 이차세계가 일차세계와 닮으려고 시도하는 주요 방법의 하나이기 때문에 하위창조자에게 가장 많은 제약을 줄 수 있다.

세계의 규모와 복잡성이 커질수록 불일치가 발생할 가능성이 커지지만, 불일치가 발생했을 때 신뢰도에 얼마나 큰 타격을 줄지 결정하려면 불일치가 발생하는 위치를 파악하는 것도 중요하다. 불일치는 메인 스토리라인, 보조 스토리라인, 배경 세부 정보, 세계 인프라 구조 또는 세계 메커니즘에서 발생할 수 있다. 스토리라인의 불일치는 특히 작품을 이끌어가는 메인 스토리라인에서 발생하는 경우 스토리를 따라가는 관객의 정신적 이미지를 산만하게 하고 방해하며, 보조 스토리라인의 불일치는 덜 해로운 영향을 미칠 수 있지만, 여전히 작품의 전반적인 인상을 약화시킬 수 있다. 스토리에 중요하지 않은 배경 디테일은 상대적으로 눈에 띄지 않거나 스토리라인에서 적극적으로 사용되지 않는 경우 더 많은 불일치를 허용할 수 있다. 세계 인프라와 세계 메커니즘은 배경에서 더 멀리 떨어져 있으며, 둘다 일반적으로 부분적으로만 표현된다(예: 타투인의 식량과 물 문제와 같은 세계의 경제 시스템 또는 생태 시스템과 그 기능 및 운영 방식). 이러한 영역의 불일치는 일반적으로 그 구성 요소(모순되는 사실)가 스토리나 세계 전체에 분산되어 있을 수 있으므로 눈에 띄지 않으며, 모순이 눈에 띄려면 함께 고려해야 한다.

일관성은 세계를 진지하게 받아들이는 데 필요하지만, 물론 모든 세계가 진지하게 받아들이기를 요구하는 것은 아니다. 심프슨 가족The Simpsons(1989~현재)의 배경이 되는 마을인 스프링필드처럼 일부 세계에서는 불일치를 유머의 원천으로 활용하거나, 일관성보다 다양성과 유머에 대한 욕구를 우선시하기도 한다.

스프링필드의 지리는 심프슨 가족의 역사처럼 항상 변화하고 있다. 시즌 4의 에피소드 '리사의 첫 마디Lisa's First Word'에서는 리사가 1984년 하계 올림픽 기간에 태어났다는 사실을 알게 되고, 시즌 19의 에피소드 '그 90년대 쇼'에서는 호머와 마지가 1990년대에 아이 없이 데이트하는 모습이 등장한다. 물론 심프슨 가족 전체가 20년이 넘는 시간 동안 같은 나이를 유지하고 있다. 마찬가지로 슈퍼 스파이 제임스 본드도 40여 편의 영화에서 거의 같은 나이를 유지해왔지만, 그를 둘러싼 세계는 시대에 발맞춰 변화해왔다.

그런데도 일관성은 세계가 엄청난 규모로 성장하는 동안에도 종종 심도 있게 고려된다. 라이선싱의 일관성 데이터베이스 관리자인 리랜드 치Leland Chee는 스타워즈 세계관의 모든 캐릭터, 장소, 무기, 탈것, 사건, 관계에 대한 30,000개 이상의 항목으로 구성된 스타워즈 데이터베이스를 관리하고 있다. 이 데이터베이스는 스타워즈 자료가 출시된 지 20년이 지난 1990년대 후반이 되어서야 시작되었으며, 그 결과 불일치를 해결하기 위해 여러 단계의 정경성(7장 참조)을 체계화하게 되었다. 이후 영화, TV 시리즈, 게임, 장난감 및 기타 상품이 프랜차이즈의 기존 세계관과 비교되고 통합될 수 있게 되면서 리랜드 치의 역할은 '스타워즈'의 일관성을 유지하는 원동력이 되었다. 그러나 '스타트렉' 세계관은 1966년 오리지널 시리즈를 시작으로 훨씬 더 오랜 기간에 걸쳐 펼쳐져 있으며, 수백 개의 TV 에피소드, 소설, 게임, 애니메이션 TV 시리즈 등 조정해야 할 자료가 많다.

오리지널 시리즈와 이후 시리즈(1980년대, 1990년대, 2000년대) 사이의 문체적 불일치는 때때로 스타트렉 유니버스 자체의 캐릭터에서도 발견할 수 있다. 시간 여행 스토리를 다룬 '스타트렉: 딥 스페이스 나인' 시즌 5의 한 에피소드인 '시련과 시련'은 오리지널 시리즈 시즌 2 에피소드인 '시련에 빠진 트리블'의 영상에 캐릭터를 합성한 것으로, 스타트렉 30주년을 맞아 광범위하게 제작되었다. DS9 캐릭터들은 시대 의상을 입고 스타일의 차이에 대해 언급하며, 한 장면에서는 클링온의 메이크업 디자인에 대한 차이점을 강조한다. 오리지널 시리즈에서 클링온은 이질감을 드러내기 위해 최소한의 분장으로 인간과 훨씬 더 비슷하게 보였지만, 이후 시리즈에서는 클링온의 이목구비, 특히 이마 융기가 훨씬 더 뚜렷하게 드러났다. 시간 여행을 하는 DS9 캐릭터 중 하나인 워프가 후기 디자인의 클링온이었기 때문에 그 차이가 특히 두드러졌다. 이는 또 다른 DS9 캐릭터인 인간 오브라이언이 구형 클링온을 보고 차이점에 관해 묻자 워프가 "클링온이긴 한데, 얘기하자면 길다"라고 대답하는 장면에서 확인할 수 있다. 압박을 받자 그는 "우리는 외부인과 논의하지 않는다"라고 덧붙인다. 몇 년 후, '스타트렉: 엔터프라이즈('애프터 픽션'과 '다이버전스')'의 두 에피소드에서는 클링온의 기질과 성향의 변화뿐

만 아니라 신체적 변화를 일으킨 바이러스의 결과로 그 차이를 설명한다.[41]

불일치를 해결하는 방법에 대한 정경성에 대한 토론과 추측은 다양한 프랜차이즈에 대한 다양한 인터넷 포럼에서 찾을 수 있다. 흥미로운 점은 팬 커뮤니티에서 불일치가 해결되기를 바라는 정도다. 불일치는 완성도나 발명의 부족보다 세계의 신빙성을 더 위협하는 것처럼 보이지만, 팬들은 불일치를 단순히 데이터의 차이, 설명할 수 없는 현상, 추가 연구와 추측을 통해 정리되고 해결될 문제인 것처럼 취급한다. 하지만 어떤 불일치는 설명하기에는 너무 모순되고 그냥 두기에는 너무 치명적인 경우도 있다. 때로는 상반된 정보로 인해 그 간극을 메우는 것이 불가능해지기 전에 그것을 메워야 하는데, 이때 프랜차이즈의 승인을 받은 누군가가 나서서 여러 출처를 조정하고 일치시키는 방법을 찾아내야 한다. 예를 들어, '스타워즈' 팬들은 밀레니엄 팰컨의 평면도가 무엇인지, 우주선의 정확한 크기가 무엇인지 항상 궁금해했다. 이 주제에 대한 10페이지 분량의 기사가 2008년에 Starwars.com에 게재되어 이에 관해 다음과 같이 설명했다.

> 학자, 예술가, 팬들의 거듭된 노력에도 불구하고 밀레니엄 팰컨의 내부에 대한 명확한 매핑은 이루어지지 않았다. 아티스트 크리스 리프와 크리스 트레바스는 2008년에 출시한 DK 북스, '스타워즈 블루프린트: 얼티밋 컬렉션'에서 마침내 팰컨Falcon의 퍼즐을 풀었다. 궁극의 컬렉션 팰컨의 실제 사양을 밝혀내려는 시도를 방해하는 것은 영화 제작의 까다로운 요구사항으로, 우주선의 다양한 묘사에서 리벳에 대한 정확성보다는 비용을 절감하는 치트를 선호하는 경우가 많기 때문이다. 가장 기본적인 질문인 '팰컨의 크기는 얼마인가?'라는 질문에도 간단한 답이 나오지 않았다.
>
> 에피소드 4와 5에서 볼 수 있는 스튜디오 내부 세트를 스케일의 기초로 삼는다면, ILM 모델에서 정의한 팰컨의 외부 치수에 편안하게 맞출 수 없다는 것이 분명해졌다. 조종석의 크기가 특정 크기라면 선체 높이 때문에,

특히 츄이는 승무원 칸을 돌아다니기 위해 몸을 웅크리고 있어야 했다. 게다가 '스타워즈: 제국의 역습'을 위해 제작된 실물 크기의 팰컨 외관은 ILM의 미니어처를 적절한 크기로 확대했을 때 실제로는 의도한 실제 크기의 75~80% 정도에 불과했다.

수년간의 확장 우주 출판물에서는 팰컨의 공식 길이를 87.6피트(26.7미터)로 추정했지만, 리프와 트레바스는 이것이 불가능하다는 것을 발견했다. 시각 효과 아트 디렉터인 조 존스턴Joe Johnston이 1976년에 그린 스케일 일러스트를 기초로 삼아 X 날개와 Y 날개의 알려진 길이를 비교한 결과 약 33.5m라는 측정값을 도출했다. 안타깝게도 존스턴의 측정은 너무 스케치에 가까워 정확한 측정값이 나오지 않았다.

트레바스와 리프는 설계도를 사용하여 존스턴 스케일의 팰컨을 더욱 정교하게 재구성한 결과, 놀라운 수치를 알아냈다. "처음 측정했을 때 거의 34.6m가 나왔어요"라고 리프는 말한다.

"제가 그 길이를 사용하자고 제안했을 때 루카스필름은 우리가 만들었다고 생각했을 겁니다"라고 덧붙여 말했다. 이 측정값은 이스터에그에 언급된 THX 1138과 매우 흡사하다. 아티스트들은 대신 35m로 반올림했다.[42]

이 글에서는 리프와 트레바스가 팰컨을 매핑하려고 다양한 소스를 어떻게 사용했는지를 설명한다. 내부 및 외부 레이아웃, 제어판 디자인, 하부 조명, 총배치, 해치, 문, 랜딩기어의 지도, 영화를 위해 제작된 세트의 치수, 다양한 축소 모형과 소품, 스타워즈 라디오 드라마(여러 개의 탈출 포드에 관해 설명한) 등 영화 속 프리즈 프레임 HD 시본의 이미지가 그 예이다. 1987년 웨스트 엔드 게임즈의 스타워즈 소스 북 평면도, 1993년 발간된 스타로그의 스타워즈 기술 저널에 실린 셰인 존스턴의 팰컨 호 내부 그림, 위저즈 오브 더 코스트 평면도(배의 화장실 위치가 표시됨), SciPubTech의 1997년 컷오프 포스터 삽화, DK 북스의 스타워즈에서 한스

옌센의 광활한 분해도 등이 있다. 『인크레더블 크로스 섹션』(1997), CD-ROM '비하인드 더 매직Behind the Magic'(1998)의 삼차원 입체 영상, 티머시 잰Timothy Zahn의 소설 『얼라이언스Allegiance』(2007), 하이퍼 드라이브를 전체 디자인에 포함시켜야 했다는 사실 등이 있다. 적어도 '스타워즈'의 경우, 이러한 질문에 답하고 일관성을 회복하는 데 투입되는 노력의 양은 실제 역사 연구자들이 새로운 데이터를 통해 사실을 규명하고 이전의 주장을 수정하는 것과 맞먹을 수 있다.

때때로 프랜차이즈 제작자는 이전 작품으로 돌아가 이후 작품과 일관성을 유지하기 위해 이전 작품을 변경하기도 하는데, 이를 '소급 연속성' 또는 '레트콘retcon'이라고 한다(4장 참조). 레트콘의 유명한 예는 다음과 같다. J. R. R. 톨킨이 『호빗』(1937)을 『반지의 제왕』과 일치시키기 위해 수정한 것(원래는 반지의 제왕에 적절한 연결고리가 많지 않았기 때문에 나중에 부여됨) 또는 조지 루카스George Lucas가 '스타워즈' 재개봉작에 많은 수정을 가한 것을 예로 들 수 있다. 팬 커뮤니티에서 논란의 여지가 있지만, 레트콘은 슈퍼히어로 만화책에서 더 흔하며 때때로 시간 여행, 대체 우주, 꿈 및 기타 의심스러운 기술을 사용하여 이를 설명하려는 시도가 이루어지기도 한다. 영국 TV 프로그램인 토치우드에서는 기억을 지우는 데 사용되는 약물을 '레트콘Retcon'이라고 부르는 등 가벼운 접근 방식도 찾아볼 수 있다.[43]

작품을 미완성으로 남긴 작가의 죽음은 그의 작품을 계승하는 사람들이 화해할 수도, 그렇지 않을 수도 있는 불일치를 초래할 수 있다. 톨킨 재단은 중간계를 배경으로 한 새로운 작품을 다른 작가가 집필하는 것을 승인하거나 허용하지 않지만, 톨킨 자신의 미발표 자료(작품의 여러 초안 포함)가 등장하는 것은 허용하며, 때로는 부분적으로, 심지어는 서로 다른 버전의 스토리가 만들어지기도 한다. 『실마릴리온The Silmarillion』(1977) 서문에서, 저자 크리스토퍼 톨킨은 다음과 같이 썼다.

아버지가 돌아가신 후 나는 이 작품을 출판할 수 있는 형태로 만들어야겠다고 생각했다. 한 권의 책 표지 안에 다양한 소재를 담아내려는 시도가

- 실마릴리온이 실제로 반세기 이상 지속되고 진화하는 창조물임을 보여
주기 위해 - 사실 혼란과 본질적인 것의 수몰로 이어질 뿐이라는 것이 분
명해졌다. 그래서 나는 가장 일관성 있고 내부적으로 자기 일관성이 있는
내러티브를 만들어내는 것처럼 보이는 방식으로 텍스트를 선택하고 배열
하여 하나의 텍스트를 완성하기로 했다. … 완전한 일관성(『실마릴리온』
자체 내에서든, 『실마릴리온』과 아버지의 다른 저술들 사이에서든)은 추
구할 수 있는 것이 아니며, 설령 가능하다고 해도 막대하고 불필요한 비용
을 들여야만 달성할 수 있다.[44]

　중간계가 등장하는 톨킨의 하위 세계인 아르다는 단일 작가가 만든 세계 중 가
장 크고 세밀한 세계이다. 그 광활함과 세밀한 묘사, 6,000년이 넘는 기간의 시간
적 배경을 감안하면 그 일관성에 경이로울 뿐이다. 하지만 일부 불일치는 여전히
남아 있는데, 이는 일반적으로 '총체적 불일치'라고 부르는 것으로, 함께 고려하
지 않는 여러 가지 사실을 결합하지 않는 한 쉽게 알아차리지 못하고, 일반 독자는
눈치채지 못한다. 예를 들어, 『호빗』을 보면 빌보와 골룸이 산 아래에서 만났을 때
서로를 이해할 수 있는 능력에 대한 의문이 제기된다. 스메아골로 알려진 골룸(나
중에 『반지의 제왕』에서 알게 되지만)은 원래 중간계의 다른 지역에 살던 다른 종
족인 스투어스 호빗족 출신이었다. 톨킨이 A.C. 넌A. C. Nunn에게 보낸 편지의 초
안에서 다음과 같이 설명했다.

　　TA 1356년에 스투어스Stoors들이 와일더랜드Wilderland로 다시 이주
하면서, 이 역행 집단과 샤이어족의 조상 사이의 모든 접촉이 끊겼다. 디
골Deagol-스미골Smeagol 사건(2463년경)이 일어나기까지 1,100년 이상
의 시간이 흘렀다. TA 3001년 파티 당시 샤이어 포크Shire-folk족의 관습
이 스토리에 영향을 미치는 한에서 은근히 암시되는 것을 감안하면, 그 시

간적 간격은 거의 1,650년에 달한다.

모든 호빗족은 변화가 더디었지만, 이주한 스투어스족은 소규모의 공동체로 이루어진 더 거칠고 원시적인 삶으로 돌아가고 있었고, 샤이어족은 1,400년 동안 그들의 정서와 관습에 대한 친족의 중요성이 문서와 구전의 상세한 전통을 이어받아 정착될 수 있었고, 안정되고 정교한 사회로 발전시켰다.[45]

'호빗은 변화가 느리다'라고 해도 두 집단은 현저하게 다른 발전 경로를 밟아왔고, 1,500년이 넘는 세월이 흐르면서 빌보와 골룸이 의사소통을 하는 데 어려움을 느낄 정도로 언어가 변했을 것임이 분명하다. 톨킨이 작품 전반에 걸쳐 언어(그리고 언어의 변화)를 신중하게 다루었다는 점을 고려하면 이러한 불일치영역이 존재한다는 것은 놀라운 일이지만, 그 불일치를 알아차리려면『호빗』,『반지의 제왕』,『J. R. R. 톨킨의 편지』등의 정보를 통합해야 한다.『호빗』만 단독으로 볼 때는 세계 안에서 존재하는 불일치가 없다고도 볼 수 있다.

세계의 규모와 세부 사항이 커짐에 따라 총체적인 불일치가 발생할 가능성이 커지지만, 많은 경우 불일치는 너무 분산되어 있어 서로 다른 많은 사실을 함께 고려해야 하므로 눈에 띄지 않을 가능성이 오히려 더 크다. 하지만 팬들은 자신이 좋아하는 프랜차이즈에 대해 깊이 있게 알고 있는 경우가 많으며, 심지어 그러한 불일치를 찾아내어 자신의 이론으로 설명하고 조정하는 것을 즐기기도 한다.[46] 이러한 종류의 활동을 하려면 해당 세계에 완전히 몰입되어 있어야 한다.

몰입도, 흡수와 포화Immersion, Absorption, and Saturation

새로운 미디어에 대한 사용자의 경험과 관련하여 '몰입'에 대한 많은 글이 쓰였다.[47] 이 용어는 일반적으로 세 가지 유형의 경험을 설명하는 데 사용되며, 이 세 가지 유형은 스펙트럼을 따라 존재한다. 하나는 테마파크의 놀이기구나 워크인 비디오 설치물에서와 같이 사용자가 물리적으로 몰입하는 것으로, 사용자는 구축된 경험에 물리적으로 둘러싸여 있으며, 이는 물에 푹 잠기는 것에 비유될 수 있다. 감각적인 몰입은 사용자의 눈과 귀를 가리는 가상 현실 기반 헤드 마운트 디스플레이에서처럼 시각과 청각이 주변 환경에서 가상 세계의 정보를 받아들이게 되면서 사용자의 감각적인 몰입이 이루어진다. 사용자의 몸 전체가 몰입되지는 않지만, 사용자가 보고 듣는 모든 것이 제어된 경험 일부로 작용하게 된다. 한 단계 더 나아가 어두운 극장에서 영화를 보거나 플레이어의 아바타가 움직이는 삼차원 공간에서 비디오 게임을 하는 경우, 관객은 일인칭 시점이나 화면 속 아바타에 몰입하여 그 주인공을 대신하여 그 세계에 들어간다. 마지막으로, 개념적 몰입은 사용자의 상상력에 의존하는 것으로, 예를 들어 『반지의 제왕』과 같은 흥미진진한 책은 독자가 상상 속 세계로 대리 진입할 수 있도록 충분한 디테일과 설명을 제공하는 경우 '몰입형immersive'으로 간주한다.

　신문이나 라디오와 같은 특정 미디어가 일반적으로 몰입형 미디어로 간주되지 않는 이유도 흥미롭다. 신문은 눈앞에서 펼쳐지면 책이나 텔레비전 화면보다 주변 시야를 더 많이 채우고 라디오의 음악은 말 그대로 청취자를 음파로, 물리적으로 둘러싸고 있는데도 몰입형 미디어로 간주하지 않는다. 이러한 미디어가 일반적으로 몰입형 미디어로 간주되지 않는 이유 중 하나는 다른 '몰입형' 미디어에서 느낄 수 있는 다른 장소로 이동하는 것과 같은 생생한 경험을 제공하지 못하기 때문이다.[48] 따라서 상상의 세계는 독자가 개념적으로 몰입하는 데 도움이 되는 것같이 보일 수 있다. '몰입'이라는 은유는 실제 물리적 몰입에서 멀어질수록 실제 상황을 비유하는 것이 아니라 상상의 세계를 경험하는 첫 번째 단계만을 다루게 된다. 위에서 설명한 몰입의 예시 중 일부에서는 '몰입'할 수는 있지만, 그 이상에 이르지 못할 수노 있다. 테마파크에서 놀이기구를 타면 신체적으로는 몰입에 성공하지만, 정신적·정서적으로는 여전히 몰입하지 못할 수 있다. 헤드 마운트 디스플레이를 통해 보이는 가상 공간도 마찬가지로 사람의 감각을 지배하지만 단순히 둘러보는 것 이상의 흥미를 유발하지 못할 수 있다. 반면에 개념적 또는 정서적 몰입이 일어나기 위해서는 청중이 작품에 완전히 몰입해야 하므로 '몰입'만으로는 충분하지 않으며, 그 안에 '흡수'라는 추가적인 액체적 비유가 필요하다.[49]

흡수는 양방향 과정이라는 점에서 단순한 몰입과 다르다. 어떤 의미에서 몰입은 사용자의 주의와 상상력을 그 세계에 흡수시켜서 '끌어당기는' 것으로, 기꺼이 책을 펴고, 화면을 보고, 게임 세계와 상호작용을 하는 등의 행위가 발생하는 상태를 말한다. 동시에 사용자는 상상의 세계도 '흡수'하여 그 장소, 등장인물, 사건 등을 기억하고 학습하거나 떠올리며 그 기억이 사람, 사건, 사물의 이름을 떠올리게 하는 것과 같은 방식으로 상상 속 세계를 구성한다. 따라서 우리가 이차세계에 몰입하는 동안 이차세계의 세부 사항이 일차세계의 세부 사항을 대체하기 때문에 우리는 어느 정도는 정신적으로 물리적 환경을 떠날 수 있다(또는 차단할 수 있다). 심리학자 노먼 홀랜드Norman Holland는 이를 다음과 같이 설명한다.

> 우리 인간은 무한한 주의력, 즉 '영적 에너지psychic energy'를 가지고 있다. 주의력은 그 한정된 에너지를 중요한 것에 집중하는 방법이라고도 할 수 있다. 중요한 한 가지에 집중하면 다른 것에는 주의를 덜 기울이게 된다. 다른 것들은 무의식화된다(프로이트의 용어로 더 정확하게는 '전의식preconscious'이 된다). 놀이나 스토리에 따라 하나의 전두엽 기능에 더 많은 에너지와 흥분을 사용하면, 우리 몸이나 놀이나 스토리 주변의 (일차적) 세계에 주의를 기울이는 것과 같은 다른 전두엽 기능에 사용할 수 있는 에너지가 줄어든다.[50]

이차세계의 세부 사항은 관객의 주의에서 일차세계의 세부 사항을 대체하므로, 이차세계가 관객에게 명심하도록 요구하는 세부 사항(특히 스토리의 이해와 재미에 중요한 세부 사항)이 많을수록 관객의 마음은 이차세계를 더 '가득 채우고', 이차세계에 대한 경험은 더 흡수된다(풍부한 세부 사항을 기억하고 통합하는 과제는 미하이 칙센트미하이Mihaly Csíkszentmihályi의 액체 비유 개념인 '흐름flow'과 유사한 흡수력을 만들 수 있다).

따라서 이 과정을 완성하기 위해 세 번째 액체 비유를 추가할 수 있는데, 바로 포화 상태다.[51] 세계를 경험하는 동안 기억해야 할 이차세계의 세부 사항이 너무 많아서 모든 것을 기억하기 어려울 정도로 이차세계의 세부 사항이 즉각적인 일차세계의 생각을 압도할 때 포화 상태[2]가 발생한다(이 장의 서두에 소개된 데퐁테네의 『별Star』(1854)에서 인용한 내용처럼). 포화 상태는 개념적 몰입의 즐거운 목표이며, 청중의 주의와 상상력을 완전히 사로잡아 한 번에 머릿속에 담을 수 있는 것보다 더 많은 디테일로 가득 채우는 것이다. 또한 작가가 제공하는 모든 뉘앙스와 미묘함을 감상하려면 상당한 주의력과 집중력, 기억력이 필요한 세계도 있다. 예를 들어 『실마릴리온』에는 책에 사용된 모든 인물, 장소, 제목 및 용어에 대한 788개의 항목이 나열된 '이름 색인'이 포함되어 있다.

설상가상으로 일부 캐릭터는 여러 가지 이름을 가지고 있다(예를 들어 투린Turin은 네이탄Neithan, 고르톨Gorthol, 아가르웬Agarwaen, 모르메길Mormegil,투린Thurin, 숲의 야인Wildman, 투람바Turambar 등으로도 알려져 있다), 그리고 일곱 개 이상의 캐릭터, 장소 또는 사물이 공유하는 이름(예를 들어 셀레보른Celeborn, 엘렘미르Elemmire, 젤미르Gelmir, 고르고로스Gorgoroth, 로리엔Lorien, 미나스 티리스Minas Tirith, 미리엘Miriel, 님로스Nimloth는 모두 둘 이상의 인물이나 장소를 지칭한다)이 있다. 톨킨의 이름에는 거의 항상 의미가 담겨 있는데, '이름 색인 Index of Names' 뒤에는 '케냐어와 신다린어 이름의 요소'라는 부록이 있는데, 이 부록에는 180개의 어근과 그 의미가 나열되어 있으며, '이름 색인'의 788개 항목 중 대부분이 이 어근에서 비롯된 것이다. 이 책의 많은 등장인물은 정교한 가계도

---

2) 포화 상태: 한국에서 드라마에 너무 빠져 현실생활이 불가능한 상태를 네티즌의 언어로 '현망진창'이라고 하는데, 포화 상태는 현망진창 상태를 말한다.

를 통해 서로 연결되어 있으며, 이러한 관계는 대체로 이야기에서 중요한 역할을 한다. 책 전체에 걸쳐 다양한 사건들이 발생하고 한참 후에 암시되거나 발생하기 훨씬 전에 미리 이야기되기 때문에 독자는 그 뒤에 숨겨진 사건과 동기를 이해하기 위해 많은 것을 기억해야 한다.

또한 『실마릴리온』은 『반지의 제왕』의 배경이자 배경 스토리로 작용하는데, 『실마릴리온』은 그 소재를 자유롭게 암시하며 어떤 의미에서는 『실마릴리온』의 클라이맥스이자 결론이기도 하다. 예를 들어 아라곤은 베렌과 먼 친척이다. 루티엔Lúthien과 함께 에렌Arwen과 아라곤Aragorn의 로맨스를 반영한다. 아라곤은 이실더Isildur의 상속자이기도 하다. 그는 그가 가진 약점 운명을 극복할 수 있기를 바라고 있다. 『실마릴리온』을 읽지 않고도 『반지의 제왕』을 읽고 즐길 수 있지만, 『실마릴리온』에 대한 지식을 가진 독자들은 이야기를 이해하는 깊이를 더해 더 많은 즐거움을 느끼게 된다.

포화는 다음과 같이 다른 방식으로도 상상의 세계에 대한 경험에 영향을 줄 수 있다. 많은 비디오 게임, 특히 어드벤처 게임 장르의 게임에서 플레이어는 게임의 배경 스토리를 구성하고 퍼즐을 풀기 위해 게임 속 상상의 세계에 대한 풍부한 세부 사항을 기억할 수 있어야 하며, 이 두 가지 모두 게임에서 승리하는 데 필요한 경우가 많다(예: ‘리븐Riven’(1997)). 광활한 영토, 수백만 명의 플레이어 캐릭터, 진행 중인 이벤트가 있는 대규모 다중 플레이어 온라인 롤플레잉 게임MMORPG의 세계는 모든 플레이어가 전체를 다 알기에는 너무 커서 아무리 하드코어한 플레이어라도 일시적인 포화 상태에 도달할 수 있다.

높은 정도의 포화를 제공하는 세계는 일반적으로 너무 커서 한 번 또는 한 세션에 완전히 체험할 수 없다. 디테일과 정보의 양은 청중을 압도할 정도로 많아야 하며, 한 번에 마스터하거나 기억할 수 없는 방대한 양의 일차세계 정보를 모방하고 있어야 한다. 포화 지점을 넘어서는 정보도 상상 속에서 세계가 살아 숨 쉬게 하도록 꼭 필요하다. 세계가 너무 작으면 관객은 자신이 알 수 있는 모든 것을 알고 있다고 느끼고, 더는 얻을 수 있는 것이 없다고 느끼며 세계가 지루하다고 생각할 수 있다. 그러나 포화 상태를 넘어 넘쳐나는 세계에 대한 정보는 결코 온전히 머릿속에 담을 수 없으며 항상 무언가가 부족하다고 생각할 것이다. 따라서 관객의 머릿속에 남는 것은 항상 변화하며, 낮은 수준의 디테일은 잊혔다가 나중에 다시 마주쳤을 때 다시 경험하고 재상상하게 된다. 예를 들어, 누군가는 톨킨의 작품을 초등학교, 고등학교, 대학교, 그 이후에 다시 읽을 때마다 독자는 자신의 변화된 수준과 경험으로 인해 새로운 것을 발견하고, 새로운 연결을 만들고, 사건과 인물을 다시 상상하게 된다. 이러한 현상은 동일한 수준의 포화도나 오버플로에 도달하지 않는 작은 작품에서도 발생할 수 있지만, 잊힌 세부 사항이 새로운 상상 형태로 돌아오고 세부 사항과 정보의 새로운 구성이 독자의 머릿속에 서식하므로 더 흥미로운 재구성을 제공하는 것은 바로 이러한 작품이다.

　이미지와 사운드가 구체적이고 고정된 영화나 텔레비전과 같은 시각적 미디어도 보이지 않는 부분을 상상하는 방식은 볼 때마다 달라질 수 있다. 이전에는 생각하지 못했던 다른 질문을 던지고 다른 측면에 집중할 수 있으며, 그 결과 추측과 상상력에 관한 한 다른 경험을 하게 된다. 이러한 차이는 내러티브와 세계 게슈탈트를 완성하는 방식에 따라 발생하며, 이는 또한 우리의 이전 경험에 따라 달라진다.

세계 게슈탈트: 줄임표, 논리 및 외삽법World Gestalten: Ellipsis, Logic, and Extrapolation

독자는 암묵적으로 연결을 만들어 빈틈을 메우고, 유추하고, 직감을 테스트한다. 이를 위해 일반적으로는 세계, 특별하게는 문학적 관습에 대한 암묵적 지식을 활용한다. 텍스트 자체는 사실 독자에게 일련의 '단서'에 지나지 않으며, 언어를 의미로 구성하도록 독자를 세계로 초대하는 도구이다. 독자의 이러한 지속적이고 적극적인 참여가 없다면 문학 작품의 존재가치는 높아지지 않을 것이다.

— 테리 이글턴Terry Eagleton, 문학 이론가[53]

관찰자들이 빈틈을 자동으로 메워 간다는 것은 20세기 초에 시작된 게슈탈트 심리학에서 처음 언급되었다. 전체가 부분의 합보다 더 큰 것으로 보았기 때문이다. 특히, 게슈탈트 원리인 출현, 재연, 양호한 연속성, 폐쇄성, 예견성은 모두 인간의 지각 체계가 감각 입력을 총체적으로 조직하여 자동으로 부족한 부분을 채워 전체가 구성되는 개별 부분에는 없는 지각을 포함하도록 하는 방식과 관련되어 있다. 몇 가지 원칙이 소리에 적용되었지만, 대부분의 게슈탈트 원칙은 시각과 이미지를 인식하고 구성하는 방식에 적용되어 실제로 존재하지 않는 세부 사항, 연결 또는 형태를 추가한다.

위에 기술한 이글턴 인용문에서 알 수 있듯이 게슈탈트 개념은 지각 영역뿐만 아니라 개념 영역에도 유용하게 적용될 수 있다. 예를 들어, 고전 할리우드 영화의 한 장면에서 한 사람이 차를 타고 출발하여 다음 장면에서 다른 장소에 도착하는 것을 보면 우리는 자동으로 그 사람이 한 장소에서 다른 장소로 운전했다고 가정한다. 출발과 도착이 함께 이루어짐으로써 우리가 보지 못한 여정을 암시하기 때문에 이 지점에서 내러티브 게슈탈트가 발생한다. 시각적 게슈탈트와 마찬가지로 내러티브 게슈탈트도 시청자가 영화적 스토리텔링 관습에 익숙하다면 시청자의 의식적인 노력 없이도 자동으로 발생한다. '간디Gandhi'(1982)나 '마지막 황제The Last Emperor'(1987)와 같은 전기 영화는 한 인물의 수십 년에 걸친 삶을 단 몇 시간 만에 다루기 때문에 생략과 생략 부호가 엄청나게 많지만, 잘 구성되고 적절한 사건을 포함한다면 스토리가 완전하고 이해하기 쉬워 보일 수 있다.

마찬가지로 한 단계 더 나아가 세부 사항의 구조나 구성이 상상 세계의 존재를 암시하고, 주어진 세부 사항에 따라 청중이 그 세계의 누락된 부분을 자동으로 채우도록 하는 세계 게슈탈트 개념을 제안할 수도 있다. 심리학자들은 이미 우리의 상상력이 어떻게 현실 세계의 내적 버전을 구성하는지에 대해 고찰해 왔지만(스티븐 레하르Steven Lehar의 저서『머릿속의 세계: 의식적 경험 메커니즘에 대한 게슈탈트 관점The World in Your Head: A Gestalt View of the Mechanism of Conscious

Experience』(2002)), 이차세계에 대한 상상에도 동일한 과정이 어느 정도 적용될 수 있다(노먼 홀랜드Norman Holland가 『문학과 뇌Literature and the Brain』에서 보여준 것처럼).[54]

당연히 세계 정보에 존재하는 격차는 내러티브의 격차와 상당히 겹친다. 내러티브 이론은 내러티브 갭이 어떻게 작동하고 관객이 어떻게 그 갭을 메우려고 하는지에 대한 해답을 찾으려 한다. 내러티브와 픽션 영화Narration and the Fiction Film(1985)에서 데이비드 보드웰David Bordwell은 러시아 형식주의 개념인 '파뷸라fabula'(내러티브가 제공하는 인과적·공간적·시간적 연결고리로 구성하는 스토리)와 '슈젯syuzhet'(영화가 파뷸라를 배열하고 제시하는 방식)을 사용하여 내러티브 갭이 어떻게 채워지는지를 논의한다.

> 내레이션의 분석은 파뷸라 정보를 제시하는 슈젯의 전술에서 시작할 수 있다. 우리는 슈젯이 스토리 로직, 시간, 공간의 제시라는 기본 임무를 어떻게 관리하는지를 파악해야 하며, 실제로는 우리가 파뷸라에 이상적으로 최대한 접근할 수 없다는 점을 항상 상기해야 한다. 일반적으로 슈젯은 (1) 우리가 접근할 수 있는 파뷸라 정보의 양, (2) 제시된 정보에 부여할 수 있는 관련성의 정도, (3) 슈젯 제시와 파뷸라 데이터 간의 형식적 대응을 제어함으로써 파뷸라에 대한 우리의 인식을 형성하게 된다.
>
> 이상적인 슈젯은 파뷸라를 일관성 있고 안정적으로 구성할 수 있도록 '정확한' 양의 정보를 제공한다고 가정하는 것이다. 이 가설화된 기준점이 주어지면 스토리에 대한 정보를 너무 적게 제공하는 슈젯과 너무 많이 제공하는 슈젯, 즉 '희소한' 슈젯과 '과부하가 걸린' 슈젯을 구분할 수 있다.[55]

내러티브만 고려한다면, 내러티브에 제공되는 세계 정보 중 상당수가 스토리를 전달하는 데 필요한 것 이상으로 과도하다고 여겨질 수 있으므로 대부분의 하위 창조된 세계는 슈젯이 과부하가 걸린 것으로 간주할 수 있다. 그러나 파불라와 슈젯의 개념을 제시되는 세계와 청중의 머릿속에서 구성되는 방식으로 확장할 수 있다. 단순히 세계가 설정된 내러티브가 아닌 세계를 고려한다면 이상적인 슈젯의 기준점이 바뀌어야 한다. 이상적인 슈젯은 청중이 독립적인 세계가 존재하는 것처럼 느낄 수 있고, 그 기반 시설, 문화, 지리, 역사 등에 대해 어느 정도 감각을 가질 수 있도록 충분한 정보를 제공해야 한다. 따라서 내러티브 중심의 관점에서는 '과잉'으로 보일 수 있는 것이 세계 중심의 관점에서는 필요한 것으로 판명될 수 있다.

내러티브가 인과적·공간적·시간적 연결고리로 구성된다면, 세계는 무엇으로부터 구성될까? 지도(공간적 연결고리), 타임라인(시간적 연결고리), 역사와 신화(인과적 연결고리), 계보 관계, 자연, 문화, 언어, 사회와 관련된 다른 시스템(이러한 구조는 3장의 주제)과 같은 유사한 관계 체계가 세계의 요소들을 하나로 묶고 그 구조를 정의한다. 이러한 체계에서 충분히 많은 수의 요소가 일관된 방식으로 결합이 되면 일종의

'세계 논리'가 형성되기 시작하며, 이를 통해 세계가 어떻게 작동하고 다양한 체계가 어떻게 상호 연관되어 있는지를 알 수 있다. 이 논리는 사회적 관습부터 마법을 지배하는 법칙이나 기술의 한계, 심지어 일차세계와 다른 물리 법칙에 이르기까지 모든 걸 포함할 수 있으며, 이 모든 것이 이차세계의 존재론적 규칙을 수립하는 데 도움이 된다. '좋은 연속성'이라는 게슈탈트 원칙에 따라 지도와 타임라인과 같은 구조는 관객이, 그 사이에 무엇이 있는지 파악할 수 있도록 장소나 사건을 배치하여 간극을 메우는 방법을 제시할 수 있다(예: 열대우림에서 사막으로 변하는 지형은 갑자기 변할 수 없으며, 그 사이의 풍경이 서서히 변해야 함).

세계 이벤트도 내러티브에서 캐릭터의 인생에 전환점이 주어져 캐릭터의 서사를 구성할 수 있는 것처럼, 한 상태에서 다른 상태로 점진적으로 전환되는 과정을 관객의 상상 속에서 재구성할 수 있도록 충분한 정보를 제공하면 제거할 수 있다.

예를 들어, 외계 세계의 도시 풍경은 환상적인 건축물과 웅장한 스케일로 일차세계 도시와 차별화되지만 구조와 기능 면에서 일차세계 도시 풍경과 유사한 경우가 많으므로 작가는 이러한 정보를 관객이 유추하도록 남겨둘 수 있다. 유사성은 당연시하면서 차이점은 강조하여 관객이 공감할 수 있는 이차세계의 고유성도 강조할 수 있다.

세계의 논리는 그 자체로 세계 파뷸라의 일부이며, 청중들에게 추측과 추정을 가능하게 하는 증거와 탄탄한 근거를 바탕으로 부족한 부분을 채우고 이차세계의 환상에 필요한 게슈탈트를 완성한다. 특히 시각화를 독자의 상상력에 맡기는 단어 기반 미디어에서는 항상 모호성의 여지가 있으므로 세계의 논리가 모든 간극을 명확하게 메울 정도로 엄격할 필요는 없다. 예를 들어, 더글러스 앤더슨의 저서인 『주석이 달린 호빗』(1986년, 개정판 2002년)에는 전 세계에서 번역된 호빗의 삽화가 가득하며, 같은 소설을 바탕으로 다양한 삽화 스타일과 캐릭터 디자인이 함께 어우러져 있다.[56]

세계가 충분히 발전하면 작가조차도 세계의 논리와 그로부터 비롯된 규칙에 얽매이게 될 수 있다. 이것이 바로 이야기가 '저절로 쓰기writing itself' 시작되거나 등장인물이 스스로 생명을 이어가다가 결국 작가가 계획하지 않은 말이나 행동을 하게 된다는 이야기를 자주 듣는 이유다. 프랭크 바움은 『오즈의 마법사』를 집필하던 중 배우들이 자신이 원하는 대로 행동하지 않는다고 불평한 적이 있다.[57] 이러한 시점에서 세계의 논리는 세계에 더 많은 것을 추가하고 제한하기 시작했으며, 심지어 작가가 이전에 고려하지 않았던 것을 제안하기도 했다. 1956년, 톨킨은 편지에 다음과 같이 썼다.

나는 오랫동안 발명을 중단했다(옆에서 비웃거나 비웃는 비평가조차도 내 '발명'을 칭찬하지만). 나는 정말로 무엇이 합쳐진 것인지 알 것 같을 때까지 기다린다. 또는 스스로 쓰일 때까지 기다린다. 『반지의 제왕』에서 프로도가 그레이트 리버 어딘가에서 나무 모험을 떠나리라는 것을 몇 년 동안 알고 있었지만, 엔트를 발명한 기억이 없다. 마침내 정점에 이르 렀을 때, 나는 이전의 생각이나 기억에 의존하지 않고 지금의 '나무수염 Treebeard' 챕터를 썼다. 그리고 프로도에게는 그런 일이 전혀 일어나지 않 았다는 것을 알았다.[58]

이러한 발명으로 세계 논리가 내러티브를 주도하기 시작하면서 작가의 내러티 브 목표에 역행할 수도 있다. 1944년 반지의 제왕을 작업하던 톨킨은 아들 크리스 토퍼에게 처음에는 원치 않았던 새로운 캐릭터가 어떻게 작품의 발목을 잡고 있 는지에 대해 다음과 같이 편지를 썼다.

새로운 캐릭터가 등장했다(나는 그를 발명하지 않았고 그를 원하지도 않았지만, 그가 이틸리엔의 숲으로 걸어 들어왔다). 보로미르의 형제인 파 라미르 그리고 그는 곤도르와 로한의 역사에 대한 많은 것들로 '대단원 catastrophe'을 써 내려가고 있다(전쟁의 영광과 진정한 영광에 대한 의심 의 여지가 없는 매우 건전한 재조명). 그러나 이 내용이 지금보다 훨씬 더 많이 늘어나면 부록으로 옮겨야 할 것이다. 이미 부록에 호빗 담배 산업과 서양의 언어에 대한 흥미로운 자료가 포함되어 있다.[59]

파라미르는 스토리에 필요한 캐릭터로 등장할 뿐만 아니라 곤도르와 로한에 대 한 설명을 통해 백과사전적 충격을 개성 있게 보여주었다. 부록으로 넣고 본문에 서는 삭제하겠다고 위협하는 톨킨의 반응은 스토리와 세계관 사이의 잠재적 긴장 감을 보여준다.

세계 데이터는 내러티브의 진행 속도를 늦추거나 잠시 멈추게 할 수도 있지만, 맥락과 배경의 깊이를 더함으로써 내러티브를 더욱 풍성하게 해준다. 하지만 아무리 많은 세계가 문서로 만들어져 있더라도 존재하는 모든 공백을 메울 만큼 충분한 자료는 없으며, 어떤 세계도 완벽하게 발명될 수 없다. 세계 자체의 논리가 특정한 답을 가리키고 있지 않은 경우, 그 차이는 보통 일차세계의 기본값들로 채워지는 것이다. 즉, 달리 설명을 추가하지 않는 한, 우리는 이차세계의 물리 법칙이 일차세계의 물리 법칙과 같을 것으로 기대한다. 이차세계의 사회, 정치 또는 경제 구조가 일차세계에 존재하거나 존재했던 것과 유사한 방식으로 운영될 것으로 기대하게 된다. 예를 들어, 앵글로색슨족은 시, 이름, 관습 등에서 톨킨의 로한족 라이더의 모델 역할을 한다. 이것은 이야기의 신빙성을 높이고 문화의 다양한 측면을 연결하는 기본 논리를 제공한다. 일반 독자는 앵글로색슨Anglo-Saxons 역사에 대한 배경지식이 없을지라도 그들의 문화적 논리가 남아 있어 일관성을 더하고 정보의 간극을 메우는 데 도움이 된다.[60] 마리-로르 라이언은 이를 '최소 이탈의 원칙'이라고 일컬었으나, 켄달 월튼Kendall Walton은 일차세계 기본값을 사용한 이러한 간극 메우기를 '현실 원칙reality principle'[61] 이라고 부르며 다음과 같이 썼다.

> 우리는 허구와 반사실적 세계를 우리가 알고 있는 현실에 비추어 해석한다. 이는 우리가 현실 세계에 대해 알고 있는 모든 것을 세계에 투영하고, 우리는 불가피한 조정만 한다는 것을 의미한다.[62]

앞서 언급했듯이 『반지의 제왕』과 같은 책이 꾸준하게 인기 있는 이유 중 하나는 인생의 단계에 따라 세계에 대한 이해를 돕는 정보량이 달라졌기 때문이다. 책 내용은 변하지 않더라도 독자가 나이를 먹어가며 경험치가 달라졌고, 독자는 똑같은 책을 읽었지만, 세계에 대해 새로운 경험을 할 수 있다.

세계에 대한 세부 정보가 많을수록 게슈탈텐이 더 많이 작동할 수 있어서, 세계에 대해 채워야 할 간극이 좁아지고 여분의 외삽extrapolation을 통해서 더 쉽게 닫힐 수 있기 때문이다. 그리고 더 쉽게 닫힐수록 독자는 자동으로 혹은 무의식적으로 이 세계가 독립적으로 존재하는 세계라는 환상이 더 커지게 된다. 더 큰 격차도 좁힐 수도 있고, 독자의 의식적인 노력으로 이 격차를 어떻게 좁힐지 적극적으로 고려하게 된다. 작가가 이미 문제의 격차를 고려하고 어떤 식으로든 설명했다고 독자가 느끼면 독자에게는 세계를 경험하는 것이 즐거운 활동이 될 수 있다. 명백하게 불일치될 때도 독자는 자신이 좋아하는 세계의 일관성을 지키기 위해 격차를 해소하려고 스스로 노력할 수 있다. 예를 들어, 우주에서는 소리가 전달되지 않는데도 '스타워즈'에서 우주선 소리를 들을 수 있는 이유에 대해 영국의 이론 천체 물리학자 커티스 색스턴Curtis Saxton 박사는 자세한 설명을 다음과 같이 제시했다.

> 소리는 우주에서 매질媒質 없이는 전파되지 않는다. 따라서 우주선과 스타파이터 승무원이 주변 선박과 빔 무기의 움직임을 분명히 소리로 들어 알 수 방법에 관해 설명하는 것은 어렵고도 중요하다. 이 경우 다음과 같은 몇 가지 특성을 수용해야 한다.
>
> 1. 승무원은 실제로 이러한 현상을 듣고 마치 오디오 자극에 반응하는 것처럼 행동한다.
> 2. 가까운 무기 빔의 소리는 멀리 있는 것보다 더 크게 들린다.
> 3. 가까운 우주선의 소리가 먼 우주선보다 더 크게 들린다.
> 4. 이 소리는 우주선 모델을 특징짓는 요소다.
> 5. 지나가는 우주선은 상대 속도에 따라 도플러 피치 이동Doppler shift of pitch을 나타낸다.

가장 그럴듯한 설명은 승무원의 편의를 위해 각 우주선의 조종석 내부에서 소리가 자동 생성된다는 것이다. 다양한 종류의 외부 방사선 센서는 조종석의 오디오 시스템에 연결되어 조종사에게 다른 우주선의 근접성과 에너지 현상에 대한 청각적 단서를 제공하여 영광스러운 가이거 계수기Geiger-counter처럼 작동한다.

소스가 더 강력하거나 가까울수록 입자 감지율이 높아지며, 각 소스는 내부 스피커에서 딸깍 소리를 내고, 수신된 수백만 개의 펄스가 결합하여 지나가는 우주선의 방출 스펙트럼을 특징짓는 소리를 낸다.

조종사의 시각은 조종 장치와 시각적 디스플레이에 집중되어 있을 가능성이 크기 때문에 조종사의 감각을 사용하면 효율적으로 중요한 정보를 전달할 수 있다. 이 기술은 물리적 세계가 어떻게 작동하는지에 대한 인간의 기본적인 직관에 호소할 수 있다는 강점도 있다.

이 소리에 대한 또 다른 설명은 우주선의 차폐막과 관련이 있다. 행성의 대기와 자기권 밖에서 운행하는 모든 우주선은 태양풍 입자 등으로부터 보호하기 위해 최소한의 차폐 장치가 필요하다. 따라서 차폐막에 대한 교란은 선체나 발전기를 통해 간접적이지만, 물리적으로 느껴질 수 있다. 블래스터 발사나 근처의 서브라이트 엔진에서 나오는 방사선은 공진현상을 일으켜 우주선 내부에서 소리로 들릴 수 있다.

'새로운 희망' 라디오 연극에서 '우주의 소리'가 실제로는 우주선 내부의 승무원에게 제공되는 청각 센서 피드백에 불과하다는 것을 결정적으로 증명하는 중요한 인용문이 발견되었다. 이는 일종의 차폐 장애가 청각에 영향을 미칠 가능성을 배제하는 것은 아니고, 영화에서 들리는 소리가 주로 센서 시스템을 통해 제공되는 소리라는 것을 나타낸다. 한 솔로Han Solo가 루크 스카이워커Luke Skywalker에게 설명하는 것처럼 [ANHRD: 286-287],

센서는 오디오 시뮬레이션을 통해 화면에 나타나지 않을 때 전투기가 어디에 있는지 파악하게 해준다. 마치 작은 포탑3)이 나오는 소리가 바로 옆에 있는 것처럼 들릴 것이다.

---

3) 적의 화기나 공중폭격으로부터 포·사수·포실(砲室) 등을 방호하기 위한 목적으로 만들어진 강철제의 장갑 구조물.

영화에서는 주요 전함에서 이러한 효과를 없애고 있는 것으로 보이며, 이것은 집행자Executor, 홈 원Home One, 스타 구축함star destroyer 지휘 교량에서 순수하고 객관적인 분위기를 유지하는 방법이다. 물론 함선의 포수, 조타수 및 기타 승무원은 외부 행동에 즉각적이고 직접적으로 관여하는 헬멧과 헤드셋에 청각 센서 데이터를 입력할 수 있다.[63]

진지하면서도 유쾌한 성격의 이 확장된 토론은 격차를 메우는 과정에서 일관성의 중요성과 그에 수반될 수 있는 추측의 정도를 보여준다.

물론 단순히 내러티브를 따라가며 그 결과를 발견하고자 하는 일반 관객은 내러티브에 대한 이해만큼이나 세계에 대한 대리 경험이 중요한(또는 그 이상의) 사람들에게 제공되는 세계의 제스처를 많이 경험하지 못할 것이다(마찬가지로, 스토리에만 관심이 있는 사람이라면 한 번만 보거나 읽어도 충분하겠지만, 세계와 그 구조에 관심이 있는 사람이라면 세부 사항과 세계 데이터 간의 다양한 연결고리에 집중하기 위해 여러 번 작품을 다시 보게 될 것이다). 이렇게 관심이 있는 사람에게는 초서사적이고, 초매체적인 세계에 대한 대리 경험이 강화되며, 이 모든 것이 세계에 의해 전체적인 경험으로 통합된다(물론 다양한 디테일이 모두 일치하는 경우).

일반 관객도 지각 심리의 격차처럼 무의식적으로 많은 세계의 격차가 메워지기 때문에 관객은 특별한 노력 없이도 완전히 렌더링된 세계처럼 느낄 수 있다. 예를 들어, 영화에서 장소를 여러 각도에서 볼 때 시청자는 일반적으로 이미지가 실사 세트, 모델, 컴퓨터 생성 이미지의 조합일지라도 이미지를 삼차원 합성 구조로 자동 결합한다(이 과정은 어빈 록Irvin Rock이 『지각의 논리The Logic of Perception』 (1983)[64]에서 '무의식적 추론'이라고 언급한 것과 유사하며 게슈탈트 불변성 원칙의 확장으로도 볼 수 있음). 이러한 종류의 무의식적 추론은 일반 시청자가 내러티브를 따라가는 데 방해받지 않을 정도로 세계의 완성도를 충분히 느낄 수 있지만,

세계의 대리 경험에 더 관심이 있는 시청자는 세계의 실현 가능성에 의문을 제기하고 내러티브에 필요한 것 이상의 데이터를 살펴볼 수 있으며, 더 큰 격차는 의식적인 노력으로 채워야 한다(앞서 타투인의 음식과 물에 관한 예처럼).

　스토리나 세계를 시청각 미디어로 표현할 때 발생하는 시각 및 청각적 게슈탈트 외에도 외삽은 내러티브 게슈탈트의 완성, 일차세계 기본값을 사용한 갭 메우기, 이차세계 기본값을 사용한 갭 메우기의 세 가지 유형으로 나눌 수 있다. 이 중 첫 번째와 두 번째는 이미 살펴봤으며, 두 가지 다 모든 팩션 세계에서 사용되는 일반적인 과정이다. 하지만 세 번째는 이차세계의 특정 기본값과 관련된 것으로, 관객이 부족한 부분을 채우기 위해 학습해야 한다. 여기에는 관습, 디자인 스타일, 언어 등이 포함되며, 이러한 것들은 종종 설명 없이 소개되고, 관객이 주어진 정보를 통해 직접적으로, 또는 세계가 전개되는 과정에서 이벤트가 형성하는 맥락을 통해 간접적으로 알아내도록 남겨진다(예를 들어, 스타트렉 열혈 시청자는 우주선 레이아웃과 내부 디자인 스타일에 익숙하므로 우주선 내부가 표시되지 않더라도 충분히 상상할 수 있다). 따라서 일차세계 기본값과 내러티브 게슈탈트는 관객이 세계를 처음 접할 때부터 바로 작동할 수 있지만, 이차세계의 기본값은 시간이 지남에 따라 이차세계에 대한 노출과 경험을 통해 학습해야 하며 때로는 관객의 의식적인 노력이 필요하다(때에 따라 용어집이나 부록과 같은 출처에서 직접적인 설명과 세부 정보를 제공할 수 있다).

　이는 어떤 디테일을 표시해야 하고 어떤 디테일을 상상력에 맡길 수 있는지에 관한 질문으로 이어진다. 이차세계 기본값은 이차세계를 정의하고 일차세계와의 차이점을 설명하는 것으로, 반드시 포함되어야 하는 기초를 형성한다. 세계의 논리가 확립될 만한 디테일이 주어지면 작가는 관객이 확장, 추론 또는 추정할 수 있는 여지를 남겨두기 시작하여 실제로 주어진 것 이상으로 세부 사항이 계속되는 것처럼 보이게 할 수 있다. 톨킨의 표현대로 "프레임 없는 그림: 역사 속 짧은 에피소드를 비추는 탐조등과도 같다. … 시간과 공간에서 무한한 확장의 희미한 빛으로 둘러싸여 있다."[65] 그러므로 필요한 세부 사항은 하위 창작 세계를 하나로 묶는 구조를 형성하는 것(3장의 주제)을 의미한다. 이 외에도 작가는 세계를 채우고, 꾸미며, 미지의 지평을 제시하고, 상상력을 자극하기 위해 디테일을 추가할 수 있다. 시청각 미디어에서는 이러한 디테일이 배경의 작은 디테일이 되면서 관찰하는 시청자에게 추가적인 세계 데이터를 제공할 수 있다(<그림 1-3> 참조).

<그림 1-3> '스타워즈 에피소드 2: 클론의 습격'(20세기 폭스, 2002)의 세계 디테일. 깊이 있는 스테이징은 멀리 있는 오브젝트와 위치를 암시적으로 보여주며(위쪽), 배경 디테일과 이벤트는 전날 밤의 공격으로 깨진 창문을 대신해 파드메Padmé의 아파트 밖에 나타난 비행 드로이드와 같은 스토리 이벤트의 추가 결과를 보여준다(아래쪽).

　　이러한 디테일은 단순히 배경에 머물지 않고 소설에서 묘사되어야 한다. 또한 영화와 같은 시청각 매체는 배경에 있는 사물이 주의를 환기하지 않고 묘사될 수

있다는 점에서 세계 구축에 유리하며, 시청자는 내러티브가 소진된 후 후속 시청에서 이를 발견할 수 있다.

이차세계 기본값은 엄격하게 정의되거나, 관객이 해석하기 위한 여지를 남겨둘 수도 있다. 특히 세계의 시각화를 관객의 상상력에 맡기는 텍스트 기반 미디어에서는 일차세계 기본값이 이차세계 기본값을 어느 정도 '표준화'하는 경향이 있다. 이러한 '정규화 경향'의 두 가지 예는 톨킨의 작품에서 찾을 수 있다. 『호빗』에서 간달프가 처음 등장할 때 그는 '그늘진 모자챙보다 더 튀어나온 길고 덥수룩한 눈썹'을 가진 것으로 묘사된다.[66] 『반지의 제왕』에서 프로도는 50번째 생일 다음날 반지를 들고 호빗골을 떠난다. 이러한 사실에도 불구하고 간달프가 삽화나 영화에서 시각적으로 표현될 때 눈썹을 길게 뻗은 채로 묘사되는 경우는 거의 없으며, 프로도가 50세의 나이로 묘사되는 경우는 거의 없다. 반지가 부분적으로 프로도의 젊은 외모에 영향을 미치기는 하지만,[67] 펠로우십의 다른 호빗들도 일반적으로 더 젊게(피터 잭슨의 영화 각색에서 네 명의 배우가 연기한 것처럼 모두 20대로) 묘사되지만, 네 명의 호빗이 여행을 시작할 때 샘은 35세, 메리는 36세, 피핀은 28세로 묘사된다. 따라서 간달프가 소개될 때 눈썹에 대한 묘사는 간달프에 대한 특정한 느낌을 제공하지만, 실제로 간달프가 그 크기의 눈썹을 가지고 있다고 묘사(또는 계속 상상)하면 만화같이 보일 수 있으므로 초기 묘사는 문자 그대로의 묘사가 아니라 과장된 것으로 취급될 가능성이 크다. 마찬가지로 호빗의 초기 순수함과 상대적 미숙함, 작은 키는 실제 나이보다 내러티브에서 이러한 측면이 더 강하게 강조되어 실제보다 더 젊어 보이게 만든다. 따라서 일차세계 기본값은 이상하거나 특이한 디테일을 완화하고, 이차세계의 이미지를 더욱 '사실적'인 것으로 여길 수 있도록 미묘하게 조정할 수 있다.

세계 발명과 변경된 기본값은 갑자기 혹은 점진적으로 드러날 수 있으며, 직접적으로 설명하게 될 수도 있고, 의도적으로 설명하지 않은 채 남겨둘 수도 있으며, 맥락을 통해 독자가 알아낼 수 있도록 남겨둘 수도 있다. 문맥을 통해 의미를 부여하는 예는 프랭크 허버트 『듄』의 첫 페이지에서 찾을 수 있는데, 폴 아트레이데스를 만나러 온 한 노파에 대해 "그녀의 목소리는 조율되지 않은 발리세트처럼 쌕쌕거리고 뒤틀렸다"라고 말하는 대목에서 찾아볼 수 있다. '발리세트'에 대한 정의가 없이도 청중은 충분히 그것이 악기라는 것을 유추할 수 있다. 또한 이러한 비유는 등장인물의 관점에서 소리를 묘사함으로써(폴은 그녀의 목소리가 발리세트처럼 들린다고 생각할 수 있음) 음악이 세계 문화의 일부이며 등장인물의 관심사 중 하나라는 것을 드러낸다.

추론은 매우 미묘할 수 있으며 작은 세부 사항을 연결해야 할 수도 있다. 예를 들어, 톨킨의 엘프가 뾰족한 귀를 가졌다고 직접적으로 언급된 적은 없지만 '잎'과 '귀'를 뜻하는 케냐어 단어의 유사성은 그러한 모양을 암시한다. 이와 관련하여 더글러스 A. 앤더슨은 다음과 같이 썼다.

> 톨킨은 *라세 = '잎'에서 유래한 어근 라스[1]과 라스[2] '듣다'(*라세 = '귀')에 대한 그의 메모에서 엘프의 '귀가 인간보다 더 뾰족하고 잎 모양'이라는 점에서 둘 사이의 관계 가능성에 주목했다.[68]

<u>일부 질문은 보조 자료를 참고하여 답할 수 있지만, 추측의 여지는 많이 남아 있다. 스토리나 세계를 이해하는 데 필요한 핵심적인 영역에서는 불완전성이 바람직한 것은 아니지만, 그 외의 영역에서 추측의 여지를 남겨주는 것은 관객의 상상력을 자극하고 세계로의 참여를 유도하기 때문에 상상의 세계에서는 귀중한 자산이 된다.</u>

추측의 촉매제Catalysts of Speculation

나는 수수께끼와 퍼즐을 너무 많이 넣어서 교수들이 수 세기 동안 제가 의미하는 바를 놓고 논쟁을 벌일 수 있도록 바쁘게 만들었으며, 그것이 작품의 불멸성을 보장하는 유일한 방법이다.

— 제임스 조이스James Joyce의 소설 『율리시즈』에서[69]

조이스도 깨달았듯이, 작품의 불멸성은 다른 사람들에 의해 계속 논의되는지에 달려 있다. 이는 작품이 소비된 후에도 추측이 계속될 수 있도록 신비로운 측면과 개방형 질문(단서가 없는 것은 아니지만)을 통해 추측을 시도할 수 있는 영역을 의미한다. 의도적인 틈새, 수수께끼, 설명할 수 없는 참고 자료는 관객의 상상력 속에서 작품이 살아 숨 쉬는 데 도움이 되는데, 바로 이러한 영역에서 관객의 참여가 추측의 형태로 가장 장려되기 때문이다. 가장 성공적인 세계관 구축자 중 일부는 이미 이 사실을 깨달았다. 톨킨은 1954년 편지에서 다음과 같이 썼다.

> 스토리로서 설명되지 않은 것이 많을수록 좋다고 생각하는데(특히 실제로 설명이 존재하는 경우), 나는 이런 관점에서 너무 많은 것을 설명하고, 과거 역사를 너무 많이 설명해버린 잘못을 범했을 수도 있다. 예를 들어, 많은 독자가 엘론드평의회Council of Elrond에 대해 의문을 품고 있다. 그리고 신화시대에도 항상 그렇듯이 수수께끼가 있을 수밖에 없다. 톰 봄바딜Tom Bombadil도 (의도적으로) 그중 하나이다.[70]

그리고 1965년에 쓴 또 다른 편지에서 톨킨은 책 뒷부분에 간달프가 회색 안식처를 떠난 것을 언급하며 다음과 같이 썼다.

> 명시되어 있지는 않지만, 섀도우팩스는 확실히 간달프와 함께 갔다고 생각한다. 나는 모든 것을 언급하지 않는 것이 더 낫다고 생각한다 ('실제' 역사에 대한 연대기나 기록에는 일부 탐구자가 알고 싶어 하는 많은 사실이 생략되어 있으며, 진실은 있는 그대로의 증거에서 발견되어야 해서 실제로 더 현실적이다).[71]

조지 루카스도 같은 생각을 하는 것 같다.

스타워즈 시리즈를 조심스럽게 관리하여 엄청난 부를 얻었지만, 생산
적인 농장의 핵심은 일부 밭을 휴경지로 남겨두는 거라고 말했다. 『헨리
Henry』를 쓴 젠킨스Jenkins의 말처럼 "지도에 표시되지 않은 구석구석, 상
상력으로 채울 수 있는 어두운 그림자를 좋아하는" 팬들에게 완전한 홀로
크론Holocron은 판타지를 위한 공간을 거의 남기지 않을 것이다.

루카스는 이를 잘 알고 있다. 예를 들어 제다이 마스터 요다의 기원과
그의 종족, 고향 행성은 공개하지 않았다. 그 배경 스토리는 홀로크론에도
없다. "조지의 머릿속을 제외하고는 존재하지 않는 스토리다"라고 리랜
드 치는 말했다. '그'는 모든 걸 항상 설명할 필요는 없다고 생각한다. 대신
미스터리를 유지하자고 생각한다.[72]

물론 모든 이차창작 세계에는 빈틈이 있어서 추측이 항상 가능하지만, 여기서
차이점은 성공적인 이차창작 세계는 관객이 추정하고 싶어 하는 세계라는 것이
다. 추측이 일어나기 전에 호기심을 불러일으켜야 하며, 정답 또는 적어도 그럴듯
한 답이 어딘가에 존재할 가능성이 있을 때만 호기심을 불러일으킬 수 있다. 완전
성은 결코 달성할 수 없지만, 이론적으로는 모든 질문에 대한 답을 찾을 수 있을 것
같은 인상을 주는 완전성은 달성할 수 있다. 추측이 장려되는 세상에서 이상적인
정보의 균형은 여러 이론을 뒷받침할 수 있을 만큼 충분한 정보가 제공되지만, 어
느 한 이론을 확실하게 증명하기에는 충분하지 않은 정보다. 토론하고 질문에 답
할 수 있는 새로운 방법을 찾는 능력은 특히 더는 승인된 추가가 이루어지지 않는
'폐쇄형' 세계일 때 세계의 신선함을 유지할 수 있다(7장 참조). 아직 제작 중인
'개방형' 세계의 경우, 추측을 통해 세계의 창시자나 추가 권한이 있는 사람, 심지
어는 팬의 무단 추가로 질문에 더 자세히 답하려는 새로운 작품이 나올 수도 있다.

또 다른 추측의 촉매제는 세계의 창시자가 미완성 작품을 남기고 사망할 때 발
생한다. 톨킨의 작품 대부분은 사망 당시 미발표 상태였으며, 사후에 그의 아들 크

리스토퍼 톨킨이 편집한 『실마릴리온』(1977), 『끝나지 않은 이야기Unfinished Tales』(1980), 12권으로 구성된 『중간계의 역사 시리즈History of Middle-earth series』(1983~1996), 『후린의 아이들The Children of Hurin』(2007)에 등장했다. 프랭크 허버트는 1986년 사망할 때 『듄』 시리즈의 일곱 번째이자 마지막 소설을 개요 형식으로 미완성 상태로 남겼고, 그의 아들 브라이언Brian은 이 개요를 바탕으로 두 편의 듄 소설인 『듄의 사냥꾼Hunters of Dune』(2006)과 『듄의 모래벌레Sandworms of Dune』(2007)를 비롯해 여러 편의 프리퀄 소설을 제작했다. 이처럼 미완성된 소재가 출판되는 것을 보고 싶은 욕구는 원작자 주변에서 확장될 수 있는 작가 집단을 자극하는 데 도움이 될 수 있다(7장 참조).

톨킨의 두 번째 인용문에서 알 수 있듯이, 섀도우팩스와 관련하여 의도적인 간극, 수수께끼, 설명할 수 없는 참조는 지식을 찾는 데 모호함과 누락된 부분이 종종 남는 일차세계와 비슷하게 만들어 세계의 사실성을 더하며, 시인 존 키츠가 '부정적 능력', 즉 '사실과 이성에 짜증을 내지 않고 불확실성, 신비, 의심 속에 있을 수 있을 때'를 요구한다.[73] 일반적으로 세계의 많은 부분이 밝혀지지 않았거나 설명되지 않거나 모호한 상태(예: 발로그에 날개가 있는지 없는지와 같이)로 남아 있으므로 부정적 능력은 이차창작 세계를 즐기는 데 거의 필수적이다.[74] 작가가 이차창작 세계에 대해 더 많은 정보를 제공할수록 더 많은 부분이 타원형으로 표시되거나 모호하게 남을 수 있다. 불완전한 세계보다 거의 완성된 세계에서 추측이 더 많이 일어나는데, 완성 가능성이 훨씬 가깝고 달성할 수 있어 보이기 때문이며, 큰 격차보다 작은 격차가 해소될 가능성이 더 크기 때문이다. 따라서 작가는 자신의 세계가 완성을 위한 이론을 생성할 수 있을 만큼 충분하지 않으면 추측에 의존할 수 없다.

그러나 세계에 포함할 수 있는 모든 정교한 디테일에도 불구하고 중요한 디테일인 정확한 위치는 의도적으로 모호하게 남겨두는 경우가 많지만, 동시에 보조세계와 일차세계를 다시 연결하는 연결고리가 있는 경우가 많다.

이차세계와 일차세계 연결하기|Connecting the Secondary World to the Primary World

이차세계와 일차세계 사이의 경계는 일반적으로 매우 뚜렷하며('스타트렉'에서처럼 전자가 후자를 이미 포함하지 않는 한), 이 경계는 누가 이차세계로 들어오고 나가는지를 결정하기 때문에 매우 중요하다. 이차세계로 이동하려면 어느 정도 노력이 필요하며, 많은 이차세계에는 바다(섬 주변), 사막, 산, 기타 비어 있는 땅 등 이차세계와 일차세계를 구분하는 일종의 '아무도 없는 땅' 또는 영역[75]이 있어 위치를 숨기는 데 도움이 된다(이차세계는 종종 찾아 들어가기 어렵다). 이 완충 지대는 우주 공간 그 자체일 수도 있고, 지하 세계를 덮고 있는 지층일 수도 있다. 이차세계를 둘러싼 완충 지대는 이차세계가 왜 그렇게 고립되어 있는지, 어떻게 이차세계가 주세계와 분리되어 있는지, 왜 주세계와 다른지 설명하는 데 도움이 될 수도 있다. 완충 지대를 통과하려면 캐릭터가 가지고 있지 않은 일종의 이동수단이 필요하거나, 출구를 찾을 수 없거나, 이차세계 주민들이 이차세계에 들어온 방문객의 이탈을 허용하지 않기 때문에 완충 지대는 이차세계를 떠나기 어렵게 만들 수도 있다. 어쨌든 일차세계와의 연결은 그것이 존재할 때 신중하게 고려되고 통제된다.

모든 이차세계는 어떤 식으로든 일차세계를 반영하거나 닮았다. 그렇지 않다면 우리는 그 세계와 공감할 수 없을 것이다. 톨킨의 말처럼, "판타지는 현실 세계의 선명한 윤곽을 흐리게 하지 않는다. 왜냐하면 현실 세계에 의존하기 때문"이다.[76]

이차세계는 어느 정도는 우리 세계의 버전 또는 변형된 세계다. 마찬가지로 이차세계를 배경으로 하는 스토리의 주인공은 관객이 주인공을 통해 새로운 세계를 대리 경험하기 때문에 쉽게 공감할 수 있는 매우 평범한 유형의 인물일 때가 많다. C. S. 루이스의 다음 설명처럼 말이다.

모든 훌륭한 작가는 스토리의 장면과 사건이 특이할수록 등장인물이 더 가볍고, 더 평범하며, 더 전형적이어야 한다는 것을 알고 있다. 따라서 걸리버는 평범한 소년이고, 앨리스는 평범한 소녀다. 그들이 더 뛰어났다면 책을 망쳤을 것이다. 걸리버 자신도 아주 평범한 사람이다. 이상한 일이 이상한 사람에게 일어났을 때 얼마나 이상한 일인지 설명하는 일은 너무 많이 이상할 수밖에 없다. 이상한 광경을 보게 될 사람은 그 자신이 절대 이상해서는 안 된다. 그는 가능한 한 에브리맨Everyman이나 애니맨Anyman에 가까워야 한다.[77]

일차세계와 이차세계를 구분하는 데 도움이 되는 거리와 뚜렷한 경계의 필요성은 이미 논의된 바 있다. 미지의 섬, 숨겨진 지하 왕국, 산속에 숨겨진 잃어버린 세계 등 작가들이 다른 항성계의 먼 행성에 세계를 배치하기 전까지는 대부분의 세계는 이러한 배경을 가졌다. 세계가 어디에 있든 일반적으로 우리가 있는 곳과 비교하여 어느 정도 위치를 알려주어 세계 간의 공간적 연결고리를 제공하지만, 대개는 건너기가 매우 어렵고 위험한 곳이다. 다른 스토리는 우리와 연결되어 있지만, 여행자가 접근할 수 없는 과거 또는 미래에서 진행된다(물론 시간 여행자는 제외다).

초기부터 이차세계와 일차세계를 연결하는 프레이밍 장치가 자주 사용되었다. 이차세계가 미개척지의 지구에 있는 초기 작품에서는 주인공이 먼 거리를 항해하거나 산길을 오르거나 정교한 동굴 시스템으로 내려가서 그곳에 도달해야 하는 경우가 많았다. 이후 스토리에서는 앨리스가 이상한 나라로, 도로시가 오즈로, 네오Neo가 매트릭스로 이동하는 등 주인공을 일차세계에서 이차세계로 이동시키는 마법, 초자연적 또는 기술적 수단이 등장한다. '스타트렉'이나 『듄』에서처럼 우주를 배경으로 하는 스토리에서는 프레임 장치가 필요하지 않지만, 일차세계와의 연결은 그대로 유지된다. 예를 들어, 스타워즈는 각 에피소드를 '아주 오래전, 아주 먼 은하계에서'로 시작하여 우리가 곧 보게 될 은하계와 공간적·시간적으로 (아주 미약하게나마) 연결한다. 시간적 연결도 중요한데, 많은 스토리가 먼 과거나 미래를 배경으로 하고 있어서 우리가 도달할 수 없지만, 대체 역사나 상상의 시대가 발명되더라도 역사에서 우리의 위치와 어떻게든 연결되어 있다. 대부분은 내러티브에서 이러한 연결고리를 만들 필요는 없지만(모든 세계가 이러한 연결고리를 가지고 있는 것은 아니다), 이러한 연결고리는 많은 작가가 여전히 일차세계에서 청중의 경험에 대한 시공간적 연결이, 청중이 완전히 분리될 이차세계와 더 잘 관련되는 데 도움이 된다는 생각을 시사할 만큼 자주 등장한다.

하지만 관객들이 낯설고 이질적인 세계에 익숙해지면서 이차세계와 일차세계를 연결해야 할 필요성은 시간이 지남에 따라 줄어들고 있다. 미지의 섬과 지하 왕국, 우주 공간의 행성, 지구와 시공간적 연관성이 전혀 없는 세계까지, 이차세계는 시간이 지남에 따라 그 수와 함께 그 범위가 넓어졌다. 특히 20세기 후반에 들어서면서 이차세계의 인기가 높아졌고, 그 수요는 여전히 증가하고 있지만, 이차세계의 발전 방향을 완전히 이해하기 위해서는 다음 장의 주제인 3,000년 전으로 거슬러 올라가는 이차세계의 역사를 살펴봐야 한다.

2

상상 세계의 역사 A HISTORY OF IMAGINARY WORLDS

존재하지 않는 대상을 마치 존재하는 것처럼 대면하고 그것에 영향을 받아 그 것이 존재한다고 믿는 것, 이것은 아무런 해를 끼칠 수 없으므로 적절하고 비난 받을 수 없는 오락 제공 수단이 아닐까?

— 젊은 필로스트라투스 Philostratus the Younger, 서기 3세기[1]

나는 알렉산더와 카이사르처럼 세상을 정복할 힘도, 시간도, 기회도 없지만, 운 명과 운명이 나에게 아무것도 주지 않을 것이기 때문에 어느 한 사람의 여주인 이 되지 않기 위해 나만의 세상을 만들었으니, 그렇게 하는 것은 모든 사람이 갖 는 권한이므로 누구도 나를 비난하지 않기를 바란다.

— 마가렛 캐번디시 Margaret Cavendish, 1666년, 블레이징 월드에 대한 글쓰기[2]

상상의 세계가 어떻게 생겨났는지 살펴보기 전에, 왜 작가들은 다른 세계를 발 명할 필요성을 느꼈을까? 일반적으로 그 답은 놀라움, 재미, 풍자, 가능성 제시 또 는 단순히 청중이 당연하게 여기는 기본값을 더 잘 인식하게 하려고 원초적 세계 의 기본값을 변경하기 위해서였다. 이국적인 배경의 스토리와 마찬가지로, 상상 의 세계를 배경으로 한 스토리는 여행할 필요도 없고, 실제로 존재하는 것에 국한될 필요도 없이 기괴하고 이국적인 것을 생생하게 전달할 수 있다.

이차세계는 일차세계를 다르게 바라보게 하며, 종종 이에 대해 논평하는 데 사용된다. 상상 세계의 역사를 살펴보면 그 위치와 디자인, 미학, 테마, 구조와 목적, 그리고 그 안에 담긴 스토리가 등장 시대와 얼마나 밀접하게 연관되어 있는지를 알 수 있다. 그러나 동시에 이차세계는 일차세계와 크게 다른 경우가 많아서 기본 가정에 대해 더 잘 알고 있다. 그리고 시간이 지나면서 상상 세계 전통이 세계 건설 문제에 대한 고유한 관습과 해결책을 개발함에 따라 이러한 기본 설정 중 점점 더 많은 것을 변경할 수 있었다.

하위 창조 세계의 역사와 발전을 탐구하는 것은 문학, 회화, 영화, 텔레비전, 애니메이션, 만화, 만화책, 비디오 게임 및 기타 시각 예술의 역사와 탐험, 유토피아, 판타지, 공상과학, 플레이 세트, 보드게임, 롤플레잉 게임, 인터랙티브 영화, 특수효과 및 컴퓨터 그래픽의 역사와 교차하는 야심 찬 모험이다. 이러한 역사를 모두 요약하는 것은 이 장의 범위를 훨씬 넘어서는 것이므로, 여기에서는 상상 세계의 발전과 관련된 주요 내용만 소개한다.[3] 여기서 논의되는 모든 세계에 대해 자세히 설명할 여지는 없지만, 역사 속에서 차지하는 위치와 기여도에 대해서는 시도할 것이다. 여행자들이 기착지로 삼는 몇 개의 가상의 섬에서부터 수십 년에 걸쳐 수백 명의 사람이 작업한 거대한 단일 세계, 한 개인이 전체를 경험할 수 없을 정도로 광활한 세계에 이르기까지 상상의 세계는 길고 흥미로운 역사가 있으며, 이는 스토리가 일어나는 바로 그 지역 너머의 세계가 존재한다는 최초의 징후에서 시작된다.

내러티브 캐릭터와 문학 주기|Transnarrative Characters and Literary Cycles

특정 스토리를 전달하는 데 필요한 세부 사항 너머에 세계가 존재한다는 가장 단순한 문학적 징후는 아마도 초내러티브 캐릭터일 것이다. 두 개 이상의 스토리에 등장하는 캐릭터는 스토리의 세계를 서로 연결하며, 여러 스토리에 등장하는 캐릭터는 단일 스토리에서 드러나는 것보다 더 많은 것이 캐릭터에 내재되어 있음을 암시한다. 한 스토리에 등장하는 여러 캐릭터, 사물, 장소가 다른 스토리에 등장하면 이들이 모두 등장하는 세계는 어느 한 스토리보다 커지고, 관객은 이전 지식을 바탕으로 기대치를 쌓기 시작하며 스토리 사이의 빈틈을 메우며 상상력을 발휘하여 세계에 추가할 수 있다.

최초의 초서사 캐릭터는 바빌론의 네부카드네자르 2세 왕King Nebuchadnezzar II of Babylon과 같이 구약성경의 여러 책(열왕기상·하, 역대하, 에즈라, 느헤미야, 에스더, 예레미야, 다니엘)과 다른 역사 텍스트(클라우디우스 요세푸스Claudius Josephus의『유대인 고대사Antiquities of the Jews』8권 등)에 등장하거나 언급되는 실제 역사적 인물이다. 이러한 역사적 인물이 등장하는 세계는 일차세계였으며, 동일한 인물에 대한 여러 출처의 스토리 사실 여부는 인물의 외모와 행동과 같은 세부 사항을 비교하여 스토리마다 일관성이 있는지 확인함으로써 판단할 수 있었다. 픽션의 경우, 동일한 캐릭터에 대한 여러 스토리가 존재하면 개별 스토리와 무관한 존재라는 착각을 불러일으킬 수 있으므로, 초내러티브 픽션 캐릭터는 단일 스토리에만 등장하는 캐릭터보다 더 현실적으로 보일 수 있다.

트랜스 내러티브 캐릭터를 중심으로 한 여러 이야기는 때때로 문학적 순환을 가져오며, 이는 특정 이야기의 요구를 뛰어넘는 세계를 더욱 발전시킬 수 있다. 『트로이 전쟁Trojan War』,『아서 왕과 원탁의 기사들King Arthur and the Knights of the Round Table』,『로빈 후드Robin Hood』등 문학 사이클의 스토리에는 등장인물의 앙상블과 장소의 네트워크가 공유되는 경우가 많다. 문학 주기는 여러 작가가 수년 간격을 두고 스토리를 추가할 수 있으며, 청중이 해당 주기의 이전 스토리에 등장하는 인물과 상황에 익숙한 점을 활용한다. 문학 사이클은 어느 정도는 미디어 프랜차이즈의 선구자로 볼 수 있는데, 여러 작가가 제작하는 일련의 작품에 동일한 캐릭터, 사물, 장소가 등장하는 경우가 있다. 오늘날의 미디어 프랜차이즈는 의도적으로 구성하고 구축하는 방식이 문학 사이클과 다르며, 종종 여러 스토리나 작품의 캐릭터와 사건을 포괄하는 틀을 염두에 두고 제작된다. 마찬가지로 오늘날 허구적 인물은 일반적으로 작가의 지적 재산으로 간주하며, 승인되지 않은 스토리는 비정경 또는 외경으로 간주한다. 어쨌든 초월적 캐릭터는 더 많은 경험이 관련되어 있고 그들이 사는 세계가 성장함에 따라 함께 성장한다.

그런데도 트랜스 내러티브 캐릭터, 문학 주기, 미디어 프랜차이즈의 세계는 별도의 개발이 완료된 이차세계 없이도 일차세계로 설정할 수 있다. 일차세계 로케이션을 배경으로 하는 스토리에서 상당한 규모와 복잡성을 갖춘 잘 발달한 가상 공간에서 주로 액션이 일어나는 스토리로 전환하려면 새로운 세계를 상상할 이유가 필요했다. 세계의 개발 정도는 이러한 필요성과 세계 디자인이 얼마나 진지하게 수행되었는지에 따라 달라졌다. 따라서 우리는 이차세계의 뿌리가 고대로 거슬러 올라가는 것을 발견한다.

신화와 미지의 세계The Mythical and Unknown World

환상적인 장소는 항상 그 존재를 반증하기 어려운 세계의 외딴곳이나 잘 알려지지 않은 지역을 배경으로 함으로써 더 많은 신뢰를 얻었다. 고전 고대에 지중해 주변 지역의 주민들은 자신의 영역 너머의 세계에 대해 상대적으로 거의 알지 못했고, 바다와 북쪽과 서쪽의 육지는 대부분 미개척지였기 때문에 상상력을 발휘할 수 있는 비옥한 땅이었다. 마찬가지로 거의 모든 문화권에는 하데스, 엘리시안 필드, 아눈, 투넬라, 얌 간, 우쿠 파차, 포춘 아일즈, 아들리분, 하와이키, 시발바 등 땅속이나 지평선 너머 미지의 세계 어딘가에 존재한다고 생각되는 사후 세계 또는 지하 세계가 있었다. 또한 신화와 전설이 일상생활과 밀접하게 결합되어 있었기 때문에 알려진 내용이나 추측되는 내용은 지역마다 매우 다양했다. 그리스와 로마 신들의 판테온에 대한 믿음, 인간의 한계를 초월한 영웅적 인물에 대한 전설, 구전으로 전해 내려오는 스토리(시간이 지날수록 더욱 정교해짐)가 모두 결합되어 현실과 비현실이 상당히 혼합된 환상적인 세계관을 만들어냈다.

이에 대한 좋은 예는 오디세이에서 찾을 수 있다. 고대부터 현재까지 학자들은 오디세우스가 방문한 가상의 섬과 그사이의 항로를 에게해에서 멀리 대서양에 이르는 실제 위치에 매핑하려고 시도해 왔으며, 이 스토리의 지리적 위치에 관한 논쟁이 오랫동안 지속되어 온 것은 그 한계성을 입증하는 증거다.[4] 오디세이에서 방문했거나 언급된 미지의 섬으로는 파로스, 오기기에, 스케리에, 퀴클롭스의 섬, 연꽃을 먹는 섬, 떠다니는 섬 에올로스, 아이아, 사이렌의 섬, 헬리오스의 섬, 시리에, 이타카(호머의 이타카가 실제 이타카섬과 같은지는 여전히 논란의 여지가 있다) 등이 있다. 스토리에서 이 섬들은 오디세우스가 직접 경험하거나 오디세우스 또는 다른 등장인물(메넬라오스는 파로스, 에우마이오스는 시리에)을 묘사하는데, 이는 상상의 세계가 만들어내는 노출의 부담을 덜어주는 두 가지 주요 전략의 한 예다. 앞서 언급했듯이 상상 세계와 관련된 스토리는 원시 세계의 기본값이 더 많이 초기화되어 있어서 익숙한 원시 세계를 배경으로 하는 스토리보다 더 전달해야 할 정보가 많을 수 있다. 상상의 세계를 처음 경험하는 여행자인 주인공 캐릭터는 그를 통해 세계를 경험하는 청중의 대리인이 된다. 마찬가지로 다른 등장인물이 들려주는 스토리도 디에게시스diegesis 내에서 비슷한 기능을 수행하는 일인칭 경험이다. 오디세이 이후 이 두 가지 방식은 이차세계를 배경으로 하는 스토리 대부분에 등장하며, 오디세이는 이후 수 세기 동안 하위 창작자들에게 영향력 있는 모델이 되었다.

상상의 세계를 소개하는 또 다른 방법은 직접 설명하는 것이다, 내러티브에 의존하지 않고. 고대의 많은 역사 작품에도 상상의 영역에 대한 묘사가 포함되어 있다. 헤로도토스Herodotus의 『역사Histories』에는 아리마스피Arimaspi에 대한 설명과 함께 저자 자신의 의구심이 담겨 있다.

유럽의 북부는 다른 어떤 지역보다 금이 매우 풍부하지만, 그 금이 어떻게 조달되는지 나는 확실히 알지 못한다. 외눈박이 아리마스피족이 금을 약탈해 간다는 스토리는 들었지만, 이 이야기를 나는 믿을 수 없으며, 다른 모든 면에서 다른 인류와 닮은 외눈박이로 태어난 종족이 있다는 것 또한 스스로 이해할 수 없다. 그런데도 다른 모든 나라를 둘러싸고 그 안에 가두는 지구의 극한 지역이 가장 희귀하고 사람들이 가장 아름답다고 여기는 것들을 생산한다는 것은 사실인 것 같다.[5]

고대 역사에 언급된 다른 상상의 땅으로는 피테아스Pytheas의 『대양에 관하여 On the Ocean』에 나오는 툴레Thule섬, 디오도로스 시켈로스Diodorus Siculus의 『역사총서Bibliotheca Historia』에 나오는 판카이아Pankhaia섬, 클라우디우스 아에리아누스Claudius Aelianus의 『바리아 히스토리아Varia Historia』에 나오는 아노스투스섬, 고대 중국 문헌 『산해경』의 쿤룬산, 퉁팡 슈오Tung-Fang Shuo의 『신과 경이의 서남 황야』에 나오는 중국 서남 황야 지역이 있다. 『인벤툼 나투라Inventum Natura』와 『자연의 역사Naturalis Historia』에서 장로 플리니우스Pliny는 아리마스피Arimaspi와 다른 여러 상상의 땅을 언급한다. 귀가 매우 큰 아우리티Auriti족의 고향인 귀제도, 북쪽 멀리 행복과 장수의 땅인 하이퍼보레아Hyperborea, 그리고 가슴에 눈과 입이 있는 머리 없는 종족인 블렘미아이Blemmyae족의 땅이 있다. 이 땅과 환상적인 주민 중 상당수는 여러 작가의 작품에 등장하여 개별 작가의 상상력을 넘어 실제 존재했던 역사적 실체처럼 느껴진다.

세계의 많은 부분이 아직 탐험이 되지 않았기 때문에 대륙 전체를 제안하고 고려할 수 있다. 플라톤은 아틀란티스에 관해 썼고, 동방에서는 퉁팡 슈오가 『열국지』에서 수안에 관해 썼다. 그러한 장소가 실제로 존재했는지는 탐험가들만이 반증할 수 있는 것이었기 때문에 전설은 수 세기 동안 지속되었다(가라앉은 아틀란티스처럼 일부 전설은 현재까지도 존재한다). 남극해에 있다고 추정되는 거대한 대륙 테라 아우스트랄리스Terra Australis는 17세기와 18세기까지 다양한 작품에 등장했다. 『르네상스와 종교개혁』에서 저자 제임스 패트릭James Patrick은 테라 아우스트랄리스Terra Australis의 역사를 다음과 같이 요약한다.

> 거대한 남부 대륙인 테라 아우스트랄리스는 지구에서 가장 멀고 신비
> 로운 지역으로 대중의 상상 속에 자리 잡고 있다. 2세기 그리스 지리학자
> 프톨레마이오스Ptolemy가 15세기에 재발견한 세계 지도에 남부 테라 아
> 우스트랄리스('미지의 땅unknown land')가 포함되어 있었다. 프톨레마이
> 오스는 지구가 대칭이기 때문에 북쪽과 균형을 맞추기 위해 남쪽에는 얼
> 어붙은 땅이 있어야 한다는 아리스토텔레스(기원전 384~322년)의 이론
> 을 받아들였다. 플랑드르의 위대한 지도 제작자 제라르두스 메르카토르
> Gerardus Mercator가 1569년에 그린 세계 지도에는 거대한 테라 아우스트
> 랄리스(라틴어 단어는 문자 그대로 '남부 대륙'을 의미)가 지구의 남쪽 끝
> 을 가득 채우고 있다. 18세기 후반 제임스 쿡이 남극 대륙을 일주한 후에
> 야 비로소 테라 아우스트랄리스의 신화가 마침내 폭발했다.[6]

고대에 그 뿌리를 찾을 수 있는 또 다른 상상 세계의 전통은 유토피아다. 플라톤 공화국의 이상 도시인 칼리폴리스Kallipolis는 철학적 사고 실험으로 사용되는 이 차세계로, 인간 사회의 기반과 매개변수를 재설정하고, 사람들이 특정한 방식으로 살면 어떤 일이 일어날지 토론하는 데 사용되는 세계다. 플라톤은 자신이 생각하는 완벽한 사회의 모습을 묘사할 뿐만 아니라(훗날 유토피아 전통을 확립), 대화편 8권에서 귀족정에서 명예 지상 정치, 금권 정치, 민주주의로 이어지는 불완전한 국가가 점점 더 혼란스러워지고 결국 폭정에 빠지는 과정을 묘사하여 훗날 디스토피아라고 불리는 상황을 설명한다. 플라톤의 도시는 아마도 사회 구조를 진지하게 고려하고, 상세하게 묘사한 최초의 상상 세계일 것이다. 또한 스토리의 배경을 제공하는 것 이상의 이유로 만들어진 최초의 이차세계 중 하나이며, 따라서 세계 자체로 더 많은 관심을 끌고 있다.

고전적 고대에서 이차세계가 마지막으로 사용된 것은 풍자의 세계였다. 키오스의 테오폼포스Theopompos가 쓴 『필리피카Philippica』에 등장하는 메로피스섬은 플라톤의 아틀란티스를 패러디한 것으로, 대륙의 크기와 인구수 등 모든 것이 과장되어 있으며, 플라톤이 자신의 대륙에 관해 주장한 것 이상으로 과장되어 있다.

희극적 효과를 위해 만들어진 또 다른 세계는 아리스토파네스Aristophanes의 희곡 '새들The Birds'에 나오는 네펠로코키아 또는 '공상의 나라Cloudcuckooland'라는 도시다. 이 작품에서 두 주인공인 피스테타이로스와 에우엘피데스는 도시를 점령하고 도시 주변에 거대한 벽을 쌓는 새들의 왕국에 합류한다. 도시는 예배의 중심지가 되고, 신들은 포세이돈과 헤라클레스를 보내 협상을 벌이고, 결국 피스테타이로스는 제우스의 하녀 바실레이아와 결혼하여 신들과 함께하게 된다.

이차세계를 활용한 고대의 가장 정교한 풍자는 고전 시대 후반인 서기 2세기에 등장했다. 사모사타Samosata의 루시안Lucian은 여행자들의 스토리와 역사, 그리고 다양한 상상의 장소와 문화로 문학적 형식과 스타일을 패러디했는데, '서문'에서 그는 그것이 사실이 아님을 다음과 같이 공개적으로 인정한다.

> 나는 후손에게 무언가를 물려주겠다는 희망을 소중히 여길 만큼 헛된 사람이고, 다른 사람들이 누리는 창의적 자유에 대한 권리를 포기할 이유가 없으며, 기록에 남길 진실이 없으므로 매우 평범한 삶을 살았기 때문에 거짓, 그러나 더 일관된 종류의 거짓에 의존한다. 이제 여러분이 기대하는 유일한 진실은 제가 거짓말쟁이라는 것이다. 이 고백은 모든 비난에 대한 완전한 방어라고 생각한다. 그러므로 나의 주제는 제가 보지도, 경험하지도, 듣지도 못한 것, 존재하지도 않고 상상할 수도 없는 것이다. 독자들의 믿음을 겸허히 요청한다.[7]

루시안은 특히 환상적인 내용을 다룰 때 사실성을 위해 '일관된 다양성의 허위'가 필요하다는 것을 잘 알고 있다. 그는 자신의 스토리가 믿어지도록 의도하지 않앉음에도 불구하고 많은 세부 사항을 제공하고 내용뿐 아니라 스타일도 패러디하여 작품이 그 시대의 역사처럼 들리게 만드는 스타일로 글을 쓴다. 그는 과일로 뒤덮인 덩굴에서 우유가 나오는, 치즈로 만든 갈라테아섬, 주민들이 코르크 발로 물 위를 걸을 수 있는 코르크섬, 나귀 발굽을 가진 여인들이 사는 카발루사, 말하는 램프인 램튼, 심지어 아리스토파네스의 구름 뻐꾸기 나라 등 이상한 섬들의 세계를 묘사한다. 여행자들은 또한 엘리시안 평원을 방문하여 호머, 소크라테스, 피타고라스 및 기타 역사적 인물을 만난다. 스토리의 긴 부분 중 하나에서 루시안은 달에 사는 달인과 태양에 사는 태양인 사이의 거대한 규모의 전쟁을 묘사한 다음, 달인의 문화에 대해 자세히 설명한다. 화자의 우주선이 달에 닻을 내릴 때까지 8일 동안 우주를 항해하다가 물보라를 만나게 되는 달로의 항해도 묘사된다. 문학상 최초로 시도된 이 행성 간 여행과 외계 문화와의 만남과 같은 스토리의 다른 요소들로 인해 일부 사람들은 트루 히스토리True History를 공상과학 장르의 첫 번째 스토리로 간주하기도 한다. S. C. 프레드릭스Fredericks는 다음과 같이 썼다.

> 강력한 모방적 차원 때문에 그의 내러티브를 단순히 풍자나 문학적 패러디의 연속으로만 축소해서는 안 된다. 현대 SF(공상과학) 작가답게, 루시안은 과학 및 기타 인지 분야를 활용하여 독자의 지성을 혼란에 빠뜨릴 수 있는 대체 세계를 그려냄으로써 종교적 신념, 미적 판단, 철학적 이론 등 다양한 영역에서 사물에 대한 일반적인 신념이 얼마나 많은 진부한 사고와 고정관념에 기반하고 있는지를 깨닫게 해 준다. 따라서 주인공인 화자narrator가 방문하는 '장소'는 지적 유전자좌遺傳子座이며, 루시안의 지리학은 문자 그대로가 아니라 훨씬 더 많은 부분을 비유적으로 표현하고 있다. 우리는 현실 세계에서 인간의 마음 습관에 대해 풍자적이고 비판적으로 논평하는 일련의 개념과 사변을 통해 화자와 함께 여행한다.[8]

『참된 역사True History』를 비롯한 루시안의 작품들은 르네상스 시대에 부활하여 큰 인기를 누렸고 토머스 모어, 데시데리위스 에라스뮈스Desiderius Erasmus, 루도비코 아리오스토Ludovico Ariosto, 프랑수아 라블레François Rabelais 등의 작가들에게 영향을 미쳤다(모어와 에라스뮈스는 루시안의 작품을 라틴어로 번역하기도 했다).[9] 이 작가 중 다수는 자신만의 이차세계를 창조한다.

고전 고대의 시대가 끝날 무렵, 이차세계는 이미 설화, 역사, 풍자, 사고 실험(유토피아와 디스토피아 포함), 이미 존재한다고 여겨지는 장소(아틀란티스나 엘리시안 필드 등)에 대한 묘사 등 여러 문학 양식에 등장하기 시작했다. 이러한 형식은 시간이 지남에 따라 각각 전통으로 발전하여 후대의 작품이 이전의 작품을 참조하는 경우가 많았다(루시안이 아리스토파네스의 『클라우드쿠쿨랜드Cloudcuckooland』를 포함시킨 것은 작가가 다른 작가의 이차세계를 자신의 세계와 연결한 최초의 사례일 수 있다).

이후 수 세기에 걸쳐 그리스와 로마 신화는 아서왕 전설Arthurian legends('브리튼의 문제'), 샤를마뉴 대제Charlemagne, 롤랑Roland, 기욤 도랑Guillaume D'Orange의 전설('프랑스의 문제'로 통칭), 웨일스 신화의 매버노기언Mabinogion 등 다른 주기 및 전설과 함께 중세 유럽 문학에서 '로마의 문제' 일부로 자리 잡게 되었다. 이러한 스토리 중 상당수는 상상의 장소는 아니더라도 환상적인 요소를 포함하고 있으며, 후대의 작가들이 이 주기를 계속 이어가면서 상상의 세계에 자리 잡을 수 있게 소재를 제공했다.

중세 초기에는 고대인들이 확립한 방식으로 이차세계의 제작이 계속되었다. 성 오거스틴의 『신의 도시City of God』는 지구에는 없는 유토피아를 묘사했고, 수 세기 후 단테 알리기에리Dante Alighieri는 『신곡Divine Comedy』에서 천국, 연옥, 지옥의 모습을 상상했다. 안젤리누스 달로르토Angelinus Dalorto의 1325년 논문 '브라질의 섬L'Isola Brazil'에 언급된 하이 브라질Hy Brasil섬과 같은 전설적인 장소는 지도에 남아 있다. 가상의 환상적인 섬은 8세기경의 『다양한 종류의 괴물에 대한 책Liber monstrorum de Diversis generibus』의 브리슨테Brissonte와 폴리글롯 Polyglot 또는 11세기 이슬람 소설 두 편의 이븐투파일Ibn Tufail의 『하이 이븐 야크 단Hayy ibn Yaqdhan』(라틴어로『독학한 철학자Philosophus Autodidactus』)의 배경 을 제공한 무인도와 같은 야생 어린이에 대한 사고 실험이다. 이븐 알 나피스Ibn al-Nafis의『알 리살라 알 카밀리야 필 시에라 알 나바위자Al-Risalah al-Kamiliyyah fil Siera al-Nabawiyyah』, 난파선 생존자들이 발견하여 문명으로 다시 데려온 야생 어린이에 대한 사고 실험과 같이 문학에 등장했다.[10] 114세기경에 완성된 또 다른 이슬람 작품인 『천일야화One Thousand and One Nights』(서구에서는 『아라비안나 이트The Arabian Nights』로 알려짐)에는 고대의 잃어버린 '황동의 도시'인 수중 사 회를 포함하는 이야기가 포함되어 있다. 13세기 후반 프랑스 익명의 작가가 쓴 『아우카신과 니콜레트Aucassin et Nicollette』는 '토렐로르 왕국'에서 왕이 임신하고 여왕이 군대를 이끌며 썩은 과일, 치즈, 기타 음식으로 전쟁을 벌이는 등 이차세계 의 희극적 활용도 계속되었다.

이 시기에 제작된 이차세계는 그 범위와 진지함이 다양했지만, 일차세계 설정 과 경쟁할 수 있는 수준의 디테일과 사실성을 갖춘 것은 거의 없었다. 물론 실제 세 계와의 경쟁은 일반적으로 목표가 아니었으며, 지도 제작자들이 제안한 대륙조차 도 실제 대륙의 세부 사항을 다루지 않았기 때문에 실제 세계와 경쟁할 수 있는 수 준은 아니었다. 그러나 중세 말에는 이차세계 창조에 대한 새로운 영감으로 탐험 에 박차를 가하고, 관객은 더 높은 수준의 상세함과 사실성을 요구하게 되었다.

여행자의 스토리와 탐험의 시대Travelers' Tales and the Age of Exploration

픽션과 논픽션의 혼합은 중세를 거쳐 르네상스 시대까지 이어져 '여행자 스토 리' 또는 '여행 글쓰기'라고도 알려진 문학 장르로 발전했다. 각 작품의 전제는 독 자를 위해 낯선 땅을 여행하는 여행자가 자신의 모험, 특히 새로운 나라, 그곳의 민 족과 문화 등 여행 중에 본 낯선 광경에 관해 이야기하는 것이다. 일부 작품은 허구를 의도했지만, 실제 여행자의 일기에도 새로운 것을 말로 표현하기 어렵거나 잘 못된 인식에서 비롯된 묘사 때문에 과장되거나 환상적인 요소가 포함되기도 하는 데, 마르코 폴로가 코뿔소를 커다란 뿔 하나 때문에 '유니콘'이라고 묘사한 것이 나 가슴에 얼굴이 있는 머리 없는 남자에 대한 묘사는 아마도 어깨를 높이 치켜든 원주민을 잘못 인식한 것일 수 있다고 알려져 있다. 여행자들의 스토리는 먼 땅에 대한 것이어서 같은 땅을 여행한 다른 여행자들의 스토리를 제외하고는 독자들이 확인할 수 있는 게 거의 없었고, 신화 속 황금의 도시 엘도라도처럼 실재한다고 믿 어지는 곳은 그 자체로 탐험의 영감이 되기도 했다.

여행에 관한 스토리는 항상 존재했지만, 장르를 재정의하는 여행 기록의 랜드 마크는 탐험가 마르코 폴로Marco Polo에 의해 만들어졌다. 1298년 제노바에 투옥 된 폴로는 아시아와 중국을 여행하며 겪은 스토리를 필사했고, 세계의 묘사 또는 마르코 폴로의 여행이라고 나중에 알려진, 결과물인『일 밀리오네Il Milione』라는 책은 매우 성공적이었다. 이후 폴로는 1310년에서 1320년 사이에 새 판을 집필하 게 된다. 폴로의 책은 유럽인들에게 동아시아지역에 대한 주요 정보원이 되었으 며, 훗날 크리스토퍼 콜럼버스Christopher Columbus에게 영감을 주기도 했다. 탐험 에 영감을 준 것 외에도 이 책은 모방작을 남겼는데, 가장 유명한 모방작으로는 존 맨더빌John Mandeville이 1357에서 1371년 사이에 쓴『존 맨더빌 경의 여행기The Travels of Sir John Mandeville』가 있다. 맨더빌의 책은 유럽에서 큰 인기를 얻었는 데 1470년대에는 영어, 프랑스어, 앵글로 노르만 프랑스어, 독일어, 플랑드르어, 체코어, 카스티야어, 아라곤어, 라틴어, 이탈리아어, 덴마크어, 게일어로 된 버전 이 나왔고, 15세기와 16세기 동안 72판의 책이 인쇄되었다.[11]

탐험이 증가함에 따라 더 많은 여행자의 스토리가 등장했고, 그들의 청중도 증 가했다. 로즈마리 차나키Rosemary Tzanaki가『맨더빌의 중세 관객Mandeville's Medieval Audiences』에 쓴 것처럼 말이다.

13세기에는 콘스탄티노플 정복과 흑해를 통한 항로 개설, 특히 몽골의 침략 이후 중앙아시아의 안정과 치안 확보로 인해 동방에 대한 새로운 지식이 유입되었다. 플라노 드 카르피니Giovanni Plano de Carpini와 윌리엄 루브룩William of Rubruck, 포르데노네 오도릭Odoric of Pordenone 등 타르타르 제국을 최초로 여행한 여행자들의 작품을 통해 새로운 동방이 모습을 드러내기 시작했다. 마르코 폴로 역시 중국으로 향하는 더욱 안전한 무역로의 혜택을 누렸다. 맨더빌 시대에는 맘루크의 확장과 황금 군단의 칸족이 이슬람으로 개종하면서 동방에 대한 기독교인의 접근이 다시 한번 줄어들었지만, 이는 오히려 그 땅에 관한 관심을 증가시키는 계기가 되었다. 성지 순례 여행 또한 점점 더 인기를 얻었다. 이러한 지리적 열정과 호기심이 가득한 분위기 속에서 이 책이 쓰였다.[12]

『존 맨더빌 경의 여행기』에는 학자들이 다른 사람의 작품을 모방한 것으로 밝혀낸 사실적인 여행 정보를 가상의 환상적인 장소와 사람들을 혼합하고 있다. 여인만 사는 '아마존 왕국', 독이 있는 나무가 있는 '살마세 왕국', 천 명이 넘는 아내를 둔 왕을 경배하기 위해 물고기가 육지로 올라오는 '탈로나흐 왕국' 등이 그 예이다. 병에 걸리면 교수형에 처하는 '라소의 땅', 사람들의 머리가 사냥개처럼 생긴 마쿠메란섬, 네발 달린 뱀, 머리가 두 개인 거위, 흰 사자가 있는 실로섬, 사이클롭스섬(<그림 2-1> 참조). 블렘미아이족과 외다리 인간 종족 등 그가 묘사한 여러 민족은 플리니우스에게서 가져온 것으로 보이며, 학자들은 작가(맨더빌Mandeville이라고 불렸을 수도 있고 아닐 수도 있는)가 스토리를 편집하고 모방한 다른 많은 출처를 확인했다. 이러한 환상적인 스토리와 장소로 인해 이 책은 인기를 끌었고, 헨리 율 경Sir Henry Yule은 1871년 저서 『마르코 폴로 경의 서The Book of Ser Marco Polo』에서 이 책의 인기를 폴로의 책과 비교하기도 했다.

<그림 2-1> 존 맨더빌John Mandeville의 1481년 판(약 1357년)에 포함된 119개의 목판화 이미지의 예: 실하Silha의 앵무새(왼쪽 상단), 황소 머리를 한 남자(위, 오른쪽), 실하의 머리 두 개 달린 기러기(가운데, 왼쪽), 블렘미아이Blemmyae(가운데, 오른쪽), 거대한 사이 클롭스(아래, 왼쪽), 그리고 한쪽 발을 가진 에티오피아인(아래, 오른쪽).

그리고 카탈로그에서 가장 빈번하게 접하는 MSSmanuscripts. 및 초기 인쇄판 존 맨더빌 경의 원문으로부터, 우리 영국 기사의 거짓된 경이로움은 폴로의 진실하고 더 냉철한 경이로움보다 훨씬 더 큰 인기와 더 광범위한 공유와 확산을 가져왔다. 쿼리치Quaritch의 마지막 카탈로그(1870년 11월)에는 폴로의 구판은 단 한 권뿐이고, 맨더빌의 구판은 아홉 권이 있다. 1839년에는 대영 박물관 도서관에 19개의 MSS가 카탈로그화되었다. 마르코 폴로의 책은 현재 5권만 남아 있다. 15세기에는 최소 25종의 맨더빌 판본과 5종의 폴로 판본만이 인쇄되었다.[13]

텍스트가 인기를 얻었다고 해서 많은 사람이 반드시 그 세계를 사실로 믿었다고 방증하는 것은 아니며, 폴로조차도 자신의 스토리에 대해 많은 의문을 가지고 있었다. 그러나 동시에 폴로와 같은 책은 이차세계 작가들이 모방할 수 있는 새로운 수준의 디테일과 사실성을 제공했으며, 그러한 효과를 얻기 위해 주인공의 역할을 더욱 중요하게 만들었다. 차나키Tzanaki는 다음과 같이 말했다.

> … 저자의 권위는 그의 스토리의 기록된 권위가 아니라 여행자 페르소나인 존 경Sir John에 근거한다. 루비에스Rubies와 엘스너Elsner는 "마르코 폴로 이후 여행자의 권위가 책의 권위를 대체했다"라고 말하며, "책에 실린 여행자의 보고서가 권위 있는 경우에만 책이 권위를 가질 수 있다"라고 설명했다. 따라서 『동방견문록』의 저자 마르코 폴로는 자신의 책에 목소리를 더하기 위해 지속적으로 발전된 개성을 가진 여행자를 창조해냈다. 지금은 그가 실제로 존재하지 않았다는 걸 알고 있지만, '존 맨더빌 경'은 그가 사용한 기록들을 연결하고, 그 진실성을 끊임없이 강화함으로써, 이 책이 더 많이 알려지는 데 기여했다. … '존 맨더빌 경'은 자신의 경험(그는 이집트 술탄과 카타이 황제를 모셨음)을 설명하고 자신의 눈으로 많은

경이로움을 보았다고 강조하면서 스토리 안에 개인적인 의견까지 끊임없
이 추가했다. ⋯ 이 책의 저자는 자신의 다른 주장에 더 큰 신빙성을 부여
하기 위해 '맨더빌'이 몇 가지 경이로운 광경을 보지 못했다고 부인하게
만들기도 한다. 그는 다른 사람들이 기록할 수 있도록 무언가를 남기고 싶
었다며 일부 땅과 '다양한 것들'의 누락에 대해서 당당하게 설명한다.[14]

여행자 스토리 장르에서는 그 세계와 독특함이 어느 정도는 청중을 주인공이
존재하는 세계로 대리 이동시키는 매개체가 된다. 여행자 스토리 장르를 가상의
장소를 활용한 당시의 다른 장르와 비교해보면 이야기의 세계와 그 특이성이 얼
마나 중요한지 알 수 있다. 토마스 말로리Thomas Mallory의 『아서 왕의 죽음Le
Morte d'Arthur』(1485)이나 작가가 알려지지 않은 스페인의 『아마디스 데 가울라
Amadis de Gaula』(1508)와 같은 기사 스토리와 비교해보면 스토리의 세계와 그 기
이함이 얼마나 중요한지 알 수 있다. 허구적 설정이 등장하지만, 이러한 스토리에
서는 일반적으로 기사도 스토리에서 기대할 수 있는 캐릭터와 액션에 중점을 둔
다. 예를 들어, 마테오 마리아 보이아르도Matteo Maria Boiardo의 『오를란도 인나
모라토Orlando Innamorato』(『사랑에 빠진 오를란도Orlando in Love』, 1494년 사망
당시 미완성으로 남겨져 이듬해 출판됨)는 알브라카 도시와 세리카나, 아론다, 오
르가냐, 발다카, 다모기르, 리사와 먼 섬의 왕국 등에 대해 언급하지만, 거의 개발
되지 않았고 언급된 일부 지역은 한 번도 방문하지 않았다.

속편인 루도비코 아리오스토Ludovico Ariosto의 『오를란도 퓨리오소Orlando
Furioso』(『광란의 오를란도』, 1516)는 38,000줄이 넘는 서양 문학에서 가장 긴 시
중 하나로, 알치나, 에부다, 누비아 등의 섬과 오를란도의 광기 치료제를 찾기 위해
성 요한과 함께 달로 떠나는 아스톨포의 여정을 추가하여 스토리를 이어나간다. 달
은 세부적으로 묘사된 유일한 장소이지만, 대부분 거주할 수 있는 장소라기보다는
상징적인 이미지의 풍경이다. 기사도 관념이 쇠퇴하면서 기사도의 잘못된 이야기

도 줄어들고, 세르반테스Cervantes의 『돈키호테Don Quixote』(『엘 잉게니오소 히달
고 돈키호테 데 라만차El ingenioso hidalgo Don Quixote de La Mancha』, 1605년, 2부
1615년)와 같은 작품에서 패러디되기 전까지 기사도 스토리는 산초 판자Sancho
Panza에게 총독직이 약속된 스토리 속 가상 섬인 바라타리아가 포함되었다.

  여행 글은 픽션이든 논픽션이든 우화, 유토피아(다음 섹션에서 논의) 또는 풍자
를 통해 정치의 현안에 대해 논평할 수 있으며, 탐험가의 눈으로 세계를 소개하고
기존 사회의 패러디나 기이한 설화로 사용하는 여행자 스토리 형식을 자주 사용
하기도 했다.[15] 거인인 아버지와 아들의 스토리를 다룬 프랑수아 라블레François
Rabelais의 외설스러운 『가르강튀아와 팡타그뤼엘Gargantua and Pantagruel』 시리
즈(1532~1564년 출간)에는 주로 섬의 형태로 다양한 세계가 소개된다. 그의 작품
에서 가장 터무니없는 세계는 아마도 팡타그뤼엘의 입Pantagruel's mouth에 있는
아스파라지Aspharage라는 나라일 것이다.

> 나는 그의 이빨에 해당하는 바위 사이를 지나서 그 이빨 중 하나에 올라
> 갈 때까지 걷기를 멈추지 않았다. 그리고 그곳에서 나는 세상에서 가장 쾌
> 적한 장소를 발견할 수 있었다. 크고 넓은 테니스 코트, 박람회장, 아름다
> 운 초원, 포도나무 창고, 이탈리아 스타일의 즐거움과 환희가 넘치는 들판
> 에서 무수히 많은 여름 연회를 위한 별장을 발견했다. 그곳에서 나는 4개
> 월을 꼬박 머물렀다. 그때처럼 내 인생에서 더 큰 기쁨을 느낀 적은 없었
> 다. 그 후 나는 뒷니 쪽으로 내려가 챕스에 도착했다. 도중에 나는 귀 쪽에
> 있는 영지인 대나무 숲에서 도둑을 만났다. 그 상태로 조금 더 여행한 후,
> 작은 마을에 도착할 수 있었다. - 그 마을 이름은 잊어 버렸다 - 그곳에서
> 나는 그 어느 때보다 더 즐겁게 지냈고, 생활비도 벌 수 있었다. 그곳에서
> 그들은 사람들을 고용해 낮잠을 자고, 하루에 6펜스를 준다. 그중에서 코
> 를 세게 킁킁거리는 사람은 최소한 9펜스를 받게 된다. 내가 계곡에서 도

둑맞은 일을 상원의원들에게 알렸더니, 그들은 그쪽 사람들은 간이 나쁘고 천성이 도둑인 사람들이라고 말했다. 또 그들은 시스알핀Cisalpine과 트랜스알파인Transalpine이라는 국가도 소유하고 있음을 알게 되었다. 즉, 이빨로 된 산 너머에 나라가 있다는 것이다. 그러나 이쪽이 더 살기 좋고, 공기도 깨끗하다는 사실도 알게 되었는데, 세상의 절반은 다른 절반이 어떻게 사는지 알지 못한다는 생각이 들었다. 그 나라는 사막과 바다 외에 사람이 사는 25개가 넘는 왕국이 있었는데, 그 나라에 대하여 나보다 먼저 기록한 사람이 아무도 없었다. 나는 이러한 사실을 토대로 '쓰로티아의 역사The History of the Throttias'라는 위대한 책을 집필할 수 있었고, 그들은 나의 스승인 팡타그뤼엘의 목구멍에 살고 있었기 때문이다.[16]

편력 기사 이야기와 유사한 풍자는 명백하게 허구일 만큼 충분히 다른 세계를 제시하거나 적어도 속이려는 의도가 전혀 없는 반면, 다른 상상의 장소는 실제 장소와 더 쉽게 결합되어 있다. 지도에는 그곳이 때로는 의심스러운 상태(예: 미지의 땅Terra Incognita)를 나타내는 이름으로 표시되고, 때로는 새로 발견된 땅으로, 때로는 특정 지리와 상세한 해안선이 있는 이름이 붙은 땅인 것으로 표시된다. 존재하는 일부 가상의 땅은 다른 장소를 잘못 표현한 것이었다. 툴레Thule로 알려진 섬은 아마 아이슬란드였을 것이고, 에스토틸란드Estotiland섬은 래브라도Labrador나 노바스코샤Nova Scotia였을 것이다. 다른 땅은 추가 탐사를 통해 반증할 때까지 지도에 남아 있었다. 예를 들어, 포르투갈 서쪽 어딘가 대서양에 존재한다고 믿어지는 섬인 안틸리아Antillia는 1424년경 주아네 피자가노Zuane Pizzigano가 만든 지도, 제노바인 베카리오Genoese Beccario, 안드레아 비앙코Andrea Bianco, 그라치오소 베닌카사Grazioso Benincasa 등이 만든 지도를 비롯한 여러 지도에 등장했다. 1400년대, 크리스토퍼 콜럼버스Christopher Columbus는 1492년에 바다를 건너는 도중에 안틸리아Antillia에 들를 계획까지 세웠다. 바다에 대한 지식이 늘어남에

따라 안틸리아는 줄어들었고, 마침내 1587년경 지도에서 사라졌다.[17]

더 많은 여행자가 여행하고 돌아오면서 지도는 더욱 완벽하고 정확해졌고, 더 많은 여행 문헌이 등장했다. 여러 저자가 같은 지역에 대해 글을 쓰면서 더 많은 사실을 알 수 있었을 뿐만 아니라 스토리의 일관성을 비교하고 다른 출처와 대조할 수 있게 되었다. 이는 여행 문학의 성격 자체를 변화시켰다. 나탈리 헤스터Nathalie Hester는 다음과 같이 말했다.

> 외국에 대한 정보가 거의 없거나 거의 알려지지 않았을 때 여행기는 무엇보다도 귀중하고 희귀한 정보를 담는 그릇으로 존중받았다. 이후 더 많은 여행자가 전 세계를 돌아다니고 사실과 데이터에 대한 접근성이 좋아지면서 여행자들은 여행을 서술하는 새로운 방식에 더 많은 탐험 에너지를 쏟았다. 16세기 후반과 17세기에 이르러 많은 여행자가 내레이터와 주인공의 역할에 더 집중하고, 자신만의 여행 글쓰기 시학을 개발하기 시작했다. 요컨대 여행에 대한 더 개인화된 내러티브가 여행 자체의 사실적 요소만큼이나 연구의 대상이 되었다.[18]

여행 스토리가 더욱 개인화되고 독자의 수준이 높아짐에 따라 상상의 세계도 이에 발맞춰야 했다. 단순히 세계의 주민들을 묘사하는 것만으로는 충분하지 않았고, 그들과의 상호작용이 필요했으며, 논픽션 여행 글에서 발견되는 사실과 일치하기 위해서는 그들의 사회, 관습 및 문화에 대한 더 정확하고 자세한 설명이 필요했다. 가상의 장소에 시각적 차원을 부여하기 위해 지도가 포함되기도 했다. 예를 들어, 얀센주의Jansenism를 풍자한 자카리 드 리시외의『주민들의 도덕과 종교 Moeurs et Religion des habitants』(1660)에는 1668년 영어 번역본에 국가 지도(비스듬히 그려진 지도, 건물과 사람들이 땅의 풍경에 표시된 지도)가 추가되었다. 스위프트Swift의『걸리버 여행기Gulliver's Travels』(1726)도 실화를 바탕으로 한 것이 아니었지만, 섬 지도가 포함되어 있다.

하지만 일부 작가는 상상의 장소가 현실로 받아들여지기를 바랐다. 퍼시 G. 애덤스Percy G. Adams는 그의 저서 『여행자와 여행 거짓말쟁이Travelers and Travel Liars, 1660~1800』에서 여행에 관한 글의 세 가지 유형, 즉 여행에 관한 사실적인 스토리, 그렇게 보이도록 의도된 허구적인 스토리, 그리고 작가가 실제인 것처럼 속인 허구적인 스토리(애덤스는 이를 '여행 거짓말쟁이travel liars'라고 부른다)를 구분한다. 애덤스의 책은 세 번째 그룹에 가장 큰 관심을 두고 다음과 같이 썼다.

> 파타고니아의 신장이 275cm 정도가 되는 거인들의 경주를 보도하는 전 세계 신문은 잉크를 다 써버릴 정도로 열광했고, 파리의 과학 아카데미는 가짜 북서항로에 대해 수 시간 동안 논의하면서 설득할 정도로 이 일이 중요했으며, 역사가들이 인용하고 지도 제작자들이 지도를 바꾸고, 볼테르Voltaire 같은 재치 있는 사람들이 이를 활용하고, 독자들이 이를 즐겼으며, 뷔퐁Buffon 같은 철학자들이 이를 의지할 정도로 중요했다.[19]

이 '여행 거짓말쟁이'들은 기존의 여행 기록(다른 거짓말쟁이가 쓴 기록도 포함)을 표절하고, 1717년에 출간된 『아틀라스 지오그래푸스Atlas Geographus』와 같은 서적을 이용해 연구를 수행하여 스토리에 사실성을 부여했다. 많은 사람이 자신의 주장을 더 그럴듯하게 사람들에게 전달하기 위해 상상의 항해를 실제 장소로 확정했지만, 다른 사람들은 가상의 장소로 모험을 떠났으며, 그 세부 사항은 가능한 한 사실적으로 만들었다. '여행 거짓말쟁이'가 이차 세계관에 기여한 것은 장소를 실제처럼 보이게 하는 세부 사항의 증가로, 이전 작품에서 볼 수 있었던 단순한 엿보기와 터무니없는 묘사보다 더 풍부하고 충만한 세계로 이동시켰다.

일부 작가의 동기가 항상 명확하지 않았고, 일부 비평가들은 일찍이 허구를 알아차렸으며, 일부 독자들은 허구로 의도된 스토리를 믿었기 때문에 두 가지의 유사성으로 인해 '여행 거짓말'과 속이려는 의도가 없는 작품을 완전히 구분하기는 어려울 때가 있다. 두 유형의 글쓰기 모두 환상적이고 이국적인 것을 강조하면서 사실주의까지는 아니더라도 사실성을 추구할 수 있었다. 그리고 둘 다 미개척지로 남아 있는 아메리카 대륙이나 남해 또는 테라 아우스트랄리스Terra Australis와 같이 접근하기 어려운 외딴곳에서 일어났다(예: 조셉 홀Joseph Hall의 『Mundus alter et idem, sive Terra Australis ante hac semper incognita』(1605), 가브리엘 푸아니Gabriel Foigny의 『자크 사데르의 모험Les Aventures De Jacques SadeurHistoire des Sevarambes』(1676), 데니스 바이라세Denis Vairasse의 『세바라람베스의 역사 Histoire des Sevarambes』(1670년대 전 5권)).

속일 의도가 없는 작가도 여행 거짓말과 같은 진실 주장에 의존하지 않고도 최대한 설득력 있게 보이려고 노력할 수 있으므로 이러한 스토리의 이차세계는 환상적인 것부터 현실적인 것까지 다양했다.

여행자 스토리 장르에서 가장 인기 있고 영향력 있는 책이자 애덤스가 '여행 거짓말'로 분류한 책은 대니엘 디포Daniel Defoe의 『로빈슨 크루소Robinson Crusoe』(1719)였다(이 책의 전체 제목과 이 장에서 언급된 다른 책들은 부록 참조). 로빈슨 크루소는 영어에서 가장 많이 재인쇄된 책 중 하나가 되었고, 모방자가 너무 많아 그 자체로 하나의 장르가 되어 '로빈소네이드robinsonades'라고 불리게 되었으며, 디포의 책 이전에 출판된 비슷한 성격의 책들을 '프리로빈소네이드prerobinsonades'라고 부르게 되었다(네 명의 여인과 함께 무인도에 난파된 조지 파인스에 관한 헨리 네빌Henry Neville의 소설 『피노스섬The Isle of Pines』(1668)을 포함, 59년 후 일부다처제의 영향으로 섬의 인구는 1,789명이 되었다). 기존 스토리는 '로빈슨'이 들어간 새로운 제목으로 재포장되기도 했다. 필립 밥콕 고브Philip Babcock Gove는 다음과 같이 썼다.

작가들이 수요를 충족시키지 못하자 출판사는 이미 번성하고 있는 허구 영웅들의 이름을 바꾸는 데 주저하지 않았다. 따라서 여러 작품 중 길

블라스Gil Blas(1715)는 『스페인의 로빈슨Der spanische Robinson』(1726), 크린케 케스메스Krinke Kesmes(1708)는 『홀란드의 로빈슨Der holländische Robinson』(1721), 프랑수아 레구아François Leguat(1707)는 『프랑스의 로빈슨Der französische Robinson』(1723)으로 바꾸었다. 사실로 추정되는 항해 기록도 예외는 아니어서, 안토니오 주켈리Antonio Zucchelli의 『콩고 여행과 선교Relazioni del viaggio e missione di Congo』(1712)는 『영적 로빈슨Der geistliche Robinson』(1723)이 되었다.[20]

고브는 또 헤르만 울리히Hermann Ullrich가 196개의 영어판 『로빈슨 크루소』와 110개의 번역본, 115개의 개정판, 277개의 모방본이 수록된 참고 문헌을 언급한다.[21]

이차세계가 그렇듯이 크루소의 섬은 작지만 매우 사실적이고, 세밀하게 묘사되어 있으며, 낮은 수준의 발명품은 섬의 신빙성과 모방이 용이함을 설명하는 데 도움이 된다. 크루소와 훨씬 후의 금요일은 섬의 유일한 인간 거주자이며(식인종과 스페인인은 방문객일 뿐), 크루소가 섬을 바라볼 때 섬의 작은 크기가 초반에 분명하게 드러난다.

> 내가 다음으로 한 일은 그 나라를 둘러보고, 내가 거주할 적절한 장소를 찾고, 무슨 일이 일어날지 모르는 일로부터 내 물건을 안전하게 보관할 곳을 찾는 것이었다. 내가 어디에 있는지, 대륙에 있는지 섬에 있는지, 사람이 살고 있는지, 야생 짐승의 위험이 있는지 없는지, 나는 아직 알지 못했다. 나에게서 1마일도 채 떨어지지 않은 곳에 언덕이 있었는데, 그것은 매우 가파르고 높게 솟아 있었고, 북쪽으로 산등성이처럼 놓인 다른 언덕 위에 있는 것 같았다. 나는 다음 조각 중 하나와 권총 하나, 화약 뿔 하나를 꺼내서 무장하고 그 언덕의 정상까지 여행했고, 큰 수고와 어려움을 겪으며 정상

에 오른 후 나는 나의 운명이 큰 고난임을 보았다. 즉, 사방이 바다로 둘러싸인 섬에 있었고 멀리 떨어져 있는 바위 몇 개와 서쪽으로 약 3리 떨어진 곳에 있는 이보다 작은 섬 두 개를 제외하고는 육지가 보이지 않았다.[22]

대부분 여행자가 단순히 그 땅을 지나치는 것과 달리 크루소는 28년 동안 그 섬에 살면서 그곳을 아주 잘 알게 되었다. 따라서 로빈슨 크루소는 세계의 크기로 접근한 것이 아니라 데포Defoe가 세계를 얼마나 발전시켰는지, 그리고 그로부터 영감을 받은 세계의 모방자가 얼마나 많았는지에 따라 이차세계의 역사가 자리매김한다고 생각했다.

7년 후, 조너선 스위프트Jonathan Swift의 혁신적인 풍자 소설 『걸리버 여행기 Gulliver's Travels』(1726)가 등장한다. 환상적인 섬과 그 문화가 담긴 또 다른 영향력 있는 이 책에는 릴리퍼트Lilliput, 블레퍼스큐Blefuscu, 발니바르비Balnibarbi, 루그나그Luggnagg, 글럽덥드리브Glubbdubdrib, 후이넘Houyhnms섬, 라푸타Laputa 섬, 브롭딩나그Brobdingnag반도에 대한 자세한 설명과 함께 그곳 사람들의 문화, 심지어 인간 걸리버가 그들의 관점에서 어떻게 나타나는지에 대한 설명이 담겨 있다. 그 결과, 묘사된 문화는 다방면에 걸쳐 있다. 예를 들어, 알을 깨는 방법과 관련된 릴리푸티안Lilliputians족과 블레푸스쿠디안Blefuscudians족의 갈등에 얽힌 숨은 이야기 등 그들의 역사까지 엿볼 수 있다. 스위프트는 릴리푸티안Lilliputians 족의 문화가 책을 넘어 확장될 거라고 암시하며 다음과 같이 말했다.

그러나 나는 이런 종류의 자세한 설명까지 독자가 기대하지는 않을 것으로 생각한다. 나는 언론에 공개할 목적으로 준비해왔던 작업을 위해 자세하게 세계를 설명하는 것을 남겨두었다. 이 제국의 시작부터 세력을 이어가던 왕자들을 통해 그들의 전쟁과 정치, 법, 학문 및 종교에 대한 특별한 설명과 함께 이 제국에 대한 일반적인 설명을 자세히 할 수 있다. 그들의 식물과 동물, 그들의 독특한 매너와 관습, 그 밖의 매우 흥미롭고 유용한 사항들까지 다 알고 있다. 하지만 현재 나의 주된 목적은 그 제국에서 약 9개월 동안 거주하면서 모두 혹은 나 자신에게 일어난 사건과 거래만을 다루려고 한다.[23]

그 이전의 어떤 책과도 달리 『걸리버 여행기』는 환상적인 요소와 사실적인 묘사 사이의 균형을 유지하여 독자들이 아무리 낯설어도 생생하게 사물을 상상할 수 있게 해 준다. 예를 들어, 스위프트는 날아다니는 라퓨타섬이 어떻게 공중에 떠 있고, 어떻게 조종되고, 올라가고 내려가는지, 그리고 비행하는 섬 라퓨타가 날아다니는 발니바르비Balnibarbi섬에서 왜 떠내려가지 못하는지, 그리고 러그너그 Luggnugg의 스트룰드브루그Struldbruggs가 경험한 불멸의 결과에 대해 길게 설명한다. 건축, 언어, 관습, 풍경 및 기타 세부 사항에 대한 묘사는 다른 풍자 작품에서 볼 수 있는 사실성을 뛰어넘었으며, 크루소와 같은 당대의 다른 장편 소설에 필적하는 수준으로 문학의 이차 세계관에 새로운 기준을 세웠다.

18세기에 접어들면서 섬 세계는 『걸리버 여행기』의 수십 가지 모방품, 로빈소네이드, 무단 속편이 계속 등장했으며, 1720년 남해 거품 사건과 이를 둘러싼 경제 상황을 풍자한 사무엘 브런트Samuel Brunt의 『칵클로갈리니아Cacklogallinia로의 항해』(1727)에서 거대한 닭과 여러 새의 땅인 칵클로갈리니아와 같은 독창적인 장소도 등장했다. 드 바렌스 드 몬다스De Varennes de Mondasse의 『칸타하르의 발견La Découverie De L'Empire De Cantahar』(1730)에 등장하는 칸타하르섬에는 위험한 피다르picdar, 게으른 이그리우오igriuo, 마차를 끄는 데 사용되는 티그렐리스 tigrelis 등 새로운 종의 동물이 등장한다. 앙투안 프랑수아 프레보Antoine François Prévost의 『영국의 철학자』(1731)에 등장하는 북미 지역이자 야만적인 인디언 부족이 사는 드렉사라, 사이먼 베링턴Simon Berington의 『시그르 가우덴티오 디 루카의 회고록The Memoirs of Sigr. Gaudentio di Lucca』(1737)에 등장하는 경쟁이나

이기주의가 없는 아프리카 국가 메조라니아Mezzorania 등 미개척 대륙에 있는 국가도 등장한다.

더 많은 세계가 알려지고 지도가 만들어지면서 일부 작가들은 탐험가들이 접근하기 어려울 뿐만 아니라 지도에도 나타나지 않는 새로운 장소, 즉 지구 표면 아래 깊은 지하에 자신의 세계를 위치시킬 장소를 찾았다. 이러한 위치 선택은 지구 내부에 수로와 화실이 있다고 제안한 아타나시우스 키르허Athanasius Kircher의 『문두스 지하Mundus Subterraneus』(1665)와 같은 논픽션 작품의 영향을 받았을 수 있다. 초기의 지하 세계는 단테의 신곡에 묘사된 하데스나 지옥의 원과 같이 신화적이거나 우화적인 성격이 강했다. 독일어로 쓰인 최초의 모험 소설로 알려진 한스 야콥 크리스토펠 폰 그림멜스하우젠Hans Jakob Christoffel von Grimmelshausen의 『지하 세계의 단순함Der abenteuerliche Simplicissimus Teusch』(1668)에는 호수와 수로를 통해 땅속 깊은 곳에 있는 왕국 '센트룸 테라에Centrum Terrae'로의 여행이 담겨 있다. 그곳에는 필멸의 물의 정령, 즉 '실프sylph'와 그들의 왕이 살고 있으며, 스토리의 주인공 짐플리시무스는 마법의 돌을 사용해야만 그곳으로 여행할 수 있다.

> 그사이에 잠수하는 새와 같은 물의 영들이 여기저기서 더 많이 생겨나서 모두 나를 바라보고, 내가 던진 돌을 다시 가져와서 나를 많이 놀라게 했다. 그리고 그들 중 첫 번째이자 가장 으뜸인 사람이 순금과 은처럼 빛나면서 비둘기알처럼 크고, 에메랄드처럼 푸르고 투명한 빛나는 돌을 나에게 던지면서 다음과 같이 말했다. "이 장신구를 가져가라. 그리하면 우리와 우리 호수에 대해 보고할 것이 있으리라." 그러나 그 돌을 집어 주머니에 넣은 지 얼마 안 되어 공기에 질식하거나 익사할 것 같았다. 나는 똑바로 설 수 없었고 실뭉치처럼 굴러다니다가 마침내 호수에 빠졌다. 그러나 나는 가지고 있던 돌의 덕으로 물속에서 곧 회복되었고, 공기 대신 물로 숨을 쉴 수 있었

으며, 물의 정령들처럼 조금만 노력하면 호수에 뜰 수도 있었고, 그들과 함께 깊은 곳으로 내려갈 수도 있었으며, 그것은 마치 새 떼가 공중에서 원을 그리며 내려와 땅을 비추는 것과 같은 장면을 연상케 했다.[24]

센트룸 테라에는 정령이 거주하고 인간이 살 수 없는 곳이기 때문에 이곳은 짐플리치시무스가 방문한 다른 물리적 장소와 마찬가지로 단테Dante의 형이상학적 장소와 많은 공통점을 가지고 있고 어떤 면에서는 두 유형 세계 사이의 간극을 메워준다.

1700년 이후 지하 세계는 더욱 견고해졌고, 다른 지상 세계처럼 탐험하기 좋은 장소가 되었다. 사이먼 티소 드 파토Simon Tyssot de Patot의 『피에르 드 메상쥬 Pierre de Mesange 목사의 그린란드 생활, 모험 및 여행La Vie, Les Aventures, & le Voyage de Groenland Du Révérend Père Cordelier Pierre De Mesange(1720)』에 등장하는 루프살Rufsal 국가에는 북극 근처에 입구가 있는 4개의 지하 도시가 있는데, 초기 '공동 지구' 이론에서는 종종 입구가 극 근처에 있을 것이라고 제안했다.[25] 루프살은 현재까지 이어지고 있는 문학의 하위 장르인 공상과학에서 가장 먼저 등장한 '지구공동설'의 사례일 것이다.[26]

이차세계의 새로운 설정과 함께 조명, 산소, 식량 생산, 주민들이 그곳에서 어떻게 살게 되었는지와 같은 새로운 세계 건설 문제와 현실적인 문제도 함께 등장했다. 수년에 걸쳐 작가들은 이러한 문제에 대한 다양한 해결책을 찾아냈다. 예를 들어 조명에 관한 것이다. 루드비그 홀버그Ludvig Holberg 남작의 나자르Nazar(니콜라이 클리미 이터 서브테레룸 노밤 텔루리스 테오리암Nicolai Klimii Iter Subterraneum Novam Telluris Theoriam(1741)에서 발췌)와 에드거 라이스 버로스Edgar Rice Burroughs의 펠루시다르Pellucidar는 모두 빈 땅속 지하 태양에 의해 불이 켜진다 (나자르의 개별 집은 스위코sweecoes라는 발광 생물이 불을 밝힌다). 랄프 모리스 Ralph Morris의 『존 다니엘의 삶과 놀라운 모험A Narrative of the Life and Astonishing

Adventures of John Daniel』(1751)에 나오는 앤더슨의 바위 밑에 사는 생물은 지표 면 근처에 살면서 '기름 물고기'를 잡아 지하 집에 불을 밝히는 데 사용하는 기름 을 얻고, 랜드Rand와 로빈 밀러Robyn Miller의 디니D'ni 지하 동굴은 생물 발광 플 랑크톤이 서식하는 호수에 의해 불이 켜진다. 샤를 피외 드 무히Charles Fieux de Mouhy의 『라메키스Lamékis』(1735)에 등장하는 트리솔데이의 반은 사람, 반은 벌 레인 웜맨처럼 지하 생활을 위해 설계된 세계의 주민들도 있다. 지코모 지롤라모 카사노바Giacomo Girolamo Casanova의 『이코사메론Icosaméron』(1788)에 등장하 는 프로토코스모Protocosmo는 지구 중심부에 있는 지구본에 의해 밝혀진 움푹 들 어간 지구의 오목한 내부의 진흙층에 떠 있는 섬이며, 메가마이크로Megamicroes 는 섬 자체의 지하에 살고 있다. 지하 세계는 쥘 베른Jules Verne, 에드거 라이스 버 로스Edgar Rice Burroughs 등의 작품에 계속 등장하며 작가가 풀어야 할 고유한 실 현 가능성 문제와 함께 기존의 지상 기반 상상 세계와는 다른 상상의 세계로 한 걸 음 더 나아가는 것을 상징한다.

또한 1700년대에는 등장인물이 세계를 오가는 여행보다 세계 자체가 더 강조 되는 스토리에서, 지상과 지하 모두 점점 더 많은 세계가 등장했다. 로버트 팔톡 Robert Paltock의 『피터 윌킨스의 삶과 모험The Life and Adventures of Peter Wilkins』 (1751)에서 피터 윌킨스가 사스 도어프 스완지안티Sass Doorpt Swangeanti(위대한 비행의 땅)의 글럼족, 고레이족과 오랜 세월 함께 살았기에 언어, 법률, 관습에 대 한 상세한 묘사가 가능했다. 윌킨스는 당시로서는 이례적인 수준으로 세상과 교 류한다. 원주민 여성 중 한 명과 결혼해 가정을 꾸리고, 왕국을 전복하려는 시도를 막고, 유럽의 기술을 도입해 기술 혁명을 일으키며, 노예제 폐지를 위해 왕을 설득 하지만, 아내가 죽은 후 노년에 들어서자, 영국으로 돌아가기로 한다.

이러한 스토리에는 주인공의 내레이션 외에도 원주민이 등장하여 자신의 세계 를 직접 설명하기도 했다. 때때로 세계와 그 경이로움에 대한 이러한 세부 사항은 예언적인 것으로 판명되었다. 1760년 샤를 프랑수아 티페인 드 라 로슈Charles

François Tiphaigne de la Roche가 쓴 동명의 책(티페인의 철자법)의 배경인 지판티에Giphantie는 주인공이 그림이 어떻게 만들어지는지 설명하는 장면이 나온다:

> 서로 다른 물체에서 반사된 광선이 그림을 형성하고, 눈의 망막, 물, 유리 등 모든 광택이 나는 표면에 반사된 이미지를 그린다. 영혼들은 이렇게 서로 부딪히는 이미지를 고정시키려고 노력해 왔으며, 눈의 반짝임으로 그림이 형성되는 미묘한 물질을 만들었다. 그들은 이 물질로 캔버스를 코팅하고, 촬영할 물체 앞에 놓는다. 이 천의 첫 번째 효과는 거울의 효과와 비슷하지만, 점성 특성으로 인해 준비된 캔버스는 거울과 달리 이미지의 영인影印을 유지한다. 거울은 이미지를 충실하게 재현하지만, 아무것도 남기지 않는다. 하지만 캔버스는 이미지를 충실하게 재현하지만, 모든 것을 남긴다. 이러한 이미지의 인상은 순간적이다. 그런 다음 캔버스를 제거하여 어두운 곳에 보관한다. 한 시간 후 인상이 마르면 어떤 예술도 그 진실성을 모방할 수 없다는 점에서 더욱 귀중한 그림이 된다.[27]

1826년 조셉 니세포르 니엡스Joseph Nicéphore Niépce가 최초의 영구 사진 그래프를 만들기 66년 전에 한 이 사진에 대한 예측은 이차세계의 상상력이 어떻게 기술 발전을 예고할 수 있는지 보여준다. 특히 이러한 추측이 공상과학 영화 장르(이 장의 뒷부분에서 설명)에서 많이 활용된다.

여행자 스토리 장르는 1800년대 초에 쇠퇴했지만, 한 세계를 오가는 여정을 통해 그 세계로의 방문을 마무리하는 구성 장치는 절대 사라지지 않았다. 그런데도 그러한 여행의 중요성 그리고 그것들을 설명하는 데 시간을 들이는 것은 점점 줄어들게 되었다. 결국, 이러한 구성 장치가 더는 필요하지 않게 되고, 주인공이 단순한 방문객이 아니라 세계의 주민이 될 수 있게 되면서 주인공의 탐험 여정은 세계의 변방에서 중심부로 이동하면서 관객과 함께 세계에 대해 배우면서 전적으로 세계 자체 내에서 이루어질 수 있게 되었다. 예를 들어 톨킨의 호빗들은 샤이어를 떠나 곤도르와 모르도르에 가서 중간계에 대해 배우고, 루크 스카이워커는 타투인을 떠나 반란군 연합과 제국 간의 갈등에 동참하며, 네오Neo는 사무직을 떠나 매트릭스의 정체를 알아간다. 이러한 여정은 초기 작품에서 여행자의 여정과 다르지 않다. 하지만 여정이 전적으로 이차세계 내에서 이루어진다.[28]

19세기 초, 작가들이 자신의 세계에 대한 더 많은 질문에 답하기 위해 노력하면서 이차세계는 더욱 세밀해졌다. 그러나 모든 해답이 나올 때마다 세계의 작동 방식, 특히 사회적·문화적·기술적 측면에 대한 더 많은 의문이 제기되었다. 앞의 글에서 인용한 사진에 대한 예측에서 알 수 있듯이, 산업 시대가 새로운 과학적·산업적 경이로움을 만들어내기 시작하면서 기술적 가능성에 대한 상상력 넘치는 탐구는 점점 더 커졌고, 곧 대중의 상상력 속에서 여행 문학을 대체하게 되었다. 애덤스는 다음과 같은 글을 썼다.

　　… 증기선과 증기 기관차의 등장으로 실제 여행자가 너무 많아져 거짓 여행자가 덜 필요하고, 더 쉽게 노출되면서 그러한 문학의 위대한 시대는 끝났다. 그러나 18세기의 실제 여행자들은 계속해서 그들의 영향력을 발휘했다. 스몰렛Smollett의 『로더릭 랜덤Roderick Random』부터 쿠퍼Cooper의 『해상 및 해변Afloat and Ashore』, 월타리Waltari의 『이집트인The Egyptian』까지 역사 및 모험 소설은 디포Defoe 학파로부터 학자의 도구를 적용함으로써 영웅이 가는 땅에 색채, 구체성, 사실감을 더할 수 있다는 것을 배웠다.[29]

상상의 세계는 글쓰기에 영향을 미치는 것 외에도 사람들이 자신의 세계관에 대한 기본 가정과 민족 중심주의에 대해 더 잘 인식하도록 도와주었다. 이에 대해 애덤스는 다음과 같이 말했다.

그러나 그 영향력은 문학을 넘어섰다. 관용, 민주주의, 상대성이 중요해진 시기에 어떤 사상가나 역사가도 항해자 없이는 살 수 없었다. 항해자들은 각 국가가 독특하고 적절한 삶의 방식을 가지고 있다고 가르쳤다. 대항해 시대는 비교 종교, 비교 자연사, 비교 정부 연구에 영감을 주었다. 그들의 풍부한 설명 자료로 인해 역사가들은 때때로 그들의 '아이디어'가 부족하다고 비난하기도 했지만, 그들 중 독창적인 사상가의 비율은 의심할 여지없이 어느 계층의 작가 못지않게 높았다.[30]

여행자들의 스토리가 외딴곳과 이국적인 지역에 대한 환상을 만들어내어 나중에 사회와 문화로 구체화하려고 노력하는 동안, 동시대의 또 다른 문학 분야에서는 이차세계를 사용하여 처음에는 추상적으로, 나중에는 미학적 차원과 구체적인 세부 사항에 관한 관심이 높아지면서 가상의 사회 구조를 구축했다. 유토피아와 디스토피아의 문학이다.

유토피아와 디스토피아Utopias and Dystopias

여행자 스토리의 상상 세계는 주로 거주자의 관습, 미학, 문화적 차이에 초점을 맞추었지만, 같은 시대의 유토피아적 소설은 그들이 묘사한 세계의 사회·정치·경제 구조에 더 집중했다. 물론 유토피아는 여행자의 목적지가 될 수 있으므로 두 문학 장르 사이에는 많은 부분이 겹친다. 고브Gove는 다음과 같이 썼다.

상상의 항해는 종종 유토피아주의자에게 두 배의 기회를 제공한다. 항해자의 원주민 가이드(언어를 가르치고 관습을 설명하는 전통적인 인물)는 보통 자신의 공동체를 발견한 스토리를 들려주며, 그 사람들이 유럽인의 후손이라면 그들의 기원은 이전의 항해와 난파에 관한 것이다. 따라서 예술적으로 소설을 쓰는 데 전혀 관심이 없는 유토피아주의자는 특히 17

세기와 18세기에 낙관주의와 대리 정의를 즐기는 데 가장 적합한 수단을 상상의 항해에서 찾는다.[31]

초기 유토피아 소설에는 여행이 등장하지만, 유토피아로 갔다가 유럽으로 돌아오는 여정은 유토피아에 대한 설명을 괄호로 묶는 얇은 프레임 장치로 강등되며, 이는 종종 비非서사적 형식이고, 일반적으로 스토리보다는 사회적 제안이나 사고 실험에 더 가깝다.

유토피아 전통은 에덴동산과 헤시오도스의 황금시대 등 고대로 거슬러 올라갈 수 있으며, 플라톤 공화국의 이상 도시인 칼리폴리스Kallipolis는 고대로부터 가장 상세하고 정교하게 묘사된 예다. 공화국은 폭정에 빠진 사회에 대한 분석을 포함하고 있으므로 디스토피아(또는 '나쁜 곳', 용어 자체는 1860년대까지 등장하지 않음)라는 개념도 예상할 수 있지만, 유토피아와 디스토피아의 차이는 주로 어떤 사회가 바람직하다고 생각하는 것에 대한 관점에 달려 있다. 예를 들어 칼리폴리스에서는 모든 음악, 예술, 문학, 그림, 건축 등이 국가가 정한 기준을 따라야 하고, 국가 이익을 위해 일해야 하는데, 많은 사람이 이러한 상태를 디스토피아라고 생각한다. 따라서 여기서는 유토피아와 디스토피아를 함께 고려할 것이다.

여행자의 스토리처럼 초기의 유토피아는 탐험 중인 새로운 땅에 대한 추측의 연장선에 있었고, 그 주변을 배경으로 했다. 역사가 프랭크 E. 마누엘Frank E. Manuel과 프리치 P. 마누엘Fritzie P. Manuel은 다음과 같이 말했다.

서양 유토피아의 대부분은 유럽 반도 사람들이 눈에 보이는 세계를 획득한 것과 관련이 있다. 상상의 사회는 실제 정복, 발견 및 탐험의 일반적인 경로를 따라 위치한다. 알렉산더가 아시아의 중심부로 진출한 후 헬레니즘 그리스인 에우헤메로스Euhemerus는 인도양의 섬 판차이아Panchaïa에서 좋은 사회 질서를 발견했다. 에티오피아 포로들에게 제물로 바쳐진 시리아인이었던 상인 이암불루스Iambulus는 자신의 배가 아프리카 동부 해안 근처 태양의 섬으로 표류하는 과정을 이야기했다. 다른 그리스 작가 들은 유럽 대륙의 가장자리에 있는 행복한 하이퍼보레아인들Hyperboreans 과 울티마 툴레Ultima Thule의 사람들에 대해 알고 있다고 주장했다. 중세 내내 유럽과 아프리카 서쪽 바다에서 새로운 땅이 유토피아 지도 마파문 디mappamundi에 끊임없이 통합되고 있었다.[32]

플라톤의 칼리폴리스, 성 오거스틴St. Augustine의 『신의 도시City of God』(AD 426년) 속 영원한 예루살렘, 코카인의 신화 속 땅, 크리스틴 드 피상Christine de Pisan의 『여인들의 도시La Cité des Dames』(1405년)와 같은 유토피아 세계는 저자 가 이상적인 장소라고 생각한 것을 제시했지만, 가장 영향력 있는 초기 유토피아 저술은 유토피아로 알려진 세인트 토머스 모어St. Thomas More의 『최고의 연방국 과 새로운 유토피아 섬에 관하여Concerning the Best State of a Commonwealth and the New Island of Utopia』(1516년)였다.

이 책은 유토피아를 여행하고 그곳에서 5년 동안 살다가 유럽으로 돌아와 유토 피아에 관해 이야기한 라파엘 히틀로대우스Rafael Hythlodaeus의 담론을 기록한 거로 추정된다. 유토피아는 상상 세계 개발의 관점에서도 중요하다. 첫째, 지도와 함께 등장한 최초의 세계 중 하나이며, 초판(1516년)은 무명의 손에 의해 그려졌 다. 1518년 판은 네덜란드 화가 암브로시우스 홀바인Ambrosius Holbein(한스 홀바 인Hans Holbein의 동생)이 그렸는데, 둘 다 목판화이며 섬의 비스듬한 모습을 담고 있다. 1595년경 아브라함 오르텔리우스Abraham Ortelius가 그린 지도와 1970년 브 라이언 구디Brian R. Goodey가 그린 지도보다 더 사실적인 지도는 나중에 등장했 다. 유토피아를 지도화하려는 시도가 가능했던 건 모어가 섬의 모양에 대한 상세 한 설명과 함께 마일 단위의 치수를 제공했기 때문이지만, 불일치로 인해 모어의 모든 수치를 따르는 지도는 불가능했다.[33] 그러나 유토피아의 54개 도시 국가가 공유하는 도시 계획에 대한 설명은 일관되고, 실용적이며, 지도화가 가능했다. 그러나 유토피아의 소규모 계획은 정원 국가로서의 사회 설계와 관련이 있지만, 대규모 계획은 그렇지 않다. 구디Goodey는 다음과 같이 말했다.

> '유토피아'는 지리학으로 쓰이지 않았다. 모어가 묘사한 사회 구조에서 지리적 위치는 거의 부수적이었기 때문에 본 논문에 포함된 지도는 일부 설명만을 기반으로 하고 있다. 수르츠Surtz가 제안했듯이, 이 책의 대중적인 판본에 더 나은 제목은 '연방의 최고 국가'였을 것이다. 왜냐하면 작품의 많은 부분이 유토피아라는 상상 속 국가의 지리에 의존하지 않기 때문이다.[34]

따라서 모어의 유토피아는 스토리의 즉각적인 필요를 넘어서는 것(이 경우 문화와 사회에 대한 설명)을 포함하는 초기 사례다. 예를 들어, 섬의 이름이 유토푸스 왕으로 바뀌기 전에는 '아브락사Abraxa'로 불렸다는 점, 유토피아 문명이 1,200년 이상 되었다는 점 등이 배경 스토리로 제공된다. 폴리레리테인, 마카리아인, 아코리아인, 아네몰아인 등의 이웃 국가에 대한 자세한 내용은 이들과 유토피아인을 비교할 때 제공된다. 유토피아 초판본에 포함된 부수 자료로는 지도(<그림 2-2> 참조), 모어와 다른 사람들이 쓴 편지(유토피아를 실제 장소인 것처럼 묘사), 유토피아 알파벳과 유토피아 언어로 쓰인 4행시(<그림 3-4> 참조) 등이 있으며, 유토피아는 자체 스크립트와 언어 샘플을 가진 최초의 이차세계 중 하나다. 이 마지막 편지는 포함된 편지 중 하나의 저자이자 다른 여러 통의 편지 수신자인 피터 자일스Peter Giles의 작품으로, 유토피아는 어느 정도 공동 저작 세계의 초기 사례라고 할 수 있다.[35]

<그림 2-2> 토머스 모어의 유토피아섬 지도, 1516년(왼쪽)과 1518년(가운데), 모두 암브로시우스 홀바인의 작품이며, 지도 제작자 아브라함 오르텔리우스가 그린 1595년 지도(오른쪽)다.

유토피아의 많은 부분, 특히 2권에서는 사회 및 정치 구조, 정부, 종교, 교육, 관습, 일상생활 등에 관한 내용을 다루고 있는데, 이는 상상 속 사회를 묘사할 때 기대할 수 있는 내용이다. 유토피아는 수많은 모방가에게 영감을 주어 동명의 문학 장르를 탄생시켰으며, 그 사회의 고향을 오가는 여정보다는 묘사된 상상의 사회에 중점을 두었다는 점에서 여행자 스토리 장르와 차별화되었다. 프랭크 E. 마누엘과 프리치 P. 마누엘은 다음과 같이 말했다.

16세기와 17세기에 유토피아를 모방한 묘사적인 작품을 유토피아라고 불렀고, 그들은 자신이 사모사타Samosata의 루키아누스Lucianus에게 받은 전통적인 문학적 장치를 어느 정도 고수했으며, 그중 많은 부분이 이제는 존재하지 않는 헬레니즘 소설에서 물려받은 전통적인 문학적 장치를 고수했다. 인쇄술의 발명으로 이 캐릭터에 관한 스토리를 한 유럽 언어에서 다른 언어로 쉽게 번역할 수 있게 되었다. 또 주식 공식과 개념을 역사적으로 추적하고, 그 변천을 도표화할 수 있는 말뭉치를 구성하게 되어 계속 확장되고 있다. 주요 요소는 난파선 또는 이상적인 연방으로 판명된 해

안에 우연히 상륙한 사건, 유럽으로의 귀환, 그리고 그에 대한 보고서다. 서지학자들이 '적절한 유토피아'로 간주하는 이 작품들을 연대순으로 배열하면 전작을 모방한 순서와 일치한다.[36]

　모어의 유토피아는 일부 발전상에서 긍정적인 면이 있음에도 불구하고 여전히 노예제도가 존재했으며, 당시의 다른 많은 유토피아 나라도 오늘날 디스토피아로 불릴 수 있는 측면을 포함하고 있었다. 최초의 개신교 유토피아인 요한 에베를린 폰 귄츠부르크Johann Eberlin von Günzburg의『볼파리아Wolfaria(1521)』는 모든 것이 정부의 통제하에 있으며, 공공장소에서 술에 취하거나 잘못된 기도를 하는 등의 사소한 위반 사항이 있으면 처형이나 익사 같은 가혹한 처벌을 받고 있음을 묘사했다. 안톤 도니Anton Doni의『몬디I Mondi(1552)』는 중앙 사원의 문에서 100개의 거리가 뻗어나가는 별 모양으로 지어진 도시 국가 몬도 누보Mondo Nouvo를 소개하면서 모든 사람의 복장과 식사가 통일되고, 가족제도가 폐지되었으며, 여성은 공동 소유로 묶여 있었다고 설명했다. 톰마소 캄파넬라Tommaso Campanella의『태양의 도시The City of the Sun』(1623)에서 여성과 어린이는 모두 공통의 소유로 묶여 있다. 따라서 유토피아와 디스토피아를 구분하는 경계는 개인의 욕망과 신념에 따라 달라진다.[37]

　위에서 언급한 몇 가지 설명에서 알 수 있듯 대부분 유토피아는 남성이 꿈꾸었고, 남성 우월주의를 지향하는 경향이 있었다. 르네상스 시대에는 여성에 의해 최초로 하위 세계를 만들기도 했는데, 여성에게 유토피아는 당시의 남성 중심적이고 여성 혐오적인 태도에 대항하는 세계를 상상하는 방식이다.[38] 크리스틴 드 피장 Christine de Pisan은 1405년에 역사 속 유명한 여성들로 구성된 우화적인 유토피아 도시인『여인들의 도시La Cité des Dames』를 썼다. 1659년 몽팡시에 공작부인 안 마리 루이즈 도를레앙Anne Marie Louise d'Orléans은 미스니Misnie 왕국에 관한 두 편의 단편 소설,『라 프린세스 드 파플라고니La Princesse de Paphlagonie』와 상상의 섬에 관한『릴레옹 드 리즐 이매지나이르Rélation de L'Isle Imaginaire』를 썼고, 둘 다 그녀의 비서인 세그라이스Segrais의 이름으로 출판되었다. 1년 후, 당시 가장 긴 소설을 쓴 것으로 유명한 마들렌느 스퀴데리Madeleine Scudéry는 10부작으로 구성 된 소설『클레리Clélie』(1654~1660)에 상상의 땅인 텐드레의 지도(<그림 2-3> 참 조)를 포함시켰다. 스퀴데리의 상세한 컬러 지도는 사랑의 땅을 묘사하고 있는데, 여기에는 '무관심의 호수Lac d'Indiference'와 존중, 관용, 큰마음, 성실, 연애편지, 정확성Respect, Generosité, Grand Coeur, Probité, Billet Doux, Exactitude과 같은 이름 의 도시가 등장한다. 마지막으로 뉴캐슬 공작부인 마가렛 캐번디시Margaret Cavendish 부인의 두 작품은 새로운 세계를 제안한다. 캐번디시 부인은 그녀의 에 세이『세계 올리오The Worlds Olio』(1655)에서 새로운 사회를 위한 일련의 유토피 아적 규칙을 제시했으며, 저자는 그것이 어떤 세계에 세워지는지 신경 쓰지 않는 다. 또 그녀의 소설 작품『타오르는 세계라고 불리는 새로운 세계에 관한 묘사The Description of a New World, Called the Blazing-World(1666)』(다음 섹션에서 설명)도 초기 공상과학 소설로 간주되지만, 유토피아 목록에 포함되기도 한다.

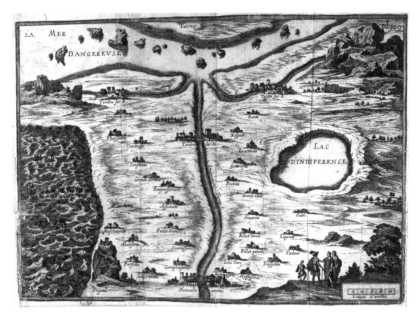

<그림 2-3> 1654년 마들렌 드 스퀴데리Madeleine De Scudéry의 텐드레Tendre 지도. 그녀의 소설『클레리, 로마의 이스또아Clélie, Histoire Romaine』(1654~1660)와 함께 등장, 스퀴데리와 그녀의 친구들이 디자인, 최종 이미지는 프랑수아 쇼보François Chauveau의 작품.

17세기와 18세기에 걸쳐 사회를 지배하는 규칙의 목록에 불과한 유토피아에서부터 거주민의 땅, 문화, 역사를 더욱 완벽하게 상상한 유토피아에 이르기까지 다양한 유토피아가 등장했다. 후자 중에서도 실제 장소에 대한 센스가 어느 정도 시도된 사례를 찾아볼 수 있다. 토마소 캄파넬라Tommaso Campanella의『태양의 도시The City of the Sun』(1602)는 타프로바네Taprobane섬에 도착한 후 그곳에서 발견한 도시에 대한 긴 설명으로 시작된다(톨킨의 '미나스 티리스Minas Tirith'를 연상시키는 디자인).

　　도시 대부분은 넓은 평야에서 솟아오른 높은 언덕 위에 지어졌지만, 여러 개의 원이 언덕 기슭을 넘어서 어느 정도까지 뻗어 있으며, 도시의 지름이 3.2km가 넘을 정도로 커서 둘레가 약 11.3km이다. 그러나 산의 울퉁불퉁한 모양 때문에 도시의 지름은 평야에 지어진 것보다 실제로 더 크다.

그것은 일곱 개의 행성에서 이름을 따온 일곱 개의 고리 또는 거대한 원으로 나뉘고, 이 중 하나에서 다른 하나로 가는 길은 네 개의 거리와 네 개의 문을 통과하며, 그 문은 나침반의 네 방향을 향하고 있다. 더욱이 그것은 첫번째 원이 습격당하면 필연적으로 두 번째 원을 습격하는데 두 배의 에너지가 필요하고, 세 번째 원을 습격하는 데는 훨씬 더 많은 에너지가 필요하도록 지어졌으며, 그 이후의 모든 경우에 힘과 에너지는 두 배가 되어야 한다.

그래서 그 도시를 점령하고자 하는 사람은 마치 일곱 번 습격해야 합니다. 그러나 나는 첫 번째 성벽조차도 점령할 수 없을 거로 생각하는데, 그 이유는 토성이 너무 두껍고 성벽과 탑, 총, 도랑으로 너무 잘 방어되어 있기 때문이다.[39]

그는 도시의 구조를 설명한 후 궁전과 중앙 신전 그리고 그 장식에 관해 설명한 다음, 대담자인 제노바 선장의 질문에 따라 정부 구조에 관해 다음과 같이 설명한다.

요한 발렌틴 안드레아Johann Valentin Andreæ의 『크리스티아노폴리스Christianopolis』(1619)는 카파르 살라마Caphar Salama라는 섬에 성벽으로 둘러싸인 유토피아적 도시 국가를 배경으로 한다. 이 책의 주인공인 순례자 코스목세누스 크리스티아누스Cosmoxenus Christianus는 자신의 배인 판타지호가 섬에서 난파된 후 도시의 수호자들에게 조사를 받고 도시를 구경한다. '크리스티아노폴리스'는 작지만 꼼꼼하게 계획되어 있으며, 안드레아가 그린 지도를 포함하여 100개의 장으로 구성되어 있다. 던디 대학교의 에드워드 H. 톰슨Edward H. Thompson은 다음과 같이 말했다.

예를 들어, 지붕은 방화벽으로 간격을 두고 나누어져 있고, 건물은 모두 화재의 위험에 대비해 구운 벽돌로 지어졌으며, "유리와 나무로 된 이중 창문은 각각 원하는 대로 열거나 닫을 수 있도록 벽에 설치되어 있고, 오늘날 암스테르담에서 볼 수 있는 종류의 리프팅 장비가 있어 무거운 물건을 위층으로 들어 올릴 수 있다"(23장)라는 등 크리스티아노폴리스에 대한 일반적인 설명은 초기 근대 숙박 시설의 모범 사례 중 하나다. "순수한 샘물은 지역 사회로 유입되어 먼저 거리로, 그다음에는 집으로 나뉘며, 호수의 유출수는 하수도를 통해 지하 수로를 따라 흐르며 매일 집 안의 흙을 비운다(95장)." 요컨대, 가정 내 환경은 스파르타식일지 모르지만, 초기 근대 유럽에서는 완전히 최신식이었다.[40]

안드레아의 건축 디테일과 묘사는 물리적 구조보다는 사회 구조에 더 중점을 둔 이전의 유토피아에 대한 몽환적인 묘사보다 그의 도시 국가에 더 구체적인 존재감을 부여한다.

프랜시스 베이컨Francis Bacon의 『뉴 아틀란티스New Atlantis』(1626)는 남해에서 길을 잃은 배가 외딴섬 벤살렘Bensalem에 우연히 도착하는 스토리를 담고 있다. 도착 직후 선원들이 격리된 집에 대한 자세한 묘사와 함께 성 바르톨로메오St. Bartholomew가 보낸 성경과 편지 그리고 기적적인 빛의 기둥과 십자가가 어떻게 섬 주민 중 많은 사람을 기독교로 개종시켰는지, 초기 항해 시대와 대홍수로 대아틀란티스Great Atlantis가 사라진 스토리, 그들의 입법자였던 고대 살로마나Salomana 왕과 그의 집이 세워진 스토리 등 3,000년이 넘는 정교한 배경 스토리가 펼쳐진다. 벤살렘Bensalem의 한 주민은 "나는 당신들 중 한 사람의 책에서 가짜 연방에 관한 책을 읽었다"라고 말하며 모어의 『유토피아』를 구체적으로 언급한다.

많은 작품에서 작가는 단순한 사회 구조에 대한 묘사를 넘어 스토리가 펼쳐지는 세계를 창조하려고 시도한다. 그리고 여행자 스토리의 땅, 섬과 마찬가지로 유토피아의 위치는 일반적으로 당대의 탐험을 따랐다. 프랭크 E. 마누엘과 프리치 P. 마누엘에 따르면,

그 후 200년 동안 문학적 항해가들이 낯선 민족과 만나는 상상은 역사적인 사건과 보조를 맞췄다. 때때로 유토피아는 역사적인 신대륙 상륙의 시점을 따르기보다는 예언하듯 시기적으로 앞서나가기도 했다. 17세기 후반 무렵, 남해섬South Sea islands과 호주Autralia가 아직 미개척지였던 시절, 유토피아주의자들은 선원들을 쫓아내고, 위그노 가브리엘 드 푸아니 Huguenots Gabriel de Foigny와 데니스 바이레스Denise Vairesse는 메르스 오스트랄레스에 왕국을 건설했다. 어떤 이들에게는 아메리카 대륙의 해안선에 더는 경이로움을 느끼지 못했다. 행복은 지평선 너머에 있었다. 다음 세기 동안 제임스 쿡James Cook 선장과 루이 앙투안 드 부갱빌Louis Antoine de Bougainville의 실제 항해가 낳은 이국적인 누벨시떼르 레브 Nouvelle-Cythère- rêves 섬과 퍼시픽 인 타히티Pacific- in Tahiti의 온화한 지역에서는 이상적인 사회가 번성했다. 1800년 이후 여행자들에게 개방된 미국 서부의 황야는 숨겨진 계곡과 넓은 평원, 고원지대에 유토피아적인 세계를 선사했다. 새로운 영토가 점진적으로 유토피아에 합병되어 지구 표면 전체가 덮일 때까지 사람들은 다른 곳을 찾아야 했다.[41]

지도상에 표시되지 않은 이유를 설명하기 위해 베이컨의 벤살렘 섬과 같은 일부 세계는 외부인에게 의도적으로 숨겨져 있었다고 한다. 사이먼 티소 드 파토 Simon Tyssot de Patot의 『자크 마세의 여행과 미래Voyages et avantures de Jaques Massé』(1710)는 산맥으로 외부 세계와 단절된 사트라피아Satrapia의 군주제를 다루었는데, 이는 최초의 '잃어버린 세계' 소설 중 하나로 꼽힌다. 그뿐만 아니라 신대륙에서도 작품이 나오기 시작했다. 조셉 모건Joseph Morgan의 『바사루아 왕국의 역사The History of the Kingdom of Basaruah』(1715)는 뉴잉글랜드에서 출간되었으며, 미국인이 미국에서 집필하고 출판한 최초의 산문 작품 중 하나였다.[42]

18세기에는 유토피아 세계를 설계하는 데 더 많은 세부 사항이 추가되었고, 정치적 목표도 바뀌었다. 마리 루이스 베르네리Marie Louise Berneri는 저서 『유토피아를 향한 여정Journey Through Utopia』에서 다음과 같이 썼다.

> 16세기와 17세기에는 희미하게 알려진 미국이나 호주의 대륙은 런던이나 파리를 이식한 배경을 제공했을 뿐이다. 18세기에 들어서면서 이들 국가는 독자적인 삶을 살기 시작했고, 여행자나 선교사들이 그곳에서 발견한 사람들의 관습이 유토피아의 틀에 통합되었다. 또한 유토피아가 완전한 평등이 지배하는 사회를 표상하려 했다면, 이제는 많은 유토피아가 자유 사회를 건설하는 데 관심을 기울이고 있다는 사실을 발견했다. 예를 들어 디드로의 타히티에 사는 주민들은 정부도 법도 모른다. 유토피아는 충분한 의식주, 안락한 집, 좋은 교육을 제공했지만, 그 대가로 국가와 법에 대한 개인의 완전한 복종을 요구했고, 이제 그들은 무엇보다도 법과 정부로부터의 자유를 추구했다.[43]

내러티브에 기반한 유토피아 중에는 네빌Neville의 소나무섬처럼 여행자의 후손이 직접 만든 유토피아도 있다. 예를 들어, 요한 고트프리트 슈나벨Johann Gottfried Schnabel의 『펠센부르크섬Die Insel Felsenburg(1731)』에서는 난파선 생존자 알베르투스와 콩코르디아가 결혼하여 알베르투스가 자신의 이상 국가로 통치하는 섬에 거주하고, 프랑수아 르페브르François Lefebvre의 『섬 유토피아 여행의 관계Relation du Voyage de l'Isle d'Éutopie』(1711)에서는 결혼한 10명의 자녀를 둔 아버지의 후손이 250년이 지난 후 4만 명이 넘는 유토피안들이 사는 것으로 나타났다.

상상의 세계를 표현하는 또 다른 전략은 존 커크비John Kirkby의 『오토마테스의 역사The History of Automathes』(1745)에서 찾아볼 수 있다. 소테리아Soteria라는 나라에 관한 주요 스토리는 1614년 원고에서 화자가 해변에 떠밀려온 보물을 발견하는 장면과 관련이 있다. 이러한 기법은 상상 세계를 독자로부터 한 걸음 더 멀리 떨어뜨려 놓음으로써 스토리 자체에서 가상의 인물에 대해 읽는 경험을 반영한다. 이상하게도 화자는 '컴벌랜드 카운티에 사는 동안'이라는 말로 자신의 스토리를 시작하면서 더는 자세히 설명하지 않는 다른 가상의 국가를 언급하는데, 이 스토리는 바다와 접해 있는 실제 국가를 배경으로 할 수도 있었기 때문에 흥미롭게도 추가가 되었다. 마찬가지로 제임스 버그James Burgh의 『세사레스의 첫 정착, 법률, 정부 형태와 경찰에 대한 설명An Account of the First Settlement, Laws, Form of Government and Police of the Cessares』(1764)은 1620년에 작성된 9개의 편지로 구성되어 있다.

니콜라 에듬 레스티프 드 라 브르톤Nicolas-Edme Restif de La Bretonne은 자신의 책을 인쇄한 인쇄업자로 약 200권의 책을 저술했는데, 그중 1769년에서 1789년 사이에 쓴 일련의 유토피아를 총칭하여 '이데아 싱귤레르Idées singulières'라고 불렀다. 지노그래프, 안드로그래프, 테스모그래프 등 땅의 법과 사회 구조를 묘사한 이 작품들은 다른 사람들이 자신의 나라를 실제 장소처럼 보이게 하려고 사용한 구체적인 세부 사항과 프레임 내러티브보다는 정치와 사회 개혁에 더 관심이 많았다. 일반적으로 유토피아적 글쓰기는 두 가지 다른 방향으로 나아가는 것으로 볼 수 있다. 프랭크 E. 마누엘과 프리치 P. 마누엘에 따르면,

> 18세기 말, 점점 탈기독교화되어 가는 유럽에서 고립된 섬과 계곡의 유토피아와 새로운 유형의 각성한 몽상가 유토피아가 계속 역류하는 동안에도, 모든 기능적 배경을 거부하고 특정 장소의 한계를 깨뜨리고, 전체 종의 개혁에 직접적으로 접근하는 유토피아 사상이 더욱 두드러지게 등장했다. 19세기 초에 이르러 혁신적인 유토피아 사상은 폐쇄된 공간을 거의 잃었다. 캡슐화되고 보호된 그림 유토피아를 묘사한 소설은 지금까지 수백만 부씩 계속 팔렸지만, 다른 사람들이 제안한 혁명적 유토피아 이론

에 의존한 잔재가 여전히 존재하고, 파생적인 내용을 담고 있는 경우가 많았다.[44]

　물론 여기서 언급한 두 번째 그룹은 이차세계 구축과 관련된 그룹이다. 비록 정치적인 목적이 있었을지라도, 단순히 정치적 선언이나 사회 개혁의 개략적인 프로그램이 아니라, 소설이라는 서사적 내용과 이차세계와 관련한 내용이 있었다. 19세기의 공동체 운동과 사회주의에 관한 관심의 증가로 인해 후자의 일부 작가들은 자신의 이상을 실현하려는 실제 공동체에 영감을 불어넣으려 했고, 소설가들은 유토피아적 사변적 잠재력을 확장하는 동시에 이를 소설적 틀 안에서 유지하고자 했다. 이 시대의 작가 중 한 명인 펠릭스 보딘Félix Bodin은 사변적 소설에서 이차세계의 가치를 인식하고 미완성 소설인『미래의 소설Le Roman de l'Avenir』(1834)에 이 장르에 대한 비평과 함께 미완성 소설을 포함시켰다. 보딘은 추상적인 유토피아적 선언보다는 소설적 기법을 사용한 상상력과 서사 세계를 통해 청중에게 더 효과적으로 다가갈 수 있다고 생각했다. 그의 작품은 공상과학 장르가 완전히 체계화되기 전인 수십 년 후에도 공상과학이 나아갈 방향을 설명했다.[45]

　19세기에는 유토피아에 대한 저술이 증가하여 영어로만 300여 권의 책이 출판되었다.[46] 사회주의자들의 저술과 새로운 기술이 풍부한 산업 시대의 도래는 생산성과 효율성을 높이고 빈곤을 없애거나 최소한 줄일 수 있을 것이라는 추측과 희망을 부추기며 가능성을 열어주었다. 그러나 많은 유토피아에는 기술에 대한 의존도 증가, 개인의 자율성 감소, 국가의 규제와 통제 강화도 포함되었다. 예를 들어, 한 세기 동안 실제 이카리아 공동체에 많은 영감을 준 에티엔 카베Etienne Cabet의『윌리엄 캐리스달 경의 이카리아 여행과 모험Voyage et aventures de Lord William Carisdall en Icarie』(1839)(나중에『이카리아로의 여행Voyage to Icaria』으로 재출간)에는 모두 곧고 넓은 거리, 대중교통을 위한 수천 대의 '노면전차', 사람들의 식사 시간, 복장, 통금 시간을 포함한 모든 것을 계획하는 국가가 등장한다. 소

설 속 등장인물 중 한 명인 유진은 동생 카밀에게 보내는 편지에서 이카리아의 식
사에 대해 다음과 같이 묘사한다.

> 앞서 언급한 위원회는 또한 식사 횟수, 식사 시간, 지속 시간, 코스 수,
> 성격 및 제공 순서를 논의하고 지시했으며, 계절과 달뿐만 아니라 요일에
> 따라 지속적으로 변경하여 요일마다 다른 음식을 제공했다.
>
> 아침 6시, 작업을 시작하기 전에 모든 근로자, 즉 모든 시민은 공장 식당에
> 서 준비하고 제공하는 매우 간단한 아침 식사를 작업장에서 공통으로 먹는다.
>
> 9시가 되면 작업장에서 점심을 먹고, 아내와 자녀들은 집에서 점심을
> 먹는다.
>
> 2시에 같은 거리의 모든 주민이 공화당 식당에서 공화당 요리사 중 한
> 명이 준비한 저녁 식사를 함께 먹는다.
>
> 그리고 매일 저녁 9시에서 10시 사이에는 각 가정에서 집 안의 여성들
> 이 준비한 저녁 식사를 한다.
>
> 이 모든 식사에서 첫 번째 **건배는 노동자의 은인, 가족의 은인, 시민의
> 은인인 선한 이카르의 영광을 위해서 건배**한다.[47]

많은 사람은 이러한 엄격한 조건을 유토피아적이라고 생각하지 않았고, 일부
작가는 영국을 브라이블루시아의 나라로 설정한 정치 풍자 소설인 벤저민 디즈레
일리Benjamin Disraeli의 『캡틴 포파닐라의 항해The Voyage of Captain Popanilla』
(1828)나 영국을 풍자한 새뮤얼 버틀러Samuel Butler의 『에레혼: 또는 범위를 넘어
Erewhon: or, Over the Range』(1872)와 같이 기존 상황을 풍자하는 데 유토피아를
사용하기도 했다. 『에레혼』은 결국 속편인 『에레혼: 20년 후, 최초 발견자와 그의
아들에 의해 재조명된 에레혼Erewhon Revisited Twenty Years Later, Both by the
Original Discoverer and His Son(1901)』이 나올 만큼 큰 성공을 거두었다.

작가들은 풍자 외에도 잘못된 유토피아, 언뜻 보기에는 유토피아처럼 보이지만, 나중에 끔찍하고 억압적인 장소로 드러나거나 사회의 특정 추세가 계속되면 바람직하지 않은 상황이 초래될 것임을 암시하기 위해 고안된 장소를 사용하여 상황을 비판했다. 1868년 존 스튜어트 밀John Stuart Mill이 영국 의회에서 한 연설에서 '디스토피아'라는 용어가 처음 등장했고, 이러한 부정적인 유토피아를 설명하는 용어로 사용되기 시작했다. 디스토피아 세계는 플라톤이『공화국』에서 한 사회가 폭정으로 몰락하는 것에 대해 논의한 이래로 존재해 왔으며, 존 홈즈비John Holmesby의 『항해, 여행, 그리고 캡틴 존 홈즈비의 놀라운 발견The Voyages, Travels, And Wonderful Discoveries of Capt. John Holmesby』(1757년)에서 금을 숭배하는 님파테네인들Nimpatenese의 유머러스하고 암울한 땅인 님파탄과 같은 가상 국가의 형태에서 찾을 수 있었다. 나 루이 이폴리트 메테Louis Hippolyte Mettais의 『앙 5865, 파리 4000년L'An 5865 ou Paris dans 4000 ans』(1865년)에 등장하는 미래 파리는 이 용어가 별도의 카테고리를 만들기 전에도 이미 존재했다.

19세기 말에는 안나 보우먼 도드Anna Bowman Dodd의 『미래 공화국The Republic of the Future』(1887), 엘리자베스 코베트Elizabeth Corbett의『뉴 아마조니아New Amazonia』(1889), 윌리엄 모리스William Morris의 『이미 알려진 일News from Nowhere』(1890), 안나 아돌프Anna Adolph의『아크틱: 북극의 놀라운 이야기 Arqtiq: A Story of the Marvels at the North Pole』(1899) 등의 작품으로 유토피아 및 디스토피아 문학의 새로운 물결이 일기 시작했다. 북극의 놀라운 스토리(1899), H. G. 웰스H. G. Wells의『타임머신The Time Machine』(1895)에 등장하는 몰록인의 먼 미래 세계 등이 그것이다. 20세기에는 산업 과잉과 기술에 대한 의존도 증가, 두 차례의 세계대전, 경기 침체, 파시즘과 전체주의 정권, 그리고 결국 핵폭탄의 발명으로 인해 인류의 미래가 불안하고 암울해 보이기 시작하면서 디스토피아의 수가 급격히 증가하게 되었다. 올더스 헉슬리Aldous Huxley의『멋진 신세계Brave New World』(1932), 조지 오웰George Orwell의『동물농장Animal Farm』(1945)과

『1984Nineteen Eighty-four』(1949), 영화 『THX 1138』(1971), 『블레이드 러너 Blade Runner』(1982), 『매트릭스The Matrix』(1999) 등이 이러한 디스토피아적 세계관을 표현한 작품들이다. 유토피아 전통은 20세기 내내 이어져 페미니즘 유토피아, 생태학적 유토피아 등 다양한 세계가 등장했으며, 이는 동시에 사회적 움직임과 변화를 불러일으키고 영감을 불어넣었다.

19세기 내내 탐험의 시대가 도래하면서 여행자 스토리에서처럼 유토피아의 장소는 다른 행성이나 과거 또는 미래로 이동하여 접근하기 어렵고 이국적인 장소로 남게 되었다. '유토피아(문자 그대로 '장소가 없다'라는 뜻)'라는 용어가 가상의 장소를 나타내는 것처럼, 가상의 시간을 배경으로 한 스토리를 '유크로니아'라고 부르기도 하는데, 이는 샤를 르누비에Charles Renouvier가 그의 소설 『유크로니아Uchronie』(1876)에서 만든 용어다. 유크로니아는 모호한 선사 시대, 미래, 불특정 또는 가상의 기간을 설정할 수 있다(미래를 배경으로 한 스토리는 결국 대체 역사가 되기 때문에 이 용어는 대체 역사 스토리를 포함할 때도 사용된다).[48] 19세기의 많은 유크로니아가 먼 미래를 배경으로 하고 있는데, 예를 들어 에드워드 벨러미Edward Bellamy의 영향력 있는 저서인 『과거를 돌아보다 2000~1887Looking Backward 2000~1887』(1888)가 있다. 메리 그리피스Mary Griffith의 『이후 300년 Three Hundred Years Then』(1836)(미국 여성이 쓴 최초의 유토피아 또는 유크로니아로 추정), 루이 세바스티앙 메르시에Louis Sébastien Mercier의 『2440년, 꿈이 있다면 결코L'An 2440, Rêve s'il en Fût Jamais』(1771)(1795년 영어로 『2500년의 회고록Memoirs of the Year Two Thousand Five Hundred』으로 출판) 등을 예로 들 수 있다.

20세기에 실현된 많은 예측이 담긴 파올로 만테가차Paolo Mantegazza의 『서기 3000년L'Anno 3000』(1897), 에밀 수베스트르Émile Souvestre의 3000년에 관한 『세상은 어떻게 될 것인가Le Monde tel qu'il sera』(1846년, 미래의 세계), 천시 토마스Chauncey Thomas의 『크리스털 버튼; 또는 49세기 폴 예후의 모험The Crystal Button; or, Adventures of Paul Prognosis in the Forty-Ninth Century』(1891), 존 맥니

John Macnie의『디오타스; 또는 멀리 내다보기The Diothas; or, A Far Look Ahead』(1883), 69세기, H. G. 웰스의『타임머신』(802701년)과 그의 소설『백만 년의 사나이Man of the Year Million』(1893)는 19세기 작가가 기꺼이 모험을 감행할 수 있는 가장 먼 미래를 배경으로 삼았다.[49]

19세기 말에는 제임스 페니모어 쿠퍼James Fenimore Cooper의 벌컨스 피크 Vulcan's Peak와 리프Leap제도, 마크 트웨인Mark Twain의 곤두르공화국, 존 러스킨John Ruskin의 스티리아, 허먼 멜빌Herman Melville의 마르디군도, 브론테Brontë 자매의 곤달과 갈딘, 알렉산드르 푸시킨Alexander Pushkin의 토지 루코모리, 앤서니 트롤럽Anthony Trollope의 브리타눌라 등 다양한 작가들이 가상의 세계를 배경으로 하여 작품을 썼다. 에드거 앨런 포Edgar Allen Poe의 작품, 길버트와 설리번 Gilbert and Sullivan의 바라타리아, 티티푸, 자라의 왕국, 작곡가 헥터 베를리오즈 Hector Berlioz의 유포니아 도시에서 보이는 세계를 엿볼 수 있다. 필립 슬레이터 Philip Sclater가 1864년 과학 계간지에 발표한 논문 "마다가스카르의 포유류"에 등장하는 무Mu(대륙)가 아우구스투스 르플롱뇽이『무우 여왕과 이집트 스핑크스 Queen Móo and the Egyptian Sphinx』(1896)에서 묘사한, 고대 마야인들이 대서양을 건너 이집트 문화의 창시자가 될 수 있게 했고, 잃어버린 대륙 형태의 상상 세계를 찾아볼 수도 있다. 유토피아, 디스토피아 그리고 우크로니아uchronias는 계속해서 쓰였지만, 19세기 말부터 가장 상상의 세계가 많이 등장하는 문학 장르는 과거, 미래, 행성 간, 대체 세계를 광범위하게 포괄하는 판타지와 공상과학소설이 새롭게 융합된 장르였다.

공상과학 및 판타지 장르The Genres of Science Fiction and Fantasy

여행자의 스토리가 관객을 상상의 세계로 데려다주고 유토피아가 그곳의 주민들이 어떻게 사는지 어느 정도 짐작하게 했다면, 공상과학과 판타지 장르는 관객이 그 세계에서 대리로 살아보도록 초대했다. 이 두 장르의 스토리 주인공은 여전히 일차세계에서 온 여행자이지만, 두 장르가 발전하면서 단순한 방문객이 아닌 이차세계 원주민이 주인공이 되는 경우가 점점 늘어났다. 세계 정보는 여전히 긴 설명이나 독백을 통해 소개될 수 있었지만, 작가들은 관객이 하위 창작 세계로 쉽게 전환할 수 있도록 새로운 기본값과 디테일이 도입된 세계를 원활하게 통합할 방법을 찾고 있었다. 또한 시간이 지남에 따라 관객이 장르에 대한 경험을 쌓고 기대치가 형성됨에 따라 일반적인 콘셉트가 코드화되어 작가에게 친숙함을 줄 수 있는 지름길을 제공했다. 공상과학과 판타지 스토리는 일차세계를 배경으로 할 수 있지만, 많은 작품이 이차세계를 설정하고 있으며, 가장 정교한 상상의 세계는 이제 이러한 장르에서 흔히 볼 수 있다.

공상과학소설과 판타지 장르는 여러 가지 상황의 영향으로 빅토리아 시대에 융합되었다. 신문의 등장, 출판사의 설립, 의무 교육에 따른 문맹률 증가는 모두 9~10세기 동안 문학 작품의 생산량 증가를 촉진했다. 소설의 수가 증가함에 따라 분류의 중요성이 커지고, 새로운 문학 장르가 형성되어 각 장르를 정의하는 공통된 특징과 요소를 공유하는 과거 세기의 작품들이 재정의되었다. 산업혁명과 과학의 발달은 과학적 조사와 기술적 예측을 촉진했고, 그 영향은 세기말 낭만주의가 자연주의와 사실주의 운동의 도전을 받으면서 '환상적인' 문학과 '현실적인' 문학이 분리되는 계기를 만들었다. 환상 문학 자체는 결국 공상과학소설과 판타지 장르로 이분화되어 전자는 기술적으로 사변적인 소설, 우주여행 스토리, 미래를 배경으로 한 스토리를 포함하며, 후자는 신화와 전설, 민속, 동화, 짐승 우화, 기사도 로맨스, 모험 스토리, 마법과 초자연적인 스토리 등을 포함한다. 20세기에는 두 장르의 요소가 완전히 혼합되어 과학 판타지와 스페이스 오페라와 같은 하위 장르를 만들어내며 공상과학과 판타지의 경계가 더욱 모호해졌다. 그러나 동시에 두 장르는 각각 고유한 고민과 접근 방식으로 환상 문학의 양대 극으로 남게 되었다.

공상과학소설Science Fiction

　공상과학(및 일반적으로 과학)이 상상 세계의 역사에 기여한 주요 공헌은 지구 밖의 세계를 찾아내고, 물리 법칙의 사용과 지구의 삶과 조건의 추정에 따라 그 세계가 어떤 모습일지 추측할 수 있는 능력이다. 공상과학이 항상 과학과 일치하거나 세계 구축에 쓸 수 있는 모든 수단을 쓴 것은 아니었지만, 공상과학은 과학의 뒤를 바짝 뒤따랐으며, '과학자'라는 용어가 만들어진 지 20년이 채 되지 않은 1851년에 '공상과학'이라는 용어가 처음 등장했다.[50]

　공상과학소설은 원래 판타지와 함께 판타스틱 문학의 한 유형으로 간주하였지만, 20세기에 들어서야 비평가, 학자, 출판업계에서 별도의 장르로 인식되기 시작했다. 공상과학 소설의 뿌리는 고대로 거슬러 올라가며 과학적 방법의 발달 이전으로 거슬러 올라간다. 상상의 항해 또는 여행자 스토리의 하위 집합으로 시작하여, 달 여행은 루시안Lucian의 『실화True History』(서기 2세기)에서부터 찾아볼 수 있으며, 르네상스 시대에 규칙적으로 등장하기 시작했는데, 예를 들어 루도비코 아리오스토Ludovico Ariosto의 『광란의 오를란도Orlando Furioso』(1516), 요한 케플러Johann Kepler의 꿈 스토리 『솜니움Somnium』, 『달 천문학에 관한 사후 연구 Opus Posthumum de Astronomia Lunari』(1634), 프란시스 고드윈Francis Godwin의 『달에 간 사나이The Man in the Moone』 또는 『저편 항해에 대한 담론A Discourse of a Voyage Thither』(1638) 등에서 찾아볼 수 있다. 또 존 윌킨스John Wilkins의 『달에서의 세계 발견The Discovery of a World in the Moone』(1638), 데이비드 러센David Russen의 『달의 아이테르 루나레Iter Lunare』 또는 『달로의 항해A Voyage To The Moon』(1703) 등 이미 다른 장르의 저술로 유명한 작가들도 달 여행기를 썼다.

　시라노 드 베르주라크Cyrano de Bergerac는 『달 여행Voyage to the Moon』(1657)을, 대니엘 디포Daniel Defoe는 『통합자The Consolidator』 또는 『달에서 온 세계의 잡다한 거래에 관한 회고록Memoirs of Sundry Transactions From the World in the Moon』(1705) 역시 달에 관한 여행기를 썼다. 이 작품들은 『로빈슨 크루소』처럼

수많은 모방과 후속작에 영감을 주었다.[51] 공상과학소설에서 흔히 볼 수 있는 것처럼 달에 대한 알려진 사실과 합리적인 추측에 환상적인 요소가 더해졌다. 예를 들어, 조지 터커George Tucker의 『달 여행A Voyage to the Moon』(1827)에서는 등장인물들이, 한 변이 약 2m의 밀폐된 구리 정육면체를 타고 달로 여행하며, 달의 기원에 대한 추측과 함께 지구의 조감도가 비교적 사실적으로 묘사되어 있다. 달에 자리 잡은 모로소피아Morosofia는 지구의 여느 도시처럼 인구가 많고 잘 발달한 나라다. 심지어 인공위성과 우주 정거장을 예상한 단편 소설도 있다. 에드워드 에버렛 헤일Edward Everett Hale의 단편 소설 『브릭 문The Brick Moon』(1869)에서는 주인공들이 항해를 돕기 위해 벽돌로 만든 61m 높이의 달을 인공위성으로 만들어 발사하는 장면이 나온다. 우연히 사람들을 태운 채 발사돼 도착한 달에서 주인공들은 벽돌 달을 경작하고, 후손을 키우는 자신들만의 작은 세상으로 만들어가며 계속 살아간다.

하지만 우주에는 지구-달 시스템뿐 아니라 그 이상의 것이 존재한다. 르네상스 시대에 천문학이 발전하면서 망원경이 발달하고, 코페르니쿠스적 사고로 전환되면서 별과 행성은 이제 빛의 점이 아니라 실제 공간으로 여겨졌고, 우주에 대한 완전히 새로운 개념이 필요하게 되었다. 천문학자 틸버그 J. 헤르체그Tilberg J. Herczeg는 다음과 같이 설명한다.

거주 가능한 달에 관한 의문은 플루타르크 이후 거의 1,500년 동안 지속되었다. 복수의 문제는 완전히 다른 생각, 즉 '우리 세계'와 무한한 우주에 행성과 지구가 있는 수많은, 어쩌면 무한한 세계가 동시에 존재한다는 생각에 집중되어 있었다. 이 아이디어는 원자론자인 그리스 압데라Abdera에서 태어난 데모크리토스Democritus와 밀레토스Miletos의 레우키포스Leucippus(기원전 5세기)로부터 시작되었다. 이 개념에 따르면, 각각의 우주는 수많은 원자가 무작위로 모여서 형성되었다는 것이다. 여기에는 '논쟁'이 거의 없었다. 아리스토텔레스Aristotle는 복수의 세계에 강력히 반대했고, 중세 철학자와 신학자들도 원자론에 반대했으며, 원자론은 심지어 금지되었다. 그러나 코페르니쿠스 이론의 여파로 영국인 토마스 디지스 Thomas Digges(1576)와 그의 영향을 받은 것으로 보이는 불운한 지오다노 브루노Giordano Bruno(1583 이후)가 별은 수많은 태양이며, 그 주위에 행성이 있을 수 있고, 우리 태양은 하나의 별이라는 웅장하고 환상적인 그림을 만들면서 '우리만의 세계'라는 이념은 급격한 변화를 겪게 된다.[52]

16세기 이탈리아의 철학자이자 도미니카 수도사였던 지오다노 브루노Giordano Bruno는 그의 저서『무한한 우주와 세계에 관하여On the Infinite Universe and Worlds』(1584)는 여러 가지 세계 이론을 제시한 사례에서 자주 언급되지만, 그가 이러한 생각을 처음으로 한 것은 아니다. 13세기에는 파리 주교 에티엔느 템피어Étienne Tempier가 신이 여러 세계에 외계 생명체를 창조했을 수 있다고 주장했고, 15세기에는 쿠사Cusa의 니콜라스Nicholas 추기경이 태양과 달에 외계 생명체가 존재할 가능성을 제시했다. 이후 베르나르 르 보비에 드 퐁트넬Bernard le Bovier de Fontenelle과 같은 작가들이 다른 행성에 생명체가 존재할 가능성에 대한 논의를 이어나갔고, 퐁트넬은『세계의 다양성에 관한 대화Conversations on the Plurality of Worlds』(1686)에서 다른 행성을 스토리의 배경으로 고려할 수 있는 문을 열었다.

상상의 세계는 다른 행성을 배경으로 할 수 있지만, 여행자를 제일세계에서 다른 세계로 이송하는 것은 또 다른 문제였다. 작가들은 여행자의 스토리를 들려줄 때 원시 세계와 어느 정도 연관이 있는 내레이터를 등장시켰는데, 그렇지 않았다면 어떻게 독자에게 스토리를 전달할 수 있었을까? 나중에 미래로의 여행과 관련하여 동일한 문제와 시간적 버전들이 다양하게 만들어질 수 있을 것이다. 다른 세계(또는 미래)에 대한 진지한 과학적 추측을 위해서는 먼 세계와 관련된 새로운 스토리텔링 문제를 해결하기 위해 환상 문학 자체가 더욱 발전해야 했다. 공상과학

역사학자 브라이언 스테이블포드Brian Stableford는 다음과 같이 말했다.

> 전통적인 내러티브 프레임워크를 진지한 추측 작업에 적용하는 데는 몇 가지 장애물이 있었다. 여행자의 스토리는 가장 유토피아적인 모드에서도 배와 보행자가 접근할 수 없는 지역으로 여행 장소가 확장되면서 만성적인 한계에 부딪혔다. 문학적 상상은 가장 진지하게 우화적일 때조차도 상상 속 유령에 불과했으며, 꿈에서 깨어나면서 사라졌다. 도덕적 우화가 볼테르의 철학적인 논설로 변모하는 것은 전통적인 배경과 모범적인 캐릭터에 대한 예술적 변주 계획에 의해 한계에 부딪혔다. 이러한 문제는 진보 철학이 미래를 탐험할 만한 상상력이 풍부한 영역으로 만들면서 더욱 심각해졌다.
>
> 루이 세바스티앙 메르시에Louis-Sebastien Mercier가 『2440년의 해The Year 2440』(1771년)에서 유토피아적 추측을 주도하면서 '유크로니안euchronian' 모드로 전환되었다. 이는 곧 쿠생 드 그랭빌Cousin de Grainville의 『최후의 인간The Last Man』(1805년)과 같이 미래에 대한 더욱 냉소적인 스토리의 생산을 촉진하게 되었다. 사실 누구나 꿈을 통해 미래에 접근하기 위한 유일하고 확실한 방법은 오랫동안 잠을 자는 것이다. 얻은 정보를 현재에 반영하지 못하면 현대의 스토리텔러에게 아무런 도움이 되지 못한다. 과학적 철학을 위한 적절한 내러티브 프레임을 설계하고, 개발하는 문제는 19세기에 매우 심각한 이슈였고, 해결책은 쉽게 찾을 수 없었다.[53]

스테이블포드Stableford는 또한 아타나시우스 키르케르Athanasius Kircher의 『이터라리움 엑스타티쿰Iterarium Exstaticum』(1656)에서처럼 우주 항해를 위해 꿈의 여정이나 환상을 사용하여 문제를 해결한 작가도 있다고 설명한다. 그러나 이것은 화자가 관찰자 역할만 할 수 있고, 보거나 묘사된 모든 세계는 화자와 상호 작용을 할 수 있을 만큼 세계의 구체성이 부족하다. 최근 공연된 무슈 비네르

Monsieur Vivenair의 '공중을 통한 여행'(1784)에서 화자가 열기구를 타고 새로 발견된 행성인 천왕성Georgium Sidus까지 날아가 여행할 수도 있다. 하지만 이런 지나친 과장은 작가가 독자들의 상상 속에서 불러일으키고자 하는 이차적인 믿음을 약화시키는 문제가 있다.

　과학이 서서히 발전함에 따라 수년에 걸쳐 여러 가지 해결책이 등장했다. 그중 하나는 외계 행성을 지구와 아주 가까운 곳에 위치시켜 눈에 잘 띄지 않고, 접근하기 어렵게 만드는 것이다. 마가렛 캐번디시Margaret Cavendish의 『불타오르는 세계라고 불리는 새로운 세계의 묘사The Description of a New World, Called the Blazing-World』(1666)라는 소설에서 또 다른 행성인 타오르는 세계는 북극 근처에 배를 타고 갈 수 있을 정도로 지구와 가까운 곳에 있다. 이것이 어떻게 작동하는지에 대한 설명은 스토리 초반에 나오는데, 여주인공이 새로운 세계로 여행을 떠날 때 북극해로 날아간 배에서 유일하게 살아남은 사람이다.

　　사람들이 얼어 죽은 것도 놀라운 일이 아니었다. 왜냐하면 그들은 그 세계의 극점 끝이나 지점으로 몰려간 게 아니라 그것과 가깝게 결합한 다른 세계의 다른 극점까지 밀려났기 때문에 그 두 극의 결합에서 추위가 두 배로 강해져 현실을 견딜 수 없었다. 마침, 지나가던 배로 옮겨져 다른 세계로 강제로 끌려가게 되었다. 이는 우리가 동쪽에서 서쪽으로 가는 것처럼 이 세계의 지구를 극에서 극으로 한 바퀴 도는 것이 불가능하기 때문이며, 다른 세계의 극들이 이 세계의 극들과 결합하여 더는 그런 식으로 세계를 둘러싸는 통로를 허용하지 않기 때문이다. 만일 어떤 사람이 이 두 극점 중 하나에 도착하면, 그는 돌아가거나 다른 세계로 들어가야만 한다. 그리고 당신이 그것에 대해 의아하게 생각하고, 만약 그렇게 된다면 극지방에 사는 사람들은 한 번에 두 개의 태양을 보거나, 그렇지 않으면 일반적으로 믿는 것처럼 태양의 빛을 6개월 동안 절대 원하지 않으리라고 생각하지 말아야 한다. 당신들은 알아야 한다. 이 세계 각각은 그것을 밝히는 고유의 태양을 가지고 있으며, 그들은 각자의 고유한 원 안에서 움직인다. 그 움직임은 매우 공정하고 정확하여 어느 쪽도 다른 쪽을 방해하거나 방해할 수 없다. 왜냐하면 그들은 그들의 트로픽Tropicks을 초과하지 않기 때문이다. 비록 그들이 만난다고 해도 이 세상에 있는 우리는 태양의 밝기 때문에 그들을 잘 볼 수 없다. 태양이 우리에게 더 가까워서 다른 세계 태양의 광채를 가리고, 우리가 아주 좋은 망원경을 사용하지 않는 한, 그것들은 너무 멀리 떨어져 있어서 우리의 광학적 지각으로는 분별할 수 없다. 숙련된 천문학자들은 종종 두세 개의 태양을 동시에 관찰하기도 한다.[54]

캐번디시의 『불타오르는 세계』는 두 가지 이유로 상상 속 세계사에서 획기적인 업적을 남겼다. 첫째, 지구-달 체계에서 벗어난 다른 행성, 그것도 화성이나 금성처럼 잘 알려진 행성들과 반대로 가상의 행성을 배경으로 한 최초의 스토리라는 점이다. 둘째, 그녀의 스토리는 자신만의 상상의 세계를 구축하는 캐릭터, 즉 하위창조자가 등장하는 최초의 작품이다. 방금 설명한 대로 우연히 타오르는 세계로 여행을 떠난 주인공은 그곳의 황후가 되고, 나중에 뉴캐슬 공작부인(작가인 캐번디시 자신)을 자신의 세계로 데려와 필사자 역할을 하며 조언을 구한다. 공작부인은 나중에 자신의 친구처럼 자신도 한 세계의 황후가 되기를 소망하지만, 그럴 수 없는 현실을 한탄한다. 황후를 돕는 정령들은 세계를 다스릴 수 있는 다른 방법을 제안한다.

그러나 우리는 당신이 원한다면 천상의 세계를 창조할 수 있는데, 정말 지상 세계의 황후가 되고 싶어 했는지 궁금하다. 필멸자가 어떻게 창조자가 될 수 있을까? 그렇다, 정령들이 대답했다. 모든 인간 피조물은 비물질 피조물이 완전히 거주하고 우리와 같은 비물질 피조물로 가득 찬 비물질 세계를 만들 수 있으며, 이 모든 것이 머리 또는 두개골의 나침반 안에 있다. 그렇게 할 뿐만 아니라, 그는 자신이 원하는 방식과 정부를 가진 세계를 창조할 수 있고, 그 안에 있는 피조물들에 그가 원하는 대로 운동, 형상, 형태, 색채, 지각 등을 부여할 수 있으며, 그가 가장 좋다고 생각하는 대로 소용돌이, 빛, 압력, 반응을 만들 수 있다. 또한 그는 정맥, 근육, 신경으로 가득한 세계를 만들어서 이 모든 것이 한 번의 충격이나 획으로 움직이게 할 수도 있다. 또한 그는 그 세계를 원하는 대로 자주 바꿀 수도 있고, 자연계에서 인공계로 바꿀 수도 있으며, 관념의 세계, 원자의 세계, 빛의 세계 또는 그의 공상이 이끄는 대로 무엇이든 만들 수 있다. 그리고 그러한 세계를 창조하는 건 당신의 힘에 달려 있으니, 총체적인 물질세계를 정복하기 위해 생명과 명예와 평온을 모험할 필요가 무엇이 있겠는가?[55]

황후와 공작부인은 타오르는 세계 안에서 자신의 세계를 하위 창조한다. 비록 그들의 세계가 타오르는 세계만큼 상세하게 묘사되거나 소개되지는 않지만, 세계 건설 행위는 이전에는 볼 수 없었던 방식으로 수행되고 공개적으로 논의된다.

캐번디시의『불타오르는 세계』는 대담하고 독특했지만, 모방자들에게 영감을 주지는 못했다. 대신 행성 간 여행 문제를 해결하기 위한 다음 스토리는 지구 교통수단을 통해 도달할 수 있는 가까운 행성을 사용했다. 1813년에 등장한 빌렘 빌더륵Willem Bilderdijk의『하늘을 향한 놀라운 여행과 새로운 행성의 발견Kort verhaalvan eene anmerkelijke luchtreis eene nieuwe planeetontdekking』이 바로 그것이다. 주인공인 빌데리크의 화자는 수소 풍선을 타고 지구와 달인 루나 사이에 있는 새로운 달, 셀레니온으로 우연히 항해를 떠난다. 어느 순간 그는 셀레니온과 루나 사이에 다른 달들이 줄지어 있는 모습을 보게 된다.

새로운 행성을 배치하면서도 눈에 띄지 않지만, 가까운 또 다른 장소는 지구 내부였다. 루드비 홀베르Ludvig Holberg는 그의 저서『니콜라이 클리미 이터 지하 Nicolai Klimii Iter Subterraneum(닐스 클림의 지하 여행)』(1741)에서 지하 영역에 대한 정보를 바탕으로 '둘레가 966km에 불과한' 새로운 행성 나자르Nazar를 속이 빈 지구 내부에 배치하면서 다음과 같이 설명했다. 홀베르의 화자는 지구로 내려가는 길에 동굴을 통과하여 열린 공간으로 떨어지고, 그곳은 지하 공간으로 인식된다. 그는 계속 추락하여 결국 지구 궤도를 돌게 된다.

나는 내가 행성이나 위성으로 변형되어 영원한 소용돌이 속에서 돌아갈 수 없을지도 모른다고 생각했다. 하지만 그 움직임에 어느 정도 익숙해지면서 용기가 생겼다. 바람은 부드럽고 상쾌했다. 배고프거나 목이 마르지는 않았지만, 주머니에 작은 케이크가 있다는 게 떠올라 꺼내서 맛보았다. 하지만 처음 한 입 먹어본 케이크는 맛이 없어서 바로 버렸다. 버린 케이크가 공중에 그대로 남아있다가 놀랍게도 나를 중심으로 주위를 돌기 시작했다. 이때 나는 모든 물체는 균형이 잘 잡혀 있다면 원을 그리며 움직여야 한다는 운동 법칙에 대한 지식을 얻었다.

나는 처음 던져진 궤도에 사흘 동안 머물렀다. 가장 가까운 행성을 계속 돌아다니면서 밤과 낮을 쉽게 구분할 수 있었는데, 지하에 있는 태양이 뜨고 지는 것을 볼 수 있었기 때문이다. 그러나 밤에는 우리에게 어둠이 찾아오지 않았다. 나는 태양이 내려갈 때 온 하늘이 독특하고 매우 밝은 빛으로 밝아지는 것을 관찰했다. 나는 이것을 지구의 내부 아치에서 태양이 반사되기 때문이라고 생각했다.[56]

화자는 행성 표면으로 떨어지고 그곳에서 모험을 계속하며 나무 사람들이 사는 포투Potu 왕국을 방문하여 그들의 땅, 역사, 법, 종교, 관습, 교육 시스템 등에 관해 설명하기 위해 잠시 스토리 진행을 멈추었다.

우주여행에 대한 또 다른 해결책은 외계인이 직접 지구에 오도록 내버려두는 것이다. 시리우스 주위를 도는 행성의 주민인 미크로메가스Micromégas가 태양계에 와서 토성인과 친구가 되어 함께 지구에 온다는 볼테르Voltaire의『미크로메가스Micromégas』(1752)가 그 첫 번째 스토리다. 시리우스의 높이는 40km, 토성의 높이는 1.6km에 불과해 지구인은 그에 비해 매우 작아 보인다. 방문자들은 인간의 철학을 비판하고 단점에 대해 지적하며 인간이 우주의 중심이라는 생각 자체를 공격하면서 스토리는 계속되었다. 이 스토리는 볼테르의 상상 속 행성에 대한 몇 가지 사실을 드러내지만, 그 어떤 스토리도 그 안에서 일어나지 않기 때문에 행성에 대한 묘사나 짧은 언급으로만 남아 있다.

1854년, 독자들은 마침내 샤를 이쉬르 데퐁테네의『별Star』(카시오페이아자리)을 통해 지구에서 멀리 떨어진 다른 행성을 배경으로 한 최초의 상상 세계를 경험할 수 있었다. 프랑스에서 출간된 후 일차세계의 놀라운 역사를 소개한다. 스타는 우주 공간의 다른 행성을 배경으로 한 최초의 스토리로, 인간 여행자가 그곳을 항해하는 장치가 사용되지 않았으며, 지구에서 그곳으로 여행하는 인간도 없고, 외계인 등장인물도 지구로 여행하지 않는다. 이 책에서 지구에서 일어나는 유일한 파트는 저자가 히말라야에 추락한 운석에 들어 있던 금속 상자를 발견하는 오프닝 장면이다. 상자 안에는 먼 태양계 행성 스타의 외계인이 쓴 책들이 들어 있었다. 오프닝 장면 이후, 책의 나머지 부분은 상자에 있던 스타의 책들을 저자가 번역하는 방식으로 전개된다. 독자는 본문에 제시된 이국적인 문화에 몰입하게 되고, 저자와 관객들이 미디어를 통해 스타 행성계를 같은 방식으로 경험하게 되었다.

『별Star』이라는 작품은 주인공 중심이 아니라, 세계 자체가 책 내용 대부분을 구성하는, 다양한 텍스트를 중심으로 스토리가 전개된다. 다시 말하면 세계가 주인공이라는 점이 당시로서는 이례적이다. 이 스토리는 4,200년에 걸쳐 전개되며, 이렇게 방대한 기간을 아우르는 내러티브를 가진 최초의 작품이다.『별Star』은 총 5부로 구성되어 있으며, 첫 번째 파트는 등장인물이 없고 작가가 안내하는 행성과 주변 행성 4곳(타술Tassul, 레수르Lessur, 루다르Rudar, 엘리어Elier), 그리고 스타리안계의 태양 4개를 둘러보듯 설명하는 내용으로만 구성되어 있다. 동식물에 대한 풍부한 묘사와 서로 다른 색깔의 네 개의 태양으로 인한 미묘한 빛의 변화는 책의 다음 네 부분의 배경이 된다. 두 번째 파트는 스타 민족의 고대 역사를 다루며, 전염병으로 거의 전멸할 뻔한 스타 민족의 모습과 전염병에 대한 스타의 시를 담고 있다. 세 번째 파트에서는 남은 생존자들이 스타 행성계의 다른 4개 행성을 여행하고 식민지를 개척하는 과정을 따라가며, 스타는 행성 간 식민지 개척의 첫 번째 이야기가 된다. 네 번째 파트에서는 추방된 스타리안의 후손들이 800여 년 후 스타로 돌아와 문명을 재건한다. 다섯 번째 파트인 '타술인의 타스바 항해'는 네 번째 파트에서 몇 세기 후에 일어나는 일로, 타술에서 온 여행자가 쓴 스타의 수도 타스바에 대한 설명이었다. 그의 기록에는 연극과 역사적인 산문시가 포함되어 있어 스타리안의 삶과 예술에 대한 인상을 심어주었다.

스타에서의 삶에 대한 다양한 텍스트가 동일한 캐릭터나 내러티브를 공유하지는 않지만, 각 섹션은 그 전의 섹션을 바탕으로 구성되므로, 독자는 이전 섹션과 연결된 스토리를 최대한 이해하기 위해 세계의 많은 세부 사항을 기억해야 한다. 끝으로, 마지막 스토리가 끝난 후 데퐁테네Defontenay는 세 편의 시로 구성된 에필로그를 포함한다. '꿈의 세계', '재생적 희망', '독자에게 작별 인사'로 구성되어 있으며, 각 시는 상상의 세계를 만드는 과정 일부에 대해 이야기한다. 여러 면에서 당시보다 적어도 반세기 이상 앞선『별Star』은 높은 수준의 몰입도, 흡수력, 포화도를 달성했으며, 19세기에 등장한 가장 인상적인 하위 창작 작품 중 하나로 손꼽힌다.[57]

프랑스의 천문학자 니콜라 카미유 플라마리옹Nicolas Camille Flammarion은『별Star』을 읽고 과학적 내용보다는 시적인 면에 더 중점을 두었기 때문에 내용을 별로 좋아하지 않았으며,[58] 1862년『다양한 세계의 거주자La Pluralité des Mondes Habités』와 1864년『현실과 상상의 세계Les Mondes Imaginaires et Les Mondes Réels』를 시작으로 여러 과학 저서에서 다른 행성의 생명체에 대한 가능성을 이야기했다. 또 1931년 에이블 갠스Able Gance 감독이 영화로 각색한『무한의 스토리Récits de l'Infini』(1872),『우라니Uranie』(1889),『세계의 종말』(1893) 등 여러 공상과학 소설을 집필하기도 했다. 다른 어떤 작가보다도 플라마리옹은 다른 세계에서의 삶에 대한 아이디어를 대중화했으며, 그의 아이디어로 대중의 관심을 끌었다. 하지만 데 퐁테네와 달리 플라마리옹은 세계관 구축보다는 책 속에 담긴 아이디어에 더 관심이 많았다. 그의 공상과학 소설 속 등장인물은 우주선을 타기보다는 정령의 도움을 받거나 정령의 형상을 한 존재로서 여행한다. 지형에 대한 상세한 묘사에도 불구하고 그의 화성 버전은 전작의 어떤 세계보다 훨씬 더 영적인 장소가 되었다.

> 나는 또한 우리보다 물질이 적은, 이 행성에서 육체의 구성이 지상 육체의 구성과 전혀 닮지 않았다는 것을 배웠다. 임신과 출산은 완전히 다른 방식으로 이루어지며, 이는 영적 형태로는 꽃의 수정과 개화와 비슷하지만, 영적인 형태다. 즐거움에는 괴로움이 없다. 그들은 지구에 사는 우리가 짊어진 무거운 짐이나 우리가 겪는 고뇌의 고통에 대해 아무것도 모른다. 모든 것이 영적이고, 미묘하며, 더 비물질적이다. 누군가는 화성인을 생각하고 살아가는 날개 달린 꽃이라고 부를 수 있다. 그러나 실제로 지구에는 우리가 그들의 형태와 삶의 방식에 대한 개념을 형성할 수 있는 비교 대상이 없다.[59]

프랑스 천문학자 플라마리옹Flammarion이 영적인 것을 강조한 것은 훗날 C. S. 루이스가 공상과학 소설에서 행성의 가치에 대해 글을 쓰면서 데이비드 린제이 David Lindsay의 『아크튜러스로의 항해A Voyage to Arcturus』(1920)를 언급하며 했던 말의 예고편인 듯하다.

> 그는 다른 작가라면 한 권의 책으로 만들었을 이미지와 열정의 세계를 구축하지만, 그 하나하나를 산산조각 내고 경멸을 쏟아부을 뿐이다. 육체적 위험은 여기서는 중요하지 않다. 사소한 것처럼 보이게 만드는 영적 위험의 세계를 걷는 것은 우리 자신과 작가다. 이런 종류의 글쓰기를 위한 레

시피는 없다. 그러나 비밀 일부는 작가(카프카Kafka처럼)가 살아있는 변증법을 기록하고 있다는 것이다. 그의 토르망스는 정신의 영역이다. 그는 '다른 행성'이 실제로 무엇에 좋은지 발견한 최초의 작가다. 단순히 물리적인 낯섦이나 공간적인 거리만으로는 우주를 항해하는 스토리에서 우리가 항상 파악하고자 하는 타자성, 즉 다른 차원으로 들어가야 한다는 개념을 실현할 수 없다. 그럴듯하고 감동적인 '다른 세계'를 구성하려면, 우리가 알고 있는 유일한 실제 '다른 세계', 즉 영의 세계를 활용해야 한다.[60]

이러한 타자성을 무시한 스토리는 질적으로 다른 것이 아니라 다른 행성에 이식된 지상의 스토리에 지나지 않을 위험이 있다. 이러한 타자성은 또한 상상 속 세계의 자연과 문화가 이해력과 캐릭터 식별을 위해 가져야 하는 일차세계와의 유사성에 반하는 것으로, 작가가 자신의 세계를 관객과 연결할 수 있는 새로운 방법을 찾아야 한다는 과제를 안겨준다.

혁신적인 세계 구축으로 주목할 만한 19세기 후반 작품 중 하나는 에드윈 애보트 애보트Edwin Abbott Abbott의 『플랫랜드: 다차원의 로맨스 Flatland: A Romance of Many Dimensions』(1884)이다. 이 작품은 당시의 많은 사회적·문화적 관습을 반영하고 있으나, 그 독창성과 혁신은 플랫랜드의 이차원 평면이라는 세계 자체의 구조에 있다. 이차원에 사는 등장인물들의 경험을 탐구한다. 주인공 A. 스퀘어는 더 높은 차원 존재(구球)의 방문을 받고 나중에 자신이 더 높은 차원의 존재인 일차원 세계인 라인랜드를 방문한다. 이 책은 비유를 통해 독자들이 사차원과 그 너머의 다른 차원에 대해 생각할 수 있도록 유도한다. 이 책은 일차세계와 근본적으로 다르며(적어도 물리적 형태는) 우리 우주와 완전히 분리된 세계를 처음으로 제시하며, 일차세계와 연결하려고 시도하지 않아 상상의 세계에 대한 새로운 차원의 자율성을 제시한다.

다른 행성은 19세기 공상과학소설 속 세계의 새로운 장소는 아니었다. 망원경이 다른 세계의 위치를 제시할 수 있다면, 현미경도 마찬가지였다. 로버트 훅Robert Hooke의 『현미경학: 또는 돋보기로 만든 미세한 물체에 대한 몇 가지 생리적 설명 Micrographia: or, Some Physiological Descriptions of Minute Bodies Made by Magnifying Glasses』(1665)이 미세한 세계를 자세히 묘사하고 보여준 이후, 상상의 세계가 현미경에 나타나는 것은 시간문제였다. 피츠-제임스 오브라이언Fitz-James O'Brien의 단편 소설 『다이아몬드 렌즈The Diamond Lens』(1858)는 현미경을 완성한 한 남자가 물방울 속에서 매혹적인 여인을 발견하지만, 연락할 수 없다는 스토리로 시작된다. 이후 레이먼드 킹 커밍스Raymond King Cummings의 1919년 소설집 『황금 원자의 소녀The Girl in the Golden Atom』(나중에 소설과 속편으로 확장됨)는 어머니의 결혼 반지를 현미경으로 들여다보다가 아름다운 여인이 사는 세계를 발견한 화학자의 스토리를 통해 현미경 세계로의 진입에 도전했다. 그는 『앨리스의 이상한 나라의 모험Alice's Adventures in Wonderland』(1865년)을 연상시키듯 자신의 몸집을 줄이거나 키울 수 있는 약을 발명하고, 그녀를 찾기 위해 직접 반지 속으로 들어간다. 그곳에서 그는 수백만 명의 사람들로 구성된 두 국가, 오로이드Oroids와 말리트 Malites를 발견하고, 그들 세계의 원자에는 더 작은 주민들이 포함되어 있다는 제안도 하고 있다. 다른 미시 세계도 등장했는데, R. F 스타즐R. F Starzl의 『우주 밖에서 Out of the Sub-Universe』(1928), 페스투스 프라그넬Festus Pragnell의 『킬소나의 녹색 인간The Green Man of Kilsona』(1936), 모리스 G. 휴기Maurice G. Hugi의 『원자에서 온 침입자Invaders from the Atom』(1937), 그리고 G. 페이튼 워텐베이커G. Peyton Wertenbaker의 『원자에서 온 남자The Man from the Atom』(1926)는 지구를 다른 세계의 원자 알갱이로 만들어 상황을 역전시키기도 했다.

그러나 당시 대부분 상상의 세계는 섬, 지하 세계, 산골짜기, 미래 지구를 배경으로 한 우크로니아스 등 여전히 지구에 존재하는 일반적인 형태와 별반 다를 것이 없었다. 장 밥티스트 쿠생 드 그랭빌Jean Baptiste Cousin de Grainville의 『최후의 인간Le Dernier Homme』(1805)은 죽어가는 불모의 지구에 남은 유일한 인간 오메

가레르에 관한 스토리로 '지구 최후의 인간'이라는 하위 장르를 소개했다. 쥘 베른Jules Verne은 『지구 중심으로의 항해Voyage to the Center of the Earth』(1864)의 린덴브록 바다와 지하 세계, 『미스테리한 섬The Mysterious Island』(1874)의 링컨 섬(나중에 『미스트Myst』(1993)에 영감을 주게 됨), 『장관Chancellor』(1875)의 햄 록섬, 『블랙인디즈Les Indes Noires』(1877)의 지하 석탄 도시, 『500 억 베굼Les 500 Millions de la Bégum』(1879)에서 로키산맥의 프랑스-빌과 태평양 연안 근처의 스탈슈타트, 『카르파티아성Le Château des Carpathes』(1892)의 트란실바니아의 클라우젠부르크 카운티, 『프로펠러 아일랜드L'Ile à Hélice』(1895)의 뉴질랜드 인근 스탠다드 아일랜드 등 수많은 상상의 세계를 만들어냈다. H. G. 웰스Wells는 『도난 당한 세균과 다른 사건들The Stolen Bacillus and Other Incidents』(1894)에서 애피오르니스 섬을, 『모로 박사의 섬The Island of Dr. Moreau』(1896)에서 모로섬을, 조지 그리피스는 『혁명의 천사The Angel of the Revolution』(1893)에서 북아프리카의 산골짜기인 에어리아에 관해 썼다. 마지막으로, 에드워드 불워이튼Edward Bulwer-Lytton 의 『도래하는 종족The Coming Race』(1871)에 등장하는 지하 터널에 사는 지배 종족인 브릴-야 Vril-ya의 지하 세계는 일부 독자들이 사실로 믿었던 세계다. 파괴와 치유에 모두 사용되는 에너지원인 브릴-야의 물질 브릴은 독일의 '브릴 소사이어티'에도 영감을 주어 브릴-야를 찾아 나섰다.[61]

공상과학소설의 상상 세계가 과학적 근거를 부여하려고 노력하는 동안, 판타지라는 쌍둥이 장르의 이차세계 역시 마법 또는 초자연적 기원에 따라 일차세계로부터 출발했다. 두 장르는 항상 밀접한 관련성을 유지했지만, 19세기 후반에 이르러 각자의 정체성이 뚜렷해졌다.

판타지Fantasy

판타지는 신화와 민속 전통에 뿌리를 두고 있으며 영웅 로맨스, 짐승 우화, 동화와 같은 오래된 장르를 포괄하게 되었다. 19세기 후반에는 여러 작가의 작품이 이 장르를 정의하는 데 도움이 되었다. 조지 맥도널드George MacDonald의 1893년 에세이『환상적 상상력The Fantastic Imagination』은 상상의 세계가 어떻게 기능하는지에 대한 특정한 측면을 분석했다. 그의 작품에는 환상적인 요소가 포함되어 있다.『남녀를 위한 요정 로맨스A Faerie Romance for Men and Women』(1858),『북풍의 뒤에서At the Back of the North Wind』(1870),『공주와 도깨비The Princess and the Goblin』(1872),『릴리스Lilith』(1895) 등 그의 작품은 20세기 판타지 작가들에게 많은 영향을 미쳤다. 이 작품 중 일부는 어른들을 위해 쓰인 동화와 비슷하지만, 작품이 묘사하는 세계는 모호한 동화의 나라로 진정한 이차세계라고 보기에는 부족하다고 주장하는 사람들도 있다. 린 카터Lin Carter는 그의 저서『상상의 세계: 판타지의 예술Imaginary Worlds: The Art of Fantasy』에서 환상과 릴리스를 언급하며 다음과 같이 말했다:

> 두 로맨스의 지리는 이 세상의 것이 아니지만, 이 책들은 이야기가 아닌 생생한 꿈이며, 등장인물들이 이동하는 이상한 나라들은 이 장르의 전제조건인 진정한 현실의 환상을 주는 발명된 환경을 구성하려는 진지하고 세밀한 시도를 하지 않는다. 그런데도 심오하고 아름답고 기묘한 이 작품들은 독자의 마음을 움직이게 하며, 환상적이라는 점을 부인할 수 없다.[62]

또 다른 작가의 세계는 동화의 초자연적인 마법과 여행자 스토리 속 땅의 견고함을 결합했다. 윌리엄 모리스William Morris, 그의 소설들은 중세 로맨스의 요소와 역사 소설의 디테일을 결합하여 믿을 수 있는 세계로 만든다. 그의 저서인『산자의 땅 또는 불멸의 땅으로 불리는 빛나는 평원 이야기The Story of the Glittering Plain which has also been called the Land of the Living Men or the Acre of the Undying』(1891),『세상 너머의 나무The Wood Beyond the World』(1894),『세상 끝의 우물The Well at the World's End』(1896),『경이로운 섬의 물The Water of the Wondrous Isles』

(1897)은 판타지 장르의 기초를 마련했다. 모리스는 또한 그의 스토리 배경이 애
보트의 플랫랜드와 함께 원시 세계와 지리적으로 완전히 분리된 최초의 판타지
배경 중 하나라는 점에서 혁신적이다. 홀블리트Hallblithe는 반짝이는 평원의 땅으
로 여행하지만, 그의 스토리는 가상의 클리블랜드 바이 더 씨에서 시작되며, 마찬
가지로 세계 너머의 나무에서 골든 월터는 먼 땅으로 여행하지만, 그의 스토리는
가상의 랭턴 온 홀름에서 시작된다. 『세상 끝의 우물』의 주인공 랄프는 업메이즈
왕국에 살고 있으며, 1908년에 지어진 영국의 실제 업메이즈 왕국은 모리스 왕국
의 이름을 따서 명명되기도 했다.[63]

　주목할 만한 다른 두 명의 세계 구축자는 헨리 라이더 해거드Henry Rider
Haggard와 안소니 호프Anthony Hope다. 해거드는 환상 문학의 하위 장르인 '잃어
버린 세계'를 발전시키는 데 일조했으며, 산속에 숨겨진 아프리카 쿠쿠아랜드의
『왕 솔로몬의 광산King Solomon's Mines』(1885)을 배경으로 한 앨런 쿼터메인
Allan Quatermain 시리즈와 『그녀She』를 시작으로 한 '그녀' 소설로 가장 잘 알려
져 있다. 『모험의 역사A History of Adventure』(1887)를 시작으로 잃어버린 도시 코
르를 배경으로 한 '그녀' 시리즈가 있다. 호프Hope의 『젠다성의 포로The Prisoner
of Zenda』(1894)는 당대 인기 소설로, 배경인 루리타니아는 모험 소설의 하위 장르
에 이름을 붙였고, 영어와 사전에 '상상의 나라'라는 뜻의 단어로 등재되었다.

　상상 세계의 구축에 영향을 미친 19세기 후반의 또 다른 주요 문학적 발전은 아
동 문학의 부상이다. 아동 노동법은 어린이를 학교에 입학시키는 데 도움이 되었
고, 의무 교육은 어린이를 위한 동화와 스토리의 출판을 장려하는 데 도움이 되었
으며, 맛있는 산, 낙담의 늪, 어려움의 언덕, 굴욕의 계곡과 같은 장소가 등장하는
우화적인 이차세계가 등장하는 존 번연John Bunyon의 『천로역정The Pilgrim's
Progress』(1678) 같은 초기 작품의 재판을 포함하여 어린이를 위한 동화 및 스토리
의 출판이 장려되었다. 번연의 작품과 동요 대부분과 마찬가지로 어린이를 위해 쓰
인 많은 책에는 어른을 위한 또 다른 수준(예: 어린이가 이해하지 못하지만, 스토리

를 즐기는 데 필요하지 않은 잔혹한 사건이나 풍자, 서사적 사건과 세부 사항)이 포함되어 있었다. 굴뚝 청소부 법(어린이를 위험한 작업에서 보호하는 법)의 개정에 영감을 준 최초의 다단계 동화 중 하나는 찰스 킹즐리Charles Kingsley의 『물속 아기들: 육지 아기를 위한 동화The Water-Babies: A Fairy Tale for a Land-Baby(1863)』였다.[64] 이 스토리는 주로 영국 강 아래 이차세계를 배경으로 하는 교훈적인 우화로, 도우서아우워드베도운비Doasyouwouldbedoneby 부인, 비던바이애즈유디드Bedonebyasyoudid 부인, 교수님 등의 이름을 가진 등장인물이 등장한다. 이 스토리는 동화적 요소와 말도 안 되는 스토리, 도덕적 교훈과 사회에 대한 비판, 미국인, 유대인, 가톨릭 신자, 프랑스인에 대한 작가 자신의 편견이 혼합되어 있다.

풍자나 유머 효과를 위해 설계된 세계와 마찬가지로 킹즐리의 세계는 사실성과 일관성에 많이 신경 쓰지 않고, 그 자체의 환상적인 성격을 즐길 수 있도록 구성되어 있다. 당시의 다른 작가들도 말도 안 되는 이야기로 기억하고 있을 것이다. 에드워드 리어Edward Lear는 『넌센스의 책Book of Nonsense』(1846), 『Nonsense and More Nonsense』(1862) 등의 시집에서 넌센스 시로 유명했으며, 『그람블램블Gramblamble의 나라』에서 그램블램블의 땅을 발명했다(리어의 이야기는 나중에 『넌센스 노래, 이야기, 식물학, 알파벳』(1870)에 등장한다). 『피플포플 호수의 일곱 가족의 역사The History of the Seven Families of the Lake Pipple-popple』(1865)가 출간되고, 불과 몇 달 후 루이스 캐럴의 『이상한 나라의 앨리스』(1865)가 등장한다. 캐럴의 이상한 나라, 거울나라, 스나크 아일랜드는 어른과 어린이 모두를 즐겁게 해준 논리와 유머의 조합으로, 20세기 많은 작가에게 영감을 주었다.

당시 아동 문학의 다른 상상 세계로는 로버트 루이스 스티븐슨Robert Louis Stevenson의 『보물섬Treasure Island』(1883)과 그의 자살 도시 컬렉션 『뉴아라비안나이트New Arabian Nights』(1882), 카를로 콜로디Carlo Collodi의 『피노키오의 모험The Adventures of Pinnochio』(1883), 에드워드 얼 차일드Edward Earle Childs의 『무스랜드의 불가사의The Wonders of Mouseland』(1901), 에디스 네스빗Edith

Nesbit의 『아홉 소용돌이의 섬The Island of the Nine Whirlpools』(1900), 『제임스 삼촌 또는 보라색 이방인Uncle James, or The Purple Stranger』(1900)의 로툰디아섬 왕국, 『마법의 도시The Magic City』(1910)의 폴리스타키아Polistarchia 등이 있다. 이 중 네스빗의 세계는 가장 유쾌하고 창의적이었으며, 『제임스 아저씨Uncle James』에서는 메리 앤 공주와 정원사 소년 톰의 스토리를 잠시 멈추고 로툰디아의 지리와 자연사에 대해 장황하게 설명하기도 했다.[65] 마법의 도시에서 폴리스타키아의 수도인 폴리스토폴리스는 소년 필립이 건설한 탁상 도시로, 필립은 갑자기 자신이 거주하던 사람들이 모두 살아 있는 도시에 투입된 자신을 발견하게 되는데, 이는 하위창조자의 또 다른 초기 모습이 될 수 있는 사례. 어느 순간 노아의 방주 플레이 세트의 피겨인 노아 씨가 필립에게 세상이 어떻게 돌아가는지 알려준다:

> 노아 씨는 "조금 어렵다"라고 말했다.
>
> "하지만 아시다시피 두 세계에 도시를 건설하셨잖아요. 이 세상에서는 무너졌어요. 하지만 다른 세계에서는 계속 진행 중입니다."
>
> "이해가 안 돼요." 필립이 말했다.
>
> "안 그럴 줄 알았어요." 노아 씨가 말했다. "하지만 사실이에요. 그 세상에서 사람들이 만든 모든 것은 영원히 지속됩니다."
>
> "그런데 제가 어떻게 들어갔나요?"
>
> "여러분은 두 세계에 모두 속해 있기 때문이죠. 그리고 당신은 도시를 건설했습니다. 그래서 그 도시들은 당신들의 것이었죠."[66]

일시적이고 지상의 세계와 영구적이고 초자연적인 세계라는 일종의 이중적 존재를 가진 하위 창조 세계에 대한 네스빗의 아이디어는 일차세계와 이차세계를 새로운 방식으로 연결했다. 또한 제작의 중요성과 창조적 충동을 제시하여 하위창조자의 행위에 새로운 의미와 결과를 추가했으며, 이러한 아이디어는 훗날 J. R. R. 톨킨이 단편 소설『니글의 이파리Leaf by Niggle』(1947)에서 다루게 되는 주제이기도 하다.

19세기에 활동을 시작한 마지막 위대한 환상주의자인 라이먼 프랭크 바움 Lyman Frank Baum은 1880년대와 1890년대에 희곡과 단편 소설을 썼으며, 어린이를 위한 동요집을 여러 권 썼다. 1900년, 그의 책 중 두 권이 출판되었다. 한 권은 『새로운 원더랜드A New Wonderland』(이 책의 원래 이름은『퍼니랜드의 모험 Adventures in Phunnyland』이었으며 나중에『마법의 모 군주와 백성의 놀라운 모험 The Surprising Adventures of the Magical Monach of Mo and His People』(1903)으로 변경됨)로, 퍼니랜드(나중에 모로 개명됨)의 땅을 소개하는 단편 소설 모음으로, 그곳에서 일어난 일련의 초내러티브 캐릭터로 연결되는 스토리들이다. 1900년의 다른 책은『오즈의 위대한 마법사The Wonderful Wizard of Oz』였다. 바움은 오즈의 속편을 13편이나 썼는데, 모두 제목에 '오즈Oz'가 들어가서 오즈 시리즈는 주인공이 아닌 세계로 연결된 최초의 주요 시리즈가 되었다. 라블레Rabelais의『가르강 튀아Gargantua』와 '팡타그뤼엘Pantagruel' 시리즈, 캐롤Carroll의 '앨리스Alice' 시리즈, 해거드Haggard의 '쉬She' 시리즈 등 이전 대부분의 책 시리즈는 책 제목에 이름이 등장하는 캐릭터를 중심으로 시리즈를 연결했다(단, 새뮤얼 버틀러Samuel Butler의『에레혼Erewhon』(1872)은 속편인『에레혼 리바이스트Erewhon Revisted』 (1901)가 있었지만, 예외이다). '오즈Oz' 시리즈는 특정 캐릭터보다는 작품이 묘사하는 세계를 통해 관객을 매료시켰다.

이 시리즈의 인기 덕분에 바움은 한 권의 책에만 등장했던 세계보다 훨씬 더 큰 범위에서 자신의 세계를 발전시킬 수 있었고, 첫 번째 책만으로도 다른 많은 작품에서 볼 수 없었던 탄탄한 세계를 완성할 수 있었다.『세계 속으로: 중세부터 오늘날까지의 어린이 판타지Worlds Within: Children's Fantasy from the Middle Ages to Today』에서 쉴라 A. 에고프Sheila A. Egoff는 바움의 작품에 대해 이렇게 설명했다.

바움의 독창성에 우리는 경의를 표한다. 『오즈의 마법사』는 미국 아동 문학에서 최초의 다른 세계 판타지일 뿐만 아니라 아동 문학 전체를 통틀 어 최초로 완전히 창조된 상상력의 세계이며, 바움이 태어난 나라에서는 '노란 벽돌 길'을 따라 바움을 안내하는 이정표가 거의 없었기 때문에 더 욱 놀라웠다. 찰스 킹슬리Charles Kingsley는 『물의 아이들The Water-Babies』 에서 자연스러운 수중 배경을, 조지 맥도널드George MacDonald는 『공주 와 도깨비The Princess and the Goblin』에서 친숙한 민화 세계를, 캐럴의 『이 상한 나라의 앨리스』에서는 인공물을 전제로 했지만, 『오즈의 마법사』 마 지막에 도로시가 어디서 왔느냐는 질문에 '오즈의 나라에서'라고 답한 것 처럼, 오즈는 장소였다. 오즈의 완전한 우주론은 이후 책들까지 발전하지 않은 것은 사실이지만(레이린 무어Raylyn Moore의 『원더풀 마법사, 마블 러스 랜드Wonderful Wizard, Marvellous Land』에서 충분히 설명되어 있다), 첫 번째 책에는 오즈를 믿게 만들기에 충분한 세부 사항이 있었다.[67]

'완전히 창조된 상상 속 세계'를 어디까지로 정의하든, 오즈와 그 주변 땅에 관 한 스토리가 아동 문학이 아니더라도 당시 대부분의 세계보다 규모와 범위, 발명 품이 더 큰 이차세계로 구성되었다는 것은 부인할 수 없는 사실이다.

빅토리아 시대에 판타지 장르, 특히 아동 판타지가 부상하면서 새로운 세대의 어린이들이 판타지를 읽으며 성장하고 자신만의 상상의 세계를 창조하는 데 영감 을 얻게 되었다. 이들은 20세기에 판타지와 공상과학소설의 작가가 되었다. 예를 들어, J. R. R. 톨킨(1892년생)과 C. S. 루이스(1898년생)는 모두 어린 시절의 독서 와 그 영향에 대해 글을 썼다. 루이스Lewis와 그의 형 워니Warnie가 만든 상상의 땅 을 하나로 모으고, 사후에 출판된 『복센Boxen: 어린 C. S. 루이스의 상상 세계The Imaginary World of the Young C. S. Lewis』(1986)에 등장하는 복센Boxen이라는 세 계를 발명했는데, 톨킨이 자신의 초기 연극에서 다음과 같이 설명한 바 있다. "다른 많은 작가도 판타지와 쌍둥이 격의 공상과학소설 분야의 글을 쓰는 작가들과 마찬가지로 빅토리아 시대 판타지 작품을 자신의 작품에 영향을 미쳤다"라고 말이다. 20세기까지 어린이들은 계속해서 자신만의 상세한 판타지 세계를 개발해 나갔고, 이러한 행동은 매우 일반화되어 1976년에 이를 설명하기 위해 '파라코즘 paracosm'이라는 용어가 만들어졌으며, 1988년 로버트 실비Robert Silvey와 스티븐 A. 맥키스Stephen A. MacKeith가 쓴 『파라코즘: 환상의 특별한 형태The Paracosm: A Special Form of Fantasy』를 비롯하여 이러한 현상을 다룬 여러 책이 출간되었다.

19세기 말에는 지하, 수중, 달과 다른 행성의 우주 공간, 꿈, 초자연적 영역, 다른 차원, 먼 과거, 먼 미래, 대체 역사 등 전 세계 곳곳에 상상의 세계가 등장했으며, 일부는 일차세계와 독립적으로 존재하기도 했다. 더 많은 세계가 기본 세계로부터 독립하여 기본 세계와의 연결고리나 프레임 스토리 없이 등장하기 시작했지만, 이러한 장치는 항상 사용되곤 했다. 이제 주인공은 단순히 하위 세계를 여행하는 사람이 아니라 하위 세계의 원주민이 되기도 한다. 그리고 주인공으로 등장하는 여행자는 일반적으로 단순히 관찰자나 방문 세계에 대한 설명을 수동적으로 받는 사람에 불과했지만, 이제는 더 많은 여행자가 적극적인 참여자가 되어 참여와 상호작용을 통해 자신이 방문한 세계를 영구적으로 변화시키고, 세계 자체가 정적이고, 고정된 것이 아니라 성장과 변화를 겪게 된다. 초창기에는 여행하는 주인공이 방문 세계와 상호작용을 하고 변화하는 몇 가지 예외가 있었지만(앞서 설명한 캐번디시의 『불타오르는 세계』와 팔톡의 『피터 윌킨스의 삶과 모험』에서 볼 수 있듯이), 이러한 예외는 당시의 규범과 크게 달랐다.

주인공의 '관찰자' 역할 vs '참여자' 역할 그리고 후자에 대한 청중 선호도의 좋은 예는 비움의 작품에서 찾을 수 있다 바움은 『오즈의 마법사』(1900)를 출간한 지 1년 후 또 다른 소설 『메리랜드의 도트와 도트Dot and Tot of Merryland』(1901)를 발표했다. 메리랜드는 주인공인 소녀 도트와 소년 도트가 배를 타고 터널을 지나 산속에 숨겨진 계곡에 도착할 때 비로소 모습을 드러낸다. 메리랜드는 강을 따라 만나는 여덟 개의 계곡으로 이루어져 있으며, 각 계곡은 터널로 분리되어 있다. 아이들은 하나씩 터널을 통과하면서 메리랜드의 여왕이 함께 탈 때를 제외하고는 세상과 교류하지 않고, 발견한 곳에서 그대로 떠난다. 바움 역사가歷史家 마이클 O. 라일리Michael O. Riley는 이 책을 이렇게 설명한다.

> 도트와 도트는 도로시처럼 집으로 돌아가고 싶다는 절박함을 느끼지 않는다. 또한 여왕과의 만남을 제외하고는 메리랜드의 낯선 장소나 사람들과도 전혀 얽히지 않고, 여정을 방해하는 장애물도 없다. 이 책은 여행기이기도 하지만, 서커스 사이드 쇼를 구경하듯 관객이 이 기묘한 전시물에서 저기 다른 전시물로 이동하며 구경만 할 뿐 결코 개인이 개입하거나 참여하지는 않는 산책의 형태를 띠기도 한다.[68]

반면 도로시가 오즈에 도착했을 때, 그녀의 집은 동쪽의 사악한 마녀에게 착륙하고, 도로시는 집을 떠나 오즈를 보기도 전에 의도치 않게 영웅이 되어 먼치킨랜드Munchkinland의 세계와 정치를 돌이킬 수 없이 변화시키게 된다. 두 책의 운명을 비교해보면 『오즈의 마법사』는 엄청난 성공을 거두며 유명해졌지만, 『메리랜드의 도트와 도트』에 대해서는 들어본 사람이 거의 없다는 점이 흥미롭다.

세기가 바뀌면서 상상의 세계는 상당히 성숙해졌고 나름의 관습과 전통을 확립했다. 상상의 세계는 모든 장르에 등장할 수 있었지만, 공상과학과 판타지라는 새로운 장르에서 수용 가능한 집을 찾았다. 이 두 장르는 20세기에 번성하게 되는데, 20세기는 그 이전의 모든 세기를 합친 것보다 더 많은 상상의 세계가 다양한 매스미디어 형태로 제작되는 시기다.

매스미디어의 부상The Rise of Mass Media

20세기 이전에는 상상의 세계는 주로 문학적 경험으로 이루어졌다. 글은 세계를 구성하는 기본 요소였다. 맨더빌Mandeville이나 라블레Rabelais의 초기 작품과 그 이후의 많은 작품에서 삽화가 텍스트와 함께 제공되기도 했지만(예: 1481년 판 『존 맨더빌 경의 책The Book of Sir John Mandeville』에 포함된 119개의 목판화 삽화), 이는 텍스트 자체의 설명에서 어느 정도 도출된 것이다. 지도는 삽화의 역할을 했으며, 글에 없는 지리적 정보를 추가로 제공하기도 했다. 그러나 이미지에서 비롯된 상상 세계는 등장하기까지 훨씬 더 오랜 시간이 걸렸다.

이집트 무덤에서 발견된 저승 벽화나 그리스의 엘리시움 묘사(당시에는 모두 실제 장소로 간주함)를 제외하면, 상상의 장소에 대한 초기 묘사는 기원전 5세기경 고대 그리스의 스케노그래피아skenographia, 아리스토파네스Aristophanes의 '새들The Birds'과 같은 무대 연극 등이 있다. 상상의 풍경을 바라보는 창문이 있는 것처럼 보이도록 그려진 1세기 로마 제국의 벽화, 15세기 초 필리포 브루넬레스키Filippo Brunelleschi의 기하학적 원근법 시연과 그 뒤를 이은 트롱프 뢰유trompe l'oeil 전통 등이 모두 실제 공간을 가상 공간으로 확장한 것이다. 1567년에 그려진 피터르 브뤼헐Pieter Bruegel의 '루일렉커란트Luilekkerland(코카인의 땅)'처럼 문학 작품에 이미 묘사된 세계를 묘사하거나 1503~1504년에 그려진 히에로니무스 보스Hierymonius Bosch의 3부작 '세속적인 쾌락의 동산The Garden of Earthly Delights'처럼 상상 속의 천국과 지옥을 그린 그림도 있었다. 파올로 베로네세Paolo Veronese의 '레비의 집에서의 잔치Feast in the House of Levi'(1573)과 같이 상상의 장소를 자세히 묘사한 대형 그림도 등장했으며, 18세기 후반부터는 파노라마(사이클로라마cycloramas라고도 함)를 통해 시청자의 이미지 몰입도를 높였지만, 디오라마dioramas는 구경꾼이 대리로 들어갈 수 있는 작고 입체적인 장면을 만들어냈고, 1840년 찰스 휘트스톤Charles Wheatstone 경이 발명한 입체 이미지는 평면적 이미지에 시각적 깊이를 더했다.

시간이 지남에 따라 텍스트와 함께 제공되는 삽화는 텍스트에 없는 추가 정보를 제공하기 시작했다. 예를 들어 로버트 팔톡의 『피터 윌킨스의 삶과 모험』

(1751)에는 책의 제목 페이지에 설명할 만큼 중요한 목판화가 첨부되어 있었다. '글럼스Glums와 고리스Gawrys의 날개의 구조와 메커니즘, 그리고 그들이 헤엄치거나 날기 위해 날개를 사용하는 방식을 명확하고 뚜렷하게 나타내는 여러 컷으로 설명되어 있다.' 19세기 후반에는 상상의 세계를 묘사하는 데 이미지가 중심이 되기도 했는데, 이 시기의 가장 좋은 예는 프랑스의 일러스트레이터 알베르 로비다Albert Robida의 작품이다(<그림 2-4> 참조). 라블레Rabelais의 작품과 『걸리버 여행기Gulliver's Travels』의 삽화를 그리기도 했던 로비다는 20세기의 삶을 묘사한 공상과학 3부작(『르 뱅티엠 시에클Le Vingtième Siècle』(1883), 『라 구에르 오 뱅티엠 시에클La Guerre au vingtième siècle』(1887, 첫 번째 연재본, 1883), 『라비 일렉트리크La Vie électrique』(1890))를 출판했다. 로비다는 소설을 쓰고 삽화를 그렸는데, 미래 세계의 기계, 발명품, 건축물에 대해 매우 상세한 이미지를 연작으로 그렸다. 그의 이미지 중 일부는 공상적이었지만, 텔레포노스코프Telephonoscope (텔레비전을 예측한 것), 미생물 폭탄, 회전하는 건축 구조물, 하늘을 나는 자동차, 해저 터널, 전기 기차 등 실제 발전을 예측한 것들도 있었다. 또 다른 세기말 예술가인 일러스트레이터 루이 비더만Louis Biedermann은 고층 빌딩과 비행선으로 가득한 미래 도시의 매우 상세한 이미지로 유명했으며, 그의 작품은 20세기 초의 공상과학소설과 이미지에 영감을 주었다.

서면 텍스트를 기반으로 하지 않거나 수반하도록 설계되지 않은 다양한 이미지로 묘사된 상상의 세계는 20세기 초 영화와 신문의 연재만화에 처음 등장했으며, 상상의 세계가 새로운 대중 매체 형태로 첫발을 내디뎠다. 대항해 시대가 막바지에 이르면서 원시 세계의 땅과 국가에 대한 설명과 이미지가 책, 신문, 잡지, 사진 매체를 통해 점차 더 많이 공개되기 시작했다. 세기가 바뀌면서 신문의 중요성이 커짐에 따라 더 많은 지역 행사도 미디어를 매개로 한 형태로 표현되었다. 의무 교육과 문해력 향상, 사진 이미지를 신문에 재현할 수 있는 사진 및 하프톤 인쇄와 같은 미디어 기술, 미디어 산업의 성장 등이 더해져 매개 지식이 전례 없이 직접 지식을 대체하는 상황이 발생하기 시작했다. 사람들은 신뢰성이, 다양한 출처를 포함하는 미디어 표현을 통해 세계의 먼 곳을 경험하고 정신적 이미지를 형성하는 데 더욱 익숙해졌다. 이러한 방식으로 매스미디어는 미디어를 통해서만 경험할 수 있는 실제 외국과 미디어를 통해서만 경험할 수 있는 상상의 세계 사이의 간극을 줄이는 데 도움을 주었다.[69]

<그림 2-4> 알베르 로비다Albert Robida의 상세한 그림은 공중회전 주택(왼쪽), 철제 구조물 위의 레스토랑과 커피하우스(오른쪽) 등 20세기의 삶이 어떨지에 대한 비전인 그의 소설을 설명하는 데 도움이 되었다.

　물론 이 두 가지의 유사성은 먼 곳에 대한 실제 스토리를 모방한 여행자 스토리 시대부터 활용됐지만, 20세기 초 세계화의 씨앗이 뿌려지기 시작하면서 매스미디어의 등장으로 내게 경험이 이전보나 훨씬 너 보편화되었고, 사람들의 삶노 매스미디어에 더 많이 의존하게 되었다. 이미지와 사운드가 추가되면서 매스미디어가 이전보다 훨씬 더 풍부하고 상세한 버전의 세상을 시청자에게 제공함에 따라 미디어를 통한 경험의 성격도 변화했다. 매스미디어의 다중 매개 세계에서 발견되

는 이러한 현실감의 강화는 상상 세계를 구축하는 사람들에게도 도전이 되었으며, 이들은 다음 세기에 걸쳐 상상 세계의 디테일과 복잡성을 높이고 이미지와 사운드 미디어로 확장하여 매스미디어에서 발견되는 것과 일치하도록 세계의 사실성을 높이려고 노력했다. 레너드 베이컨Leonard Bacon이 오스틴 태판 라이트 Austin Tappan Wright의 『아일랜디아Islandia』(1942)의 서문에서 언급했듯이, 이러한 시도가 성공하면 환상은 즐거운 것이 될 수 있다.

> 이렇게 명확하고 구체적인 용어로 표현된 전적으로 상상력이 담긴 기록들 사이를 배회하는 것은 이상한 경험이다. 꿈의 물리적 지리에 익숙해졌다. 그리고 확실히 몇 주 동안 아일랜디아의 현실이 적어도 오스틴 라이트의 지도 제작 손길 아래에서 자란 캄차카Kamchatka의 환상만큼이나 분명하게 다가온 적이 있었다.[70]

세계 빌더들은 새로운 사운드와 이미지 미디어를 사용하는 논픽션의 방식을 모방하여 인쇄된 단어가 제시할 수 있는 구체적인 방식으로 자신의 세계에 생명을 불어넣는 방법을 찾았다. 이차세계의 대중적 인기 증가가 매개된 일차세계의 부상과 동시에 일어난 것은 우연이 아니며, 서로서로 격려하고 일차세계의 표현이 이차세계의 표현을 벤치마킹하는 방식이 되었다. 하지만 무엇보다도 대중 매체는 상상 세계가 성장하고 심지어 탄생할 수 있는 새로운 장이다.

초기 영화 및 만화 스트립스Early Cinema and Comic Strips

상상의 세계가 순차적 이미지의 영역으로 첫발을 내디딘 것은 영화와 만화였다. 초기 영화는 종종 무대의 연장선에 있었으며, 연기자들의 연기를 중단 없이 촬영하여 연기를 보존했다. 라이브 연극과 오페라는 때때로 『템페스트The Tempest』 (1611)의 프로스페로의 섬, 길버트와 설리번의 뮤지컬 '티티푸와 바라타리아

Titipu and Barataria', 바그너Wagner의 '비너스베르크Venusberg' 등 이차적인 세계를 엿볼 수 있었지만, 라이브 무대 제작의 제약으로 인해 할 수 있는 일이 제한적이었고, 모든 예술을 결합하는 독일의 꿈인 게삼트쿤스트베르크gesamtkunstwerk는 영화에 소리가 더해지면 실현에 가까워질 수 있을 것이다. 초기 영화에서 상상 세계를 스크린에 구현한 영화 제작자인 조지 멜리스George Méliès는 무대 마술에 대한 배경지식과 기술에 대한 애정, 혁신적인 영화 제작으로 영화 특수 효과의 아버지로 불리게 된다. 토머스 에디슨Thomas Edison이나 뤼미에르Lumiere 형제와 같은 사람들이 현장에서 '실제 상황'을 촬영하거나 재채기, 춤, 코믹 복싱과 같은 내러티브가 없는 짧은 연기를 영화화할 때, 멜리스는 세트, 배경, 차량 등 화면 속 세계를 구성하는 데 필요한 모든 것을 영화에 맞게 디자인하고 제작하는 영화를 만들었다. 그의 초기 영화 두 편인 '달로의 여행'(1902)과 '불가능한 항해'(1904)에서 각각 달과 태양을 배경으로 한 장면이 등장하는데, 이는 실제 달과 태양에 사람이 사는 루시안의 『실화A True Story』를 연상시킨다. 멜리스는 시각적 합성을 실험하고 초기 영화의 카메라 내 효과를 발명했을 뿐만 아니라 소규모 모형 세트와 차량의 실물 버전, 여러 내부를 드러내는 차량 컷어웨이, 이차원 배경에서 다시 확장되는 삼차원 세트 등 환상적인 세계를 영화 스크린에 구현하는 시각 효과 기법을 개척하기도 했다.

움직이는 이미지의 또 다른 유형인 애니메이션은 그림에 생명을 불어넣었지만, 애니메이션에 등장하는 초기의 많은 세계는 당대의 또 다른 그래픽 매체인 만화에서 비롯되었다. 연재만화는 1880년대 후반부터 발전하기 시작했으며, 대부분 캐릭터 중심이었고, 배경은 일관된 지리를 만들기보다는 주로 배경을 채우는 데 사용되었다. 그러나 한 가지 예외는 1905년부터 1911년까지 연재되었고, 1924년부터 1927년(1911년부터 1914년까지 '멋진 꿈의 나라'로 연재)에 부활한 윈저 맥케이Winsor McCay의 '슬럼버랜드의 작은 니모Little Nemo in Slumberland'라는 작품이다. 맥케이는 이 독특한 세계에 이름을 붙이고 스트립 제목에 이 이름을 넣었을 뿐만 아니라, 이전에는 어떤 만화가도 하지 않았고 이후에도 거의 하지 않은 방식으로 환상적인 풍경과 공상적인 건축물로 이루어진 매우 상세한 세계를 전면에 내세웠다(<그림 2-5> 참조). 리틀 니모가 꿈속에서 여행하는 슬럼버랜드Slumberland에는 니모가 수년에 걸쳐 발견하는 나름의 논리가 있다. 만화 역사가 피에르 쿠페리Pierre Couperie와 모리스 혼Maurice Horn은 이를 다음과 같이 설명한다.

> 밤에 산책할 때마다 리틀 니모는 꿈속으로 조금 더 깊숙이 들어간다. 그리고 자신의 동반자이자 안내자가 되어줄 사람들을 차례로 만나게 되죠: 점점 더 위험한 일탈을 일삼는 초록색 찡그린 난쟁이 플립, 식인종 임피, 개 슬리버스, 필 박사, 공주와 그녀의 아버지 모피어스 왕까지요. 맥케이의 펜을 통해 리틀 니모는 꿈에 대한 진정한 방법론적 탐구를 시작하고, 꿈의 논리, 언어, 신화적 풍경을 조금씩 드러내 보여 준다. 그 영향으로 리틀 니모는 놀랍도록 변화하고, 소심하고 경이롭기만 하던 소년은 더욱 자신감을 느끼게 되며, 자신의 우주와 점점 더 친밀해지면서 자신을 존중하는 마음을 키우게 된다. 궁극적으로 리틀 니모는 우주의 힘의 주인이 되고 우주의 법칙을 해석하는 법을 배우면서 꿈의 지배자가 된다.[71]

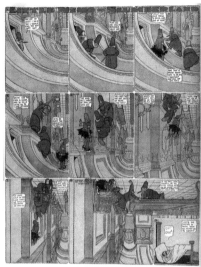

<그림 2-5> 배경 디테일과 시각적 세계 구축에 대한 맥케이McCay의 관심을 보여주는 Befuddle Hall(왼쪽)을 포함하여 슬럼버랜드의 작은 니모의 전형적인 페이지.

하지만 슬럼버랜드의 복잡성이 모방자를 양성하지는 않았다. 대부분의 코믹 스트립은 캐릭터 중심(주로 가족생활에 관한 내용)에 머물렀고, 제일세계 또는 제일세계 장소(슈퍼맨의 메트로폴리스나 배트맨의 고담시 등)의 일부만 노출된 버전이 배경이 되었다. 1900년부터 1959년까지 연재된 만화에 관한 통계 연구에 따르면, 가족을 소재로 한 만화가 전체의 60% 이상을 차지했지만, 판타지 및 공상과학 소설은 같은 기간 동안 1%에서 5%까지 다양했다.[72]

알렉스 레이먼드Alex Raymond의 『플래시 고든Flash Gordon』(1934)의 몽고나 슈퍼맨이 지구에 도착했을 때 이미 파괴된 슈퍼맨의 고향 크립톤과 같은 다른 행성을 소재로 한 만화는 소수에 불과했다. 빈센트 해밀튼Vincent Hamiln의 『앨리 우프Alley Oop(1934)에 나오는 무 왕국처럼 먼 과거를 배경으로 하거나 르네 펠로스René Pellos의 『퓌튀로폴리스Futuropolis』(1937)처럼 먼 미래를 배경으로 하는 스트립도 있다. 알 캡Al Capp의 『리엘 아브너Li'l Abner(1934)의 도그패치, 밥 무어

Bob Moore와 칼 포퍼Carl Pfeufer의 『돈 딕슨과 숨겨진 제국Don Dixon and the Hidden Empire』(1935)의 파리아, 조니 하트Johnny Hart와 브랜트 파커Brant Parker 의 『이드의 마법사The Wizard of Id』(1964)의 이드 왕국, 톰 K. 라이언Tom K. Ryan 의 『회전초Tumbleweeds』(1965)의 그리미 굴치 등 독특한 설정을 위해 지상의 장소를 사용한 작품도 많았는데, 『커티스Curtis』의 플라이스펙섬(1988) 등 일부는 (크립톤Krypton과 같이) 등장인물의 배경이 되는 장소로만 사용되어 회자하기는 하지만, 여행지로 사용되거나 본 적은 거의 없다. 일부 장소는 오랜 시간 동안 사용되어 많은 디테일과 역사를 지니고 있다. 같은 이름의 마을을 배경으로 한 '가솔린 앨리Gasoline Alley'는 1918년에 시작되어 현재까지 계속되고 있으며, 등장인물들은 나이가 들었고, 원작 캐릭터의 자녀와 손자 등 새로운 세대가 수년에 걸쳐 성장했다(1929년 1월 7일에 만화로 데뷔한 벅 로저스Buck Rogers와 타잔Tarzan처럼). 다른 매체에서 데뷔한 세계관을 확장한 만화도 있었는데, 이는 세계관이 한 매체에서 다른 매체로 확산하기 시작했기 때문이다.

오즈: 최초의 위대한 횡단 세계Oz: The First Great Transmedial World

대중 매체가 대중화되면서 각각의 매체에 상상의 세계가 등장했을 뿐만 아니라, 곧 개별 세계가 서로 연결되고 다양한 미디어의 새로운 작품이 그 세계에 새로운 요소를 도입하는 트랜스미디어가 되었다. 최초의 멀티미디어 세계가 등장한 것은 L. 프랭크 바움의 오즈로, 바움이 사망하기 전까지 20년에 걸쳐 개발되면서 당시 현존하는 대부분의 미디어를 포괄하게 된다. 최초의 오즈 책인 『오즈의 위대한 마법사』(1900)도 텍스트와 이미지가 긴밀하게 조화된 책이다. 이미 완성된 텍스트에 삽화를 추가하는 대신, 바움의 책에서는 처음부터 텍스트와 이미지가 함께 어우러져 매끄러운 전체를 형성했기 때문에 마이클 O. 라일리Michael O. Riley 는 "오즈의 마법사의 디자인은 근본적으로 혁신적이라고 할 수 있는데, 이와 같은 디자인은 전례가 없었고 이후에도 이 책과 같은 놀라운 스토리와 그림의 조화는 거의 찾아볼 수 없었기 때문이다"라고 썼다.[73] 어떤 경우에는 텍스트가 배경 그림 위에 인쇄되기도 하는데, 라일리에 따르면 이는 "머릿속이 텍스트의 의미를 받아들이는 동시에 텍스트 일부를 설명하는 그림을 받아들이는 결과를 낳는다"[74]라고 말했다.

바움의 오즈는 당대 가장 세밀한 상상의 세계로, 1900년부터 1919년 사망할 때까지 바움은 14권의 오즈 책을 썼다. 『오즈의 위대한 마법사The Wonderful Wizard of Oz』(1900), 『오즈의 놀라운 땅The Marvelous Land of Oz』(1904), 『오즈의 오즈마Ozma of Oz』(1907), 『오즈의 도로시와 마법사Dorothy and the Wizard of Oz』(1908), 『오즈로 가는 길The Road to Oz』(1909), 『오즈의 에메랄드 도시The Emerald City of Oz』(1910), 『오즈의 패치워크 소녀The Patchwork Girl of Oz』(1913) 등이 있다. 『오즈의 틱톡Tik-Tok of Oz』(1914), 『오즈의 허수아비The Scarecrow of Oz』(1915), 『오즈 속의 린키팅크Rinkitink of Oz』(1916), 『오즈의 잃어버린 공주The Lost Princess of Oz』(1917), 『오즈의 양철 나무꾼The Tin Woodman of Oz』(1918), 『오즈의 마법The Magic of Oz』(1919), 『오즈의 글린다Glinda of Oz』(1920) 등은 사후에 출판되었다. 바움은 평생 라이브 연극에 관심이 많았으며, 1901년 뮤지컬 버전의 '오즈의 마법사'를 완성하여 1902년 시카고에서 개막한 후 뉴욕으로 건너가 2년 동안 300회 가까이 공연한 후 전국 투어에 나섰다. 1911년에도 여전히 공연 중이었으며, 당대 가장 성공적인 무대 뮤지컬 중 하나였다. 바움의 두 번째 오즈 책인 『오즈의 놀라운 땅』은 이전 오즈 뮤지컬의 성공을 이어가기 위해 무대 뮤지컬로 만들려는 의도로 쓰였지만, 책이 연극보다 훨씬 더 큰 성공을 거두었다.[75]

오즈는 다양한 미디어로 빠르게 확장되었다. 1904년 8월 28일부터 1905년 2월 6일까지 오즈에 관한 단편 소설 26편이 '오즈의 이상한 나라에서 온 동성애자 방문객'이라는 제목으로 신문의 만화 섹션에 연재되었고, 만화 삽화가 함께 실렸다. 같은 시기인 1904년 12월부터 1905년 3월까지 바움과 저작권을 공유한 첫 번째 일러스트레이터인 W. W. 덴슬로W. W. Denslow는 '덴슬로의 허수아비와 양철 나무꾼'이라는 삽화 시리즈를 연재했다. 퀴어 비지터Queer Visitors 시리즈는 또한 동명의 뮤지컬 연극과 함께 발매된 짧은 스핀오프 작품인 『워글-버그 북The Woggle-Bug Book』(1905)으로 이어졌으며, Woggle-Bug 엽서, 버튼, Parker Bros의 미승인 카드 게임 등의 기타 상품도 출시되었다. 1908년, 바움은 풀 오케스트라, 20여 명의 라이브 배우, 114개의 매직 랜턴 슬라이드, 23개의 필름 클립(모두 손으로 색칠한 것)과 함께 무대와 스크린에 등장하는 캐릭터와 대화하고 강의하는 멀티미디어 쇼 '동화와 라디오 연극The Fairylogue and Radio-Plays'을 발표하고 주연을 맡았다. 이 쇼는 그의 초기 오즈 작품들을 각색한 것으로, 슬라이드 중 하나는 오즈의 첫 번째 지도를 선보이기도 했다.[76]

순회공연은 너무 비용이 많이 들어서 재정적으로 성공할 수 없었고, 『오즈의 오즈마』를 원작으로 한 다음 계획이었던 뮤지컬 공연은 제작 중단되었다. 1910년 오즈의 세계는 바움이 각본을 쓰고 윌리엄 니콜라스 셀리그William Nicholas Selig가 감독한 '오즈의 마법사', '도로시와 오즈의 허수아비', '오즈의 나라' 등이 세 편의 영화로 제작되어 등장했다. 그리고 1913년 바움은 어린이를 위한 여섯 권의 단편 오즈 스토리로 구성된 『꼬마 마법사The Little Wizard』시리즈를 발표하고, '3막으로 구성된 동화의 대향연'인 '틱톡 맨 오브 오즈'를 무대에 올렸는데, 이는 1년 후에 『오즈의 틱톡Tik-Tok of Oz』이라는 책의 기초가 되었다. 할리우드로 이주한 후 바움은 1914년 오즈 영화 제작사를 설립하고, '오즈의 패치워크 소녀'와 '오즈의 새로운 마법사'를 영화화했는데, 이 영화는 '폐하, 오즈의 허수아비' 버전으로 1915년 책의 기초가 되었다. 이 모든 것은 오즈가 단순히 바움의 책에서 시작하여 다른 미디어로 각색되는 것이 아니라는 것을 보여주었다. 새로운 오즈의 스토리는 책, 뮤지컬, 만화, 연극으로 시작하여 여러 미디어로 각색될 수 있으며, 각색된 오즈는 종종 새로운 소재, 사건, 캐릭터를 추가하여 진정한 트랜스미디어적 세계로 만들어 준다.

오즈는 원작자를 훨씬 뛰어넘어 성장했다. 오즈에 시각적 요소를 더한 일러스트레이터 W. W. 덴슬로와 존 R. 닐과 같은 공동 작업자뿐만 아니라, 연극 제작에 참여한 모든 사람이 오즈에 추가되었다. W. 덴슬로와 존 R. 닐처럼 오즈에 시각적 차원을 부여한 일러스트레이터나 연극 제작에 참여한 모든 사람이 오즈를 무대에 올린 것 외에도, 바움의 유산을 물려받은 다른 작가들이 그의 사후에도 오즈 책을 계속 집필하도록 위촉받았다. 루스 플럼리 톰슨Ruth Plumley Thompson은 1921년부터 1939년까지 매년 새로운 오즈 책을 집필하여 바움 자신보다 더 많은 오즈 책을 집필했다. MGM의 영화판 '오즈의 마법사'(1939)는 바움의 세계에 관한 관심을 다시 불러일으켰고, 존 R. 닐, 잭 스노우Jack Snow, 레이첼 R. 코스그로브Rachel R. Cosgrove, 엘로이즈 자비스 맥그로Eloise Jarvis McGraw, 로렌 맥그로 와그너 Lauren McGraw Wagner, 딕 마틴Dick Martin, 바움의 아들 프랭크 조슬린 바움Frank Joslyn Baum과 케네스 게이지 바움Kenneth Gage Baum 등 다른 작가들의 오즈 소설도 등장했다. 1950년대 중반에는 오즈의 규모가 너무 커져 잭 스노우의 『후즈 후 인 오즈Who's Who in Oz』(1954)가 300페이지가 넘을 정도였다. 오늘날 국제 오즈의 마법사 클럽은 수천 명의 회원을 보유하고 있으며, 바움의 하위 창작 세계를 분석하는 학계뿐 아니라 새로운 오즈 스토리가 계속 등장하고 있다.

바움의 세계와 트랜스미디어의 성공은 다른 세계가 자신의 원래 매체에서 충분히 많은 청중을 끌어모은 후 다른 매체로 전환하는 것을 장려했다. 타의 추종을 불허하는 가변성과 저렴한 비용으로 인쇄 매체는 20세기까지 상상의 세계를 탄생시키는 주요 인큐베이터로 남아 있었지만, 책에는 훨씬 더 저렴한 인쇄 매체가 등장하여 매달 수십 명의 신인 작가들이 자신의 스토리와 세계를 수백만 명의 독자들에게 쏟아냈다.

펄프 잡지Pulp Magazines

10센트짜리 소설과 1페니 공포소설에서 발전한 펄프 잡지는 1890년대 후반부터 1950년대 초반까지 판타지와 공상과학소설의 주요 무대 중 하나였다. 펄프 잡지는 세 가지 주요 방식으로 상상의 세계가 성장하고 확산하는 데 도움을 주었다. 즉, 많은 독자에게 상상의 세계를 소개했다(전성기에는 한 호가 백만 부까지 팔리기도 했다). 또 신인 작가들의 스토리를 소개하는 창구였으며, 이들 중 다수가 성공적인 경력을 쌓고 펄프에 처음으로 등장하는 거대한 세계를 구축했으며, 여러 작가가 다양한 접근 방식을 통해 세계 구축 자체에 관한 문제를 제기했다.

펄프 잡지의 폭넓은 독자층은 20세기의 첫 수십 년 동안 성장했다. 초기 잡지에는 판타지와 공상과학소설을 다룬 『검은 고양이The Black Cat』(1895~1922)와 1896년 소년 잡지를 개조한 성인용 모험 소설 펄프의 원형인 프랭크 앤드류 먼시 Frank A. Munsey의 『상선The Argosy』이 포함되었으며, 이후 1905년 Munsey의 『All-Story Magazine』(1920년 시작)과 합병되어 『Argosy-All-Story Weekly』가 되었고 1978년에 끝난 펄프 시대보다 훨씬 오래 지속되었다. 1920년대와 1930년대는 펄프 잡지의 전성기였으며, 『위어드 테일스Weird TalesAmazing Stories』 (1923~1954년, 이후 부활), 『어메이징 스토리스Amazing Stories』(1926~2000년, 2004~2005년 재개), 『놀라운 이야기Astounding Stories』(1930년 시작, 여러 차례 이름 변경, 현재는 아날로그 공상과학-팩트)와 같은 가장 유명한 펄프 잡지가 등장한 시기이기도 한다. 펄프 잡지가 사라진 1950년대까지 새로운 잡지가 계속 등장했다. 펄프의 붐은 미국뿐만 아니라 영국, 호주, 이탈리아, 멕시코, 네덜란드, 스웨덴에서도 일어났다.[77]

펄프 잡지는 매주 또는 매월 다양한 상상의 세계를 폭넓은 독자에게 제공했지만, 그 안에 수록된 단편 소설이나 연재소설은 소설과 같은 수준의 세계 전개를 허용하지 않았다. 동시에 스토리의 길이가 짧고 종종 기이하고 과장된 성격 덕분에 개발이 여기까지만 진행되면 되었기 때문에 더 많은 실험과 혁신을 할 수 있었다. 펄프 잡지에 소개된 기이한 세계의 예로는 먼 미래의 거대한 두뇌들이 모여 우주의 종말을 지켜보는 안개의 홀Hall of Mist, 전자 진동 조절기의 도움으로 들어갈 수 있는 미시 세계 울름Ulm, 태양계가 원자에 불과한 거시 세계 발라돔Valadom, 진화론을 실험하기 위해 실험실에서 만든 미니어처 인공 세계 피그미 행성Pygmy Planet, 수성보다 태양에 더 가까운 궤도를 가진 작은 행성 벌칸Vulcan 등이 있다. 태양 내부에 있는 행성 솔두스Soldus, 여섯 개의 태양이 계속 비추기 때문에 2049년에 한 번만 해가 지는 라가쉬Lagash 행성, 모든 것이 문자 그대로인 하이퍼볼hyperbole이나 은유가 없는 세계 로게이아Logeia, 표면이 거의 물로 덮여 있는 하이드로트Hydrot 행성, 광자를 감속하는 블레이크슬리 장으로 인해 스스로 일식이 가능한 플라셋Placet 행성, 지각 있는 식물들이 모든 동물 생명을 멸종시킨 아이올로Aiolo 행성 등이 있다.[78]

단편 소설과 소설은 새로운 세계를 엿볼 수 있게 해주었고, 때때로 작가들이 더 많은 가능성을 탐구하고 싶어 할 만큼 매력적이다. 그 결과, 펄프 잡지에 소개된 세계 중 일부는 더 크고 상세한 세계와 우주로 발전하여 소설 시리즈나 다른 미디어 작품의 배경이 되기도 했다. 펄프 잡지에서 데뷔한 세계와 프랜차이즈로는 필립 프랜시스 노울런Philip Francis Nowlan의 '벅 로저스의 25세기 지구twenty-fifth-century Earth of Buck Rogers', 클라크 애슈턴 스미스Clark Ashton Smith의『조티크Zothique』(미래 지구의 마지막으로 사람이 살았던 대륙), 로버트 E. 하워드Robert E. Howard의『하이보리아 시대Hyborian Age』, E. E. 스미스E. E. Smith의『렌즈맨 유니버스Lensman universe』등이 있다. 또 프리츠 라이버Fritz Leiber의『네원Nehwon』(파프드와 그레이 마우저가 모험하는 세계), 로버트 하인라인Robert Heinlein의『미래사 우주Future History universe』,아이작 아시모프Isaac Asimov의『파운데이션 세계와 은하 제국 세계』, 레이 브래드버리Ray Bradbury의『화성 연대기 속 화성 버전version of Mars in his Martian Chronicles』, 폴 앤더슨Poul Anderson과 존 게르겐John Gergen의『사이코테크닉 리그 세계』, L. 스프라그 드 캠프L. Sprague de Camp의『비아겐스 행성 간 우주Viagens Interplanetarias universe』, 코드웨이너 스미스Cordwainer Smith의『인류의 도구성 우주Instrumentality of Mankind universe』, H. 빔 파이퍼H. Beam Piper의『테로-휴먼 미래 역사Terro-Human Future History』등이 있다.[79]

이 펄프 잡지는 미래 도시와 외계 세계를 묘사한 다채로운 표지 이미지와 환상적인 내부 일러스트로도 유명했다. 로비다Robida의 뒤를 이어 루이스 비더만Louis Biedermann, 프랭크 R. 폴Frank R. Paul, 엘리엇 돌드Elliot Dold와 같은 그래픽 아티스트들은 고가 도로와 고층 빌딩 꼭대기의 플랫폼에 정착하는 하늘을 나는 자동차 등 미래 도시의 모습을 숨이 멎을 정도로 거대한 비율로 상상하고 그려냈다. 외계인, 로봇, 괴물 등의 스토리와 결합한 선정적이고, 종종 섬뜩한 이미지는 펄프 잡지가 과장되고 비현실적이라는 오늘날의 명성을 얻는 데에도 도움이 되었다. 하지만 업계의 일부 사람들은 진실성과 사실성에 대해 깊은 관심을 가졌다. 『어메이징 스토리스Amazing Stories』의 창립 편집자인 휴고 건즈백Hugo Gernsback은 1932년 『원더 스토리Wonder Stories 호』에 실린 편집자 논평에서 다음과 같이 썼다.

> 공상과학 소설이 처음 등장했을 때 모든 작가는 과학을 가장 진지하게 받아들였다. 거의 모든 경우에서 작가들은 탄탄한 과학적 토대 위에 스토리의 기초로 놓았다. 작가가 미래의 도구에 대해 언급할 경우, 당시 알려진 과학적 가능성에 충실한 것이 바람직하다고 생각했다.
>
> 현대의 많은 공상과학 소설 작가들은 그런 양심의 가책을 느끼지 않는다. 그들은 과학적 개연성을 배 밖으로 던져버리고 과학적 마법이라고 부를 수 있는, 즉 그럴듯하지도 않고 가능하지도 않은 과학적 근거 없이 이야기를 시작하는 데 주저하지 않는다. 사실, 그것은 동화와 겹치기도 하고, 종종 이러한 설정은 동화를 쓰는데 더 잘 부합되기도 한다.
>
> 이는 개탄스러운 상황이며, 공상과학소설이 살아남으려면 모든 공상과학소설 작가들이 반드시 과학적 토대를 세우는 작업을 시작해야 한다고 생각한다.[80]

1940년대와 1950년대에 수첩 크기의 문고본이 인기를 끌면서 펄프 잡지의 황

금시대는 막을 내리게 되었고, 1960년대에는 SF 역사가 데이비드 카일David Kyle 에 따르면,

> 진화 때문에 사라진 공룡같이 펄프 잡지가 사라지고, 더 작고 깔끔하고 차분한 다이제스트 크기의 정기 간행물들이 생겨났다. 상업적 탐욕이 남 긴 대학살의 잔해는 사실 부활을 기다리며 잠자고 있다. 이제 새롭게 확장 되고 있는 시장, 즉 단행본 시장이 불타오르고 있었다. 만족할 줄 모르는 수요를 가진 낡은 펄프들은 수많은 작가를 길러냈고, 현대 과학소설의 심 장이자 영혼이 된 강력하고 저명한 그룹들이 탄생했다.[81]

펄프 잡지의 영향력은 대단했고 그 정신은 다른 다양한 미디어로 이어졌다. 예 를 들어 만화에서는 알렉스 레이먼드Alex Raymond의 플래시 고든이 몽고 행성을 여행하고, 밥 무어와 칼 퓨퍼Carl Pfeufer의 돈 딕슨이 파리아Pharia의 숨겨진 제국 을 발견했다. 1940년에는 배트맨의 고담 시티와 DC 코믹스 세계관이 등장하고, 1944년에는 원더우먼이 파라다이스섬을 떠나 모험을 시작하며, 1952년에는 오스 카 레벡Oskar Lebeck과 앨든 맥윌리엄스Alden McWilliams의 『쌍둥이 지구Twin Earths』가 지구와 반대편에서 태양을 공전하는 행성으로 항상 보이지 않는 행성인 테라를 등장시켰다. 펄프 잡지에서 시작된 세계관이 미디어 전반으로 확산하면서 펄프 잡지 감성은 소설, 영화, 라디오, 텔레비전으로 이어졌다.

영화 및 극장의 발전Developments in Cinema and Theater

장편 영화보다 먼저 상영되고 챕터(보통 20분 분량의 12개 챕터)로 나누어져 있는 짧은 주세의 영화 연재물은 실버 스크린의 펄프였으며, 플래시 고든, 타잔, 딕 트레이시 등 다른 미디어의 기존 프랜차이즈로부터 많은 작품이 탄생했다. 플 래시 고든처럼 새로운 세계를 시각화한 작품도 있었지만, 연재물의 제한된 예산

으로 인해 그 세계의 깊이와 디테일에 한계가 있었다. 하지만 장편 영화는 더 깊이 있는 세계를 탐험할 수 있었다.

1920년대와 1930년대에 이르러 장편 영화 제작은 상상 세계를 스크린에 구현하는 데 필요한 기술과 예산을 갖게 되었다. 연극 무대는 여러 가지 제약이 있었지만, 허버트Herbert와 맥도우MacDonough의 오페레타 '토이랜드의 아가씨들Babes in Toyland'(1903), J. M. 배리J. M. Barrie의 '피터팬Peter Pan'의 네버랜드(1904), 카렐 차펙Karel C^apek의 RUR: Rossum's Universal Robots(1923), 아널드 베넷Arnold Bennett의 밝은 섬The Bright Island(1925)의 카포, 손턴 와일더Thornton Wilder의 우리 마을Our Town(1938)의 그로버 코너, 레너Lerner와 로웨Loewe의 1947년 동명 뮤지컬의 브리가둔, 뮤지컬 콜 미 마담Call Me Madam(1950)의 리히텐부르크Lichtenburg 대공국, 뮤지컬 지붕 위의 피들러Fiddler on the Roof(1964)의 아나테프카,[82] 앞서 언급한 오즈 뮤지컬처럼 다른 미디어의 세계를 각색한 영화들이 등장한다. 하지만 무대는 세계 전개보다는 대사와 캐릭터 개발의 영역에 머물렀다. 영화적 재현에는 제약이 적었고, 메트로폴리스Metropolis(1927), 킹콩King Kong(1933), 오즈의 마법사The Wizard of Oz(1939)와 같은 영화는 세계를 시각화하는 매체의 능력을 보여주었으며, 특수 효과와 함께 영화 마케팅에 어느 정도 활용하기도 했다. 특히 '오즈의 마법사'처럼 이미 잘 알려진 스토리의 경우, 스크린에 묘사된 세계가 판매 포인트가 될 수 있었다. 1939년 '오즈의 마법사' 예고편의 내레이션에서 말했듯이 말이다.

『오즈의 마법사』는 4세대에 걸친 어린이들의 마음을 사로잡고, 늙지 않는 젊은 어른들의 상상력을 불태웠지만, 천만 부의 판매량을 올리며 열망하는 손길과 열망하는 마음에 도달했지만, 오즈의 땅과 그곳 사람들에게 생명력과 현실감을 부여하는 거대한 작업은 감히 누구도 도전하지 못했다. 뭉크킨랜드의 축제, 날아다니는 원숭이들, 도로시의 구출, 마녀의 성, 오즈의 궁전, 멋진 오즈의 마법사를 직접 찾기 위해 에메랄드 시티로 떠나는 도로시의 기묘한 여행 등 L. 프랭크 바움의 고전 속 모든 유쾌한 캐릭터가 다시 태어나고, 모든 영광스러운 모험이 무지개색으로 물들었다.[83]

그러나 20세기 전반기에 영화로 시각화된 상상의 세계는 대부분 다른 미디어에서 시작된 세계를 각색한 것이었다. 예를 들어 영화 '이상한 나라의 앨리스'(1933), '장난감 나라의 아가씨'(1934), '그녀'(1935), '잃어버린 지평선'(1937), '걸리버 여행기'(1939), '피노키오'(1940), '콜 미 마담'(1951), '피터 팬'(1953), '브리가둔Brigadoon'(1954)은 원작의 스토리를 확장하거나 심지어 변경했지만, 궁극적으로는 여전히 실존하는 원자료에 의존하여 세계를 구성했다. 20세기 후반에 이르러서야 영화 속 상상의 세계가 더 보편화되었다.

라디오와 텔레비전Radio and Television

만화나 영화 연재물과 마찬가지로 방송 미디어는 대개 에피소드 형식이기 때문에 여러 내러티브를 연결하기 위해 캐릭터나 세계관이 필요하다. 음악과 토크쇼가 라디오의 주된 형식이 되기 전에는 드라마 시리즈와 코미디가 내러티브를 위한 대표적인 매체이었으며, 라디오는 음성과 음향 효과의 매체이기 때문에 캐릭터가 프로그램의 에피소드를 연결하는 일반적인 연결 고리가 되었다(일반적으로 주인공의 이름이 포함된 프로그램 제목에서 알 수 있듯이). 톨킨의 작품을 각색한 BBC의 드라마나 오리지널 '스타워즈' 3부작을 각색한 NPR의 드라마를 제외하면 라디오에 등장하는 이차세계는 상대적으로 적으며, 그보다 더 적은 수의 이차세계가 라디오에서 시작되었다.

라디오에 처음 등장한 세계로는 기술적으로 진보된 섬과 그 주민들에 관한 페리 크랜달Perry Crandall의 매직 아일랜드Magic Island(1936)의 유클리디아, 이르나 필립스의 드라마 가이딩 라이트The Guiding Light(1937~2009)가 처음 시작된 시카고

교외의 파이브 포인트 등이 있다. 이사벨 매닝 휴슨Isabel Manning Hewson의 잃어버린 땅Land of the Lost(1943~1948)에 나오는 잃어버린 물건이 있는 수중 왕국, 농촌 생활을 다룬 영국 프로그램인 더 아처스The Archers(1951)에 나오는 영국의 실제 카운티인 보셋셔Borsetshire 등이 있다. 많은 라디오 쇼가 텔레비전으로 옮겨가면서 라디오 드라마는 사라졌지만, 일부 쇼는 계속 번성했다. 예를 들어, 라디오 쇼로 19년 동안 방송되다가 1956년에 마침내 텔레비전으로 옮겨져 2009년까지 방영된 '가이딩 라이트The Guiding Light'가 있다. 20세기 후반에 라디오에서 시작된 가장 유명하고 가장 상세한 이차세계는 1974년에 시작된 개리슨 킬러Garrison Keillor의 프레리 홈 컴패니언Prairie Home Companion 라디오 쇼(이후 여러 소설로 확장되었다)의 워베곤 호수Lake Wobegon이다. 라디오 쇼 자체가 영화로 제작되기도 했다. 1978년 라디오 드라마로 시작하여 여러 소설, 컴퓨터 게임, 만화책, 장편 영화로 확장된 더글러스 애덤스Douglas Adams의 히치하이커 은하계Hitchhiker's Galaxy가 있다.

초기 텔레비전 프로그램은 생방송으로 진행되어야 했기 때문에 처음에는 텔레비전의 한계가 극장의 한계와 비슷했다. 예산도 제한되어 있어서 초기 텔레비전에 등장하는 대부분 이차세계는 텔레비전을 위해 특별히 제작된 오리지널 세계가 아니라 다른 미디어에서 성공한 세계를 각색한 것이었으니 당연한 일이다. 이러한 각색에는 BBC의 앨리스 프로덕션, 즉 이상한 나라의 앨리스(1946), 두꺼비 홀의 두꺼비(1946), 앨리스의 모험(1960), 앨리스(1965), 이상한 나라의 앨리스(1966) 또 영국 방송사 레디퓨전의 랜슬롯 경의 모험(1956), 아라비안나이트(1960), NBC의 피터 팬(1955) 등이 대표적이다. 무대 각색과 마찬가지로 이 작품들도 각색 대상 작품에 대한 관객의 사전 지식과 관습에 어느 정도 의존하여 시청자가 그 한계를 간과할 수 있도록 도와주었다.

1960년대 이후에는 더 많은 예산과 확장된 세트, 로케이션 촬영 등이 세계 제작에 도움을 주었고, 텔레비전에서 시작된 새로운 세계가 등장하기 시작했다. 일반적으로 오크데일, 센트럴 시티, 베이 시티, 살렘, 콜린스포트, 랜뷰, 파인 밸리, 제노아 시티, 해저드, 코린트, 캐봇 코브, 트윈 피크, 시클리, 케이프사이드, 하모니 등과 같은 도시 형태가 많았다.[84] 메이필드, 메이베리, 후터빌, 포트 찰스, 펀우드 와 같은 일부 도시에는 여러 쇼의 배경이 되기도 했다.[85] 길리건의 섬Gilligan's Island(1964~1967)의 타이틀섬, 썬더버즈Thunderbirds(1965~1966)의 트레이시섬, H. R. 퍼픈스터프H. R. Pufnstuf(1969~1971)의 리빙 아일랜드, 토마스와 친구들 Thomas the Tank Engine and Friends(1984~현재)의 소도르섬 등 섬을 배경으로 한 프로그램도 몇 개 있었다. 트레이시섬과 소도르섬, 그리고 스팅레이Stingray(1964~1965) 의 타이타니카와 마린빌은 인형이 거주하는 소규모 모델로 제작되었으며, 그 크 기는 대부분의 실사 쇼의 세계보다 더 넓은 범위를 허용하거나 인형과 실제 배우 가 혼합된 쇼(예: 미스터 로저스의 이웃Mister Rogers' Neighborhood(1968~2001), 세서미스트리트Sesame Street(1969~현재)의 시조 거리)를 제작할 수 있는 규모였 다. 또한 베드록Bedrock(플린스톤즈(1960~1966)), 오르빗 시티Orbit City(젯슨스 가족(1962~1963, 1984~1985, 1987~1988), 스프링필드Springfield(심프슨 가족 (1989~현재)) 등이 증명할 수 있듯, 애니메이션을 통해 제한된 예산 내에서 더 많 은 세계를 구축할 수 있었다.

　TV에서 가장 오래 방영되는 세계관은 주로 드라마의 세계관이지만, TV에서 시작된 가장 광범위한 세계는 공상과학의 세계다. 닥터 후Doctor Who(1963~1989, 1996, 2005~현재)의 '워니버스', 스타트렉Star Trek(1966~1969)의 우주, 문베이스 알파Moonbase Alpha of Space: 1999(1975~1978), 바빌론 5Babylon 5(1993~1998) 의 우주, 파스케이프의 미지의 영역(1999~2003)은 모두 외계 종족과 다른 행성을 포함하는 상당히 넓은 범위의 세계관을 가지고 있다. 이 중 일부는 이 장의 뒷부분 에서 설명하는 트랜스미디어 프랜차이즈로 이어지기도 했다. 다른 소규모 시리즈 도 프랜차이즈를 시작했는데, 예를 들어 트윈 픽스는 장편 영화, 여러 권의 책, 오 디오북, 트레이딩 카드 세트에 영감을 주었다.

　몇 가지 예외를 제외하면, 초기 방송 미디어의 세계는 상상 세계의 형태와 구조에 대한 혁신은 거의 없었지만, 세계와 시청자 간의 새로운 관계에 기여한 것은 사실이다.[86] 라디오와 텔레비전의 세계는 사람들이 각자의 집에서 정기적으로 경험하는 시청각 세계였으며, 특히 드라마의 경우는 수십 년에 이르는 기간에 매주(또는 일일 프로그램의 경우 일주일에 여러 번) 시청각 세계로 돌아왔다. 상상의 세계가 관객의 삶에 이렇게 장기적·지속적으로 통합될 수 있다는 것은 전례가 없는 일이었다. 소설은 수백 년에 걸쳐 제작되었지만, 장기 방영되는 방송 프로그램만큼 시청 시간이 길지 않았다. 또한 배우들은 오랜 기간 캐릭터와 함께 현실적으로 나이를 먹을 수 있었는데, 예를 들어 2010년에 수잔 루치Susan Lucci와 레이 맥도넬Ray MacDonnell은 '올 마이 칠드런All My Children'에서 40년째 같은 캐릭터를 연기했다(11년에 걸쳐 개봉한 '해리 포터' 시리즈의 어린 배우들처럼 배우들이 시리즈 영화에서 자연스럽게 나이를 먹는 일도 있었다.

또 다른 드라마 '가이딩 라이트Guiding Light'는 72년 동안 15,762회에 걸쳐 방영되었는데, 이 드라마의 팬이 아무리 열성적이라 해도 모든 라디오와 텔레비전 에피소드를 보고 들었다고 말할 수 있는 사람은 아마 없을 것이다. 방송 미디어의 에피소드형 상상의 세계는 시청률에 의존하는 광고로부터 지원을 받기 때문에 시청자의 반응에 따라 지속 여부가 결정된다. 그 때문에 제작자는 시청자의 반응과 피드백을 매우 중요하게 생각하며, 이는 향후 세계 구축의 방향에 영향을 미칠 수 있으며, 이는 과거 연재 문학 작가들이 겪었던 상황이기도 하다. 그리고 일반적으로 문학도 20세기에 세계 구축에 새로운 발전을 이루었다.

문학의 발전Developments in Literature

20세기 전반에는 다양한 새로운 미디어가 등장하거나 주목을 받았지만, 다른 미디어로 확산하는 것을 포함하여 상상의 세계가 잉태되고 인큐베이팅되는 주요 장소는 여전히 책이었다. 20세기 전반에는 미지의 섬, 외딴 사막 도시, 산이나 정글에 숨겨진 잃어버린 세계, 지하 세계, 수중 세계, 미래 문명, 점점 더 많은 새로운 행성을 배경으로 한 수많은 소설이 출판되었다(세계 목록은 부록 참조). 특히 오즈 시리즈의 성공 이후에는 대중적인 세계관이 속편과 시리즈로 이어질 가능성이 커졌다. 대부분 작가는 자신의 세계에 대해 한 권의 책으로 쓰거나, 같은 세계를 기반으로 한 단일 시리즈 또는 두 가지 모두를 개발하는 데 만족했지만, 에드거 라이스 버로스Edgar Rice Burroughs는 각기 다른 세계를 배경으로 하는 여러 권의 시리즈를 제작한 최초의 작가 중 한 명이다.

버로스는 펄프 잡지에 소설을 쓰기 시작했고, 이 잡지에 많은 소설이 연재되었다. 1912년, 그의 시리즈 중 두 편이 이런 방식으로 시작되었다. '화성의 달 아래에서Under the Moon of Mars'는 『올 스토리All-Story』 잡지에 연재되었는데, 이 작품은 바숨Barsoom 시리즈의 첫 번째 작품이 되었다(바숨은 그에게 화성임). 그리고 그해 말 『올 스토리』에 연재된 '혹성탈출'은 그의 타잔 시리즈를 소개하는 작품이다. 버로스는 그 후에도 여러 시리즈를 선보였다. '지구의 중심에서At the Earth's Core(1914)'에 소개된 속이 빈 지구 내부의 세계를 다룬 펠루시다르 시리즈, 태평양의 요카섬을 배경으로 한 '더 머커The Mucker(1914)'로 시작된 머커 시리즈, 선사 시대 동물들의 섬인 카스팍섬('카프로나'라고도 함)을 배경으로 한 '시간이 잊힌 땅The Land That Time Forgot(1918)'으로 시작한 카스팍 시리즈, 그리고 암토르Amtor 시리즈는 '비너스의 해적Pirates of Venus(1934)'을 시작으로 암토르가 비너스의 허구 버전으로 등장한다. 그의 6개 시리즈 중 4개 시리즈인 바숨, 펠루시다르Pellucidar, 카스팍, 암토르 시리즈는 세계를 배경으로 하며, 책 제목은 오즈 시리즈와 비슷한 방식으로 시리즈를 묶었다(제목에 '바숨'과 '암토르' 대신 '화성'과 '비너스'가 사용되었다는 점만 제외하면). 타잔Tarzan 시리즈는 타잔 캐릭터로 연결되어 있고, 일관된 세계를 형성하지는 않지만, 시리즈의 다른 소설들은 아프리카의 여러 도시, 국가, 왕국(예: 오파르Opar, 팔울돈Pal-ul-don, 알랄리Alali, 카스트라 상귀나리우스Castra Sanguinarius, 카스트룸 마레Castrum Mare, 미디안Midian, 온타르Onthar, 테나르Thenar, 아샤르Ashair),[87] 버로스Burroughs는 크로스오버 소설인 『지구의 중심 타잔Tarzan at the Earth's Core』(1930)에서 타잔이 펠루시다르에 방문하면서 두 시리즈를 소급하여 연결하기도 했다. 마찬가지로 버로스는 오모스 별과 11개의 행성으로 구성된 오모스 태양계를 소개하는 『폴로다에서의 모험Adventure on Poloda』(1942)과 같이 새로운 세계를 소개하는 다른 독립 소설과 스토리를 썼다.[88]

버로스는 바움과 마찬가지로 다양한 매체를 넘나드는 작가였으며, 자신의 창작물이 영화, 무대, 만화, 라디오로 확산하는 데 기여했다. 버로스는 미디어가 등장하기 훨씬 이전인 1932년에 텔레비전 판권에 대해 생각했고, 다음과 같이 썼다.

> 20년 전, 존재조차 몰랐던 저작권을 무심코 넘겨주었던 그 단순한 시절 이후 많은 변화가 일어나고, 새로운 권리가 생겨났다. 오늘 나는 제 스토리를 방송해 극적으로 발표하는 라디오 계약을 체결한다. 두 번째 잡지 판권과는 완전히 다른 일이죠. 1년 만에 영화 계약 중 하나에 텔레비전 조항이 삽입되는 것을 보았고, 오늘 나는 저작권이 만료되기 훨씬 전에 텔레비전 권리가 엄청난 가치를 지니게 될 것이기 때문에 다른 계약과 마찬가지로 텔레비전 권리를 매우 조심스럽게 지켜보고 있다.[89]

버로스는 타잔이라는 이름을 상표로 등록했으며, 1923년 에드거 라이스 버로스 주식회사를 설립하여 자기 작품의 상품화 및 라이선싱을 담당하고 1931년 이후에는 자신의 책을 출판한 최초의 작가이기도 하다. 그의 멀티미디어 제국은 번창했고, 회사는 1950년 그가 사망한 후 그의 가족에게 물려주어 현재까지도 운영되고 있다.

20세기에 들어서면서 속편과 시리즈가 늘어남에 따라 세계관의 규모와 복잡성도 커졌다. 수백만 년에 걸친 인류의 존재를 다룬 윌리엄 호프 호지슨William Hope Hodgson의 『밤의 땅The Night Land』(1912), 20억 년에 걸쳐 진화한 18종의 인간에 관한 올라프 스테이플던Olaf Stapledon의 『최후의 인간과 최초의 인간Last and First

Men』(1930)과 수십억 년의 우주 전체 역사를 다룬 『스타메이커Star Maker』(1937) 처럼 당시의 일부 독립 소설도 방대한 시간대에 걸쳐 진행되었다. 『최후의 인간과 최초의 인간』에는 이전보다 더 방대한 5개의 '시간 척도' 차트가 포함되어 있으며, 스타 메이커에는 '크기에 대한 참고 사항', 3개의 '시간 척도' 차트, 일부 에디션에는 용어집이 포함되어 있다. 다양한 세계와 생명체, 그리고 거기에서 발생하는 사회와 문화의 역사를 기록한 두 책 모두 압도적인 규모와 놀라운 하위 창조의 위업을 담고 있다.

지도가 추가된 이후, 이차세계는 때때로 스토리에 방해가 되지 않으면서도 세계와 그 사실성을 더할 수 있는 추가 자료를 포함하기도 했다. 예를 들어 로버트 팔톡의 『피터 윌킨스의 삶과 모험』(1751)에는 이 책에 등장하는 103개의 이름과 용어가 나열된 용어집이 포함되어 있다. 다른 자료들도 배경 스토리로 쓰였는데, 던세이니 경Lord Dunsany(에드워드 존 모레톤 드랙스 플런킷Edward John Moreton Drax Plunkett)은 신들이 숭배되던 땅의 전설을 쓰기 전에 자신의 판테온에 관한 『페가나의 신들The Gods of Pegana』(1905)을 썼다.[90] 던세이니의 페가나는 H. P. 러브크래프트의 크툴루 신화에 영감을 주었고, 톨킨이 편지에서 던세이니를 언급했는데 이를 보아 『실마릴리온The Silmarillion』을 쓰는 데 영향을 주었을 가능성이 크다.[91] 20세기 전반에는 정교한 역사와 배경 스토리를 가진 더 많은 세계가 생성되었고, 이러한 이차 세계관의 규모와 범위가 커짐에 따라 지도, 용어집, 연대표, 계보 등과 같은 부수적인 자료, 특히 규모가 큰 세계관이나 여러 권에 걸쳐 있는 세계관의 경우 더 많은 부수적인 자료가 등장하게 되었다.

당대 최대 규모의 세계관 중 하나인 제임스 브랜치 캐벌James Branch Cabell의 '마누엘 생애 전기Biography of the Life of Manuel' 시리즈(1919년 '위르겐, 정의의 희극으로 시작되었지만, 이후 초기 작품들이 재 집필되어 시리즈에 소급 적용됨)는 18권[92]으로 7세기에 걸쳐 진행되었으며, 다양한 상상의 땅이 그의 세계로 구현되었으며, 그 중심에는 프랑스 가상의 지방인 포익테스메가 자리하고 있다. 이 책

중에는 시리즈 등장인물들의 계보를 통해 그들이 서로 어떻게 연관되어 있는지를 보여주는 『리치필드의 계보The Lineage of Lichfield』(1922)가 있다.

추가 자료가 있는 다른 책으로는 버로스의 네 번째 바숨 소설인 『화성의 하녀 투비아Thuvia, Maid of Mars』(1920)가 있는데 시리즈의 여러 권을 아우르는 135개의 항목이 포함된 '화성인 책에 사용된 이름과 용어집'이 있고, 에디슨Eddison의 책에는 지도, 연표, '드라마틱 페르소나' 목록과 독자들이 참고할 수 있는 계보 표가 포함되어 있다. 이러한 자료는 독자뿐만 아니라 작가 자신에게도 도움이 되었으며, 이러한 자료는 종종 출판용으로 의도되지 않은 많은 자료를 만들어 냈다. 이러한 부수적인 작업은 공상과학과 판타지 세계에만 국한되지 않았다. 소설의 배경이 되는 다섯 편의 소설 시리즈[93]를 쓰기 위한 준비 작업으로 미국 중서부 위네맥주(<그림 2-6> 참조)의 싱클레어 루이스Sinclair Lewis는 소설 전반에 걸쳐 지리적 일관성을 유지하기 위해 위네맥주와 수도인 제니스의 상세한 지도를 그렸다. 현존하는 18개의 지도는 건물의 평면도부터 도시 지도, 위네맥주 지도까지 다양한 축척으로 소설 속 장소를 묘사하고 있다. 1921년 여름에 『배빗Babbitt』(1922) 집필을 준비하던 중 그린 이 지도는 출판되지 않았고, 루이스가 사망한 지 10년이 지난 1961년에야 발견되었다.[94]

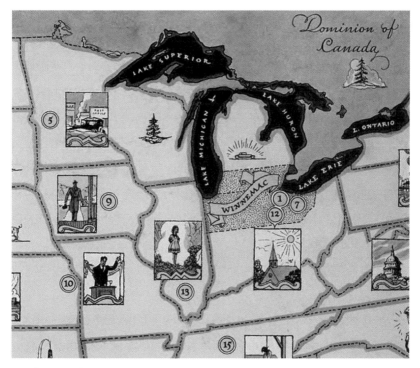

<그림 2-6> 조지 아난드George Annand가 그린 지도의 한 부분으로 싱클레어 루이스의 위네맥과 미국 중서부 지역의 위치를 보여준다.

일관성을 위해 쓰이고 사후에 출판된 또 다른 작품으로는 '코난 더 킴메르인 Conan the Cimmerian 스토리'(그리고 그의 쿨Kull 이야기를 회고적으로)를 위해 기원전 20,000~9,500년경으로 설정한 로버트 E. 하워드Robert E. Howard의 에세이 『하이보리아 시대The Hyborian Age』가 있다. 1930년대에 쓰인 이 작품은 자신의 세계를 아틀란티스 신화와 연결하여 하이보리아 왕국의 흥망성쇠를 자세히 묘사하고 있다. 이 에세이는 하워드가 사망한 지 불과 몇 달 후에 발견되어 출판되었고, 이후 여러 차례 재인쇄되었다.

20세기 초에 매우 상세한 세계 중 하나이며, 작가의 생전에 출판된 작품이 없는 오스틴 태판 라이트Austin Tappan Wright의 『아일랜디아Islandia』는 주로 가상의 카라인 대륙에 있는 아일랜디아 국가를 배경으로 한다. 라이트는 법학 교수로 어린 시절부터 취미로 아일랜디아를 개발해 왔다. 1931년 48세의 나이에 교통사고로 사망한 후, 그의 아내 마거릿Margaret은 2,300페이지에 달하는 라이트의 장편 원고를 필사했고, 이후 딸 실비아Sylvia가 편집을 거쳐 1942년에 출판하였다. 소설과 함께 출간된 서문에서 실비아 라이트는 아버지가 만든 추가 자료를 설명했다.

이 소설은 전체 아일랜디아 논문 중 일부에 불과하다. 60만 단어에 육박하는 원고는 워낙 방대해서 특히 전시 종이가 부족했던 시기에는 사실상 출판이 불가능했다. 그러나 출판사로부터 승인을 받은 것은 두꺼운 스프링 바인더 일곱 개에 들어 있는 원고의 형태였는데, 나 혼자 들기에는 너무 무거웠다. … 당시 파라 앤 라인하트Farrar and Rheinhart의 편집자였던 마크 색스턴Mark Saxton의 지적이고 세심한 도움으로 원고 3분의 1 정도를 줄였다. 이것이 오늘날의 형태다. 초판본의 메모에서 언급했듯이 아버지는 존 랭이 본 모든 장면의 정확한 선과 지질학적 원인까지 알고 계셨고, 그런 것들을 묘사하는 것을 좋아하셨다. 대부분의 컷은 이런 종류의 여유로운 관찰이다. … 아버지는 이 나라를 여러 가지 모습으로 여행하면서 이 나라를 잘 알고 계셨기 때문이다. 그중 하나는 아일랜드의 역사, 즉 아일랜디아라는 제목의 학술적 저작을 만들었다. 아일랜드 최초의 프랑스 영사로 독자들이 잘 알고 있는 M. 장 페리에M. Jean Perier의 『아일랜디아: 역사와 묘사Islandia: History and Description』라는 학술 저작을 남겼다.

약 135,000단어의 이 문서는 미공개된 아일랜드 논문 중 남아있는 주요 부분이다. 또한 아일랜드어 용어집, 참고 문헌, 여러 개의 인구 표, 각 지방의 역사와 함께 지방의 관보, 총독, 판사, 수상 등의 표, 완전한 역사적 동료, 달력과 기후에 대한 메모, 아일랜드 문학의 몇 가지 표본을 포함하여 역사에 대한 많은 양의 부록이 있다. 또한 19개의 지도와 1개의 지질도가 있다.[95]

적어도 아일랜디아의 한 버전은 마침내 출판에 성공했으며, 일부 작가는 평생을 공개적인 장소 없이 상상의 세계와 부수적인 자료를 개발하는 데 보냈다. 이 중 가장 좋은 사례는 알려지지 않은 채로 남아있지만, 간혹 유명세를 치르기도 한다. 예를 들어, 50년 넘게 자신의 세계에 몰두하다가 1973년에 사망한 은둔자 헨리 다 거Henry Darger는 15권 15,145페이지(단일 간격) 분량의 소설『비비안 소녀 이야 기The Story of the Vivian Girls』를 집필하고 수백 장의 그림을 삽화로 제작한 것으로 밝혀졌다. 발견 이후 다거는 아웃사이더 예술계의 컬트적 인물이 되었고, 그에 관한 책이 쓰였다. 하지만 그의 작품은 미술관에 걸려 있지만, 그의 소설은 여전히 출판되지 않은 채로 남아있다.

20세기에는 아동 문학의 상상 세계에 더 많은 보조 자료가 등장했는데, 앨런 알렉산더 밀른A. A. Milne의 곰돌이 푸 스토리에 등장하는 백 에이커의 숲, E. A. 와이크 스미스E. A. WykeSmith의 『스너그의 놀라운 나라The Marvelous Land of Snergs』(1927)에서 다양한 모험이 벌어지는 장소를 보여주는 상세한 지도, C. S. 루이스의 나니아와 주변 땅 지도처럼 특히 지도에서 부수적인 자료가 더 많이 등장했다. 때때로 그러한 자료는 매우 정교했는데, 예를 들어 윌버트 오드리Wilbert Awdry 목사와 그의 형제 조지George는 『세 개의 철도 엔진The Three Railway Engines』(1945)으로 시작하여 '탱크 엔진 토마스'로 유명한 철도 시리즈 책을 위해 소도르섬의 지리, 역사, 산업, 언어를 연구했으며, 이러한 부수적인 자료는 나중에 별도의 책인『소도르섬: 그 사람들, 역사와 철도The Island of Sodor: Its People, History and Railways』(1987)라는 책으로 출간되었다.

어린이책에서 지도를 흥미롭게 사용한 사례는 각각 한두 개의 삽화가 있는 365개의 한 페이지짜리 스토리 모음집인 난 길버트Nan Gilbert(밀드레드 길버트슨 Mildred Gilbertson)의 『365개의 취침 시간 이야기365 Bedtime Stories(1955)』에 등장한다. 모든 스토리는 왓-어-졸리 거리로 알려진 트러플스쿠템대로 인근과 그곳에 사는 22명의 어린이와 그 가족, 반려동물에 관한 스토리다. 책의 부록에는 8개의 가정집, 살구 아줌마 집, 게이 아저씨의 가게, 학교가 있는 거리의 지도가 나와 있다. 개울, 개집, 조랑말 헛간 등 집 주변에서 볼 수 있는 디테일이 스토리에 등장하는데, 모두 지도를 따라 일관되게 이어지며, 한 페이지짜리 개별 스토리는 각각 결말이 있지만, 때로는 연속된 스토리를 연결하고 때로는 몇 주 후에 돌아와서 훨씬 이전의 스토리를 다시 언급하는 등 책 전체를 아우르는 큰 스토리의 흐름이 있다. 스토리 대부분은 사실적이지만, 아이들의 반려동물과 다른 동네 동물들이 서로 소통하고 때로는 인형, 장난감, 눈사람, 북풍과 같은 무생물도 스토리의 주인공이 되지만, 인간 캐릭터는 한 번도 상호작용을 하는 장면이 나오지 않는다.

수많은 어린이책이 쏟아져 나오는 가운데, 한 영국 책이 수십 년 동안 계속 확장해 온 세계를 엿볼 수 있게 해주었고, 그 속편은 상상의 세계 역사에 전환점이 되어 기준을 높이고, 그 이후의 모든 책에 새로운 기준을 제시했다. 이 책은 J. R. R. 톨킨의 『호빗』(1937)이며, 속편은 『반지의 제왕』(1954~1955)이다.

『반지의 제왕』과 톨킨의 영향력The Lord of the Rings and Tolkien's Influence

20세기 전반에는 문학에서 다양한 상상의 세계가 등장했는데, 지난 섹션에서 언급한 것 외에도 올더스 헉슬리Aldous Huxley의 『멋진 신세계Brave New World』(1932), 조지 오웰George Orwell의 『동물농장Animal Farm』(1945), 『1984Nineteen Eighty-Four』(1949)에서 볼 수 있는 디스토피아, C. S. 루이스의 나니아와 우주 3부작의 행성들, H. P. 러브크래프트H. P. Lovecraft의 드림월드Dreamworld(드림랜드라고도 함), 머빈 피크Mervyn Peake의 『고르멘가스트Gormenghast』, 제임스 힐튼James Hilton의 『잃어버린 지평선Lost Horizon』(1933), A. E. 반 보그트A. E. van Vogt의 『프타의 책The Book of Ptath』(1943), 헤르만 헤세Herman Hesse의 『유리구슬 게임The Glass Bead Game』(1943)의 세계와 같은 판타지 세계가 그것이다. 하지만 역사상 가장 사랑받고 영향력 있는 상상의 세계 중 하나가 된 것은 J. R. R. 톨킨의 중간계가 위치한 아르다Arda였다.

톨킨은 항상 언어에 관심이 많았고, 심지어 어린 시절에 자신만의 상상의 언어를 만들어 내기도 했다. 옥스퍼드 대학에서 언어학을 전공한 톨킨은 핀란드어, 라틴어, 웨일스어, 아이슬란드어, 기타 고대 북유럽 및 스칸디나비아 언어 등 자신이 공부하던 언어의 소리와 구조에 영향을 받아 자신만의 언어를 계속 고안해 냈다. 언어가 진공 상태에서 진화하지 않는다는 사실을 깨달은 그는 언어의 근원이 되는 문화를 창조하기로 했다. 제1차 세계대전에 참전한 후 1917년 참호열로 요양하던 중 '곤돌린의 몰락The Fall of Gondolin', 베렌과 루시엔Beren and Lúthien 스토리, 그 외에 연결된 스토리들을 쓰기 시작했고, 이는 그가 '실마릴리온Silmarillion'이라고 부르는 아르다Arda라는 세계의 전설로 성장했다(이 버전은 1977년 그의 아들 크리스토퍼가 편집하여 『실마릴리온』으로 출판했다). 톨킨의 어린이 스토리인 『호빗』(1937)은 원래 이 신화와는 별개의 스토리였으나 졸업생들이 이 신화와 연결되면서 나중에 다른 작품과 일관성을 갖도록 수정되었다. 『호빗』의 성공 이후 톨킨은 '실마릴리온 신화'의 출판을 시도했지만, 출판사에서 더 많은 호빗이 등장하는 신화를 위해 거절당했다. 그래서 톨킨은 속편을 쓰기 시작했고, 이 속편이 결국 『반지의 제왕』이 되었다.

톨킨의 아르다는 독특했지만, 영향이 없는 것은 아니었다. 톨킨은 『베오울프Beowulf』나 『칼레발라Kalevala』와 같은 고전문학 작품 외에도 조지 맥도널드, 윌리엄 모리스, 던세이니 경, E. R. 에디슨, E. A. 와이크-스미스E. A. Wyke-Smith, 그리고 그의 친구였던 C. S. 루이스 같은 현대 작가들의 작품에 대해 잘 알고 있었다. 신들의 판테온, 지도, 연대표, 용어집, 달력, 발명된 언어와 알파벳 등 톨킨이 세계 구축 측면에서 한 일의 대부분은 이미 다른 사람들에 의해 이루어졌지만, 그의 세계에 풍부한 진실성을 부여한 것은 그의 작업 정도와 정교한 배경 스토리에 의미 있는 디테일이 통합된 작품의 질은 세계 구축의 새로운 기준을 마련했기 때문이다. 영국의 전기 작가 험프리 카펜터Humphrey Carpenter는 다음과 같이 말했다.

그는 크고 복잡한 책을 쓰는 것에 만족하지 않고 모든 세부 사항이 전체 패턴에 만족스럽게 들어맞도록 해야 한다고 생각했다. 지리, 연대기, 명명법은 모두 완전히 일관성이 있어야 했다. 아들 크리스토퍼가 스토리에 등장하는 지형의 정교한 지도를 그려주면서 지리에 대해 어느 정도 도움을 주었기 때문이다. …그러나 지도만으로는 충분하지 않았고, 그는 시간과 거리를 끝없이 계산하여 스토리 속 사건에 관한 정교한 차트를 작성하고 날짜, 요일, 시간, 때로는 바람의 방향과 달의 위상까지 표시했다. 이는 부분적으로는 완벽함에 대한 그의 습관적인 고집이고, 부분적으로는 '하위 창작'의 재미에 대한 순수한 즐거움이었지만, 무엇보다도 완전히 설득력 있는 그림을 제공하기 위한 고민이다.[96]

톨킨은 "이야기-싹이 경험이라는 토양을 사용하는 방식은 매우 복잡하다"[97]라고 썼으며, 중세 역사와 설화에 대한 지식, 영국 시골의 산업화 과정에서 성장한 배경, 전쟁 경험 등 자신의 배경이 글쓰기에 기여한 것은 분명하다. 전문 언어학자였던 톨킨이 발명한 언어는 여느 발명 언어보다 발달 정도가 높고, 사실적인 소리를 냈으며, 심지어 톨킨은 실제 언어의 관계 방식을 모방하도록 언어를 설계하기도 했다. 톨킨은 자신의 책 부록에 등장하는 언어보다 더 많은 언어를 개발했으며, 『반지의 제왕』에 더 많은 언어를 포함하고자 고심하며 다음과 같이 썼다.

호빗과의 연결고리를 만들어야 했기 때문에 당연히 큰 노력이 필요했지만, 배경 신화에 대한 작업은 더 많았다. 그것도 다시 써야 했다. 『반지의 제왕』은 내가 1936년에서 1953년 사이에 한 작업의 거의 두 배에 달하는 작업의 마지막 부분에 불과하다(시간 순서대로 모두 게시하고 싶었지만 불가능했다). 그리고 언어에도 신경을 써야 했다! 만약 제가 독자들보다 제 즐거움을 더 고려했다면 책에 엘프어Elvish가 훨씬 더 많이 들어갔을 것이다. 그러나 의미가 있으려면 두 가지 체계적인 음운론과 문법, 그리고 많은 수의 단어가 필요했다.[98]

맥도널드와 루이스처럼 톨킨도 1939년 에세이 『동화에 대하여On Fairy Stories』에서 판타지의 가치와 상상력의 역할에 관해 설명하면서 '하위 창조'와 '이차세계'라는 용어를 만들어 자신이 하는 일에 대해 이론을 세우고 글을 썼다. 그는 단편 소설 『니글의 이파리Leaf by Niggle』(1947)와 시 '신화Mythopoeia'를 여러 차례 수정하고 여러 편의 편지로 자기 생각을 더 자세히 설명했다. 그런데도 그가 가장 잘 알려지고 그를 따르는 사람들에게 가장 큰 영향을 준 것은 『호빗』, 특히 『반지의 제왕』에서 아르다의 하위 창작물이다.

주류 비평가들은 『반지의 제왕』을 어떻게 평가해야 할지 몰랐지만, 독자들은 열광적인 반응을 보였다. 그 어떤 책도 낮은 코미디에서 높은 드라마까지, 시골의 평범한 일상에서 어두운 공포와 놀라운 경이로움에 이르기까지 환상적인 세계를 이렇게 세밀하고 아름답게 상상한 책은 없었다. 톨킨의 스토리는 1955년 마지막 권이 출간된 후에도 꾸준히 팔렸으며, 마이크 포스터Mike Foster는 J. R. R. 톨킨 백과사전에서 이를 다음과 같이 요약했다.

하지만 1965년 미국에서 J. R. R. 톨킨의 인기가 전 세계로 퍼져나간 후 지금까지도 계속되고 있는 길고 시끄러운 붐이 시작되었다.

여기에는 세 가지 요인이 기여했다. 하나는 히피, 베트남, 반대, 시위, 양심, 공동체, 즉 샤이어와 같은 자비롭고 자연스러우며 통치되지 않는 부드러운 자유에 대한 가정적인 이상이라는 시대적 분위기였다.

또 다른 요인은 미국의 문화적 앵글로필리아Anglophilia였다. 자동차 라디오부터 영화관, 패션 잡지에 이르기까지 브리타니아는 1964년부터 대중문화를 지배했다.

하지만 주된 원인은 1965년 6월 뉴욕의 공상과학소설 전문 출판사인 에이스 북스Ace Books에서 출판한 문고판 때문이다.[99]

에이스 북스는 미국 출판사 휴튼 미핀Houghton Mifflin이 작품에 대한 미국 저작권을 제대로 신청하지 않았기 때문에 작품이 퍼블릭 도메인이라고 주장하며 『반지의 제왕』 문고판을 무단으로 출판했다. 에이스 북스의 저렴한 문고판 판본에 대응하기 위해 휴튼 미핀은 톨킨에게 새 판본에 대한 수정을 요청했고, 발란틴 북스 Ballantine Books에서 출판한 공인된 문고판을 내놓으면서 에이스의 책 불법 복제에 맞서 싸웠다. 결국 에이스 북스는 톨킨에게 로열티를 지급하고 출판을 중단하기로 합의했다. 그러나 이 논란의 결과로 『반지의 제왕』은 비교적 저렴한 문고판으로 미국에서 훨씬 더 많은 독자에게 제공될 수 있게 되었다. 1965년 판 『반지의 제왕』에는 새로운 서문, 확장된 프롤로그, 일관성 및 추가 세부 사항을 위한 텍스트 수정, 오타 수정, 색인(낸시 스미스가 편집)이 포함되었다. 톨킨은 계속해서 수정과 추가 작업을 진행하여 여러 판본에 추가했으며, 1987년에 처음으로 출판된 판본도 있다.

톨킨은 1917년경부터 세계관 작업을 시작하여 1973년 사망할 때까지도 계속 추가하고 수정했다. 크리스토퍼 톨킨은 아버지의 원고를 편집하고 출판하는 일을 맡았는데, 『실마릴리온』(1977), 『끝나지 않은 이야기Unfinished Tales of Númenor and Middle-earth』(1980), 1983년부터 1996년까지 출간된 『중간계 역사The History of Middle-earth』 시리즈 12권은 독자들에게 톨킨이 어떻게 전설을 창조했는지 자세히 들여다볼 수 있게 해주었고, 시간이 지나면서 그의 아이디어와 세계가 어떻게 진화했는지 보여줬다. 같은 해에 톨킨의 작품에 관한 서적, 정기 간행물, 콘퍼런스, 연극, 라디오, 영화, 텔레비전, 보드게임, 비디오 게임으로 각색된 작품 등 톨킨에 관한 수많은 학문이 생겨났다. 또한 톨킨의 영향력은 문학을 넘어 영화, 텔레비전, 롤플레잉 게임(예: TSR의 던전 앤 드래곤(1974))에 등장하는 호빗, 엔트, 발로그를 비롯한 판타지 설정으로까지 확대되었으나 저작권 침해의 위협으로 인해 이름이 변경되었다. 판타지 어드벤처 장르는 또한 개발 초기에 많은 텍스트 어드벤처 게임과 그래픽 어드벤처 비디오 게임의 배경을 제공했다.

톨킨 작품의 인기에 힘입어 『호빗』, 『반지의 제왕』, 『톨킨 리더The Tolkien Reader』(1966)의 단행본을 출간한 바 있는 발렌타인 북스Ballantine Books는 판타지 장르에 대한 독자가 늘어나고 있다는 사실을 확신하고 E. R. 에디슨, 머빈 피크, 데이비드 린제이, 피터 S. 비글의 판타지 소설을 단행본으로 출간하기 시작했다. 1968년 후반, 발렌타인은 작가 린 카터Lin Carter를 컨설턴트로 고용하고 함께 1969년부터 1974년까지 65권의 책으로 구성된 '발렌타인 성인 판타지Ballantine Adult Fantasy' 시리즈를 시작했으며, 이 중 다수는 조지 맥도널드, 윌리엄 모리스, H. 라이더 해거드, 던세이니 경, 윌리엄 호프 호지슨, 제임스 브랜치 캐벌 작가 등의 초기 작품을 재출간한 것이다. 또한 이 시리즈에는 판타지의 역사를 살펴보고 다른 책의 예시와 함께 세계 구축 기법에 대한 장이 포함된 린 카터의 『상상의 세계: 환상의 예술』(1973)도 포함되었다.

뉴캐슬 출판사는 발렌타인의 뒤를 이어 1973~1980년에 걸쳐 출간된 발렌타인 시리즈의 동일 작가 24명의 책 24권을 재출간하는 뉴캐슬 잊힌 판타지 라이브러리 시리즈를 시작했다. 이 두 시리즈는 판타지 장르에 관한 관심을 다시 불러일으키고, 새로운 세대에게 판타지 장르를 소개했으며, 테리 브룩스, 스티븐 R. 도널드슨, 캐럴 켄달, 테리 프래쳇, 앤 맥캐프리Anne McCaffrey, 데이비드와 리 에딩스, 캐서린 커, 로버트 조던, 재니 워츠Janny Wurts, 레이먼드 E. 파이스트Raymond E. Feist 등 새로운 판타지 작가와 세계관을 구축하는 작가들이 탄생하도록 장려했고, 많은 작가가 톨킨의 영향을 받은 작품들을 발표했다. 이들 작가 대부분은 개별적인 독립 소설을 집필하는 것 외에도 각자의 이차세계를 배경으로 한 소설 시리즈를 제작했으며, 이들의 세계 중 상당수는 미디어 프랜차이즈로 제작되었다.

새로운 유니버스와 미디어 프랜차이즈의 부상New Universes and the Rise of the
Media Franchise

이미 비즈니스에 존재하던 프랜차이즈 개념은 1950년대 주간 고속도로 시스템이 구축된 후 특히 레스토랑과 모텔 분야에서 급성장했다. 캐릭터, 설정, 스토리를 지적 재산으로 간주하여 라이선싱에 활용하는 미디어 프랜차이즈는 바움과 버로스 시절부터 존재해 왔으며, 이미 프랜차이즈 가능성을 염두에 둔 세계관이 점점 더 많이 만들어지고 있었다. 여러 장소가 있다는 것은 더 많은 권리와 수익을 의미했고, 상상의 세계 제작은 큰 사업으로 발전했다. 세기 전반에는 고양이 펠릭스, 타잔, 앤디 하디, 엄마와 아빠 주전자 등 캐릭터 기반 프랜차이즈가 대부분이었으며 오즈, 바숨, 조티크 등 세계 기반 프랜차이즈는 소수에 불과했다. 하지만 세기 후반에는 세계 기반 프랜차이즈가 많이 증가했고, 그 규모와 범위도 점점 더 커졌다. 세계 기반 프랜차이즈는 개별 캐릭터의 수명과 경험을 넘어 확장할 수 있어서 캐릭터 기반 프랜차이즈보다 유리했다. 이러한 세계의 규모와 범위, 멀티미디어 특성이 증가함에 따라 여러 작가(및 그들의 직원)가 만든 세계가 생겨나고, 하나의 성공적인 작품으로 시작한 후 사전에 계획되지 않은 속편이 하나 이상 이어지는 것과 달리 처음부터 일련의 작품으로 기획된 세계가 많아졌다.

다른 발전도 상상 세계의 성장에 박차를 가하는 데 도움이 되었다. 세기 후반이 되면서 펄프 판타지와 SF는 잡지에서 단행본 소설로 옮겨갔고, 그들의 이야기와 세계는 일련의 소설로 확장되었다. 이러한 소설 대부분은 여러 행성과 성간 여행을 다루었기 때문에 시리즈의 세계는 행성에서 은하 또는 우주로 확장되어 이전 작품보다 범위가 넓어졌다(스테이플턴Stapleton의 『스타메이커Star Maker』와 같은 진정한 은하 간 스케일의 몇몇 작품을 제외하면). 우주 경쟁과 냉전 시대의 핵 위협은 공상과학소설의 새로운 시대를 여는 원동력이 되었고, 스푸트니크 발사 이후 10년 동안 그레이트 서클 문명, 테크닉 히스토리 세계관, 차일드 사이클 세계관, 마블 코믹스 세계관, 정오 우주, 페리 로단 다중 우주, 림 세계, 임페리움 연속체, 타임 쿼텟 우주, 버서커 우주, 마이클 무어콕의 다중 우주, 워니버스, 컨센티언스 우주, 악마 왕자 우주, 하이니쉬 사이클 우주, 알려진 공간 우주, 듄 우주, 데스티네이션: 보이드 우주, 리버 세계 우주, 스타트렉 은하계, 티어스의 우주, 그리고 듀마레스트 사가 세계관 등 수많은 새로운 공상과학 세계가 등장했다.[100]

이 중 대부분은 1970년대와 1980년대에도 계속 확장되었고, 일부는 오늘날에도 여전히 성장하고 있다. 이들이 제공한 소설 시리즈 또는 시리즈물이라는 모델은 특히 공상과학과 판타지 장르에서 작가들이 계속 따랐으며, 같은 우주를 배경으로 한 시리즈물 출간이 도서 출판의 표준 전략이 되었다.

영화에서는 전후에 애니메이션과 특수 효과의 사용이 증가하면서(부분적으로는 옵티컬 프린터와 같은 신기술 덕분에) 이러한 세계를 스크린에 구현하는 데 도움이 되었으며, '포비든 플래닛'(1956)과 같은 몇몇 영화는 다른 미디어에서 기존의 세계를 단순히 시각화하는 데 그치지 않고 새로운 세계를 소개하기도 했다. 텔레비전에서는 효과가 가득한 쇼를 통해 기존 세계를 홈 스크린에 적용하고, '닥터 후'(1963), 제리와 실비아 앤더슨의 '스팅레이'(1964), '썬더버드'(1965), 특히 '스타트렉'(1966)에서 볼 수 있는 새로운 세계도 선보였다.

'닥터 후'와 '스타트렉'은 모두 40년 넘게 활발하게 세계관을 확장해 왔으며, 각각 장편 영화, 여러 시리즈와 스핀오프로 구성된 수백 시간의 텔레비전 에피소드, 수백 권의 소설, 만화책과 연재만화, 수십 개의 게임(카드 게임, 보드게임, 롤플레잉 게임, 핀볼 게임, 휴대용 전자 게임, 비디오 게임, 아케이드 게임, 가정용 콘솔 비디오 게임, 컴퓨터 게임('스타트렉'의 경우 MMORPG 포함), 애니메이션 시리즈, 박물관 전시, 트레이딩 카드, 액션 피규어, 기타 다양한 상품이 있다. 이러한 각 세계는 매우 방대하여서 모든 영화와 비디오를 보고, 모든 책을 읽고, 모든 게임을 플레이하는 등 누구도 모든 세계를 완전히 경험했다고 주장할 수 없으며, 이러한 세계의 개방적이고 지속적인 특성으로 인해 누구도 그렇게 할 가능성은 작다. 예를 들어, 2012년 중반을 기준으로 스타트렉 세계관에는 11편의 장편 영화, 총 726

개의 에피소드로 구성된 6개의 TV 시리즈, 약 500편의 소설, 69개의 비디오 게임이 있다. 비디오 게임의 사건을 정식으로 간주하지 않더라도, 이는 23일, 16시간 7분 동안 계속 시청하고 몇 달 동안 쉬지 않고 읽어야 하는 시간(소설 500권을 읽는데 걸리는 시간에 따라 다름)에 해당한다. 따라서 이 세계는 이전의 세계와 양적으로 다를 뿐만 아니라 질적으로도 다르며, 관객은 일차세계와 마찬가지로 마음의 포화 상태에 도달할 뿐만 아니라 사실상 관객이 모든 세계를 완전히 접할 수 있는 능력을 초과하는 세계를 경험하게 된다.

현대적인 형태로 모든 라이선스와 상품화를 갖춘, 미디어 프랜차이즈의 부상에 가장 큰 영향을 미친 가상 세계는 1970년대 중반에 처음 등장했다. 영화 '2001: 스페이스 오디세이'(1968), '싸일런트 러닝'(1972), 텔레비전 시리즈 '스페이스: 1999'(TV 시리즈 1975~1978)에서의 세계 구축에 영감을 받고, 영화 'THX 1138'(1971)에서 자신만의 세계 구축 능력을 입증한 조지 루카스는 1977년 5월 '스타워즈'를 개봉했다(1976년 11월에 소설화한 『스타워즈: 루크 스카이워커의 모험』책의 관심을 끌려고 그 전작인 스타워즈를 먼저 선보였다). 스타워즈 은하계는 상상 속 세계를 스크린에 재현하는 데 있어 이정표를 세웠는데, 디테일과 디자인에 많은 주의를 기울였을 뿐만 아니라(<그림 1-2> 참조), 장소와 차량은 긁히고 찌그러진, 모든 것이 마치 역사가 있는 것처럼 보이게 하는 마모와 흔적이 있는 중고품처럼 보이도록 제작되었다.

루카스는 전후 네오리얼리즘의 영화적 후예인 1960년대 후반과 1970년대 영화의 거친 리얼리즘을 자신의 상상 세계로 가져왔다. 그가 사실성을 높인 또 다른 방법은 새로운 특수 효과 기술이 제공하는 카메라 이동의 자유로움과 관련이 있으며, 이는 관객이 스타워즈의 세계를 경험하는 방식을 변화시켰다. 2001년, 다른 영화에서는 특수 효과 촬영과 우주선 촬영에 고정된 카메라를 사용했지만, 스타워즈는 컴퓨터로 제어되는 카메라를 사용한 최초의 영화로, 역동적으로 움직이는 카메라로 특수 효과 촬영을 할 수 있어 더욱 넓고 입체적인 느낌을 주는 세계를 구현할 수 있었다.

스필버그의 '죠스'(1975)와 마찬가지로 '스타워즈'는 여름 시즌이 시작될 무렵 개봉한 '이벤트' 영화였는데, 대부분 무명 배우로 캐스팅했음에도 블록버스터가 될 수 있다는 것을 증명했으며, 스타 파워 대신 영화의 상상 세계 자체와 이를 구현한 특수 효과로 관객을 끌어모았다. 또한 스타워즈는 박스오피스 영수증보다 머천다이징으로 더 많은 돈을 벌 수 있다는 것을 보여주었다. 루카스는 머천다이징의 중요성을 일찍이 깨달았다. 이를 『영화 브랫츠The Movie Brats』(1979)의 루카스 챕터에서 다음과 같이 설명했다.

> 처음부터 루카스는 영화와 그 부산물의 판매를 직접 통제하기로 했다. "보통은 스튜디오와 표준 계약서에 서명하지만, 우리는 상품화, 속편 등 모든 것을 원했다. 나는 100만 달러를 더 요구하지 않았고, 상품화 권리만 요구했다. 폭스는 그것이 공정한 거래"라고 생각했다. 조지 루카스가 1971년 7월에 설립한 제작사 루카스필름은 이미 20세기폭스만큼이나 큰 규모의 상품화 부서를 보유하고 있었다. 그리고 더 좋았다. 영화 계약을 체결할 때 이미 그런 일을 담당할 사람을 고용했으니까.

루카스는 2년간의 연구와 집필에 대한 자신의 투자금을 보호하고, 자신과 프로듀서 게리 커츠가 '스타워즈'의 종잣돈으로 사용한 [아메리칸] 그라피티Graffiti의 30만 달러에 대한 자신의 몫도 보호하고 있다고 합리적으로 주장할 수 있었다. "우리는 폭스에서 홍보를 위해 상품화 권리를 나눠주고 있다는 사실을 알게 되었다"라고 그는 말한다. "그들은 대형 패스트푸드 체인과 제휴 프로모션을 제공했다. 실제로 이 사람들에게 돈을 주고 대규모 캠페인을 진행하게 한 것이다. 우리는 말도 안 된다고 말했다. 우리는 계속 밀어붙였고, 좋은 거래를 많이 성사시켰다." 영화가 개봉하자 한 달에 10만 달러 상당의 티셔츠 판매, 26만 달러 상당의 은하계 풍선

껌, 300만 달러의 광고 예산이 책정된 스타워즈 아침 시리얼 등 놀라운 수치가 쏟아져 나왔다. 이는 검은색 디지털시계와 시티즌스 밴드 라디오 세트, 개인용 제트기 세트가 판매되기 전의 일이다.[101]

'스타워즈'와 그 속편 및 전편은 박스오피스에서 좋은 성적을 거두었고, 장난감 판매장에서는 더 좋은 성적을 거두었다. 2010년 초까지 프랜차이즈의 라이선스 수익은 120억 달러가 넘는 것으로 추정된다.[102] 그 이유 중 하나는 루카스의 타이밍이었다. 1970년대의 두 가지 혁신인 케이블 텔레비전과 상업용 비디오카세트 레코더(VCR)는 영화의 수명 주기를 연장하여 극장 개봉을 놓친 사람들이 새로운 속편을 기다리는 (그리고 굿즈를 구매하는) 관객 대열에 합류할 수 있게 했다. 케이블과 VCR이 더 많은 반복 시청을 가능하게 한 것처럼, 특수 효과도 반복 시청의 이유가 되었다. 1970년대에는 더 많은 '메이킹 오브Making of' 다큐멘터리가 만들어졌는데, 특히 특수 효과의 한계를 넓힌 영화에 대한 다큐멘터리가 많았다. 스타워즈 은하계에 관한 관심이 높아지면서 팬들에게 영화 속 세계에 등장하는 장소, 탈것, 무기, 생물, 작은 캐릭터 및 기타 세부 사항에 대한 더 많은 정보를 제공하는 참고 자료가 출판되기도 했다.

1970년대 후반과 1980년대에는 오래된 작품(예: 일련의 장편 영화와 새로운 TV 시리즈에서 새로운 삶을 찾은 Star Trek)과 책, 영화, 텔레비전, 비디오 게임, 만화책, 그래픽노블, 카드 게임(도미나리아 행성은 카드 게임 '매직: 더개더링 Magic: The Gathering'(1993)에서 비롯된 것이다)을 포함한 다양한 미디어에 처음 등장한 많은 새로운 프랜차이즈의 프랜차이즈가 이루어졌고 심지어 액션 피규어 세트, 프리스모스 행성을 배경으로 한 플린트 딜Flint Dille의 '비전가들: 마법 빛의 기사들Visionaries: Knights of the Magical Light(1987)은 해즈브로 액션 피겨 세트로 시작하여 그들의 스토리를 담은 애니메이션 TV 쇼와 만화책 시리즈로 이어졌다. 1980년대 중반에는 상품화가 매우 보편화되어 일부 세계에서는 이러한 현상에 대한 자체 해설을 포함하기도 했는데, 예를 들어 그래픽 노블 왓치맨Watchmen(1986)의 슈퍼히어로 중 한 명인 아드리안 베이트Adrian Veidt는 자신의 슈퍼히어로 페르소나를 상품화하고 심지어 자신의 액션 피겨와 함께 등장하여 매진이라는 비난을 받기도 했다. 1990년대에 이르러서는 오슨 스콧 카드Orson Scott Card, J. N. 윌리엄슨J. N. Williamson, 매튜 J. 코스텔로Matthew J. Costello 등의 작가가 공상과학과 판타지의 세계 구축에 관한 수많은 방법론 서적을 통해 독자들이 자신만의 세계를 하위 창작하도록 장려했다.

　프랜차이즈와 상품화의 성장은 전 세계에 기반을 둔 프랜차이즈의 성장에도 도움이 되었다. 미디어와 상품이 늘어나면서 프랜차이즈를 설립하는 데 더 많은 돈을 투자할 수 있게 되었고, 이에 따라 세계 기반 프랜차이즈가 더 많은 가능성을 갖게 되었다. 원시 세계를 배경으로 하는 캐릭터 기반 프랜차이즈는 일반적으로 세계 기반 프랜차이즈처럼 캐릭터를 중심으로 새로운 세계를 디자인하고 개발할 필요가 없었기 때문에 제작에 더 적은 노력이 필요했다. '스타워즈'(1977), '에이리언'(1979), '다크 크리스탈'(1982)과 같은 영화와 '배틀스타 갈락티카Battlestar Galactica'(1978)와 같은 텔레비전 쇼의 성공은 더 많은 세계 기반 프랜차이즈를 장려했으며, 적어도 영화에서는 스타의 부재(또는 부재 의향)로 인해 스타를 중심으로 한 캐릭터 기반 프랜차이즈의 지속을 끝낼 수 있는 스타에 대한 의존도를 낮추기도 했다. 또는 적어도 관객이 리캐스팅을 받아들이도록 요구한다(예: '버피 더 뱀파이어 슬레이어 Buffy the Vampire Slayer'가 영화에서 텔레비전으로 옮겨갈 때 버피 역의 리캐스팅, 해리포터 영화에서 덤블도어 역의 리캐스팅 또는 제임스 본드 역의 다중 리캐스팅).

　1970년대 프랜차이즈의 부상은 상상의 세계가 확장될 수 있는 추가적인 장소를 제공하는 새로운 매체의 도움도 받았고, 그 안에서 새로운 것들도 생겨났다. 상호작용 세계의 전통을 새롭게 발전시킨 비디오 게임이라는 새로운 콘텐츠도 탄생했다.

인터랙티브 세계Interactive Worlds

어떤 의미에서 상상의 세계를 경험하는 것은 항상 관객의 적극적인 참여를 요구해 왔으며, 관객은 상상력을 발휘하여 빈틈을 메우고 세계에 생명을 불어넣는 데 필요한 세계 게슈탈트를 완성해야 한다. 그러나 이러한 참여가 상상 속 세계에서 일어나는 사건을 능동적으로 변화시키지는 못하며, 스토리는 미리 정해진 결과가 있고, 그 세계는 스토리 속 인물을 통해 대리적으로 경험한다. 그런데도 스토리 속 주인공의 역할이 관찰자에서 참여자로 바뀌었듯이 인터랙티브 세계에서는 관객의 역할이 관찰자에서 참여자로 바뀌었다.

인터랙티브 세계의 기원은 역할연기role-playing 상황이나 인형과 장난감 병사 같은 장난감을 아바타로 사용하여 어린이들이 자신이 만든 탁상용 세계에 대리로 들어갈 수 있는 어린이 놀이와 가상 게임으로 거슬러 올라간다. 일부 성인들도 장난감 병사를 가지고 놀았는데, 예를 들어 작가 로버트 루이스 스티븐슨Robert Louis Stevenson은 장난감 병사들과 함께 펼친 박쥐 놀이를 바탕으로 방대한 저술과 도표를 제작했다.[103] 장난감 병사 캠페인은 17세기 중반에 발전하기 시작한 엘라보레이션 전쟁 보드게임의 선구자이기도 하다.[104]

19세기에 인형 집이 대량 생산되고, 20세기 초에 모형 철도가 등장하면서 어린이 놀이는 더 많은 세계 건설 도구를 얻게 되었고, 인형 집과 모형 철도는 어른들에게도 취미를 제공했다. 제2차 세계대전 이후 인형의 집과 가구가 대량 생산되면서 더 저렴하고, 장난감으로 사용할 수 있게 되었지만, 동시에 대량 생산의 요구로 인해 덜 세밀하고 단순화되었다. 그 후 수십 년 동안 다른 테마 플레이 세트가 등장했으며(특히 1930년대부터 1960년대까지 마르크스 토이 컴퍼니Marx Toy Company, 1970년대 메고 코퍼레이션Mego Corporation), 프랜차이즈에서 라이선스를 제공하기 시작하면서 트랜스미디어 세계를 위한 또 다른 장소로 자리 잡게 된다.[105]

블록 조립의 오랜 아이디어를 확장한 메카노(1908), A.C. 길버트의 조립 세트(1913), 팅커토이 조립 세트(1914), 링컨 통나무(1916)와 같은 전문 조립 세트는 아이들이 조립뿐만 아니라 디자인까지 할 수 있게 해주었고, 더 큰 건축물을 위한 추가 조립 재료를 판매하도록 장려했다. 이 중 가장 인기 있고 성공적인 제품은 20세기 중반에 출시된 레고 그룹의 1955년 '타운 플랜 1호' 세트로, 모든 구성 요소를 다른 구성 요소와 연결할 수 있는 장난감 업계 최초의 '시스템'인 레고LEGO를 선보였으며, 이는 50년이 지난 지금까지도 수천 가지의 다양한 조립 세트로 이어져 오고 있다. 레고는 (스타워즈, 해리포터, 반지의 제왕 등을 포함하여) 다양한 세계관의 또 다른 프랜차이즈 아웃렛이 되었으며, 레고 세계관은 영화, 만화, 비디오 게임, 심지어 대규모 다중 플레이어 온라인 롤플레잉 게임MMORPG으로까지 확장되었다.[106] 레고는 조립 세트와 플레이 세트의 장점을 결합하여 가장 다재다능한 세계 조립 장난감으로 자리 잡았다.

게임은 일찍이 승인되지 않은 파커 브라더스의 오즈의 마법사 카드 게임처럼 새로운 세계의 장이 되었으며, 엘레노어 애보트Eleanor Abbott의 캔디랜드(1949)나 클라우스 토이버Klaus Teuber의 카탄의 정착민(1995)과 같은 일부 보드게임은 상상의 나라를 배경으로 하고 있다. 상상의 세계를 게임 이벤트의 배경으로 삼는 보드게임은 거의 없지만, 롤플레잉 게임은 일반적으로 그렇게 한다. 탁상용 전쟁 게임의 전통을 바탕으로 1967년 게임 디자이너 데이비드 웨슬리David Wesely는 가상의 독일 마을 브라운슈타인을 배경으로 한 나폴레옹 전쟁 게임인 최초의 롤플레잉 게임을 개발했다. 초기 전쟁 게임에서는 플레이어가 군대 전체를 통제했지만, 웨슬리의 게임에서는 플레이어가 개인을 통제하고 더욱 개방적인 플레이가 가능했다.[107] 몇 년 후인 1973년, 웨슬리의 친구이자 동료 워게이머인 데이브 아네슨Dave Arneson은 게리 가이각스Gary Gygax와 함께 TSRTactical Studies Rule Inc.를 설립하여 던전 앤 드래곤(D&D) 규칙 세트를 판매했으며, 1974년에 게임으로 출시되어 판타지 장르에 대한 새로운 관심에 영감을 얻었다. 앞서 언급한 빌딩 세트와 마찬가지로 던전 앤 드래곤은 규칙 시스템과 주사위 세트를 사용하여 플레이어가 자신만의 상상의 세계를 만들어 게임에 사용할 수 있도록 했다.

TSR은 또한 무하마드 압드 알 라만 바커Muhammad Abd-al-Rahman Barker의
『꽃잎 왕좌의 제국Empire of the Petal Throne』(1974), 데이브 아르네슨Dave Arneson
의 블랙무어Blackmoor(1975), 프리츠 라이버Fritz Leiber의 랑크마르Lankhmar(1976)
등 플레이어가 사용할 수 있는 기성 설정을 갖춘 여러 종류 게임을 출시했다. TSR
은 오랫동안 혼자가 아니었다. 또 다른 회사인 카오시움은 1975년 그렉 스태포드
Greg Stafford가 글로란타의 세계를 소개한 게임 화이트 베어와 레드 문(1975)을
퍼블리싱하기 위해 설립한 회사다. TSR은 또 마가렛 웨이스Margaret Weis와 트레
이시 힉맨Tracy Hickman이 쓴 소설 드래곤랜스Dragonlance 시리즈를 출판했는데,
이 소설은 롤플레잉 세션에서 시작되어 그 자체로 성장한 프랜차이즈가 되었다.
그 외에도 모든 게임 환경에 적용할 수 있는 스티브 잭슨Steve Jackson의 GURPS
(일반 범용 롤플레잉 시스템)와 같은 롤플레잉 규칙 세트가 등장했다. 롤플레잉은
플레이어가 코스튬을 입고 캐릭터를 연기하는 실사 롤플레잉(LARP) 게임의 등
장으로 플레이어가 캐릭터에 몰입하면서 테이블 위를 떠났다.

소설의 작가가 독자를 안내하는 것처럼 롤플레잉 게임에서는 종종 한 명의 플
레이어가 게임 세계 이벤트의 컨트롤러이자 심판인 '던전 마스터Dungeon Master'
(또는 DM) 역할을 해야 했고, 모든 플레이어가 DM의 결정에 동의해야만 게임이
원활하게 운영될 수 있었다. 하지만 롤플레잉 게임이 비디오 게임의 대열에 합류
하면서 게임 세계 이벤트의 제어와 규제가 곧 컴퓨터 기술로 대체되어 모든 플레
이어가 자동 심판 아래에서 동등한 지위를 가질 수 있게 되었다.

가상의 세계를 묘사한 최초의 비디오 게임이라고 할 수 있는 것은(비록 최소한
의 세계이기는 하지만) MIT 학생들이 PDP-1 메인프레임 컴퓨터로 개발한 스페이
스워!Spacewar! (1962)다. 이 게임은 별 밭에서 '바늘'과 '쐐기'라는 두 우주선이
근처 별의 중력을 피하면서 서로를 쏘려고 시도하는 게임이다. 두 메인프레임 게
임은 플레이어가 미로를 돌아다니며 쏠 다른 플레이어를 찾는 스티브 콜리Steve
Colley의 미로Maze War(1974)와 '스타트렉'의 영향을 받은 짐 보워리Jim Bowery

의 Spasim('space simulator'의 약어) (1974)으로 삼차원 공간에 우주선과 기지가 등장하는 일인칭 시점을 사용한 최초의 비디오 게임으로, 플레이어가 세계 밖에서 들여다보는 삼인칭 시점이 아닌 게임 세계 내부에서 시점을 볼 수 있도록 했다. 몇몇 메인프레임 게임에서는 히트 포인트, 경험치, 몬스터 레벨, 던전 룸의 미로와 같은 D&D 기능을 사용하여 던전 앤 드래곤을 컴퓨터로 가져오는 시도를 했다. 러스티 러더포드Rusty Rutherford의 PEDIT5(1975), 게리 휘센헌트Gary Whisenhunt와 레이 우드Ray Wood의 DND(1975), 돈 다글로우Don Daglow의 던전Dungeon(1975), 우블리엣Oubliette(1977), 마이클 토이Michael Toy, 글렌 위치먼Glenn Wichman, 켄 아놀드Ken Arnold의 로그Rogue(1980)는 많은 모방자에게 영감을 주었다.[108]

　대부분의 메인프레임 게임은 텍스트와 간단한 그래픽을 함께 사용했지만, 한 게임은 플레이어가 명령을 입력하고, 도구를 사용하고, 마법의 단어를 입력하여 응답할 수 있도록 텍스트만으로 세계를 구축했다. 던전 앤 드래곤의 열렬한 플레이어였던 프로그래머 윌리엄 크로우더William Crowther는 켄터키의 맘모스 동굴 시스템을 기반으로 한 콜로설 케이브 어드벤처Colossal Cave Adventure(1976)를 만들었다. 이 게임은 플레이어의 위치를 음성으로 설명해 주고, 플레이어는 '북쪽', '남쪽' 등의 명령을 입력하여 탐험했으며, 게임 시작 시에는 "내가 당신의 눈과 손이 되겠다. 한두 단어로 명령을 내려라"라는 메시지가 표시된다. 나중에 대학원생이자 톨킨의 팬이었던 돈 우즈Don Woods가 크로우더의 허락을 받아 프로그램에 판타지 요소를 추가했고, 그 후 이 게임은 단순히 어드벤처로 알려지게 되었다.

　이 게임은 널리 퍼져 많은 모방작을 낳았고, 이 모방작들이 모여 텍스트 어드벤처(인터랙티브 픽션이라는 용어에 포함되기도 함)라는 게임 장르로 발전했다. 크로우더와 우즈의 어드벤처는 다른 게임에도 영감을 주었고, 이를 판매하기 위한 회사들이 설립되었다. 스콧 애덤스Scott Adams는 최초의 상업용 어드벤처 게임인 어드벤처랜드(1978)를 제작하고 1979년 어드벤처 인터내셔널을 설립하여 판매했으며, 마크 블랭크Marc Blank, 데이브 레블링Dave Lebling 등은 조크(1979)를 제작하고(이 게임은 1980~1982년까지 3부로 나누어 상업적으로 출시됨), 1980년대 텍스트 어드벤처 게임의 최대 제작사가 된 인포컴을 설립했다. 로버타Roberta와 켄 윌리엄스Ken Williams는 온라인 시스템(이후 시에라 온라인)을 시작했으며, 그들의 첫 번째 게임인 미스터리 하우스(1980)는 게임 텍스트에 그래픽 일러스트를 추가한 최초의 게임 중 하나였다.

크로우더와 우즈의 어드벤처는 Atari 2600용 최초의 올 그래픽 어드벤처 게임인 워렌 로빈렛Warren Robinett의 어드벤처(1979)에도 영감을 주었다(<그림 2-7> 참조). 플레이어가 이동할 수 있는 30개의 화면으로 구성된 로비네트의 어드벤처는 플레이어 캐릭터가 장소를 이동하면서 한 화면에서 다음 화면으로 영화처럼 끊어지는 최초의 게임으로, 비디오 게임 세계에 영화적 관습을 적용했다. 또한 플레이어는 성배, 검, 다리, 자석, 금색 열쇠, 검은색 열쇠, 흰색 열쇠, 점 등 다양한 오브젝트를 휴대하고 사용할 수 있었지만, 한 번에 하나의 아이템만 휴대할 수 있어서 게임의 난도가 높아졌다. 게임 세계에는 플레이어 캐릭터와 상호작용을 하는 컴퓨터 제어 캐릭터 4종, 용 3종, 박쥐 1종도 등장했다.

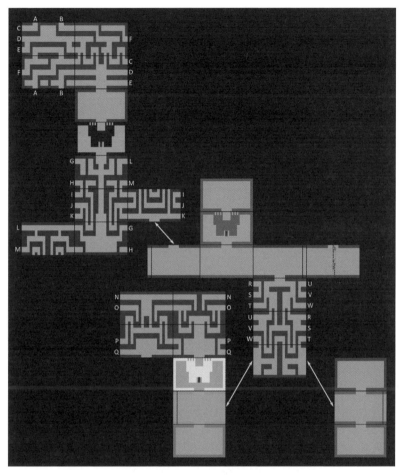

<그림 2-7> Atari VCS 2600용 워렌 로빈넷의 어드벤처(1979)는 플레이어 캐릭터가 게임 속 세계를 이동하면서 화면과 화면을 넘나드는 최초의 비디오 게임이다.

비디오 게임이 메인프레임 컴퓨터에서 더 많은 공공장소로 이동하고, 상업적인 제품이 되면서 가장 정교한 비디오 게임 세계는 어드벤처 게임 장르에서 계속 등장했으며, 긴 탐험과 문제 해결이 필요한 느린 속도의 게임보다 빠른 액션, 짧은 게임, 높은 플레이어 회전율이 더 수익성이 높은 아케이드 대신 가정용 콘솔이나

가정용 컴퓨터로 제작되었다. 정교한 세계를 도입한 아케이드 게임은 소수에 불과했다. 예를 들어, 중력Gravitar(1982)은 각각 4~5개의 행성을 가진 3개의 태양계가 있는 4개의 '우주'로 구성된 게임으로, 행성마다 탐색할 수 있는 고유한 지형을 가지고 있었다. 반면 초기 가정용 콘솔 게임은 카트리지 기반이었고 메모리가 제한적이어서 세계의 크기와 디테일에 제약이 있었지만, 아타리 2600에는 로비네트의 화면 간 이동 시스템을 사용한 슈퍼맨(1979)을 각색한 로비네트의 모험(1979)과 드래곤스톰퍼(1982), 닌텐도 엔터테인먼트 시스템(NES)에는 젤다의 전설(1986)과 파이널 판타지(1987)가 등장해 프랜차이즈가 성장하기 시작했다.

가정용 컴퓨터 롤플레잉 게임은 리처드 개리어트Richard Garriott의 울티마(1980)가 출시되면서 마침내 대중에게 다가갔다.[109] 톨킨에게 영감을 받은 아칼라베스Akalabeth의 성공 이후, 파멸의 세계World of Doom(1979)의 성공 이후, 개리오트는 더 크고 상세한 게임과 게임 세계를 디자인하고 제작했다. 개리오트는 방별 그래픽을 사용하는 대신 로그 디자인에 참여했던 켄 아놀드Ken Arnold의 도움을 받아 4방향 스크롤이 가능한 타일 그래픽 시스템을 사용하여 플레이어가 움직일 때마다 그래픽을 최신화했다. 오버헤드 뷰 그래픽과 일인칭 시점 미로, 게임 세계인 소사리아의 전체적인 크기가 결합된 울티마의 오버헤드 뷰 그래픽은 게임의 성공을 이끌었고, 울티마는 이후 시리즈 게임마다 그래픽, 캐릭터 간 액션, 전반적인 세계 구축에서 새로운 발전을 이루며 프랜차이즈로 자리 잡게 된다.

1980년대 내내 비디오 게임 세계는 점점 더 커지고 상호작용을 할 수 있었다. 루카스 필름의 '매니악 맨션Maniac Mansion'(1987)을 위해 개발된 SCUMM 엔진과 같은 새로운 프로그래밍 기술과 프로그램은 인식되는 단어의 어휘를 증가시켰고, 더 나은 그래픽과 빠른 처리 속도로 인해 더 세밀하고 더 많은 애니메이션을 구현할 수 있게 되었다. 상호작용도 증가하여 돈 다글로우의 유토피아(1981), 윌 라이트의 심시티(1989), 피터 몰리뉴의 파퓰러스(1989)와 같은 게임에서는 플레이어가 직접 자신만의 세계를 구축할 수 있었고, 플레이어가 미니어처 세계를 만들고 관리하는 '갓 게임god games'이라는 장르를 시작했다. CD- ROM은 카트리지보다 훨씬 더 많은 저장 용량을 제공했으며, CD-ROM을 사용한 최초의 게임인 사이언Cyan의 더 맨홀The Manhole(1987)은 디스크 전체를 채우지도 못했다. CD-ROM 기술은 또한 싱글 플레이어 어드벤처 게임에서 볼 수 있는 디테일, 크기, 상호작용에 대한 새로운 기준을 세운 사이언의 미스트Myst(1993)를 가능하게 했으며, 이후 미스트 프랜차이즈의 시작이 되었다. 그러나 비디오 게임에서 볼 수 있는 상상 세계의 가장 큰 변화는 1990년대 중반에 싱글 플레이어 게임의 발전이 멀티플레이어 게임에 적용되면서부터다.

1970년대 후반과 1980년대에 그래픽 어드벤처 게임의 세계가 발전하면서 텍스트 어드벤처 게임도 멀티플레이어화되고 있었다. 1978년, 에식스 대학교의 학생이었던 로이 트럽쇼Roy Trubshaw와 리처드 바틀Richard Bartle은 PDP-10 메인프레임 컴퓨터에서 여러 플레이어가 실시간으로 참여할 수 있는 텍스트 어드벤처 세계인 MUD(Multi-User Dungeon)를 만들었다. 1980년대에 MUD는 그들이 묘사한 세계와 함께 확장되었다. 최초의 상업용 MUD 중 하나인 앨런 클리츠Alan Klietz의 고스의 홀(1983)은 16명의 사용자가 원격으로 접속하여 동시에 플레이할 수 있었으며, 켈튼 플린Kelton Flinn과 존 테일러John Taylor의 케스마이섬(1984)은 1985년에 최대 100명의 플레이어를 수용할 수 있는 컴퓨서브Compuserve에서 실행되었다. 루카스 필름의 해비타트(1986)는 사용자가 서로의 아바타를 보고 표시된 텍스트를 사용하여 서로 대화할 수 있는 공간으로 구성된 그래픽 가상 세계였다. 리처드 스크렌타의 몬스터(1988)는 온라인 제작이 가능한 텍스트 기반 MUD로, 플레이어가 몬스터의 온라인 세계를 직접 편집하고, 오브젝트와 위치를 만들고, 다른 사용자가 풀어야 할 퍼즐을 만들 수 있는 게임이다. 마지막으로 삼차원 그래픽을 갖춘 아키타입 인터렉티브Archetype Interactive의 자오선 59Meridian 59(1995)(<그림 2-8> 참조)는 시간 또는 분 단위로 과금課金하는 일반적인 방식이 아닌 월 정액제 구독 방식으로 출시되었다. 상용 출시 전 25,000명 이상의 플레이어가 베타 버전에 참여했으며, 오늘날 최초의 MMORPG(대규모 다중 플레이어 온라인 롤플레잉 게임)로 꼽히고 있다. 이후 울티마 온라인(1997), 가장 긴 여정(1999), 애쉬론의 부름(1999), 에버퀘스트(1999), 모터 시티 온라인(2001), 스타워즈 갤럭시(2003), 월드 오브 워크래프트(2004), 스타트렉 온라인(2010), 레고 유니버스(2010) 등 많은 MMORPG가 뒤를 이었다.

가상의 세계인 MMORPG와 세컨드 라이프(2003), 엔트로피아 유니버스(2003)와 같은 게임 외 가상 세계는 지리적으로 방대하고 수백만 명의 구독자를 보유하고 있으며, 수년 동안 지속적으로 운영되는 세계다. 최근 메타버스의 대표 격이 되었다. 이러한 세계의 규모와 복잡성은 이 세계에서 일어나는 모든 사건의 극히 일부만 경험하거나 인지할 수 있을 정도로 방대하며, 끊임없이 확장되고 역동적인 특성으로 인해 이러한 세계를 탐험하는 것조차 끝없는 노력의 연속이다. 따라서 MMORPG는 그 방대한 규모와 반복 불가능한 특성으로 인해 실시간으로 실행되며 완전히 볼 수도, 경험할 수도 없는 최초의 가상 세계로, 평생 극히 일부만 알고 경험할 수 있는 원초적 세계와 더욱 닮아있다.

세계의 지속성은 해당 세계에 대한 관객의 투자에도 영향을 미칩니다. 많은 유저가 MMORPG의 세계에 많은 시간과 돈을 투자하고 있으며, 이러한 가상 경제는 일차세계의 실제 경제에 영향을 미칠 수 있다. 이러한 세계는 이차세계로서 과거의 이차세계와는 다른 존재론적 지위를 누리고 있다. 일차세계와 같은 물리적의미의 '현실'은 아니지만, 지속적이고 상호작용을 하는 특성으로 인해 소설, 영화, 텔레비전의 가상 세계와는 질적으로 다르며, 지속적이고 반복 불가능하고, 코드와 복잡한 수학적 모델로 가상으로 존재하며, 무형의 커뮤니티에서 육화된 소셜 네트워크다.

사용자는 작가의 캐릭터를 통해 대리적으로 경험하는 것이 아니라 아바타를 통해 비록 가상이긴 하지만 직접 경험한다. 사용자는 이러한 세계를 구축하는 데 적극적으로 참여하며, 이를 운영하는 기업이 설정한 범위 내에서 세계를 형성하고 자기 것으로 만든다. 세계의 인프라와 세계 로직에 대한 지식은 비非인터랙티브 세계와 스토리를 이해하는 것이 중요하지만, 이러한 지식은 인터랙티브 세계에서 새로운 중요성을 얻게 되며, 거기서 해당 지식 없이는 목표와 목표를 완료할 수 없는 경우가 많고, 세계에 참여하는 플레이어가 직접 지식을 사용할 수 있다.

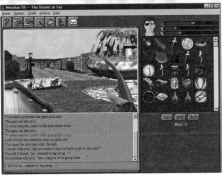

<그림 2-8> Meridian 59(1995)는 지도(위)와 일인칭 시점(아래)이 포함된 패키지로 제공되었으며, 오늘날 최초의 MMORPG라고 할 수 있다.

MMORPG에 참여하는 것은 공동 작업이며 팬픽션 제작, 비디오 게임 수준 모 딩modding 및 팬이 다른 사람이 경험하는 세계에 영향을 주지 않고 기존 세계를 변 경하거나 추가하는 기타 활동과 다르다. 어느 정도 온라인 가상 세계에서 일어나 는 모든 일은 단순히 독립적인 팬 제작이 아니라 자동으로 그 세계의 일부이다. 이 러한 대규모의 지속적인 협업은 그 자체로 상상의 세계를 구축하는 데 컴퓨터를 사용한 성과 중 하나다.

컴퓨터 시대 속으로Into the Computer Age

20세기 후반에 컴퓨터만큼 상상의 세계를 구축하는 데 큰 발전을 가져온 도구 는 없었다. 컴퓨터가 하위 창작 활동을 지원한 네 가지 주요 방법은 상호작용, 자동 화, 시각화 및 조직화다. 처음 세 가지는 시뮬레이션의 다른 측면으로, 어떤 의미 에서는 항상 상상의 세계를 만드는 데 관여하며, 이 중 첫 번째인 상호작용은 이전 섹션에서 이미 다루었다.

자동화는 컴퓨터가 가상 세계의 이벤트를 제어할 수 있는 능력으로, 가장 일반 적인 예로 비디오 게임 세계를 실행하는 것을 들 수 있다. 컴퓨터는 비非플레이어 캐릭터, 물리 시뮬레이션(튕기는 공부터 자동차 충돌, 유체 역학까지 모든 것)을 포함한 게임 이벤트, 심지어 암시된 카메라의 위치 변경까지 제어한다. 상호작용 을 위해서는 사용자의 입력을 처리할 메커니즘이 있어야 하므로 자동화가 필요하 다. 자동화는 가상의 세계에 작가의 아이디어를 담는 또 다른 방법이며, 알고리즘 은 세계 방문자의 경험을 조절하고 작가의 설계에 따라 주민들을 통제하는 안내 자 역할을 한다. 그러나 알고리즘은 소설이나 영화와 같이 선형적이고 비非동적인 미디어의 단어와 이미지보다 덜 고정되어 있으며, 더 우발적이고 잠재적으로 스 스로 적응할 수 있으며 다양한 사용자 반응에 대한 응답과 반응을 생성할 수 있다. 싱글 플레이어와 멀티플레이어 게임 외에도 컴퓨터 자동화는 MMORPG를 실행 하는 데 필요한 방대한 양의 데이터 처리를 실시간으로 제어하여 다른 방법으로는 불가능했던 세계에 생동감을 불어넣었다.

자동화는 비非인터랙티브 미디어의 세계 구축에도 사용된다. 영화 제작자는 장면에서 군중의 행동을 자동화하거나 정글의 식물을 키우기 위해 웨타 디지털의 매시브Massive와 같은 프로그램을 사용한다. 리얼플로우와 같은 유체 시뮬레이션 프로그램은 사실적으로 보이고 행동하는 물을 생성하고, 다른 프로그램은 다른 이벤트와 그에 영향을 미치는 물리학을 모방한다. 이러한 프로그램은 현실 세계의 물리학과 동작을 가상의 세계로 가져와 사실감을 더할 뿐만 아니라 영화 제작자가 세계에서 수행할 수 있는 작업을 더 잘 제어할 수 있게 해준다. 자동화는 세계의 이벤트를 지배하는 복잡한 규칙 세트에서 전적으로 발생하는 계획되지 않은 이벤트로 이어질 수 있으며, 캐릭터가 자동으로 보이게 만들 수도 있다. 예를 들어, 영화 반지의 제왕의 전투 장면을 작업하던 피터 잭슨과 프로그래머 스티븐 레겔러스(매시브 제작자)는 자동화된 병사들이 예기치 않은 행동을 하는 바람에 곤란을 겪었다. 『파퓰러 사이언스Popular Science』의 기사에 따르면,

> 또 다른 초기 시뮬레이션에서 잭슨과 레겔러스는 수천의 캐릭터가 지옥 같은 전투를 벌이는 모습을 지켜보았고, 배경에서는 소수의 전투원이 그것을 더 잘 생각하고 도망가는 것 같았다. 그들은 이렇게 하도록 계획된 것이 아니었다. 그냥 일어난 일이다. 잭슨은 작년 인터뷰에서 "소름이 돋았다"라고 말했다.[110]

컴퓨터 기술을 사용하여 자동화된 가상 세계를 만드는 아이디어를 탐구하는 스토리는 그 자체로 공상과학소설의 하위 장르로 성장했으며, 다니엘 F. 갈루예Daniel F. Galouye의 『시뮬라크론Simulacron-3』(1964), 필립 K. 딕의 『죽음의 미로 A Maze of Death』(1970)의 델마크Delmark-O, 버너 빈지Vernor Vinge의 단편 소설 『트루 네임즈True Names』(1981)의 다른 평면, 트론Tron(1982)의 ENCOM 컴퓨터

내부 세계, 윌리엄 깁슨William Gibson의 『뉴로맨서Neuromancer』(1984)의 사이버 공간, 닐 스티븐슨Neal Stephenson의 『스노우 크래시Snow Crash』(1992)의 메타버스, 그레그 이건Greg Egan의 『퍼뮤테이션 시티Permutation City』(1994)의 오토버스 Autoverse, 래리 워쇼스키Larry Wachowski와 앤디 워쇼스키Andy Wachowski의 『매트릭스The Matrix』(1999) 등이 그 예다. 이러한 스토리는 또한 각각의 가상 세계 내에서 자율적인 에이전트가 되는 시뮬레이션, 이러한 세계로 들어가 일차세계와 혼동하는 캐릭터, 일차세계와 내부적으로 구분할 수 없는 이차세계 등 하위 장르의 특정 비유를 확립하는 데 도움이 되었으며, 이는 철학적 논의의 인기 주제이기도 하다.[111]

인터랙션과 자동화보다 더 광범위하게 컴퓨터 그래픽 기술은 상상의 세계를 시각화하는 데 사용됐다. 컴퓨터 이미징과 디지털 특수 효과는 비디오 게임의 전체 세계와 트론(1982)과 같은 장편 영화 속 세계를 포함하여 모든 유형의 디지털 미디어에서 상상 속 세계를 더욱 사실적으로 묘사하는 데 사용되었다. 최근 컴퓨터 애니메이션은 제임스 카메론 감독의 영화 '아바타'(2009)의 판도라와 같은 사실적인 세계에서부터 'Cars'(2006)의 라디에이터 스프링이나 '행성 51Planet 51'(2009)의 이름을 딴 행성처럼 고도로 양식화된 세계까지 다양한 스타일의 묘사가 가능할 정도로 발전했다. 나오미 이와타Naomi Iwata의 '페콜라'(2003)의 큐브 타운, 마틴 베인턴Martin Baynton의 '제인과 드래곤'(2005)의 키퍼니움 등 TV 시리즈 전체가 상상의 세계와 함께 컴퓨터 애니메이션으로 제작되기도 했다.

컴퓨터 기반의 가상 세계는 또한 원작을 위해 개발 및 구축한 디지털 모델을 동일한 세계를 배경으로 하는 후속 작품에서 재사용할 수 있어서 속편 제작을 촉진한다. 제임스 카메론은 한 인터뷰에서 아바타 속편에 대해 다음과 같이 말했다:

> 사업 계획 측면에서 보면 2~3편짜리 아크라고 생각하는 것이 합리적이다. CG 식물과 나무, 생물, 주인공의 근골격계 리깅 등 모든 것을 만드는

데 엄청난 시간이 걸린다. 게다가 한 번 만든 것을 다시 사용하지 않는다는 것도 아깝다.[112]

디지털 모델 제작과 컴퓨터 애니메이션은 시각적으로 세계를 구축하는 데 드는 비용을 절감하고, 제작할 수 있는 범위와 규모를 넓히는 것이 가능해졌다. 소프트웨어의 발전과 시장의 성장으로 강력한 컴퓨터 모델링 및 애니메이션 프로그램이 상용화되어 일반 대중에게 새로운 세계 구축 도구가 제공되고 있다. 유튜브와 WWWWorld Wide Web과 같은 다른 도구는 소설, 영화, 만화, 비디오 게임 등 세계 빌더가 자신의 세계를 보여줄 수 있는 출구를 제공한다. 간단한 검색 및 바꾸기 명령으로 캐릭터와 지명 변경과 같은 작업을 수행할 수 있으므로 컴퓨터로 소설을 쓰는 것도 매우 쉬워졌다.

마지막으로, 컴퓨터는 조직을 위한 도구로써 상상의 세계를 구축하는 것에 도움을 주었다. 거대한 세계는 방대한 양의 데이터를 생성하며, 작가는 일관성을 유지하기 위해 이를 체계적으로 정리해야 한다. 과거에는 작가들이 연대표나 용어집과 같은 세계관의 '바이블'을 편찬하기도 했지만, 그중 일부만 부수적인 자료로 출판되기도 했다. 이러한 참고 자료는 공동 작업하는 사람의 수가 증가하고 세계 자체에 수천 명의 캐릭터, 장소, 사물, 이벤트 및 기타 세부 사항이 포함될 정도로 성장함에 따라 더욱 중요해졌다. 이러한 데이터베이스의 규모는 컴퓨터의 도움 없이는 관리하거나 검색하기 어려울 정도로 방대하다. 예를 들어, 루카스 라이선싱 연속성 데이터베이스 관리자인 리랜드 치Leland Chee가 보관하는 스타워즈 홀로크론에는 캐릭터, 행성, 무기와 스타워즈 은하계의 기타 데이터를 포함하는 3만 개 이상의 항목이 포함되어 있으며, 치는 평소 업무 시간의 3/4을 데이터베이스 업데이트 또는 사용에 할애한다.[113] 스타워즈 은하계, 스타트렉 세계, 톨킨의 아르다 세계와 같이 팬들이 직접 만든 데이터베이스가 온라인에 있는 세계도 있고, 시스템 커먼웰스 세계관을 위한 안드로메다 위키Andromeda Wiki나 D. J. 맥헤일MacHale

의 Halla 세계관을 위한 Halla Wiki처럼 잘 알려지지 않은 세계를 위한 데이터베이스도 존재한다. 데이터베이스는 세계가 존재하는 주요 매체가 될 수도 있다. 예를 들어, 조스 킵스Jos Kirps가 시작한 갤럭시키Galaxiki 은하계와 갤럭시키 프로젝트 (http://www.galaxiki.org)는 누구나 변화에 기여할 수 있는 편집 가능한 은하계다. 사용자는 자신만의 태양계를 시작하고 그에 대해 글을 쓸 수 있다.

단순한 저장용 데이터베이스를 넘어 가상 세계를 보존하는 데이터베이스 2008년에 시작된 이 프로젝트는 후손을 위해 가상 세계 전체를 보존하는 것을 목표로 한다. 이 프로젝트는 미국 의회 도서관, 일리노이대학교 어바나 샴페인 도서관 및 정보과학 대학원, 메릴랜드 대학교, 스탠퍼드 대학교, 로체스터 공과대학교, 린든 연구소가 공동으로 '메타데이터 및 콘텐츠 표현의 기본 표준을 개발하고', '초기 게임과 문학, 이후 인터랙티브 멀티플레이어 게임 환경을 대표하는 일련의 아카이빙 사례 연구를 통해 보존 문제를 조사'하여 가상 세계가 실행되는 하드웨어를 위협하는 기술 논리적 노후화로부터 보호하려는 노력의 일환이다.[114]

앞서 설명한 모든 분야에서 컴퓨터 기술의 사용은 오랜 역사를 지닌 또 다른 상상의 세계 전통을 발전시켰으며, 20세기 후반에 가장 크게 확장되었다. 상상의 세계를 예술과 사고 실험으로 활용하는 데에도 기여했다.

예술과 사고 실험으로서의 세계Worlds as Art and Thought Experiments

플라톤의 공화국 이래 상상의 세계는 단순히 스토리의 배경이 아니라 그 자체로 존재해 왔다. 처음에는 유토피아와 디스토피아의 형태로 풍자나 사회적 사고 실험을 목적으로 만들어졌다. 이러한 세계는 모델이나 논증으로 설계되며, 내러티브가 포함된 경우 일반적으로 세계의 작동 방식에 대한 설명 구절이 많은 세계 탐험과 설명을 위한 수단에 불과한 역할을 한다. 이러한 이차세계는 대부분 일차세계와 대립적으로 설정되며, 그 차이점을 강조하고 논의하여 사회를 보고, 생활하고, 조직하는 대안적인 방법을 제시하고 일차세계를 변화시키기 위한 목적으로 제시된다.

에드워드 헤일Edward Hale의『브릭 문The Brick Moon』(1869)에서 만들어지고, 궤도로 발사되고, 그것만의 세계로 발전하는『브릭 문』인 아이오-포이베 Io-Phoebe나, 제작자들이 '다크 시티'(1998)와 '매트릭스'(1999)에서 인간의 주요 캐릭터들을 투옥하기 위해 사용한 세계와 같은 일부 세계는 그들이 등장하는 이야기 내에서 실험으로 기능한다. 마법의 도시, E. 네스빗E. Nesbit의 폴리스타키아 Polistarchia(1910)에 등장하는 캐릭터들처럼, 그들은 종종 자신이 거주하는 세계의 상상 속 상태를 인식한다. 에디슨Eddison의『메미슨에서의 생선 저녁 식사A Fish Dinner in Memison』에서 메젠티우스 왕이 저녁 식사에서 창조한 세계에 들어가는 등장인물이나, 책에서 읽은 세계로 들어가는 캐릭터들 미하엘 엔데Michael Ende의『끝없는 이야기Die unendliche Geschichte』의 판타스틱의 땅으로 들어가는 바스티안 발타사르 벅스Bastian Butthasar Bux나 앞서 언급한 '다크 시티'와 '매트릭스'의 주인공들이 그들이다.

다른 작가들은 세계 자체의 본질과 구조를 실험하기도 한다. 루이스 캐럴의 앨리스 스토리 두 편은 모두 논리를 가지고 놀면서 우리와 매우 다르게 작동하는 이상한 세계를 보여준다(예: 앨리스와 붉은 여왕이 같은 장소에 머물기 위해 계속 달려야 하는 장면). 더 나아가 에드윈 애보트의 이차원 플랫랜드와 일차원 리랜드는 이전과는 전혀 다른 세계로, 일차세계와는 다른 독특한 방식으로 작동했다. 애보트의 책은 C. H. 힌턴Hinton의『플랫랜드 에피소드An Episode of Flatland』(1907), 디오니스 버거Dionys Burger의『스피어랜드Sphereland 』(1965), A. K. 듀드니Dewdney 의『플래니버스The Planiverse』(1984), 이언 스튜어트Ian Stewart의『플랫터랜드 Flatterland』(2001) 등 현재 전통적인 저차원 세계로 간주되는 것들에 영감을 주었다. 다른 세계에 대한 가정은 20세기 초 양자 물리학의 발전으로 휴 에버렛 3세 Hugh Everett III의 '상대적 상태' 공식으로 이어졌고, 나중에 양자 물리학의 '다중 세계 해석'으로 이름이 바뀌었는데, 이는 가능한 모든 다른 고유 미래와 역사가 존재하며, 각각은 서로 분기되는 대체 현실에서 발생하여 가능한 모든 사건을 추적한다고 제안한다.

20세기에는 다양한 실험 문학이 문학적 형식과 기능 자체에 대한 탐구에 착수했으며, 그중에는 상상의 세계를 다룬 작가들도 있었다. 문학 이론가 토마스 파벨Thomas Pavel은 다음과 같이 말한다.

> 훨씬 후에 새로운 유희적 기능성이 근대성이라는 간판 아래 등장했다. 그것은 다양한 형태를 띠었는데, 초현실주의자들의 자발적이고, 때로는 순진한 시도에서부터 보르헤스Borges와 포스트모던 작가들의 정교한 허구적 메커니즘에 이르기까지 다양했다. 이러한 작업의 공통점은 허구의 속성을 드러내고, 그 허상을 탐구하기 위해 허구의 세계를 구축한다는 것이다. 보르헤스는 『알레프The Aleph』나 『바벨의 도서관The Library of Babel』 이후에는 대도시로 돌아갈 수 없도록 불가능한 대상과 모순적인 상황으로 스토리를 채운다. 이러한 가상의 공간을 설정하는 목적은 기존의 통념에 대한 거래를 늘리기보다는 가상의 가능성에 대한 인식을 확장하기 위한 것이다. 따라서 실제 세계를 오가기 위한 거점으로 설립된 가상의 식민지는 배를 불태운 후 모험과 조사를 위해 설립된 가상의 정착지와 구별되어야 한다.[115]

호르헤 루이스 보르헤스Jorge Luis Borges는 여러 단편 소설에서 세계를 창조하거나 적어도 암시한다. 『틀뢴, 우크바르, 오르비스 테르티우스Tlön, Uqbar, Orbis Tertius』(1940)에서 보르헤스와 그의 친구 비오이Bioy는 우크바르라는 나라에 대한 백과사전 항목을 발견하는데, 이 항목은 상상일 수도 있고 아닐 수도 있는, 독특한 인식론을 가진 틀뢴이라는 세계에 대해 쓰인 더 큰 백과사전의 일부인 것처럼 보인다. 『바벨의 도서관The Library of Babel』(1941)은 가능한 모든 책이 들어 있는 육각형 방이 끝없이 늘어선 무한한 도서관을 배경으로 하며, 그곳에 살고 방황하는 인간과 사서들의 스토리를 담고 있다. '불멸자The Immortal'(1949)의 주인공은 지독한 수색 끝에 불멸자의 도시에 도착하지만, 그곳은 예상과는 전혀 다른 곳이었다. 그리고 '운드르Undr'(1975)에서 우리는 한 단어로 시를 쓰는 항아리의 나라에 대해 소개받는다. 그러나 이러한 간략한 설명은 보르헤스가 창조한 세계를 간신히 스케치할 뿐이며, 그 세계를 읽는 경험에 대한 정의를 내리지 못한다.

보르헤스에게서 영감을 받은 다른 작가들은 은유적이고 형이상학적인 의미를 지닌 기묘한 세계를 엿볼 수 있는 일련의 책들을 만들기도 했다. 마르코 폴로 Marco Polo가 자신의 여행을 쿠빌라이 칸Kublai Khan에게 이야기하는 프레임 스토리를 배경으로 한 이탈로 칼비노Italo Calvino의 『보이지 않는 도시들Invisible Cities』(1972)은 도시의 본질과 경험 방식을 탐구하는 이국적인 도시에 대한 55개의 묘사가 담겨 있다. 알베르트 아인슈타인Albert Einstein이 상대성 이론을 연구하던 시절에 꿈을 꾼다는 또 다른 프레임 스토리는 시간이 다르게 작동하는 다양한 우주에서 삶이 어떤 모습일지 탐구하는 일련의 인상주의적 비네트 작품인 앨런 라이트 먼Alan Lightman의 『아인슈타인의 꿈Einstein's Dreams』(1992)을 구성한다. 그런 우주 중 하나에서는 시간이 중심에서 멈춘다.

> 여행자가 어느 방향에서든 이곳에 접근하면 점점 더 천천히 움직인다. 심장 박동은 점점 더 멀어지고, 호흡은 느려지고, 체온은 떨어지고, 생각은 줄어들다가 결국 정중앙에 도달하여 멈춘다. 이곳이 바로 시간의 중심이다. 이 지점에서 시간은 동심원을 그리며 바깥쪽으로 흐르다가 중심에서 멈춰 서서히 지름이 커질수록 속도가 빨라진다.
>
> 누가 시간의 중심을 순례할까? 자녀를 둔 부모와 연인들.
>
> 그래서 시간이 멈춘 곳에서 부모가 자녀를 껴안고 절대 놓아주지 않는 얼어붙은 포옹을 하는 모습을 볼 수 있다. 파란 눈과 금발 머리를 가진 아름다운 어린 딸은 지금 웃는 그 미소를 멈추지 않을 것이고, 뺨에 부드러운

분홍빛을 잃지 않을 것이며, 주름지거나 피곤해지지 않을 것이고, 다치지 않을 것이며, 부모가 가르쳐준 것을 잊지 않을 것이고, 부모가 모르는 생각을 하지 않을 것이며, 악을 알지 않을 것이고, 부모에게 사랑하지 않는다고 말하지 않을 것이며, 바다가 보이는 방을 벗어나지 않을 것이고, 지금처럼 부모를 만지는 것을 멈추지 않을 것이다.[116]

문학 작품만이 혁신을 장려한 것은 아니다. 1970년대 이후에는 실험적인 세계 구축이 전통적인 내러티브 공상과학 문학에도 등장했다. 다이슨 구체Dyson spheres(밥 쇼Bob Shaw의 오빗빌Orbitville, 프레데릭 폴Frederik Poh과 잭 윌리엄슨Jack Williamson의 뻐꾸기), 표면 중력이 지구의 670억 배인 중성자별(로버트 포워드Robert Forward의 용의 알), 반지(래리 니븐Larry Niven의 링월드) 또는 원반(테리 프래쳇Terry Pratchett의 디스크월드) 모양의 행성, 거대한 쇼핑몰(솜토 수차릿쿨의 몰세계) 등이 세계로 설정되었다.[117] 밥 쇼의『누더기 우주비행사The Ragged Astronauts』(1986)와 그 속편에서 쌍둥이 행성인 랜드와 오버랜드는 대기를 공유할 만큼 가까운 무게 중심 궤도를 돌며 열기구와 나무 우주선을 이용한 행성 간 여행을 가능하게 한다. 배링턴 J. 베일리Barrington J. Bayley의『나와 나의 천문학Me and My Antronoscope』(1973)에 등장하는 캐비티cavity 세계에서는 주민들이 단단한 암석으로 이루어진 우주 속 공간에 살고, '우주선'이 암석을 파고 들어가 다른 캐비티를 찾아 이동하면서 남겨진 터널을 채우는 방식으로 공간의 물질 행성에 관한 생각을 뒤집었다.

일부 작가는 내러티브 요소를 사용하여 세계를 구축했지만, 소설을 하나로 묶는 전통적인 내러티브 구조가 없었다. 조르주 페렉George Perec의『라이프: 사용 설명서Life A User's Manual』(1978)는 문학적인 지그소Jigsaw 퍼즐처럼 설계되어 파리의 한 아파트 건물에 사는 주민들의 스토리가 방마다 복잡하고 상세하게 묘사되어 있으며, 어슐러 K. 르 귄Ursula K. LeGuin의『올웨이즈 커밍 홈』(1985)은

'지금으로부터 아주 오래전에 북부 캘리포니아에서 살았을지도 모르는' 사람들
인 케쉬의 계곡으로부터 시, 스토리, 역사, 차트, 지도, 음악 등을 모아 놓은 작품이
다.[118] 상상의 나라에 대한 비非내러티브 정보 모음집은 톰 글라이스너Tom
Gleisner, 산토 실라우로Santo Cilauro, 롭 시치Rob Sitch가 제작한 가짜 여행자 가이
드북 패러디 시리즈에서 유머로 사용되었으며, 여기에는 동유럽 국가인 몰바니아: 현
대 치과의 손길이 닿지 않은 땅Molvanîa: A Land Untouched by Modern Dentistry(2003),
동남아시아의 한 국가인 파이크 타온: 신발 끈의 일사병Phaic Tăn: Sunstroke on a
Shoestring(2004), 그리고 라틴 아메리카 국가, 산 솜브레로: 카니발, 칵테일, 쿠데타의
나라San Sombrèro: A Land of Carnivals, Cocktails and Coups(2006)가 포함된다.

실험적 성격과 치료제로서의 활용으로 주목할 만한 또 다른 세계는 예술가 마크
호건캠프의 마웬콜Marwencol로, 잔혹한 공격과 구타를 당한 후 치료의 한 형태로
건설된 세심하게 상세한 1/6 규모의 제2차 세계대전 시대 마을은 호건캠프의 기억
을 앗아갔다. 호건캠프는 마웬콜에서 자신과 지인들이 의상을 입은 인형으로 표현
된 스토리를 사진으로 찍기 시작했다. 그의 사진은 나중에 발견되어 2005년 미술
잡지『에소푸스Esopus』에 실렸고, 장편 다큐멘터리 '마웬콜'(2010)로 이어졌다.

텍스트나 내러티브 콘텐츠에 의존하지 않고 주로 이미지로 구성된 세계의 극단
적인 두 가지 예는 루이지 세라피니Luigi Serafini의『세라피니의 서Codex Seraphinianus』
(1981)에 묘사된 이름 없는 세계(그림 <1-1> 참조)와 이노우에 나오히사의 이바라
드Iblard로, 그의 그림과 책『이바라드를 통한 여행The Journey Through Iblard』
(1983)에 처음 등장했다. 수수께끼의 보이니치 필사본Voynich manuscript에서 영
감을 받은 것으로 추정되는『세라피니의 서』는 수백 페이지에 달하는 삽화 백과
사전으로, 기괴한 상상의 세계에 등장하는 민족, 동식물, 기계, 물리학, 화학, 역사,
언어 등을 풍부하고 다채로운 색채로 자세히 보여준다. 일부 이미지에는 텍스트
가 함께 제공되지만, 책 전체는 해독할 수 있는 수단 없이 세계 각국의 언어로 쓰여
있다(책 페이지 번호가 번호 체계를 암시하긴 하지만). 1970년대 후반 이탈리아의

예술가이자 디자이너인 루이지 세라피니가 그린 이 책은 1981년과 그 이후 여러 차례 인쇄되어 마니아층을 형성했으며, 현재 한 권당 수백 달러에 판매되고 있다.

이바라드는 1970년대부터 자신의 세계를 그림으로 표현하고 1980년대 초부터 그 이미지를 책과 CD-ROM으로 출판해 온 일본 화가 이노우에 나오히사의 세계다. 이노우에가 그린 이바라드의 다채로운 인상주의 그림은 수백 점에 이르며, 여러 전시회의 주제가 되었다(일부 이미지는 온라인에서 찾아볼 수 있다). 이노우에와 세라피니의 세계는 시각적으로 매력적이고, 스타일이 독특하며, 그 안에 설정된 내러티브와는 별개로 그 자체로 예술로서의 세계를 디자인할 가능성을 보여준다.

많은 비디오 게임 세계에는 최소한의 텍스트와 내러티브가 포함되어 있으며 주로 시각적 요소에 의존하지만, 특히 MMORPG에서 허용하는 규모의 인터랙티브 기능이 추가되면 세계를 단순히 사고 실험으로만 만드는 것이 아니라 사회 과학의 실제 실험을 수행할 수 있는 실험실이 될 수 있다. 통신 및 통신 연구자인 에드워드 카스트로노바Edward Castronova와 그의 팀은 가상 세계를 사용하여 공동 자원 풀pool 문제와 거시적 수준의 행동 경향에 관한 연구를 논의하며 다음과 같이 썼다.

> 합성 세계는 특성상 이 연구 방법에 이상적인 도구다. 방대하고 지속적인 세계를 구현하기 위해서는 이러한 환경이 저장되는 서버가 수많은 데이터를 추적해야 한다. 여기에는 플레이어 능력 통계 및 자산, 경매 재고 및 시장 가격, 자원 고갈, 희귀 상품의 무작위 출현 등 다양한 변수가 포함된다. 또한 데이터베이스는 세계와 플레이어의 상태 정보를 추적하는 것 외에도 가상 세계의 거의 모든 소셜 인터랙티브 콘텐츠를 모니터링하는 데 사용될 수 있다. 여기에는 채팅 로그, 플레이어 감정 표현(감정적인 아바타 애니메이션을 시각적으로 표시하기 위한 명령) 등의 구성 요소가 포함된다. 이 모든 정보를 저장하고 나중에 채굴하여 플레이어 행동의 종합적인 추세를 파

악할 수 있다. … 방대한 양의 행동 데이터를 추적하고 저장하는 것 외에도 합성 세계는 실험자에게 많은 제어 권한을 부여한다. 플레이어가 환경과 그리고 서로와 상호작용을 하는 모든 방법(환율, 자원 재생률, 커뮤니케이션 채널, 시장 위치 등)을 조작할 수 있으므로 다양한 잠재적 실험 변수를 사용할 수 있다. 실험자는 세계 조건을 통제함으로써 참여자 행동에 대한 종속 효과를 관찰할 수 있다. 이러한 관찰은 이러한 현상이 발생하는 사회적 환경의 내재적 복잡성 때문에 중요하다고 주장한다.[119]

인간 참가자를 동원할 수도 있지만, 앞서 언급한 대규모 인원을 동원한 시뮬레이션은 알고리즘으로 제어되는 에이전트도 돌발 행동과 관련된 실험에 충분히 활용될 수 있음을 보여준다. 또한 물리적 상호작용이나 생물학적 성장과 같은 다른 시뮬레이션 기능을 통해 상상 속 세계는 점점 더 세밀하고 복잡한 현상을 모델링할 수 있게 되어 일차세계를 더욱더 많이 시뮬레이션할 수 있게 될 것이다.

미개척 지역의 가상 지리적 장소로 시작하여 수백만 명이 공동으로 만들고 거주하는 정교한 지속적 우주에 이르기까지, 상상의 세계는 지난 3천 년 동안 엄청나게 발전하여 규모와 복잡성, 청중을 사로잡는 능력 면에서 매우 성장했다. 이차세계는 일차세계 내에서 하위 창조된 세계로, 우리가 사는 세계와 우리가 꿈꾸는 세계의 반영이다. 모든 예술을 통합하는 총체적 예술 작품이자 인간 상상력의 정점이며, 인류가 살아갈 미래의 첫 번째 초안이자 오늘날 우리가 이미 사는 꿈의 세계다. 상상의 세계는 도피적인 판타지에서 세상을 더 명확하게 볼 수 있도록 도와주는 렌즈에 이르기까지 모든 것이 될 수 있지만, 예술, 오락, 게임, 도구, 꿈, 악몽, 실험 또는 실험실 그 이상이며 그것은 바로 인류의 하위 창조 소명을 이행하는 것이다.

3

세계 구조와 관계의 체계
WORLD STRUCTURES AND SYSTEMS OF RELATIONSHIPS

나는 열렬히 일상생활과 관련이 있는 모든 것을 찾기 위해 책의 일부 구절을 검색했다. 항상 해석하고, 번역했지만, 인류에 대한 언급은 없었고, 우리 세계의 과학, 관습 및 세부 사항에 대한 그 어떤 것도 없었다. 내가 연구를 통해 밝혀낸 건 우리 세계가 알지 못하는 세계의 역사와 지식이었다.

— 샤를 이쉬르 데퐁테네, 『별Star』 (카시오페아자리Psi Cassiopeia)[1]

나는 이제 미지의 행성 전체 역사의 방대하고 체계적인 조각을 손에 쥐고 있었다. 그 건축물과 카드놀이, 신화의 공포와 혀의 중얼거림, 황제와 바다, 광물과 새와 물고기, 그것의 대수학과 불, 그것의 신학적이고 형이상학적인 논쟁들 - 모두 결합하고, 분절되고, 일관되며, 눈에 띄는 교리적 목적이나 패러디의 힌트도 없다.

— 호르헤 루이스 보르헤스Jorge Luis Borges,
『틀뢴, 우크바르, 오르비스 테르티우스Tlön, Uqbar, Orbis Tertius』[2]

이차세계는 그들과 일차세계 사이에 그려질 수 있는 유사성 때문에 흥미롭다. 이러한 유사점을 통해 우리는 그들과 관계를 맺고 그곳에 거주하는 것이 어떤 것인지 상상할 수 있다. 1장에서 논의한 바와 같이 이차세계는 재설정할 수 있는 모든 기본값에도 불구하고 많은 일에 대해 일차세계 기본값을 사용한다. 작가가 청중이 세계의 캐릭터를 이해하고 공감하기를 원한다면, 기본 세계 기본값은 청중 자신의 생생한 경험과 연결하고, 어느 정도의 감정적 사실감을 확립하는 게 더 중요하다. 기본 세계에서 너무 멀리 떨어진 세계는 어느 쪽도 할 수 없다. 톨킨은 다음과 같이 썼다.

> 아마도 이차세계를 만드는 모든 작가는… 진정한 제작자가 되기를 원하고, 현실에 그림을 그리기를 희망한다. 이 이차세계의 독특한 특성(모든 세부 사항은 아니더라도)이 현실에서 파생되거나 현실로 유입되기를 희망한다. 만약 그가 실제로 '현실의 내적 일관성'이라는 사전적 정의로 공정하게 설명될 수 있는 품질을 달성한다면, 작업이 어떤 식으로든 현실에 참여하지 않는다면 이것이 어떻게 될 수 있는지 상상하기 어렵다.[3]

이차세계에서 여전히 유효한 일차세계 기본값 외에도 이차세계에 대한 정보를 찾을 수 있는 프레임워크를 제공하는 인프라 유형에서 일차세계와의 유사점을 찾을 수 있다. 이것은 우리가 스토리나 세계를 이해하는 데 사용하는 구조이며, 소설이든 살아 있는 경험이든 개별적인 사실과 세부 사항을 완전히 이해하는 데 필요한 더 큰 맥락에 배치한다. 세계 게슈탈텐이 발생할 수 있는 것은 이러한 구조의 완전성과 일관성을 통해서다. 이러한 구조가 없다면 세계는 무너지고 데이터와 정보의 집합에 불과할 뿐 더는 세계가 아니다.

이차세계 인프라Secondary World Infrastructures

당신은 모든 걸 창조할 때 새로운 세계를 완성하는 데 평생을 보낼 수 있다.

— 조지 루카스, 1977년 Ecran 인터뷰에서[4]

그 안에 또는 그들에 대해 말한 스토리에서 성장한 초기 세계는 구조를 위해 스토리에 의존했다. 그래서 스토리를 전달하는 데 필요한 요소만 등장했다. 그러나 더 발전된 세계는 내러티브의 필요 이상으로 성장했으며, 트랜스 내러티브 세계는 구성해야 할 훨씬 더 많은 세부 사항을 가지고 있다. 그렇다면 저자와 청중 모두가 세계에 대한 모든 정보를 구성하고, 전체에 일관성이 있으며, 심지어 일관된 존재를 제공하도록 돕는 프레임워크와 인프라는 무엇인가?

당연히 내러티브는 구조의 가장 일반적인 형태이며 일반적으로 세계의 어떤 요소가 가장 정의되고 발전되거나 적어도 언급되는지를 결정한다. 내러티브와 세계 구축과의 관계에 대해 할 말이 많아서 내러티브는 4장에서 별도로 다루겠다.

다음 섹션에서 논의할 처음 세 가지 구조는 세계가 존재하는 데 필요한 세 가지 기본 요소에서 비롯된다. 첫째, 사물이 존재할 수 있고 이벤트가 발생할 수 있는 공간, 둘째, 이벤트가 발생할 수 있는 기간 또는 시간 범위, 셋째, 경험적 의미에서 '세상'을 정의하려면 누군가는 경험의 수용자가 되어야 하기 때문이다. 이들 각각에는 다음 섹션에서 검토되는 구성 도구가 있다. 지도는 공간을 구조화하고 세계의 위치를 함께 연결한다. 타임라인은 사건들이 시간상으로 어떻게 관련되어 있는지 보여주는 연대순의 순서와 역사로 사건들을 조직한다. 그리고 계보도는 인물들이 서로 어떻게 관련되어 있는지를 보여준다(이 용어는 단순히 생물학적 친족 관계보다 더 광범위하게 적용될 수 있다). 이 세 가지 구조는 거의 항상 어느 정도 상상의 세계에서 발견되는데, 상상 세계의 장소, 사건, 인물은 허구이기 때문이다.

논의할 다음 다섯 가지 구조는 물리적인 것부터 철학적인 것에 이르기까지 서로 위에 구축되고 세계 자체를 구성하는 다양한 시스템이다. 이 중 첫 번째는 자연이다. 자연은 한 세계의 동식물일 뿐만 아니라 물리 법칙에 이르기까지 모든 물질성을 포함하며, 이는 일차세계의 법칙과 다를 수 있다. 문화는 세계의 주민들에 의해 자연 위에 건설되며, 자연이 제공하는 것과 세계에서 문화의 역사에 따라 부분적으로 결정된다. 언어는 문화에서 발생하며 그 안에 내재된 문화의 세계관을 담고 있다. 왜냐하면 언어는 무엇을 표현할 수 있는지, 어떻게 표현할 수 있는지를 규제하고, 문화 구성원들이 집단으로 세계를 개념화하는 방식에 전달할 수 있는 형태를 부여하기 때문이다. 신화는 이전 계층의 조합에서 나오며 문화가 세계를 이해하고, 설명하고, 기억하는 방식이다. 마지막으로 철학은 세계 자체에서 발생하는 세계관의 집합으로, 세계 주민의 사상과 이념뿐만 아니라 저자가 세계의 구조와 사건을 통해 표현하는 사상과 이념도 포함한다.

물론 목적에 따라 세계는 다양한 구조로 되어 있으며 덜 발전된 세계에는 이 5가지 구조 중에 일부가 부족할 수 있다. 이차세계가 일차세계와 다른 방식을 배우고, 세계가 작동하는 방식을 배우는 것은 종종 상상의 세계를 경험하는 즐거움의 큰 부분이다. 따라서 세계 정보가 청중에게 전달되는 방식은 세계 구축 및 디자인의 중요한 부분이다. 하위창조자는 청중에게 정보를 제공하고 조립하게 함으로써 이러한 구조를 암시하거나 지도, 타임라인, 용어집, 차트, 사전, 백과사전 및 기타 유사한 자료를 통해 이러한 구조를 직접 설명할 수 있다. 지도나 등장인물과 같은 일부 보조 자료는 일반적으로 책의 시작 부분에 배치되어 독자가 즉시 방향을 잡을 수 있도록 하지만, 타임라인 및 용어집과 같은 다른 자료는 일반적으로 책의 끝에 배치되어 메인 내러티브보다 먼저 읽으면 스토리 정보가 너무 빨리 노출된다. 세계는 심지어 데이터를 세계 인프라로 구성하는 것을 좌절시키도록 설계될 수도 있다. 예를 들어 『세라피니의 서Codex Seraphinianus』(1981)는 우리에게 풍부한 조각을 제공하지만, 그것들을 세계 기반 시설에 함께 맞추는 방법에 대해 추측하게 한다. 그러나 대부분의 세계는 이치에 맞도록 설계되었으며, 세계를 소개하고 청중에게 방향을 제시하는 데 사용되는 가장 오래되고 아마도 가장 일반적인 도구는 지도다.

지도Maps

복잡한 스토리를 만들려면 지도를 먼저 만들어야 한다. 그렇지 않으면 나중에
지도를 만들 수 없다.

— J. R. R. 톨킨[5]

지도는 일련의 위치를 서로 연결하여 시각적으로 하나의 세계로 통합한다. 지
도는 세계의 구체적인 이미지를 제공하고, 스토리에서 다루지 않은 많은 간격을
채운다. 위치 사이의 간격, 세상의 가장자리, 캐릭터가 언급하거나 방문하지 않은
장소 등. 따라서 지도는 상상 세계의 구조를 제공할 때 사용되는 가장 기본적인 장
치 중 하나다.

가상 세계의 지도는 지리적 지도라기보다 그림에 가까운 모어More의 유토피아
Utopia(1516)로, 인쇄된 지도만큼 일찍 등장했다. 카스파르 스티블리누스Caspar
Stiblinus의 『Coropaedia, sive de moribus et vita virginum sacrarum』(1555)의
'Commentariolus de Eudaemonensium Republica'에 있는 마카리아섬의 두 페이
지 지도와 같은 목판화 지도가 작품에 추가되었다. 때때로 지도는 부제에 언급될
만큼 중요하다고 여겨졌다.리지외Lisieux의 자카리Zacharie 신부: 얀세니아Jansenia
국가의 관계, 그곳에서 발견된 특이점, 주민들의 관습, 풍습 및 종교에 대해 다루
고 있다. 세인트 마르셀의 영주 루이 퐁텐(1660)은 1668년에 영어로 번역되었고
제목이 '얀세니아 국가와의 관계A Relation of the Country of Jansenia'로 변경되었다.

1500년대에 이미 지도가 인쇄된 성경에 등장했는데, 이는 더 많은 가상 세계 지
도를 포함하도록 장려했을 수 있다. 일부 지도는 존 버니언의 『이 세상에서 장차
올 세상으로의 순례자 여정The Pilgrim's Progress from This World, to That is to Come』
(1684)에 나오는 "천상 도시에서 본 파괴도시의 도로계획A Plan of the Road of the
City of Destruction from the Celestial City"이라는 상세한 우화 지도와 같이 스토리
사건과 밀접하게 연결되어 있다. 『걸리버 여행기』(1726)와 『보물섬Treasure Island』

(1883)(스티븐슨이 그린 지도에서 유래한 스토리)에서 발견된 지도와 같은 다른 것들은 서술적 세부 사항이 적었지만, 지도책에서 발견되는 종류의 지도와 비슷했다.

지도는 판타지 장르의 발전과 함께 더욱 중요해졌다. 판타지 장르에서 여행은 종종 스토리 이벤트의 중심 부분이 되고 특히 동시 여행을 조정해야 하는 경우 지리가 큰 역할을 한다. 지도는 초기에 독자에게 규모 감각을 제공하며 스타워즈 은하계 지도에서 군도, 대륙 또는 국가 지도, 윌리엄 포크너William Faulkner가 『압살롬, 압살롬!Absalom, Abasalom!』(1936)의 뒷면에 포함시킨 Yoknapatawapha 카운티 지도와 같은 소규모 지도에 이르기까지 다양할 수 있다. 일부 지도는 동네나 부지와 같이 작은 지역을 다룬다. 이것들은 1940년대에 흔히 볼 수 있었는데, 500권 이상의 Dell 문고판 책에 스토리와 관련된 지도를 뒤표지에 넣어 지도를 표지처럼 보이게 했다.

지도는 또한 위치가 공간적으로나, 지형적으로 서로 어떻게 관련되어 있는지에 대한 감각을 제공하며, 스토리 위치에 맥락을 제공한다. 장소는 주변에 있는 것에 의해 영향을 받고 정의되기 때문이다. 멀리 떨어져 있음, 접근 불가능함, 고립 등이 모두 이러한 방식으로 표현되며 그 반대도 마찬가지다. 지도는 여행에 필요한 공간과 먼 거리를 전달할 수 있으며, 이러한 여행을 텍스트에서 생략할 수 있을 뿐만 아니라 그렇지 않으면 가질 수 없는 구체성을 부여할 수 있다. 지도는 또한 저자가 한 책에서 다른 책으로 일관성을 유지하도록 장려할 수 있다. 마이클 O. 라일리Michael O. Riley는 오즈 지도를 코드화하기 전에 L. 프랭크 바움의 거리 조작에 관해 다음과 같이 설명한다.

> Baum이 더 많은 스토리를 수용하기 위해 Oz를 수정한 한 가지 중요한 방법은 『패치워크 소녀The Patchwork Girl of Oz』에서 분명하다. 그 책에 나오는 도로시의 여행은 그녀가 날개 달린 원숭이의 도움을 받을 때를 제외하면 완수하는 데 며칠이 걸리지만, 『놀라운 오즈의 땅The Marvelous Land

of Oz』에서 글린다Glinda는 에메랄드시에서 한 시간 만에 사막에 도착하고 『오즈의 오즈마 공주Ozma of Oz』에서는 사막에 도착한다. 사막에서 수도까지의 여정은 여유롭게 걷는 데 하루도 채 걸리지 않는다. 그러나 여기에서 다시 한번 오즈는 먼 거리의 땅이며 '에메랄드시에서 잭 펌킨헤드의 집까지 하루 여행'이고 '잭 펌킨헤드의 집에서 쿼드링 컨트리 가장자리까지 이틀 여행'이다.

이러한 공간 감각은 바움Baum이 플롯 생성에 필요한 장애물과 투쟁을 포함하는 낙원을 만들기 위해 수정이 필요했다.[6]

바움의 후기 오즈 책 중 하나인 『오즈의 잃어버린 공주The Lost Princess of Oz』 (1917)에 대해 논의하면서 라일리Riley는 다음과 같이 말했다. "그가 오즈를 좀 더 일관된 방식으로 대하게 만드는 효과가 있었다. 『오즈의 잃어버린 공주』에서 그 동화의 나라에 대한 큰 변화나 재해석은 없지만, 몇 가지 개선 사항이 있다."[7] 지도는 처음에는 스토리에 맞게 설계되지만, 이후 스토리는 기존 지도에 맞춰야 한다. 그러면 지도는 스토리를 생성할 뿐만 아니라 제한할 수 있다.

판타지 장르에서 지도의 사용은 너무 보편화되어 관습을 패러디할 수 있다. 다이애나 윈 존스Diana Wynne Jones의 저서 『판타지랜드를 향한 힘든 가이드The Tough Guide to Fantasyland』(1996)는 많은 소설에서 발견되는 일반적인 환상의 나라로의 가짜 여행가이드는 지도의 패러디로 시작한다. 몇 가지 지도 제작상의 진부한 표현을 요약한 후 그녀는 이렇게 썼다. "시작점을 찾아라. … 가능한 한 멀리 떨어진 해안의 한구석에서 찾을 수 있을 것이다." 그리고 그 직전에 "이 여행을 하면 표시 여부와 관계없이 이 지도에 있는 모든 장소를 방문해야 한다. 이것은 규칙이다."[8] 두 가지 비판 모두 많은 소설의 진실이지만 지도 제작 및 세계 구축과 관련된 설명이 있는 현상을 지적한다. 주인공의 여정을 매핑할 때 작가는 종종 여행한 땅 전체를 보여주면서 가능한 한 많은 세부 사항을 보여주는 지도를 만들고 싶어

한다. 이러한 목표는 전체 여정을 그 안에 유지하면서 가능한 한 많은 지도를 확대할 수 있도록 여정 플롯 주변의 지도를 자르는 방식으로 균형을 맞춘다. 필연적으로 대부분의 여정은 나선형 궤도를 포함하지 않기 때문에 시작 지점은 자연스럽게 지도의 경계를 따라 어딘가에서 끝난다.

서사적으로 이야기하자면 주인공이 주변 지역 출신이라는 것은 해설 구절도 자연스러워진다. 왜냐하면 주인공은 관객과 함께 세상을 배우고 있기 때문이다. 두 번째 비평의 대상인 지도에 묘사된 모든 장소를 방문하는 여정은 때때로『쿡의 투어Cook's Tour』(영국 여행사 토마스 쿡Thomas Cook의 광범위한 여행 이후)로 언급된다. 이것은 작가가 스토리에 필요한 최소한의 것만으로 게으르게 지도를 제작한 결과다. 작가는 스토리에서 볼 수 있는 것보다 훨씬 더 많은 지역에 대한 강력하고 상세한 지도를 만들기보다는 캐릭터가 방문한 장소만 매핑했다. 이야기에는 나오지 않지만, 지도에는 나타나는 지역이 추측과 상상을 조장하기 때문에, 이것은 세계 구축이 스토리의 필요를 넘어 스토리가 관객에게 제공하는 것보다 훨씬 더 넓고 상세한 세계를 제안해야 하는 이유의 한 예다.

또 다른 일반적인 규칙은 지도의 내용과 관련이 있다. 지구의 지역(및 아마도 다른 행성)은 일반적으로 상당히 균일한 지형의 넓은 지역을 가지고 있지만, 많은 가상의 지도에는 다양한 지질학적 특징이 포함되어 있다. 산, 사막, 숲, 바다, 군도, 목초지, 화산, 강, 늪 등등이 모두 비교적 가까운 거리에 있다. 판타지의 경우 다양 문에 주어진 시간 내에 도달하려면 제한된 지역에 다양한 기능을 배치해야 한다(보통 며칠 또는 주). 반면에 고속 이동 모드(심지어 빛보다 빠른 이동)를 사용하는 SF는 일반적으로 각 위치를 자체 별도의 행성에 배치하고, 캐릭터는 우주선이나 일종의 텔레포트, 그리고 작은 영역 내에서 여러 유형의 지형을 병치하는 대신 전체 행성이 단일 유형의 지형을 나타내는 경우가 많다. 예를 들어 '스타워즈' 은하계에는 사막 행성Tatooine, 얼음과 눈 행성Hoth, 정글 행성Dagobah, 도시 행성 Coruscant 등이 있다.

　행성에 여러 유형의 지형이 있는 경우에도 일반적으로 행성을 독특하고 다른 행성과 구별되게 만드는 지리적 또는 지질학적 특징 또는 특징의 조합이 있다. 마찬가지로 행성은 그곳을 고향으로 간주하고 행성에 이름을 부여하는 단일 지배 문화로 제한되는 경우가 많다. '스타워즈'와 '스타트렉' 세계에서 수십 가지 예를 찾을 수 있다. 지구가 이러한 행성에 포함될 때 인간은 일반적으로, 지구인으로 함께 그룹화되어 인종적·문화적 차이를 경시하며 행성의 차이와 비교할 때 약간의 차이임을 암시한다. 그런 다음 행성은 단일 행성 내러티브 또는 세계에서 국가가 수행하는 방식과 거의 동일하게 기능한다.

　각 위치의 고유성과 독특함은 관객이 혼란스러운 위치에서 벗어나도록 도울 뿐만 아니라 각 장소에 성격과 개성을 부여함으로써 그 안에 설정된 스토리를 돕는다. 장소의 디자인과 지형은 종종 그곳에서 일어나는 사건과 그 거주민의 세계관과 일치한다. 황량하고 척박한 황무지는 일반적으로 행복하지 않은 곳이고, 어두운 곳은 종종 위험하며, 새소리와 꽃으로 가득한 햇볕이 잘 드는 초원에는 일반적으로 악당의 은신처가 없다. 톨킨의 중간계에는 그러한 장소의 수많은 예가 포함되어 있다. 모르도르Mordor의 폭파된 황무지, 목가적인 샤이어, 냉혹하고 엄격한 오르상크Orthanc, 신비하고 아름다운 로토리엔Lothlórien, 모리아Moria의 어두운 지하홀 등등. 톨킨은 또한 디자인, 캐릭터 및 이벤트를 사용하여 어둠숲Mirkwood, 원시림The Old Forest, 로토리엔Lothórien 및 판고른Fangorn의 네 가지 숲을 모두 서로 다르게 만든다. Elves는 어둠숲과 로토리엔 모두에 거주하지만, 서로 상당히 다르다. 전자는 더 원시적이고 지상과 지하에 건설됐지만, 후자는 더 교양 있고 나무 위 높은 플랫폼에서 생활한다. 원시림과 판고른은 둘 다 외국인에게 위험한 장소이며 둘 다 지각 있는 나무와 같은 존재를 포함하고 있지만, 원시림The Old Forest의 노인 버드나무Old Man Willow는 움직이지 않고 그의 이익을 위해 지방으로 남아있지만, 판고른의 가운데 땅Ents은 중간계의 자유 민족의 상호 의존성을 인식하고 숲을 떠나 전투에 참여하기로 한다. 토지의 우세한 통치자와 함께 장소도 바뀔 수 있다. 나니아Narnia는 하얀 마녀의 권세 아래 있는 눈 덮인 땅이지만, 그녀의 통치와 함께 기나긴 겨울도 끝이 난다.

지도는 스토리나 세계의 위치를 통합할 뿐만 아니라 작성자가 여러 세계를 하나로 결합할 수 있도록 한다. 아마도 가장 기초적인 예는 바움Baum이 그의 세계를 결합하기로 했을 때일 것이다. 마이클 O. 라일리Michael O. Riley는 다음과 같이 설명한다.

『오즈로 가는 길』에서 바움은 상상의 모든 국가를 동일한 다른 세계로 함께 그렸지만, 지리적 관계에 대한 정보는 제공하지 않았다. 이제 그는 실제로 독자에게 그들이 어떻게 연결되어 있는지 보여준다. 지도에서 그들의 위치가 텍스트 설명과 항상 일치하지 않는다는 사실은 오즈의 중심성과 바움의 전체 다른 세계의 상호 연결성에 의해 무시된다.

상세한 지도에 설정되어 오즈에 주어진 현실 외에도, 이 나라는 대부분 고유한 역사와 특별한 분위기를 가진 많은 다른 이국적인 국가들 사이에 설정되어 풍요로움을 얻는다. 다른 국가들도 오즈 주변에 배치되어 이익을 얻는다. 사실, 그의 경력에서 지금까지 바움을 따라온 독자가 오즈 시리즈의 첫 번째 부분이나 초기 개인 환상으로 돌아가서 바움의 전체 다른 세계에서 그것 중 하나를 분리하는 것은 극도로 어려워진다. 그의 모든 다양한 창작물은 하나의 거대한 환상 세계의 일부로 너무 확고하게 자리 잡았다. 이 지도의 등장은 사실, 1901년까지 거슬러 올라가, 다양한 세계를 함께 그리는 바움 성향의 정점이다.[9]

행성이 물리적으로 연결되어 있지 않고 추가할 수 있는 행성의 수에 제한이 없으므로 매우 쉽게 동일한 우주의 일부가 될 수 있는 SF에서 세계를 결합하려는 경향이 매우 농후하다. 바다에서 섬이 서로 떨어져 있어서 20세기 이전에는 상상의 세계에서 가장 인기 있는 장소가 되었던 것처럼 행성도 같은 방식으로 서로 멀리 떨어져 있으며, 종종 미지의 지역에 자리 잡고 있다(그리고 우주선을 타고 여행했다). 2장에서 논의한 것처럼 1950년대부터 많은 작가가 그들의 스토리와 행성을 더 큰 구성으로 결합하기 시작했다. 그들 중 다수는 행성이 언급만 되고 방문한 적이 없는 경우에도(듄Dune 우주에서처럼) 지구를 그들의 우주에 포함하고, 어떤 경우에는 지구가 버려지거나 거의 잊히거나 심지어 파괴되기도 한다(재단 우주에서처럼).

그러나 세계가 지구에 설정되면 이차세계 지도와 일차세계 지도의 관계가 일관성을 침해할 수 있는 문제가 될 수 있다. 따라서 일부 세계는 표준 지도에 나타나지 않는 이유를 제시하기 위해 노력한다. 모어의 『유토피아』(1516)에서 그 이유는 모어의 친구인 피터 자일스Peter Giles가 보낸 편지에 나와 있다. 편지에서 그는 자신과 모어가 책의 출처로 추정되는 『유토피아』의 스토리를 가진 모험가인 라파엘 히슬로데이Raphael Hythloday와 어떻게 대화했는지 다음과 같이 설명한다.

> 모어가 섬을 찾는 데 어려움을 겪는 것에 대해 라파엘은 어떤 식으로든 정보를 억누르려고 하지 않았지만, 다른 경우를 위해 남겨두는 것처럼 잠깐 언급할 뿐이었다. 그리고 불운한 사고로 인해 우리 둘 다 그가 한 말을 놓치게 되었다. 라파엘이 그것에 대해 말하는 동안 모어의 하인 중 한 명이 들어와 그의 귀에 무언가를 속삭였다. 바로 그 이유로 나는 그 어느 때보다 더 열심히 귀를 기울이고 있었지만, 선상에서 감기에 걸린 것으로 추정되는 회사원 중 한 명이 너무 크게 기침하는 바람에 라파엘로의 말 중 일부가 빠져나갔다. 그러나 나는 섬의 일반적인 위치뿐만 아니라, 정확한 위도에 대한 완전한 정보를 얻을 때까지 절대로 쉬지 않을 것이다. 단 우리 친구 히드로데이Hythloday가 안전하고 살아 있다면 말이다.[10]

일부 장소는 여행자를 위한 비밀법이 있는 『뉴 아틀란티스The New Atlantis』

(1626)에 나오는 프랜시스 베이컨Francis Bacon의 벤살렘Bensalem섬과 같이 외부인에게 의도적으로 숨겨져 있다. 더 최근에는 TV 시리즈 'Lost'(2004~2010)의 섬이다. 다른 세계는 지리적 장벽에 의해 자연스럽게 숨겨져 있었는데, 예를 들어 사이먼 티소 드 파토Simon Tyssot de Patot의 『자크 마세의 여행과 미래Voyages et avantures de Jaques Massé』(1710)에 나오는 사트라피아Satrapia의 군주제는 산맥에 의해 외부 세계와 단절되어 『잃어버린 세계lost world』 소설의 전통을 시작했다. 크리스티안 로슈포르Christiane Rochefort의 『아르카오 또는 빛나는 정원Archaos ou Le Jardin étincelant』(1972)에서 아르카오 땅에 관한 모든 것은 그 나라가 이웃 국가에 너무나 위협적이었기 때문에 역사책에서 제거되었다고 한다.[11] 그리고 표준 지도에 장소가 없다는 것은 유머를 위한 기회가 될 수 있다. 게리슨 케일러Garrison Keillor의 『워비곤 호수 일Lake Wobegon Days』(1985)에서 케일러는 전체 3페이지에 걸쳐 워비곤 호수가 있는 미스트 카운티Mist County가 '측량사의 무능력으로 인해 지도에서 생략'되었고 그 이후로 지도에서 벗어나게 한 정치적 책략을 설명한다.[12] 저자는 자신의 땅이 어디에 있는지 알고 싶어 하는 청중을 꾸짖을 수도 있다. 조지 바 맥커천George Barr McCutcheon의 『그라우스타크: 왕좌 뒤의 사랑 이야기Graustark: A Story of a Love Behind a Throne』(1903)에서 미스 구겐스로커Miss Guggenslocker는 3장 끝에서 다른 캐릭터를 꾸짖는다.

> "로리Lorry 씨는 지도에서 그라우스타크가 어디에 있는지 몰라 우리를 화나게 했어요." 젊은 아가씨가 소리쳤고, 그는 그녀의 눈에서 분노가 번쩍이는 것을 볼 수 있었다.
>
> "친애하는 선생님, 왜 그라우스타크가 안에 있어요." 카스파르 삼촌이 말을 시작했지만, 그녀는 즉시 그를 확인했다.
>
> "카스파르 삼촌, 그에게 말하지 마세요. 나는 그에게 지리를 공부하고 스스로 우리를 발견하라고 권했어요. 그는 자신의 무지를 부끄러워해야

해요."[13]

작가가 아예 지도를 제공하지 않는 경우도 많지만, 충분히 개발된 장소라면 관객은 작가의 작품에서 정보를 모아 자신만의 지도를 만들 수 있다. 그러한 관심을 받은 최초의 작품 중 하나는 단테의 인페르노Inferno로 많은 사람이 그의 버전 지옥Hell을 매핑하도록 영감을 주었다. 역사가 리카르도 파드론Ricardo Padrón에 따르면,

> 15세기에 안토니오 마네티Antonio Manetti라는 이름의 피렌체 건축가는 이 구절에 제시된 정보를 수집하고, 이를 추론하여 단테가 생각한 지옥의 크기, 모양 및 위치를 정확하게 지도에 표시할 수 있다고 했다. 마네티의 작업은 한동안 인쇄되지 않았지만, 그의 아이디어는 다른 많은 사람에 의해 요약된 형태로 대중화되어 존 클라이너John Kleiner(1994)가 대략 1450년에서 1600년 사이에 '지옥의 지도학 전성기'라고 부른 시기를 촉진시켰다. 이탈리아 지식인, 특히 피렌체인들은 마네티의 '단테 우주론'에 대해 토론하며 의문을 제기하고 다듬었으며 그의 주장을 지도로 변환하여 단테의 시와 그에 대한 논평을 편집했다. 단테의 우주론은 일부 주요 사상가들의 관심을 끌었고 지적 유행을 뒷받침했는데, 갈릴레오 갈릴레이 같은 인물도 있었다.[14]

지도는 구두 설명으로 구성할 수 있지만, 해당 장소의 이미지에서 수집한 시각적 정보로도 구성하여 보여줄 수도 있다. 그의 저서 『TV 세트: 클래식 TV 홈의 판타지 청사진』(1996)에서 쇼를 보고 보인 것에서 공간의 관계를 확립함으로써(그리고 어떤 경우에는 거의 보이지 않는 욕실과 같은 틈새를 채우는 것) 마크 베넷Mark Bennett은 34개의 TV 시리즈에 등장하는 후터빌Hooterville 및 메이베리

Mayberry 마을의 주택(<그림 3-1> 참조)과 길리간Gilligan의 섬을 지도에 표시했다. 일부 지도는 제작 중 일관성을 보장하기 위해 저자나 회사에서 사용하며 보조 자료에서 일정 시간 후에만 나타날 수 있다. 예를 들어, 스타워즈 에피소드 1의 포드레이스 코스와 에피소드 2에서 스피더 추격전이 벌어지는 코러산트 지역으로 지도가 만들어졌지만, 몇 년 후인 스타워즈의 세계 만들기: 365데이즈 (2005)에서 공개되지 않았다.[15]

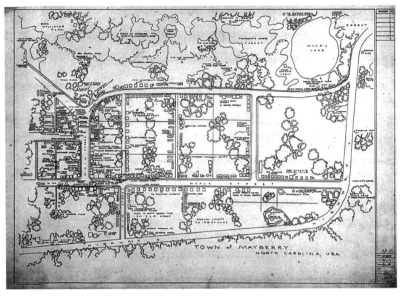

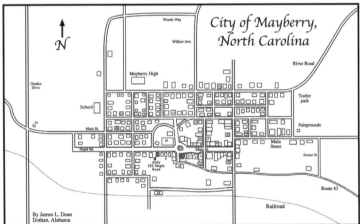

<그림 3-1> 마크 베넷(위)과 제임스 L. 딘(아래)이 제작한 노스캐롤라이나 메이베리North Carolina, Mayberry의 매우 다른 두 지도. 앤디 그리피스 쇼The Andy Griffith Show에서 제공된 시각적 정보를 바탕으로 추정되었다. (마크 베넷, 메이베리 타운Town of Mayberry, 1997, Rives BFK 종이에 석판화, 24.25×36.25인치, 예술가 및 Mark Moore 갤러리 제공) (메이베리 지도, 제임스 L. 딘 제공).

특히, 톨킨의 세계는 다른 사람들의 지도 제작에 영감을 주었으며, 톨킨 자신의 스케치와 1950년대에 그의 아들 크리스토퍼가 제작하고 나중에 1960년대 후반에 폴린 베인스Pauline Baynes가 제작한 공식 승인 지도 외에도 'M. 블랙번M. Blackburn', 리차드 콜드웰Richard Caldwell, 바바라 스트라치Barbara Strachey, 카렌 윈 폰스타드Karen Wynn Fonstad, 셸리 샤피로Shelly Shapiro, 제임스 쿡James Cook 및 존 하우John Howe에 의해 출판된 중간계 지도를 찾을 수 있다.[16] 지도는 세부 묘사의 정도가 다양하고, 스타일 역시 다양하게 그려져 있다. 이 중 가장 상세한 지도는 지도 제작자 카렌 윈 폰스타드Karen Wynn Fonstad가 제작한 지도였으며, 그는 앤 맥카프리Anne McCaffrey의 퍼른Pern지도책, 스티븐 R. 도날드슨Stephen R. Donaldson의 『크린의 땅the Land, Krynn』(드래곤랜스 소설의 세계), TSR의 포가튼 렐름Forgotten Realms의 세계, 톨킨의 중간계가 포함된다. 지도 제작자로서 폰스타드Fonstad는 이러한 세계의 지형 그 이상에 관심이 있었다. 두 번째 판으로 나온 '중간계의 지도'에서 그녀는 군대 이동, 왕국의 경계, 지형, 기후, 식생, 인구 및 언어가 포함된 지도를 포함했으며, 이는 모두 톨킨의 글과 이에 수반되는 지도에 설명되거나 암시된 내용에서 추정되었다. 그러한 아틀라스(및 수정된 2판)가 출판되기에, 충분한 청중이 존재한다는 것은 지도가 승인되지 않은 경우에도 지도가 이차세계에 대한 안내자로서 갖는 중요성에 대한 증거다.

마지막으로 일부 세계는 스토리나 텍스트 없이 지도로만 존재한다. 1999년에 예술가 빔 델보이Wim Delvoye는 Atlas라는 제목의 카탈로그에 자신의 가상 세계 지도를 편집했다. 이 이미지는 Primary World 지도의 지도책에서 찾을 수 있는 모든 도로, 도시 및 지질학적 특징을 묘사한 이미지다. 또 다른 예술가인 아드리안 레스키Adrian Leskiw는 자신의 상상 세계 지도를 그렸을 뿐만 아니라 그의 브레다의 나라Nation of Breda와 같은 일부 지도를 편집하거나 다시 그려 국가 역사의 다른 시간을 표현했다(<그림 3-2> 참조). 레스키는 자신의 웹 사이트에서 다음과 같이 프로세스를 설명한다.

나는 2003년에 3개의 연필로 그린 그림 3개로 이 지도 시리즈를 시작했고, 그 후 이 그림들을 스캔했다. 2003년 브레다섬 지도를 디지털화한 후 기본 지도와 각각의 후속 새 지도를 편집하여 1979년 이전부터 2024년까지 연도별로 지도를 만들었다. 그 결과 46개의 고유한 지도가 생겼다(앞으로 더 많아질 수도 있음)! 공간을 절약하기 위해 46년 동안의 작업 목록 중 10개 지도를 선택하여 섬의 고속도로망 개발을 설명하고자 한다. 2024년 지도를 완성한 후 매년 새로운 지도를 만드는 수고를 하지 않고 여러 차례 업데이트하며 잠정적으로 이 반복 작업을 잠정적으로 2035년 지도라고 명명했다.[17]

시간 경과에 따른 변화를 보여주는 여러 버전의 지도는 묘사된 세계에 시간적 차원을 더하고, 지도 제작과 상상의 세계를 구성하는 데 자주 사용되는 또 다른 장치인 타임라인을 결합한다.

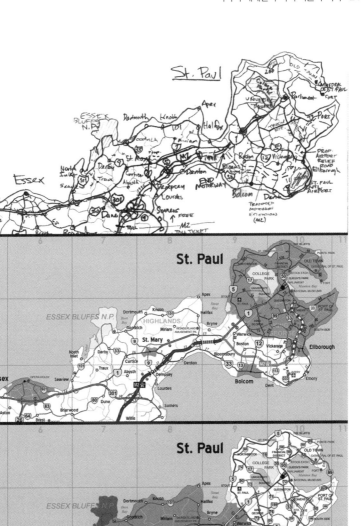

<그림 3-2> 아드리안 레스키의 브레다섬 지도에서 시간이 지남에 따라 변화하는 수도 지역의 세부 사항. 상단 이미지는 2002년의 땅, 가운데 이미지는 2004년, 하단 이미지는 2040년의 땅을 나타낸다. 상단과 가운데 이미지는 2003년에 만들어졌고, 하단 이미지는 2005년에 만들었다(이미지는 아드리안 레스키Adrian Leskiw 제공).

타임라인Timelines

타임라인과 연대기는 사건을 시간상으로 연결하여 이를 하나의 역사로 통합한다. 그것들은 사건들 사이의 인과 관계를 도표화하고, 그 동기를 설명하고 명확히 하며, 일관성을 유지하고, 지역 사건에 역사적 사건의 더 큰 움직임 내에서 맥락을 제공한다. 타임라인은 배경 스토리를 현재 사건에 연결하고 시청자가 등장인물의 나이, 이동 시간 또는 더 큰 규모로 설명한 이벤트 참여와 격차를 메울 수 있도록 도와준다. 타임라인은 또한 동시에 일어나는 행동, 내러티브 또는 기타 인과 관계를 서로 비교할 수 있게 하여 이벤트에 대한 동시적·통시적 맥락을 제공한다.

지도와 달리 타임라인은 일반적으로 책의 앞부분이 아닌 뒷부분에 나타난다. 저자가 구성과 일관성을 위해 종종 사용하지만, 지도보다 나타날 가능성이 작고, 일반적으로 내러티브의 놀라움과 서스펜스를 망치는 스포일러 및 기타 스토리 정보가 포함되어 있어서 책의 뒷면에 배치한다. 타임라인은 부록에 있는 짧은 사건 목록에서 수백 페이지에 달하는 연대기(예: 스타워즈 우주, 스타트렉 우주 및 톨킨의 아르다[18]를 위해 작성된 것)에 이르기까지 다양할 수 있으며, 저자가 제공하거나 저자의 작품을 분석하고 시간 구조를 재구성할 수 있는 참조 및 추론을 편집하는 제삼자가 수집할 수 있다.

타임라인은 규모도 상당히 다양하다. 스펙트럼의 한쪽 끝에는 분 단위의 상세한 연대기와 하루의 사건을 다루는 연대기가 있다. 예를 들어, TV 쇼 24(2001~2010)의 개별 시즌을 다루는 온라인 타임라인이나 존 H. 롤리John H. Raleigh가 편집한 조이스Joyce의 '율리시스Ulysses'(1922)[19] 등이다. 그러나 이것들도 스토리가 전개되는 시간에 국한될 필요는 없다. 예를 들어, 롤리의 책은 율리시스의 주요 내러티브가 발생하는 하루(1904년 6월 16일)뿐만 아니라 스토리에서 언급되는 100년이 넘는 배경 스토리도 다루고 있다. 대부분 스토리는 주인공의 삶이나 그 일부를 중심으로 구성하기 때문에 대부분의 타임라인은 일, 주, 월 또는 년으로 측정된 시간 범위 또는 배경 스토리 자료의 경우 더 오래 걸릴 수 있다.

사람, 문명 또는 다세대 가족의 역사를 중심으로 구축된 내러티브는 수백 년, 판타지 및 공상과학소설의 경우는 때때로 수천 년에 이르는 타임라인을 사용할 수 있다. 이러한 타임라인과 내러티브는 사회, 문화 및 기술 변화와 싸워야 하며 종종 이주, 국가 설립 및 그들을 멸망시키는 재앙적인 사건을 포함한다. 마지막으로 가장 넓은 범위에는 수백만 년의 타임라인을 가진 올라프 스테이플던Olaf Stapledon의『최후이자 최초의 남자Last and First Men』(1930)와 우주의 전체 역사를 다루는 수십억 년의 타임라인을 가진 스테이플던의Stapledon의『스타메이커Star Maker』(1937)와 같은 책의 타임라인이 있다. 이 스토리에서는 한 유형의 인간이 다음 유형으로 진화함에 따라 인류 자체가 주인공이 되고, 이러한 버전의 인간은 은하계 규모로 광대한 고대 제국과 상호작용을 한다.

타임라인은 전통적인 달력을 사용할 수도 있고, 번역된 날짜도 제공되는 톨킨의『호빗』이 사용하는 샤이어Shire 달력과 같이 해당 세계에 고유한 달력을 사용할 수도 있다. 타임라인과 날짜의 변화는 등장인물의 나이, 하루 주기, 계절 변화, 달의 위상, 별자리 위치 및 기타 풍부한 시간 관련 세부 사항을 통해 암시될 수 있으며, 관객은 사건의 시간적 순서를 재구성하는 데 사용할 수 있다. 예를 들어, 2008년에 과학자 마르셀로 O. 마그나스코Marcelo O. Magnasco와 콘스탄티노 바이쿠지스Constantino Baikouzis는 호머Homer의『오디세이Odyssey』에 나오는 금성의 위치와 개기 일식과 같은 스토리 정보를 사용하여 오디세우스Odysseus가 집으로 돌아올 가능성이 가장 큰 날짜가 BC 1178년 4월 16일이라고 판단했다.[20] 다른 세계 장치는 오랫동안 잃어버린 문명의 폐허와 흔적, 깊은 역사를 암시하는 팔림프세스트palimpsests로 겹겹이 쌓인 문화 및 사회 또는 뒷이야기를 제공하는 역할을 하는 현지와 같은 인물과 같이 역사와 고대 과거의 존재를 암시하는 데 사용될 수 있다. 이 모든 것이 저자 존 클루트John Clute가 '시간 심연time abyss'을 만드는 데 도움이 되었다.

시간 심연: 현상 또는 더 흥미롭게도 인식의 순간이다. 인식으로서 그것은 공상과학에서의 경이감과 매우 유사하다. 경이감은 관점의 변화로 정의될 수 있는데, 독자는 갑자기 사건이나 장소의 진정한 규모를 알게 되어 경외감을 가지고 계시에 반응한다. 환상의 유사성은 이야기의 시대와 세상에 대한 자신의 관점을 변화시킨 게 무엇이든 그것의 기원 사이에 엄청난 격차가 있다는 것을 독자가 발견하는 것이다.[21]

타임라인은 일반적으로 청중이 세계의 사건을 다루는 시간적 범위의 간격을 채우는 데 도움이 되지만, 시간 심연은 그 대신 간격으로 자신에게 주의를 환기시킨다. 특히 세계가 이전 상태에서 현재 상태로 어떻게 이동했는지에 대한 추측이다. 심연을 사용하든 사용하지 않든, 역사적 깊이와

기원에 대한 감각을 창조함으로써 작가는 비유나 우화를 통해 역사와 사회에 대해 논평하고 문명이 어떻게 변화하는지와 그 변화의 원인을 성찰할 수 있다. 『반지의 제왕』에서 인간은 타락한 종족이며 필멸자이고, 엘프는 타락하지 않은 종족이며 따라서 불멸자이다. 『실마릴리온』에서 다루는 수천 년 동안 두 종족의 역사와 그들의 본성이 그들에게 미치는 영향을 차트로 보여준다. 전통적인 소설이 등장인물의 행동과 결과를 연결하여 특정한 세계관을 전달하듯이 하위 창조 세계는 작가의 아이디어에 따라 수 세기에 걸쳐 전 민족의 스토리를 고안할 수 있게 한다.

타임라인은 동시적일 뿐만 아니라 통시적이며, 서로 엮이고 상호작용을 할 때 동시에 일어나는 행동의 가닥을 추적한다. 이에 대한 한 가지 극단적인 예는 조르주 페렉Georges Perec의 『인생: 사용 설명서Life: A User's Manual』(1978)에서 찾을 수 있는데, 주인공이 죽는 순간인 1975년 6월 23일 오후 8시 직전에 발생한다. 페렉은 소설의 아파트 건물에서 방마다 옮겨 다니며 각 거주자가 그 순간을 경험한 것을 설명하지만, 그 순간을 넘어 책의 타임라인을 확장하는 배경 스토리와 다른 스토리 정보가 있으며, 책에는 1833년부터 시작하는 타임라인이 있는 부록도 포

함되어 있다. 하지만 대부분은 동시 발생 이벤트 타임라인을 준수하는 것은 섞어
짠 내러티브의 결과이며, 그 이벤트에는 여러 스토리라인이 수렴하고 분기하는
가장 중요한 점nodal points이 포함된다. 이것이 '인터레이스 기법interlace technique'
또는 중세 인터레이스medieval interlace로 알려지게 된 것은 톨킨이 『반지의 제왕』
에서 사용한 구조와 유사하며, 톨킨 학자인 리차드 C. 웨스트Richard C. West는 이
기법을 '유기적 통합' 유형의 구조와 비교하여 다음과 같이 요약했다.

　　유기적 통합은 명확하고 상당히 단순한 패턴을 부여함으로써 현실의
복합한 흐름을 관리 가능한 용어로 줄이려고 한다. 그것은 종속된 상태로
유지되는 한 제한된 수의 다른 주제가 관련될 수 있는 단일 주요 주제가 있
는 진보적이고 깔끔한 내러티브 라인을 요구한다. 주요 주제는 명확한 시
작부터 자연스럽게('유기적으로') 발전하는 중간을 통해 시작부터 이전
모든 것의 산물인 해결까지 성장한다. 제한된 수의 캐릭터를 보유하고 한
두 명 이상이 행동을 지배하지 않는 것이 바람직하다고 간주한다. 모든 단
일 작업은 자체적으로 필요한 모든 것을 포함하고 필요하지 않은 모든 것
을 제외하여 자급자족해야 한다. 다시 말해 유기적 작업은 그 자체로는 분
리될 수 없지만, 다른 모든 것과 분리되어 있다. …반면, 인터레이스는 모
든 게 동시에 일어나는 우리 주변 세계에서 일어나는 사건 흐름에 대한 인
식을 반영하려고 한다. 내러티브 라인은 산만하고 어수선하여 우리의 관
심을 무한한 수의 사건, 등장인물 및 주제로 나누고 있으며, 그중 하나는
주어진 시간에 지배적일 수 있으며 종종 인과 관계에 무관심하다. 등장인
물의 길은 교차하고 갈라지고, 다시 교차하고, 스토리는 한 줄에서 다른
줄로 넘어가지만, 한 줄로 이어지지는 않는다. 게다가 화자는 우리에게 말
할 시간이 없었던 셀 수 없이 많은 사건이 있음을 암시한다. 스토리의 시작
이나 끝을 명확하게 제시하려는 시도도 없다. 우리는 특정 지점에서 세상

의 혼란스러운 활동을 중단하고, 한동안 세상의 선택을 따랐으며 우리가
떠난 후에도 자신의 무작위 경로를 계속한다고 느낀다. 작가나 다른 누군
가가 나중에 스토리의 실마리를 다시 가져와서 시작, 중간 또는 끝에 추가
할 수 있다.

그러나 겉보기에 캐주얼한 인터레이스 형태는 기만적이다. 그것은 실
제로 매우 미묘한 종류의 응집력을 가지고 있다. 내러티브의 어떤 부분도
전체를 훼손하지 않고는 제거할 수 없다. 주어진 섹션에는 이전 부분의 메
아리와 이후 부분에 대해 예상하기 때문이다.[22]

이 설명에서 인터레이스 구조가 세계의 내러티브 구조(4장에서 자세히 설명)
와 그곳에서 일어나는 스토리라인을 둘러싼 맥락을 강조하면서 세계 구축 작업에
가장 적합하다는 것이 분명하다. 그리고 인터레이스 구조의 동시성은 청중은 아
니더라도 적어도 작가에게는 동시에 발생하는 이벤트를 조정하기 위한 일종의 타
임라인이 필요하다는 것을 의미한다.

타임라인은 또한 2장 끝부분에 나오는 앨런 라이트먼의 『아인슈타인의 꿈』
(1992)의 예처럼 시간이 기본 세계와 다르게 또는 다양한 속도로 흐르는 세계의
시간적 구조를 관리하는 데 도움이 된다. 시차가 있는 세계의 초기 사례 중 하나는
조지 맥도널드의 『북풍의 뒤에서At the Back of the North Wind』(1870)라는 책에 언
급된 국가다.

"북풍이여, 내가 당신을 통과한 이후로 여기 앉아 있었습니까?" 다이아
몬드diamond가 손을 쓰다듬으며 물었다.

"네." 그녀는 예전처럼 친절하게 그를 바라보며 대답했다.

"매우 피곤하지 않나요?"

"아니요. 나는 더 오래 앉아 있어야 해요. 당신이 얼마나 오래 있었는지

아십니까?"

　"오! 몇 년, 몇 년이죠." 다이아몬드가 대답했다.

　"이제 7일이 지났습니다"라고 북풍North Wind이 대답했다.

　"나는 백 년 된 줄 알았어요!" 다이아몬드가 외쳤다.

　"네, 감히 말씀드리죠." 북풍이 대답했다. "당신은 여기서 7일 동안 떨어져 있었지만, 얼마나 오랫동안 거기에 있었는지는 전혀 다른 문제예요. 내 뒤와 내 얼굴은 너무 달라요! 그들은 같은 규칙을 따르지 않아요."

　"매우 기쁩니다." 다이아몬드는 잠시 생각한 후 말했다.

　"왜죠?" 북풍이 물었다.

　"왜냐면 나는 그곳에 너무 오랫동안 있었고, 어머니와도 잠시 떨어져 있었기 때문이에요. 아니, 그녀는 내가 아직 샌드위치에서 집에 돌아올 것을 기대하지 않을 겁니다!"[23]

　시간이 흐르는 속도가 일차세계와 다를 수 있을 뿐만 아니라 속도 자체도 시간이 지남에 따라 달라질 수 있다. 예를 들어, 루이스의 나니아의 시간은 가변적인 속도로 움직이는 것처럼 보이며 일차세계의 시간과 일관되게 일치하지 않는다. 월터 후퍼Walter Hooper의 연대표에 따르면 소년 시절, 디고리 커크Digory Kirke가 처음으로 나니아를 방문한 1900년부터 영국의 마지막 전투(1956)에서 언급된 영국 철도 사고가 발생한 1949년까지 영국의 기간은 하나의 기간과 동시다발적이다. 여기서 나니아는 탄생부터 최종 해체까지 2,555년의 역사를 거친다. 그러나 후퍼의 연대표는 영국의 1900년이 나니아 1년과 일치하는 반면, 1930년은 나니아 300년과 일치한다. 나니아 302년은 1932년, 나니아 1000년은 1940년, 1941년은 나니아년 2303년, 그리고 1949년은 나니아 2555년, 이것은 단지 알려진 서신의 몇 가지 사항을 나열하기 위한 것이다. 루이스는 한 세계의 시간 흐름을 다른 세계와 연관시킬 시스템이 없었기 때문에 의도적으로 자신의 세계에서 시간의 다양한 흐름을 강조하여 기본 세계와의 단절을 강조한다. 작가는 단일 이차세계 내에 다양한 시간 프레임을 포함할 수도 있다. 예를 들어 프레드 세이버하겐Fred Saberhagen의 아즐라록Azlaroc 거주자는 고유한 시간대에 살고 있다. 브라이언 스테이블포드Brian Stableford는 다음과 같이 설명한다.

> 시간은 객관적으로나, 주관적으로 아즐라록에서 이상한 방식으로 작동했다. 현지 시각은 과거의 장치가 눈에 모호하고 만져도 불연속적인 정도가 되도록 이전의 현상으로부터 현재의 현상 세트를 분리하는 변형된 물질의 '장막'이 지속적이지만 불규칙하게 떨어지는 것으로 표시되었다. 장막이 떨어지자 아즐라록의 방문객들은 지역 시간 체계에 동화된 '연도 그룹' 내에서 영원히 고립되었다.[25]

아인슈타인의 이론을 고려하면 SF의 등장인물은 고속 여행과 강력한 중력과 관련된 상대론적 시간 팽창을 통해 자신의 시간대를 변경할 수도 있다. 『스타트렉: 차세대 기술 매뉴얼The Star Trek: The Next Generation Technical Manual』에는 스타트렉 기술 및 프로토콜이 타임프레임 관련 문제를 회피하는 방법을 설명하는 '상대론적 고려 사항'이라는 제목의 섹션도 포함되어 있으며, '워프 추진 시스템'에 대한 장은 빛보다 빠른 방법을 설명한다.[26] 책 대부분을 구성하는 사이비 과학적 담론 외에도, 그들이 하는 세계 건설에 대해 언급하는 저자의 이탤릭체 외적 논평이 있으며, 워프 추진 장에서는 타임라인 계산의 필요성을 드러낸다.

> 다양한 워프 속도가 얼마나 '빠른'지 파악하는 것은 상당히 복잡하지만 '과학적' 관점에서만이 아니다. 첫째, 새 함선이 기존 함선보다 훨씬 빠르다는 일반 팬들의 기대를 충족시켜야 했다. 둘째, 우리는 겐Gene의 (로든

베리Roddenberry) 재보정 작업을 통해 워프 10을 절대적인 최상위에 두어야만 했다. 이 두 가지 제약은 매우 간단하지만, 워프 속도를 너무 빠르게 만드는 것이 쉽다는 것을 곧 발견했다. 일정한 속도를 넘어서면, 우리는 우주선이 단 몇 달 만에 전체 은하계를 횡단할 수 있다는 것을 발견했다 (배가 너무 빠르면 은하계가 스타트렉Star Trek 형식보다 너무 작아질 수 있다).[27]

시간 여행 스토리를 포함하는 세계(스타트렉이 때때로 하는 것처럼)는 이벤트가 재구성되고 재방문이 일어남에 따라 시간적 질서를 확립하려는 시도가 훨씬 더 필요하다. 2009년, 스타트렉의 제작진은 2009년 스타트렉 영화가 이미 정해진 타임라인에서 벗어나 다른 타임라인에서 실제로 일어났다고 제안함으로써 프랜차이즈의 재부팅에 결부시키기까지 했다.[28] 재커리 퀸토Zachary Quinto가 젊은 스팍Spock을 연기하고 레너드 니모이Leonard Nimoy가 늙은 '스팍 프라임Spock Prime'을 연기하면서 두 타임라인이 합쳐지고 재부팅은 다른 많은 프랜차이즈에서 재부팅이 그렇듯이 오래된 자료와 분리되지 않도록 하는 내러티브 설명을 제공한다. 이 예에서 알 수 있듯이 시간과 공간과 함께 내러티브와 세계를 함께 연결하는 것은 캐릭터와 그들의 관계이며, 우리가 다음에 다룰 대상은 '계보도'다.

계보도Genealogies

계보도는 가족, 조상, 사회, 제도 및 역사적이라는 더 큰 틀 내에서 맥락을 제공함으로써 인물들을 서로 연관시킨다. 여기에는 조상과 후손을 연결하는 가계도, 직계 및 방계 혈족의 친족 도표, 통치자와 상속인의 혈통, 지식, 경험, 칭호 및 재산을 한 세대에서 다른 세대로 물려주는 유전 체계 등이 포함된다. 계보도는 도표나 계보와 같은 승인된 보조 저작물에 나타나거나, 세계를 구성하는 저작물 전반에 걸쳐 언급된 일련의 연결을 통해 암시될 수 있다. 그들은 세계의 인프라 역할을 하며 세계의 스토리를 함께 연결하고 캐릭터를 더 넓은 맥락에 배치하고 역사에 연결함으로써 캐릭터를 확장한다. 다른 사람이 쓴 속편조차도 그들의 스토리를 그들이 따르는 작품에 연결하는 장치로 계보를 사용할 수 있다. 예를 들어 디오니스 버거Dionys Burger의 『스피어랜드Sphereland』(1965)와 마크 색스턴Mark Saxton의 『이슬라르, 아이슬란드의 오늘: 랑 III세 이야기The Islar, Islandia Today: A Narrative of Lang III』(1969)의 주인공은 그들에게 영감을 준 이야기 속 주인공의 손자다(각각 애보트Abbott의 『플랫랜드Flatland』(1884)와 라이트의 『아일랜디아Islandia』(1942)). 텍스트의 미묘함에 대한 이해는 등장인물의 계보에 대한 청중의 지식에 의존할 수도 있다. 톰 쉬피Tom Shippey는 『실마릴리온』에서 엘루 싱골Elu Thingol을 향한 모욕이 어떻게 엘프Elven 계보도에 대한 자세한 지식을 통해서만 완전히 이해할 수 있는지 설명한다.[29]

계보는 문자의 확장으로 기능하며, 이는 차례로 세계의 시대에 걸쳐 연속성을 제공한다. 많은 세계가 캐릭터의 전 생애에 관한 스토리의 배경으로 시작된다. 예를 들어, 스타워즈 세계관의 핵심인 6편의 스타워즈 영화는 어린 시절부터 죽을 때까지 아나킨 스카이워커(다스 베이더) 삶의 스토리를 들려준다. 그러나 세계가 일시적으로 성장함에 따라 종종 개별 캐릭터의 수명을 넘어간다. 이 문제를 해결하는 한 가지 방법은 여러 시대에 걸쳐 수명이 긴 캐릭터를 보유하는 것이므로 평생 캐릭터 개발과 세계 개발을 모두 더 많이 할 수 있다. 그들의 세계에서 큰 역할을 하는 장수 캐릭터의 예로는 라이먼 프랭크 바움의 『10대 여왕 지희Queen Zixi of Ix』(683세), 루카스의 요다Yoda(800세 이상까지 살았음), 데퐁테네의 『별』(1854)에 나오는 넴세데스Nemsédes는 1,000살 이상이고, 『듄 월드Dune World』의 던컨 아이다호 골라스Duncan Idaho gholas는 원작의 기억을 이어받아 캐릭터를 수천 년에 걸쳐 확장한 일련의 클론으로, 프랭크 허버트의 『듄Dune』 소설 6편 모두에 등장하는 유일한 캐릭터다. 특정 연령 이후 권리를 제한하는 특별법이 제정된 스위프트Swift의 락낙국Luggnugg의 슈트룰드브루크Struldbruggs, 아르다Arda가 끝날 때까지 그곳에 남아야 하는 톨킨의 엘프, Land의 숲을 보호하는 스티븐 R. 도널드 슨의 Forestals 또는 많은 공상과학 세계의 로봇 같은 일부 캐릭터는 '불멸'일 수도 있다. 불멸의 결과도 때때로 언급된다. 예를 들어 스위프트의 슈트룰드브루크와 톨킨의 엘프는 모두 세상에 지쳤으며, 필멸자가 그들에게 안식을 주는 인간에 대 해 부러움을 표현한다.

조상과 후손은 캐릭터를 일시적으로 확장하는 가장 일반적인 방법이다. 이름 과 특성은 종종 부모에게서 자녀에게로 전달되며, 직함, 재산 및 독점 지식도 전달 된다. 캐릭터의 전체 혈통은 『아일랜디아』(1942)의 돈스Dorns와 동일한 이름을 공유할 수 있으며, 심지어 사물조차도 자신만의 혈통을 가질 수 있고(예: 스타트렉 우주에서 엔터프라이즈Enterprise라는 이름을 가진 일련의 우주선), 때로는 개체 와 해당 역사가 세계의 작품을 연결하는 통로를 제공한다. 여러 세대를 거쳐 생물 학적 후손이 성장하여서 한 민족을 형성할 수 있으며, 그들의 역사는 더 큰 서사적 규모에서 세계를 관통하는 선이 될 수 있다(구약성서에서 야곱의 후손이 이스라 엘 민족이 되는 방식과 유사).

다른 관계는 생물학적 혈통과 유사한 방식으로 기능할 수 있다. 예를 들어 스타 워즈 세계에서 제다이와 시스는 훈련을 통과하기 위해 멘토와 제자의 파트너십을 맺는다. 6편의 주요 영화를 통해 우리는 아나킨 스카이워커Anakin Skywalker가 벤 케노비Ben Kenobi의 제자가 되었고, 케노비는 콰이곤 진Qui-gon Jinn의 제자가 되 었으며, 진은 두쿠 백작Count Dooku의 제자가 되었고, 두쿠는 요다의 제자가 되었 다는 것을 알게 되었다. 이는 마치 아버지와 아들처럼 두 사람을 연결한다.[30] 때때 로 캐릭터가 죽은 후에도 캐릭터의 경험을 생생하게 유지하기 위해 기억을 전달 한다. 스타트렉 우주에서 벌컨은 마음을 녹이지만, 듄 우주에서는 베네 게세리트 가 어머니에게서 딸에게 유전적으로 기억을 전달한다.

계보는 인물이 혈통, 양육, 동반자 관계 등의 영향으로 이해되는 것처럼 친족 관 계와 우정의 구조를 통해 인물에게 맥락을 제공한다. 조상의 행위와 실패는 종종 후손의 자아상과 기대를 채색하는 전조를 제공한다. 아들은 아버지의 명성을 짊어지고 종종 프로젝트를 완료하거나 오류를 바로잡으려고 한다. 왕위 계승자로서 아라곤Aragorn은 그의 조상 이실두르Isildur가 그랬던 것처럼 실패를 두려워하며, 아라곤과 엘프-메이든 아르웬Elf-maiden Arwen과의 결혼은 인간 베렌과 루시엔의 로맨스를 반영한다. 벤 케노비는 아나킨 스카이워커를 다크사이드로 잃고 아나킨의 아들 루크를 훈련하여 보충하려고 한다. 루크가 그의 아버지를 선한 편으로 돌이킬 수 있도록 마침내 루크의 훈련을 마친 것은 같은 멘토 사슬보다 훨씬 더 높은 요다이다. 멘토 체인을 이해하면 요다가 루크를 돕기 위해 가질 수 있는 추가 동기를 볼 수 있다. 두 경우 모두 관객이 스토리를 따라가기 위해 모든 배경 연결을 알 필요는 없지만, 그러한 지식은 상황에 대한 관객의 이해를 풍부하게 하는 뉘앙스를 제공한다.

스토리에 필요한 것 이상으로 추가 컨텍스트를 제공할 수 있다. 예를 들어,『반지의 제왕』부록에는 왕족부터 다양한 호빗 가족에 이르기까지 광범위한 가계도가 나와 있다. 톨스토이의『전쟁과 평화』와 같은 전통적인 소설에는 때때로 주인공을 연결하는 가계도가 있지만, 이차세계를 위해 만들어진 차트에는, 스토리에는 나타나지 않지만 그런데도 세계의 경험과 사실성을 더하는 많은 이름이 있다. 이들은 청중의 참여와 세계에 대한 투자를 높이는 추측의 촉매 역할을 한다.

마지막으로, 계보는 각 캐릭터 삶의 역사가 세계의 내러티브 구조에서 또 다른 내러티브의 실마리가 되면서 스토리를 서로 연결할 수 있다(자세한 내용은 4장 참조). 관련 없는 인물들이 잠깐 교차할 때도 한 스토리의 주인공이 다른 스토리에서 엑스트라가 되는 등 이러한 초월적 모습은 특정 스토리의 경계를 넘어 확장된 세계를 불러일으키는 강력한 방법이 될 수 있다. 그리고 배경을 통과하는 모든 작은 캐릭터와 엑스트라도 주인공처럼 완전하고 상세한 삶을 가지고 있다고 상상할 수 있다.

계보, 연대표 및 지도는 세계의 완전성에 대한 환상을 구축하는 데 사용되는 주요 인프라이자 발명이 발생하는 가장 기본적이고 공통적인 영역이다. 자연, 문화, 언어, 신화 및 철학 등과 같은 5개 인프라는 종종 그들이 제공하는 공간, 시간 및 특성의 구조보다 더 배경이 깊으며 일차세계 기본값에 크게 의존할 수 있다. 그러나 발명이 그 안에서 소량으로 발생하더라도 그것들은 미묘하고 점점 더 다른 느낌을 만들어 낼 수 있다. 이것은 상상의 세계를 매우 매혹스럽고 매력적으로 만든다.

자연Nature

상상의 세계는 거의 일종의 물리적 환경을 가지고 있으며, 초자연적 세계의 경우 물리적 기반 세계와 유사한 방식으로 작동하는 법칙과 존재 양식이 있다. 이것이 없다면 세계는 청중과 연관될 수 없을 것이다. 그러므로 자연은 세계의 물질성, 물리적, 화학적, 지질학적, 생물학적 구조와 이를 연결하는 생태계를 다룬다. 거의 필연적으로, 이 정도로 하위 창조된 세계는 지구에 묶인 세계일 가능성이 작다. 왜냐하면 많은 세계 기본값이 변경되었기 때문이다. 그들은 또한 일반적으로 어느 정도 수준에서 변경된 세계 기본값의 결과가 탐색되고 외삽되는 가정적 세계에 대한 사고 실험이 된다.

가상 세계의 자연 영역에 관한 발명의 가장 일반적인 유형은 새로운 동식물의 발명이다. 새로운 식물과 동물을 추가하는 것은 자연계의 다른 기본값을 거의 방해하지 않으며, 심지어 기본 세계에서도 새로운 종을 계속 발견하고 연구했다. 그러한 발명품은 사모사타의 루시안Lucian of Samosata의『실화True History』와 라블레Rabelais의『가르강튀아Gargantua』및 팡타그뤼엘Pantagruel 시리즈에서처럼 일찍부터 유머와 풍자의 원천으로 등장했지만, 이국적인 땅과 그 주민들을 묘사한 여행자 스토리에서 더 진지한 맥락으로 만들어졌다. 대부분이 이러한 세계에서 새로운 피조물은 생태계에 어떻게 적응할 수 있는지 또는 그 위에 세워진 구조(예: 문화, 언어, 철학 등)에 어떻게 영향을 미칠 수 있는지 고려하려는 시도 없이 단지 제시되었을 뿐이다. 초기 유토피아는 이러한 구조에 미칠 수 있는 영향을 많이 탐구했지만, 세계의 자연 영역을 크게 재창조하지 못했다. 지하 세계는 발명한 식물 군과 동물군을 세계의 다른 구조에 연결하는 경향이 있다. 보통은 필요에 따라 그 곳 주민들이 기본적인 식량, 물, 은신처, 빛 등과 같은 기본 요구를 어떻게 충족시 킬 수 있는지 설명하기 위해서였다.

　로버트 팔톡의『피터 윌킨스의 삶과 모험』(1751)은 글럼과 고레이, 날개 달린 사스 도르트 스완지Sass Doorpt Swangeanti 원주민을 포함하여 독특한 식물과 동물 을 기반으로 문화를 구축한 최초의 세계 중 하나였다. 열매가 가금류 맛이 나는 크 롤못 나무, 과일 맛이 생선 맛과 비슷한 파드시 덤불, 발광하고 빛을 낼 수 있는 곤 충인 스위코 등등. 동식물이 발명되었을 때, 단순히 장식용 장식이나 유사한 기능 을 하는 일차세계 동물(예: 애완동물이나 짐을 나르는 짐승)을 대체하는 것 이상 의 의미를 갖는 동식물은 보통 세계 구축 문제를 해결하는 데 사용된다. 예를 들어, 팔톡의 스위코는 빛을 제공하기 위해 위커 램프에 보관되고 생물 발광 조류는 미 스트Myst 우주 디니D'ni의 지하 호수를 밝힌다. 히치하이커 우주의 바벨피쉬는 귀 에 삽입되어 언어 장벽을 극복하기 위한 보편적인 번역기로 사용된다. 듄Dune에 있는 아라키스Arrakis의 모래벌레는 운송 수단으로 사용되며 수명 주기의 부산물 은 공간을 접고 빛보다 빠른 여행을 달성하는 데 사용하는 길드 항해사에게 필요 한 향신료 혼합물이다. 때때로 발명된 식물이나 동물이 스토리의 원동력이 되기 도 한다.

　더 깊은 수준으로 하위 창조되는 세계에는 새로운 종류의 생물학, 생태계 및 특 이한 물질 구성을 가진 행성이 포함된다. 예를 들어, 배링턴 J. 베일리Barrington J. Bayley의『돌연변이 행성Mutation Planet』(1973)에 나오는 코슬러 행성에는 유전 학을 변경하고 근본적으로 다른 자손을 생산할 수 있는 유기체가 있다. 닐 바렛 주 니어Neal Barrett Jr.의『하이우드Highwood』(1972)에 나오는 세쿼이아Sequoia 행성 은 거대한 나무의 땅이고 마이크 레스닉Mike Resnick의『연옥: 먼 세상의 연대기 Purgatory: A Chronicle of a Distant World』(1993)에 나오는 카리몬Karimon 행성은 전체 생태계인 키 큰 나무로 구성되어 있다. 일부 행성은 금속이 부족하여 거주민이 다른 재료를 사용해야 한다. 시릴 M. 콘블루스Cyril M. Kornbluth의 『그 영광의 몫That Share of Glory』(1952)에 나오는 행성인 라이라Lyra IV에서 기술은 세라믹을 기반으로 하지만, 밥 쇼Bob Shaw의 누더기 우주 비행사The Ragged Astronauts(1986), 육지와 육로Land and Overland(1986)에 나오는 우주 비행사는 두 행성 사이를 여행하기 위해 나무 우주선을 발사하는데 두 행성은 너무 가까워서 대기를 공유한다. 일부 정교한 하위창작물에는 자신이 발명한 동식물군에 관한 책 전체가 포함되어 있다. 예를 들면, 데이비드 데이David Day의 『톨킨의 동물사전A Tolkien Bestiary』(1979), 앤 마가렛 루이스Anne Margaret Lewis 및 R. K. 포스트R. K. Post의 『스타워즈: 외계종에 대한 필수 가이드Star Wars: The Essential Guide to Alien Species』(2001), 디나 하젤Dinah Hazell의 『중간계의 식물: 식물학 및 하위 창조』(2007)가 있다. 영화감독 제임스 카메론James Cameron은 '아바타Avatar'(2009)에서 자기 행성 판도라를 위해 350페이지 분량의 판도라피디아Pandorapedia를 아바타로 조립했는데 잡지 『와이어드WIRED』에 따르면,

> 모든 동물과 식물은 나비Na'vi 라틴어와 일반 이름을 받았다. 그것이 충분하지 않은 것처럼 카메론은 UC 리버사이드의 식물학 및 식물 과학 부서장인 조디 홀트Jodie Holt를 고용하여 그가 만든 수십 개의 식물에 대한 자세한 과학적 설명을 기록했다. 그녀는 5주 동안 판도라의 식물이 생물 발광으로 빛나고 자기적 특성을 가지는 방법을 설명했다. 그녀가 완료했을 때 카메론은 항목을 공식적인 분류법으로 정리하는 것을 도왔다.[31]

적어도 한 명의 과학자가 이런 종류의 과학적 작업을 패러디했다. 하랄드 슈툼프케Harald Stümpke라는 이름으로 글을 쓴 독일의 동물학자 게롤프 슈타이너Gerolf Steiner는 코뿔소목Rhinogrades 또는 스노터목Snouters으로 알려진 가상의

포유류 목을 발명했는데 이 목은 완전한 생태계와 함께 가상의 하이이이Hi-yi-yi
(또는 Hi-lay)섬에서섬에서 진화했다고 1960년대 초, 두 권의 책에 자세히 나와 있다.[32]

발명된 생물 중에서 종종 인간형 종족을 발견할 수 있는데, 인간과 약간만 다르
고 새로운 국적처럼 취급되는 종족부터 하위창조자가 생물학적 기본 설정을 변경
하여 청중이 기본 세계 생물학을 새로운 시각으로 볼 수 있도록 고안된 사고 실험
을 제안하는 종족까지 다양하다. 예를 들어, 많은 대체 성적 생물학은 상상의 세계
에서 발견할 수 있다. 데퐁테네의 『별Star』(1854)에서 타술Tassul의 원주민은 자웅
동체로 혼자 아이를 낳고 출산할 수 있다. 우르술라 르귄Ursula LeGuin의 『어둠의
왼손The Left Hand of Darkness』(1969)에 나오는 게텐Gethen은 남성도 여성도 아니
며 한 달에 한 번만 성 정체성을 갖는다. 제임스 팁트리James Tiptree.의 『당신의 반
수체 심장Your Haploid Heart』(1969)의 행성 에스타Esthaa에는 무성 생식과 유성
생식을 번갈아 사용하는 종족이 살고 있다. 성별이 세 개인 종족은 사무엘 딜레이
니Samuel Delany의 브래닝 앳 씨Branning-at-Sea(La, Le, Lo로 알려짐)와 아이작 아
시모프Isaac Asimov의 파라 유니버스Para-Universe(그들은 이성, 감정, 부모로 알려
짐)에서 찾을 수 있다. 하라 행성을 배경으로 한 멜리사 스콧Melissa Scott의 『쉐
도 맨Shadow Man』(1995)은 5가지 성별(fem, herm, man, mem, woman)과 9가지
성적 선호도(양성애자bi, 반성애자demi, 양성애자di, 동성애자gay, 반성애자hemi,
전성애자omni, 이성애자straight, 삼성애자tri, 단성애자uni)를 갖고 있다. 대부분은
주인공이 새로운 성별과의 만남과 그로부터 발생하는 사회적 규범과 행동은 그들
이 등장하는 스토리와 세계의 중요한 부분이 된다.

자연을 더 깊은 수준으로 하위 창조함으로써 우리는 물리 법칙이 일차세계와
다른 세계를 발견한다. 예를 들어 그레그 이건Greg Egan의 『시계태엽 로켓The
Clockwork Rocket』(2011)의 세계에서 빛은 보편적인 속도가 없다. 일부 세계에서
는 새로운 색을 '제일jale' 및 '울파이어ulfire'(데이비드 린지David Lindsay의 『아크
튜러스로의 항해A Voyage to Arcturus』(1920)처럼 소개하고), 필립 K. 딕Philip K.

Dick의 『은하계 넘비 치료사Galactic Pot-Healer』(1969)의 'rej', 또는 테리 프래쳇
Terry Pratchett의 『디스크월드Discworld』 세계에서 '마법의 색'인 '옥타린octarine'
이라고 했다. 또 일부 색상에는 이름이 지정되지 않은 예도도 있다. 레이먼드 킹 커
밍스Raymond King Cummings는 『황금 원자 속의 소녀The Girl in the Golden Atom』
(1922)에서 쓴 것처럼, "그녀의 입술은 꽉 차 있었고, 영어로 이름이 없는 색이었
다. 지상 세계라면 틀림없이 햇빛에 의해 붉었을 텐데, 이곳 인광의 은빛에서는 우
리가 보는 바와 같이 붉은색이 불가능하다."[33] 초공간, 초광속 여행, 웜홀 등과 같
은 SF 장르의 특정 관습은 이미 새로운 물리 법칙을 암시한다. 그러나 일부 세계는
브라이언 올디스Brian Aldiss의 『전설의 스미스 버스트Legends of Smith Burst』
(1959)의 '노곡스noggox'와 혹은 제니퍼 다이앤 레이츠Jennifer Diane Reitz의 『유
니콘 젤리Unicorn Jelly』(2000)의 슬마이스탄Tryslmaistan 우주에서 리노벡션
Linovection 및 레티쿠트리에이션Reticutriation의 중력 같은 새로운 힘을 도입하여
물질과 반물질이 서로 소멸하는 것을 방지한다. 그의 소설 『디아스포라Diaspora』
(1998)에서 그레그 이건Greg Egan은 기본 입자를 6차원 웜홀로 보는 코주치
Kozuch 이론을 포함한 새로운 물리학 이론을 발명했다. 오슨 스콧 카드Orson Scott
Card는 빛보다 빠른 통신을 가능하게 하는 아원자 입자인 '필로테스'를 발명했다.
일부 비디오 게임 세계에서는 플레이어가 '중력Gravitar'(1982)의 일부 '우주'에서
음의 중력, '애스터로이즈!Asteroids!'(1979)의 비유클리드 랩어라운드 공간 또는
'포털Portal'(2007)의 사용자 생성 공간 연결과 같은 대체 물리 법칙을 경험할 수
있다.

　일부 세계에는 티어의 세계World of Tiers 우주 탄스Thoans 또는 미스트Myst 프
랜차이즈의 디니D'ni와 같이 세계를 하위로 만들 수 있는 권한이 있는 캐릭터가
있으며, 물리 법칙이 다른 세계를 만들 수 있다. 예를 들어 『미스트: 아트루스의 책
Myst: The Book of Atrus』(1995)에서 캐서린의 시대는 한쪽에는 폭포가, 다른 쪽에
는 거대한 물기둥처럼 중앙을 통과하는 물기둥이 있는 거대한 원환체다. 세계 질

량의 대부분이 토러스의 바깥쪽 가장자리를 따라 배치된 상태에서 물은 중앙 구멍을 통해 토러스 주변으로 끌어당겨져 반대편에 다시 비가 되어 떨어진다. 많은 경우 판타지 장르에서 발견되는 '마법'은 일련의 관습이나 규칙에 따라 작동하는 경우가 많으며, 이는 간접적이지만 새로운 물리 법칙을 암시하는 것으로 볼 수도 있다. 컴퓨터 생성 공간에 설정된 가상 세계는 '트론Tron'(1982)의 컴퓨터 내부 세계, 『뉴로맨서Neuromancer(1984)』의 사이버 공간 또는 'The Matrix'(1999)의 기계 생성 세계와 같이 제작자가 프로그래밍한 고유한 규칙이 있는데, 그 안에서 물리 법칙이 구부러지거나 깨질 수 있다.

세계는 고리, 디스크, 계층, 동심원 껍질 또는 초구체 음의 곡률(크리스토퍼 프리스트Christopher Priest의 『거꾸로 된 세계Inverted World』(1974))에서와 같은 다양한 모양으로 구축되었지만, 자연 세계의 기본값을 변경하는 가장 극단적인 예는 기본 세계와 차원이 다른 상상의 세계다. 이들 중 첫 번째는 에드윈 애보트 애보트의 『플랫랜드: 다차원의 로맨스』(1884)에 등장하는데, 이는 플랫랜드의 이차원 세계뿐만 아니라 라인랜드의 일차원 세계도 소개했다. 이 책의 목표 중 하나는 당대의 빅토리아 사회를 풍자하는 것 외에도 일반 독자들에게 사차원 수학을 소개하는 것이었다. 이 책은 세계를 구축하고 그것이 어떻게 작동하는지 여러 장에 걸쳐 설명하는 플랫랜드에 대한 자세한 설명으로 시작하여 이차원의 주인공 A. 스퀘어가 라인랜드를 방문하여 이차원이 어떤 것인지 설명하려고 시도한다. 나중에 스피어가 A. 스퀘어를 방문하여 삼차원이 어떤 것인지 그에게 설명하고, 토론을 통해 사차원과 사차원 실재가 어떤 것인지 설명하려고 시도하는데, 처음 삼차원에 대한 관찰에서 이를 추론한다. 플랫랜드는 그 당시로서는 뛰어난 하위창작물이었고, 다른 작가들의 속편이 애보트가 중단한 부분을 차지한 것처럼 계속 인쇄되어 차원을 실험하는 세계의 전체 하위 장르에 영감을 주었다.

플랫랜드의 첫 번째 속편은 C. H. 힌튼의 『플랫랜드 에피소드: 또는 비행기 사람들이 3차원을 발견한 방법An Episode of Flatland: Or, How a Plane Folk Discovered the Third Dimension』(1907)으로, 애보트의 원래 플랫랜드의 결점 중 하나를 인식했다. 애보트의 플랫랜드에 대한 설명은 그의 삽화와 함께 플랫랜드에서 이동하는 모양의 오버헤드 뷰를 보는 인상을 준다. 애보트의 캐릭터는 배경 위의 그림처럼 움직이기 때문에 배경과 그 위에 놓여 있는 세계에는 실제로 두 개의 레이어가 있어 완전히 평평하지 않다. 힌튼은 그의 서론에서 플랫랜드를 수정해야 할 필요성을 간접적으로 인정한다.

> 어느 날 동전 몇 개를 탁자 위에 올려놓고 이리저리 밀며 놀았는데, 그 동전이 어떤 종류의 행성계를 나타낼 수 있다는 생각이 들었다. … 그리고 이 경우에, 행성을 사람이 거주하는 세계로 간주하고, 행성의 모든 움직임이 테이블 표면 위로 미끄러지는 것에 국한되어 있다고 생각하면서, 나는 우리가 이 세계에 거주하는 어떤 존재의 평평한 표면 위를 걷는 것이 아니라 그 가장자리에 튀어나와 있다고 생각해야 한다는 것을 알았다. 지구의 경우 인력이 중심을 향해 작용하고, 우리가 서 있는 견고성 때문에 중심은 접근할 수 없는 것처럼, 내 동전 세계의 주민들은 동전의 중심에서 테이블 표면을 따라 사방으로 뻗어나가는 인력을 가질 것이고, '위'는 그들에게 중심에서 테두리 너머로, '아래'는 테에서 안쪽으로 중심을 향하는 것이다. 그리고 이렇게 위치한 존재들은 테 위에 서 있는 것으로 올바르게 설명될 것이다.[34]

힌튼은 이차원적 존재가 선이나 삼각형보다 더 복잡할 수 있으며, 여전히 이차원적일 수 있음을 깨달았다. 그는 그들의 해부학이 정확히 무엇인지에 대해 자세히 설명하지 않는다. 그가 아스트리아Astria라고 부르는 그의 세계 역사를 간략히 살펴본 후 그의 책 대부분은 캐릭터의 삶, 저녁 파티, 대화, 로맨스 등의 개인적인 세부 사항에 관한 것이고, 주요 캐릭터 중 한 명인 휴 파머Hugh Farmer는 아스트리아인에게 삼차원이 존재한다는 것을 확신시키기 위해 십자군을 이끌었는가에 대한 질문은 그들의 사회의 기초를 흔드는 형이상학적 논란이 된다.

디오니스 버거Dionys Burger의 『스피어랜드: 곡선 공간과 팽창하는 우주에 대한 환상Sphereland: A Fantasy about Curved Spaces and an Expanding Universe』(1965)은 애보트의 작업에 더 가까운 책으로 A. 스퀘어의 스토리를 그의 손자인 A. 헥사곤 A. Hexagon을 통해 이어가는 속편이다. 버거의 플랫랜드 버전은 애보트의 상대론적 세계관(책의 부제에서 알 수 있듯이)을 업데이트하여 그의 이차원 우주에 구체 표면 모양의 유한하지만 무한한 공간을 제공한다. 그 표면에서 플랫랜드 자체는 힌튼의 오스트리아와 매우 유사한 디스크 모양의 행성이지만, 마을, 집 그리고 숲은 여전히 위에서 볼 수 있도록 배치되어 있으며, 다른 모든 것을 세계 원반의 중심으로 끌어당기는 중력에 반응하지 않는다. 저자의 어려움(세계의 구축)을 드러내는 구절에서 버거는 두 가지 접근 방식을 결합하여 말할 때의 어색함을 알고 있는 듯 다음과 같이 썼다.

> 물론 모든 게 왜 무너지지 않는지에 관한 의문이 즉시 떠오른다. 집과 건물과 같은 단단한 물체와 홀로 서 있는 나무, 숲속의 나무와 같은 식물은 모두 제자리에 있고, 가라앉으려는 경향을 보이지 않는다. 그 답은 그리 쉽지 않으며, 자연법칙으로 치부하는 게 가장 좋을지도 모른다. 그러나 이는 과학적 이론이 현상을 설명하기 위해 만들어졌다는 사실을 바꾸지는 않는다. 나는 몇 마디로 이 문제에 대해 언급하고 싶지만, 이 특정 이론은 너무 복잡해서 이해하지 못하더라도 걱정할 필요가 없다. 이 모든 단단한 물체가 우리 세계와 평행한 공간에 놓여 있다는 것을 잠시 생각해 보라. 즉, 우리 공간의 평면 바로 옆에 있는 평평한 평면에 부착되어 있다. 나는 이 가설(단순한 가정에 지나지 않음)이 우리만큼 삼차원적 존재에게는 어렵지 않지만, 일반인이 이해하기 매우 어렵다는 것을 인정한다. 그러므로 우리는 나무와 집이 제자리에 머물러 있다는 사실에 주목하기만 하면 된다.[35]

이차원 원반 모양의 세계에 사는 사람들이 그 세계의 표면에 살려면 그들은 곡선 위의 공간에 국한되어야 하며, 그 결과 네 방향(앞뒤, 위아래)만 존재한다. 힌튼은 이를 깨달았지만, 그것의 결과는 그의 스토리에 가끔만 등장했다. 하지만 버거는 항상 그의 이차원성을 염두에 두었다. 그러나 이전 구절에서 알 수 있듯이 버거는 자신의 디자인을 일관되게 유지하는 데 어려움을 겪었다. 그런데 이러한 문제 중 하나였던 수의 문제가 A. K. 듀드니A. K. Dewdney의 『플래니버스: 2차원 세계와의 컴퓨터 접촉The Planiverse: Computer Contact with a Two-Dimensional World』(1984)의 플래니버스에서 해결되었다.

놀라운 하위 창조의 위업에서 A. K. 듀드니는 자체 물리학, 화학, 생물학, 행성과학, 천문학, 생물, 문화 및 기술을 갖춘 이차원 디스크 모양의 세계인 아르드Arde를 설명한다. 듀드니는 컴퓨터 과학자이자 수학자로서(그리고 다른 분야 동료들의 도움을 받아) 원자, 전자기력, 빛과 음파, 난류 및 기타 물리적 현상이 이차원에서 작동하는 방식을 고려하며 이것이 아르드 거주자인 은사나Nsana의 존재에 미칠 영향을 고려한다. 그는 문, 전기 배선, 경첩, 기어 및 이차원에서 다르게 작동하는 기타 간단한 기술에 대한 솔루션과 작업 설계를 제공하고, 시계, 인쇄기, 지상 및 항공기, 증기 기관 등과 같은 더욱 복잡한 이차원 기계에 대한 설명과 그림을 제공한다(<그림 3-3> 참조). 그는 또한 추진, 소화, 세포 분열 등을 포함한 이차원 생물학적 메커니즘을 설명하고 예시한다. 이 모든 것에서 그들만의 전통과 관습이 있는 은사나의 문화가 생겨난다. 예를 들어 반대 방향으로 여행하는 두 여행자가 만났을 때 누가 누구를 지나치는지, 또는 승객이 차량에 탑승하고 내리는지 그들만의 순서를 따른다.

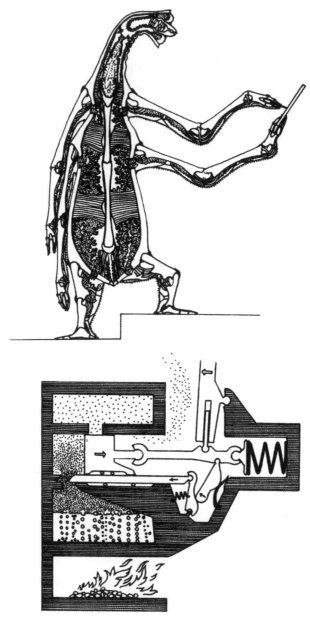

<그림 3-3> A. K. 듀드니의 플래니버스의 이차원 세계인 아르드의
은사나(위)와 증기 기관(아래). (이미지 제공: A. K. 듀드니)

이 책의 스토리는 컴퓨터 시스템을 통해 옌드레드Yendred는 은사나와 접촉하는 지구상의 인간 컴퓨터 과학 실험자들과 관련이 있다. 스토리는 세상의 사물이 어떻게 작동하는지에 대한 모든 설명을 연결하는 장치에 불과하지만, 수많은 하위 창조 세계의 경우와 마찬가지로 내러티브는 세상의 한 측면일 뿐이며, 플래니버스는 서브크리에이션의 훌륭한 작품으로 읽을 가치가 있다. 듀드니의 서브크리에이션은 매우 성공적이어서 일부 사람들은 실제로 세상이 진짜라고 믿었다. 듀드니는 『밀레니엄 에디션Millennium Edition』 서문에서 다음과 같이 말했다.

> 16년 전 플래니버스가 처음 등장했을 때, 많은 독자가 당황했다. 불신을 자발적으로 중단하는 것과 무고한 수용 사이의 경계는 설령 존재하더라도 매우 얇다. 우스갯소리에도 불구하고 우리가 이차원 세계와 접촉했다고 믿고 싶어 하는 사람들이 있었다. … 많은 사람이 그 스토리가 사실이라고 믿었다는 사실에 저자는 놀랐고, 걱정했다. 환상을 암시했어야 하는 하위 텍스트(비록 매우 상세한 것일지라도)를 많은 사람이 놓쳤다.[36]

일부 독자들이 실제로 세계가 존재한다고 믿었다는 것은 이차세계가 우리 세계에서 멀리 떨어져 있는 경우에도 좋은 하위 창조의 힘을 보여준다.

그러나 대부분 이차세계에서는 자연을 아주 제한적으로 하위 창조한다. 그 대신 많은 사람은 자연에 관한 한 일차세계 기본값을 바탕으로 현실주의를 정립하기를 원한다. 재부팅된 '배틀스타 갈락티카Battlestar Galactica'(2004~2009)의 시리즈 바이블에는 쇼의 과학에 대한 설명과 SF의 일반적인 관습 중 일부에 참여하지 않는 방법에 대한 자부심이 있는 것 같다:

> **과학**: 우리의 우주선은 소음을 내지 않는다. 우주에는 소음이 없기 때문이다. 예를 들어 조종사가 들을 수 있는 엔진 소리와 같이 선박 내부의 소

스에서 소리가 제공된다. 우리 전투기는 비행기가 아니며, 그들은 제2차 세계대전 공중전의 관습에 얽매이지 않을 것이다. 빛의 속도는 법칙이며, 움직이는 위반은 없을 것이다.[37]

기본 세계 기본값을 사용하거나 재설정하는 정도와 관계없이 자연 영역은 문명과 더 일반적으로 하위 창조된 **문화** 영역의 생산을 위한 원자재를 제공한다.

문화|Culture

문화는 자연과 역사를 연결하고 일반적으로 스토리의 갈등을 제공하는 고유한 상황의 중심이다. 그리고 발명된 문화는 작가의 필요에 더 구체적으로 맞춰질 수 있으며, 기존 문화의 짐을 가져오지 않는다. 자연계의 자원을 농업, 건축, 의류, 차량, 유물 등으로 형상화하고 이를 통해 관습, 전통, 언어, 신화를 전달하는 세계관을 제공함으로써, 문화는 한 민족의 다양한 생산물을 일관된 구조로 연결하여 캐릭터가 이차세계를 보는 데 사용한다.

2장에서 언급한 것처럼 상상의 세계 스토리는 일반적으로 주인공이 관객과 함께 새롭고 낯선 문화를 경험하고 배우는 것으로 구성된다. 이것이 여행자 스토리의 기본 구조였다. 주인공은 종종 일차세계에서 이차세계의 이방인이거나 이차세계의 변두리에서 낯선 곳으로 여행하는 사람이다. 모어More의 『유토피아Utopia』(1516) 초기부터 문화는 새로운 삶의 방식과 기존 문화에 대한 고유한 비판을 제안하면서 스토리와 세계의 중요한 부분이 되었다. 일반적으로 문화 비판이 유토피아 작성의 주된 이유 중 하나였기 때문에 이것은 일반적으로 『유토피아』의 전형이 되었다. 『걸리버 여행기Gulliver's Travels』(1726)와 같은 다른 작품도 인간 주인공이 마주친 외국 문화권 관점에서 어떻게 등장하는지 보여주었고, 작가 자신의 문화를 낯설게 만들고자 했다.

때때로 외국 문화는 해당 문화의 문서 형태로 직접 제공한다. 예를 들어, 데퐁테네Defontenay의 『별Star(카시오페이아자리): 우주의 세계 중 하나의 경이로운 역사The Marvelous History of One of the Worlds of Outer Space』(1854)에서 내레이터가 추락한 유성에서 찾은 상자는 소설의 텍스트를 구성하는 스타리안Starian 책으로 가득 차 있다. 스타리안 시스템의 별과 행성에 관한 설명, 고대 역사책, 역사와 관련된 시, 각 행성의 개별 역사와 탐험, 두 편의 희곡, 철학, 도덕 및 법률에 관한 글, 『타스바르로 가는 타술리아인의 항해The Voyage of a Tassulian to Tasbar』라는 제목의 책 속에서 데퐁테네는 다음과 같이 덧붙였다. "나는 타술리아인의 기록에 삽입된 두 편의 문학 작품을 보존했으며, 독자가 타술리아 문학의 여러 샘플을 발견해도 불쾌하지 않을 것이라고 확신했다." [38] 텍스트의 범위는 이질적이지만, 대략적인 연대순으로 배열되어 함께 스타리안 시스템과 그 민족 및 문화의 일관된 역사를 제시한다.

허구적 문화의 발전은 그 깊이뿐만 아니라 생성된 문화의 질과 타당성 측면에서도 작가의 능력과 배경에 크게 좌우된다. 20세기 전반의 가장 완전하고 일관된 상상의 세계와 문화는 오스틴 태판 라이트Austin Tappan Wright가 1931년 사망하기 전에 쓴 『아일랜디아Islandia』(1942)일 것이다. 이 작품에서는 주인공이자 화자인 존 랭John Lang이 아일랜디아의 영사가 되기 위해 미국을 떠나는데, 우리는 그와 함께 그곳을 발견하고 배운다. 대부분은 오랫동안 외국인과 대외 무역에 대해 폐쇄된 아일랜디아 국가는 외부 세계에 개방되어야 하는지 아닌지에 대한 내부 논쟁의 시간에 직면해 있다. 변호사였던 라이트는 책의 중간 지점에서 모라Mora 경과 도른Dorn 경이 했던 연설에서 명시적으로, 그리고 책 전체에 걸쳐 암묵적으로, 특히 존 랭John Lang이 결정해야 하는 마지막 부분에서 문제의 양면을 모두 주장하는데 그의 운명은 아일랜디아와 미국, 두 문화 사이에 놓여 있다.

아일랜디아의 문화는 상당 부분 구체화되어 있으며 다양한 장면, 설정 및 토론이 세부 사항의 풍부함을 끌어낸다. 소개된 많은 문화적 개념은 스토리를 이해하는 데 핵심적이며 섬 언어를 많이 볼 수는 없지만, 영어에는 정확히 일치하는 언어가 없어서 이러한 개념에 섬 언어가 부여된다. 그러한 개념 중 하나는 탄리둔 tanrydoon, 문자 그대로 토양-장소-관례다. 즉, 친구의 집에 항상 당신을 위해 예약 된 방이 있다는 것을 의미한다. 이 개념은 아일랜디아의 프랑스 영사 페리에Perier 가 랭에게 처음 설명했다.

> "아일랜드의 도시인도 도시를 집으로 느끼지 않는다는 사실을 알고 계
> 셨나요?"
>
> '어떤 면에서' 나는 보드윈Bodwin으로부터 도시 남자들은 대개 그들이
> 환영받는 시골에 어떤 친척이 있다는 것을 알았다.
>
> "그 이상입니다"라고 그는 말했다. "모든 도시인에게는 그런 장소가 있
> 습니다. 손자와 할아버지에게 같은 장소입니다. 그는 환영받을 뿐만 아니
> 라 그곳에 가서 원하는 만큼 머무를 법적 권리가 있습니다. 하지만 한 달
> 이상 머무르면 일도 해야 합니다. 그는 모든 자녀를 데려갈 수도 있습니다.
> 좋은 취향은 실제 운동을 제어합니다."
>
> 페리에는 잠시 말이 없었다.
>
> "당신이 결혼하면…" 그가 계속 말했다. "아이가 태어나기 약 한 달 전
> 에 아내와 함께 도링으로 가는 배에 태워 두 분이 도른 경의 집으로 가십시
> 오. 그곳에서 그들이 당신을 기다리고 있고, 당신을 보고 반가워할 것입니
> 다. 당신의 아내는 아이가 젖을 뗀 후까지, 아마도 더 오래 머물 수도 있고,
> 당신은 가능한 한 오래 거기에 있을 겁니다. 그러다 아이가 병들거나 그곳
> 이 지루해지면 도른 경의 집으로 갈 것입니다. 그리고 훨씬 더 많은 것이
> 탄리둔tanrydoon입니다." [39]

탄리둔tanrydoon은 스토리에서 중요한 역할을 하지만, 스토리에서 더욱 중요한 것은 '사랑'에 대한 4개의 아일랜드 단어, 즉 알리아alia(장소, 특히 조상의 집과 땅

에 대한 사랑), 아미아amia(친구에 대한 사랑), 아니아ania(결혼과 헌신에 대한 욕구), 아피아apia(성적 끌림)이다. 이러한 종류의 사랑과 그 사이의 차이점과 관계는 책의 로맨스와 관계, 그리고 그것이 내러티브를 형성하는 방식에 핵심이 된다. 섬 문화는 그 이전에 등장한 다른 어떤 허구의 문화보다 더 세심하게 생각되고, 매우 자세하게 묘사되었다. 요소들의 흥미로운 조합을 통해 라이트는 동양도 서양도 아닌 새로운 문화를 만들어냈으며, 실제 존재하는 지상 문화의 얄팍한 모방처럼 느껴지지 않을 만큼 충분히 독창적이다(가상 문화에서 자주 발생함). 너무 원시적이어서 엉성하거나 미개발된 것처럼 보이지도 않는다.

20세기 동안 고고학과 인류학의 성장과 함께 더 많은 허구적 문화와 더 발전된 허구적 문화가 등장하기 시작했다. 관객들의 기대가 점점 더 정교해졌기 때문이다. 미국에서 여행과 관광의 새로운 가능성, 미국에 도착하는 이민자들의 물결과 함께 매스미디어의 성장은 미국인 대부분이 자신의 문화 이외의 문화와 더 많은 접촉(또는 적어도 지식)을 하게 되었고, 따라서 더 많은 직접적인 문화 간 경험을 하게 되었다. 또한 시청각 매체에 등장하는 상상의 세계는 소설처럼 단순한 언어적 묘사에 의존할 수 없었다. 의상, 건축, 차량 등과 같은 분야의 문화 디자인은 소리와 이미지 형태로, 구체적으로 고려되어야 하며, 관련 없는 디자인의 모음이 아니라 통합된 전체로 고려되어야 한다.

화면에 있든 페이지에 있든 가상 세계의 허구적 문화는 종종 하나 이상의 간단한 정의적 특징을 가지고 있어 다른 문화에 대해 신속하게 설정하고 배치한다(예: 스타트렉 세계에서 전사로서의 클링온, 논리적인 벌컨Vulcans, 사업가로서의 페렝기Ferengi 등). 전체 행성이 단일 지상 위치와 마찬가지로 종종 단일 유형의 지형을 포함하는 것처럼 이차세계의 위치는 해당 위치가 도시, 국가 또는 전체 행성인지 아닌지에 관계없이 단일 문화의 본거지다. 다중 행성 세계에서 둘 또는 세 개 이상의 문화 주요 본거지인 행성은 상대적으로 드물다. 앞서 언급했듯이 지구를 포함하는 다중 행성 세계에서 모든 인류는 종종 동일한 문화적 우산('지구인' 또는

'인간') 아래 함께 그룹화되며 지구상의 인간 문화 간의 차이는 상대적으로 작다는 암묵적인 가정이 있다. 행성 간 문화적 차이에. 어떤 경우이든 문화를 구분하는 선은 대개 명확하게 그어져 있으며 문화적 차이가 강조된다.

따라서 문화는 문화가 통합되는 세계를 위한 중요한 구조적 틀을 제공한다. 문화의 일원이며 주인공과 청중에게 설명을 제공하는 가이드와 멘토가 있더라도, 다른 언어, 유물, 음식, 관습 등을 포함할 수 있는 새로운 문화적 기본 설정은 종종 극복해야 할 큰 설명적 부담을 초래한다. 구조적 정보를 매우 직접적인 방식으로 전달하는(그러나 일반적으로 내러티브 외부에 나타남) 지도, 연대표, 계보도 및 용어집 외에도 더욱 간접적인 수단을 통해 문화의 일부 측면을 전달할 수 있다. 비교할 수 있는 일차세계 유사체가 있고, 새로운 요소의 의미를 해당 요소가 나타나는 맥락을 통해 얻을 수 있는 경우 요소는 설명 없이 도입될 수 있다. 이미지 기반 미디어에서 문화의 요소는 시각적으로 나타나지만, 설명이 없어서 관객이 맥락에서 사물을 파악하도록 내버려 둔다. 예를 들어, 리븐Riven(1997)이나 렘 Rhem(2003)과 같은 비디오 게임에서 플레이어는 목적이 설명되지 않은 기계를 만난다. 플레이어는 기계와 상호작용을 하고 그 결과를 지켜본 후에야 기계가 명백해진다. 숀 탠Shaun Tan의 이민자 가족에 대한 그래픽 스토리인 『도착The Arrival』(2007)은 맥락을 통해 문화를 배우는 책의 대표적인 예다.

쉽게 요약하거나 설명할 수 있는 문화적 측면도 부록으로 제공할 수 있다. 예를 들어 『듄Dune』에는 듄의 생태학, 듄의 종교, 베네 게세리트Bene Gesserit 및 그들의 동기와 목적에 대한 부록, 등장인물의 짧은 전기, 발리세트baliset가 '9현 악기'로 용어집이 포함되어 있는데, 발리세트가 "지트라의 직계 후손인 9현 악기이며, 추 숙Chusuk 음계에 맞춰 조율되고 타악기로 연주되며, 제국 음유시인이 가장 좋아하는 악기40라는 사실을 알 수 있는 용어집이다. 허구의 문화는 종종 기존 실제 문화의 다양한 측면이나 미학에서 함께 구성되거나 꿰뚫어지기 때문에 작가가 설명을 돕거나 기대치를 생성하기 위해 사용할 수 있는 함축적 의미의 잔류물을 발견하는 것은 드문 일이 아니다(예를 들어 '듄'의 사막 문화는 어느 정도 아랍과 중동 문화를 본뜬 것이다).

캐릭터와 마찬가지로 허구의 문화는 기원에 관한 스토리(세계 역사 포함)와 스토리 전반에 걸친 캐릭터 아크(문화적 변화 및 변경)를 가지고 있으며, 종종 결정적인 전환점, 권력 투쟁, 미래의 길을 결정하는 결정적인 순간에 묘사된다. 여기에는 꽤 자주 지배를 받거나 적어도 악의 세력의 위협을 받는 세계와 관련이 있다. 주인공은 악의 힘에 대해 배우고, 그에 맞서 싸우고, 그런 다음 싸워 물리치는 데 결정적인 역할을 한다(예를 들어, 오즈에서 도로시가 사악한 마녀와 싸우고, 프로도가 반지를 파괴하고 사우론을 물리치는 것을 돕고, 루크 스카이워커가 도움을 줌). 제국을 물리치고, 트론Tron은 마스터 컨트롤 프로그램을 무너뜨리는 데 도움을 주거나, 네오Neo는 기계로부터 시온Zion을 방어하는 데 도움을 준다. 일반적으로 문화사에서 결정적인 순간은 침략이나 전쟁, 특정 기술이나 외국의 영향을 받아들일 것인지 아닌지에 대한 논쟁, 또는 다른 문화와의 첫 만남이다. 일반적으로 문화적 충돌은 스토리의 중심이며, 때로는 갈등을 개인화하고, 허구의 로맨스에 필요한 마찰을 추가하기 위해 교차 문화 러브스토리가 포함된다. 그리고 스토리의 끝이 주인공이 취할 미래의 방향을 나타내듯이 우리는 일반적으로 문화가 향할 미래의 방향, 즉 일반적으로 더 평화롭고 안정적인 방향을 추측하기에 충분한 정보를 제공받는다.

문화는 세계를 구조화하는 수단으로서 다른 구조화 시스템(예: 지리, 역사, 자연 등)을 통합하는 데 도움이 될 뿐만 아니라, 캐릭터의 경험과 직접 관련이 있는 맥락을 제공하고 의미를 부여한다. 문화는 세계가 스토리를 능가할 수 있는 가장 매력적인 방법의 하나가 될 수 있으며, 상상 속에서 이차세계를 살아있게 하는 종류의 추측을 불러일으킬 수도 있다. 그리고 문화의 다양한 측면 중에서 언어는 문화의 미학과 세계관을 즉각적으로 느끼게 하는 것 중 하나다.

언어Language

글로벌한 사용을 위해 언어를 발명하거나 자연어의 결점을 피하려는 수많은 시도가 있었지만(아리카 오크렌트Arika Okrent의 저서 『언어가 발명된 나라에서In the Land of Invented Languages』에는 수백 가지 자연어가 나열되어 있다[41]) 많은 상상의 세계는 구성된 언어constructed languages(또는 '콘랭conlangs')와 함께 발명한 문화 및 민족을 활용하는데, 보통은 그 언어가 일차세계에서 사용되기를 바라지 않는다(퀘냐Quenya 및 클링온Klingon과 같이 더 발전된 언어 중 일부는 그 언어를 유창하게 구사하려는 팬층이 있지만). '자연' 언어와 달리 구성된 언어는 의도적으로 발명되고 설계되며, 일반적으로 그것이 나타나는 상상의 세계에 필요한 정도로만 스케치한다. 구축된 언어는 종종 두 그룹으로 나뉘는데, 기존 자연어의 요소를 빌리거나 사후 언어와 실제 언어에 기반을 두지 않는 선험적 언어(실제 언어의 영향을 완전히 피하기는 어렵지만)이다.

발명된 언어는 상상의 세계에서 여러 가지 용도로 사용된다. 그들은 새로운 개념, 물체 또는 다른 말로 표현할 수 없는 존재를 소개하거나 청중이 새롭게 생각할 수 있도록 기존 사물의 이름을 바꿀 수 있다. 발명된 알파벳, 문자 또는 그림 문자를 포함할 수 있는 언어의 소리 디자인과 인쇄물의 모양은 문화나 세계에 미적 호감과 감정적 느낌을 준다. 물론 이것은 작품이 나타나는 원래의 자연어에 크게 의존하는데, 그 이유는 작품이 그 자체의 효과를 내기 위해 해당 언어의 함의, 심지어는 미학에 의존하기 때문이다. 그러나 이러한 의미는 저작물이 다른 언어로 번역될 때 동일한 효과가 없을 수 있다. 예를 들어, 영어로 된 판타지와 SF에서는 이국적으로 들리도록 이름을 만들 때 덜 자주 나타나는 문자(예: Q, X, Z)를 사용하는 경향이 있다.[42] 마찬가지로 발명된 단어가 실제 단어에 너무 가까우면 부주의하게 다른 의미를 선택할 수 있어서 독립적인 언어가 동일한 단어를 다른 의미로 사용하는 것이 드문 일이 아님에도 불구하고 일반적으로 사용을 피한다(언어학자들은 이러한 단어를 '거짓 친구'라고 부르는데, 이는 오해의 소지가 있기 때문이다).[43]

발명된 언어는 또한 이름에 의미를 부여하는 일관된 방식으로 이름을 생성하는 데 사용할 수 있다. 예를 들어, 톨킨의 신다린Sindarin에서 'mor'는 '검은' 또는 '어두운'을 의미하며 '검은 틈Moria', '어둠의 적Morgoth', '어둠의 처녀Morwen', '검은 땅Mordor' 등과 같은 여러 이름에서 발견된다. 어근에 대한 용어집이 제공되지 않더라도 독자는 유사점을 감지할 수 있고, 심지어 나중에 이름을 접할 때 본 단어에 내재된 의미에 따라 기대감을 형성할 수도 있다. 어떤 개념에 단어를 주고, 어떤 개념에 생략되는지, 그리고 어휘로 체계화된 개념적 구분은 주어진 언어로 무엇을 표현할 수 있는지를 결정한다. 예를 들어, 시인 크리스티안 뵈크Christian Bök가 TV 프로그램 '지구: 최후의 충돌Earth: Final Conflict'(1997)을 위해 고안한 언어인 유노이아Eunoia에는 과거 시제가 없으며 개념과 정반대의 개념이 함께 구현된다 (예: '전쟁'과 '평화').[44]

마지막으로 상상의 세계에서 개념과 문화를 조직하고 연결하는 것 외에도 언어와 단어는 종종 그들의 세계에서 지식과 힘의 원천이기도 하다. 예를 들어 조지 오웰George Orwell의 『1984』에는 어휘를 제한하여 생각을 제한하는 것을 목표로 하는 오세아니아의 공식 언어인 신어Newspeak 원칙에 대한 부록이 포함되어 있다. 부록은 단어 형성이 어떻게 발생하는지, 신조어와 새로운 아이디어를 제한하는 규칙, 화자에게 특정 태도를 부과하는 방법까지 설명한다. 뉴스피크 사전 제11판은 스토리 당시 편집 중이었고, 작업 중인 캐릭터 사이메Syme는 이에 대해 다음과 같이 설명한다.

　　"제11판The Eleventh Edition은 최종판이다"라고 그는 말했다. "우리는 언어를 최종 형태로 만들고 있다. 아무도 다른 말을 하지 않을 때 갖게 될 형태다. 우리가 그것을 끝냈을 때, 당신 같은 사람들은 그것을 처음부터 다시 배워야 할 것이다. 당신은 우리의 주요 업무가 새로운 단어를 발명하는 것이라고 감히 말할 수 있다. 하지만 조금은 아니다! 우리는 날마다 수십, 수백 개의 단어를 파괴하고 있다. 우리는 언어를 뼛속까지 자르고 있다. 제11판에는 2050년 이전에 쓸모없게 될 단 한 단어도 포함되지 않을 것이다. … 뉴스피크의 전체 목표는 사고의 범위를 좁히는 것임을 알지 못하는가? 결국 우리는 그것을 표현할 단어가 없을 것이기 때문에 사상 범죄를 문자 그대로 불가능하게 만들 것이다."[45]

단어는 개념을 표현하고 아이디어를 공식화(또는 제한)하는 데 사용되는 것 외에도 훨씬 더 직접적인 힘을 가진다. 창조를 시작하는 성서의 '빛이 있으라Fiat Lux'처럼 특정 단어는 환상 문학에서 발견되는 어스시Earthsea의 '진정한 이름', 디니D'ni 문화(미스트Myst 프랜차이즈에서 유래)의 문어, 마법 주문, 주문 및 암호(5장 참조)와 같은 각 세계에서 즉각적인 효과를 생성한다. 결과적으로 사용에 대한 지식은 종종 비밀로 보호되며, 적절한 교육을 통해 자격을 갖춘 개인에게만 전달된다.

초기 상상의 세계에서는 주인공이 주로 방문한 이차세계의 관찰자였기 때문에 발명된 언어가 덜 필요했다. 아마도 자체 언어와 알파벳을 가진 최초의 상상 세계는 모어의 『유토피아』였을 것이다. 모어의 책 1517년 판에는 유토피아 알파벳과 '유토피아 언어의 4행시A Quatrain in the Utopian Language'가 포함된 보조 자료(모어 또는 그의 친구 피터 자일스Peter Giles[46]에 기인)가 포함되어 있다. 로마 알파벳을 사용한 음역(<그림 3-4> 참조)을 사용하여 인쇄되었다. 그러나 이 언어는 스토리 자체 내에서는 사용되지 않으며, 일부 텍스트 판에는 자일스의 페이지도 포함되어 있지 않다. 몇 년 후, 라블레Rabelais의 저서 『가르강튀아와 팡타그루엘의 역사The Histories of Gargantua and Pantagruel』시리즈(1532~1551)에 발명된 언어를 사용했는데, 희극적 효과를 위해 만들어진 몇 가지 진술에만 사용하였다.

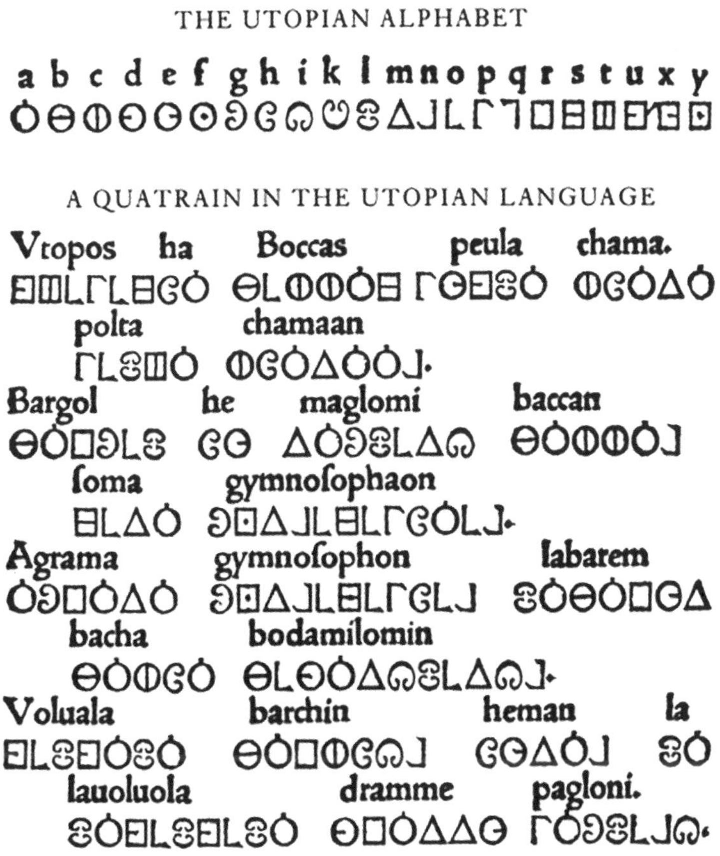

THE UTOPIAN ALPHABET

a b c d e f g h i k l m n o p q r s t u x y

A QUATRAIN IN THE UTOPIAN LANGUAGE

Vtopos ha Boccas peula chama.

polta chamaan

Bargol he maglomi baccan

ſoma gymnoſophaon

Agrama gymnoſophon labarem

bacha bodamilomin

Voluala barchin heman la

lauoluola dramme pagloni.

<그림 3-4> 토머스 모어의 『유토피아』에 나오는 유토피아 알파벳과 유토피아 언어의 4행시.

세계가 발전하고 원주민과 그곳을 방문한 여행자들 사이에 더 많은 상호작용이 이루어지면서 이사소통을 힘들게 하는 언어 장벽 문제가 인식되고 해결되기 시작했다. 어떤 경우에는 언어 장벽이 스토리의 갈등을 부채질할 수 있는 오해의 원인을 제공하기도 했지만, 스토리가 진행되기 위해 빨리 극복해야 하는 불편함으로 간주되는 경우가 더 많았다. 마가렛 캐번디시Margaret Cavendish의 『불타오르는

세계라고 불리는 새로운 세계의 묘사』(1666)에서 주인공은 블레이징 월드Blazing World로 여행을 가서 다양한 동물 인간들이 각자의 언어로 말하는 걸 보고(세상에는 단일 언어가 있음), 그녀는 "용기를 내어 그들의 언어를 배우려고 노력했다"라고 말한다. 그녀는 그렇게 멀리까지 여행을 와서야 몇 가지 단어와 신호로 그 의미를 이해할 수 있었다. 그 후 그녀는 "안전할 뿐만 아니라 그들과 함께 있으면 매우 행복"하다고 느꼈다.[47] 언어 학습은 거의 즉시 이루어지는 듯하며, 어떻게 이루어지는지에 대한 설명은 없지만, 언어 장벽은 최소한 인정된다. 또 다른 해결책은 언어를 학습할 시간을 준 다음 간단히 생략 부호로 설정하는 것이다. 토마스 노스모어Thomas Northmore의 『행성의 회고록, 또는 마카르의 법과 예절의 스케치 Memoirs of Planetes, or a Sketch of the Laws and Manners of Makar』(1795)에서 마카르로 여행하는 주인공은 (일인칭 내레이션에서) 그가 원주민 가족과 한 달 동안 살면서 그들의 언어를 배웠다. 그러나 그것이 우리가 경험에 대해 들은 전부이다.

또 다른 해결책은 언어 장벽을 즉시 제거할 수 있는 장치를 발명하는 것이다. 아마도 가장 초기의 그러한 장치는 크라우더Crowder와 우드게이트Woodgate의 『거주자의 예절, 관습, 법, 정부 및 종교에 대한 설명과 다른 몇 가지 세부 사항과 함께 설명하는 지구 중심부의 세계 여행A Voyage to the World in the Center of the Earth Giving an Account of the Manners, Customs, Laws, Government, and Religion of the Inhabitants, Their Persons and Habits Described with Several Other Particulars』(1755)에서 찾을 수 있는데, 지하 세계를 방문하는 주인공에게 모국어를 이해할 수 있는 연고가 주어진다. 벤저민 디즈레일리Benjamin Disraeli의 『포파닐라 선장의 항해The Voyage of Captain Popanilla』(1828)에는 훨씬 더 강력한 장치가 등장한다. 해안에 떠밀려온 바다 궤짝에서 포파닐라는 해밀턴의 책 『유니버설 언어학자, 또는 언어로 꿈꾸는 기술The Universal Linguist, or the Art of Dreaming in Languages』을 발견한다. 이 책을 읽는 동안 그는 잠이 들고, 그 후 깨어나자 다른 언어를 이해할 수 있게 된다. 나중에 그는 판타이시Fantaisie와 브라이블레우시아Vraibleusia의 다양한 민족을 만났을 때 세계 언어학자 덕분에 그들을 이해할 수 있다. '범용 번역기 universal translator'라는 개념은 결국 SF의 관례가 될 것이다. 예를 들어 '스타트렉' 세계에서 발견되는 '범용 번역기' 또는 더글러스 애덤스Douglas Adams의 '은하수를 여행하는 히치하이커를 위한 안내서The Hitchhiker's Guide to the Galaxy'에 나오는 바벨피쉬Babel Fish는 사용자의 귀에 살면서 듣는 것을 번역한다.

다양한 다른 방법들이 언어 학습을 가속하기 위해 시도되었다. 데퐁테네 Defontenay의 『Star』(1854)에서 내레이터는 번역할 콘텍스트가 부족한데도 추락한 운석 내부의 상자에서 발견된 스타리안 책을 연구하여 스타리안 시스템의 언어를 배웁니다. 바움의 『존 도우와 케루브John Dough and the Cherub』(1906)에 나오는 존 도우는 생명의 비약을 마시기 때문에 동물의 언어를 이해한다. 또 제임스 블리시James Blish의 『그리고 몇몇 사람은 야만인이었다And Some were Savages』(1960)에서 기술 프로세스를 통해 사용자는 '약 8시간 만에' 언어를 배울 수 있다.[48] 이차세계 외부의 등장인물이 없는 경우에는 대부분의 등장인물이 자신의 지역 언어와 함께 사용하는 '공통어'(톨킨의 중간계의 경우 서부어와 같은)를 사용할 수 있다. 그런 다음 이 공통 언어는 스토리가 나타나는 자연 언어로 번역되어 독자도 이해할 수 있도록 하는 동시에 작가가 원하는 대로 현지 언어가 낯설게 보이도록 허용한다. 예를 들어 『반지의 제왕』에서 프로도의 이름은 웨스트론에서는 마우라 라빙기Maura Labingi이고, 샘의 이름은 바나지르 갈바시Banazîr Galbasi이지만, 이 이름은 스토리의 텍스트 내에서는 사용하지 않는다.

예를 들어, 라이트의 『아일랜디아Islandia』(1942)에서는 언어 장벽이 신중하게 고려되고, 더 현실적으로 다루어진다. 어떤 경우에는 언어 장벽의 극복이 스토리의 주요 갈등 요소다. 스타니스와프 렘Stanisław Lem의 『솔라리스Solaris』(1961)에 나오는 우주인 과학자들은 외계인들의 이해 형태 간 격차를 해소하기 위해 행성의 감각적 바다와 소통하려고 고군분투한다. 그러나 새로운 세계를 배경으로 한 많은 스토리는 주인공의 도착과 함께 행동을 시작하므로 언어 장벽 문제를 해결할 시간도, 의향도 없어서 많은 사람이 기존 관습에 의존하여 의사소통을 가능하게 하는 빠른 해결책을 찾고 나머지 작업을 계속한다.

스토리에서 발명된 언어를 충분히 사용하면 새로운 단어가 사용될 때 이를 기억해야 하는 독자에게 어려움이 발생할 수 있는데, 그 결과 용어집이 추가된다. 아마도 용어집을 포함하는 최초의 가상 세계 스토리는 로버트 팔톡의 『피터 윌킨스의 삶과 모험』(1751)일 것이다. 이 책에는 103개의 용어가 나열된 두 페이지의 '이 작업에서 언급된 이름과 사물에 대한 설명'이 포함되어 있다.[49] 일부 정의는 다른 용어를 참조하며(예를 들어, '필루스'는 '대작의 갈비뼈'로 정의됨), 이는 세계 용어의 상호 연결을 통해 독자의 세계 몰입을 강화한다. 용어집에서 용어를 비교하면 언어의 어근 구조의 일관성도 드러난다. 우리는 유사한 의미를 가진 단어에서 동일한 어근이 나타날 거라고 예상했는데, 실제 그렇다. 'Colamb'는 '주지사'를 의미하고, 'Colambat'는 '정부'를 의미한다. 또 'Lask'는 '노예'를 의미하고, 'Laskmett'는 '노예제도'를 의미한다. 그러나 그러한 유사성 외에는 팔톡의 언어에는 포괄적인 구조나 논리가 없다.

일부 작가는 자신의 세계가 성장함에 따라 단편적인 방식으로 자신이 발명한 언어를 추가했지만(『투비아, 화성의 처녀Thuvia, Maid of Mars』(1920)에서 에드거 라이스 버로스Edgar Rice Burroughs는 그의 4권의 화성 소설에 걸쳐 축적된 모든 바수미안Barsoomian 단어에 대한 용어집을 포함했다), 이 방법은 결과적으로 언어가 일관성을 유지하기가 어려울 수 있다. 코드웨이너 스미스Cordwainer Smith(나중에는 조지 루카스George Lucas)와 같은 다른 하위창조자는 영어 이외의 언어에서 단어를 가져와 이름으로 사용하거나, 새뮤얼 버틀러Samuel Butler처럼 철자 바꾸기 또는 단어의 역순을 사용하는 데 만족했다.[50] 그러나 언어를 구성하는 저자가 언어가 어떻게 작동하고 발전하는지에 대한 배경지식이 있을 때 언어 구성은 새로운 수준의 정교함에 도달할 것이다.

20세기 동안 언어학자는 때때로 세계(보통 영화와 텔레비전에서 그런 일에 대한 예산이 존재하는)를 개발하기 위해 고용되었고, 일부 문학 작가도 언어학자였다. 이들 중 가장 유명한 사람은 물론 J. R. R. 톨킨이었는데, 그가 발명한 언어는 그의 상상 세계가 자라난 씨앗이었다. 언어 발명에 대한 톨킨 자신의 개인적인 역사는 그의 에세이 『비밀스러운 악덕A Secret Vice』의 주제이며, 여기에서 그는 그가 연사였던 친구의 '네브보쉬Nevbosh'와 자신의 '나파린Naffarin'을 포함하여 발명된 언어에 대한 초기 경험을 설명한다.[51] 톨킨은 중간계에서 다양한 크기와 복잡성을 가진 12개 이상의 발명 언어를 만들었다. 그의 엘프Elven 언어인 퀘냐Quenya는 그중에서 가장 상세한데(어떤 사람들은 가장 아름답다고 말할 것이다) 핀란드어와 라틴어의 영향을 받았다. 일련의 어근 단어를 기반으로 하는 퀘냐Quenya는 언어학자 데이비드 살로David Salo가 피터 잭슨Peter Jackson의 영화 '반지의 제왕'(2001~2003)의 캐릭터 라인 번역을 위해 퀘냐를 추정할 수 있을 만큼 완전하고 상세하다.

이차세계 언어를 개발하는 다른 언어학자로는 수젯 헤이든 엘긴Suzette Haden Elgin(소설의 모국어 3부작을 위한 '여성의 언어'인 라아단Láadan을 고안한 사람으로, 위다자드widazhad: 임신 후반기 만삭에 출산을 간절히 기다리는 것과 앗샤나áshaana: 기쁘게 월경하는 것과 같은 단어가 있음)이 있다. 또 빅토리아 프롬킨Victoria Fromkin('The Land of the Lost' TV 시리즈의 파쿠Paku와 블레이드Blade(1998)의 뱀파이어 언어 개발), 앨런 가너Alan Garner('The Dark Crystal'(1982)의 언어 개발), 톰 쉽피Tom Shippey(Harry Harrison의 West of Eden(1984)에서 Marbak 개발), 폴 프로머Paul Frommer('아바타'(2009)의 Na'vi어 개발), 마크 오크란드Marc Okrand(아틀란티스: 잃어버린 제국(2001)의 Atlantean, 스타트렉 세계관의 클링온을 디자인했던) 등이 있다.

오크란드의 클링온은 『클링온어 사전The Klingon Dictionary』(1985)에 등장하는 영화와 TV 시리즈를 넘어 개발되었으며, 햄릿Hamlet(2000)의 번역을 포함하여 클링온의 뉴스레터 및 기타 자료를 제공하는 클링온어학원Klingon Language

Institute의 지원을 받았다. 인터넷으로 인해 더 많은 팬의 참여와 소통이 이루어지면서 21세기 초에 구성된 언어 발명가 커뮤니티가 생겼고, 마크 로젠펠더Mark Rosenfelder의『언어 구성 키트The Language Construction Kit』와 같은 언어 구성 도구가 온라인에서 시작되어 2010년에 책으로 출판되었다. 2007년에는 언어 창조 콘퍼런스를 후원하는 언어창조협회가 결성되었다.

따라서 발명된 언어는 클링온과 같은 수백 개의 단어에서 몇 개의 단어일 수 있는 언어의 샘플링에 이르기까지 다양할 수 있다(일부 언어에는 'og'와 'glog'라는 두 단어만 있는 피에르 바톤Pierre Barton의 지하 Ogs 언어처럼 시작하는 단어가 거의 없음에도).[52] 발명된 언어는 스토리나 세계의 중심이 될 수도 있고, 단순히 배경에 풍미를 더하는 데 사용될 수도 있다. 그러나 잘 짜인 언어가 스토리에 등장하는 경우 이러한 언어는 지원하는 데 도움이 되는 내러티브와 신화에 추가된다.

신화Mythology

신화는 전설과 기원에 관한 이야기를 통해 사건에 대한 역사와 맥락을 제공함으로써 이차세계를 구조화한다. 이는 현재 사건과 세계의 배경 이야기를 제공한다. 그들은 종종 등장인물과 진행 중인 문제가 어떻게 생겨났는지 밝혀내어 스토리 사건이 더 의미 있게 보이고, 어쩌면 긴 등장인물 스토리의 완성이나 해묵은 갈등의 해결로 보일 수도 있다. 그러므로 신화는 역사적 깊이, 설명, 그리고 세계의 사건에 대한 목적을 제공한다.

그리스, 로마 또는 북유럽 신화에서 영감을 받은 던세이니Dunsany, 러브크래프트Lovecraft 및 톨킨과 같은 작가는 하위 창조 세계를 감독하는 신과 같은 존재의 계층적 판테온을 제작했다. 던세이니 경의 첫 번째 책인『페가나의 신들The Gods of Pegana』(1905)에는 창조 신화와 신들의 위계적 판테온이 포함되어 있으며, 나중에 던세이니가 그들이 숭배되는 땅에 대한 전설을 썼을 때 배경을 제공했다.『페가나의 신들』은 짧은 장으로 구성된 책으로, 창세기를 본뜬 형태와 스타일을 가지고 있다.

> 마나-유드-수샤이MANA-YOOD-SUSHAI가 신들을 만들었을 때 거기에는 신들만 있었고, 그들은 시간의 한가운데에 앉아 있었다. 왜냐하면 그들 뒤에도 끝도 없는 많은 시간이 있었기 때문이다.
>
> 그리고 페가나Pegana는 스칼Skarl의 북소리를 제외하고는 열도 빛도 소리도 없었다. 더군다나 페가나는 모든 것의 중간이었다. 왜냐하면 페가나 아래에는 그 위에 있는 것이 있었고, 그 앞에는 그 너머에 있는 것이 있었기 때문이다.
>
> 그런 다음 신들은 페가나의 침묵이 얼굴을 붉히지 않도록 신의 표식을 만들고 그들의 손으로 말하면서 말했다. 그런 다음 신들은 손으로 말하면서 서로에게 말했다. "MANA가 쉬는 동안 우리 자신을 즐겁게 할 세상을 만들자. 세상과 삶과 죽음, 하늘의 색을 만들자. 다만 페가나의 침묵을 깨뜨리지 맙시다."
>
> 그런 다음 각 신이 손을 들어 그의 표징에 따라 세계와 태양을 만들고, 하늘의 집에 빛을 두었다.[53]

던세이니는 이 책의 후속작으로 『시간과 신Time and the Gods』(1906)을 썼는데, 이 책은 서문으로 시작한다. "이 이야기들은 야르니스Yarnith, 애브론Averon, 자르칸두Zarkandhu, 그리고 내 꿈의 다른 나라에서 신과 인간에게 일어난 일들에 대한 것이다." 이 이야기에는 신들의 판테온이 포함되며, 이번에는 세상의 남자들과 상호작용을 한다.

던세이니의 작업은 H. P. 러브크래프트에게 영감을 주었다. 그는 자기 판테온의 중심인물 중 하나를 따서 나중에 '크툴루 미토스Cthulu Mythos'로 알려진 '유사 신화'라고 부르는 자신의 신화를 개발했다. 던세이니의 신화와 달리 러브크래프트의 신화는 어둡고 충격적이며, 그의 '신'(실제로 숭배하는 외계인)은 악의적이고 악마적이며, 그의 스토리는 공포 장르의 일부다. 이 강력한 존재는 인류에게 해롭고 무관심하며, 그들의 화신 형태는 개구리, 파충류, 젤라틴 덩어리 및 그림자 구름과 유사하다. 그들은 기괴하며 촉수, 뿔, 분리된 눈을 가지고 있지만, 차원을 초월한 우주적 존재로서 그들은 물리적 물질 구성과 다르다. 러브크래프트는 그의 친구인 다른 작가들에게 자신의 신화를 사용하도록 독려했고, 텍스트 간 참조를 통해 창작물의 진실성을 높였다.

던세이니의 판테온은 J. R. R. 톨킨에게도 영감을 주었다. 톨킨은 정교하고 세심하게 통합된 자신의 전설집을 구성했다(사후에 출판된 그의 작품 중 『실마릴리온』(1977)과 『끝나지 않은 누메노르와 중간계의 이야기Unfinished Tales of Númenor and Middle-earth』(1980)에 가장 두드러지게 나타남). 그러나 로마 가톨릭 신자로서 톨킨은 자신의 신화가 기독교 신학과 모순되는 것을 원하지 않았고, 그래서 그는 그것을 "일신론적이지만 '하위창조적'인 신화"라고 부르며 그것에 맞도록 그의 전설집을 고안하려고 시도했다.[54] 그의 계층 구조의 최상위에는 신('유일자'를 의미하는 에루Eru)이 있으며, 발라르Valar를 창조한다. 발라르는 '신'의 자리를 차지하지만, 신은 천사와 같은 창조된 존재이며, 그 아래에는 마이아르Maiar가 있다. 그의 창조 스토리에서 아이눌린달레Ainulindalë, '아이누Ainur의 음악', 발라르Valar 중 한 명인 멜코르Melkor는 불화를 심고 타락한 후 발라르의 계획에 반대하는 사악한 적이 된다. 악의 본성, '마법'의 정의, 죽음의 개념을 포함하는 많은 신화적이고, 초자연적인 문제들은 톨킨이 그의 전설집을 작업하고 그 디자인의 신학적 의미를 고려하면서 수십 년에 걸쳐 변화했다.

톨킨은 발명된 신화를 구성하는 데 있어 순수주의자일 수 있다. 그의 편지는 그의 진행 중인 작업에 대한 비판을 포함하여 자신의 신화에 대한 그의 생각을 드러낸다.[55] 그는 C. S. 루이스의 우주 3부작의 첫 번째 책인 『침묵의 행성에서Out of the Silent Planet』(1938)를 좋아했지만, 톨킨은 3부작의 신화를 "초기 단계이며 결코 완전히 실현되지 않았다"라고 언급했고,[56] 다음과 같이 썼다. "나는 그의 아서왕-비잔틴 신화를 매우 싫어했다. 그리고 여전히 그것이 C. S. L.(매우 감수성이 있고, 너무 감수성이 예민한 남자)의 3부작 마지막 부분을 망쳤다고 생각한다."[57] 톨킨은 신화가 독립적이어야 한다고 생각했고, 루이스의 나니아 스토리가 다양한 신화의 요소(난쟁이, 용, 북부 신화의 거인, 바커스, 실레노스, 목신, 그리스와 로마 신화의 켄타우로스, 말하는 비버, 산타클로스Father Christmas)가 결합된 방식을 싫어했다. 톨킨은 또 "나니아와 C. S. L.의 모든 작품이 내 공감의 범위 밖에 머무르는 것은 슬픈 일이다. 내 작품의 상당 부분이 그의 작품 밖에 있었기 때문이다."[58]라고 썼다.

물론 모든 작가가 자신만의 전설집을 구축하는 건 아니다. 그러나 많은 작가가 신화적 요소를 사용하여 텍스트에 역사적 깊이와 초월적 힘을 불어넣는다. 이처럼 성경은 문학적 스타일(이전 텍스트의 던세이니 구절이 보여주듯이)뿐만 아니라 구조, 주제, 그리고 내용에서도 그렇다. 스테판 프릭켓Stephen Prickett은 빅토리아 시대의 환상에 관한 그의 저서에서 다음과 같이 말했다.

플라톤과 성경이 영문학에서 두 가지의 가장 큰 철학적 영향을 끼쳤다는 사실이 자주 지적되었다. 특히 환상의 방향에서 그들의 영향이 얼마나 큰지는 거의 관찰되지 않았다. 그런데도 그들의 매력은 분명하다. 둘 다 이것에 영향을 미치는 '다른 세계'의 존재를 시사하지만, 궁극적으로 인간의 이해를 넘어서는 더 큰 형이상학적 및 도덕적 전체 중 일부로서 더 큰 현실을 시사한다.[59]

성경에는 창조 스토리가 담겨 있으며, 수천 년에 걸쳐 한 민족이 국가로 성장하는 과정을 다루며, 자연적·초자연적 차원에서 선과 악 사이의 오랜 투쟁을 따라가며, 예언된 구세주(어떤 면에서 외부인)를 찾는 억압받는 민족을 묘사한다. 그런 다음 구세주가 권위자들과 갈등을 키우는 모습을 자세히 설명하는데, 이는 결국 사람들을 위해 자기희생을 감수하는 것으로 끝나고, 그의 도움을 통해 자유나 우위를 차지하게 되며 새로운 시대가 책의 마지막에 열린다. 이 패턴 또는 그 일부는 세계에 기반을 둔 많은 스토리에서 찾을 수 있다(특히 구세주 인물의 경우, 예를 들어 사스 도어프트 스완지안티Sass Doorpt Swangeanti의 피터 월킨스, 오즈의 도로시, 중간계Middle-earth의 아라곤, 아라키스Arrakis의 폴 아트레이데스Paul Atreides, 매트릭스의 네오, 스타워즈 은하계의 아나킨 스카이워커 등).[60] 성경에는 또한 지도, 연대표, 계보 등이 포함되었는데, 처음에는 본문 내의 설명으로 나중에는 데이터를 차트로 요약한 보조 자료로 사용되었다. 성경은 또한 함께 짜인 여러 내러티브의 모음이며, 많은 대형 프랜차이즈의 스토리처럼 이전 책을 상호 텍스트로 참조한 후기 책이 있다.

신과 기타 초자연적 존재와 함께 고대의 전설적인 인물도 하위 창조 신화에 풍부하며, 그들의 행동은 그들의 세계와 역사를 형성한다. 전쟁은 많은 스토리에서 눈에 띄게 등장하며, 종종 주인공이 태어나기 오래전에 시작된 갈등의 연속이다. 예를 들어 『반지의 제왕』은 실제로 『실마릴리온』에 묘사된 모르고스와의 긴 투쟁의 절정이다. 그의 하인 사우론은 그의 영혼은 몸이 사라진 후에도 모르도르와 나즈굴을 지배하고 그의 힘은 절대 반지One Ring가 파괴될 때만 끝난다. 왕과 왕족의 가계는 또한 그들이 나타내는 갈등과 함께 과거부터 현재까지 인물의 계보를 확장한다. 스타워즈 은하계에서 시스와 제다이의 스승-도제 조합과 같은 다른 라인도 한 시대에서 다른 시대로 대립을 이어가며, 오랫동안 끓어오른 고대 분쟁에서 새로운 복수를 가져올 수 있다.

신화는 현재의 인물과 사건을 고대와 연결하여 역사적 깊이를 만드는 데 도움이 되며, 두 시대의 병치는 세계에서 일어난 변화를 암시하는 차이점을 드러낼 수 있다. 초자연적 또는 신화 같은 존재의 위계, 고대 인물이 제공한 모델, 과거 전통에 부여된 가치(또는 그 부족)는 또한 신화가 철학의 화신이 되면서 이차세계에 내재된 세계관에 대해 알려줄 수도 있다.

철학Philosophy

철학적 전망은 다음과 같은 여러 가지 방법으로 내러티브 내에서 구체화할 수 있다. 캐릭터의 관점을 통해, 대화에서 명시적으로 또는 등장인물의 행동과 선택에서 암묵적으로 이루어진 진술을 통해, 행동과 결과가 연결되는 방식을 통해 인과 관계에 대한 세계관을 드러낸다. 그리고 정상적이거나 비정상적인 것으로 간주되는 것에 대한 작가의 전반적인 태도를 통해(스토리 자체의 다이어제틱 세계 내의 규범으로 표현될 수 있음), 작가의 기술과 의도에 따라 철학적 메시지와 아이디어가 스토리 내에서 다양한 정도로 공공연하게 또는 은밀하게 포함될 수 있으며, 부주의하거나 어긋나는 메시지나 세계관도 가능하다. 마지막으로 저자의 문체와 청중에 대한 기대는 세계관 일부를 드러낼 수 있다(윌리엄 포크너의 구불구불한 긴 문장을 제임스 엘로이James Ellroy의 잘린 스타카토 문장과 비교하거나, E. R. 에디슨의 화려하고 묘사적인 산문과 어니스트 헤밍웨이Ernest Hemingway의 전신적 산문을 비교해보고 그들이 독자에게 요구하는 바는 무엇일까?).

이차세계는 일차세계와 현저하게 다르며, 철학적 아이디어와 관점이 훨씬 더 미묘한 방식으로 표현될 수 있는 것은 바로 이러한 차이에서다. 하위 창조된 세계는 작가에게 세계관의 가정과 함의가 세상 그 자체의 디자인으로 구체화하고 자연화되는 세계 구축 과정에서 발생하는 새로운 기회뿐만 아니라 전통적인 서사로서 세계관을 내재화할 모든 동등한 기회를 제공한다. 어떤 것들은 더는 당연한 것으로 받아들일 수 없으며, 역사, 지리, 문화, 언어, 심지어 존재론까지 모두 저자가 주장하고자 하는 아이디어, 시스템 및 신념을 반영하도록 설계될 수 있다. 하위창조자는 물리 및 형이상학의 법칙을 변경하고, 행동이 결과를 가져오는 방식을 변경하고, 우리의 가정을 약화하는 전통적인 개념에 의문을 제기하거나 재구성하는 새로운 개념을 제안하거나, 타당성의 다른 경계를 제안하는 확률을 변경할 수도 있다. 저자가 청중의 이차적 믿음을 얻기 위해 충분한 완전성과 내적 일관성을 갖춘 일관된 전체로 세계를 제시할 수 있다면 청중은 동일한 아이디어를 더 무거운 방법으로 직접 언급할 때보다 제시된 아이디어를 더 수용할 수 있다. 세상의 자만심이 받아들여지면 일부 아이디어는 배경 및 기본 가정의 일부로 눈에 띄지 않게 지나갈 수도 있다. 때로는 세상 자체의 단순한 존재 자체가 이미 진술하고 있다. 패러디나 풍자가 의도된 것이 아니라면, 기능적으로 보이는 유토피아는 그 실현 가능성에 대해 고유한 주장을 한다.

　재설정된 많은 기본 가정은 새로운 사고방식을 도입하는 데 사용될 수 있으며, 새로운 문화를 접하면 세상을 새로운 방식으로 볼 수 있는 것과 마찬가지다. 때때로 발명품과 변경된 기본값은 영화의 오프닝 숏('스타워즈'(1977) 또는 '블레이드 러너'(1982))이나 책의 오프닝 문장인 "땅속 구멍에 호빗이 살았다"에서도 나타난다(J. R. R. 톨킨, 『호빗』(1937)). "4월의 맑고 추운 날이었고, 시계는 13시를 가리키고 있었다."(조지 오웰George Orwell, 『1984』(1949)), 해협 횡단 비행선 로드 브루넬의 호위선이 광학적으로 인코딩한 합성 이미지, 1905년 10월 14일 셰르부르Cherbourg 교외의 공중 사진(윌리엄 깁슨William Gibson과 브루스 스털링Bruce Sterling의 『차이 엔진The Difference Engine』(1990)) 등등. 차이는 우리를 하나의 세계로 끌어들이는 흥미로운 고리를 제공할 수 있지만, 이차적 믿음이 발생하려면 어느 정도 자연스러워야 한다. 동시에 새로운 용어는 앞에서 설명한 탄리둔tanrydoon이나 아니아ania의 용어와 같은 새로운 아이디어의 형태를 제공한다. 일차세계와 이차세계 자료의 얽힘, 그리고 새로운 자료가 수용되어 배경 가정의 일부가 되는 방식은 하위 창조 세계를 철학적 아이디어 전달을 위한 효과적인 수단으로 만든다.

　주인공이 일차세계에서 이차세계로 올 때 필연적으로 이차세계와 일차세계, 더 구체적으로 주인공(및 일반적으로 작가)이 온 문화 사이의 세계관 비교가 있을 것이다. 당연히 저자 자신의 세계관은 직간접적으로 자신의 이차세계를 통해 나

온다. 예를 들어, 토머스 모어 또는 J. R. R. 톨킨의 로마 가톨릭교, H. P. 러브크래
프트의 허무주의와 우주주의, 필립 풀먼Philip Pullman의 무신론, 또는 어슐러 K.
르귄의 융과 도교적 관점 등등. 저자는 수정 단계까지 영향을 완전히 인식하지 못
할 수도 있다. 톨킨은 자신의 작업에 대해 다음과 같이 썼다.

> 물론 『반지의 제왕』은 근본적으로 종교적이고, 가톨릭적인 작품이다.
> 처음에는 무의식적으로 그랬지만, 개정 과정에서 의식적으로 그렇게 되
> 었다. 그래서 나는 상상의 세계에서 '종교', 컬트 또는 관행과 같은 것에 대
> 한 모든 참조를 넣지 않았거나 삭제하지 않았다. 종교적 요소는 스토리와
> 상징주의에 흡수되기 때문이다.[61]

마찬가지로, 세계의 악당과 사악함은 작가 자신의 세계관과 정반대되는 철학
을 나타낼 가능성이 크며, 이는 똑같이 '이야기와 상징주의에 흡수'되지만, 공개
적으로 나타나거나 심지어 이름을 붙일 수도 있다(예, 나바코프Nabakov의 『좌경
선Bend Sinister』(1947)에서 '에크윌리즘Ekwilism' 철학처럼).

때때로 경쟁하는 철학은 비슷한 기원이 있지만, 선택과 행동을 통해 다른 길을
가는 두 인물을 통해 펼쳐질 수 있다. 예를 들어 『반지의 제왕』에서 간달프와 사루
만은 둘 다 이스타리Istari로 시작한다. 전자는 여전히 선하지만, 후자는 지식과 권
력에 대한 욕망과 섬기지 않으려는 마음 때문에 악으로 변한다. 보로미르 형제와
파라미르 형제는 아버지로부터 다른 대우를 받고 반지를 소유하려는 유혹을 받았
을 때 다르게 반응한다. 지도자 아라곤과 데네소르는 곤도르의 통치에 매우 다르
게 접근한다. 그리고 호빗 빌보와 골룸은 둘 다 반지를 몇 년 동안 소유했지만, 그
것에 대해 다른 태도를 보이며 빌보는 반지를 놓을 수 있었고, 골룸은 반지를 다시
얻는 데 집착했다.

이차세계는 일차세계를 배경으로 한 스토리보다 훨씬 더 큰 범위에서 철학적

아이디어를 포함하고 지원할 수 있으며, 그러기 위해 이차세계를 함께 지탱하는 모든 구조를 이용할 수 있다. 철학이 하위창조자의 작품에서 자연스럽게 나오든, 하위창조자가 세계를 구축하는 틀이든 간에, 그것은 작품의 많은 부분에 영향을 미치고 결정하는 구조적 장치로 볼 수 있으며, 많은 경우에 다양한 인프라를 한데 모으는 데 도움이 되는 구조적 장치로 볼 수 있다.

서로 다른 인프라를 함께 연결하기 Tying Different Infrastructures Together

개별 인프라는 그 자체로 완전하고 일관성이 있어야 하지만, 세계적으로 가장 위험한 상황이 발생하려면 모든 다른 인프라도 일관성 있게 조화를 이뤄야 한다. 스토리 이벤트는 이미 등장인물, 장소, 시간의 특정 순간들이 함께 묶이는 지점으로 작용하여 지도, 타임라인, 계보를 자동으로 연결한다. 서술적 구조(다음 장의 주제)와 가장 밀접하게 작용하는 이 세 가지 구조는 앞의 본문에서 논의한 자연, 문화, 언어, 신화, 철학의 구조와도 연결되며, 이를 모두 합치면 조정과 수정이 필요한 경우가 많다.

린 카터가 『상상의 세계: 환상의 예술 Imaginary Worlds: The Art of Fantasy』에서 지적했듯이 지도는 자연과 자연적 과정을 염두에 두고 만들어야 한다.

> 지리학은 단순히 발생하는 것이 아니다. 자연적인 특징은 특정 원인으로 인해 발생하는 것이다. 상상의 세계 판타지 작가가 되려는 사람은 지도를 스케치하기 전에 조금 생각하는 것이 좋다.
>
> 무성한 열대우림이 불타는 모래가 있는 건조한 사막과 마주할 수는 없다. 사막과 열대우림, 정글과 초원 등을 만드는 힘의 상호작용을 이해하기 위해서는 기후학을 조금 읽어보는 것이 좋다. 또한 여러분은 지도에 산을 황급히 붙일 수도 없다. 산은 그들이 있는 곳에 있어야 할 충분한 이유가 있고, 판타지 작가는 산에 대해 무언가를 알아야 한다.[62]

톨킨조차도 조심스럽게, 중간계를 설계할 때 지질학에 충분히 주의를 기울이지 않았다는 것을 인정하고 편지 중 하나에 다음과 같이 썼다.

> 제3시대 세계의 모양에 관해서는 지질학적·고생물학적이 아니라 '극적으로' 고안된 것 같다. 나는 가끔 지질학자들의 상상력이나 이론과 나의 지도 사이에 어떤 종류의 합의를 이룰 수 있었으면 하는 바람이 있다. 하지만 그것은 인류 역사에 더 큰 문제를 만들었을 뿐이다.[63]

마찬가지로, 자연은 문화가 발생하는 원료를 제공하고, 따라서 문화 유물과 그 사회가 어떻게 될 것인지를 결정하며, 이는 결국 기술을 제한하고 사회 구조에 영향을 미칠 것이다. 하위창조자들은 자연환경을 고려하여 어떻게 음식, 의복, 주거지에 대한 접근이 얻어지고, 어떻게 그것들이 발견되거나 만들어지는지를 상상해야 한다. 『판타지랜드의 터프 가이드The Tough Guide to Fantasyland』에서 다이애나 윈 존스Diana Wynne Jones는 판타지 장르의 영화에서 동물의 부족을 풍자적으로 언급하고, 동물의 가죽에 대해 다음과 같이 쓰고 있다.

> **동물 가죽**은 많이 사용되며 네 가지 종류가 있다.
> 1. 사냥꾼의 모피: 이 가죽은 때때로 묶음으로, 남쪽으로 가져온다. 덫을 놓을 동물이 없는 것처럼 보이기 때문에, 이 가죽은 교묘한 인공 모조품이거나 다른 세계에서 수입한 것일 가능성이 크다.
> 2. 북부 야만인이 입는 모피: 이것도 가짜이거나 수입품일 가능성이 있다. 또 다른 가능성은 이러한 모피를 제공하는 동물이 현재 멸종되었고(생태학 참조) 유명한 모피 살바가 아버지에게서 아들에게 전해진다는 것이다.

3. 부츠용 가죽, 조끼 등은 또다시 신비로운 기원이 있다(가축Domestic
   Animals 참조). 소가 충분하지 않지만, 가죽은 어딘가에서 가져와야
   한다.

4. 사막 유목민의 텐트가 만들어지는 가죽: 여기서 소스는 분명하다. 유
   목민은 말을 사육한다. 텐트는 말가죽으로 만들어야 한다. 사실, 말이
   네 가지 종류의 동물 가죽을 모두 제공한다는 것은 전적으로 가능성이
   크다.[64]

타투인의 음식과 물에 관한 1장의 논의는 자연이 그 안에 사는 문화를 완전히
지원하지 않는 것처럼 보일 때 어떤 의문이 생길 수 있는지를 보여주는 또 다른 예다.

언어는 문화와 자연 모두에 의존하는데, 문화 구성원들이 사는 곳에서 마주치
는 대상에 대해 말이 필요하기 때문이다. 언어학에서 사피르-워프 가설은 언어가
사용할 수 있는 어휘와 문법으로 인해 특정 개념을 표현하고, 명료하게 표현하며,
심지어 알아차릴 수 있는 방식을 통해 사고와 문화를 형성한다고 제안했다. 사피
르-워프 가설의 강력한 버전은 신뢰를 잃었지만, 이 가설이 불러온 논의는 언어가
문화에 영향을 미치는 방식에 더 많은 관심을 불러일으켰다.

이차세계에서 발명된 언어는 종종 그 문화의 큰 부분을 차지하며, 대화 및 기타
언어 사용은 청중이 이해하는 일차세계 언어로 번역될 가능성이 크기 때문에 청
중이 외국 개념을 나타내는 단어만 받아들이는 것은 드문 일이 아니다. 언어와 문
화 사이의 연관성에는 많은 여지가 있지만, 이 둘은 동시에 발전하며 함께 등장하
는 하위 창작 세계에 특정한 매력을 제공한다.

언어와 신화도 서로 연결되어 있는데, 서로 지속되고 전파되는 데 도움을 주고
미학적 기반을 공유하기 때문이다. 톨킨에게 언어는 신화의 출발점이었으며, 그
는 그 과정을 다음과 같이 설명했다.

1914년 제1차 세계대전을 겪으면서 '전설'은 그 전설이 속한 언어에 의존하지만, 살아있는 언어는 전통에 의해 전달되는 '전설'에도 똑같이 의존한다는 사실을 발견하게 되었다(예를 들어, 그리스 신화는 사람들이 생각하는 것보다 그 언어의 경이로운 미학과 인물 및 장소의 명명법에 훨씬 더 많이 의존하고 내용에는 덜 의존한다. 물론 두 가지 모두에 의존하고, 그 반대의 경우도 마찬가지다. 볼라퓌크어Volapük, 에스페란토어Esperanto, 이도어Ido, 노비알어Novial는 저자가 에스페란토 전설을 전혀 만들어내지 못했기 때문에 고대의 사용되지 않는 언어보다 더 죽은 언어이다). 그래서 나는 본래 언어학자이고, 직업도 언어학자였지만(언어의 기능적 측면보다는 미학적 측면에 주로 관심이 있었지만) 언어부터 시작해서 같은 '취향'의 '전설'을 만들어내는 일에 관여하게 되었다.[65]

신화는 (창조 스토리에서처럼) 자연 요소와 관련된 기원과 고대 존재에 관한 스토리나 특정 장소와 관련된 천재 수호신(게니우스 로키genius loci)을 통해 자연과 밀접하게 연관된 경우가 많다. 앞서 설명한 것처럼 신화는 시간의 심연을 불러일으키는 데도 사용되므로 신화는 종종 세계의 타임라인에서 중요한 부분을 차지한다.

완전하고 일관된 세계를 구현하기 위해서는 이차세계 인프라를 신중하게 통합하는 것이 필요하지만, 의도적으로 통합하지 않는 것도 작가가 하위 창작 세계에 철학적 사상을 담는 방법이 될 수 있다. 『이틀 후에도 무너지지 않는 우주를 구축하는 방법How to Build a Universe That Doesn't Fall Apart Two Days Later』이라는 제목의 에세이에서 작가 필립 K. 딕은 다음과 같이 썼다.

나는 글을 쓰면서 무엇이 진짜냐고 묻는다. 왜냐하면 우리는 매우 정교한 사람들이 매우 정교한 전자 메커니즘을 사용하여 제조한 가짜 현실에 끊임없이 시달리고 있기 때문이다. 나는 그들의 동기를 불신하는 것이 아니라 그들의 힘을 불신한다. 그들은 많은 힘을 가지고 있다. 그리고 그것은 놀라운 힘이다. 그것은 전체 우주, 마음의 우주를 창조하는 힘이다. 나도 알아야 한다. 나도 같은 일을 한다. 소설의 기초가 되는 우주를 창조하는 것이 내 일이다. 그리고 이틀 후에 무너지지 않도록 만들어야 한다. 적어도 그것이 내 편집자들이 바라는 것이다. 그러나 나는 당신에게 비밀을 밝힐 것이다. 나는 무너지는 우주를 만드는 것을 좋아한다. 나는 그것들이 풀리는 것을 보고 싶고, 소설 속 캐릭터가 이 문제에 어떻게 대처하는지 보고 싶다. 나는 혼돈을 은근히 좋아한다. 더 많은 게 있어야 한다. 믿지 말아라. – 내가 이 말을 할 때 매우 진지하다 – 사회에서든 우주에서든 질서와 안정이 항상 좋다고 가정하지 말아라. 낡고 오래된 것은 항상 새로운 생명과 새로운 탄생을 위해 양보해야 한다. 새로운 것이 태어나기 전에 낡은 것은 반드시 소멸해야 한다. 이것은 우리에게 익숙한 많은 것과 결국 헤어져야 한다는 것을 의미하기 때문에 위험한 깨달음이다. 그리고 그것은 아프다. 그러나 그것은 삶의 각본 일부다. 우리가 심리적으로 변화를 수용할 수 없다면 우리 자신도 내면적으로 죽기 시작한다. 내가 말하는 것은 진정한 인간이 살기 위해서는 사물, 관습, 습관, 삶의 방식이 사라져야 한다는 것이다. 그리고 가장 중요한 것은 진정한 인간, 즉 새로운 것을 회복하고 흡수하고 대처할 수 있는 생존력 있고, 탄력적인 유기체다.[66]

어떤 방식으로 사용이 되든, 어느 정도 사용이 되든 이차세계 인프라는 관객에게 제공되는 불완전한 자료를 상상력으로 확장할 수 있는 형태로 구성하여 그 너머에 있는 더 큰 세계를 제시하는 데 도움이 된다. 인프라는 세계 로직이 구체화할 수 있는 발판이 될 뿐만 아니라 세계의 추가 확장을 고안하고 구축할 수 있는 플랫폼을 제공한다. 상상 속 세계를 하나로 묶는 데 사용되는 가장 일반적인 인프라이자 대부분의 세계가 그 존재를 인정할 수 있는 인프라는 다음 장의 주제인 내러티브다.

4

스토리 그 이상:
내러티브의 맥락과 내러티브의 구조

MORE THAN A STORY: NARRATIVE THREADS AND NARRATIVE FABRIC

> 다른 세계에서 온 스토리를 통해 이 세상의 비참함을 잠시나마 잊을 수 있기를
> 바랍니다.
>
> — 샤를 이쉬르 데퐁테네, 『별Star』(카시오페아자리Psi Cassiopeia)[1]

내러티브는 상상 속 세계에서 가장 흔하게 볼 수 있는 구조이며, 많은 상상의 세계가 존재하는 이유이기도 하다. 세계관은 특정 내러티브에 맞게 설계되고 성장함에 따라, 내러티브와 함께 확장되는 경우가 많다. 세계관 정보의 양이 증가함에 따라 이차 세계관의 구조가 형성되기 시작하고, 세계관의 역사와 조직 구성에 빠진 부분이 있다면 의문을 제기하고, 답을 제시할 수 있을 만큼 충분한 정보가 만들어지게 되는 것이나. 바로 이 시점에서 작가는 스토리에 필요한 것 이상의 자료를 추가하기 시작한다. 세계관의 논리에 따라 부족한 부분을 채우는 방법이 제한되기 때문이다.

반대로 이차 세계관의 인프라가 성장함에 따라 내러티브도 성장한다. 신화는

대게 내러티브 구조로 되어 있으며, 타임라인에 인과 관계가 있는 이벤트가 추가됨에 따라 내러티브 또한 형성되기 시작한다. 예를 들어, '폐허'의 존재는 건물이 지어졌다가 파괴되거나, 사용하지 않는 장소를 암시하는 등 지도에도 내러티브가 내포될 수 있다. 인프라가 완성되면 세계관의 역사가 드러나고, 같은 세계관을 배경으로 하는 미래의 내러티브 또한 생겨날 수 있게 되는 것이다. 따라서 한 세계관은 그 안에 담긴 스토리를 넘어, 새로운 스토리의 시초가 되어 세계관을 더욱 확장할 수 있다. 이 장에서는 내러티브가 세계관 내에서 어떻게 작동하고, 세계관을 구성하는 데 도움이 되는지 살펴보도록 하겠다. 작품 내 내러티브, 같은 세계관을 배경으로 하는 개별 작품의 내러티브, 세계관과 세계관을 잇는 내러티브, 마지막으로 하나의 세계관을 둘러싼 외적인 내러티브를 살펴보자.

내러티브의 맥락, 갈래, 그리고 구조Narrative Threads, Braids, and Fabric

내러티브 이론에서 내러티브의 기본 단위는 다양한 방식으로 개념화되어 왔다. 블라디미르 프로프Vladimir Propp의 함수, 제라르 주네트Gérard Genette가 제안한 추상적 단위, 롤랑 바르트Roland Barthes와 시모어 채프먼Seymour Chapman이 제안한 '커널'과 '위성'에 이르기까지 다양하다.[2] 단위의 정의는 그것이 사용되는 목적에 따라 달라지고, '내러티브' 자체의 정의에 따라 달라진다. 이 장에서 다룰 '내러티브'는 인과적으로 연결된 일련의 사건으로, 내러티브 단위를 사건 자체로 정의할 수 있으며, 이때 '사건'은 어떤 행위자가 일정한 행동에 참여하는 것으로 구성된다(마치 명사-동사 조합이 문법적으로 완전한 문장을 위한 최소 조건인 것처럼). 내러티브의 맥락이라고 하는 일련의 사건은, 일반적으로 특정 인물이나 장소, 사물과 관련된 경험을 중심으로 진행된다(영화 '레드 바이올린The Red Violin'에서처럼, 하나의 바이올린을 여러 명의 주인이 세 차례에 걸쳐 연주하면서 '바이올린'의 경험이 영화를 하나로 묶는 주요 맥락적 역할을 하는 등). 내러티브는 시간이 지남에 따라 어떤 일이 일어나는지 알 수 있게 한다. 관객은 일반적으로 내러

티브가 가진 맥락적 단서를 통해 스토리가 어떤 결말을 맞게 될지 기대를 하게 된
다. 예를 들어 캐릭터는 안정된 상태, 목표 달성, 혹은 죽음과 같이 종점으로 이끄
는 일대기적 변화를 겪게 되는데, 이러한 캐릭터의 변화를 '캐릭터 아크character
arc'라고 한다. 이러한 캐릭터 아크는 내러티브의 맥락이 시작되고, 끝나는 이유를
제공하는 경우가 많다.

어떤 스토리는 하나의 내러티브 맥락을 따르는 데 그치지만, 스토리 대부분은
여러 개의 맥락에서 동시에 발생하는 이벤트나 내러티브적 맥락을 하나로 모으는
역할을 한다. 다양한 내러티브적 맥락이 동일한 사건, 주제를 공유하므로, 개별적
인 맥락이 서로 긴밀하게 엮인 내러티브의 갈래라고 할 수 있다. 이때 관객은 갈등
이 해결되어 인물 간 관계가 균형을 이루거나 등장인물이 각자의 길을 개척하는
등 갈래가 나뉘는 것을 기대할 수 있다. 스토리는 하나의 갈래를 따라갈 수도 있고,
여러 갈래를 번갈아 가며 따라갈 수도 있다.

내러티브를 얼마나 촘촘하게 엮는지도 다양하다. 스토리에는 서로 연결되지
않는 여러 개의 내러티브 맥락이 있을 수 있고, 캐릭터와 상황을 비교하고 대조하
기 위해 연결되어 있기는 하지만 맥락 간 직접적인 사건적 접촉이 없는 병렬 맥락
(주제별 갈래) 같은 공간적 배경·캐릭터·세부 사항 등을 공유하지만, 맥락 간 직접
적인 인과적 연결이 없는 여러 맥락(사건적 갈래), 한 맥락의 이벤트가 다른 맥락
의 결과를 가져오는 인과적 연결이 있는 맥락(맥락적 갈래) 등이 있을 수 있다. 마
지막으로, 하나 혹은 두 인물이 함께 여행하거나, 같은 사건을 경험하거나, 혹은
두 인물의 경험을 차별화할 수 있는 요소가 거의 없는 경우에는 둘 혹은 그 이상의
인물이 같은 맥락 속에 있다고 할 수 있다. 따라서 스토리가 진행됨에 따라 내러티
브의 갈래는 조여졌다가 느슨해지기도 하고, 때로는 완전히 분리되어 여러 가지
방식으로 재결합해 새로운 맥락을 형성하기도 한다.

상상 속 세계가 포함되어 있으면 주요 내러티브 맥락과 갈래에서 벗어난 추가
정보 또는 사건이 주어질 수도 있다. 예를 들어 지도에는 있지만 방문하지 않은 장

소, 용어집에는 있지만 다른 데서는 나타나지 않는 단어, 언급만 되는 역사적 사건, 계보에는 등장하지만, 주요 내러티브 맥락에는 없는 추가 캐릭터 등등. 장소, 사물, 부수적인 캐릭터는 여담처럼 주어지는 역사를 가질 수 있으며, 세계는 여러 이야기를 담고 있으므로 어떤 식으로든 서로 직접 연결되지 않는 다른 맥락이나 갈래가 있을 수 있다. 하지만 모든 이차 세계관에 인프라가 존재하기 때문에, 이 모든 데이터와 내러티브가 일관된 세계관을 형성하는 디테일한 세계관에서는 작가가 직접 구성하지 않은 개별 캐릭터의 내러티브 맥락을 이어보는 것이 가능할 수도 있다. 예를 들어 스타워즈 은하계에서 캐릭터 '한 솔로Han Solo'는 세 편의 영화(에피소드 4, 5, 6), 브라이언 데일리Brian Daley의 세 편의 소설(『한 솔로의 별의 끝 Han Solo at Star's End』(1979), 『한 솔로의 복수Han Solo's Revenge』(1979), 『한 솔로와 잃어버린 유산Han Solo and the Lost Legacy』(1980)), 앤 C. 크리스핀Ann C. Crispin의 세 편의 소설에 등장하는 등 여러 개별적 서사에 걸쳐 등장한다. 크리스핀이 쓴 세 권의 소설(에피소드 4 이전 - 한 솔로의 어린 시절과 초창기 스토리(『파라다이스 스네어The Paradise Snare』(1997), 『헛 갬빗The Hutt Gambit』(1997), 『반란군 새벽Rebel Dawn』(1997), 에피소드 6 이후 – 『레아 공주의 구애The Courtship of Princess Leia』(1995), 『벡터 프라임Vector Prime』(1999), 『별 하나하나Star by Star』(2001), 2006~2008 사이에 출간된 포스의 유산 시리즈, 심지어 '스타워즈 홀리데이 스페셜Star Wars Holiday Special(1978)에 나오는 소설)들에까지 등장한다.

이러한 작품에 등장하는 한 솔로의 모든 모습을 종합하면, 캐릭터의 일생을 따라가는 하나의 서사를 구성할 수 있다. 캐릭터 외에도 오랜 기간에 걸친 장소와 사물의 역사를 추적할 수 있는데, 이를 통해 여러 작품의 주어진 정보가 암시하는 새로운 내러티브 맥락을 만들 수도 있다(세계관이 아주 완전하고 일관성이 있다는 전제하에). 충분한 정보를 주면 관객은 타임라인을 구성하여 세계 내 특정 시점에서 동시에 일어나는 모든 사건을 파악할 수 있게 되며, 어떤 사건을 횡적으로 바라보는 공시적 맥락을 형성할 수 있다. 더 많은 정보가 추가될수록 세계관의 내러티

브 소재는 엮인 것보다 더 복잡해지며, 이를 내러티브 구조라고 부를 수 있게 된다.[3]

내러티브 구조는 기본 스토리의 논픽션 스토리로도 짤 수 있다. 예를 들어 제2차 세계대전을 둘러싼 스토리 모음이나 야구의 역사, 타이타닉 침몰 사건은 각각 하나의 내러티브 구조를 구성하는 것으로 볼 수 있는 것처럼(물론 일차 세계관에서 일어나는 모든 논픽션 내러티브는 어느 정도 지구에서 인류가 살아온 역사에 대한 거대한 내러티브 구조 일부로 볼 수 있음). 겉보기에 무한해 보이는 비현실적 일차 세계관 내러티브 구조의 디테일은, 바로 이차 세계관의 내러티브 구조가 관객이 수용할 수 있는 수준을 넘어서는 대량의 정보를 통해 모방하려는 그것이다(1장에서 설명한 것처럼). 가상의 내러티브 구조는 일차 세계관에서도 설정할 수 있지만, 구조가 커질수록 디테일적 요소가 늘어나 결국 관객이 일차 세계관에 대해 알고 있는 정보와 충돌하여 결국 사실성에 영향을 미칠 수 있다.[4] 이차 세계관에서는 내러티브의 구조를 더 자유롭게 생성할 수 있는데, 이는 세계관의 모든 측면이 이를 수용하도록 설계될 수 있기 때문이다.

내러티브 구조는 관객이 세계관의 소재에서 내러티브 맥락을 조립할 수 있도록 함으로써, 세계관의 완성도를 크게 높일 수 있을 뿐 아니라, 관객이 세계관에 더욱 몰입할 수 있도록 한다. 내러티브 갈래를 조합하고, 일치하지 않는 부분들을 찾는 것은 팬들의 흥미 요소가 될 수 있다. 따라서 대규모 세계관의 경우 세계관 개발자는 세계관의 일관성을 모니터링하고, 개발자가 다수일 때 세계관의 기초 역사와 디테일을 표준화하기 위해 세계관 데이터베이스, 또는 '성경'을 사용하는 경우가 많다. 내러티브의 구조는 한 명의 저자가 만들 수도 있지만, 대부분의 대규모 세계관은 공동 작업의 결과물이다. 또한 내러티브 구조의 다중 내러티브 특성은 개별 내러티브를 각각의 저자가 만들고 협업하여 탄생한 것이다. 많은 내러티브 구조는 최초 개발자의 작업을 훨씬 뛰어넘어 확장되며, 그 결과 제7장에서 설명한 저술의 동심원을 형성한다. 대규모의 다중 플레이어가 참여하는 온라인 롤플레잉 게임MMORPG은 플레이어가 상호작용적으로 내러티브를 생성하는, 협업적인 개방형 내러티브 구조의 좋은 예시다. 이때 내러티브 구조의 전체적인 형태, 흐름과 느낌, 구조를 일관된 전체로 유지하는 디자인, 업데이트 및 대규모 내러티브 시나리오는 게임을 제공하는 회사에 의해 제어된다.

앞서 언급했듯이, 내러티브 구조는 동시다발적인 여러 사건을 포함하고 있어서 관객이 세계관의 사건을 동시적으로 나눌 수 있게 한다.[5] 모든 등장인물에 영향을 미치는 대규모 사건, 세계관의 사람들에게 동시에 영향을 미치는 기상 조건, 전쟁처럼 많은 참여자가 관련된 사건의 타이밍을 함께 묶을 수 있는 것이다. 같은 사건을 다른 내러티브, 또는 같은 내러티브 내에서 다양한 관점으로 바라보거나 경험할 수 있으며, 세계관의 정보가 충분하다면 간접적으로만 사건이 암시되는 상황에서 관객은 사건을 유추할 수도 있다.

내러티브 구조 내의 개별 내러티브 갈래는 장소, 사건, 캐릭터를 공유할 수 있으므로, 세계관 내의 내러티브가 서로 어떻게 연관될 수 있는지, 그리고 그 존재가 후에 추가될 내러티브에 어떤 영향을 미칠 수 있는지 살펴볼 필요가 있다. 일반적으로는 서로 다른 스토리 내에서 서로 연관된 지점을 찾을 수 있으며, 이는 대개 스토리라인을 발전시키기보다는 세계관과 그 내러티브 구조에 기반하여 스토리의 기초를 더욱 완벽하게 다지는 데 사용된다. 이러한 자료는 종종 배경 스토리 역할을 하며, 세계관의 역사와 캐릭터, 사건의 배경이 되기도 한다.

배경 스토리 및 세계의 역사Backstory and World History

이차 세계관의 배경 스토리는 일차 세계관의 배경 스토리보다 더욱 배경 스토리에 의존해야 할 수도 있다. 이는 일차 세계관 역사의 상당 부분이 이미 알려져 있거나, 혹은 적어도 청중이 알아챌 수 있기 때문이다. 처음에는 배경 스토리가 내러티브 속 주요 행동을 설정하고 현재 상황(주로 궁핍이나 고통)이 어떻게 발생하였는지를 설명하지만, 세계관이 성장하고 그 안에서 더 많은 내러티브가 진행됨에 따라 내러티브와 내러티브가 서로 연결되고, 결과적으로는 배경 스토리와 세계관의 역사 또한 성장하게 된다. 세계관 사체를 배경으로 한 첫 번째 스토리에서 속편과 전편이 등장해 스토리는 미래와 과거로 퍼져나가고, 스토리의 기원에 관한 스토리는 더욱 중요해진다. 배경 스토리에서 처음 암시되었던, 더욱 거대한 세계관의 구조를 엿볼 수 있으므로, 배경 스토리의 초기 전개는 후에 더욱 확장될 수 있는 스토리의 씨앗을 심는 일과 같다. 이것이 배경 스토리가 세계관의 향후 전개에 특히 중요한 이유다. 예를 들어 미스트Myst의 177~182페이지를 참조하길 바란다. 아트루스Atrus의 책 177~182페이지에서 젠Gehn은 아트루스에게 베오비스Veovis와 베오비스가 일으킨 반란을 둘러싼 사건들을 들려준다. 이 사건들은 『미스트: 티아나의 서The Book of Ti'ana』(1996)로 이어지며, 『미스트: 아트루스의 책』 스토리와 게임 'Myst'(1993), 'Riven'(1997)의 배경이 되는 프리퀄(속편)이 된다.

내러티브 학자 제라드 제네트Gérard Genette의 용어를 빌리자면, 뒤 스토리는 메인 내러티브 사건보다 더 빠른 '내러티브 속도'로 전달된다. '내러티브 속도'는 스토리 이벤트의 지속 시간과 이벤트를 전달하는 데 필요한 시간 간의 차이를 의미한다. 다만 이 개념은 독자의 수용 능력에 따라 달라질 수 있다. 느리게 읽는 사람이 있다면 빠르게 읽는 사람이 있는 것처럼 말이다. 이 개념을 지속 시간과 무관하게 만들면 내러티브의 해상도, 즉 사건이나 기타 스토리 정보를 전달하는 데 사용되는 단어, 소리, 또는 이미지의 양을 측정할 수 있다. 따라서 높은 내러티브 해상도로 전달되는 스토리는 독자의 경험을 작가가 통제하면서 사건과 정보를 매우 상세하게 전달하는 반면, 낮은 내러티브 해상도로 전달되는 스토리는 요약과 시놉시스를 더 많이 사용하여 독자의 상상력과 내러티브 게슈탈트에 더 많이 의존해 내러티브의 세부 사항을 완성한다. 마찬가지로 작가가 개요를 소설로 바꾸거나 시나리오를 각본으로 바꾸면 내러티브의 해상도가 높아진다고 할 수 있다.

배경 스토리는 내러티브 해상도가 낮을 때 압축된 형태로 전달되는 경우가 많으며, 한 장소에서 다음 장소로 이동하는 동안 스토리의 주인공에게 세계관 내 여러 장소의 역사를 전달하는 경우가 많다. 예를 들어 『반지의 제왕』에서는 톰 보바

딜Tom Bombadil이 호빗들에게 그 장소의 역사에 대해 들려주는 내용을 요약한 형태로, 배로우 다운Barrow-down의 역사가 제공되므로 압축도가 높다고 할 수 있다.

> 갑자기 톰의 스토리는 숲을 떠나 개울을 거슬러 올라가고, 부글부글 끓는 폭포와 자갈의 낡은 바위 위를 지나고, 가까운 풀과 젖어 있는 틈새의 작은 꽃들을 지나, 마침내 구릉 지대까지 헤매고 다녔어요. 그들은 큰 무덤과 푸른 언덕, 언덕과 언덕 사이 움푹 파인 곳에 있는 돌 고리에 대해 들었다. 양들이 무리를 지어 울부짖고 있었고, 푸른 벽과 흰색 벽이 솟아 있었다. 높은 곳에는 요새가 있었는데, 작은 왕국의 왕들이 함께 싸웠고, 젊은 태양은 새롭고, 탐욕스럽게 휘두르는 검은 불처럼 빛났다. 승리와 패배가 있었고, 탑은 무너졌으며, 불타는 요새의 불길이 하늘로 치솟았다. 죽은 왕과 왕비의 무덤 위에 금이 쌓이고, 흙으로 만든 보루가 그들을 덮었으며, 돌문은 닫혔다. 풀이 무성하게 자란 위로는 양들이 잠시 풀을 뜯었지만, 곧 언덕은 다시 비어 있었다. 저 멀리 어두운 곳에서 그림자가 나타났는데, 무덤 속에 뼈가 파헤쳐졌다. 무덤 도깨비들이 손가락에 끼운 고리를 찰칵거리며 빈 곳을 걸었고, 금 사슬이 바람에 흔들렸다. 달빛에 부러진 이빨처럼 돌 고리가 땅에서 싱긋 웃었다.[6]

피터 잭슨이 '반지의 제왕'(2001)을 각색한 영화 시작 부분에서, 영화는 이러한 내러티브 압축을 반지의 탄생 배경을 설명하는 몽타주 시퀀스로 전달하였다. 두 경우 모두 사건은 그저 인상적으로 환기되었을 뿐, 독자가 채워야 하는 공백은 여전히 존재한다.[7]

낮은 내러티브 해상도가 제공하는 느슨함 덕분에 하위 제작자는 높은 수준의 디테일에 집착하지 않고도 세계의 역사를 스케치할 수 있으며, 더 많은 선택지를 열어둘 수 있다. 세계관의 역사는 캐릭터의 대화로 제공되는 경우가 많으므로 작가가 기존 자료와의 일관성을 깨지 않고 무언가를 바꾸고 싶을 때, 캐릭터가 거짓 말을 하거나 실수하거나 단순히 해당 역사에 대해 잘 모를 수도 있다는 가능성을 열어두기도 한다. 내레이션을 제공하는 캐릭터가 신뢰할 수 없는 인물임을 드러 내면 이전과 이후의 스토리가 서로 다른 정보를 제공하더라도 일관성에는 문제가 없다. 왜냐하면 불일치에 대한 책임은 작가가 아닌 캐릭터에게 있기 때문이다. 작 품 전체가 한 세계관 내의 캐릭터에게 저작자 역할을 부여할 때도 마찬가지다. 톨 킨이 『호빗』을 『반지의 제왕』과 더 일치하도록 수정할 때 이런 사례가 발생했다. 『반지의 제왕』에서 호빗은 반지를 통해 힘과 영향력을 얻게 되었는데, 이후 골룸 이 왜 원작에서처럼 반지를 쉽게 포기하는지에 대한 의문이 생기게 되었다. 이 때 문에 『반지의 제왕』 집필이 어려워졌고, 톨킨은 『호빗』 5장의 결말을 다시 써서 다른 스토리 노트와 함께 출판사에 보냈다. 3년 후인 1950년, 출판사는 새로운 자 료를 삽입하여 톨킨에게 변경된 내용을 설명하기 위한 메모를 요청했다. 톨킨은 두 스토리가 충돌할 만큼 서로 다르며, 독자들이 이를 눈치챌 수 있을 만하다는 사 실을 깨달았다. 해결 방법을 고민하던 톨킨은 출판사에 다음과 같이 답장을 보냈다.

　　나는 지금 중요한 사건의 인쇄된 버전 두 개를 가지고 있다. 첫 번째 버 전은 씻겨 나간 것으로 간주해야 하고, 단순히 잘못 쓴 것으로 간주해야 하 며, 결코 빛을 보지 못했어야 한다. 두 번째는 스토리 전체에서 두 가지 버 전의 존재를 고려해야 하고 그것을 사용해야 한다.[8]

　톨킨은 이러한 변화를 인정하고 스토리에 이를 반영할 방법을 찾아냈다. 그는 마침내 새 판의 소개 노트에 다음과 같은 문구를 삽입했다.

　　… 더 중요한 것은 5장의 문제다. 거기서 수수께끼 게임의 결말은 결국

빌보가 간달프에게 공개하며, 빌보가 처음 친구들에게 준 버전 대신 레드 북을 통해 제공된 것이다. 이는 실제로 그의 일기에 기록되어 있다. 가장 정직한 호빗이 거짓을 말한 것은 큰 의미일지 모르나, 그것은 현재 스토리 와 관련이 없고, 이 판에서 호빗 전설을 처음 접하는 사람들은 그 사실을 모를 것이다. 반지의 역사에 대한 설명은 '웨스트마치의 붉은 책Red Book of Westmarch' 연대기에 나와 있으므로 그 출판을 기다려 주기 바란다.[9]

빌보가 두 이야기를 쓴 데 텍스트적 불일치가 기인한다고 주장함으로써 톨킨은 불일치를 해명하고, 자신의 세계에 적용하며, 심지어 그것을 '큰 의미를 지닌 징조'로 바꾸기까지 한다.

중첩된 스토리는 상상의 세계 내에서 스토리를 연결하는 일반적인 방법이며, 실제로 중첩 스토리텔링 자체는 오랜 전통을 가지고 있다(성경의 꿈과 비유, 『아라비안나이트The Arabian Nights』, 초서Chaucer의 『캔터베리 이야기Canterbury Tales』, 얀 포토츠키Jan Potocki의 『사라고사에서 발견된 원고The Manuscript Found in Saragossa』 등 몇 가지 대표적인 예시를 들 수 있다). 그러나 최근 상상의 세계는 범위가 넓고, 여러 스토리가 중첩된 것이 아닌, 같은 세계 내에서 일어나는 개별적인 스토리인 '트랜스-내러티브'인 경우가 많다. 내러티브 이론에서 상호 텍스트성에 관한 연구는 많지만(바흐친Bakhtin, 바르트Barthes, 데리다Derrida, 돌레젤Doležel, 크리스테바Kristeva 참조), 동일한 상상의 세계를 배경으로 하는 스토리 간의 관계와 스토리와 세계관의 창조가 서로에게 어떤 영향을 미치는지에 관한 글은 상대적으로 적다. 같은 세계관을 배경으로 하는 모든 스토리는 세계 자체의 역사라는 큰 서사 안에 중첩되어 있다고 볼 수 있지만, 배경 스토리와 달리 이러한 스토리는 개별적으로 구상할 수 없으며, 때로는 원작자가 아닌 다른 누군가가 만들기도 하고, 그 관계도 다르다. 이러한 스토리가 서로 어떻게 연관되어 있는지 살펴보는 것을 내러티브 이론이라고 할 수 있겠다.

시퀀스 요소와 내러티브 이론Sequence Elements and Internarrative Theory

> 동시에 나는 첫 장을 쓰는 것이 너무 쉽다고 생각한다. 그리고 그 순간에는 이야
> 기가 전개되지 않는다. … 원작『호빗』(속편을 만들 생각이 없었음)에 너무 많
> 은 시간을 낭비해서 그 세계에서는 새로운 것을 찾기가 어려웠다.
>
> — J.R.R. 톨킨, 1938년『반지의 제왕』집필[10]

세계관은 점점 더 많은 스토리가 설정되고 구축되며, 세계관의 일관성을 유지
하려면 스토리를 추가할 때마다 세계관에 이미 존재하는 모든 내러티브 자료를
고려해야 한다. 스토리는 시간순으로 연관된 경우가 많고, 세계관의 타임라인에
맞춰 스토리 속 사건을 순서대로 배열할 수 있다. 추가적인 스토리는 이전에 등장
한 작품을 재맥락화할 수도 있고, 새로운 정보로 인해 이미 언급된 사건의 틀이 바
뀌거나, 캐릭터가 다른 동기를 가지고 거짓말을 했던 것으로 드러나거나, 캐릭터
와 스토리 사건을 이해하는 관점이 달라질 수도 있다.

추가 스토리를 하나의 세계관을 구축하는 시리즈 요소로 간주한다고 했을 때,
가장 일반적인 시퀀스 요소는 속편이라고 할 수 있다. 속편은 기존 스토리 이후에
진행되는 스토리로, 일반적으로 이어지는 오리지널 스토리와 몇 가지 공통 요소
를 공유하며 시간상으로 이어진다. 속편은 제작 초기에 자체적인 강점에만 의존
하기보다 원작의 기존 인기를 활용하는 경우가 많다. 물론 항상 그런 것은 아니지
만, 원작을 먼저 접하지 않은 관객은 속편을 접할 가능성이 작다.

속편은 전작의 성공에 의존할 수 있지만, 한편으로는 더 큰 제약에 직면하기도
한다. 같은 세계를 배경으로 하는 여러 스토리를 동시에 기획하지 않는 한, 속편에
서는 스토리와 세계관의 관계가 뒤바뀌는 경우가 낳다. 원래 세계는 첫 번째 스토
리를 수용하도록 설계되었지만, 속편이 제작될 때는 이미 원작 세계가 존재하고
있으므로 속편의 스토리는 원작 세계에 맞게 만들어져야 한다. 관객에게 세계관
은 더는 새롭지 않지만, 이미 드러난 정보들로 인해 참신함과 친숙함 사이 균형이

이루어진다. 성공적인 속편이 참신함을 회복하는 방법은 원작에 없던 새로운 세계관 영역을 드러내는 것이다. 성공적인 예로는 『반지의 제왕』과 '스타워즈: 제국의 역습'(1980)을 들 수 있는데, 이전 작품과의 강렬한 연결고리를 유지하면서 모두 새로운 땅, 캐릭터, 스토리라인을 통해 세계를 확장했다. 또 다른 유형의 확장은 오리지널 '스타트렉Star Trek'(1966~1969) 시리즈 이후 약 한 세기가 지난 시점을 다룬 '스타트렉: 넥스트 제너레이션Star Trek: The Next Generation'이나 프랭크 허버트Frank Herbert의 다섯 편의 속편 중 마지막 작품인 『듄Dune』(1965)이 원작으로부터 5,000여 년이 지난 시점을 다룬 것처럼 세계가 크게 변화한 시점으로 이동하는 것이다.

속편이 등장한 이후 작가, 특히 세계관 제작자들은 성공적인 세계관이 속편 및 기타 시리즈 요소로 이어질 수 있다는 사실을 실감했으며, 새로운 세계를 소개하는 원작을 집필할 때도 이를 염두에 뒀다. 하지만 인기 캐릭터를 단순히 다른 세계로 옮기거나 다른 세계관을 배경으로 완전히 다른 책을 썼던 초기 작가들이 직면한 상황과는 달랐으며, 19세기 이전에는 하나의 세계 이상을 창작한 작가가 거의 없었다. 20세기에 접어들면서 가장 많은 세계관을 창조한 작가 L.프랭크 바움은 1900년에 퍼니랜드Phunnyland와 오즈Oz의 연결되지 않은 땅에 대한 글을 썼고, 두 번째 오즈의 책인 『오즈의 놀라운 땅The Marvelous Land of Oz』(1904)을 쓰기 전에 세 개의 연결되지 않은 땅(메리랜드, 쿼크Quok, 유Yew)을 배경으로 한 스토리를 더 집필했기 때문에 기존의 땅으로 돌아가는 것은 그에게 새로운 경험이었다. 마이클 O. 라일리Michael O. Riley가 쓴 글에 의하면,

바움이 거의 5년 전에 만들었던 세계로 돌아가 전혀 다른 스토리를 만들기는 쉽지 않았을뿐더러 자신의 성향에도 반하는 일이었다. 『오즈의 놀라운 땅』은 기존 배경에 장편 스토리를 입힌 첫 번째 시도이자, 새로운 주요 줄거리에 맞게 배경을 조정하고 발전시켜야 했던 첫 번째 작품이었다.

바움 자신도 어떻게 해야 하는지 잘 몰랐던 모양이다. 그 결과 오즈의 상상 속 세계에 대한 세부 사항과 관련하여 『오즈의 놀라운 땅』은 시리즈에서 가장 일관성이 없는 책 중 하나다. 이러한 불일치로 인해 어떤 변경 사항이 생기면 그것이 오즈에 대한 작가의 개념 변화가 원인인지, 단순 부주의와 성급한 집필이 원인인지 구별하기가 어렵게 되었다.[11]

라일리는 오즈가 이미 자리를 잡았기 때문에 이후의 속편들은 약했다고 말하며, 책에서 책으로, 글에서 글로 오즈Oz의 세계가 성장하는 것에 관해 다음과 같이 설명한다.

> 바움의 위대한 다른 세계의 전개가 매끄럽지도, 논리적이지도 않았고, 책마다 눈에 띄는 불일치가 일부 있었지만, 이는 오즈가 중심 아이디어에서부터 유기적으로 성장하지 않았기 때문이다. 오히려 오즈는 연속적인 버전으로 발전했으며, 각 버전은 이전 버전을 대체하면서 확대되었고, 세계에서 가장 웅장하고 매력적인 동화 나라에 대한 바움의 아이디어를 반영했다.[12]

속편은 세계관의 전체적인 스토리와 관련되어 전개되지만, 캐릭터, 장소, 갈등을 설명하기 위해 더욱 방대한 배경 스토리와 기원 스토리가 개발되면서, 결과적으로는 스토리가 미래와 과거로 확장되는 경우가 많다. 일반적인 시퀀스 요소는 속편으로, 기존 스토리 앞에 나오는 스토리로 확장된 배경 역할을 한다. '프리퀄'이라는 용어는 20세기 후반에 등장한 비교적 최근의 용어이지만, 그 현상 자체는 훨씬 더 오래전부터 이어져 왔고, 전통 문학에서 또한 찾아볼 수 있는 양식이다.[13] 상상의 세계 프리퀄도 이 용어가 만들어지기 이전부터 존재했다. 『사자, 마녀, 그리고 옷장The Lion, the Witch, and the Wardrobe』(1950)이 출간된 지 5년 5개월 후,

C.S.루이스는 프리퀄인『마법사의 조카The Magician's Nephew』(1995)를 썼다. E.R. 에디슨의 지미암비아Zimiamvia 3부작에는 두 개의 전편이 있는데, 두 번째 책인『메미슨에서의 생선 저녁 식사A Fish Dinner in Memison』(1941)는 첫 번째 책인『여주인들의 여주인Mistress of Mistresses』(1935) 이전에, 세 번째 책인『메젠티아 문The Mezentian Gate』(1958, 미완성)은 두 번째 책 이전의 스토리가 전개된다.

프리퀄은 원작 캐릭터의 운명과 상황이 이미 알려진 상태이기 때문에 속편보다 원작의 제약을 더 많이 받는다. 따라서 참신함이 없을 수 있고, 최종적인 결말은 예측할 수 있는 수준을 넘어 이미 알려져 있다. 원작을 경험했다면 어떤 인물이 살아남을지, 어떤 결말을 맞이할지 어느 정도 감이 잡히기 때문에 프리퀄은 원작에 대한 관객의 지식에 의존하는 경우가 많다. 이때 관객은 결말을 알고 있고, 극 중 캐릭터는 모르는 극적 아이러니를 만들어낸다.

프리퀄이 흥미로운 이유는 결말이 알려진 스토리의 새로운 시작점을 제공한다는 점에 있다. 캐릭터의 스토리가 어디로 이어질지 궁금해하며 따라가는 대신, 관객은 원작의 끝과 프리퀄의 시작이라는 타임라인의 양극단을 먼저 접하게 된다. 따라서 프리퀄은 목적지로 향하는 여정에 관한 것으로, 사물의 시작과 끝이 어떻게 연결되어 있는지 탐구한다. 프리퀄에서는 세계관이 더욱더 초기 단계이고, 덜 발전된 경우가 많으며, 스토리 전개 장소가 변경되거나 아예 존재하지 않는다. 또한 속편과 마찬가지로 프리퀄 이전에는 등장하지 않았던 새로운 장소나 캐릭터가 등장할 수 있지만, 일반적으로 원작과의 연결고리가 일부 포함되어 있다.

여러 스토리를 통해 세계가 발전함에 따라, 이미 존재하는 스토리 소재 사이에 등장하는 작품에 대한 용어가 필요하다. 이를 '미드퀄midquels'이라고 부를 수 있지만, 두 가지 뚜렷한 유형이 있는데, 이는 아주 다르며 별도로 고려되어야 하며, 이를 '인터퀄interquel'과 '인트라퀄intraquel'이라고 부를 수 있다.[14] 인터퀄은 시리즈의 기존 작품 사이에 발생하는 시퀀스 요소이고, 인트라퀄은 하나의 기존 작품 내 공백 기간에 발생하는 시퀀스 요소다. 두 경우 모두 시작점과 끝점을 미리 알려져 있으며, 상태 간 전환, 추가된 세부 사항, 생략 부호를 채우는 데 도움이 되는 동기를 밝히는 데 중점을 두고, 캐릭터 아크와 세계 아크를 더욱 완벽하게 만든다.

인터퀄은 1920년대 초에 등장했으며(휴 로프팅Hugh Lofting의 두리틀 박사 Doctor Dolittle 시리즈 책 내에서), 아마도 가장 잘 알려진 예는 스타워즈 에피소드 II 및 III일 것이다. 에피소드 I, II, III은 통칭하여 '프리퀄 3부작'으로 알려졌지만, 에피소드 I과 IV 사이에 공개되었기 때문에 에피소드 II와 III이 인터퀄을 만들면서 개별적으로 등장했다. 그리고 '클론 전쟁The Clone Wars'(2008)도 에피소드 II 와 III 사이에 일어나기 때문에 인터퀄이 될 것이다.

일반적으로 인터퀄은 여러 작가가 해당 세계를 배경으로 하는 주요 작품 시리즈(예, 스타워즈 은하계Star Wars galaxy의 영화, 스타트렉 세계관의 영화·TV 시리즈)를 제외한 작품을 기고하는, 대규모 세계관에서 발견된다. 이러면 세계관 속 주요 캐릭터들을 활용할 수 있으므로, 메인 시리즈와 타임라인이 충돌하지 않도록 메인 시리즈의 타원 안에 연대기를 넣어야 한다. 때때로 세계 주요 시리즈의 작품이 이러한 인터퀄을 참조한다(스타워즈 확장 유니버스의 아일라 세큐라Aayla Secura가 에피소드 II에 카메오로 출연한 것처럼). 하지만 인터퀄이 더 확립된 작품을 참조하는 경우가 그 반대의 경우보다 더 많다.

프리퀄과 마찬가지로 인터퀄도 전후에 발생하는 내러티브 자료가 이미 확립된 탓에 제약에 직면할 수 있다. 이 제약이 인터퀄에서 전개할 수 있는 스토리를 얼마나 제한하는지는 주로 두 가지 요소, 즉 인터퀄이 발생하는 간격의 크기와 인터퀄이 전후에 설정된 내러티브에 얼마나 영향을 미치는지에 따라 달라진다. 간격이 클수록 간격의 끝과 끝 사이 더 많은 변화가 가능해 스토리에 여유가 생기고, 인터퀄이 기록하는 이차 세계관에도 더 많은 변화가 생긴다. '스타워즈 은하계'의 경우, 조지 루카스는 영화에 더 많은 선택지를 열어두기 위해 프리퀄 3부작이 제작되기 전 클론 전쟁의 3년 기간에 대한 소설 집필을 허용하지 않았다.

또한 인터퀄은 주변 서사와 밀접하게 연관되기도 하고, 느슨하게 연관되기도 한다. 인터퀄은 단순히 메인 시리즈 속 주요 캐릭터의 삶을 채우는 데 그치지 않고, 캐릭터에 배경을 부여해 새로운 캐릭터의 스토리에 집중할 수 있도록 한다. 인터 퀄이 새로운 캐릭터와 소재를 도입할수록 기존 스토리의 영향을 덜 받고 독창적 인 작품이 되지만, 동시에 기존 스토리와의 연결성은 떨어진다. 따라서 시퀀스 요소 간 내러티브 연결성이 감소함에 따라 이차세계와의 연계성은 더욱 중요해진다.

기존 스토리의 제약을 받는다는 점은 비슷하지만, 인터퀄보다 덜 흔한 인트라 퀄은 단일 작품 내의 간격을 메우며, 일반적으로는 중재 사건에 대해 거의 또는 전혀 언급되지 않는 생략 부호다. 인트라퀄은 일반적으로 시퀀스의 완성된 작품 사이가 아니라, 작품 내 공백에서 존재하기 때문에 훨씬 더 큰 제약에 직면한다. 또 공백의 크기 자체도 작은 경우가 많으며, 작품을 연결하는 캐릭터 호와 같은 구조는 작품 사이의 간격보다 중단을 덜 허용할 수 있다. 인트라퀄은 인터퀄이 제한을 피하고자 사용하는 두 가지 전략, 즉 큰 간격으로 등장하거나 새로운 캐릭터로 초점을 변경하는 전략을 모두 사용할 가능성이 크다. 예를 들어 마리오 푸조Mario Puzo의 소설 『시칠리아The Sicilian』(1984)는 『대부The Godfather』(1969)에서 마이클이 시칠리아로 가는 시기를 배경으로 하여 354페이지 마지막 단락(6권 말미)에 언급된 2개월의 공백을 채우고 있다. "그러나 마이클이 부상에서 회복되기까지는 한 달이 더 걸렸고, 필요한 모든 서류가 준비되기까지는 두 달이 더 걸렸다. 그 후 그는 팔레르모에서 로마로, 로마에서 뉴욕으로 이송되었다."[15] 마이클 코를레오네Michael Corleone는 소설에 등장하지만, 소설 대부분은 시칠리아 시골의 로빈 후드 같은 산적 인물인 살바토레 줄리아노Salvatore Guiliano의 스토리를 다루고 있으며, 스토리 대부분은 플래시백으로 전달된다. 『나니아 연대기 Chronicles of Narnia』 시리즈에서 『말과 소년The Horse and His Boy』(1954)은 『사자, 마녀, 그리고 옷장』(1950) 사이에 벌어지는 인트라퀄로, 새로운 캐릭터와 장소에 초점을 맞추고 있다.

인터퀄과 달리 인트라퀄은 시리즈의 두 번째 시퀀스 요소로 등장할 수 있으며, 관객에게 특정 스토리나 세계의 동일한 캐릭터를 더 많이 제공한다는 점에서 속편과 유사한 목적이 있다. 예를 들어, '밤비 2Bambi II'(2006)는 밤비의 어머니가 돌아가신 후 밤비가 성인이 되기 전을 배경으로 하며, 오리지널 영화 '밤비 Bambi'(1942)가 개봉한 지 64년 후에 개봉한 인트라퀄 영화다. '벨의 마법의 세상 Belle's Magical World'(1998), '타잔 2: 전설의 시작Tarzan II: The Legend Begins'(2005), '여우와 사냥개 2The Fox and The Hound II'(2006) 등 다른 디즈니 영화도 인트라퀄 로 간주할 수 있다.

인트라퀄은 특정 작품 내에서 발생하는 공백을 메우는 역할을 하지만, 그 안에 이미 존재하는 요소를 포함하는, 정반대의 역할을 하는 시퀀스 요소를 제안하기 도 한다. 관계를 뒤집어 앞선 요소가 그 안의 공백을 메우는 것처럼 말이다. 이러한 요소는 이전에 출시된 시퀀스 요소(또는 요소들)의 이전, 도중, 이후에 등장하며, 이를 '트랜스퀄transquel'이라고 부를 수 있다. 이러한 작품은 일반적으로 범위가 넓어 다른 스토리를 더 큰 역사적 맥락과 틀 안에 포함한다. 아마도 가장 잘 알려진 트랜스퀄은 수천 년의 역사를 아우르며『반지의 제왕』의 모든 사건을 두 페이지 에 몇 단락으로 압축한『실마릴리온』(1977)으로 통칭하는 스토리일 것이다.[16]『호 빗』과『반지의 제왕』속 사건은『실마릴리온』을 읽은 후 새로운 의미를 갖게 되는 데, 이는 오랫동안 지속되어 온 선과 악의 갈등의 종말이기 때문이다. 반지는 중간 계에서 사우론의 마지막 권력의 흔적이며, 사우론은 정복해야 할 모르고스의 하 인 중 마지막으로 패배한 자이고, 모르고스(원래 멜코르Melkor)는 태초에 아이누 의 음악에 불협화음을 가져온 발라르이다.

트랜스퀄은 일반적으로 범위가 넓어, 작품에 역사적 맥락을 부여할 수 있다. 또 한 내러티브 해상도가 낮은 경우가 많으며 다음과 같은 특징이 있다. 일반적으로 방내한 시간대를 다루기 때문에 개인보다는 전체 민족의 역사에 더 많은 관심을 기울인다는 것이다. 가장 야심 차게 쓰인 트랜스퀄 중 하나인 올라프 스테이플던 Olaf Stapledon의『스타 메이커』(1937)는 수십억 년을 다루며, 그의 소설인『마지 막과 첫 번째 사람들』(1930)을 포괄하는 타임라인을 가지고 있다. 시리즈 일부로 사용되는 경우, 트랜스퀄은 후속 시퀀스 요소를 넣을 수 있는 기초를 제공하지만, 후에 다룰 수 있는 기간에 대한 가능성을 닫아버리기도 한다. 따라서 트랜스퀄은 등장 가능성이 가장 낮은 시퀀스 요소이며, 집필되더라도 시리즈의 후반부에 등장하는 경우가 많다.

마지막 종류의 시퀀스 요소는 기존 요소(또는 요소의 일부)와 동시에 진행되는 요소로, 이를 '패러퀄paraquel'이라고 부를 수 있다. 작품 내에서 동일한 사건이 다른 등장인물의 관점에서 그려지는 경우가 있는데, 이처럼 패러퀄은 동일한 사건이나 시기를 다른 관점에서 다루는 작품을 의미한다. 패러퀄은 같은 작가가 함께 개발할 수도 있고(로런스 더럴Lawrence Durrell의 『알렉산드리아 4중주Alexandria Quarte』 소설 4편이나 E. E. 나이트E. E. Knight의 『불의 시대Age of Fire』 시리즈), 한참 후에 다른 작가(예: 마가렛 미첼Margaret Mitchell의 『바람과 함께 사라지다 Gone With the Wind』(1936)의 비공식 패러퀄인 앨리스 랜달Alice Randal의 『바람은 사라졌다The Wind Done Gone』(2001), 모르도르 주민의 관점에서 서술한 키릴 예스코브Kirill Eskov의 『반지의 제왕』의 비공식 패러퀄인 『마지막 반지 운반자The Last Ringbearer』(1999))에 의해 개발되기도 한다.[17] 전통 문학에서 발견되는 패러퀄 중 많은 수가 일차세계를 배경으로 하고 허가받지 않은 비정식 작품이지만, 허가받은 패러퀄은 주로 이차세계를 배경으로 한 작품 시리즈에서 발견되는 경향이 있으며, 이 경우 서사 구조가 아주 넓어서 수용할 수 있다.

같은 사건이 다른 내레이터에 의해 전해지는 개별 스토리와 달리, 과거의 사건을 다른 시각에서 재조명하는 시간 여행 스토리와 달리, 동시에 기획하고 제작하는 병행 작품과 달리, 대부분의 패러퀄은 기존 시퀀스 요소와 밀접한 관련이 있을수록 사건과 결과에 제한이 있으므로 시퀀스 요소를 따라 만들어진다. 따라서 새로운 캐릭터와 스토리라인을 도입하고, 가상의 세계에 존재하는 기존 사건을 사용하여 서스펜스를 설정하며, 배경 구조를 제공할 가능성이 크다. 동시에 패러퀄은 기존 시퀀스 요소에서 볼 수 없었던 사건을 드러내고 사건의 동기를 영상화하여, 이미 알려진 사건에 대한 새로운 설명을 제공할 수 있다. 예를 들어 '대부 비디오 게임2006)에는 플레이어 캐릭터(기본 이름은 알도)가 로코 램포네를 도와 잭 볼츠의 마구간으로 들어가고, 소설과 영화에서처럼 볼츠의 침대에 놓인 말의 머리를 참수하는 장면이 있다. 알도가 마이클 코를레오네, 솔로조와 맥클루스키와 저녁 식사를 하는 동안 욕실에 총을 설치하는 장면, 다른 방에서 동시에 진행되는 장면, 대부인 카를로의 아들이 세례를 받는 장면과 교차되는 암살과 관련된 장면 등이 있다. 따라서 속편을 이해하려면 이전 시퀀스 요소에 대한 지식이 항상 필요하다.

시퀀스 요소의 다양성으로 인해 가상의 세계에서 관객이 일반적으로 경험하는 두 가지 순서, 즉 개별 시퀀스 요소가 공개적으로 등장한 순서(각 요소가 등장하는 대로 관객이 경험하게 되는 순서), 또는 시간순(시퀀스의 모든 요소가 공개된 후, 관객이 조합할 수 있는 순서)이 있다.[18]

세계를 구성하는 시퀀스 요소가 등장하는 순서는 관객이 작품을 경험하는 방식과 작품이 펼쳐지는 세계에 큰 영향을 미친다. 가장 일반적인 예는 '스타워즈' 시리즈 영화, 즉 오리지널 3부작(1977년, 1980년, 1983년에 개봉한 에피소드 4, 5, 6)과 프리퀄 3부작(1999년, 2002년, 2005년에 개봉한 에피소드 1, 2, 3)에서 찾을 수 있다. 21세기에 이 영화를 처음 접하는 관객은 개봉한 순서대로 보거나 연대기 순서(1, 2, 3, 4, 5, 6편)로 볼 수 있는 선택권이 있다. 여섯 편의 영화를 모두 합치면 아나킨 스카이워커가 다스 베이더가 되기까지의 스토리이지만, 오리지널 3부작을 단독으로 보면 루크 스카이워커가 주인공으로 등장한다. 개봉 순서대로 영화를 시청하는 시청자는 전편 3부작이 제공한 배경과 맥락 없이도 루크와 함께 스타워즈 세계를 경험하고, 벤 케노비, 요디 등의 등장인물을 통해 스타워즈 세계에 대해 배우며, 루크에 더욱 공감할 수 있다. 하지만 시간 순서대로 보면 다스 베이더에 초점이 맞춰져 에피소드 4, 5, 6의 놀라움은 전편 3부작을 본 후에 사라진다. 베이더가 루크와 레이아의 아버지이자 C3PO의 창조자라는 것은 이미 알고 있고, 루크가 요다를 처음 만났을 때 이미 요다가 누구인지 알고 있으며, 자바 더 허트와 같은 다른 캐릭터도 이미 소개되어 있다.

개봉 순서대로 영화를 보는 것에는 단점도 있다. 시청 중 에피소드 1, 2, 3편을 본 관객들은 아나킨, 벤 케노비, 황제 등 특정 캐릭터가 어떤 일이 있어도 죽지 않는다는 것을 알기 때문에 긴장감이 사라지고, 에피소드 3편이 끝날 때쯤이면 에피소드 4를 설정하기 위해 모든 것이 어떻게 끝나야 하는지 미리 유추할 수도 있다. 반면 결과를 미리 알고 있어서 아이러니가 생길 수 있는데, 관객이 이미 에피소드 4, 5, 6을 봤다는 가정하에 영화를 설계했기 때문이다. 물론 '스타워즈' 세계관이 다른 많은 미디어로 확장되었기 때문에, 이를 경험하는 방법에는 여러 가지가 있다. 2010년에 내 아들 마이클과 크리스찬이 각각 8세와 6세 때 비디오 게임 '레고 스타워즈: 더 컴플릿 사가LEGO Star Wars: The Complete Saga'(2007)를 닌텐도 wii로 플레이한 덕분에, 장편 영화를 보기 전에 캐릭터와 줄거리 대부분(각 캐릭터의 광선봉 색깔 같은 세부 사항까지)을 알고 있을 정도였다(세계를 구성하는 다양한 작품을 접할 방법에 관한 내용은 6장 참조). 따라서 주변 시퀀스 요소가 제공하는 콘텍스트에 따라 특정 요소가 이해되는 방식이 달라질 수 있으며, 이러한 효과는 나중에 세계관이 발전하면서 더 많은 요소가 추가될 때 소급력을 발휘할 수 있다. 마이클 O. 라일리는 초기 오즈 책에 대한 지식이 이후 책을 읽는 데 어떤 영향을 미치는지에 대해 다음과 같이 썼다.

> 『오즈의 오즈마Ozma of Oz』는 과도기적인 책이다. 이 스토리는 오즈의 섹션 없이도 단독으로 읽을 수 있으며, 모든 모험이 끝나고 에브Ev에서 안전하고 평온한 장소에 도달하는 내용을 다룬다. 그러나 마지막에 도로시가 오즈로 돌아가는 것은 줄거리의 주요 포인트가 아니다. 오즈가 도로시에게 적합한 장소라는 독자들의 사전 지식만이 오즈에 지배적인 역할을 부여하고, 더 크고 중요한 목표를 에브 왕실 가족 구출이라는 플롯에 중첩해 놓을 수 있게 되는 것이다.[19]

작가의 초점은 당면한 스토리와 그 스토리가 펼쳐지는 더 큰 세계에 따라 달라질 수 있으므로 일부 시퀀스 요소는 단독 스토리로서는 약할 수 있지만, 세계 구축에 중요한 역할을 하며, 그 자체로 즐길 수 있는 요소이기도 하다. 라일리는 "오즈의 다섯 번째 책인 『오즈로 가는 길The Road to Oz』(1909)은 그 자체로만 보면 위험과 액션이 부족해 보이지만, 맥락에서 보면 『오즈로 가는 길』에서 위협적인 사건의 부재와 평온함은 세계관 강화를 위한 재료가 될 수 있다"라는 것이다. 강력한 플롯이 없으므로 바움은 오즈의 본질 자체에 더 집중할 수 있었고, 이 책은 과거의 혼란을 정리하는 것 외에도 오즈와 바움의 세계 전체에 대한 재해석을 담고 있다.[20]

라일리에 따르면 오즈의 성장은 주로 세 가지 방법, 즉 '정보와 세부 디테일의 추가', '이전에 주어진 사실의 변경', '오즈의 본질 자체에 대한 재해석'을 통해 이루어졌다고 한다.[21] 라일리는 세 번째 오즈 소설인 『오즈의 오즈마』(1907)가 『오즈의 위대한 마법사』(1900)에서 처음 만들어졌던 오즈의 의미와 상징을 뒤집은 것[22]을 보여줌으로써 세 번째 방법의 예로 들 수 있다고 설명했다.

> 이상하고 아름답지만, 환상적인 오즈의 땅은 위험과 시련의 장소이자, 도로시가 집이라는 목표에 도달하기 위해 거쳐야 하는 시련의 장소다. 바움은 오즈마에서 이 모든 것을 미묘하게 변화시켰다. 환상이 현실이 되고, 오즈는 시련이 아니라 목표가 되고, 마음속 소망의 장소가 되며, 오즈마가 도로시를 오즈의 공주로 세워 도로시를 오즈 일부로 만들기 때문에 진정한 의미에서 도로시의 고향이 되는 것이다.[23]

라일리가 나열한 마지막 방법, 즉 이전에 주어진 사실을 변경하고 세계의 본질을 재해석하는 것은 단순한 세계의 성장을 넘어 소급적 연속성(또는 레트콘)과 재부팅에 대한 논의로 이어진다.

소급적 연속성Retcon 및 재부팅Retroactive Continuity(Retcon) and Reboots

세계관이 성장함에 따라 그에 대한 작가의 개념도 성장한다. 작가의 창의력과 세계 구축에 사용되는 도구 또한 발전한다. 작가의 구상이 확장될수록 작가는 이전 작품이 구식이거나 덜 정교해 보인다고 느껴 자신의 세계를 다시 생각하고 디자인하게 된다. 이러한 변화는 내러티브적으로 설명할 수 있다. 특히 이전과 새로운 시퀀스 요소가 발생하는 사이에 시간이 지나면 더욱 그렇다. 예를 들어 '스타트렉: 더 넥스트 제너레이션'(1987~1994)에 있는 새로운 디자인과 같이 원래 스타트렉 시리즈(1966~1969)가 나온 지 거의 1세기 후에 일어나는 경우다. 또는 '트론 Tron'(1982)의 그리드를 업데이트한 '트론: 새로운 시작Tron: Legacy'(2010)의 재설계된 그리드와 같다. 예를 들어 '미스트 마스터피스 에디션(1999)'과 '리얼-미스트(2000)'는 모두 '미스트(1993)'를 기술적으로 업데이트한 버전이다.

또한 더 큰 스토리 흐름을 위해 이전 작품을 조정해야 하는 때도 있다. 예를 들어 톨킨이 『호빗』을 『반지의 제왕』에 더 잘 맞도록 수정한 것, 루카스가 '스타워즈' 영화 3부작을 특집판으로 개정하여 재출시한 것, 스티븐 킹이 '다크 타워'를 수정하여 재출시한 사례 등이 이에 해당한다. 다른 예시로는 '건슬링어(원작 소설, 1982년, 개정판 2003년)', 다크 타워 시리즈의 첫 번째 책 등이 있다. 또는 DC 코믹스 유니버스를 그린 DC 코믹스의 '무한한 지구의 위기(1985년 4월~1986년 3월)' 및 '무한한 위기(2005년~2006년)' 시리즈처럼, 세계관이 너무 상세하고 복잡해져서(특히 여러 작가가 오랜 기간에 걸쳐 만든 세계관처럼) 불일치와 모순이 증가하여 붕괴하기 시작한 사례도 있다. 이 경우 세계관을 처음부터 다시 구상해야 할 수도 있다. 이러한 수정은 이제 '소급적 연속성' 또는 '레트콘'이라고 불릴 만큼 흔한 일이며, 특정 시리즈나 프랜차이즈를 확립한 작품이 인지도가 높은 탓에 논란이 되기도 한다. 헨리 젠킨스가 지적했듯이, 만화 팬들은 영화나 텔레비전 시리즈 팬들과는 다른 태도로 레트콘을 대한다.[24]

레트코닝은 이미 확립된 사실을 변경하기 때문에 종종 반감을 사는 경우가 있다. 심지어 정식 자료(정식성에 대해서는 7장에서 설명한다)에 관해서도 마찬가지의 반응을 보이기도 한다. 작가는 과거의 사건을 재해석하거나, 작품 속 허점이나 관객의 가정을 활용하여 사건을 재구성할 수 있지만(예를 들어 죽은 것으로 추정되는 인물이 신뢰할 수 없는 인물에 의해 사망했다고 보고되거나, 같은 사건에 대해 숨겨져 있던 동기, 다른 관점이 드러나면서 사건이 새롭게 해석되는 등), 확립된 사실과 직접적으로 모순되는 수준의 재구성은 마치 속임수처럼 보일 수 있다. 작가가 작품을 대중에게 공개하는 것은 관객과 일종의 사회적 계약을 맺는 것과 비슷하다. 작가가 작품 속 세계관, 특정 내러티브, 디자인 등과 같은 정보를 제공하고, 이를 관객과 약속했다는 암묵적 가정이 존재하기 때문이다.

레트코닝은 이러한 계약을 훼손하여 원작을 파괴하고, 관객이 불필요하다고 여길 만한 변경 사항을 추가할 수도 있는 일이다. 레트코닝은 저작물을 불안정하게 만들어, 이전 버전을 기반으로 한 비평과 분석 역시 이후 분석에 적용되지 않도록 만들 수 있다. 더 나아가 이는 관객과 작품 간의 관계를 훼손할 수도 있다. 오리지널 '스타워즈' 3부작 버전이 많은 수정을 거친 채 DVD로 출시되자, 팬들은 루카스에게 오리지널 버전의 영화를 DVD로 출시하라고 요구했다(오리지널 버전의 영화는 나중에 출시되었다). 일반적으로 관객은 단순히 이전 작품을 변경하고 수정하는 것보다 이전 작품에 존재했던 한계를 극복하는, 작가의 창의적인 도전을 선호한다.[25]

<그림 4-1> 미스트Myst(1993)와 리얼미스트realMyst(2001)에서 언덕을 올려다보는 부두의 풍경. 미스트가 8비트 색상으로 사전 렌더링된 스틸 이미지로 구성됐지만, 리얼미스트는 32비트 색상으로 이미지를 실시간으로 렌더링할 수 있었고, 삼차원 공간에서 자유로운 움직임을 허용하여 세계의 공간을 탐험할 때 더 큰 상호작용을 가능하게 했다.

반면 깨어 있는 작가에게는 작가 본인의 관점, 능력, 도구, 개념이 변하기 때문에 자신의 작품을 되돌아가서 수정할 권리가 있다는 주장도 있다. 이러한 태도는 시퀀스 요소를 독립적으로 존재하는 개별 작품이 아니라, 오히려 더 큰 전체 중 일부, 즉 여전히 진행 중인 작업이며 성장하면서 변화하는 상상의 세계로 간주한다. 팬들이 작품의 전개 방식을 좋아하든 싫어하든 최종 결정권은 작가에게 있으며, 작품이 완성되었다는 작가의 판단 전까지 세계는 열린 세계로 남아 있다. 작품이나 세계관이 진화하는 창작 과정에서 레트코닝과 유사한 작업은 항상 진행되지만, 관객은 오직 최종 결과물만 볼 수 있다. 따라서 레트코닝은 개별 작품이 아닌, 세계관 자체가 작가의 최종 결과물임을 드러내며, 관객이 감상하는 것은 그저 최종 형태로의 발전 단계일 뿐이라는 점을 알 수 있다.

극단적으로 말하면 기존의 아이디어와 디테일을 모두 교체하여 완전히 새롭게 재구성하고 재설계하는 것이다. '배트맨', '007 제임스 본드', '스타트렉', '스파이더맨'과 같은 많은 시리즈가 팬 커뮤니티에서 '재부팅reboot'이라고 불리는 재작업을 거쳤다. 컴퓨터 용어에서 따온 '재부팅'은 재시작을 의미할 뿐만 아니라, 무언가가 더는 실행 불가능하거나 극단적인 조치가 필요할 정도로 잘못되었다는 것을 의미한다, 대부분의 재부팅이 주인공의 새로운 '기원 스토리'부터 시작한다는 것이다. 대부분 재부팅은 캐릭터 기반 시리즈물에서 나타나며, 시간이 지남에 따라 구식이 돼버린 장기적 시리즈를 업데이트하기 위해 이루어진다. 일반적으로 시리즈 원제작자가 아닌 사람들이 수행하는데, 이 때문에 간혹 이것이 정식 스토리가 맞는지 우려가 발생하기도 한다. 재부팅은 주로 시리즈의 수익성을 유지하고, 새로운 세대의 시청자에게 더 매력적으로 보이기 위해 수행된다. 그러나 이러한 변화로 인해 오리지널 버전의 가치를 중시하는 기존 시청자가 배제되는 일이 발생하기도 한다.

자기 작품을 재부팅하는 작가는 거의 없으며, 세계관 중심의 시리즈물은 캐릭터 중심의 시리즈물에 비해 재부팅될 가능성이 훨씬 낮다. 이는 세계관 중심의 시리즈물은 세계관의 독창성이 인기의 이유이며, 그 디자인이 역사적으로 실재하거나 업데이트가 필요할 정도로 기본 세계관과 밀접하게 연결되어 있지 않기 때문이다. 다만 한 가지 주목할 만한 예외는 영화 '스타트렉(2009)'으로 시작된 '스타트렉' 재부팅인데, 이 영화는 젊은 커크Kirk, 스팍Spock, 맥코이McCoy가 스타플릿 경력을 시작하면서 일종의 프리퀄로 자리 잡았다는 특징이 있다. '스타트렉'은 재부팅을 '대체 타임라인'으로 설명하려 하며, 레너드 니모이Leonard Nimoy를 오리지널 버전의 스팍 역으로 불러들여, 재커리 퀸토Zachary Quinto가 연기하는 젊은 스팍에게 일종의 '횃불을 넘겨주는' 임무를 수행하게 했다. 레너드 니모이의 존재는 재부팅에 대한 작가의 허용을 의미하며, 니모이를 스팍으로 보기 위해 영화를 보고자 하는 이전 세대 관객의 참여를 보장한다. 대부분의 재부팅이 레트콘으로 간주할 수 없는 것은, 재부팅이 오리지널 버전과의 연결성을 고려하지 않기 때문이었다. 그러나 '스타트렉'의 재부팅은 기존 스타트렉 세계관과의 연결을 시도하려 했기에 일종의 레트콘이라고 할 수 있다. 어쨌든 이러한 모호함은 새로운 작품을 원작의 연장선상에 놓으면서도, 스스로 재창조하려는 '스타트렉' 시리즈의 위기를 보여주기도 한다.

예를 들어 '매트릭스 2: 리로디드The Matrix 2: Reloaded(2003)'에서, 네오는 설계자로부터 기계들이 매트릭스를 여러 번 재부팅했다는 사실을 알게 되고, '다크시티Dark City(1998)'에서 이방인들은 매일 밤 자정이 되면 건물을 재배치하고 포로들에게 새로운 기억을 이식해 왔으며, 그들이 건설한 도시의 상황을 재부팅해 인간들에게 실험할 수 있도록 만들었다.

재부팅과 소급적 연속성은 세계관의 콘텐츠를 변경하여, 직접적으로 세계를 변화시키기도 하지만, 크로스오버와 소급적 연결의 출현으로 주변 환경이 제공하는 맥락을 통해 세계를 변화시킬 수도 있다. 그 결과 '다중 우주' 또는 '메타버스'라고 불리는 것들이 탄생하기도 했다.

크로스오버, 멀티버스, 그리고 소급적 연결Crossovers, Multiverses, and Retroactive Linkages

> "엘비스는 스타워즈 인물인가요?"
>
> — 크리스찬 울프Christian Wolf, 5세

세계를 연결하는 가장 일반적인 두 가지 방법은 초-내러티브 캐릭터(또는 오브젝트)와 지리적(또는 시공간적) 연결이다. 초-내러티브 캐릭터의 존재는 세계 간의 지리적 연결이나 시공간적 연결을 의미한다. 연결성이 굳이 명시될 필요는 없지만, 캐릭터가 한 세계에서 다른 세계로 이동할 수도 있다. 따라서 '다중 세계관 multiverse'이라는 용어가 사용되기도 하는데, 이는 연결 되어 있으면서도 뚜렷하게 분리된 두 개 이상의 우주(세계관)의 전체 구조를 설명한다. '크로스오버'는 두 개 이상의 우주나 세계에 등장하여 연결을 암시하는 존재나 사물이고, '소급적 연결'은 본래 연결되도록 의도되지 않았지만, 별도로 구성되고 만들어진 두 세계 간의 연결이라고 할 수 있다. 소급적 연결은 두 개 이상의 상상 속 세계를 창조하고, 이를 하나의 큰 창작물로 통합하고자 하는 작가의 작품에서 흔히 볼 수 있다. 특히 세계를 연결하는 일관성을 유지하기 위해 주의를 기울일 때, 세계 구축의 한 형태로 여길 수 있다.

1장의 마지막 부분에서 이미 이차 세계관이 어떤 식으로든 일차 세계관과 연결되는 경우가 많다고 설명한 바 있으며, 캐릭터가 일차세계에서 이차세계로, 그리고 다시 이차세계로 넘어가는 경우가 매우 일반적이다. 또는 이전의 이차 세계관에 대한 암시가 이차 세계관에 반영되기도 한다. 예를 들어, 호머Homer는 루시안 Lucian의 『진정한 역사True History』에 등장인물로 등장하고, 베이컨Bacon의 『뉴 아틀란티스New Atlantis』에는 모어의 『유토피아』가 암시되어 있다. 등장인물 중 한 명이 "나는 당신들 중 한 사람의 책에서 가짜 연방에 관한 책을 읽었다"라는 대사가 직접적으로 등장할 정도로 많다. 하지만 같은 작가의 다른 스토리에서 다른 세계를 방문하는 등장인물을 제외하고, 하나의 이차세계에서 다른 세계로 초기 교차점을 찾는 경우는 거의 없다. 같은 작가가 만든 두 개의 개별적 세계를 지리적으로 소급하여 연결하는 것은 L. 프랭크 바움이 동화 속 여러 세계를 발전시킨 후에야 인물들이 '같은 대륙에 있는 이웃'으로 연결될 때까지 기다려야 했다. 이 소급적 연결은 연결된 땅을 배경으로 하나의 스토리에 영향을 미친다. 라일리는 이 부분에 관해 다음과 같이 지적했다.

> 훗날 바움이 모든 상상의 나라를 하나의 판타지 세계관으로 통합했을 때, 오즈라는 인물이 비로소 현실성을 갖게 되었다. 하지만 『존 도우와 케루브John Dough and the Cherub』는 오즈를 제외한 판타지 중 유일하게 다른 방향으로 흘러가는 작품이다. 이후 바움은 존 도우에 등장하는 몇몇 국가를 오즈와 지리적 관계에 놓으면서, 스토리 자체에 부족했던 소급적 일관성을 책에 추가했다. 따라서 '존 도우'는 바움이 만들어 낸 다른 세계들을 알고 난 후 읽어야 더 많은 것을 얻을 수 있다.[26]

두 땅이 합쳐지고, 다른 책의 등장인물들이 오즈로 건너오고, 심지어 『오즈로 가는 길The Road to Oz』(1909)의 생일 파티 장면에는 오즈가 아닌 바움의 다른 책에 등장하는 인물들이 나온다. 오즈는 등장 이후 필립 호세 파머Philip José Farmer, 로버트 하인라인, L. 스프라그 드 캠프, 태드 윌리엄스와 같은 공상과학 소설 작가들의 작품에서 비공식적인 크로스오버와 대체 버전의 대상이 되어 왔으며, 이들은 바움의 캐릭터 스토리를 이어가면서도 오즈에 자신만의 캐릭터를 등장시켰다.[27] 또한 존 마이어스 마이어스John Myers Myers의 『실버록Silverlock』(1949)과 같은 책들은 독창적인 상상의 세계를 가지고 있지만, 역사, 신화 및 기타 공상과학 작품의 기존 캐릭터로 그 세계를 채우고 있다.[28]

세계 간 소급적 연결의 다른 예로는 톨킨이 『호빗』(1937)을 레젠다리움Legendarium에 연결한 것을 들 수 있는데, 두 작품 모두 처음에는 별개의 프로젝트로 구상했기 때문이다. 만화에서는 같은 세계관을 배경으로 하는 시리즈 간 크로스오버, 소급적으로 연결된 세계(예: DC 코믹스 세계관에 통합된 잭 커비Jack Kirby의『제4 세계Fourth World』시리즈), 심지어 라이벌 회사의 세계관 간 크로스오버가 이루어지기도 한다. 예를 들어, 마블 코믹스 세계관과 DC 코믹스 세계관의 크로스오버로 캐릭터들이 한 스토리에서 함께 등장한다(슈퍼맨과 스파이더맨의 만남 또는 배트맨과 울버린의 만남처럼). 어떤 갈래를 선택하느냐에 따라 DC 대 마블, 또는 마블 대 DC로 알려진 4호 시리즈에서 주목할 만한 조합이 만들어지기도 한다. 그 안에서 두 우주의 캐릭터들이 함께 싸우게 되고, 결과적으로 '아말감 우주Amalgram Universe'라고 불리는 다중 우주가 탄생하게 된다. 이를 위해 두 회사는 자체적인 배경 이야기를 가진 가상 출판사 아말감 코믹스Amalgam Comics를 만들었다. 아말감 코믹스는(마블과 DC에서 각각 절반씩) 총 24권이 발행되었으며, 여기에는 두 회사의 캐릭터를 조합한 캐릭터가 등장한다. 예를 들어, 로건 웨인과 그의 슈퍼히어로 페르소나 다크 클로는 배트맨(브루스 웨인)과 울버린(로건)이 조합된 버전이고, 할 스타크와 그의 슈퍼히어로 페르소나 아이언 랜턴은 아이언맨(토니 스타크)과 그린 랜턴(할 조던)의 융합, 그리고 바바라 고든 하디와 그녀의 슈퍼히어로 페르소나 블랙 배트는 배트걸(바바라 고든)과 검은 고양이(펠리시아 하디)의 융합이었다.

　그러나 이러한 크로스오버는 다른 세계, 즉 '만약의' 시나리오 또는 꿈으로 설명되고는 하는데, 다른 방식으로 발생할 수 있는 연속성 문제를 피하려고 공식 타임라인에서 제외되거나 비표준적인 것으로 간주되는 것이다. '누가 로저 래빗을 모함했나Who Framed Roger Rabbit'(1988)에서는 수많은 만화 시리즈의 캐릭터가 한 영화에 등장하여, 당시까지 애니메이션 역사상 가장 큰 크로스오버 이벤트가 되었지만, 대부분의 애니메이션 캐릭터는 나이가 들거나 체계적인 타임라인을 따르는 경우가 거의 없으므로 연속성이 깨질 가능성이 작다. 마찬가지로 디즈니 비디오 게임 '킹덤 하츠Kingdom Hearts(2002)'는 디즈니 영화의 오리지널 세계와 '앨리스의 원더랜드', '곰돌이 푸'의 백 에이커 숲, 피터 팬의 네버랜드 등 다른 곳에서 가져온 다른 세계를 연결하여 게임 세계를 구성한다.

이제는 소급적 연결의 가장 정교한 예를 들어보겠다. 멀티버스는 이른바 '토미 웨스트팔 유니버스Tommy Westphall Universe'다. 온라인 포럼의 팬들은 '아이 러브 루시I Love Lucy(1951~1957)'부터 2012년 봄에 방영 중인 프로그램까지, 282개의 TV 프로그램을 연결하여 모든 프로그램이 어떻게 연결되어 있는지를 보여주는 목록을 만들기도 했다. 연결된 프로그램 중 하나인 '세인트 엘스웨어St. Elsewhere'에는 전체 프로그램이 '토미 웨스트팔'이라는 자폐아의 상상 속에서 일어난 일이라는 반전의 피날레가 있었는데, 이는 다른 모든 연결된 프로그램도 그의 상상력 중 일부일 수 있다는 것을 의미하기에 '토미 웨스트팔 유니버스'라는 이름이 붙여진 것이다.

'아이 러브 루시'에서 21세기 프로그램까지의 연결고리도 추적해 볼 수 있다. '아이 러브 루시'의 루시 리카르도Lucy Ricardo는 '루시-데시 코미디 아워The Lucy-Desi Comedy Hour(1957~1960)'에도 등장하는데, 리카르도 부부는 대니 윌리엄스 가족과 한집에 살며 후에 '대니 토마스 쇼The Danny Thomas Show(1953~1964)'에도 등장한다. 대니 토마스 쇼의 한 에피소드에는 '딕 반 다이크 쇼The Dick Van Dyke Show(1962~1966)'의 버디 소렐Buddy Sorrell이 출연하기도 했는데, 그는 앨런 브래디Alan Brady가 주연을 맡은 영화의 작가로, 나중에 '매드 어바웃 유Mad About You(1992~1999)'의 폴 버크맨Paul Buchman 감독의 다큐멘터리에 내레이션을 맡기도 했다. '매드 어바웃 유'의 단골 게스트 캐릭터인 우르술라 버페이Ursula Buffay는 '프렌즈Friends(1994~2004)'의 피비 부페이Phoebe Buffay(같은 배우 리사 쿠드로Lisa Kudrow가 연기)의 여동생이기도 하다. 또 프렌즈의 다른 캐릭터인 챈들러와 조이는 '도시의 캐롤라인Caroline in the City(1995~1999)'의 캐릭터와 연관성을 보이기도 했다. '도시의 캐롤라인'의 한 에피소드가 끝날 무렵, '프레이저Frasier(1993~2004)'의 나일스 크레인과 다프네 문이 등장하고, '프레이저'의 한 에피소드에서는 '존 라로켓 쇼The John Larroquette Show(1993~1996)'의 존 헤밍웨이John Hemingway가 프레이저 크레인Frasier Crane의 라디오 쇼에 출연한다. '존 라로켓 쇼'가 열리는 버스 정류장은 요요다인(스타트렉 세계관 속 연방 우주선 부품 제조업체)[29]이라는 회사에서 지은 것으로 밝혀졌는데, 이 회사는 TV 시리즈 '뱀파이어 해결사Buffy the Vampire Slayer(1997~2003)'의 스핀오프인 TV 쇼 '엔젤Angel'(1999~2004)에서 법률 회사 울프람 앤 하트Wolfram & Hart의 고객이기도 하다. '뱀파이어 해결사'의 스파이크는 몰리Morley 담배를 피웠는데, '엑스파일The X-Files(1993~2002)'의 담배 피우는 남자뿐만 아니라 'ER'(1994~2009), '로스트Lost'(2004~2010), '미디엄Medium'(2005~2011), 'CSI: 뉴욕'(2004)의 캐릭터들도 피운 실제 브랜드다.[30]

물론 업계에서 농담처럼 사용되는 일반적인 담배 브랜드인 '말리Marleys'(말보로Marlboros)만으로는 연관성을 구성할 만하지 않으며, '요요다인'이라는 이름을 사용하는 것만으로는 초월적 캐릭터와 같은 크로스오버라고 할 수 없다고 반박할 수 있다. 이러한 연결에 동의하지 않는 코넬대학교 철학과 교수 브라이언 웨더슨Brian Weatherson은 "웨스트팔 가설에 대한 여섯 가지 반대 의견Six Objections to the Westphall Hypothesis"이라는 글을 통해 연결에 의문을 제기하기도 했다. 또 각 갈래에서 연결성이 같은 방식으로 작동하지 않는 경우 불일치가 발생하기도 한다. '페티코트 정션Petticoat Junction'(1963~1970)과 그린 에이커스Green Acres(1965~1971)는 모두 같은 후터빌Hooterville 마을을 배경으로 하고 있으며, '페티코트 정션'은 비버리 힐빌리즈The Beverly Hillbillies(1962~1971)와 많은 부분이 교차하는 반면, '그린 에이커스'는 '비버리 힐빌리즈'를 하나의 작품으로 취급했다. 후터빌 커뮤니티 극장에서 쇼의 에피소드를 연극으로 재현하는 에피소드도 있었고, 비버리 힐빌리 추수감사절 에피소드에서는 세 쇼의 등장인물이 후터빌에서 함께 식사하는 장면도 있었다. 크로스오버는 유머 요소가 되기도 하고, 일관성을 지키려고 시도했음에도 불구하고 정설로 받아들여지지 않는 때도 있다.

진지하게 받아들였을 때, 일반적으로 소급적 연결은 작가가 여러 작품 또는 세계관을 연결할 때 사용하는데, 이는 자신의 노력을 하나의 거대한 세계로 통합하고자 하기 때문이다. 앞서 설명한 L. 프랭크 바움의 예처럼 두 개 이상의 이차 세계관을 연결하는 예도 있고, 스티븐 킹이 자신의 책들에 등장하는 많은 캐릭터를 통합한 여러 권의 소설『다크 타워Dark Tower』(1970~2004년 출간된 1~7부)를 출판한 예처럼 일차 세계관을 배경으로 만든 스토리에 이차세계를 연결하는 때도 있다.[31] 소급적 연결은 예술적인 이유(톨킨이『호빗』속편의 배경과 역사를 제공하기 위해 자신이 개발 중인 레젠다리움을 사용한 것처럼)로 이루어질 수 있지만, 성공하지 못한 책을 자신의 다른 성공작 속 세계관에 연결하여 판매량을 늘리려는 경우(이것이 바로 바움이 그렇게 하게 된 동기였다[32])와 같이 상업적인 목적으로도 이루어질 수 있다. 어떤 경우든 소급적 연결은 작품의 맥락과 정식 작품성이라는 정체성을 바꿀 수 있고, 관객이 특정 세계와 그 안에서 벌어지는 주요 내러티브를 보는 방식을 바꿀 수 있으므로 신중하게 수행해야 한다. 그리고 이 모든 것에 영향을 미치는 또 다른 요소는, 독자가 세계관 속 사건에 영향을 줄 수 있는 상호작용 기능이다.

상호작용 및 대체 스토리라인Interactivity and Alternate Storylines

다양한 스타일의 이미지 제작에는 한 가지 공통점이 있는데, 시청자를 일반적인 규칙이 적용되지 않는 환상적인 세계로 안내한다는 것이다. 이는 마치 제작자의 상상력을 직접 들여다볼 수 있는 창을 제공하는 것과 같다. 컴퓨터 게임의 경우, 관객이 실제로 어떤 창문을 통해 들어가 이 낯선 신세계와 상호작용을 할 수 있다는 점이 매우 흥미롭다.

— 앤서니 플랙Anthony Flack, 독립 비디오 게임 개발자[33]

인형의 집과 레고 도시부터 비디오 게임과 '세컨드 라이프'(2003)와 같은 가상 세계에 이르기까지 가상 세계에 머무른다는 것은 상호작용을 하고 싶어 하는 욕구와 맞물려 있다. 이때 상호작용은 가상 세계에 몰입하게 되면서 내러티브 참여로 이어지는 경우가 대부분이다. 선택으로 이루어지는 상호작용은 내러티브 갈래를 여러 개의 대체 스토리라인으로 나누고, 각 스토리라인은 플레이어의 선택에 따라 달라질 수 있다. 그리고 세계관은 이 다양한 갈래를 설명해야 한다.

기존의 비非상호적 세계에서도 캐릭터가 선택하는 대체 경로라는 개념이 존재할 수 있다. 같은 선택지에 직면한 둘 이상의 유사 캐릭터가 각각 다른 길을 택할 때, 선택이 결과에 어떤 영향을 미치는지 알 수 있다. 3장에서 언급했듯이 반지의 제왕에는 비슷한 캐릭터(간달프/사루만, 파라미르/보로미르, 아라곤/데네소르, 빌보/골룸 등)가 많이 등장하는데 이들은 비슷한 결정 지점에서 다른 길을 택한다. 다양한 행동과 결말은 관객이 내러티브를 더 완벽하게 이해하고 감상하는 데 도움이 된다. 마찬가지로 비디오 게임과 같은 인터랙티브 세계관은 관객이 다양한 행동 경로를 시도하고, 그 경로가 어디로 이어지는지 확인한 다음 동일한 시작점에서 다시 시작할 수 있도록 한다.

내러티브와 인터랙티브의 결합에 수반되는 문제점과 가능성에 대한 논의가 활발히 이루어져 왔다.[34] 그러나 인터랙티브 세계관에는 미리 정해진 내러티브가 필요하지 않고, 사용자가 주도하는 탐험에 있어서는 세계관의 구조가 더 견고한 경우가 많아서 세계와 인터랙티브를 결합하는 것은 조금 다른 차원의 일이다. MMORPG의 세계는 지속적이고 진행 중이며, 플레이어는 제작자의 이벤트 제공 없이도 자기 행동과 세계관 내 다른 NPC 캐릭터들과의 상호작용을 통해 자신만의 내러티브를 만들어 낸다(이러한 점에서 플레이어는 세계관 이벤트를 공동으로 제작한다고 볼 수 있다). 비디오 게임은 오픈 앤드 멀티플레이어 게임부터 사용자가 직접 찾아서 따라가야 하는 선형적인 스토리라인까지 미로를 통과하는 올바른 경로와 같이(선택이 이루어지지만, 궁극적으로 올바른 경로는 하나만 있는) 제작자가 원하는 만큼의 내러티브로 디자인될 수 있다.

상호작용과 세계 몰입의 관계는 매체, 매체의 관습, 매체에 대한 시청자의 기대치에 따라 크게 달라진다. 인터랙티브 활동으로 인해 비非인터랙티브 미디어에서는 세계의 한계와 대리 참여의 한계가 상대적으로 더 느껴진다. 예를 들어 소설이 독자에게 다른 스토리라인 중 하나를 선택하라고 요구하면 독자는 스토리에서 빠져나올 수 있다. 반면에 비디오 게임에서 인터랙티브 기능은 단순히 관찰하는 것이 아니라, 그 안에서 행동할 수 있는 능력이 있으므로 세계를 더욱 현실적으로 느낀다. 그 때문에 비디오 게임 플레이어가 인터랙티브 기능을 기대했지만, 인터랙티브 기능이 전혀 없거나 매우 적으면('가젯Gadget'(1993), '스타트렉: 보그Star Trek: Borg'(1996) 등 초기 일부 CD-ROM 게임에서처럼) 게임에 몰입할 가능성이 작아질 수 있다. 인형의 집, 모형 기차 풍경, 빌딩 블록으로 만든 도시 등과 같이 물리적 모델을 사용하는 세계부터 비디오 게임이나 가상 세계와 같은 디지털 세계에 이르기까지 상호작용이 활발한 세계는 미리 정해진 내러티브가 없는 경우에도 상호작용의 정도에 따라 몰입도가 상당히 높아질 수 있다.

하지만 상상의 세계는 여러 미디어에 걸쳐 있는 경우가 많다. 일부 인터랙티브 설정은 기존 비디오 게임이나 영화, 또는 텔레비전 쇼의 캐릭터와 설정을 기반으로 다른 미디어에서 시작된 세계를 확장한 것이다. 인터랙티브 미디어에서 시작된 세계가 비非인터랙티브 미디어로 확장될 수 있는 것처럼, 미디어 간 확장은 다른 방법으로도 진행될 수 있다. 비디오 게임 '미스트'(1993)에 이어 세 권의 소설 시리즈인 『미스트: 아트루스의 책Myst: The Book of Atrus』(1995), 『미스트: 티아나의 책Myst: The Book of Ti'ana』(1996), 『미스트: 디니의 책Myst: The Book of D'ni』(1997)이 출간된 것처럼 말이다. 어느 쪽이든 미디어의 기대치와 상호작용 수준이 변화하면서, 세계의 지위와 그 세계에서 일어나는 사건의 정경성에 대한 의문이 제기되기도 하였다.

모든 상상의 세계는 가상의 세계이지만 그 존재론적 지위는 다양하다. 소설이나 영화 속 세계와는 달리, 온라인 세계는 지속가능하게 존재하며 실시간 이벤트, 위치 및 사물, 플레이어가 제어하는 아바타 캐릭터가 등장한다. 심지어는 이 아바타 캐릭터가 세계에 직접적인 영향을 미칠 수 있는 결정을 내리기도 한다. 그 때문에 이러한 세계는 상상 속 세계라기보다는 가상 세계에 가깝다. 일반적으로 다시 시작하거나 초기화할 수 없는 이러한 세계에서는 모든 이벤트가 해당 세계 내에서 내러티브적으로 발생하므로 모든 이벤트가 정식이라고 주장할 수 있다. 더 엄격하게 정의하면, 이러한 세계에서는 '확장official'에서 발견되는 이벤트나 전체 세계에 영향을 미치는 대규모 이벤트와 같이 세계관 제작자가 생성한 '공식적expansions'인 이벤트 외에는 다른 이벤트가 없는 것이다. 어느 쪽이든 미디어 속 세계관들은 각 미디어가 제공하는 다양한 존재론적 가능성에 맞춰 조정할 가능성이 크다.

정식성은 인터랙티브의 영향을 받을 수도 있다. 비非인터랙티브 세계에는 공식적인 특정 이벤트가 있으며, 이는 관객의 경험을 정의하는 데 도움이 된다. 프로도는 항상 반지를 가지고 모르도르에 가고, 루크는 항상 제다이가 되고, 네오는 항상 스미스 요원을 물리치는 등 이러한 이벤트는 해당 세계의 역사에서 고정된 부분이다. 인터랙티브 세계에도 특정한 공식적 이벤트가 있을 수 있다. 예를 들어, 비디오 게임에서는 매번 동일하고, 게임플레이에 의해 변경되지 않는 컷-신cut-scenes 중에 발생하는 이벤트가 있다. 마찬가지로 인터랙티브 세계에도 공식적인 이벤트라고 생각할 수 있는 이벤트가 있을 수 있다. 잉키, 핑키, 블링키, 클라이드는 항상 팩맨Pac-Man을 쫓고, 쿼타일Qotile은 항상 적 야르스Yars에게 에너지 소용돌이를 쏘고, 마스터 치프는 항상 커버넌트 요원에게 공격을 받고, 스페이스 인베이더는 항상 아래쪽으로 전진하여 플레이어의 대포를 우발적으로 격파하는 식이다. 이러한 이벤트의 구체적인 세부 사항은 게임마다 다르지만, 세계의 일부와도 같은 것이다. 일반적인 공식 이벤트는 인터랙티브 세계의 주요 구성 요소와 관련된 경우가 많으며, 따라서 플레이어가 세계에서 경험하는 요소의 일부다.

대체 스토리라인이 있는 인터랙티브 세계에서는 일부 엔딩을 정식 엔딩으로, 다른 엔딩을 비정식 엔딩으로 취급할 수 있다. 예를 들어, '리븐'(1997)에서는 10

가지 엔딩 중 플레이어가 캐서린을 풀어주고 리븐이 파괴되기 전, 아트루스에 다시 합류할 수 있도록 하는 엔딩만 정식 엔딩으로 처리하는데, 이는 캐서린이 '미스트 3: 엑자일Myst III: Exile'(2001)에서 나중에 등장하기 때문이다. 이러한 게임에서 플레이어의 역할은 이벤트가 정상적으로 진행되도록 하는 것이다. 즉 하나의 정식 이벤트 세트를 만드는 것이며, 이때 발생하는 상호작용은 단순히 작가가 의도한 대로 이벤트가 진행되게 하는 것에 불과하다. 하지만 이러한 게임은 정해진 스토리라인을 고수함으로써, 세계 역사에서 상호작용이 없는 다른 게임과 더욱 완벽하게 결합할 수 있다. 따라서 '리븐'의 이벤트는 프랜차이즈의 중요한 스토리에서 중심적인 위치를 차지할 수 있다.

이와는 대조적으로 트랜스미디어 세계의 인터랙티브 브랜치는 세계관의 기존 세계에 새로운 이벤트 추가 없이, 기존 캐릭터, 장소, 상황만 가지고 플레이할 수 있게 한다. 예를 들어 '레고 스타워즈' 비디오 게임에는 시리즈의 캐릭터와 장소가 레고 버전으로 등장하며, 게임의 컷-신은 영화 속 장면을 패러디한 버전이다 (물론 패러디 버전에도 스토리를 진행하고 줄거리의 반전을 제공하는 데 충분한 정보가 포함되어 있지만). 플레이어의 캐릭터는 광선검을 휘두르거나 차량과 우주선을 조종하는 등 영화 속 행위들에 참여한다. 영화와는 다른 상황 또는 장소에서 영화 속 활동을 모방하지만 그대로 재현하지는 않으며, 게임은 본질적으로 스타워즈 복장을 한 삼차원 플랫폼이라는 특징이 있다.[35] 이러한 종류의 게임에서는 다른 미디어에서 구현된 세계관 속 공식적인 사건이 발생하기는 하지만, 새로운 자료가 추가되지는 않는다.

따라서 트랜스미디어 세계관의 인터랙티브 브랜치는 비非인터랙티브 브랜치와의 관계와 차이를 보이지만, 관객에게 세계관과 관련된 새로운 경험을 제공하며, 나아가서는 세계관과 관객의 유대감을 강화시킨다는 특징이 있다. 인터랙티브 설정이 세계관과 일정 수준 분리되어 있더라도, '레고 스타워즈' 컷-신의 농담과 같은 암시는 팬들 사이에 공유된 공동체 의식을 불러일으키고, 다른 미디어를 통해 구현된 세계를 다시 경험해 보고 싶은 욕구를 자극할 수 있다. 상상의 세계를 만드는 비하인드 스토리를 기록한 자료에 대해서도 마찬가지다.

세계에 관한 스토리: 다큐 '만들기' The Story of the World: 'Making Of' Documentation

상상의 세계에 빠져든 관객은 창작물뿐만 아니라 과정으로서의 서브크리에이션, 제작 외적인 내러티브까지도 관심을 둔다. 1970년대부터 다큐멘터리와 특작 단편 영화(현재는 DVD 부록으로 가장 흔하게 볼 수 있는), 책, 잡지 기사, 웹사이트, 시각 사전 및 기타 참고 자료, 인터뷰, TV 스페셜, 트레이딩 카드 및 기타 종류의 '부록' 등 동반 미디어 메이킹이 급증했다. 이러한 저작물은 일반적으로 세계관의 창시자 및 세계관 제작에 참여한 조력자들에 대한 정보를 제공하는데, 이는 세계관 제작 자체에 관한 스토리를 만들어 낸다. 일반적으로 이러한 내러티브에는 아티스트가 구상했던 비전의 기원과 구체화 과정, 승인과 후원을 받기까지의 어려움, 최종 결과물과 근본적으로 다른 초기 버전, 아이디어와 디자인의 발전 과정, 제작의 복잡성과 세부 사항에 대한 주의 요소, 제작 중에 발생한 문제와 변경 사항, 이후 수정과 편집, 작품의 성공에 대한 초기 가정, 작품의 초기 대중적 반응 등이 포함되어 있다. 따라서 '만들기' 자료를 즐기다 보면 세계관 자체에 대한 이해가 더욱 깊어지고, 새로운 지식의 맥락에서 작품을 다시 보게 되는 경우가 많다.

'만들기' 자료는 스틸 사진, 디자인 도면, 건축 계획, 컴퓨터 생성 모델 및 기타 이미지를 통해 의상, 차량, 생물, 세트 및 장소, 소품 등을 더 잘 살펴볼 수 있어 놓칠 수 있는 세부 사항을 짚고 넘어가는 데 도움이 된다. 예를 들어, 『와이어드Wired』 매거진[36]에 실린 미스트의 기사에서는 플레이어가 발견하지 못했던 그래픽 실수를 설명했다. 존 놀John Knoll의 '스타워즈 세계 장조: 365일Creating the Worlds of Star Wars : 365 Days'(2005)에서는 장면 배경에 등장하는 제어판 그래픽과 어수선한 조리대를 클로즈업하여, 영화에서는 명확하게 볼 수 없는 세부 사항을 보여주기도 했다(와토Watto의 고물상에 나오는 한 이미지에는 '2001년: 스페이스 오디세이2001: A Space Odyssey'(1968)의 디스커버리 우주선에서 나온 것으로 보이는 두 개의 팔이 달린 포드가 나온다).[37] 디자인 과정을 기록한 J. W. 린즐러J. W. Rinzler의 '스타워즈 에피소드 III: 시스의 복수Star Wars Episode III: Revenge of the Sith'(2005)에는 우타파우의 추격 장면을 묘사한 콘셉트 디자인 배경에 관한 비하인드 스토리가 담겨 있다.

우타파우의 내부를 가리키며 루카스가 "이 표지판은 어디에 쓰이는 거죠?"라고 물었다.

"레스토랑?" 콘셉트 디자인 담당자 라이언이 답했다.

"레스토랑이 어디 있나요? 더 보여줘요, 레스토랑이 여기 어떻게 들어와요?"

"조금 더 직설적으로 말해보죠."

"네. 결국에는 그들이 어디서 식사하고 쇼핑하는지 설명해야 하거든요."

루카스는 이렇게 답하며 더 많은 디테일을 덧붙여 오랜 시간 동안 설명하기 시작했다. 그는 아티스트들이 이 부분을 제대로 파악해야 한다고 말하며 그는 빛이 들어올 수 있도록 우타파우 내부 천장에 구멍을 뚫었다. "우리는 도시가 어떻게 어우러지는지 알아내야 합니다. 도시가 약간 환경친화적이면서도, 여전히 자동차들이 돌아다니는 것처럼 말이죠."[38]

사소한 디테일에 관한 관심은 세계관의 깊이와 사실성, 완성도를 높여주지만, 팬들이 이러한 디테일을 알 수 있게 해주는 '만들기' 자료가 있기에 그 의미가 생겨나는 것이다. 따라서 '메이킹 오브' 자료는 눈에 잘 띄지 않는 영역도 세계관 구축에 도움을 준다.

제작 과정에 대한 '메이킹 오브' 자료는 시청자가 세계관에 대한 지식을 확장할 수 있도록 설명과 동기 부여 등을 포함해 세계관의 일관성을 보여주는 데도 도움을 준다. 예를 들어, 놀Knoll의 '스타워즈 세계 창조: 365일'에는 '에피소드 1 - 전체 포드 레이싱 코스의 오버헤드 맵'과 '에피소드 2 – 에어스피더' 추격전에서 볼 수 있는 코러산트Coruscant 구간의 맵이 포함되어 있다.[39] 자료에는 두 맵의 특징이 자세히 설명되어 있어서 전체적인 공간 관계는 물론 작품의 일관성을 유지하기 위해 기울인 노력을 알 수 있다. 전체 디자인을 구축하지 않고 보이는 영역에 필요한 부분만 구축한 때도, 지도와 레이아웃을 통해 해당 오브젝트(예: 위치, 차량, 건물)를 전체적으로 상상하고 디자인하여 구현할 수 있는(또는 앞으로 등장할 세계관에서 공개될 수 있는) 느낌을 줄 수도 있다. 잘 디자인된 세계관은 보이지 않는 영역까지 유추할 수 있고, 비하인드 스토리까지 디자인이 존재한다는 것은 완성도와 일관성을 더욱 높여준다.

　마지막으로, '메이킹 오브' 자료는 세계에 새로운 콘텐츠(심지어 공식 콘텐츠)를 추가할 수 있다.[40] 아버지의 원고를 바탕으로 한 크리스토퍼 톨킨의 12권짜리 중간계 역사 시리즈는 문학에서 가장 광범위한 '메이킹 오브' 문서 중 하나이다. 12권이 출판되는 동안, 다음과 같은 발전을 거듭해 왔기 때문이다. J. R. R. 톨킨의 세계는 60년의 세월을 거슬러 올라간다. 시, 스토리, 그림, 어원 자료, 부분 초안, 수정본 등 다양한 저술로 추적해 볼 수 있으며, 그중 상당수는『반지의 제왕』속편의 시작인『새로운 그림자The New Shadow』를 포함하여 톨킨의 세계에 추가되었다. 이러한 추가 자료에는 정식성 여부에 관한 논란이 있지만, 작가가 사망할 당시에는 발표되지 않은 부분이었기 때문에 톨킨이 더 오래 살았다면 과연 무엇을 했을지 짐작해 볼 수 있게 해준다. 그의 편지(대부분은 '만들기' 자료로 간주할 수도 있음)에서도 누군가에게(보통 질문에 대한 답변으로) 전송되었다는 사실과 그 내용이 확실하게 포함되어 있으므로 틀림없이 표준적인 추가 자료를 발견하게 된다. 예를 들어, 1972년 메리엘 서스턴Meriel Thurston 부인에게 보낸 편지에서 톨킨은 다음과 같이 말한다.

황소에게 최종적으로 어떤 이름을 지어 주었는지 듣고 싶고, 가능하다면 적당한 이름을 직접 만들어 보고 싶다. '황소'를 뜻하는 엘프어 단어는 출판된 작품들에는 나오지 않지만, '문도MUNDO'다.[41]

물론 '문도mundo'라는 단어는 결국 『J. R. R. 톨킨의 편지』(1981)로 출판된 작품에서 엿볼 수 있다. 이처럼 상상 속 세계에 관한 더 많은 자료가 존재할 수 있다는 사실을 추측할 수 있다. 이는 미공개 자료들이 언젠가 출판될 것이라는 희망을 품게 하고, 어떤 미공개 자료들이 있을지 추측하게 하며, 아직 우리가 세상에 공개된 모든 것을 본 것이 아니라고 생각하게 만든다.

따라서 내러티브는 세계를 구축하는 개별 작품을 구성하고, 하나의 세계관을 배경으로 하는 여러 작품을 연결하며, 때로는 서로 다른 세계를 멀티버스로 연결하는 등 다양한 규모의 형태로 세계를 묶어준다. 시간이 흐르면서는 레트콘과 재부팅의 형태로 세계가 수정되는 '만들기 단계'의 내러티브도 볼 수 있다. 그러나 상상의 세계를 구축하는 내러티브는 스토리 속 캐릭터가 스스로 세계관 구축하는 경우, 사건 속에서 발생할 수도 있다. 스토리는 서브 창작에 관한 것일 수도 있고, 하위창조자들에 관한 것일 수도 있다. 그들 자신도 상상의 세계에 살고 있는데, 이는 다음 장의 주제다.

5

하위 창조된 세계 내의 하위 창조
SUBCREATION WITHIN SUBCREATED WORLDS

왜 당신은 물질세계의 황후가 되기를 원하고 정부에 수반되는 걱정으로 괴로워
해야 하는가? 당신 자신 안에 세계를 창조함으로써 당신은 통제나 반대 없이 전
체와 부분 모두를 즐길 수 있다. 그리고 당신이 원하는 세상을 만들고, 당신이
원할 때 그것을 바꾸고, 세상이 당신에게 줄 수 있는 만큼의 즐거움과 즐거움을
누릴 수 있을까? 공작부인은 당신이 나를 야심 찬 욕망에서 벗어나게 했다고 정
령들에게 말했다. 그러므로 나는 당신의 충고를 받아들여 내가 없는 모든 세계
를 거부하고 경멸하며 나만의 세계를 만들겠다.

— 마가렛 캐번디시Margaret Cavendish,

『불타오르는 세계라고 불리는 새로운 세계의 묘사』(1666)[1]

하위 창조 세계의 제작자는 종종 자신의 전임자와 이전 세계를 언급하거나 인
정한다. 루시안Lucian은 『신성한 역사』에서 호머Homer를 등장인물로 묘사하고,
베이컨의 『뉴 아틀란티스』(1626)에 등장하는 인물은 모어의 유토피아를 언급한
다. '매트릭스'(1999)의 모르페우스Morpheus는 『이상한 나라의 앨리스』에 대해
여러 가지 암시를 한다. 아서 C. 클라크Arthur C. Clarke의 『3001: 최후의 오디세이

3001: The Final Odyssey』(1997)에 등장하는 캐릭터는 '그 오래된 스타트렉 프로그램'[2]을 말한다. 헨리 다거Henry Darger는 15권 15,145페이지(단일 간격) 분량의 소설『비비안 소녀 이야기The Story of the Vivian Girls』는 단테, 존 버니언, 로버트 루이스 스티븐슨, 쥘 베른, L. 프랭크 바움을 포함하여 수많은 세계 건설자의 작품에서 차용한 것이다. 일부 작가의 작품은 상상의 세계 내에서 주제로 하위 창조를 포함해서 한 걸음 더 나아가며, 이러한 세계는 하위창조자이기도 한 캐릭터를 특징으로 하며, 작가에게 하위 창조의 본질과 세계를 만드는 것이 무엇을 의미하는지에 대해 논평할 기회를 제공한다.

하위창조자도 자신의 하위 창조 세계에 들어갈 수 있으며, 때로는 복잡한 존재론적 계층 구조를 초래하기도 한다. 하위창조자는 세계를 만드는 동기가 다르며, 하위창조자의 세계 거주자 중 일부는 자발적 또는 비자발적으로 일차세계에서 데려온다(때때로 이 주민들은 자신이 이차세계에 있다는 사실조차 깨닫지 못한다). 사악한 하위창조자로 대표되는 하위 창조의 남용도 우리가 발견하는 주제이다. 이 장에서는 하위 창조 세계 내의 하위 창조를 검토하고, 세계 구축 활동에 관여하는 작가와 다양한 캐릭터들diegetic characters에 대한 성찰과 탐구를 검토한다.

단어의 중요성Importance of the Word

태초에 말씀이 계시니라.

— 요한복음 1:1

그러자 하나님께서 "빛이 있으라" 하시니 빛이 있었다.

— 창세기 1:3

창세기의 피아트 룩스Fiat Lux와 마찬가지로 대부분의 하위 창조 세계는 설명 텍스트, 새로운 개요, 각본 처리, 컴퓨터 코드 라인, 심지어 발명된 언어 등 단어에서 기원을 찾는다. 어떤 의미에서, 권위 있는 내레이션을 갖춘 모든 스토리텔링은 비슷한 방식으로 서사적 세계를 허구적인 존재로 불러온다. "수행력으로서의 세계 건설"에 관해 글을 쓴 문학 이론가 루보미르 돌레젤Lubomír Doležel은 다음과 같이 말한다.

> 서사의 인증 권한은 어디에서 유래하는가? 이는 다른 모든 수행적 권한과 동일한 근거, 즉 관습을 가지고 있다. 실제 세계에서 이 권한은 사회적, 주로 제도적 시스템에 의해 부여된다. 소설에서 그것은 서사 장르의 규범에 기록된다. 소설에서는 서사 장르의 규범에 새겨져 있다. 권위 있는 내러티브의 모든 담화 특징은 부정적이라는 점에 주목하자. 즉, 진리 가치, 식별 가능한 주관적 출처(익명임), 시공간적 상황(언어 행위는 맥락이 없음)이 부족하다. 자연 담론의 모든 전형적인 특징을 무효로 하는 것은 수행적 힘이 자동으로 작동하기 위한 전제 조건이다. 이 부정성이 독자에게 '하나님의 말씀'을 상기시킨다면 그렇게 하라. 권위 있는 내러티브와 그 수행력에 대한 모델을 제공하는 것은 바로 신성한 세계를 창조하는 말씀이다.[3]

말은 표현 세계에서도 수행적인 힘을 가질 수 있다. 톨킨의 신화에서 세계는 아이누의 음악을 통해 노래로 존재하게 된다(그리고 말은 톨킨의 세계 자체 뒤에 영감을 주었으며, 톨킨이 발명한 언어와 그로부터 발생하는 문화 및 신화의 본거지를 제공하도록 설계되었다). 많은 판타지 세계에서는 마법의 주문이 사물을 존재하게 하는 데 사용되며 공상과학 세계에서는 '매트릭스' 영화에서 컴퓨터 코드의 흐름이 그러하듯이 액세스를 허용하는 암호나 생성, 변경 또는 파괴하는 컴퓨터 코드의 단어와 같이 단어가 유사한 힘을 갖는 경우가 많다. 실제 이름을 말하는 것은 민간 설화와 버너 빈지Vernor Vinge의 『진짜 이름True Names』, 안드레 노튼 Andre Norton의 『마녀의 세계Witch World』 시리즈, 어슐러 K. 르귄Ursula K. LeGuin

의『어스시Earthsea』시리즈, 그리고 다른 많은 작품은 세계에 영향력을 발휘하는데, 여기서는 누군가의 실명을 알고 사용하는 것 자체가 그 사람을 파악하고 지배하고 있다는 뜻이다.

아마도 하위 창조된 세계 내에서 단어의 수행력을 보여주는 가장 좋은 예는 미스트 시리즈에서 발견되는 몰락한 디니D'ni 문명의 글쓰기 기술에서 단어를 사용하는 것이다. 디니는 설명하는 책을 쓰는데 이는 세계의 세부 사항과 구조 또는 '시대'(이 용어는 시간적 의미는 없지만, 타자성과 동떨어진 느낌을 불러일으킨다)를 설명한다. 다음으로 그들은 연관된 링크 책을 작성하는데, 각 책의 첫 페이지에는 시대의 이미지가 포함되어 있다. 이 이미지에 손을 얹으면 설명된 시대로 사용자를 이동시키는 실시간 움직이는 이미지가 포함되어 있다. 디니 문명 전체는 이 책들에 기반을 두고 있으며 미스트 스토리는 이 책의 사용을 중심으로 전개된다. 미스트 신화가 시작되었을 때 밀러 형제는 톨킨의 하위 창조 개념과 유사한 입장을 취하면서 디니가 신처럼 무에서(ex nihilo) 창조한다고 주장하는 것은 옳지 않다고 결정했다. 따라서 신화는 그 안에 쓰인 세계를 창조하는 대신, 서술서와 연결서가 디니 서적이 묘사하고 연결하기 이전에 존재했던 기존 세계와 연결되도록 설계되었고, 미스트 프랜차이즈의 신화를 기독교 신학과 더 일치시킨다.

'창조된 세계'와 '기존 세계' 사이의 혼동 가능성을 내러티브적으로 설명하기 위해 밀러는 중심인물 중 한 명인 젠Gehn이 책이 실제로 하는 일을 잘못 해석했다고 제안했다.『미스트: 아트루스의 책』과 게임 '리븐'(1997)은 둘 다 글쓰기 기술을 부활시키려고 노력하고 책에서 설명하는 시대를 자신이 창조하고 있다고 믿는 살아남은 디니인 젠에 관한 것이다(특히 그는 자신의 설명과 일치하는 기존 시대와 연결되는 매우 짧은 책인 테스트 시대를 개발할 수 있었기 때문에). 그는 아들 아트루스에게 글쓰기 기술을 가르치지만, 아트루스는 나중에 책의 작동 방식에 대해 아버지가 틀렸다는 것을 깨닫는다.

그 생각은 그가 지난 몇 달 동안 점점 더 자주 떠올린 생각이다. 위험하고 무언의 생각.

하지만 글쓰기에 대해 더 많이 알게 될수록 우리가 여행하는 세계를 창조하고 있다는 아버지의 견해에 더 많이 도전하게 된다.

그들이 세상을 만드는 것이 아니라, 이미 존재하는 가능성과 연결하는 것이라면 어떨까?

처음에 그는 그 개념이 어리석은 것이라고 일축했다. 물론 그들은 이러한 세계를 창조했다. 아니, 그래야만 했다! 그렇지 않다면 어떻게 그렇게 정확하고 예측 가능한 형태로 존재할 수 있을까? 게다가 무한한 다른 세계가 존재하고, 활용되기를 기다리고 있다는 것은 불가능했다. 그러나 그가 그것에 대해 더 많이 생각할수록 그는 아버지의 단순한 설명에 더 많은 의문을 품게 되었다.[4]

비록 책이 기존의 세계와 연결되어 있음에도 불구하고, 그 안에 담긴 말은 여전히 포털을 여는 수행적 힘을 가지고 있다. 단 몇 개의 문구만으로도 세상과 연결될 수 있다.[5] 그리고 책에 쓰인 텍스트는 연결된 세계와 너무나 정확하게 연결되므로 글쓰기는 매우 신중하게 고려해야 한다. 젠이 아트루스에게 다음과 같이 말했듯이.

… 나는 여러분이 페이지에 쓰인 단어와 그 결과로 나타나는 복잡한 실체, 즉 물리적이고 살아있는 시대 사이의 관계를 파악하기를 바란다. 보시다시피, 우리의 예술은 정밀하지만 사물 사이에 생성되는 관계망의 복잡성으로 인해 그 효과는 종종 매우 놀랍다. 개별 문구의 의미는 다른 문구를 추가하여 변경될 수 있으며, 원래 설명이 결과적인 현실과 전혀 관련이 없는 경우가 많다. 그것이 바로 디니가 모순에 대해 그렇게 단호했던 이유이다. 모순은 시대를 파괴할 수 있다. 그들은 충돌하는 지침을 해결하려고

노력하는 과정에서 단순히 시대를 쪼개버리는 경우가 너무 많다.[6]

디니의 세계에서 기록된 단어는 이차세계를 호출하는 힘 이상의 하위창조력을 가지고 있다. 왜냐하면 관련된 시대는 하위창조자가 물리적으로 여행할 수 있기 때문에 일관성이 더욱 중요해지기 때문이다. 하위 창작자가 자신이 창조한 세계를 물리적으로 방문하는 것은 상상 세계 전통에서 흔히 볼 수 있는 주제이자 자기 성찰의 한 형태이다.

자기반성Self-reflexivity

세상이 완전히 상상될 때 하위 창작 행위에는 어느 정도의 노력과 숙고가 필요하므로 일부 작가의 작품에 영감을 주어 내용과 주제에 대한 아이디어를 제공하는 것은 놀라운 일이 아니다. 따라서 내러티브 하위 창작자의 활동은 때때로 작성자가 수행하는 하위 창조 과정을 반영한다. 예를 들어, 위에서 설명한 디니D'ni 글쓰기 기술은 미스트Myst 게임을 만드는 동안 수행된 컴퓨터 프로그래밍과 유사하다. 게임 내의 설명 책과 마찬가지로 미스트 게임이 포함된 CD-ROM에는 게임의 세계를 설명하고 호출하는 컴퓨터 코드가 포함되어 있다. 모순에 관해 위에서 언급한 젠Gehn의 인용문은 컴퓨터 프로그래밍 기술에도 동일하게 적용될 수 있다. 디니D'ni 언어와 컴퓨터 코드는 모두 음성 언어와 달리 표현이 매우 정확하며, 이상한 결과나 불안정한 세계를 피하려면 모순이 없어야 한다. 마우스와 커서의 포인트 앤 클릭 사용은 연결 이미지에 손을 없는 것과 유사하며, 게임의 커서는 사용자가 책의 연결 이미지를 클릭하기 위해 사용할 때 실제로 손 모양이다. 게임 콘텐츠는 게임의 형태와 게임이 사용하는 인터페이스를 모방하여 직접 주소 지정과 같은 전통적인 수단과 함께 사용자의 경험을 이차세계에 더욱 확실하게 연결한다.

마찬가지로 '스타트렉' 세계의 홀로데크holodeck는 사람이 물리적으로 들어갈 수 있는 하위 창조 세계로 가는 관문 역할을 한다. 홀로그램, 역장, 트랙터 빔 및 복제된 물질의 조합을 통해 사용자를 둘러싸고 상호작용을 허용하는 환경을 시뮬레이션하도록 프로그래밍할 수 있는 빈방이다(<그림 5-1> 참조). 홀로데크에 글을 쓰는 사람들은 '홀로소설가holonovelists'로 알려져 있으며, 이는 스타트렉: 보이저 Star Trek: Voyager(1995-2001)의 캐릭터인 톰 패리스가 USS 보이저USS Voyager 가 지구로 돌아온 후 이 직업을 갖게 되었다. 홀로데크 사용자는 시뮬레이션된 캐릭터와 대화하고 홀로데크가 제공하는 상상의 세계와 상호작용을 할 수 있다. 모든 스타트렉 팬이 알고 있듯이 홀로데크는 오작동하여 캐릭터가 그 안에 갇혀 있을 수 있으며, 때로는 안전 프로토콜이 꺼진 상태에서 실제 위험이 발생할 수 있다 (예를 들어 스타트렉: 더 넥스트 제너레이션Star Trek: The Next Generation(1987~1994) 의 '한 줌의 데이터A Fistful of Datas'(시즌 6, 에피소드 8)에서 워프Worf는 홀로데크에서 받은 총상으로 고통받는다).

<그림 5-1> 윌리엄 T. 라이커William T. Riker 사령관은 스타트렉: 더 넥스트 제너레이션 (1987~1994)의 '파포인트에서의 만남Encounter at Farpoint'(시즌 1, 에피소드 1)에서 정글 시뮬레이션 도중에 홀로데크에 들어간다.

조명이 꺼지면 홀로데크는 벽, 바닥, 천장에 격자grid가 있는 빈 직사각형 방으로 표시된다. 격자 외에도 넓은 공간은 사운드 스테이지와 유사하며, 물론 홀로데크 세트 자체도 마찬가지이다. 사운드 스테이지와 홀로데크의 공간은 일단 풍경과 대도구set pieces가 나타나면 일시적으로 다른 장소가 되며, 두 공간 모두 방이 실제로 허용하는 것보다 훨씬 더 넓은 공간감을 불러일으키는 넓은 풍경을 포함하도록 만들 수 있다. 공간 자체는 또한 참여자들이 입장하기 전에 적절한 의상을 입는 가상 공간 중 하나이지만, 뭔가 잘못되었을 때 비극적인 현실 세계 사건으로 인해 가상 공간이 사라질 수도 있다(예: 배우 브랜든 리Brandon Lee가 '까마귀The Crow'(1994)의 촬영 현장에서 현장 준비가 부적절하게 진행되는 동안 소품 총이

그에게 발사되었고, 그는 총에 맞아 사망했다).

'매트릭스'에서 등장인물이 들어가는 가상 공간과 같은 다른 공간은 배우 뒤의 녹색 화면 배경을 채우는 데 사용되는 컴퓨터 생성 이미지와 마찬가지로 컴퓨터 코드로 만든 구조물로 표시된다. 홀로데크와 마찬가지로 캐릭터는 실제 위험에 직면할 수 있고 심지어 매트릭스의 컴퓨터 생성 세계 내에서 죽을 수도 있는데, 이는 캐릭터가 들어갈 수 있는 많은 컴퓨터 생성 세계의 공통된 존재론적 특징인 것 같다(캐릭터는 '트론Tron'(1982), '잔디 깎는 남자The Lawnmower Man'(1992), 'VR 트루퍼VR Troopers'(1994~1996), 가상현실Virtuosity(1995) 등의 가상 세계에서도 죽을 수 있다). 디에게시스diegesis 내에서 가상 세계에 들어갈 수 있는 능력은 서사적 가능성을 열어주지만, 죽음에 대한 위협이 없다면 서사적 긴장은 사라질 것이다.

자기반성의 또 다른 형태는 저자가 텍스트 내의 등장인물에 귀속되는 것이다. 톨킨의 중간계에서 빌보Bilbo는 『호빗』의 저자로 알려져 있으며, 나중에 프로도와 샘과 함께 『반지의 제왕』 그 자체인 허구의 『웨스트마치의 붉은 책Red Book of Westmarch』의 저자이기도 하다. 베를린 플리거Verlyn Flieger는 다음과 같이 설명한다.

> 톨킨은 가능한 한 자만심을 갖고 책의 저자가 아니라 최종 전달자·편집자로서 『반지의 제왕』 제목 페이지의 머리글과 바닥글에 자신의 이름을 삽입했다(따라서 '책'의 역사에도 포함됨). 처음 접하는 독자나 배우지 않은 독자에게 단순히 톨킨식 장식으로 보이는 것은 사실 톨킨이 발명한 키르스Cirth와 텡과르Tengwar의 대본에 계속해서 새겨져 있다. 영어로 다음과 같이 표현할 수 있다. "존 로널드 루엘 톨킨JOHN RONALD REUEL TOLKIEN이 쓴 웨스트마치WESTMARCH의 붉은 책RED BOOK[키르스]에서 번역된 『반지의 제왕』은 여기서 호빗이 본 반지 전쟁과 왕의 귀환의

역사[텡과르]를 다음과 같이 설명한다. 그는 스토리를 만들어내는 것이 아니라, 실행 중인 대본에서 알 수 있듯이 그는 단지 번역하고 녹음하고 있을 뿐이다.[7]

플리거는 계속해서 『웨스트마치의 붉은 책』의 글을 『반지의 제왕』의 글과 비교하면서 다양한 판과 '추적 가능한 계보'를 살펴보고, 1966년 리차드 플로츠 Richard Plot(톨킨협회의 공동 창립자)와의 인터뷰에서 톨킨은 『실마릴리온』이 빌보의 '리벤델에서의 연구research in Rivendell'로 출판될 수 있다고 제안했다.[8]

톨킨의 등장인물이 자신들이 속해 있는 이야기와 그러한 이야기의 성격에 대해 성찰하거나 논의하는 수많은 다양한 자기 성찰의 순간은 메리 보우먼Mary Bowman의 에세이 『이야기는 이미 쓰였다: 반지의 제왕의 서사 이론The Story Was Already Written: Narrative Theory in The Lord of the Rings』[9]에서 자세히 검토되었으므로 여기서는 열거하지 않겠다. 그러나 하위 창조에 관한 톨킨의 작품에서 가장 자기 성찰적인 인물은 그의 단편 소설 『니글의 이파리Leaf by Niggle』에 등장한다. 화가 니글은 나무의 큰 그림을 작업하고 있는데, 이는 톨킨 자신의 상상 세계를 창조하는 데 관련된 하위 창작 과정을 우화(톨킨이 일반적으로 우화를 싫어했기 때문에 매우 드문 경우임)한 것이다. 톨킨은 니글의 그림을 다음과 같이 설명한다.

그는 여러 장의 사진을 가지고 있었다. 그들 대부분은 그의 기술에 비해 너무 크고 야심적이다. 그는 나무보다 나뭇잎을 더 잘 그리는 화가였다. 그는 잎사귀 하나에 오랜 시간을 들여 그 모양과 광택, 가장자리에 맺힌 이슬방울의 반짝임을 포착하려고 애쓰곤 했다. 그러나 그는 모든 잎이 같은 스타일로, 그리고 모두 다른 나무 전체를 그리고 싶었다.

특히 그를 괴롭히는 한 가지 그림이 있었다. 그것은 바람에 휘날리는 잎으로 시작해서 나무가 되었고, 나무는 자라서 수많은 가지를 뻗고, 가장 환상적인 뿌리를 내밀었다. 이상한 새들이 와서 나뭇가지에 정착했고, 그 새들을 보살펴야 했다. 그러자 나무 주변과 그 뒤에 있는 나뭇잎과 가지 사이로 한 나라가 펼쳐지기 시작했다. 그리고 땅을 가로지르는 숲과 눈으로 덮인 산이 언뜻 보였다. 니글은 다른 그림에 흥미를 잃었거나, 아니면 그 그림들을 가져다가 그의 거대한 그림의 가장자리에 붙였다. 그러자 캔버스가 너무 커져서 그는 사다리를 가져와야 했고, 그는 여기저기를 만지고 거기에 패치를 문지르며 위아래로 뛰어다녔다. 사람들이 부르러 왔을 때, 그는 책상 위의 연필을 조금 만지작거리기는 했지만, 충분히 예의 바른 듯 보였다. 그는 그들이 하는 말을 듣기는 했지만, 마음속으로는 항상 자기 정원(한때 감자를 재배했던 밭에)에 지은 큰 창고 속의 큰 캔버스에 대해 항상 생각하고 있었다.[10]

니글의 개별 나뭇잎 그림과 나무 전체를 그리려는 그의 열망은 톨킨의 신화에 대한 사랑과 연결된 스토리의 전체 신화를 개발하려는 그의 열망과 유사하다. 그리고 나무가 자라는 방식도 그의 전설집이 발전한 점진적인 방식과 비슷하다. 기존 스토리에서 새로운 스토리가 자라나는 방식('수많은 가지를 내보내는')과 배경 스토리가 그의 문화를 뒷받침하는 방식 모두에서 유사하다('가장 환상적인 뿌리를 내뿜는'). 그의 편지[11]에서 톨킨은 블랙 라이더Black Riders, 스트라이더Strider, 사루만Saruman, 곤도르의 집사 및 파라미르와 같이 그가 예상하지 못한 인물들이 때때로 어떻게 등장하는지 언급한다. 이들은 '나뭇가지에 정착해 보살핌을 받아야 하는 이상한 새들'로 볼 수 있다. '나뭇잎과 나뭇가지의 틈'을 통해 '열리기 시작한' 나라는 스토리를 중심으로 구축된 상상의 세계에 대한 더 자세한 내용을 나타낼 수 있으며, 그 주변의 배경을 채운다(배경이 먼저 완성되고, 그 위에 전경이 나중에 그려지는 '화가 알고리즘'과는 정반대). 큰 그림의 가장자리에 '붙인' 그림은 『호빗』(1937)과 『톰 봄바딜의 모험The Adventures of Tom Bombadil』

(1934)과 같은 작품이 어떻게 신화 속으로 끌어들여 신화 일부가 되었는지를 암시할 수 있으며, 인용된 마지막 두 문장은 톨킨 자신이 자신의 세계를 창조하면서 어떻게 주의가 산만해졌는지에 대한 설명일 수 있다.

세계를 지칭하든, 세계를 건설하는 과정을 지칭하든, 그리고 미묘한 비유부터 얇은 자서전에 이르기까지 자기 성찰을 통해 작가는 하위 창작 과정과 그것이 생산하는 세계와의 관계에 대해 논평할 수 있다. 그리고 아마도 그렇게 하기 위한 가장 큰 장치는(비록 그것이 종종 자기반성보다 더 반성적이지만) 하위창조자의 존재일 것이다.

하위 창조된 하위창조자와 다이어제틱한 세계 구축Subcreated Subcreators and Diegetic World-building

일부 하위 제작자는 자신이 만든 세계 내에서 캐릭터로 등장한다. 예를 들어, 헨리 다거의 책 『비비안 소녀 이야기The Story of the Vivian Girls』에서 다거는 캐릭터로 등장하고, 그의 책도 등장하며, 그의 세계에서 다른 캐릭터가 그의 글을 읽는다. 마찬가지로 마크 호건캠프가 자신의 마당에 마을을 짓고, 사진을 찍은 1/6 규모의 마웬콜Marwencol에서 인형 중 하나는 호건캠프 자신을 상징하며, 제프 말버그Jeff Malmberg의 다큐멘터리 '마웬콜'(2010)의 마지막 부분에서는 호건캠프 인형도 1/6 크기의 마을을 짓고, 사진을 찍고 있다는 걸 보여준다. 그런데도 대부분의 하위 창조된 하위 창작자들은 자기반성적이지 않고, 단지 작가 세계의 캐릭터일 뿐이다.

캐릭터는 항상 작가이자 스토리텔러, 창작자였으며, 많은 캐릭터가 가상의 장소에 대해 논의하거나 상상의 세계를 방문했다. 그러나 캐릭터가 상상의 세계를 실제로 만드는 것은 더디게 발전했다. 소크라테스는 플라톤의 공화국(기원전 380년경)에서 자신의 칼리폴리스를 자세히 설명하고, 일부 귀족은 돈키호테의 두 번째 부분에서 농담으로 산초 판자를 가상의 섬 바라타리아(실제로는 마을)의 총독으로 만들지만, 두 경우 모두 캐릭터는 실제로 그 캐릭터나 다른 사람들이 방문할 수 있는 상상의 세계를 만들어내지 않는다. 아마도 자신이나 다른 캐릭터가 방문할 수 있는 상상의 세계를 실제로 하위 창조하는 캐릭터의 첫 번째 사례는 아마도 이 장의 시작 인용문에 등장한 마가렛 캐번디시의 『불타오르는 세계라고 불리는 새로운 세계의 묘사』(1666)에서일 것이다. 스토리 속 인물들은 자신만의 세계를 만들고, 그 세계를 만드는 과정과 그들에게 열려 있는 다양한 가능성에 대해서도 논의한다.

하위 창작자 캐릭터는 상상의 세계를 배경으로 한 스토리를 말할 수 있지만(예를 들어, 『하늘에서 음식이 내린다면Cloudy with a Chance of Meatballs』(1978)의 꼭꼭씹어꿀꺽Chewandswallow 마을), 또는 단순히 세계를 상상할 수 있지만(나는 결코 당신에게 장미 정원을 약속하지 않았다I Never Promised You a Rose Garden(1964)에서 조현병을 치료하는 데 도움이 되도록 만든 데보라 블라우Deborah Blau의 Yr 왕국과 같은) 대부분 하위 창작자는 자신이나 다른 캐릭터가 어떤 형태로든 실제로 여행할 수 있는 세계를 만든다. 이러한 유형의 세계와 이를 만드는 수단은 다음과 같은 5가지 추가 유형의 하위 생성된 하위 생성자를 생성한다. 자연적 수단을 써 물리적 세계를 구축하는 캐릭터, 자연적인 수단을 써 가상 세계를 구축하는 캐릭터, 세계를 꿈꾸는 캐릭터, 초자연적인 도구를 사용하여 하위 창조하는 캐릭터, 그리고 고유한 초자연적 하위 창조 능력을 갖춘 캐릭터이다. 이들 각각이 만들어 낸 세계는 서로 다른 한계와 때로는 서로 다른 존재론적 차원을 가지고 있으며, 둘 다 그 안팎에서 일어나는 이야기에서 다루어질 필요가 있다.

자연적 수단, 즉 다이어제틱한 세계 구축에 대해 매우 문자적이고, 구체적인 접근 방식을 사용하여 물리적 세계를 구축하는 캐릭터는 이미 1869년 에드워드 에버렛 헤일Edward Everett Hale의 단편 소설 『브릭 문The Brick Moon』에서 찾아볼 수 있다. 이 스토리에는 항해 지원을 위한 인공위성, 벽돌로 만든 달을 만드는 스토리가 포함되어 있다. 위성이 발사될 때 우연히 우주로 보내진 우주선에 탑승한 사람들이 여전히 있다. 그러나 달이 대기를 흡수하기 때문에 사람들은 살아남고 심지어 달 사람들의 일련의 파견에서 묘사되는 새로운 세계를 시작한다. 스토리의 내레이터는 벽돌 달에서 성장하는 세계에 대해 다음과 같이 쓴다.

> 그러나 이제 열대 기후에서 그들은 자신들만의 토양을 형성하고, 그들만의 야자수를 재배하며, 결국에는 빵 열매와 바나나까지 재배하고, 귀리와 옥수수를 심으며, 쌀, 밀 그리고 기타 모든 곡물을 재배하고 있음이 입증되었다. 년 중 6번, 8번, 10번(내가 볼 수는 없지만)을 수확했는데, 그렇다면 왜 그들에게는 기근의 위험이 없었을까? 내가 생각했던 것처럼, 그들이 출발할 때 덮이지 않은 두 개의 방에 무거운 얼음과 눈 더미를 실어 왔다면, 그들의 창공에는 갈증과 세수에 충분한 물이 있었을 것이다. 그리고 내가 본 그들의 운동은 그들이 그들의 작은 세계를 적절히 발전시키기에 충분한 힘을 가지고 있다는 것을 보여주었다.[12]

헤일Hale의 스토리는 공상과학에서 행성 건설 전통을 시작한다. 인공 행성은 첨단 기술과 대량의 물질을 조작하고 거대한 구조를 건설할 수 있는 능력을 갖춘 문명에 의해 만들어지며, 이는 종종 매우 다른 형태의 행성 건축을 포함한다. 그러한 문명은 올라프 스테이플던의 『스타 메이커Star Maker』(1937)에 등장한다.

> … 공생자들Symbiotics은 고도로 발달한 물리 과학으로 무장하고 아원자력으로 우주에서 영구 거주를 위한 인공 행성을 건설할 수 있었다. 인공 초금속과 인공 투명 아다만트로 이루어진 이 거대하고 속이 빈 구체는 아주 작은 소행성보다 크지 않은 가장 초기의 가장 작은 구조물부터 지구보다 상당히 큰 구체까지 크기가 다양했다. 일반적으로 질량이 너무 작아서 가스가 빠져나가는 것을 막을 수 없었기 때문에 외부 대기가 없었다. 반발

력의 담요가 유성과 우주선으로부터 그들을 보호했다. 행성의 외부 표면은 완전히 투명하고 대기를 감싸준다. … 아주 작고 흔하지 않은 종류의 인공 세계 중 하나는 대부분 물로 구성되어 있었다. 그것은 금붕어가 담긴 거대한 그릇과 같았다. 로켓 기계와 행성 간 부두가 박힌 투명한 껍질 아래에는 구조적 대들보가 교차하고 끊임없이 산소가 스며드는 구형 바다가 놓여 있다. 작고 단단한 코어는 해저를 나타낸다.[13]

다른 구조로는 잭 윌리엄슨의 『피그미 행성The Pygmy Planet』(1932)의 실험실에서 만든 소형 탁상 행성, 래리 니븐Larry Niven의 『링월드Ringworld』 시리즈에서 궤도를 도는 별을 둘러싸는 고리 모양의 행성, 그리고 5층으로 구성된 세계가 있다. 필립 호세 파머의 『티어의 세계World of Tiers』 시리즈. 후자 시리즈는 단순한 행성 생성을 넘어 강력한 토안Thoans에 의한 '포켓 우주' 만들기까지 진행된다. 토안들은 자신이 만드는 각각의 작은 우주에서 서로 다른 물리 법칙을 만들 수도 있다.

1장에서 언급했듯이 '세계'는 행성 전체를 지칭할 필요가 없고, 오히려 캐릭터의 경험 영역을 지칭하므로 다이어제틱적 세계 구축은 더 작은 규모에서도 발생할 수 있다. 소설 『관절이 틀어졌을 때Time Out of Joint』(1959), 『포로의 우주 Captive Universe』(1969), 영화 '다크 시티Dark City'(1998), '트루먼 쇼The Truman Show'(1998), '빌리지The Village'(2004)에서는 마을 크기의 세계가 물리적으로 건설되어 다음과 같은 거주민을 수용한다. 그들은 자신들이 일차세계와는 별개의 작은 인공 세계에 있다는 사실을 인식하지 못한다. 이 마을의 경계는 갇힌 주민들이 통과할 수 없게 되어 있으며, 그들은 점차 자신의 투옥과 다른 특정 주민들이 무슨 일이 일어나고 있는지 알고 있다는 사실을 발견한다.

관객의 외적 관점에서 보면 하위창조물이지만 캐릭터가 자연적인 수단으로, 물리적으로 구축하는 세계는 캐릭터의 관점에서 보면 단지 세계 구축 프로젝트에 불과하다. 왜냐하면 그들은 이차세계를 구축하는 것이 아니라 일차세계 일부를 재구성하고 있기 때문이다. 반면, 자연의 수단을 이용해 가상 세계를 구축하는 인물들은 스토리의 형상화된 세계 속에서도 하위 창조로 간주할 수 있는 활동을 수행하고 있다. 이런 종류의 세계는 그것을 창조할 수 있는 기술, 즉 컴퓨터가 등장한 후에야 나타났다. 초기 예로는 필립 K. 딕의 『죽음의 미로A Maze of Death』(1970)의 델마크-ODelmark-O, 버너 빈지Vernor Vinge의 단편 소설 『진짜 이름True Names』(1981) 및 영화 '트론Tron'(1982)의 그리드가 있다. 1982년 윌리엄 깁슨William Gibson의 단편 소설 『크롬 불타기Burning Chrome』는 사이버 공간의 온라인 세계를 소개했으며, 이는 그의 소설 『뉴로맨서Neuromancer』(1984)의 배경이 되었고, '사이버 공간'은 일반적으로 온라인 세계를 설명하는 데 사용되는 용어가 되었다. 그 이후의 다른 다이어제틱 가상 세계로는 스타트렉의 홀로데크, '엑시스텐즈eXistenZ'(1999) 및 '매트릭스' 영화의 온라인 세계, 그리고 그레그 이건Greg Egan의 단편 소설 『크리스털 나이츠Crystal Nights』(2008)에 나오는 가상 행성인 사파이어가 포함된다. 이는 윌리엄슨의 피그미Pygmy와 같다. 행성은 진화론을 테스트하기 위해 설계되었다. 앞서 언급했듯이, 이러한 세계는 디에게시스diegesis 내에서도 가상이긴 하지만, 서사적으로 흥미를 끌기 위해서는 실제 위험을 초래할 수 있도록 설계되어야 한다. 따라서 두 캐릭터 중 하나는 전자적으로 세상에 채팅(트론Tron처럼)하거나 가상으로 들어가지만, 실제 죽음의 가능성에 직면(매트릭스처럼)하거나, 가상 세계 주민들이 지각력을 갖게 되어('스타트렉: 넥스트 제너레이션'에서처럼) 자신의 한계에서 벗어나는 위험(『크리스털 나이츠』에서처럼)을 감수해야 한다. '스타트렉'의 홀로데크 에피소드 중 하나인 '병 속의 배Ship in a Bottle'에는 홀로데크를 떠날 수 있는 것처럼 보이는 홀로데크 캐릭터가 등장하기도 했지만, 그는 사실 홀로데크 내에서 엔터프라이즈를 시뮬레이션하는 프로그램을 만들어 초반에는 승무원을 속이는 홀로데크 안의 홀로데크를 만들어냈다.

상상의 세계 내에서 실제 위험이 발생할 가능성에 대한 필요성은 꿈을 꾸는 세계를 그리는 캐릭터에게도 발생한다. 이 가능성을 만드는 가장 간단한 방법은 스토리가 끝날 때까지 세상이 단지 꿈일 뿐이라는 사실을 밝히지 않는 것이다. 이 전략의 첫 번째 예 중 하나인 루이스 캐럴Lewis Carroll(본명은 찰스 러트위지 도지슨 Charles Lutwidge Dodgson이다)의 『이상한 나라의 앨리스』(1865)는 상상의 세계인 이상한 나라를 제시했는데, 이것이 앨리스의 꿈이라는 게 밝혀졌다. 독자와 앨리스 자신은 스토리가 끝나고 깨어난 후에야 이 사실을 깨닫게 된다. 기술적으로 말하면, 꿈을 통해 만들어진 상상의 세계는 하위 창조된 세계로 간주할 수 있다. 그것은 의도적인 행위를 통해서가 아니라 캐릭터가 만든 상상의 산물이기 때문이다. 하지만 그것은 내러티브적으로 하위 창조된 세계를 방문하는 것과 관련된 모든 문제를 해결한다(우리는 앨리스가 물리적으로 이상한 나라에 들어간다고 믿게 되지만, 사실은 그렇지 않은 거로 밝혀졌다. 이 장치는 캐럴의 속편인 『거울 나라의 앨리스Through the Looking-Glass, and What Alice Found There』(1871)에서도 사용된다). 주인공이 깨어나는 꿈으로 자리 잡은 다른 상상의 세계로는 윈저 맥케이 Winsor McCay의 『슬럼버랜드Slumberland』와 H. P. 러브크래프트H. P. Lovecraft의 『Dreamworld(Dreamlands라고도 함)』가 있으며, 두 곳 모두 스토리의 주인공(각각 리틀 네모Little Nemo와 랜돌프 카터Randolph Carter)이 여러 번 여행한 곳이다.

그러나 일부 꿈의 세계는 다른 꿈의 세계보다 더 견고한 존재론적 지위를 가지고 있다. 비록 그것이 꿈의 세계라고 불리지만, 러브크래프트의 세계는 내러티브적으로 하위 창조된 세계가 아니다. 왜냐하면 그의 세계가 (나중에 밝혀지듯이) 단순히 카터의 잠자는 정신의 창조물인 것으로 보이지 않기 때문이다. 리차드 업튼 픽맨Richard Upton Pickman과 쿠라네스 왕King Kuranes처럼 다른 인간들은 둘다 일차세계에서 온 카터의 친구로 그곳을 여행하거나 거주하며, 이는 카터의 꿈밖 어떤 종류의 존재를 암시한다.[14] 따라서 세상은 처음에는 꿈에서 본 것처럼 보이다가 나중에는 꿈꾸는 사람 밖에 실제로 존재하는 것으로 드러날 수 있다. 그런 경우 꿈꾸는 사람은 다른 세상으로 통하는 문을 찾는 것일 뿐, 그것을 창조하는 것은 아니다.

초자연적인 도구를 사용하여 하위 창조하는 캐릭터들 사이에도 비슷한 상황이 존재할 수 있다. 마지막 섹션에서 논의한 디니 글쓰기 기술은 사용 방법을 알고 있지만, 완전히 이해하지 못하는 하위 창의적 기술을 사용하는 캐릭터의 예이다. 따라서 그것은 더 이상의 설명 없이도 세계 전제의 일부로 존재할 수 있다. 아트루스Atrus, 겐Gehn 등이 러브크래프트Lovecraft의 몽상가들처럼 세상을 창조하지 않고 그저 세계로 통하는 포털을 여는 시대를 썼다고 주장할 수 있지만, 스토리의 특정 순간(아트루스가 리븐의 불안정성을 고치기 위해 리븐을 변경하려고 시도하는 순간)은 단순히 포털의 능력을 넘어서는 하위창조력을 의미한다. 아서 C. 클라크의 유명한 격언인 "충분히 발전한 기술은 마법과 구별할 수 없다"라는 말이 암시하듯이, 때로 진보된 세계 건설 기술이 초자연적인지 아닌지를 말하기는 어렵다.

필립 호세 파머의 『우주의 창조자The Maker of Universes』(1965)의 주인공인 로버트 울프Robert Wolff는 자신이 접하는 우주 건설 기술이 초자연적인 게 아니라 과학적이라고 정확하게 의심하지만, 처음에는 확신하지 못한다. 초자연적 기원을 가진 하위창조적인 도구는 꿈의 세계나 가상 세계보다 더 실질적인 세계를 구축할 수 있게 하며, 동시에 단순히 일차세계를 재구성하는 것이 아니다. 하위 창작의 힘이 사용자가 아닌 도구에 있다는 사실은 캐릭터가 평범한 인간(혹은 평범한 인간과 유사한 존재)으로 남을 수 있다는 것을 의미하며, 관객이 더 쉽게 캐릭터와 동일시할 수 있다는 것을 의미한다.

고유한 초자연적 하위 창조 능력을 지닌 캐릭터는 아마도 가장 희귀한 하위창조자 중 하나일 것이다. 왜냐하면 그들은 일반적으로 초자연적 존재이거나 초자연적 능력을 부여받은 인간이기 때문이다. 후자의 첫 번째 예는 캐번디시의 『불타오르는 세계라고 불리는 새로운 세계의 묘사』에서 찾을 수 있다. 여주인공은 상상의 세계인 타오르는 세계로 여행을 떠나 황제와 결혼해 황후가 된다. 나중에 그녀는 영적 서기가 되는 뉴캐슬 공작부인(캐번디시 자신이 소유한 칭호이지만 스토리에는 그녀의 이름이 나오지 않음)의 영혼을 불러온다. 공작부인은 나중에 세계의 황후가 되고자 하는 소망을 표현하고, 세계를 정복할 필요는 없지만 '무형의 생물이 완전히 거주하는 무형의 세계를 만들 수 있다'라는 말을 들었다. 황후와 공작부인은 각자 자신만의 상상의 세계를 만들기 시작한다. 공작부인은 다양한 철학에 따라 자신의 세계를 패턴화하려고 시도하며 각각의 문제에 직면하다가 마침내 스스로 패턴을 생각해 내기로 한다.

마침내 공작부인은 자신의 세계를 구성하는 데 어떤 패턴도 자신에게 도움이 되지 않는다는 것을 깨달았다. 그녀는 자신이 발명한 세계를 만들기로 했고, 이 세계는 민감하고 이성적으로 스스로 움직이는 물질로 구성되었다. 실제로 그것은 물질의 가장 미묘하고, 순수한 정도인 합리성 Rational으로만 구성되었다. 민감한 부분이 신체의 인식과 일관성에 따라 움직이고 행동한 것처럼 같은 시점, 이 정도의 물질(정도는 혼합되어 있지만 여러 부분이 동시에 여러 방향으로 움직일 수 있음)은 상상 세계의 창조로 이동했다. 만들어진 후의 이 세계는 너무나 호기심 많고 다양성으로 가득 차 있었고, 질서가 잘 잡혀 있고 현명하게 통치되어 있어서, 그것은 말로 표현할 수도 없고 공작부인이 자신만의 세계를 만들면서 얻은 기쁨과 즐거움도 표현할 수 없다.

그동안 황후 역시 자신의 마음속에서 여러 세계를 만들고 해체하고 있었는데 너무 당황해서 그 어느 곳에도 정착할 수 없었다. 그래서 그녀는 황후를 기다릴 준비가 되어 있는 공작부인을 불러 자신이 사랑하는 세계를 데리고 다니며 황후의 영혼을 초대하여 그 틀과 질서, 통치를 관찰하게 했다. 폐하께서는 그것을 깨닫고 너무나 황홀해하셔서 그녀의 영혼은 공작부인의 세계에 살고 싶어 하셨다. 그러나 공작부인은 그녀에게 자신의 마음속에 또 다른 세계를 만들라고 조언했다. 폐하의 마음은 이성적인 육체적 움직임으로 가득 차 있다고 그녀는 말했다. 그리고 내 마음의 합리적인

움직임은 당신에게 줄 수 있는 최고의 지침으로 당신을 도울 것이다.[15]

여기에는 캐릭터가 들어갈 수 있는 세계의 하위 창조뿐 아니라 세계 건설에 대해 논의하고 서로의 세계를 조사하며 이후 섹션에서 이차세계와 관련하여 일차세계에 대해 논의하는 두 명의 하위창조자가 있다. 그러나 공작부인의 세계는 자세히 기술되어 있지 않으며, 그것이 '한 번에 여러 방향으로 움직일 수 있는' '물질의 가장 순수한 정도'로 만들어졌다는 사실과 '말로 표현할 수 없는' 모습을 하고 있다는 점은 사실이고, 추가 설명이나 개발의 여지가 거의 없다.

첨단 기술을 사용하는 것과 마찬가지로 캐릭터도 이해하거나 제어하지 않고도 마법의 하위창조력을 발휘할 수 있다. 에디스 네스빗Edith Nesbit의 『마법의 도시 The Magic City』(1910)에서 소년 필립은 블록과 집안 물건으로 두 개의 도시를 건설하지만, 나중에 그중 한 도시에 들어가게 된다.

그는 잠시 황홀한 마음으로 '그 도시'를 바라보다가 문을 닫았다. 그러는 동안 그는 약간 이상한 현기증을 느꼈고, 손을 머리에 대고 잠시 서 있었다. 그는 몸을 돌려 다시 도시로 향했고, 도시에 다다르자, 그는 급히 숨을 참으며 작은 소리를 냈다. 누군가가 그의 말을 듣고 내려와서 그를 침대로 보낼까 봐 두려웠기 때문이다. 그는 서서 당황한 채로, 그리고 다시 한번, 다소 어지러운 듯이 주변을 둘러보았다. 왜냐하면 도시는 순식간에 빛이 번쩍이고, 어둠이 뒤따르면서 사라졌기 때문이다. 응접실도 마찬가지였다. 테이블 가까이에 있던 의자도 마찬가지였다. 그는 멀리서 거대한 산모양들이 솟아오르는 것을 볼 수 있었고, 그 꼭대기에는 달빛이 빛났다. 그러나 그 자신은 광활하고 평탄한 평원에 있는 것처럼 보였다. 그의 발 주변에는 긴 풀의 부드러움이 있었지만, 나무도, 집도, 울타리도, 풀의 넓이를 줄이는 울타리도 없었다. 어떤 부분은 다른 부분보다 더 어둡게 보였다.

그게 전부였다. 그것은 그에게 모험에 관한 책에서 읽었던 끝없는 초원을 생각나게 했다.

　"꿈을 꾸고 있는 것 같아요." 필립이 말했다. "문손잡이를 돌리는 동안 어떻게 잠이 들었는지 모르겠어요. 하지만…" 그는 무언가 일어날 거라고 기대하며 가만히 서 있었다. 꿈에서는 꿈이 끝나는 것 외에 항상 어떤 일이 일어난다. 하지만 지금은 아무 일도 일어나지 않았다. 필립은 조용히 서서 발목 주위의 따뜻하고 부드러운 풀을 느꼈다.[16]

네스빗은 그것이 꿈이 아니라고 말하지만, 설명은 거의 없고, 2장에서 한 등장인물이 "설명하기 어려운 일종의 자기 작용 마법"이 부분적으로 책임이 있다고 말하며, 주민의 관점에서 도시가 창조되는 모습을 엿볼 수 있게 해준다.

　도시가 건설되고 주민들이 이곳에 정착하자마자 도시의 삶이 시작되었고, 그곳에 살았던 사람들에게는 마치 항상 그랬던 것처럼 느껴졌다. 장인들은 수고했고, 음악가들은 연주했으며, 시인들은 노래했다. 그러한 목적으로 설계된 것으로 보이는 높은 탑에 있는 점성술사들은 별을 관찰하고 예언하기 시작했다.[17]

도시의 과거는 현재와 함께 생성되지만, 동시에 거주자인 화자는 무슨 일이 일어났는지 알고 있는 듯하다. 네스빗의 스토리는 결코 그 마법의 근원을 밝히지 않는다. 그러나 스토리 초반에 필립이 도시를 건설하기 시작하면서 초자연적인 도시가 암시된다.

　검은색과 금색 캐비닛 위에 청동 이집트 신이 방 건너편에서 그를 바라보는 것 같았다.

"좋아요." 필립이 말했다. "내가 당신을 위해 사원을 짓겠어요. 잠깐만 기다려요."

청동 신이 기다리자, 신전은 커졌고, 꼭대기에 체스 말이 달린 은촛대 두 개가 현관의 기둥 역할을 톡톡히 해냈다.[18]

대부분은 고유한 하위 창조 능력을 통제할 수 있는 유일한 캐릭터는 던세이니의 페가나나 톨킨의 아이누 신과 같은 존재이다. 아이누는 에루 일루바타르Eru Ilúvatar(신)로부터 음악의 주제를 받는 천사적 존재이며, 함께 그 주제를 위대한 음악으로 만들고, 일루바타르는 그들에게 다음과 같이 보여준다.

그러나 그들이 공허로 들어갔을 때 일루바타르는 그들에게 말했다. "너희 음악을 보라!" 그리고 그는 그들에게 환상을 보여주었다. 전에는 듣기만 하던 곳을 보게 한 것이다. 그리고 그들은 그들 앞에 보이는 새로운 세계를 보았고, 그것은 공허 속에 둥글게 둘려 있었으며, 그 안에서 유지되었지만, 공허에 속하지 않았다. 그리고 그들이 보고 궁금해하는 동안, 이 세상은 역사를 펼치기 시작했고, 그들에게는 그것이 살아 있고 성장하는 것처럼 보였다.[19]

아이누 중 일부는 새로운 우주인 에아Eä로 가서 '세계의 힘'인 발라르Valar가 되기로 한다. 그렇게 되면 그들은 세계 자체인 아르다를 하위 창조해야 한다.

그러나 발라르Valar가 에아Eä에 들어갔을 때 그들은 처음에 깜짝 놀라 어리둥절했다. 왜냐하면 환상에서 본 것들은 아직 아무것도 만들어지지 않은 것 같았고, 모든 것이 곧 시작될 시점에 있었지만, 아직 형체도 갖춰지지 않았고 어두웠기 때문이다. 위대한 음악은 영원의 전당에서 생각이 성장하고 개화하는 것에 불과했고, 비전은 단지 예감에 불과했기 때문이다. 그러나 이제 그들은 시간의 시작에 들어섰고, 발라르는 세계가 단지 예고되고 예견되었을 뿐임을 인식했으며, 그들은 그것을 달성해야 한다. 그리하여 측정할 수 없고 탐험할 수도 없는 황무지, 셀 수 없고 잊힌 시대에 그들의 위대한 노동이 시작되었다.[20]

발라르가 세상에 들어간 후 그들은 나중에 중간계의 사람들이 접근할 수 없는 땅인 발리노르Valinor에 거주하며, 반지의 제왕 시대에는 발라르의 역할이 간접적이다.

다이어제틱하게 하위 창조된 세계와 더 직접적으로 상호작용을 하는 예는 E. R. 에디슨의 지미암비아Zimiamvia 3부작 중 두 번째 책인 『메미슨에서의 생선 저녁 식사』(1941)에서 찾을 수 있다. 이 소설은 두 개의 스토리라인을 따라 장(및 장의 일부)을 엇갈리게 편집하면서 시작한다. 하나는 에드워드 레싱엄Edward Lessingham과 지구상의 메리 스캐른사이드Mary Scarnside, 다른 하나는 지미암비아의 메젠티우스Mezentius 왕과 그의 궁정이다. 에드워드와 메리의 스토리는 격동의 20세기 초 유럽의 로맨스와 결혼 이야기이며, 아내가 기차 사고로 갑작스럽게 사망한 후 에드워드가 절망과 싸우는 스토리이고, 다른 스토리라인은 메젠티우스 왕과 그의 가신들, 피오린다Fiorinda 부인을 포함한 지미암비아의 정치적 계략과 음모를 따라간다. 후자의 스토리라인은 피오린다 부인이 메젠티우스 왕에게 자신의 소원에 따라 세상을 건설하도록 도전하는 제목의 생선 저녁 식사로 끝난다.

능숙하고 미묘한 힘을 발휘하는 모습을 볼 수 있는 아름다운 왕의 손이 탁자 위에서 바쁘게 움직이고 있었다. 이제 그는 천천히 그것들을 벌렸다. 천천히, 그들의 이별과 함께, 그가 만든 세계가 그들 사이에서 커졌다. 가장 가볍고 겉보기에 실체적인 것, 구체로 둘러싸여, 눈이 비스듬히 닿는 곳에서는 무수한 색깔로 반짝이지만, 더 직접적으로 바라보면 모든 것이 어둡고 어두워지고 불확실하다. 그리고 그 안에는 깊은 것 아래의 깊은 것이 있었다. 그 안에서는 마치 어둠과 밝음이 함께 그리고 따로 끊임없이 끓고 휘저어지는 것처럼 보였다.[21]

왕의 세계에 살게 될 사람들의 삶과 죽음의 본질을 논의한 후, 피오린다는 그곳에서 사는 게 어떤 것인지 알기 위해 왕에게 자신과 함께 그 세계로 들어가자고 제안한다. 우리는 곧 두 스토리라인이 합쳐졌고, 에드워드와 메리는 왕과 피오린다가 세상에서 인생을 사는 존재이며, 우리 세계인 일차세계는 메젠티우스 왕의 생선 저녁 식사에서 창조된 세계라는 것을 알게 된다. 세상에서 돌아온 후, 왕은 아직 슬픔에서 회복 중일 때, "그들은 잠시 그들 앞에 놓인 탁자 위에 있는 불확실한 것"을 바라보았다. "그 후 50년을 더 그곳에서 일했다"라고 왕이 말했다. "그런데 여기서는 뭐였지? 눈꺼풀이 깜빡이는 것…"[22] 세계의 중첩된 본질을 끝까지 밝히지 않음으로써 레싱엄 가족의 스토리는 더욱더 효과적이며, 등장인물처럼 우리도 상황의 진정한 본질을 깨닫지 못하기 때문에 에드워드의 애도는 더 큰 무게를 지닌다. 나중에 세상이 버려졌을 때, 피오린다는 왕이 원한다면 항상 더 나은 세상을 만들 수 있다고 제안한다. 그는 웃으며 다음과 같이 대답한다.

"확실히 할 수 있을 거야. 의심할 바 없이, 언젠가는 할 거야. 그리고 … "
그는 속삭이며 그 여인의 귀에만, 그녀의 눈을 갑작스럽게 바라보며 말했다. "의심할 바 없이 나는 이미 했다. 그렇지 않으면, 오! 교활한 사기꾼이여, 우리가 여기 온 건 어떻게 된 일이야?"[23]

아마도 일차세계 자체가 어쩌면 다른 사람이 창조한 세계일지도 모른다는 생각은 고대 중국 철학자 장자에게로 거슬러 올라간다. 나비가 되는 꿈을 꾸던 장자는 깨어나 자신이 나비가 되어 사람이 되는 꿈을 꾸고 있는 것인지 궁금해한다. 추측일 뿐인 또 다른 언급과는 별도로(『거울 나라의 앨리스』(1872)는 앨리스가 붉은 왕의 꿈 일부였는지 고려하는 것으로 끝난다), 일차세계로 보였던 것이 실제로는 자신을 속이기 위해 만들어진 이차세계라는 사실을 서서히 발견하는 캐릭터의 서사 기업은 대체로 20세기의 발전이며, 아마도 매개된 경험의 증가 정도와 대중 매체의 부상에 대한 반영일 것이다. 그것은 또한 다이어제틱적 하위 창조에서 발견되는 또 다른 주제, 즉 사악한 하위창조자의 개념과 종종 연관되는 장치이기도 하다.

사악한 하위창조자Evil Subcreators

> 시대가 필요해. 수십, 수백! 그게 우리의 임무야, 아트루스 모르겠니? 우리의 신성한 임무야. 시대를 만들고 채우는 거야. 무無를 세계로 채우는 것. 우리가 소유하고 통치할 수 있는 세계를 통해 디니D'ni가 다시 위대해질 수 있도록. 내 손자들이 백만 세계의 주인이 되도록!
>
> — 젠Gehn, 『아트루스의 책』[24]

사악한 창조자의 형상은 보통 하나 또는 두 가지 죄를 범하고 있다. 자신의 권력을 남용하고 자신을 신의 자리에 두거나, 자신의 프로젝트를 추진하기 위해 개인이나 공동체를 가두거나 가두는 수단으로 하위 창조된 세계를 사용하는 것이다. 권력 남용의 예로는 톨킨의 멜코르Melkor, 『실마릴리온』의 사탄적 인물, 미스트 프랜차이즈의 젠Gehn이 있다. 톨킨은 유혹이 하위창조력에 내재되어 있음을 인정하면서 다음과 같이 썼다.

> … 창조적인(또는 하위창조적인) 욕망은… 생물학적 기능이 없는 것처럼 보이며, 평범한 생물학적 삶의 만족과는 별개인 것 같다. 우리 세계에서는 실제로 이 욕구와 종종 갈등을 겪는다. 이 욕망은 실제 일차세계에 대

한 열정적인 사랑과 결합되어 있으며, 따라서 죽음의 감각으로 이끌리지만, 그런데도 그것으로 만족한다. 그것은 다양한 '타락'의 기회를 지니고 있다. 그것은 소유욕이 생겨서 만든 것에 '자신의 것'으로 집착할 수 있으며, 하위창조자는 자신의 사적 창조물의 주님과 신이 되기를 원한다. 그는 창조주의 법칙에 반항(특히 죽음에 맞서)할 것이다. 이 두 가지 모두(단독으로든 함께든) 권력에 대한 욕구, 의지를 더 빨리 효과적으로 만들고자 하는 욕구, 그리고 기계(또는 마법)에 대한 욕구로 이어질 것이다.[25]

권력에 대한 욕망과 기계와의 연결은 특히 세상이 그 자체의 이익을 위해 만들어진 것이 아니라 오히려 다른 사람을 지배하거나 제작자의 목적을 위해 사용하는 도구로 만들어진 상황에서 두드러진다. 이는 하위 창조된 세계를 속임수나 투옥(또는 둘 다)의 수단으로 사용하는 스토리로 이어진다.

일반적으로 이러한 스토리에서 우리는 무언가 옳지 않다는 사실과 자신이 사는 세상을 둘러싸고 넘을 수 없는 특정한 경계가 있다는 사실을 깨닫게 되는 주인공의 관점을 공유한다. 그런 인물들이 자신이 속한 세계의 신비로운 본질을 밝히고 자신에게 부과된 경계를 넘을 방법을 찾으려고 노력하는 가운데, 그들이 그들을 속이기 위해 만들어진 세계에 살고 있다는 사실은 증거가 쌓임에 따라 점차 분명해진다. 일반적으로 세계의 수호자이기도 한 세계 건설자들은 주인공의 깨달음을 막으려 하지만 성공하지 못하고, 결국 갈등이 심화하면서 주인공은 어떻게든 세계의 종말을 가져오거나 권력 재분배를 통해 세계를 재건하는 데 중요한 역할을 한다.

세계 건설자의 의도가 좋을지라도(마거릿 피터슨 해딕스Margaret Peterson Haddix의 『시간 밖으로 달리다Running Out of Time』(1995) 및 M. 나이트 샤말란M. Night Shyamalan의 '빌리지The Village'(2004)에서처럼 세계 건설자 중 일부가 자기가 만든 세계에서 살고 가족을 부양하는 것처럼), 다른 사람들이 세상의 구성성을 못 깨닫게 하려는 시도는 그들을 강제로 세상에 가두어 놓는 결과를 낳고, 세상을 일종의 감옥으로 만든다. 사악한 의도를 가진 다른 사람들은 자신의 세계를 감옥으로 사용할 뿐만 아니라, 몇 가지 더 잘 알려진 예를 사용하자면, 일반적으로 『관절이 틀어졌을 때 Time Out of Joint』(1959), '트루먼 쇼The Truman Show'(1998), '다크 시티Dark City'(1998) 및 '매트릭스'(1999) 등과 같이 세계의 알지 못하는 주민들을 위해 다른 목적을 지니고 있다.

『관절이 틀어졌을 때Time Out of Joint』와 '트루먼 쇼'에서 도시는 주인공이 처한 상황의 본질을 알지 못하는 동안에도 사회 전반에 무언가를 제공하는 삶을 사는 한 사람에게 환경을 제공한다는 유일한 목적으로 건설되었다. 『관절이 틀어졌을 때Time Out of Joint』에서 래글 검Ragle Gumm은 '작은 녹색 인간이 다음 어디에 있을까요?'라는 제목의 신문지 게임에 참여해서 매주 상금을 받고, 그 수익금으로 생활한다. 나중에 그의 선택이 적의 핵 공격이 발생할 위치를 예측하고, 이 능력이 그의 의지에 반하여 사용되고 있음이 밝혀진다(그는 이전에 의식적으로 그 일을 했으나, 반대편으로 탈출한 시점에서 활동이 중단되고, 기억이 지워졌으며, 게임이 고안된 가짜 마을에 배치되어 그가 깨닫지 못한 채 자기 일을 계속하게 된다).

'트루먼 쇼'에서 트루먼 버뱅크Truman Burbank는 자신도 모르게 진행 중인 리얼리티 TV 쇼의 주제로 평생을 살며, 쇼의 시청자에게 엔터테인먼트를 제공하다가 자신의 인생이 얼마나 거짓인지 깨닫기 시작한다. 두 경우 모두, 세상이 구축된 무지한 피해자는 정상적으로 기능하도록 허용되고, 세상은 그가 세상 밖의 사회에 필요한 것을 자연스럽게 제공하도록 구축된다. 주인공들이 자신들이 일종의 감옥에 있다는 것을 깨닫기 시작하는 것은 이 세계를 시험해 본 후에야 비로소 가능하다.

훨씬 더 사악한 것은 '다크 시티Dark City'의 낯선 자들과 '매트릭스'의 기계들이다. 이들은 자기들의 과학적 목적을 위해 무지한 인간 거주자를 사용한다. 전자는 인간의 기억과 정체성을 연구하는 반면(<그림 5-2> 참조), 후자는 인간의 신체를 동력원으로 사용한다. 단순히 탈출하는 대신, 이 세계의 주인공들은 비인간적인 포획자들의 힘을 배우고, 그들을 직접 물리쳐 그들이 만든 하위 창조된 세계의 지배를 끝낸다. 그러나 이 두 경우 모두 하위 창조된 세계는 파괴되지 않는다. 매트릭스가 재부팅되고 오라클과 건축가가 해방되기를 원하는 인간을 해방하기로 동의하고, '다크 시티Dark City'의 마지막에서 머독Murdoch은 도시를 재형성하고 그가 갈망하던 셀 비치를 만든다. 따라서 세계를 창조하는 하위창조력이 세계를 구원한다.

<그림 5-2> '다크 시티Dark City'(1998)에서 낯선 사람들이 밤마다 도시를 재형성하는 모습: 건물이 줄어들고 새로운 형태로 변하는 동안(왼쪽, 상단 및 하단), 도시의 주민들은 기억을 재설정하고 다음 날 아침 새로운 삶을 살아간다(오른쪽, 상단 및 하단).

하위 창조 세계 내의 주제인 하위 창조는 작가에게 하위 창조의 본질, 세계를 구축한다는 것이 무엇을 의미하는지, 그러한 세계의 용도, 그리고 세계 안에 존재한다는 것이 무엇을 의미하는지 성찰할 수 있게 한다. 세계에 내재적 하위창조자를 포함하는 것은 또한 캐릭터가 중첩된 세계의 한 수준에서 다른 수준으로 이동하면서 내재적 차원의 존재론적 차원을 넘나들면서 금속학적 전환의 잠재력을 가지고

있다. 기술이든, 마법이든, 아니면 상상의 힘이든, 이러한 세계 내 세계가 만들어지는 방식과 그것이 만들어지는 방식은 작가들이 한동안 품어온 꿈(현실이 되고 들어갈 수 있는 세계를 만드는 것), 즉 세계 내에서 주민의 자율성을 드러낸다. 그리고 이차세계의 완성, 세계를 시작하고 확장할 수만 있을 뿐 평생을 얼마나 바쳐도 완성할 수 없는 일차세계 작가에게는 도달할 수 없는 목표이다. 동시에, 세계를 경험할 수 있는 미디어 창의 수와 종류가 계속 증가하면서 전례 없는 트랜스미디어 성장과 적응 기회가 생겨나고 있으며, 이는 다음 장의 주제이다.

6

초미디어적 성장과 각색
TRANSMEDIAL GROWTH AND ADAPTATION

나는 위대한 스토리 중 일부를 충분히 그리고 많은 부분을 계획에 배치하고 스케치하도록 남겨 두었다. 주기는 장엄한 전체와 연결되어야 하지만, 그림과 음악, 드라마를 휘두르는 다른 마음과 손을 위한 여지를 남겨야 한다. 터무니없게.

— J. R. R. 톨킨, 『J. R. R. 톨킨의 편지』[1]

어떤 시점에서는 글의 길이가 그 성격을 완전히 바꿀 수 있다. 그것은 더는 읽어야 할 책이나 글이 아니다. 말과 이미지, 그리고 디테일의 축적으로 소통이라는 과제에 굴복하지 않고 다른 기능이 드러난다. 또 다른 세계에서 평생을 살아가는 수단인 대체 현실의 창조!

— 존 M. 맥그리거, 『헨리 다거: 비현실의 왕국에서』[2]

점점 더 스토리텔링은 세계를 건설하는 예술이 되었다. … 세상은 영화보다 더크고, 프랜차이즈보다도 더 크다. … 세계를 만드는 것은 그 자체의 시장 논리를 따른다.

— 헨리 젠킨스, 『컨버전스 컬처Convergence Culture』[3]

　많은 세계는 처음 등장했을 때의 작업을 넘어 확장되고, 그 스토리가 세계의 존재 이유인 경우에도 그 안에 설정될 첫 번째 스토리의 필요 이상으로 성장한다. 그것들은 범위가 초월적일 뿐만 아니라(4장에서 논의한 바와 같이) 종종 여러 매체에 걸쳐 확장되어 초중간적이 된다. 이는 두 가지 방식으로 발생할 수 있다. **각색**, 하나의 매체에 존재하는 스토리를 다른 매체에 표시하기 위해 각색하는 경우이지만 세상에 새로운 표준 자료를 추가하지 않는 경우(번역은 각색의 한 유형으로 간주할 수 있음), 그리고 **성장**, 또 다른 매체가 세계의 새로운 표준 자료를 제시하고 세계와 우리가 아는 것을 확장하는 데 사용되는 경우[4]이다. 물론 모든 각색은 각색되는 작품 내의 스토리나 세계에 무언가를 추가한다. 쓰인 텍스트를 간단하게 읽는 오디오북이라도 강조나 속도에 영향을 미칠 수 있고, 인쇄 시 모호할 수 있는 이름의 발음을 제공할 수도 있다. 그러나 추가가 성장으로 간주할 수 있는지는 추가된 자료의 정경성에 의존하고 그에 따른 저작자, 다음 장에서 논의되는 주제에 따라 달라진다.

　성장과 각색 모두 어떤 방식으로든 확장되거나 수정되는 기존 자료를 가정한다. 아마도 조지 블루스톤George Bluestone의 『소설을 영화로Novels into Film』(1957)에서 유래한 각색 연구 분야는 일반적으로 내러티브가 한 매체에서 다른 매체로 이동할 때 어떻게 변화하는지에 가장 관심을 가져왔다. 그러나 세계의 성장과 각색은 서사를 넘어서며 서사와는 거의 관련이 없을 수도 있다. 어느 정도 세계의 미학(세계의 감각적 경험)과 세계의 논리(세계가 작동하는 방식과 그것이 구조화되는 이유)는 한 작품에서 다른 작품으로, 한 매체에서 다른 매체로 전달되어야 한다. 세계가 원래 매체에서 그 모습과 어느 정도 유사성을 유지하려면 세계 기반 시설(3장에서 논의)을 인식할 수 있을 정도로 언급하거나 전달해야 한다. 때로는 캐릭터, 개체 또는 상황과 같은 몇 가지 대표적인 부분만 전달되지만, 예를 들어 상품화에서는 세계의 캐릭터 또는 개체 이미지를 사용하여 거의 모든 종류의 제품을 프랜차이즈로 묶는다.

다른 요인들도 적응과 성장에 영향을 미친다. 예를 들어, 영화 각색에 할당된 예산과 사용 가능한 기술에 따라 서면 작품이 얼마나 충실하게 렌더링될 수 있는지 결정할 수 있다. 상업적인 압력은 세상과 그 스토리를 더 많은 행동, 성, 폭력으로 옮기려고 시도할 수 있다. 그리고 스타의 페르소나나 감독의 평판과 같은 외적인 정보가 작품의 수용에 영향을 미칠 것이다. 『반지의 제왕』이 영화화되면서 책의 부록 A에 주로 등장했던 아르웬과 아라곤의 로맨스가 영화에서는 더욱 확장되어 전면에 드러났고, 더 많은 로맨스에 대한 스튜디오의 열망으로 인해 아르웬의 역할도 확대되었다. 마찬가지로 많은 액션 장면이 책에서보다 길어지고 더 강조되었다. 공포 영화 감독으로서의 피터 잭슨의 배경과 괴물에 대한 그의 사랑 또한 그가 책을 각색하는 데 영향을 미쳤다(그가 영화의 DVD 번외편에서 인정했듯이). 상업 세력은 당연히 세계의 창시자에게도 영향을 미친다. 살아 있는 작가가 여전히 세계를 배경으로 한 작품을 생산하고 있고, 관객이 작품을 소비하고 있어서 그러한 작품의 수용은 종종 작가가 세계의 발전 방향에 영향을 미친다. 예를 들어, 『호빗』의 속편으로 『반지의 제왕』을 집필하는 동안 톨킨의 출판사는 더 많은 호빗을 원했고, 이것이 『반지의 제왕』 집필의 출발점을 결정했다.[5] 그리고 마지막으로 초미디어 성장과 각색은 초미디어성 그 자체의 본질이다.

트랜스미디어성의 성격The Nature of Transmediality

다양한 미디어에 표현되는 트랜스미디어성transmediaality이라는 개념은 우리가 보고 듣는 미디어 창 너머에 있는 무언가를 간접적으로 경험하고 있음을 시사한다. 비록 매개된 방식으로만 존재한다고 하더라도 보고 듣는 창과는 독립된 것이다. 초매체성은 그 대상에 대한 일종의 독립성을 의미한다. 우리가 세상을 경험하는 미디어 창이 많을수록 세상이 그 존재를 위해 특정 매체의 특성에 덜 의존하게 된다. 따라서 트랜스미디어성은 여러 가지 사례와 기록에서 세계가 지속될 수 있는 잠재력을 시사한다. 그리고 우리가 트랜스미디어 세계를 더 많이 보고 들을 수록, 그것이 지닌 존재론적 무게의 환상은 더 커지고, 세계를 경험하는 것은 일차 세계의 매개된 경험과 더욱 비슷해진다.

　내러티브나 세계가 초중간적이 되기 위해서는 텍스트, 이미지, 사운드, 삼차원 형태, 상호작용 미디어와 같은 다양한 형태의 매개(세계 정보를 포함하고 전달하는)로 존재할 수 있어야 한다. 그것이 존재할 수 있는 다양한 형태의 범위는 매체를 초월한 성장과 적응의 가능성을 넓힌다. 예를 들어, 이차원인 듀드니Dewdney의 『플래니버스Planiverse』는 텍스트, 이미지 및 사운드로 나타날 수 있지만 그러한 적응에 필요한 삼차원 형태로 인해 플래니버스를 기반으로 한 LEGO 플레이 세트는 아마 절대 없을 것이다(그러나 이를 기반으로 하는 컬러폼Colorforms 플레이 세트는 있을 수 있다). 일부 세계는 처음에는 하나 또는 두 가지 형태로만 나타나지만, 다른 형태를 포함하는 미디어에 대한 적응을 통해 확장된다. 이럴 때 새로운 형태에 대한 정보가 생성되므로 세계에 대한 해석과 추가가 불가피하다(다음 섹션에서 설명).

　다양한 형태와 미디어로 충분히 성장한 트랜스미디어 세계는 단독으로 존재하더라도 다양한 요소로 식별될 때가 많다. 때로는 이름, 이미지, 음향 효과 또는 음악적 신호만으로도 그 세계를 불러일으킬 수 있다. 그러한 세계 중 하나가 조지 루카스의 스타워즈 은하계Star Wars galaxy인데, 아이디어에서 시작하여 치료와 시나리오[6]로 이어졌고, 이는 극장 영화와 소설화로 이어졌으며, 그 후 휴일 텔레비전 특집, 트레이딩 카드 세트, 액션 피겨가 있는 장난감 세트, 만화책, 더 많은 장편 영화, 영화 사운드트랙, 소설 및 소설화, 아동 도서, TV용 영화, 라디오 연극, 비디오 게임, 웹사이트, 레고 세트, 애니메이션 TV 쇼, 백과사전 및 다양한 참고 자료, 레고 각색에 관한 책과 스타워즈 이미지로 브랜드화되고 세계 자체에서 점점 더 멀어진 다양한 기타 상품으로 이어졌다.

　이러한 것 중 다수는 세계의 요소만을 참조하거나 가지고 놀면서 대체 또는 패러디 버전을 만들어 낸다. 예를 들어, 레고 스타워즈LEGO Star Wars 비디오 게임은 전 세계의 모든 시각적 요소의 모양과 느낌을 크게 바꾸어 모든 것이 코믹하고 아무도 죽지 않는 밝고, 명랑한 세상으로 단순화하여 표현한다(그들은 튀는 조각에 잠깐 떨어질 뿐이다). 그러나 이러한 게임에서는 스타워즈의 세계가 언급되고 연상되는데, 우리가 경험하는 것은 '실제' 스타워즈 은하계를 느슨하게 기반으로 한 캐릭터, 사물, 위치 및 상황의 가상 레고 버전이다. 스타워즈 영화 사운드트랙과 같은 다른 요소들도 흥미로운 위치를 차지하고 있다. 영화의 음악 대부분은 비非다이어제틱的non-diegetic이어서 다이어제틱的diegetic 세계의 일부가 아니지만, 멀리까지 뻗어나가는 오프닝 타이틀이나 메인 타이틀에 사용되는 사용자 정의 글꼴('스타베이더StarVader')과 같은 기타 비非다이어제틱nondiegetic 자료도 마찬가지로 청중의 세계 경험에 관한 한 음악은 틀림없이 여전히 세계의 일부이다.

초미디어적 성장에 대한 논의는 미디어를 넘나드는 동안 무슨 일이 일어나는지 조사해야 한다. 그러나 모든 가능한 미디어 조합에서 트랜스미디어 운동을 분석하는 것은 많은 중복과 반복을 수반하는 긴 작업이다. 더 나은 접근 방식은 다른 미디어에 존재하는 각각의 속성, 그 역량과 특성, 그리고 각각을 상상의 세계를 보여주는 창으로 사용하는 과정을 살펴보는 것이다.

세계 속의 창: 단어, 이미지, 사물, 소리 및 상호작용Windows on the World: Words, Images, Objects, Sounds, and Interactions

모든 상상의 세계는 필연적으로 불완전하다는 돌레젤Doležel의 관찰(1장 참조) 외에도 모든 상상의 세계가 공유하는 한 가지 공통점은 상상의 세계에 대한 우리의 경험이 항상 매개된 경험이라는 사실이다. 그리고 세계가 탄생하는 매체는 청중 규모 및 수용성, 매체와 함께 제공되는 관습과 청중의 기대, 그리고 가장 중요한 것은 세계와 이야기를 전달하는 데 사용할 수 있는 매체의 고유한 속성 조합과 같은 요인으로 인해 세계의 성장과 적응 잠재력을 결정하는 데 도움이 될 것이다.

매개된 경험을 창출하기 위해 모든 매체는 단어, 이미지, 소리, 상호작용 등 하나 이상의 기본 요소를 사용한다.[7] 세상을 보는 창으로써 우리는 물체를 추가할 수도 있으며, 이는 물체가 나온 세상에 대해 디자인, 외모, 행동을 통해 그리고 심지어 단순한 존재를 통해서도 우리에게 알려준다(예를 들어 첨단 기술은 어느 정도 기술적 성취를 이룬 문화를 암시한다). 사물은 그것이 유래한 문화와 세계에 대해 많은 것을 시사할 수 있지만, 이미지와 소리처럼 사물이 제공하는 세계에 대한 접근은 필연적으로 간접적이다. 플레이 세트(예: 스타워즈 캐릭터, 차량 및 장소를 기반으로 한 LEGO 세트)와 같은 일부 물건은 상상의 세계에 있는 것만을 의미하며, 그 세계의 실제 사물(그것으로 노는 사람들의 상상 속을 제외하고)은 아니다. 마찬가지로 영화 소품(루크 스카이워커의 광선검 같은)도 영화에서 보이는 실제 사물이지만, 동시에 다른 의미에서는 상상 세계의 사물이 아니다. 예를 들어, 루크의 광선검은 특수 효과의 도움 없이는 영화에서처럼 빛나는 칼날을 생성할 수 없다. 무대 소품은 관객이 직접 볼 수 있지만, 연극적 관습으로 인해 다른 물체를 대신하는 역할도 한다. 그러한 사물은 상상의 세계에 있는 사물을 지칭하거나, 사물을 대신할 수 있지만, 그것들은 배우가 그들이 연기하는 캐릭터가 아니듯이 그 사물일 수 없으며, 상상 세계의 사람들이 일차세계로 들어갈 수 없다. 소설 자체에서만 일차세계와 이차세계 모두에서 이중 시민권이 가능하며 아마도 이것이 그곳에서 인기를 누리는 이유일 것이다.

이미지와 소리는 분명히 감각 지향적이며, 눈과 귀에 직접적으로 작용하는 반면, 단어와 상호작용은 틀림없이 더 간접적이고 추상적이다. 단어는 그래픽적으로든, 음향적으로든 구체화되지만, 그것은 개념 또는 아이디어이며, 예를 들어 냄새, 맛 또는 감정의 묘사나 캐릭터의 내면적 생각을 통해 복잡한 방식으로 청중의 관심을 끌 수 있다. 그것들은 이미지와 소리보다 감각적 경험의 표현에서 더 간접적으로 기능하지만, 표현할 수 있는 경험의 종류에 있어서는 더 유연하다. 마찬가지로 상호작용은 사물의 행동, 누군가의 요청에 따라 사물이 반응하고 상호작용을 하는 방식에 대해 알려준다. 단어와 마찬가지로 상호작용은 본질적으로 개념적이며 표현을 위해 그래픽 및 음향 수단에 의존한다. 단어, 이미지, 사물, 소리, 상호작용은 우리가 상상의 세계를 경험하는 창을 구성하는 다섯 가지 요소이다.

미디어는 창을 구성하기 위해 이 다섯 가지 요소를 다양한 방식으로 사용하며 미디어 간에도 많은 중복이 있다. 소설은 단어를 사용한다(지도가 포함할 수 있음). 사진이나 영화 같은 시각 매체는 이미지 안에 쓰였던 단어를 포함할 수 있다. 라디오와 같은 청각 미디어에는 음악 및 소리와 함께 음성도 포함될 수 있다. 시청각 미디어에는 단어, 이미지, 사운드가 함께 포함될 수 있다. 비디오 게임과 같은 대화형 미디어에는 단어, 이미지, 소리 및 상호작용이 포함될 수 있다. 플레이 세트는 이 모든 것을 개체와 함께 통합할 수 있다. 이러한 중복은 동일한 요소가 다른 매체에 존재할 수 있으므로 매체를 통한 성장과 적응을 더 쉽게 만든다. 목소리, 시각적 디자인, 이름 등은 종종 한 매체에서 다른 매체로 전달되어 초미디어적 유대를 강화한다. 그러나 동시에 미디어 간의 차이는 트랜스미디어 확장 과정에서 한계와 제약을 부과한다.

초미디어적 확장Transmedial Expansion

세계가 처음 등장하는 작품은 자신의 세계를 소개하고 전작의 명성보다는 그 자체의 장점에 따라 평가되기 때문에 대개 자립할 수 있어야 한다(작품이 작가나 회사의 평판으로 인해 주목을 받을 수는 있지만). 서사는 종종 세계의 첫 등장에서 역할을 한다. 대부분의 세계가 만들어지는 이유는 작가가 말하고 싶어 하는 특정 이야기를 제공하고 지원하기 위한 것이기 때문이다. 어떤 이유에서인지 그 이야기는 단순히 일차세계에만 설정될 수 없다. 일단 세계가 초기 스토리에 맞게 제작되면, 이후의 모든 작품은 이전 작품이 설정한 세계의 기존 측면을 고려해야 한다(이것이 일부 후속작이 원작만큼 좋지 않은 이유이다). 원작 스토리의 서사적 확장은 캐릭터의 추가 모험이나 배경 스토리, 세계의 새로운 영역 탐험 등을 포함하며, 이미 4장에서 논의되었다. 이러한 확장이 어떻게 한 매체에서 다른 매체로 도약하는지 살펴보겠다.

한 매체에서 다른 매체로 이동하는 동안 중재 형식이 손실되거나 획득될 수 있고, 이에 따라 스토리나 세계의 소재가 변경될 수 있다. 이러한 과정은 또한 세계 자체가 존재하게 되면서 발생하며, 작가의 마음속 개념에서 매개된 형태의 구현으로 이동하면서 발생한다. 따라서 초중간적이지 않은 작품이라도 이러한 변형 중 적어도 하나는 겪게 된다. 지난 섹션의 미디어 창 목록을 살펴보면, 우리는 각각을 포함하는 변환 과정을, 설명(단어에 대한 적응), 시각화(이미지 또는 사물에 대한 적응), 청각화(소리에 대한 적응), 상호작용(상호작용 미디어로의 적응) 및 비非상호작용(상호작용 미디어에서 비非상호작용 미디어로의 적응)[8]으로 볼 수 있다. 이러한 모든 과정은 일차세계로 설정된 스토리의 트랜스미디어 각색에서도 발생하지만, 그것들이 2차 세계 각색에 적용될 때 특히 심화한다. 왜냐하면 일차세계 기본값의 사용을 같은 정도로 의존하지 않기 때문이다(그중 많은 것이 재설정되기 때문). 이에 따라 더 큰 도전이 될 뿐만 아니라 새로운 가능성도 제기된다.

설명Description

5장에서 논의한 것처럼 세계는 종종 단어에서 유래한다. 단어는 세계를 건설할 때 사용할 수 있는 가장 쉽고, 빠르며, 가장 유연하고, 가장 저렴한 요소이기 때문이다. 단어는 지각적 형태가 없는 개념적 아이디어를 설명할 수 있다. 등장인물의 내면 상태, 표현되지 않은 감정, 인상주의적 경험 등 보여주지 않는 것들을 보고 듣는 것이 아니라, 누군가에게 어떤 느낌을 주는지를 작가가 묘사한다. 예를 들어, 『반지의 제왕』에서는 나무수염Treebeard의 눈과 사루만Saruman의 목소리가 각각 어떻게 보이고 들리는지에 대한 물리적인 설명을 얻기보다는 오히려 그것들을 지각하는 사람들에게 미치는 영향을 알 수 있는 방식으로 묘사된다.

그러나 그 순간 호빗들은 눈 외에는 아무것도 눈치채지 못했다. 이 깊은 눈은 이제 느리고 엄숙하지만 매우 꿰뚫어 보는 듯한 깊은 눈으로 그들을 바라보고 있었다. 그들은 갈색이었고, 녹색 빛으로 촬영되었다. 그 후 종종 피핀Pippin은 그들에 대한 첫인상을 설명하려고 노력했다.

"그들 뒤에는 거대한 우물이 있는 것 같았고, 오랜 기억과 길고 느리고 꾸준한 생각으로 가득 차 있었다. 그러나 그 표면은 현재와 함께 반짝였다. 마치 거대한 나무의 바깥 잎사귀에 반짝이는 태양처럼, 아주 깊은 호수의 잔물결처럼. 잘은 모르겠지만 마치 땅속에서 자고 있던, 혹은 그냥 뿌리 끝과 잎끝 사이, 깊은 땅과 하늘 사이에서 자고 있던 무언가가 갑자기 깨어나서 끝없는 세월 동안 자신의 내부 문제에 쏟았던 것과 같은 느린 관심으로 당신을 생각하는 것 같았다."[9]

흥미롭게도 톨킨은 피핀의 말을 통해 설명하기도 하며, 이는 물론 톨킨 자신의 말이기도 하다. 사루만의 목소리는 단순히 소리가 아닌 효과에 대한 설명을 통해 유사하게 처리된다.

갑자기 또 다른 목소리가 들렸는데, 낮고 선율적이었고, 그 소리는 매우 매혹적이었다. 그 목소리를 주의하지 않고 경청한 사람들은 거의 들은 말을 전할 수 없었다. 그리고 전한다고 하더라도 그들은 이상하게 여겼다. 그들에게는 능력이 거의 남아 있지 않았기 때문이다. 대부분 그들은 음성이 말하는 것을 듣는 것이 즐거웠고, 음성이 말하는 모든 것이 현명하고 합리적으로 들렸으며, 그들 자신도 빠른 합의에 따라 현명해 보이려는 욕망이 깨어났다. 다른 사람들이 말할 때는 대조적으로 거칠고 무례해 보였다. 그리고 그들이 목소리를 거역하면, 주문에 걸린 사람들의 마음에는 분노가 끓어올랐다. 어떤 사람들에게는 그 목소리가 그들에게 말하는 동안에만 주문이 지속되었고, 그 목소리가 다른 사람에게 말할 때면 그들은 미소를 지었다. 마치 마술사의 속임수를 간파하는 사람들이 그러하듯이, 다른 사람들은 그것을 멍하니 바라보고 있다. 많은 사람은 그 목소리만으로도 매혹되기에 충분했다. 그러나 그것이 정복된 사람들에게는 그들이 멀리 떨어져 있을 때도 그 주문은 지속되었고, 그들은 언제나 그 속삭이고 재촉하는 부드러운 목소리를 들었다. 하지만 아무도 움직이지 않았다. 주인이 통제하는 한, 마음과 의지의 노력 없이는 그 누구도 그 탄원과 명령을 거부하지 않았다.[10]

나무수염의 눈과 사루만의 목소리는 톨킨이 글로 표현된 설명에서 부여할 힘을 잃어버리면 이미지와 소리로 구체화하기 어려울 것이다. 또한 단어는 저자가 원하는 모호함의 수준을 제어할 수 있으며, 생략 부호를 숨기기 위해 쉽게 조작할 수 있어 텍스트에서 눈에 띄지 않게 할 수 있다. 마지막으로 연필과 종이 비용만으로 누구나 상상할 수 있는 정교하고 서사적인 규모의 세계를 제작할 수 있으므로 세계 구축에 사용되는 가장 일반적인 요소가 된다.

톨킨이 말했듯이 단어는 세계를 구성하는 요소 중 가장 도발적이고 함축적인 세계 구축 요소로, 관객의 경험과 형태화된 세계에 의존하여 효과를 낸다.

가시적인 표현을 제공하는 모든 예술(드라마 포함)과 진정한 문학 사이의 근본적인 차이점은 그것이 하나의 가시적인 형식을 부과한다는 것이다. 문학은 마음에서 마음으로 작용하므로 더욱더 생산적이다. 그것은 더 보편적이면서 동시에 더 가슴 아프게 특별하다. 만일 그것이 빵이나 포도주, 돌이나 나무에 관해 말한다면 그것은 이 모든 것, 즉 그들의 지각에 호소한다. 그러나 각 청중은 자신의 상상 속에서 독특한 개인적 구체화를 제시할 것이다. 스토리에 '그는 빵을 먹었다'라고 되어 있으면 연극 제작자나 화가는 자신의 취향이나 상상에 따라 '빵 한 조각'만 보여줄 수 있지만, 스토리를 듣는 사람은 일반적으로 빵을 자신의 어떤 형태로 상상하게 될 것이다. 스토리에 '그는 언덕에 올라 아래 계곡에 있는 강을 보았다'라고 되어 있다면, 일러스트레이터는 그러한 장면에 대한 자신의 비전을 포착하거나 거의 포착할 수 있다. 그러나 말을 듣는 모든 사람은 자신만의 그림을 갖게 될 것이며, 그것은 그가 지금까지 본 모든 언덕과 강과 계곡에서 만들어질 것이다. 특히 그에게 그 단어가 처음 구체화되었던 언덕, 강, 계곡에서 그것은 만들어질 것이다.[11]

작품 제작 과정에서 톨킨은 건축가, 미술 감독, 의상 디자이너, 세트 장식가 등의 역할을 맡아, 자기 세계의 모든 감각적 측면을 자세히 구두로 묘사하고, 단어를 사용하여 다양한 경험을 불러일으키며, 독자의 의미를 능숙하게 활용하면서 필요하면 억제도 한다.

그러나 단어의 함축적 성격은 다른 매체에서 개작될 때 문제가 되기도 한다. 일몰의 미묘함, 군대가 전쟁을 벌이는 풍경의 광활한 시각적 광경, 베토벤 교향곡의 소리, 영화 같은 추격 장면에서 아찔한 관점의 변화, 심지어 그래픽의 한 페이지를 채우는 영리하게 구성된 패널 세트까지, 불가능하지는 않더라도 단순한 단어로 번역하기가 어렵다. 에크프라시스ekphrasis(예술 작품을 글로 묘사한 것)의 수사적 기법은 고대 그리스부터 있었지만, 주제를 불러일으키는 데는 한계가 있으며, 위에서 제시한 예와 같이 효과를 얻기 위해 지각의 경험과 지각되는 대상을 묘사하는 데 의존할 수도 있다.

단어의 함축적 의미는 발명된 언어에서도 작용할 수 있으며, 여기서 언어학적 미학은 의미를 생성하거나 적어도 언어의 매력을 생성하는 데 역할을 할 수 있다. 1장에서 언급한 언어학적 '거짓 친구'와 마찬가지로, 만들어 낸 단어는 다른 언어 사용자에게 다른 암시나 의미를 전달할 수도 있고, 만들어 낸 단어가 다른 언어에서도 의미를 지닐 수 있다. '스타워즈'에서 발명된 언어에 대해 폴 허쉬Paul Hirsch는 이렇게 회상했다. "벤 버트Ben Burtt가 그리도Greedo의 언어를 생각해 냈다. 하지만 그가 가진 단어 중 하나는 실제로 스페인어의 속어였다. 그는 몰랐기 때문에 단어를 바꿨다. 실제로 모든 단어가 괜찮은지 확인해야 했다."[12] 발명된 언어를 어떻게 번역해야 하는지, 아니면 아예 번역해야 하는지에 관한 질문도 있다. 『반지의 제왕』 번역과 관련하여 톨킨은 영어 기반 이름(예: '브랜디와인Brandywine')을 번역할 수 있도록 허용했지만, 자기가 만든 단어는 그대로 두기를 원했다(『호빗』의 스웨덴어 번역에서는 호펜Hompen으로 대체했는데 이에 대해 톨킨의 불만이 컸다).[13]

　　그렇다면 설명이라는 것은 이미 시각적 매체에 존재하는 세계의 초미디어적 확장에 특히 유용한데(예: 수십 편의 『스타트렉』 및 『스타워즈』 소설), 청중이 세계의 콘텐츠에 대한 구두 설명을 읽을 때 참조할 시각적 이미지를 갖게 되기 때문이다. 비록 저작물이 새로운 등장인물, 장소, 사물을 소개하더라도 기존 시각적 이미지의 스타일과 미학은 여전히 관객의 상상 속에서 새로운 자료가 어떻게 구상될 것인지에 영향을 미칠 수 있다. 그리고 청중은 자신이 읽은 내용을 상상하면서 많은 세계 구축자가 사용하는 또 다른 과정, 즉 시각화에 참여한다.

시각화Visualization

　　시각화는 단어(또는 소리)로 생각되는 사물에 구체적이고 가시적인 형태를 부여하여 이를 정지 이미지, 움직이는 이미지 또는 삼차원 사물이나 모델(물리적 또는 가상적)로 변환하여 정지 및 움직이는 이미지를 제작하는 데 사용된다. 이미지는 단순한 단어로는 할 수 없는 많은 일을 할 수 있다. 감각적으로 더 풍부하고 몰입도가 높으며, 많은 세부 사항이나 정보를 동시에 제시할 수도 있고, 복잡한 구성을 사용힐 수 있으며, 전경의 극적인 액션에서 분위기와 정서를 포함하는 미묘한 효과에 이르기까지 청중의 감정에 더 즉각적인 영향을 미친다. 시각 매체가 독서처럼 상상력을 발휘하지 못한다는 이유로 비난받는 때도 있지만, 사물을 본다고 해서 상상력의 필요성이 줄어드는 것은 아니다. 특히 세상을 드러내는 것과 관련되었을 때 그렇다. 글은 독자에게 사물의 모습과 소리를 상상하도록 요구할 수 있지만, 이미지는 풍부한 세부 묘사의 장면과 많은 걸 암시하는 시각적 요소를 제공하며, 정보와 설명이 채워져야 하는 더 많은 틈을 제공하여 추정과 추측을 장려한다. 예를 들어 복잡한 기계(<그림 6-1> 참조)는 그 작동 방식을 파악해야 하므로 도전하게 한다. 또 수백만 명의 주민의 지속적인 삶을 암시하는 조밀한 도시 풍경, 동시에 발생하는 다른 사건에 대한 서술적 단서와 힌트를 제공할 수 있는 배경 세부 정보 등이 있다.[14] 이러한 시각적 자료는 명시적으로 설명되지 않는 경우가 많으며, 이해(또는 주목)하려면 여러 번 시청해야 할 것이다. 마찬가지로 배경 세부사항과 사건은 돌이켜볼 때만 큰 의미가 있다. 시각화는 사물이 어떻게 보이는지에 관한 질문에 답할 수 있지만, 특히 일차세계 기본값이 변경된 이차세계를 묘사할 때 묘사된 것의 목적, 기능, 사용법 및 역사에 관해 많은 다른 질문을 제기한다.

저작물을 활용한 시각화는 예술가의 해석에 따라 크게 다를 수 있다. 예를 들어, 톨킨의 작품은 앨런 리Alan Lee와 존 하우John Howe(그들의 디자인은 톨킨 작품의 피터 잭슨Peter Jackson 영화 버전에 영향을 미쳤음), 폴린 베인스Pauline Baynes, 테드 나스미스Ted Nasmith, 마이클 헤이그Michael Hague, 랄프 박시Ralph Bakshi 그리고 자기 작품의 많은 장면을 그린 톨킨 자신을 포함하여 수십 명의 다른 예술가와 같은 다양한 예술가에 의해 시각적 형태로 각색되었다. 또 더글러스 A. 앤더슨의 『주석이 달린 호빗The Annotated Hobbit』은 전 세계 외국어판 『호빗』의 삽화 샘플을 제공하며, 다양한 그래픽 스타일을 보여준다.[15]

<그림 6-1> '미스트 III: 엑자일Exile'(2001)에서 볼 수 있는 기계의 예로 플레이어는 검사와 상호작용을 통해 학습한다.

　시각화는 사건을 묘사할 뿐만 아니라 필연적으로 유리한 특정 지점에서 그렇게 한다. 즉, 관점과 구성을 사용하여 장면에 대해 추가로 설명하고, 장면의 측면을 강화하며, 묘사된 것에 대한 특정한 태도를 제안할 수 있다. 세계를 묘사하는 데 시각화를 적용할 때, 입체적이고 완전히 실현된 느낌을 주기 위해서는 여러 각도와 다양한 관점이 필요하다. 이러한 시각적 세계 구축은 예술적 재능이 필요한 스케치나, 또는 사진처럼 사실적인 이미지로 할 수 있는데, 이는 비용이 많이 들고 세계 구축자의 예산에 부담을 줄 수 있다. 예를 들어, '스타트렉' TV 시리즈 에피소드는 외계 행성의 도시 풍경을 촬영하는 장면으로 시작한다. 이는 매트 페인팅이나 최소한의 움직임이 있는 모델(가끔 차량이나 모노레일 차량이 지나감)로 촬영한 다음, 나머지 장면은 스튜디오에서 촬영한 실내 장면으로 완성한다. 예산이 많을수록 세계의 이미지를 더욱 완벽하게 구현하기 위해 더 많은 작업을 할 수 있다. 예를 들어, '스타워즈' 영화의 행성 풍경은 다양한 각도에서 본 도시와 장소를 삼차원으

로 비행하는 모습을 보여주며, 조명 및 날씨 조건을 다채롭게 볼 수 있게 한다.

영화의 시각화 과정은 시간이 지나면서 일련의 기술로 발전해 왔다. 스토리보드는 처음에는 애니메이션 영화를 기획하면서 개발되었고, 이후 앨프레드 히치콕 Alfred Hitchcock과 같은 실사 영화 제작자가 사용했다. '스타워즈'(1977)는 스토리보드를 넘어 모션 그래픽으로 발전했으며, 제2차 세계대전 공중 전투기 장면을 사용하여 우주선이 어떻게 움직이는지 보여주었고, 이후 '스타워즈' 영화는 애니메이션을 사용하여 촬영 역학(구성적 움직임 및 시간적 길이 등)을 제작 전에 미리 계획할 수 있는 움직이는 스토리보드를 사용했다. 이 제작 단계는 '사전 시각화' 또는 '프리비즈pre-viz'로 알려졌는데, '사전'이라는 접두사는 영상이 실제로 촬영되거나 합성될 때 발생하는 시각화 이전에 발생함을 나타낸다. 그러나 '사전 시각화'도 확실히 시각화의 한 형태이다.

물론 시각적 형태로의 적응 역시 문제가 있다. 청중이 일차세계의 기본 설정에 따라 자기 상상력을 조정하는 1장에서 논의된 '정규화 경향'은 문자 그대로 시각적 형식으로의 적응이 항상 최선은 아닐 수도 있음을 시사한다. 간달프의 눈썹이 모자챙 너머로 뻗어 나온 예를 떠올려 보자. 톨킨도 이런 묘사를 했지만, 항상 보면 거의 희극적인 효과가 있다. 따라서 거의 모든 시각적 해석에서 간달프의 눈썹은 덥수룩하게 표현되어도 지금까지 확장되지 않는다. 또 다른 예는 C. S. 루이스의 『페렐란드라Perelandra』(1943)로, 스토리 대부분에서 등장인물이 알몸이다. 인쇄물에서는 쉽지만, 영화에서는 훨씬 더 주의를 산만하게 한다(누군가가 벌거벗고 있다는 것을 아는 것과 항상 그것을 보는 건 별개이다).

최종 결과가 이차원 이미지인 경우에도 시각적 형식으로의 각색은 일반적으로 언어적 설명을 삼차원 디자인으로 적용해야 한다. 특히 움직이는 이미지나 여러 각도에서 사물을 보는 여러 이미지가 있는 미디어, 심지어 원근법을 사용하는 단일 이미지라도 삼차원으로 구상해야 한다(애보트의 『플랫랜드』, 듀드니의 『플래니버스』 및 이차원 비디오 게임의 이차원 세계와 같은 몇 가지 예외가 존재함). 이러한 삼차원 디자인은 종이에 그려진 디자인으로 남을 수도 있고, 컴퓨터 화면에 보이는 가상 개체가 될 수도 있고, 무대 연극, 영화 세트 또는 연극 세트를 위해 구성된 실제 물리적 개체가 될 수도 있다.

삼차원 형태로 각색된, 가장 오래된 종류는 무대를 위한 시각화로, 아리스토파네스의 '클라우드 뻐꾸기 랜드Cloud cuckoo land'와 같은 상상의 세계를 묘사했던 고대 그리스 연극으로 거슬러 올라간다. 그러나 무대의 한계로 인해 가장 가혹한 각색이 가능해졌으며, 특히 환상적인 것에 관해서는 더욱 그렇다. J. R. R. 톨킨은 영화 '반지의 제왕'에 반대하지는 않았지만, 그는 판타지를 무대로 가져오려는 시도에 대해서는 다음과 같이 비판했다.

인간의 예술에서 판타지는 언어, 즉 진정한 문학에 맡겨두는 것이 가장 좋다. 예를 들어 회화에서는 환상적인 이미지를 시각적으로 표현하는 것이 기술적으로 너무 쉽다. 손은 마음을 앞지르고, 심지어 마음마저 전복하는 경향이 있다. 어리석음이나 병적 상태가 빈번한 결과이다. 문학과 근본적으로 구별되는 예술인 드라마가 일반적으로 문학과 함께 또는 문학의 한 분야로 간주된다는 것은 불행한 일이다. 이러한 불행 가운데 우리는 판타지의 가치하락을 꼽을 수 있다. … 드라마는 당연히 판타지에 적대적이다. 가장 단순한 종류의 판타지라 할지라도 드라마에서는 거의 성공하지 못한다. 환상적인 형태는 위조되어서는 안 된다. 말하는 동물로 분장한 남자들은 익살이나 흉내를 낼 수는 있지만, 판타지를 달성하지는 못한다. 내 생각에 이것은 사생아 형식인 무언극pantomime의 실패로 잘 설명된다. '극화된 동화'에 가까울수록 더욱 그렇다. 줄거리와 그 환상이 단순한 희극의 흔적 틀로 축소되고, 누구에게도 '믿음'이 요구되거나 기대되지 않을 때만 용인될 수 있다. 물론 이는 부분적으로 드라마 제작자가 판타지나 마법을 표현하기 위해 메커니즘을 사용해야 하거나 시도해야 하기 때문이다. 나는 한때 오우거가 쥐로 변신하는 장면이 나오는 '장화 신은 고양이'의 솔직한 스토리인 이른 바 '어린이 무언극'을 본 적이 있다. 이것이 기계적으로 성공했다면 관객을 겁에 질리게 했을 것이고, 그렇지 않으면 단지 고급 마술의 전환에 불과했을 것이다. 실제로는 조명의 독창성으로 이루어졌지만, 불신은 중단되기보다는 매달리고, 그려지고, 사분면으로 나뉘었다.[16]

그러나 톨킨의 논평은 영화나 애니메이션을 대상으로 한 것이 아니었고, 그는 영화 특수 효과가 그 모습과 행동에서 얼마나 사실적으로 보일 수 있을지 상상하지도 못했을 것이다.

영화 제작 과정에는 대본에 언급된 내용을 먼저 이차원 그림(스토리보드 및 의상, 세트, 소품, 캐릭터 등의 스케치)으로 눈에 보이게 렌더링한 다음, 해당 도면을 삼차원 형태로 조정하여 이러한 시각화를 2단계 프로세스로 만든다. 여기서도 차원의 변화로 인해 문제가 발생할 수 있다. 명확하지 않은 메모로 인해 세트에서 물체의 크기가 잘못될 수 있고(예를 들어 스타워즈 에피소드 3: 시스의 복수 Revenge of the Sith(2005) 제작 중에 너비가 3m여야 했던 테이블이 숫자를 잘못 읽음으로 인해 너비가 약 5m가 되었다[17]), 디자인은 인간 배우와 같은 다른 고려사항을 수용해야 한다(스타워즈 에피소드 II: 클론의 공격(2002) 제작 과정에서 의상을 그려서 비현실적인 체형과 크기를 지닌 모형(작은 물리적 모델)으로 제작했으며, 여배우에게 맞게 재설계해야 했다[18]). 마찬가지로 동일한 사물의 실제 모델과 디지털 모델 간의 변환은 디자인 문제를 야기할 수 있다(예: 관객이 이미 익숙했던 실제 인형 버전에 요다Yoda의 디지털 버전을 맞추는 것과 같은[19]).

시각화는 일반적으로 디자인이 미디어와 이를 만드는 데 사용된 다양한 기술을 거쳐 이동함에 따라 여러 단계로 이루어지는 프로세스이지만, 필요한 도구가 있다면 개념에서 삼차원 형태로 직접 발생할 수도 있다. 컴퓨터 애니메이션 프로그램을 사용하면 컴퓨터에서 직접 삼차원 모델을 만들 수 있고, 조각과 같은 물리적

프로세스도 삼차원에서 시작된다. 삼차원 모델을 직접 구축하는 또 다른 방법은 조립을 통해서이다. 디자이너 조 존스턴Joe Johnston은 '제다이의 귀환The Return of the Jedi'(1983)에서 스피더 바이크speeder bikes 제작에 대해 다음과 같이 설명한다.

> 로켓 바이크는 완전히 삼차원으로 제작되었다. 몇 가지 예비 스케치가 완성되었지만, 최종 디자인이 설정된 후에는 모두 모델 배싱, 즉 키트배싱kit bashing으로 완성되었다. 모델 키트를 가져다가 잘라내고, 조각들을 모아서 자전거를 만드는 데 사용했다. 자전거에는 다양한 부품이 있다. 뒤쪽 배기 플레어의 일부인 우주 왕복선 코가 있다. 앞쪽에 포뮬러 카의 일부가 있다. 로켓 엔진 일부로 페라리 엔진 등등이 있다. … 그런데 어떤 면에서 로켓 바이크는 꽤 독특했다. 디자인이 종이에 있는 것보다 더 삼차원으로 결정되었기 때문이다.[20]

이 프로세스에는 공동 노력도 필요하다. 조디 던컨Jody Duncan에 따르면, "디자인 과정 전반에 걸쳐 조지 루카스는 종종 한 모델의 부품을 떼어내고 다른 모델에 부착하여 완전히 새로운 디자인을 만들곤 했다."[21] 컴퓨터 그래픽을 사용하면 삼차원에서 직접 디자인을 만들고 편집할 수 있으며, 그 결과 생성된 컴퓨터 모델을 여러 부서에서 사용할 수 있어서 더 나은 의사소통과 디자인 일관성을 보장할 수 있다.[22]

대부분 상상의 세계가 단어의 영역에서 시작하여 미디어를 통해 길을 찾는다는 점을 고려하면, 시각화는 아마도 트랜스미디어 적응 중에 발생하는 가장 일반적인 과정일 것이다. 세계는 개념 자체부터 초중간적으로 계획되므로 처음부터 더 많은 세계의 모습을 디자인할 수 있으며, 시각화 프로세스를 지원하기 위해 이전보다 더 많은 도구가 존재한다. 시각화와 함께 자주 발생하고 영향을 미치는 또 다른 프로세스가 바로 사운드 디자인이다.

청각화Auralization

시각화에 관해 많은 글이 쓰였지만, 그 자매 프로세스인 청각화 또는 소리에 대한 각색에 대해서는 훨씬 덜 논의되었다. 말 다음으로 소리는 유연성과 조작 용이성으로 인해 작업하기에 가장 저렴한 요소이다. 사운드는 자연스럽게 몰입되어 공간에서 청취자를 둘러싸고 분위기를 제공하며 정서적 반응을 불러일으킨다. 분위기와 음향 효과를 통해 넓은 공간과 세계를 암시할 수 있다. 발명된 언어, 새로운 생물, 차량, 무기 및 환상적인 장소를 갖춘 이차세계는 종종 이를 위해 고안된 소리와 강하게 연관되며, 이러한 소리는 시각적인 경우에도 상상의 세계를 하나로 묶기 위해 다양한 미디어에 걸쳐 사용될 수 있다. 다양한 매체의 작품 스타일은 상당히 다양하다. 이미지와 마찬가지로 소리도 말로 설명할 수 없을 때가 많다. '스타워즈' 영화를 본 사람들에게는 광선검을 휘두를 때 윙윙거리는 소리, 우주를 가로지르는 타이TIE 전투기의 비명, 츄바카Chewbacca의 목구멍에서 울려 퍼지는 포효 소리 등의 익숙한 소리가 텍스트만으로는 알 수 없는 직접적인 느낌으로 영화 속 이미지를 떠올리게 할 것이다. 따라서 사운드 디자이너는 적절하고 시각적 디자인의 개성과 느낌을 포착하는 사운드를 구상(오디션?)해야 하며, 기억에 남는 인상을 남기기를 바란다.

사운드 디자인 외에도 청각화에는 단어나 이미지를 소리로 바꾸거나 스토리 소재를 음성, 음향 효과, 음악 및 분위기로 변환하는 것도 포함할 수 있다. 여기에서 중개 청각화 과정을 살펴보려면 소리로만 표현되는 세 개의 세계를 비교해 볼 수 있다. 세 개의 세계는 『반지의 제왕』 라디오 각색(소설을 각색한), '스타워즈' 라디오 연극(영화를 각색), 게리슨 케일러Garrison Keillor의 『워비곤 호수Lake Wobegon』(라디오 프로그램으로 시작)이다. 세 가지 모두에서 예상할 수 있듯이, 말(특히 캐릭터 대화)에 크게 의존하며, 사운드 효과로 내러티브 정보를 채운다. 하지만 각각 다른 매체에서 시작되었기 때문에 최종 결과는 매우 다양하다. 예를 들어 원래 소재의 압축과 확장으로 인해 발생하는 길이의 차이를 생각해 보라.

『반지의 제왕』의 첫 번째 각색은 1955~1956년에 BBC에서 테렌스 틸러Terence Tiller가 제작했고, 1979년에는 내셔널 퍼블릭 라디오National Public Radio에서 미국의 라디오극단인 마인드 아이The Mind's Eye가 각색했으며, 브라이언 시블리Brian Sibley와 마이클 베이크웰Michael Bakewell이 제작한 또 다른 BBC 각색은 1981년에 나왔다. 최초의 BBC 각색은 톨킨이 살아 있는 동안 만들어진 유일한 작품이었고, 그는 당연히 그것에 불만을 품었다. BBC는 '반지의 원정대'에 3시간을 할당했지만, '두 개의 탑'에 3시간을, '왕의 귀환'에 3시간을 더 할당하는 대신 스토리 완성에 3시간만 할당하기로 했다(결국 6시간은 너무 짧았고, 녹음이 빠졌으며, 압축되어야 했기 때문에 방송의 사본이 남아 있는 것으로 알려지지 않아, 녹음이 보존될 만큼 가치가 없다는 것이 분명했다). 1979년에 만들어진 미국판은 12시간 분량이었고, 그 직후인 1981년에 나온 두 번째 BBC 버전은 약 13시간 20분 분량이었다. 1981년 버전이 가장 많은 찬사를 받았는데, 2002년 롭 잉글리스Rob Inglis가 읽고 연주한 『반지의 제왕』 무삭제 오디오북의 길이가 55시간 분량이었음을 고려하면 여전히 상당히 축약된 버전이었다.

『반지의 제왕』은 책으로 시작했고, 캐릭터의 목소리를 한 번도 들어본 적이 없었기 때문에 캐릭터의 목소리 캐스팅은 어느 정도 허용 범위가 있었다. 동시에, 책에 익숙한 사람들은 문맥을 통해 누가 말하고 있는지 알 수 있더라도 짧은 시간 후에 알아볼 수 있을 만큼 뚜렷해야 했다. 마찬가지로 음향 효과도 일부 소리가 즉시 이해되지 않고 책에 나오는 내용과 연결되지 않기 때문에 추가 설명이 필요했다. 예를 들어, 다양한 가상 생물의 소리나 다른 장소의 주변 소리는 맥락 없이는 인식하지 못할 수도 있다.

이와 대조적으로 '스타워즈' 라디오 연극은 각색된 영화보다 길이가 더 길다. '스타워즈'(1977)의 원본 영화 버전은 2시간 1분 길이였고, 라디오 버전은 5시간 51분이다. '제국의 역습'(1980)은 극장에서는 2시간 9분이었지만, 라디오에서는 4시간 15분이다. '제다이의 귀환'(1983)은 영화에서는 2시간 16분, 방송에서는 3

시간 분량이었다. 영화와 라디오 연극 모두 벤 버트Ben Burtt의 음향 효과를 포함했지만, 라디오 연극은 설명적인 대화를 추가하고, 스토리라인을 열어 무슨 일이 일어나고 있는지 더 설명하는 장면을 추가하고, 더 많은 배경 스토리와 추가 대화 및 이벤트를 제공했다. 영화에 익숙한 관객은 자연스럽게 영화배우가 자신의 캐릭터에 목소리를 낼 것이라고 기대했으며 마크 해밀Mark Hamill, 안소니 다니엘스 Anthony Daniels 및 빌리 디 윌리엄스Billy Dee Williams를 포함한 일부는 그렇게 했다. 그러나 일부는 다른 목소리로 대체했다. 레이아 공주는 앤 삭스Ann Sachs가, 한 솔로 역은 페리 킹Perry King이, 다스 베이더 역은 브록 피터스Brock Peters가, 요다 역은 존 리스고John Lithgow가, 자바 더 헛 역은 에드 애스너Ed Asner가 맡았다. 기대를 더욱 좌절시키기 위해 처음 두 영화의 라디오극에서는 마크 해밀이 루크 스카이워커의 목소리를 맡았지만, 세 번째 영화에서는 조슈아 파돈Joshua Fardon이 루크 스카이워커의 목소리를 맡았다. '스타워즈' 스토리는 톨킨의 작품을 각색한 것보다 더 완성도가 높았지만, 다른 성우를 기용한 것은 예상치 못한 변화였고, 관객의 적응도 필요했다. 그러나 라디오 연극을 듣기 전에 영화를 본 관객들은 라디오 연극에 추가된 장면과 대사에 대해서도 시각화에 대한 가이드를 가지고 있었다.

　마지막으로 케일러의 『워비곤 호수』 스토리는 그의 오랜 라디오 프로그램인 프레리 홈 컴패니언A Prairie Home Companion에 등장하여 압축 및 추가 문제와 다른 미디어에 기반을 둔 청중의 기대를 피하면서 라디오 프로그램으로 방송되도록 구상하고 작성되었다. 워비곤 호수의 세계는 성공적으로 여러 소설로 확장되었지만, 등장인물과 장소가 청취자의 마음속에 잘 자리 잡았기 때문에 워비곤 호수를 시각적으로 탐구하는 영화가 나올 가능성은 거의 없어 보인다(2006년에 프레리 홈 컴패니언 쇼에 관한 영화가 제작되었지만, 이를 워비곤 호수 이야기 자체와 혼동해서는 안 된다). '워비곤 호수' 스토리는 케일러를 음성 내레이터로, 영화배우가 아닌 성우를 고용함으로써 라디오를 전 세계에서 출연할 수 있는 최고의 매체로 만든다.[23]

청각화는 게임 플레이어가 변화하는 게임 정보에 따라 지속적으로 결정을 내려야 하므로 비非대화형 사운드와 다르게 기능하는 대화형 사운드에도 적용된다. 앞서 설명한 것과 같은 미적 문제 외에도 사운드는 설명뿐만 아니라 방향도 제공하도록 설계되었다. SCi Games의 수석 디자이너인 마일스 그리피스Miles Griffiths에 따르면,

> 우리가 해야 할 일은 플레이어에게 처리할 정보를 최대한 많이 제공하는 것뿐이다. 플레이어가 한 번에 한 가지만 볼 수 있다는 점을 고려하면 이를 수행하는 가장 좋은 방법은 소리를 이용하는 것이다. 우선, 좋은 주변 트랙이 분위기를 설정한다. 멀리서 들려오는 폭발음과 총소리는 넓은 지역에서 전투가 벌어지고 있는 듯한 착각을 불러일으킨다. 게다가 전경에 있는 모든 총소리, 비명, 왜곡된 무선 메시지, 차량 엔진은 마치 활발한 활동을 하고 있다는 착각을 불러일으킨다. 위치적 사운드는 플레이어가 마치 거대한 가마솥 한가운데에 있는 것처럼 느끼게 하여 소규모 접전을 거대한 전투의 한 조각으로 만들 수 있다.[24]

기분과 분위기, 사운드가 불러일으키는 느낌과 감정, 사운드의 품질과 관점 등 방향과 탐색을 돕기 위해 소리를 어떻게 사용할 수 있는지에 대한 추가 고려 사항과 함께, 비非인터랙티브 미디어의 모든 동일한 고려사항이 인터랙티브 미디어의 사운드 디자인에도 적용된다. 소리는 사물이 보이기 전에 먼 거리에 있는 사물을 소개하거나, 사용자를 특정 방향으로 유인하거나, 사용자에게 특정 방향으로 움직이지 않도록 경고할 수 있다. 상호작용 미디어에서 소리의 사용은 우리를 상호작용이라고 부를 수 있는 무언가를 상호작용적으로 만드는 다음 초미디어적 적응 프로세스로 이어진다('활성화'가 '무언가를 활성화시키다'를 의미하는 것과 같은 방식으로).

상호작용Interactivation

상호작용은 그 자체로 존재할 수 없다. 상호작용을 할 수 있으려면 단어, 이미지, 소리 또는 물리적 개체(예: 플레이 세트) 또는 이들의 조합이 필요하다. 따라서 상호작용의 전제조건으로 일부 설명, 시각화 또는 청각화가 요구된다. 세계의 모델(또는 디지털 형식으로 생성된 세계의 경우 세계 자체의 복사본)은 사용자가 상호작용을 할 수 있도록 구성되어야 하며, 여기에는 일반적으로 세계의 공간 탐색, 세계 사건의 목격, 세계의 다른 캐릭터와의 상호작용이 포함된다. 이는 (텍스트 어드벤처 게임처럼) 설명만 사용하여 수행할 수 있지만, 세계 자산의 시각화 및 청각화와 관련될 가능성이 크다.

세계의 상호작용은 세계가 이미 방문자가 취할 수 있는 다양한 행동 경로를 암시하고 있다는 점에서 내러티브의 상호작용과 다르다. 4장에서 논의한 것처럼 세계에는 그 안에서 발생하는 일련의 표준적인 스토리가 포함될 수 있지만, 이러한 내용이 대화형 작업에 포함되는 정도는 상당히 다양하며 이벤트를 진행하거나 이벤트 발생을 방지하는 선택을 하는 사용자에 따라 달라질 수 있다. 어느 쪽이든 위치, 개체 및 캐릭터의 집합인 세계는 여전히 묘사되고 탐험을 위해 제공할 수 있다.

매체를 초월한 각색의 과정인 상호작용은 일반적으로 상호작용과 탐구할 수 있게 세계를 단순화할 것을 요구한다. 세계가 더 크고 상세할수록 더 많은 상호작용 가능성이 생기기 때문이다. 인쇄, 영화, 텔레비전 등의 세계는 위치와 기타 세계 자산을 선택적으로 사용할 수 있으므로 일부 영역을 잠깐 보거나 언급하기만 하면 되지만, 세계의 모든 영역을 자유롭게 탐색할 수 없는 사용자는 세계의 제약과 제한을 더 잘 인식하게 될 수 있고, 이는 결국 세계의 완전성에 대한 환상을 손상시킬 수 있다. 비디오 게임 잡지 『Development』의 편집자인 오웨인 베날락Owain Bennalack은 다음과 같이 말했다.

게임 디자이너가 소설가나 영화 제작자와 비교했을 때 겪는 문제는 "문 뒤에 무엇이 있을까?"라는 난제이다. … 열리지 않는 문이 있으면 플레이 어는 실제로 거기에서 물러날 것이다. 그것은 주문을 깨뜨린다. 반면에, 어떤 문이라도 열 수 있다면 세상은 매우 단순해야 한다. 그렇지 않으면 문 이 많지 않을 것이다![25]

따라서 많은 비디오 게임 세계는 세계의 경계가 자연스럽게 보이도록 돕는 내 러티브 설명을 신중하게 사용하여 세계가 제한된 느낌을 받지 않게 한다. 예를 들 어, 일부 게임이나 게임 레벨은('헤일로Halo'(2001)의 첫 번째 레벨처럼) 우주 정 거장, 플레이어가 탈출하려고 하는 건물('둠Doom'(1993)과 같은), 섬들(예: '미스 트Myst'(1993), '리븐Riven'(1997), '알리다Alida'(2004)), 또는 도시 밖으로 이어 지는 도로가 몇 개밖에 없는 도시(예: '그랜드 테프트 오토Grand Theft Auto' 시리 즈의 도시)에 설정되어 있다. 이러한 세계에 확장감을 더하기 위해 두 가지 유형의 경계가 있다. 하나는 이동을 금지하는 경계(예: 벽 및 해안선)이고, 그 너머에는 시 야가 수평선까지 또는 우주 공간까지 뻗어 있어 세상이 실제보다 더 광대하게 보 이는 가시성을 금지하는 것이다.

게임에 적용되는 세계는 일반적으로 단순화되지만, 상호작용으로의 초미디어 적 이동 중에 내러티브 자료는 종종 확장되어 플레이어의 선택에 더 많은 가능성 을 열어준다. 닐 랜달Neil Randall과 캐슬린 머피Kathleen Murphy는 '반지의 제왕 온라인The Lord of the Rings Online'(2007)에서 발생한 각색에 관해 다음과 같이 설 명한다.

플레이어는 각색된 스토리의 세계로 들어가 그 세계에서 상당한 시간 을 보내면서 여러 위치를 탐색하고 원본 텍스트에서 그려졌거나 단순히 제안된 캐릭터 및 개체에 참여할 수 있어야 한다. 또한 장기적인 몰입형 플

레이어 참여에 대한 동일한 요구 사항을 충족하려면 비디오 게임 각색은
원본 스토리의 범위를 확장하여 플레이어가 추가 작업을 수행하고, 추가
된 플롯과 하위 플롯에 적합한 추가 캐릭터를 만날 수 있도록 해야 한다.
플레이어가 소스에 제시된 스토리라인의 범위를 넘어 해당 세계에서 무
슨 일이 일어나고 있는지 탐색할 수 있도록 해야 한다.[26]

다른 미디어에서 게임으로 각색된 세계는 원작 소재에 기반을 둔 관객의 기대
와 함께 제공되므로, 원작 소재에서 유래하고 상호작용을 염두에 두고 설계된 게
임보다 성공하기가 더 어렵다. 장편 영화를 각색한 게임의 경우, 빡빡한 제작 일
정, 프로젝트가 제작 및 후반 작업을 거치면서 변경되는 스토리 정보, 게임 제작에
이해관계를 가진 다양한 관계자(행정, 재무, 마케팅, 기술 등)의 상충하는 요구 등
은 영화를 각색한 게임의 성공도 더욱 어렵게 만든다.[27]

비非대화형 미디어에서 비롯된 세계를 적용한 게임 세계는 종종 그러한 세계의
확장이 아니라 대체 버전인 경우가 많다. 예를 들어, MMORPG(대규모 멀티플레
이어 온라인 롤플레잉 게임) '스타워즈 갤럭시'(2003~2011)와 '반지의 제왕 온라
인'은 둘 다 다른 미디어의 해당 세계를 따라 디자인되었지만, 플레이어가 플레이
하면서 축적되는 별도의 역사를 지닌 별도의 세계이다. '스타워즈' 영화의 사건은
이미 일어났기 때문에 기껏해야 스타워즈 갤럭시에서만 재연될 수 있다. 그 사건
과 그 결과는 이미 잘 알려져 있기 때문이다. 기존 정식 사건을 어떻게 처리할지에
관한 질문에 대한 한 가지 해결책은 대화형 세계를 다른 기간에 설정하는 것으로,
세계를 무대로 한 다른 작품의 사건이 있은 지 오래지 않아 MMORPG '우루: 신비
너머의 시대Uru: Ages Beyond Myst'(2003)의 배경은 이전에 나온 미스트 게임과
소설의 사건 이후, 일관성과 연속성이 중단 없이 유지될 수 있도록 정식 사건을 과
거에 배치한다. 4장에서 논의된 또 다른 해결책은 플레이어가 승리하기 위해 달성
해야 하는 '올바른' 결말로 이어지는 하나의 '올바른' 이벤트 세트를 보유하여 단

하나의 이벤트 코스만 표준으로 남기는 것이다.

세계의 상호작용은 상호작용 미디어에서 유래하고 상호작용을 염두에 두고 설계된 세계에서는 직면하지 않는 연속성 문제를 제시하지만, 이러한 문제는 상호작용에 배치된 경계로 해결될 수 있다. 더 많은 세계가 초미디어적 세계로 미리 계획됨에 따라 그들의 인터랙티브 작품은 비非인터랙티브 작품이 열어둔 시간을 차지하도록 설계되어 관객의 참여가 이벤트를 결정할 수 있도록 하거나, 비非인터랙티브 작품에서 발생하는 이벤트 중에 설정될 수도 있다. 그러나 플레이어의 행위가 영향을 미치지 않는 방식으로 공간적 또는 서술적으로 정식 이벤트의 주류를 벗어난 이벤트로 제한된다. 상호작용 세계가 비非상호작용 미디어로 초미디어적 이동을 할 때면 이동이 비非상호작용도 처리해야 하는데, 연속성은 제어하기가 훨씬 쉽다.

상호작용 해제|Deinteractivation

초중간적 이동을 하는 세계는 이득과 추가뿐만 아니라 손실과 감소도 따른다. 이러한 의미에서 설명과 시각화는 하나가 이미지에서 단어로 이동하고 다른 하나가 단어에서 이미지로 이동하는 한 상호 보완적인 프로세스이다. 묘사와 청각화 사이의 관계에 대해서도 마찬가지이다. 상호작용이 비非대화형 미디어에서 상호작용형 미디어로 이동하는 동안 발생하는 것처럼, 상호작용성의 제거인 상호작용화는 세계가 상호작용형 미디어에서 비非상호작용형 미디어로 다른 방향으로 이동할 때 발생한다. 예를 들어, 비디오 게임에서 시작된 세계가 영화, TV 쇼, 책으로 각색되는 경우이다.

상호작용 해제에는 일반적으로 내러티브 소재를 주가하는 것을 수반하는데, 상호작용을 제거하려면 사용자가 선택한 결과로 발생할 수 있는 일련의 이벤트를 고정된 일련의 이벤트로 대체해야 하기 때문이다.[28] 비디오 게임에는 플레이어가 직면하게 될 것과 반드시 같지는 않은 일련의 고정된 이벤트가 포함된다. 비디오 게임을 영화로 각색하려면 특히 게임에서 해당 내용이 부족한 경우 일반적으로 많은 양의 추가 내러티브 자료가 필요하다(예: '슈퍼마리오 브라더스Super Mario Bros.'(1985)를 1993년 동명의 영화로 각색하거나 '팩맨'(1980)을 42부작으로 구성한 TV 시리즈 '팩맨: 애니메이션 시리즈'(1982~1983)로 각색한 것, 이미 삼차원 세계를 갖추고 더욱 철저하게 개발된 영화 같은 게임을 각색한 것과는 대조적이다). 연극을 '열어놓는' 영화가 종종 원작과 다른 것처럼, 추가된 소재와 매체 및 관습의 변화가 원작 세계를 상당히 바꿀 가능성이 항상 존재한다. 동시에 플레이어 상호작용은 대부분 게임이 존재하는 주된 이유이며, 플레이어 상호작용이 없으면 청중의 관심을 끌 만한 것이 거의 없을 수 있다. 한 유형의 상호작용을 다른 유형으로 교환하는 것이 가능할 수 있지만(포켓몬 카드 게임이나 팩맨과 미스트를 기반으로 한 보드게임에서 발생함), 한 유형의 상호작용에서 다른 유형으로의 변경 자체가 어느 정도의 상호작용 해제를 수반(예를 들어, 팩맨이 텍스트 어드벤처로 각색된다면 직접적인 액션이 사라지는 상황을 상상해 보라. www.pac-txt.com 참조)할 수 있다.

또한 상호작용 해제 프로세스는 또한 플레이어와 아바타(보통 게임의 주인공)의 밀접한 동일시를 제거한다. 플레이어의 대리인이 되는 대신 비#대화형 매체로의 전환은 이제 관객이 캐릭터가 독립적으로 행동하고 스스로 결정을 내리는 모습을 지켜봐야 함을 의미한다. 직접적으로 볼 수 있는 예가 거의 없는 주인공의 시점인 일인칭 시점 게임의 경우 상호작용성의 상실은 더욱 두드러진다. 영화와 문학에서 발견되는 제삼자의 캐릭터 식별과는 질적으로 달라서 이러한 캐릭터 식별 손실을 직접적으로 보상할 방법은 거의 없다. 그리고 하나에서 다른 것으로의 전환은 후자의 비#대화형 특성을 강조할 수도 있다. 주인공을 통제하는 대가로 비#대화형 미디어로의 전환은 일반적으로 더 발전된 세계, 더 높은 수준의 현실감, 더 깊이 있게 표현되는 캐릭터, 더 복잡하고 미묘한 상황을 의미한다. 이러한 절충안이 청중에게 수용 가능한지 아닌지는 초미디어적 확장의 성공 여부를 결정하고,

아마도 새로운 매체에서 프랜차이즈의 미래까지도 결정할 것이다.

상호작용과 마찬가지로, 새로운 작품이 상호작용을 하는 작품과 세계의 다른 지역을 배경으로 한다면 비非상호작용 과정은 더 쉽다. 미스트Myst 프랜차이즈가 세 편의 소설로 확장되었을 때 소설은 게임 실행 전후의 기간을 설정했다. 첫 번째 소설인 『미스트: 아트루스의 책』(1995)은 '미스트Myst'(1993)에서 발생하는 작업의 무대를 설정했다. 두 번째 소설 『미스트: 티아나의 책』(1996)은 첫 번째 소설의 뒷이야기를 확장했다. 그리고 세 번째 소설인 『미스트: 디니의 책』(1997)은 'Riven'(1997) 사건 이후의 시간을 배경으로 한다. 게임의 이벤트가 프랜차이즈의 핵심이기는 하지만, 소설의 이벤트와 모순되지 않는다. 소설은 대부분 서사적으로, 독립적으로 존재할 수 있다.

관객의 관점에서 보면, 관객이 먼저 세계의 상호작용적 작품을 접하고, 나중에 비非상호작용적 작품을 접한다면, 탈脫상호작용의 경험은 비非상호작용적 미디어에서 시작하여 상호작용적 미디어로 이동하는 트랜스미디어 세계에도 적용될 수 있다. 그러나 이는 관객이 특정 세계를 배경으로 한 다양한 작품을 접하는 순서를 고려하는 다음 섹션으로 이어진다.

초미디어 세계와의 만남Encountering Transmedial Worlds

관객이 상상의 세계에 처음 들어가는 방식과 그것을 구성하는 다양한 작품들이 경험되는 순서는 관객의 세계 경험을 크게 형성할 수 있다. 과거에는 세계가 하나의 매체에서 시작하여 거기서 성공하면 다른 매체로 옮겨갔지만, 최근에는 세계가 처음부터 더욱 트랜스미디어화되어, 모든 작품이 같은 세계를 배경으로 하는 다양한 매체의 순서와 타이밍에 대한 문제가 처음부터 고려되고, 그 이후의 세계 구축 과정을 형성한다. 게임회사인 THQ의 Core Games 수석 부사장인 대니 빌슨 Danny Bilsen은 다음과 같이 설명한다.

　　마지막으로 우리는 트랜스미디어 경험을 전달하는 데 있어 궁극적인 과제는 제작과 타이밍이라는 점을 발견했다. 이러한 조각들은 어떻게 만들어질 수 있고, 얼마나 자주 다른 시스템에서 다른 비용으로 만들어질 수 있으며, 어떻게 팬들에게 가장 보람 있는 순서로 전달될 수 있을까? 예를 들어, 영화를 제작하는 데는 1~2년이 걸릴 수 있고, 비디오 게임은 3년이 걸릴 수 있으며, 그래픽노블은 6개월이 걸릴 수 있다. 이를 가장 극적인 순서로 전달하는 건 트랜스미디어 제작자가 이제야 직면한 새로운 과제이다. 하지만 여전히 모든 것은 강력하고 일관된 세상에서 시작하고 끝난다. 영감을 받은 비전가들이 창조하고 관리하며, 그들 스스로가 가장 큰 팬이다.[29]

　처음 등장하는 작품은 관객에게 상상의 세계를 소개하고 분위기와 기대를 설정하기 때문에, 초기에 실패하면 세상에 대한 부정적인 이미지를 낳는 효과를 가져서 같은 세계를 배경으로 하는 다른 작품이 배역과 관객을 찾는 데 어려움을 겪을 수 있다(예를 들어, 오래된 마블 '스타워즈' 만화와 1978년 홀리데이 TV 스페셜이 먼저 등장하고, 그 성공에 따라 영화가 만들어질지가 결정되었다고 상상해 보라). 실용적인 관점에서 볼 때, 일부 미디어는 사용하기 쉽고, 제작 비용이 저렴하며, 세상을 소개하는 데 사용될 가능성이 더 크다. 따라서 장편 영화나 TV 시리즈보다 소설에서 더 많은 세계가 데뷔한다. 하지만 작가가 특정 순서로 작품을 제작하고 출시하도록 신경을 썼더라도 청중은 여전히 그 작품을 완전히 다른 순서로 경험할 수 있다.

　관객은 일련의 작품을 어떤 순서로든 경험할 수 있지만, 발생할 가능성이 가장 큰 여섯 가지 유형이 있으며, 각 순서는 공개적 출현 순서, 창작 순서, 내부 연대순, 정식 순서, 미디어 선호도 순서, 나이에 맞는 순서로 각각은 세계에 대한 경험을 바꾼다. 아마도 가장 흔한 것은 대중의 출현 순서일 것이다. 현대의 관객들은 작품이 나타나는 대로 경험하기 때문에 이를 따를 가능성이 가장 크다. 한 세계를 배경으로 한 일련의 작품은 거의 항상 대중에게 공개된 순서대로 경험하도록 설계되며, 세계가 미리 계획된 경우에도 출시 순서가 경험될 가능성이 가장 크다. 그러나 동일한 세계를 배경으로 한 여러 작품이 공개되면 이후 관객은 더 많은 선택권을 갖게 되고, 어떤 작품을 통해서든 세계나 프랜차이즈에 들어갈 수 있으며, 작품을 경험하는 순서를 스스로 결정할 수 있다.

작품이 경험되는 또 다른 일반적인 방식은 창작 순서인데, 이는 일반적으로 공개되는 순서와 같다. 이 순서대로 작품을 경험함으로써 작가가 전개하는 세계가 성장하는 것을 볼 수 있고, 서사 구조에 내장된 서스펜스와 놀라움을 경험할 수 있다. 4장에서 논의한 것처럼, '스타워즈' 에피소드를 원래 제작된 순서(IV, V, VI, I, II, III)로 보는 것과 내부 연대순(I, II, III, IV, V, VI)에 따라 시청하는 것은 상당히 다르다. 단, 창작 순서는 공개 순서와 다를 수 있다. 예를 들어, 일곱 권의 『나니아 연대기』 출판 순서는 『사자, 마녀, 그리고 옷장The Lion, the Witch and the Wardrobe』(1950), 『캐스피언 왕자Prince Caspian』(1951), 『새벽 출정호의 항해The Voyage of the Dawn Treader』(1952), 『은의자The Silver Chair』(1953), 『말과 소년The Horse and His Boy』(1954), 『마법사의 조카The Magician's Nephew』(1955), 『마지막 전투The Last Battle』(1956)인데, 실제로 책이 완성된 순서는 『사자, 마녀, 그리고 옷장』, 『캐스피언 왕자』, 『새벽 출정호의 항해』, 『말과 소년』, 『은의자』, 『마지막 전투』, 『마법사의 조카』이다(내부 연대순으로 책은 『마법사의 조카』, 『사자, 마녀, 그리고 옷장』, 『말과 소년』, 『캐스피언 왕자』, 『새벽 출정호의 항해』, 『은의자』, 『마지막 전투』로 구성된다). 창작 순서가 공개 순서와 다른 경우는 작가가 동시에 여러 작품을 작업하고 있거나, 서로 다른 팀이 함께 공개되도록 설계된 서로 다른 미디어에서 작품을 작업하고 있기 때문인 경우가 많다(예: 영화 '매트릭스 2: 리로디드 Reloaded'와 비디오 게임 '엔터 더 매트릭스Enter the Matrix'는 동시에 개발되어 둘 다 2003년 5월 15일 출시됐다). 업계에서는 이를 '공동 창작'이라고 부른다.[30] 공동 창작과 동시적 발매의 경우, 창작 순서와 공개 순서는 다른 배열로 대체된다.

내부 연대기 순서는 일련의 작품을 경험하는 일반적인 방법이다. 세계의 내부 연대기를 따르면 세계의 내재적 역사와 발전, 등장인물의 호, 갈등의 해결이 드러나기 때문이다. 내부 연대순은 대부분 공개 순서와 일치하는 경우가 많지만, 전편이 이제 일반적인 시퀀스 요소라는 사실은 연대기 순이 일련의 작품을 경험하는 가장 좋은 방법이 아니라는 것을 의미한다. 전편은 관객이 이전에 개봉된 작품에 이미 익숙하다는 가정하에 제작되기 때문이다. 속편을 앞선 작품보다 먼저 경험하면 수수께끼를 너무 빨리 설명함으로써 결과가 나타나기 전에 원인을 밝히거나, 서스펜스를 유발하는 비밀을 밝히거나, 내러티브에서 특정 효과를 달성하기 위해 한동안 미스터리로 남아 있어야 하는 캐릭터의 뒤 스토리를 제공함으로써 (예: 아라곤Aragorn, 요다Yoda 및 모르페우스Morpheus가 각자의 세계에 처음 소개되면 다른 캐릭터는 자신이 누구인지 알지 못하며 관객도 그 시점에서 자신이 누구인지 알 수 없다) 수수께끼를 파괴할 수 있다. 내부 연대기 순서는 이미 세계에 설정된 작품에 익숙해지면 사건이 서로 어떻게 연관되어 있는지 더 잘 이해할 수 있을 뿐만 아니라 세계의 원인과 결과 구조의 일관성을 테스트한다. 내부 연대기 순서는 종종 세계 사건의 타임라인과 연대기에서 제공되지만, 초월극과 동시적 사건은 일련의 작품을 연대순으로 배열하는 것을 복잡하게 만들 수 있다.

더 큰 세계의 경우, 또 다른 유형의 순서는 우리가 표준 순서라고 부를 수 있는 것으로, 가장 표준적인 자료가 먼저 경험되고 덜 표준적인 자료를 나중에 경험하는 것이다. 가장 표준적인 자료는 일반적으로 세계의 핵심을 구성하는 요소이고, 인기가 있다면 그것을 인기 있게 만드는 요소이므로 거기서 시작하는 것이 합리적이다. 그리고 만약 누군가가 세상을 즐기고 더 많은 것을 원한다면, 부수적인 작품으로 시작하기보다는 스핀오프와 파생 작품으로 이동한다(누군가가 그 기능을 본 적이 없이 여러 개의 스타워즈 소설을 읽을 가능성은 거의 없는 것 같다). 많은 세계에서, 정경성은 품질과 작품이 세계 하위 창작자의 비전에 얼마나 진실한지와 연관되어 있다. 따라서 최고의 자료는 종종 가장 표준적인 자료이기도 하며, 덜 표준적인 자료는 품질이 다소 떨어지거나 저자의 원래 아이디어와 다르다.

트랜스미디어의 세계, 특히 이미 다양한 미디어로 확산한 세계는 관객에게 미디어 선호의 질서라는 또 다른 질서로 세계를 경험하게 한다.『반지의 제왕』을 읽지 않은 사람들은 시간이 덜 걸리기 때문에 대신 영화를 볼 수도 있고, 영화가 재미있다면 나중에 책을 읽을 수도 있다. 매체를 통한 각색은 이것을 이상한 순서로 만들 수 있다. 예를 들어, 같은 이름의 훨씬 더 긴 디킨스 소설을 기반으로 한 영화 '위대한 유산Great Expectations'(1998)의 256페이지 분량의 소설화가 있다. 그래서 누군가는 단편 소설부터 시작해서 영화를 본 다음, 디킨스 원작 전체를 읽을 수 있었다. 미디어 선호도의 순서는 길이, 소요 시간, 작품 구매 또는 체험 비용, 개별 미디어 편견 측면에서 각 미디어에 필요한 투자에 따라 결정될 수 있다. 미디어 선호도는 어떤 미디어가 사용할 수 있거나 허용되는지에 따라 제한될 수 있으며, 이는 다음 유형의 주문, 나이에 적합한 주문으로 이어진다.

아이들은 점점 더 어린 나이에 프랜차이즈와 세계에 진입하고 있으며, 많은 아이가 트랜스미디어 세계를 접하는 방식으로 나이에 맞는 질서를 만들어 낸다. 예를 들어, '캐리비안의 해적' 시리즈의 모든 영화는 PG-13이지만, 13세 미만의 어린이를 위해 디자인된 영화를 기반으로 한 여러 레고LEGO 세트가 있다. 나이에 적합한 작품은 세계를 배경으로 한 다른 작품의 위생적이고 단순하며 어린이 친화적인 버전을 통해 세계와 스토리를 소개할 수 있다. 예를 들어, 레고 스타워즈 LEGO Star Wars 비디오 게임은 6편의 장편 영화의 줄거리를 요약한 수십 개의 컷신cutscene을 특징으로 하지만, 종종 슬랩스틱 코미디를 포함하고 폭력을 배제하거나 이를 대안적인 표현으로 대체하면서 영화 장면을 말없이 패러디하는 데 레고 버전의 캐릭터를 사용한다(레고 사람들이 현실적으로 처형되는 대신 사사이 조각나는 것). 이러한 컷신은 아이들이 영화를 보기 전에 스토리라인을 보여주지만 동시에 패러디로서 실제 영화와는 상당히 다르다. 이러한 초기 경험은 의심할 바 없이 프랜차이즈나 세계에 관한 관심을 불러일으키지만, 나중에 나오는 첫 번째 영화 관람에 영향을 미치거나 심지어 망칠 수도 있으며, 놀라움과 서스펜스를 망치고 컷신을 회상할 때 극적인 장면에 유머러스한 의미를 부여할 수도 있다. 백과사전이나 지도책과 같은 참고 자료조차도 다른 작품에 대한 경험에 영향을 미칠 수 있는 스토리 정보를 제공할 수 있다. 따라서 세계를 건설하는 기업은 점점 더 젊은 청중의 관심을 끌면서 세계 구축자는 자신의 세계를 경험하고 기억하는 방식을 바꿀 수 있다.

트랜스미디어적 성장과 각색은 어떤 단일 매체도 제시할 수 없는 것 이상으로 상상의 세계를 풍성하게 하고, 또한 세계를 경험할 수 있는 더 많은 미디어 창이 제공됨에 따라 세계가 원래의 미디어에 덜 얽매이게 하며, 더 큰 독립성을 부여한다. 작가는 이제 처음부터 여러 매체에 대한 세계를 디자인할 수 있으며, 다른 미디어에서 새로운 해석이 등장하면서 기존 세계가 새로운 고객을 확보할 수도 있다. 여러 미디어를 사용하고 그 안에 등장하는 세계의 범위와 크기가 넓은 경우가 많으므로 그러한 세계의 저작자는 종종 세계의 창시자를 넘어 다음 장의 주제인 저작자의 집단으로 확장된다.

7

저작자의 집단CIRCLES OF AUTHORSHIP

특히 감독에게 자신이 창작자가 아니라는 사실을 알게 되는 것은 이상한 일이다. 자신이 무언가를 창조하는 데 중요한 역할을 했지만, 스스로 아이디어를 끌어냈다고 생각하더라도 혼자서는 할 수 없었다는 사실을 인정해야 한다.

-빔 벤더스Wim Wenders, 『IMAGE』 저널 인터뷰 중에서[1]

갑자기 그가 말했다: "물론 그 모든 책을 직접 썼다고 생각하지는 않으시겠죠?" … 내가 말했다. "아니요, 절대 그렇게 생각하지 않습니다." 그 이후로 나는 그렇게 생각할 수 없었다. 늙은 언어학자가 자신의 사적인 오락에 대해 내린 놀라운 결론이다. 하지만 "선택된 악기"의 불완전함을 고려하는 사람이라면 자랑스러워할 만한 결론은 아니다. 그리고 실제 때때로 그 목적에 한심할 정도로 부적합해 보이는 것을 부풀려서도 안 된다.

- J. R. R. 톨킨, 『J. R. R. 톨킨의 편지』[2]

그들에 대한 공격과 그들의 죽음에 대한 선언에도 불구하고, 저자와 저자에 대한 개념은 지속되어 왔으며 사용이 중단될 조짐을 보이지 않는다. 그러나 변화한 것은 작가가 고립된 상태에서 작품을 생산하는 단독 인물이라는 생각이다. 작가에게는 영향과 잠재적 결과가 작품 형성에 아무런 역할을 하지 않는다. 저작자의 개념은 작품을 그 자체로 만드는 다양한 역할과 인정된 기여를 포함하도록 확장되었지만, 여전히 출처 표시의 필요성은 유지된다. 잭 스틸링거Jack Stillinger는 『여러 저자와 고독한 천재의 신화Multiple Authorship and the Myth of Solitary Genius』에서 다음과 같이 썼다.

> 실제적인 목적으로 볼 때, 저술의 가장 중요한 측면은 명목상의 저술이 제공하는 것처럼 보이는 인간의 창의성, 개성, 그리고 (때때로) 목소리의 존재를 막연하게 이해하는 것이다. 미술관을 방문하는 사람이 개별 화가의 이름을 모른 채 방에 가득 찬 그림을 감상하는 것은 생각할 수 없는 일이고, 연주회 관람객이 개별 작곡가의 이름을 모르고 교향곡과 협주곡의 프로그램을 감상하는 것은 상상할 수 없는 것과 마찬가지로, 저자임을 뚜렷하게 언급하지 않는 글(바르트Barthes와 푸코Foucault가 저자의 존재에 대해 이의를 제기하는 글조차도!)은 상상할 수 없다.
>
> 분명히 단일 저자라는 신화는 출판사, 대리인, 서점, 사서, 저작권 변호사뿐만 아니라 교사, 학생, 비평가 및 기타 독자들에게 큰 편의를 제공한다. ─ 실제로 저자 자신을 시작으로 책 제작과 관련된 모든 사람에게 해당한다. 신화는 비평과 해석의 일상적인 관행을 포함하여 우리 문화와 일상적인 관행에 철저하게 내재되어 있으며, 신화는 꼭 필요하다고 주장한다. 다중 저자라는 반대 현실은 신화의 지속적인 존재에 위협이 되지 않으며, 해체주의 이론가를 제외하고는 신화가 더는 존재하지 않기를 바라는 설득력 있는 이유가 없다. 해석에 대한 해체주의적 접근 방식은 복수로 변경된 텍스트라는 생각에 위안을 얻을 수 있지만, 해체주의자들이 자기 텍스트의 저자로서 보이는 행동은 신화가 그 측면에서 위험에 처하지 않는다는 것을 보여준다.[3]

스틸링거는 주로 문학과 영화에 관해 글을 쓰지만, 특히 상상의 세계에 관한 글을 쓴다. 상상 세계가 클수록 작가에게 영향을 미칠 뿐만 아니라 세상에 새로운 자산과 스토리라인을 제공하는 일꾼으로서 많은 사람의 작품일 가능성이 더 크다. 상상의 세계는 종종 초미디어적, 초서사적일 뿐만 아니라 초저작적이기도 하다.

따라서 저작이란 세계의 창시자(또는 창시자들)로부터 확장되는 일련의 동심원으로 개념화될 수 있으며, 위임된 권한의 각 원은 세계의 창시자에게서 더욱 멀어지고 창시자와 주요 저술가에서 재산, 상속인, 횃불 주자, 직원과 프리랜서, 세계를 기반으로 하는 승인된 파생적, 보조적 제품의 제작자, 마지막으로 정교화주의자와 팬 프로덕션의 비정식적 추가에 이르기까지 저작 기여가 감소하는 것을 수반한다. 이러한 영역으로 세계가 확장되는 것은 초미디어적 수요가 다양한 미디어에서 전문적인 작업을 요구하기 때문에 초기에 발생할 수도 있고, 창시자가 은퇴하거나 사망한 후에도 세계가 계속 성장함에 따라 나중에 발생할 수도 있다. 그러나 세계의 저자 또는 소유자는 저작권을 어느 정도 위임할지 또는 위임할지를 결정하여 세계가 개방형인지 폐쇄형인지, 그리고 어떤 자료를 정식으로 간주할지 결정할 수 있다. 다양한 집단을 조사하기 전에 먼저 세계가 열려 있는지 닫혀 있는지부터 시작하여 정경성의 문제를 고려해야 한다.

열린 세계와 닫힌 세계Open and Closed Worlds

‘개방형’ 세계는 표준 자료가 계속 추가되는 세계이다. 그러한 세계는 더 많은 정보, 세부 사항 및 내러티브를 축적함에 따라 여전히 성장하고 발전하고 있다. 열린 세계에서는 작가가 예를 들어 재접속이 발생할 때 소재나 소재의 정식 상태를 자유롭게 변경할 수도 있다. 저자는 또한 자신이 죽은 후에도 세계가 ‘열린’ 상태로 유지되도록 조정하여 세계에 대한 저자의 권한을 후계자에게 넘기고, 지식재산권도 함께 넘길 수 있다. 반면 ‘닫힌’ 세계는 저자가 ‘완료’를 선언한 세계로, 더는 정식 자료가 추가되지 않음을 의미한다. 또한 저자가 정식 자료를 세계에 추가

할 권한을 전달하지 않고 사망하거나, 저자가 그러한 권한을 전달한 사람이 더는 정식 자료를 세계에 추가하지 않을 것이라고 선언할 때 세계가 닫힐 수 있다.

닫힌 세계는 여전히 초중간적 움직임을 만들 수 있지만, 이는 진정한 추가가 아닌 해석일 것이다(즉, 추가된 자료 중 어느 것도 표준이 되지 않을 것이다). 따라서 닫힌 세계는 작가가 작업을 마친 후에도 다양한 해석과 파생물(상품 등)이 등장하면서 계속 성장할 수 있으며, 세계의 다양한 권리와 소유권은 작가가 선택한 관리인에게 넘어간다. 시간이 지나면 세계는 공개 영역에 속하게 된다. 오늘날 누구든지 모어More의『유토피아』나 버틀러Butler의『에레혼』을 배경으로 한 스토리를 쓰고 출판할 수 있지만, 이것들은 여전히 모어와 버틀러의 원작 스토리와 같은 수준에서 모든 사람이 정식으로 받아들일 만한 자료를 제공하지 못할 것이다. 두 세계 모두 공공 영역이지만 여전히 닫힌 상태로 유지된다.

아마도 가장 유명한 닫힌 세계는 톨킨의 아르다Arda일 것이다. 톨킨은 '그림과 음악, 드라마를 다루는 다른 사람의 마음과 손에 여지를 남겨두고' 싶었지만,[4] 출판사에 보낸 편지에서 알 수 있듯이 이는 다른 사람이 쓴 추가 스토리가 아니라 매체를 초월한 해석을 의미하려는 의도가 분명했다.[5] 아버지의 문학 집행자로 선택된 크리스토퍼 톨킨은 그 이후 아버지의 글 대부분을 사후에 출판했지만, 그나 톨킨 가문이 아버지의 바람을 거스르고 다른 사람들이 쓴 이야기를 중간계 이야기에 추가할 가능성은 거의 없어 보인다(팬들도 다른 사람이 쓴 새로운 이야기를 정식으로 받아들이지 않을 것이다).

열린 세계의 예로는 2012년 현재 조지 루카스와 그의 직원들이 계속 추가하고 있는 '스타워드 갤럭시Star Wars galaxy'가 있다. 세계가 오랫동안 열려 있을수록, 그 저자가 이 장에서 설명한 동심원에 퍼져 있는 것을 발견할 가능성이 더 커진다. 그리고 '스타워즈'의 세계는 그에 대한 훌륭한 예를 제공할 뿐만 아니라, 다양한 표준 수준을 차지하는 자료가 있는 세계의 좋은 예이기도 하다.

정경성 수준Levels of Canonicity

캐논의 개념, 즉 어떤 것들이 상상 세계에 대해 '진실'이라는 것(캐릭터, 장소, 사물이 존재하고 그 세계에서 사건이 발생했다는 것)은 종종 세계나 프랜차이즈에 대해 무엇이 '공식적인지'를 구분하는 데 관심이 있는 청중의 관점에서 진정성에 대한 욕구를 보여준다. 이 중 일부는 저자의 중요성에 기인한다. 저자는 세계 자료의 진정한 원천으로 여겨지며, 이를 통합된 경험으로 만드는 창의적인 비전이다. 아니면 적어도 하나는 통합되기를 희망한다. 다른 사람들이 세계에 기여할 수 있는 권한을 부여받는다면, 그것은 또한 저자가 무엇을 기꺼이 받아들일 것인지, 그리고 얼마나 많은 권한이 위임되었는지에 대한 문제가 된다.

정경성은 단순히 어떤 것이 정경인지 아닌지를 결정하는 문제 그 이상이다. 저자 집단이 있는 것처럼, 정경성에도 다양한 정도가 있으며, 순수주의자는 특정 세계에 관한 관심이 적고(지식도 적은) 일반 청중보다 정경으로 받아들이는 자료가 적을 수 있다. 예를 들어, 프랭크 허버트Frank Herbert가 쓴 『듄Dune』 소설만 받아들일 수 있고, 그의 아들 브라이언Brian이 쓴 소설은, 그중 일부는 허버트의 노트에서 개발되었음에도 받아들일 수 없다. 세계를 예술 작품으로 보는 사람들은 세계의 창시자가 처음에 제작한 것 이상의 어떤 것도 받아들이지 않을 수 있으며, 원래의 예술적 비전(시간이 지남에 따라 달라질 수 있음)에서 나온 것만을 진짜로 인정할 수 있다. 심지어 세계의 창시자가 수행한 레트콘도 거부될 수 있다.

일부 세계는 매우 잘 정의된 수준의 정경성을 가지고 있다. 릴랜드 치Leland Chee가 관리하는 스타워즈 홀로크론StarWars Holocron(프랜차이즈의 데이터베이스)은 5가지 수준의 정경성, 즉 G-캐논(최신 버전의 영화 에피소드 I~VI, 대본, 영화 소설화, 라디오 연극 및 루카스의 진술), T-캐논(스타워즈: 클론 전쟁 TV 쇼 및 실사 스타워즈 TV 시리즈), C-캐논(확장된 우주 요소), S-캐논(롤플레잉 게임 스타워즈: 갤럭시즈Star Wars: Galaxies를 포함한 2차 캐논) 및 N-캐논(스타워즈: 인피니티Star Wars: Infinities 시리즈 스토리와 같은 비非캐논적 자료)으로 구성되어 있다. 그리고 캐논 수준 내에서도 계층 구조가 존재한다. 예를 들어 G-캐논에서는 영화가 소설보다 더 정식화되고 최신 버전의 영화가 이전 버전보다 더 정식화되는 것으로 간주한다.[6] 다양한 수준의 캐논도 요점에 대해 의견이 다를 수 있다. 예를 들어, 루카스는 제다이의 귀환에서 보바 펫Boba Fett이 죽었다고 생각하지만, 확장된 우주(EU)에서는 그가 살아남아 더 많은 모험을 떠난다.

상황을 더욱 복잡하게 만드는 것은 비정규 저작물이 팬에 의해서만 제작되는 것이 아니라 때로는 전 세계의 작가나 제작 권한을 부여받은 다른 사람에 의해 제작된다는 것이다. 예를 들어, 다스 베이더가 에너자이저 토끼와 함께 등장하는 에너자이저 배터리 광고(<그림 7-1> 참조)나 트윈 픽스의 캐릭터가 등장하는 조지아 커피의 네 개의 광고가 있다. 따라서 작품이 정식 작품이 되려면 그렇게 할 권한이 있는 누군가에 의해 정식 작품으로 선언되어야 하며, 작가 자체만으로는 작품의 지위를 판단하기에 충분하지 않다. 그러나 일반적으로 가장 높은 수준의 정경성을 지닌 작품들은 창작자이자 세계의 주요 저자를 둘러싼 저자의 가장 내부 계층에서 나온 작품들이다.

<그림 7-1> 루카스필름이 허용한 다스 베이더의 비표준적 모습 중 일부. 1994년 에너자이 저 배터리 광고(상단, 왼쪽), 2009년 우주 채널의 스타워즈 홍보 광고(아래, 왼쪽), 스파이크 채널의 2008년 스타워즈 광고 속 골프장(상단 오른쪽), 그리고 타깃의 2004년 광고(오른쪽 아래).

원작자와 주요 저자Originator and Main Author

세계를 구상하는 사람, 즉 창작자는 일반적으로 세계에 나타나는 최초의 작품이나 작품을 책임지는 주요 작가이기도 하다. 그러나 작가가 다른 사람이 고안한 세계를 배경으로 한 작품을 쓰는 일부 공유 세계의 경우처럼 두 역할이 분리되어 있을 가능성이 있다(예를 들어, 존 D. 클라크John D. Clark가 발명하고 세 편의 중편소설, 즉 플레처 프랫Fletcher Pratt의『장기적인 관점The Long View』, H. 빔 파이퍼H. Beam Piper의『울러 봉기Uller Uprising』, 주디스 메릴Judith Merril의『지구의 딸들Daughters of Earth』의 배경으로 사용된『서화된 행성The Petrified Planet』은 함께 출판되었다). 그러나 대부분은 원작자와 주요 저자는 동일하다. 그러므로 저자는 세계를 발명하고, 그 경계를 결정하며, 보통 그 인프라 중 일부를 구축한다(3장에서 논의). 세상이 처음으로 대중에게 모습을 드러낼 때, 저자의 이름은 세상의 근원이자 그 배후에 있는 권위자로서 세상과 연관된다.

주요 저자의 저작물에도 정경성 수준이 존재할 수 있다. 작가의 작품 중 주요 작품과 하위 작품 사이에 불일치가 발생하면 주요 작품이 둘 중 더 표준적인 것으로 간주할 가능성이 크다. 마찬가지로 초기 작품이나 후기 작품에는 더 큰 정식 지위를 부여할 수 있다. 자신의 작업을 변경한 저자는 의심할 바 없이 초기 버전보다 최신 버전을 선호할 것이다(그렇지 않으면 변경 사항이 적용되지 않는다). 이러한 변경 사항이 재검토에 해당하면, 이후 작업이 더 선호되는 것으로 볼 수 있다. 왜냐하면 재검토는 일반적으로 이전 작업을 작성자의 세계에 더욱 견고하게 연결하여 불일치를 제거하기 때문이다. 그런데도 작품이 재검토 이전에 원래의 초기 형태로 오랫동안 존재했다면 이전 버전을 선호하고 변경되는 것을 보고 싶어 하지 않는 관객에게 알려지고 사랑받았을 수 있다. 예를 들어, 재검토된 특별판 버전보다 '스타워즈' 에피소드 IV~VI의 원본 버전을 선호하는 팬이 있다. 이러한 팬들은 이전 버전을 정식으로 간주할 수 있고 루카스 자신이 정식으로 간주하는 것에 동의하지 않을 수도 있다. 톨킨은 『호빗』을 다시 『반지의 제왕』과 일치시키기 위해 재검토했을 때 이러한 종류의 반응을 잘 알고 있었으며, 조용히 그렇게 하고 심지어 영리하게 두 버전을 모두 표준으로 만드는 방법을 찾았다. 이전 버전은 빌보Bilbo가 말한 스토리이지만 진실을 왜곡했다. 하지만 새로운 '수정된' 버전은 스토리를 실제 그대로 전달한다. 따라서 두 버전 모두 톨킨의 신화 내에 동시에 남아 있을 수 있으며, 그 불일치는 비유학적 용어로 설명된다.

출판되지 않은 저작물 역시 정경성에 대한 의문을 제기한다. 작품이 완성되지 않았거나, 원하는 수준으로 다듬어지지 않았거나, 단순히 작가가 출판을 시작하기 전에 사망했기 때문에 출판되지 않은 상태로 남아 있을 수 있다. 저작물의 저자 여부가 의심되지 않고 저작물이 완성된 것처럼 보이면 정식으로 간주할 수 있다. 반면, 저자의 최종 승인 없이 해당 작품이 대중에게 공개되기 전에 저자가 원했을 최종 수정 단계에 실제로 도달했는지를 질문할 수 있다(출시된 저작물이 나중에 재검토될 수 있음에도 불구하고). J. R. R. 톨킨의 사후 출판된 작품에는 그의 아들 크리스토퍼가 편집한 다양한 사례가 있다. 『실마릴리온』(1977)의 스토리는 수십 년 동안 다양한 형태로 존재했으며, 그중 상당수는 출판된 책에서 완전하고 심지 어 세련되게 느껴진다. 비록 그가 죽을 때까지 계속해서 그것을 바꾸긴 했지만, 톨 킨은 그의 생애 동안 실마릴리온의 버전을 출판하려고 노력했기 때문에 그는 그 책의 대부분이 완전하고 출판될 준비가 되었다고 생각했을 것이다. 대조적으로, 『끝나지 않은 이야기들Unfinished Tales』(1980)과 12권으로 구성된 『가운데땅의 역사서History of Middle-earth』 시리즈(1983~1996)에 등장하는 다른 텍스트는 거 의 완성된 것에서부터 부분 초안과 스케치에 이르기까지 다양하다. 동일한 스토 리의 여러 버전이 서로 다른 내러티브 해결 수준에서 발생하며, 그들 사이에도 갈 등이 발생한다. 예를 들어, 톰 쉬피Tom Shippey는 『베렌과 루시엔의 전설The Legend of Beren and Lúthien』에는 길이가 2페이지에서 200페이지까지 다양한 9가 지 이상의 다른 버전이 있으며, "작가는 대설계로 시작하지 않고 나중에 천천히 구 체화하는 경향이 있지만, 결국 지적 정당성을 찾을 수 있는 장면과 비전으로 시작 한다"[7]라고 말했다.

작가는 정식 작품 내에서 비정식적 소재를 가지고 놀 수도 있다. 미겔 데 세르반 테스가 『돈키호테』(1605)의 첫 부분을 출판한 지 9년 후, 승인되지 않은 속편이 『알론소 페르난데스 데 아벨라네다Alonso Fernández de Avellaneda』라는 가명으로 등장했다. 『돈키호테』(1615) 2부에서 세르반테스는 아벨라네다의 허가받지 않은 속편에 대해 자신의 등장인물들이 그것에 대해 이야기하고 조롱하게 함으로써 맞 섰고, 어느 시점에서 그들은 아벨라네다의 책에 등장하는 인물인 돈 알바로 타르 페Don Alvaro Tarfe를 만나기도 했다. 세르반테스는 타르페를 자기 소설에 등장시 킴으로써 원래는 비정식적이었던(거짓 속편에만 등장했기 때문에) 캐릭터를 정 식적(세르반테스의 2부에 등장했기 때문에)으로 바꾸었다. 물론 세르반테스가 타 르페를 사용한 것 자체가 허가받지 않은 행위라고 주장할 수 있으며, 이는 아벨라네다의 책 관점에서 볼 때 세르반테스의 타르페 사용을 비표준적이라고 할 수 있다. 그러나 아벨라네다의 책이 자체 정경을 가지고 있다고 보는 건 다소 지나친 주장일 것이다. 어떤 경우든, 관객이 특정 작품과 세계를 계속 보고 싶어 하는 욕망은 등장인물의 죽음이나 작가의 죽음으로 끝나지 않는다.

재산, 상속인 및 횃불 주자Estates, Heirs, and Torchbearers

승인되지 않은 속편의 위협은 작가의 죽음 이후에도 지속되기 때문에 인기 있는 세계가 열려 있든 닫혀 있든 그 세계를 계속 관리할 관리인에게 넘겨지는 것은 드문 일이 아니다. 세계가 닫히면 새로운 소유자는 세계에 추가하지 않고도 각색 및 상품 라이선스 등을 허용하여 세계에서 수입을 얻을 수 있다. 작성자가 세계를 열어 두면 작성자는 세계를 계속 확장할 수 있는 권한을 부여하는 것이며, 이후 세계의 새로운 소유자는 추가 세계 건설을 감독할 수 있다. 때때로 작가의 세계는 그것을 관리하고 홍보하는 관리인이 아니었다면 청중에게 다가가지 못할 수도 있다(포마스 윌리엄 말킨Thomas Williams Malkin, 오스틴 태펀 라이트Austin Tappan Wright 및 헨리 다거Henry Darger가 발명한 세계처럼 각각 작가가 죽은 후에야 대중의 인정을 받았다). 이러한 관리인에는 재산, 상속인, 횃불 주자가 포함된다.

세계가 열린 채로 남겨지면, 집행자가 대표하는 작가의 재산은 일반적으로 그것이 어떻게 누구에게 전달될지 결정한다(작가가 이미 누구에게 전달될지 지시하지 않는 한). 물리적 재산의 상속과 마찬가지로 직접적인 상속인이 있을 수 있다. 예를 들어 『듄』 시리즈 소설을 계속한 프랭크 허버트Frank Herbert의 아들 브라이언Brian이나 아버지의 미출판 작품의 편집 및 출판을 맡은 크리스토퍼 톨킨Christopher Tolkien이 있다. 직계 상속자가 없다면 횃불 주자는 세계를 계속 건설할 권리를 부여받는다. 예를 들어, 이후 L. 프랭크 바움L. Frank Baum이 사망한 후, 그의 아내 모드 게이지 바움Maud Gage Baum과 L. 프랭크 바움의 출판사 부사장인 윌리엄 리William Lee는 루스 플럼리 톰슨Ruth Plumy Thompson을 선택해 『Oz』 소설을 계속 쓰게 했다. 마크 색스턴Mark Saxton은 실비아 라이트Sylvia Wright가 아버지의 『이슬란디아Islandia』(1942) 원고 편집을 도왔고, 오스틴 태편 라이트 Austin Tappan Wright의 노트를 사용하여 자신의 『이슬란디아』 소설 세 권을 집필했다. 예를 들어 브랜던 샌더슨Brandon Sanderson이 로버트 조던Robert Jordan의 『시간의 바퀴Wheel of Time』 시리즈의 마지막 소설인 『빛의 기억A Memory of Light』을 완성했을 때 일부 성화봉송 주자들은 작가가 시작한 작업을 마무리하기도 했다(소설은 『폭풍의 모임The Gathering Storm』(2009), 『자정의 탑Towers of Midnight』(2010), 『빛의 기억A Memory of Light』(2012)의 세 권으로 나뉘었다).

일반적으로 미망인, 아들, 딸인 상속인은 가족 관계나 연결로 인해 또는 상속인이 사망 전에 저자에 의해 특별히 임명되었기 때문에 재산을 상속받을 자연적 권리를 갖지만, 성화봉송 주자의 역할이 유산에 의해 할당되고 취소될 수 있다는 점에서 성화봉송 주자와 상속인은 다르다(예: H. P. 러브크래프트는 바로우Barlow가 그와 협력했고, 러브크래프트가 그의 친구이자 멘토였기 때문에 로버트 헤이워드 바로우Robert Hayward Barlow를 그의 문학 집행자로 지명했다).

1900년 이전에는 단 한 권의 책, 더구나 단 한 명의 작가를 넘어선 세계는 거의 없었다. 바움의 『오즈』는 작가가 죽은 후에도 공식적으로 횃불을 든 공인된 주자와 함께 계속된 최초의 세계였다. 새로운 '오즈의 왕립 역사가'로서 톰슨은 결국 바움보다 더 많은 정식 『오즈』 소설을 썼다(바움의 14편에 비해 19편). 그 이후로 L. 프랭크 바움 가족 신탁L. Frank Baum Family Trust은 계속해서 다른 '왕실 역사학자'가 성화봉송 주자들을 계속 지명해 왔으며, 가장 최근의 인물(2012년 현재)은 셔우드 스미스Sherwood Smith이다. 따라서 허가된 소설의 흐름은 바움의 모든 원작 소설이 공공 영역public domain에 들어갔음에도 불구하고 계속되고 있다. 이는 세계를 배경으로 한 개별 작품이 공공 영역이 될 수 있지만, 세계 자체는 공공 영역이 될 수 없음을 보여주고(정식으로 말하면), 오즈는 현재 1900년부터 2006년까지 추가가 이루어지면서 공식적으로 가장 오랫동안 '개방'된 세계 기록을 보유하고 있다.

상속인과 횃불 주자에게는 세계에 대한 창의적인 통제권을 주므로 그들이 선행한 창작자의 자료를 레트콘할 수 있을까? 레트코닝Retconning은 작품의 원작자가 수행하더라도 논란의 여지가 있어서 다른 사람이 그러한 변경을 수행할 때 일반적으로 더 큰 반대가 발생한다. 횃불 주자의 재협상은 높은 제작 비용으로 인해 세계가 기업의 지적 재산이 될 가능성이 큰 영화, TV 및 기타 미디어에서 가장 자주 발생한다. 프랜차이즈 소유권이 회사에 프랜차이즈의 작품을 통제하거나 변경할 수 있는 법적 권리를 부여하는 반면, 비평가와 청중은 당연히 작품의 예술적 무결성을 파괴하거나 저하하는 변경에 반대할 것이다(예: 터너 엔터테인먼트의 논란이 되는 '카사블랑카'(1942) 채색). 그러나 팬, 비평가, 역사학자는 오래되고 원본 버전의 작품을 선호할 수 있지만, 현대 관객을 위해 작품을 '업데이트'하려는 상업적 압력은 여전히 팽배하다고 볼 수 있다.

진 로든베리Gene Roddenberry가 '스타트렉'을 시작했지만, 원래 TV 시리즈는 데실루Desilu에서 제작되었으며, 다양한 인수, 합병 및 분할 후 CBS 파라마운트 텔레비전이 '스타트렉' TV 쇼 제작 권한을 획득했으며, 파라마운트 픽처스는 CBS에서 라이선스를 받아 영화를 제작했다.[8] 오리지널 '스타트렉' 에피소드가 2006년 고화질로 리마스터되었을 때 CBS 파라마운트 TV도 이 시리즈를 다시 편집했다. 특수 효과 장면은 컴퓨터 그래픽 버전으로 교체되었고, 무광택 배경은 다시 작성되었으며, 장면은 재구성되었고, 배우들은 촬영이 추가되었으며, 오프닝 음악은 디지털 스테레오로 다시 녹음되었다(그리고 2009년 J. J. 에이브럼스J. J. Abrams의 스타트렉 영화는 오리지널 시리즈의 캐릭터를 레트콘했지만, 시간 여행과 대체 현실을 사용하여 프랜차이즈의 연속성에 변화를 연결하려는 시도가 있었다). 이 경우, 재구성은 세계의 연속성에 대한 욕구가 아니라 오래된 작품을 새로운 청중의 입맛에 맞게 유지하려는 욕구로 동기가 부여되며, 이는 종종 리메이크 및 재부팅의 동기이기도 하다.

횃불 주자는 작가의 재산이나 프랜차이즈의 법인소유자를 위해 일하지만, 그들은 단순한 직원이 아니다. 그들은 세계의 주요 작가가 비운 역할을 채우고 작가의 상상 세계가 성장하는 방향과 과정을 적극적으로 설정한다. 그러나 다른 작가들도 책을 출간하자는 의뢰를 받고, 그들에게 주어진 스토리라인에 대해 작업하지만, 횃불 주자가 세상의 추가 개발에 대해 갖는 통제력은 없다.

직원과 프리랜서Employees and Freelancers

종종 세계, 특히 트랜스미디어 세계는 한 사람이 혼자 제작하기에는 너무 방대한 작업이므로, 작가(또는 재산, 상속인 또는 횃불 주자)는 직원과 프리랜서(일반 직원과 달리 오고 가며 프로젝트별로 일함)를 고용하여 세계와 그 세계 속의 작품을 구성하는 데 도움을 준다. 직원과 프리랜서는 상속인과 횃불 주자와 다르다. 그들은 저자, 상속인 또는 횃불 주자의 허가 없이는 새로운 작품을 시작하거나, 레트콘을 수행하거나, 새로운 정식 자료를 추가할 수 없다. 그들은 고용된 일꾼이며 업무를 할당받고 그에 대한 대가를 받는다. 이 스펙트럼의 상위권에는 작가의 세계를 배경으로 한 소설을 쓰도록 의뢰받은 작가와 작가의 세계를 배경으로 한 영화를 만드는 시나리오 작가와 감독(예를 들어 시나리오 작가 리 브라켓Leigh Brackett과 감독 어빙 커슈너Irving Kershner는 둘 다 조지 루카스의 '제국의 역습The Empire Strikes Back'(1980)에 참여했다)이 있다. 그들이 하는 일은 다른 사람의 세계를 위한 것이기 때문에 일반적으로 그들은 세계를 위해 작업하는 지적 재산을 전혀 소유하지 않는다. 문학계에서는 이러한 고용 관행을 '소작'이라고 한다. 연계 소설 작가이 월터 존 윌리엄스Walter Jon Williams는 이에 관해 다음과 같이 썼다.

이러한 발명된 우주 중 다수는 독서 대중에게 엄청난 인기를 얻었으며, 상업 출판사들은 그 인기 속에 숨어 있는 기회를 빠르게 인식했다. 작가가 시리즈의 후속작을 쓸 수 없거나 그럴 의향이 없을 때, 다른 작가들에게

'승인된' 속편을 작성하도록 의뢰했다. 예를 들어, 아이작 아시모프Isaac Asimov의 인기 로봇 스토리의 배경은 1987년에 출간한 소설인 『아이작 아시모프의 로봇 도시Isaac Asimov's Robot City』의 틀을 제공했다.

이는 업계에서 '소작'으로 알려진 관행이며, 농업 부문의 소작과 마찬가지로 (이 경우 문학적) 재산의 소유자가 가장 큰 이익을 얻고, 해당 재산에 통행료를 지불하는 근로자는 훨씬 적다. 일반적으로 원작자는 프로젝트에 대한 작업을 거의 또는 전혀 하지 않아도 큰 선급금을 받는다. 반면 소작인은 훨씬 적은 몫의 돈을 받는다. … 소작인은 종종 베스트셀러 작가의 이름과 연관되어 명성을 얻게 되는 신인 작가이다. 예를 들어, 『아이작 아시모프의 로봇 도시』는 마이클 쿠베-맥도웰Michael Kube-McDowell과 윌리엄 F. 우William F. Wu가 썼는데 둘 다 신인이다.

소작농 제도는 오랜 역사를 지닌 관행이다. 예를 들어 알렉상드르 뒤마 페레Alexandre Dumas père의 많은 작품은 대부분 그의 협력자들에 의해 쓰였다. 『몬테크리스토 백작The Count of Monte Cristo』뿐만 아니라 『삼총사 Three Musketeers』 책도 포함된다. 그러나 현대의 소작인과 달리 뒤마의 협력자들은 그 작업으로 인정을 받는 경우가 거의 없었다.[9]

그러므로 잘 알려진 세계에서 일하는 것과 관련된 명예는 종종 소작인이 받는 주요 보상이다. 세계에 기반을 둔 프랜차이즈는 특히 소작인에게 취약한 것 같다. 작가 캐럴 핀체프스키Carol Pinchefsky는 다음과 같이 썼다.

미디어와의 연계는 사변 소설 장르의 유일한 영역이 아니다. 『스윗 밸리 하이Sweet Valley High』, 『초원의 집Little House on the Prairie』 및 'CSI'가 모두 묶여 있다. 그러나 끼워팔기는 추측 소설의 중심이며, 서점은 점점 더 많은 책장 공간을 끼워팔기에 할애하고 있다. SF와 판타지에서는 이런 일이 발생하고, 다른 장르에서는 발생하지 않는 이유는 무엇일까?

추측을 기반으로 한 장르에서 인터뷰 대상자는 추측만 할 수 있다. 마가 렛 바이스Margaret Weis(『용의 여주인Mistress of Dragons』 저자)는 이렇게 말한다. "내 생각에는 독자들이 세계 자체에 깊이 관여하기 때문이라고 생각한다. 판타지와 공상과학의 경우, **독자들은** 우리와는 너무 다른 이국 적인 외계 세계에 관심이 있다. 반면 로맨스의 경우 **독자들은** 세상보다 등 장인물에 더 관심이 있다." 다시 말해, 팬들은 특정 세계관에 너무 매료되 어 거기에 담긴 스토리를 갈망한다.[10]

직원과 프리랜서에게는 다양한 수준의 예술적 라이선스와 책임을 부여받을 수 있으며, 그들의 창의적인 기여는 넓은 범위에서 세상을 형성할 수 있다. 벤 버트 Ben Burtt의 사운드 디자인 작업과 '스타워즈' 영화의 사운드와 외관을 정의한 랄프 맥쿼리Ralph McQuarrie와 더그 치앙Doug Chiang의 그래픽 디자인 작업을 생각해 보자. 잘 정립된 세계에서 일하는 사람들은 세계의 '성경'을 따르고, 그들의 기여 가 그것과 일관되게 유지하도록 해야 할 의무가 있다. 이는 기존 자료에 부과된 제 한으로 인해 새로운 것을 발명하기보다 더 어려울 수 있다. 직원과 프리랜서의 창 의적인 기여는 크거나 작을 수 있으며, 군중 장면의 배경을 채우는 영화 엑스트라 와 완성된 제품에서 작업이 눈에 띄지 않는 기술자의 기여까지 다양하다. 오늘날 에는 저작의 범위를 더욱 확장하여 상상의 세계와 그 데이터로 만들어진 다른 재 산의 라이선싱과 상품화에 이르렀다.

승인된 제품, 파생 제품 및 보조 제품Approved, Derivative, and Ancillary Products

상업적으로 가장 성공적인 상상의 세계는 자산을 즉각적으로 알아볼 수 있는 세계이다. 또 상징적인 캐릭터, 장소, 차량 및 기타 사물로 세상을 떠올리게 하며 다양한 라이선스 상품을 홍보하는 데 사용되는 세계, 이미지와 형태를 지닌 세계이다. 그러므로 상품화된 아이템은 보통 다른 곳에 이미 등장한 기존 자산의 인기에 의존하기 때문에 표준 자료를 세계에 거의 또는 전혀 추가하지 않는다. 그러나 때때로 다른 출처에는 나타나지 않는 세계 정보를 공개하는 데 사용되기도 한다. 예를 들어, 디자이너 랄프 맥쿼리Ralph McQuarrie는 '제국의 역습The Empire Strikes Back'(1980)에서 장면의 배경을 걷는 이름 없는 추가 인물로 무자비한 카메오 출연을 했다. 이후 그의 모습을 본뜬 '맥쿼리 장군'의 액션 피겨가 등장해 캐릭터의 이름이 드러났다. 그러한 정보는 아무리 최소한이더라도 영화 스토리에 실제적인 영향은 없지만, 팬들이 세계에 대한 '내부 정보'로 알고 싶어 하는 종류의 잡학 지식이다.

장난감, 게임 및 기타 상품은 표준 자료 방식으로 거의 또는 전혀 기여하지 않지만, 백과사전 및 지도책과 같은 일부 보조 제품은 기존 데이터를 정리하고 때로는 다른 작품에는 나타나지 않았지만, 다양한 세계 인프라의 틈을 메우는 새로운 데이터를 제공한다. 그러한 참고 저작물이 세계 소유자에 의해 공식적으로 의뢰되면 이러한 추가 사항은 표준적인 지위를 부여받을 수 있다. 그러나 그러한 작품은 기존 자료에서 편집되고 조립된다. 예를 들어, 지도 제작자 카렌 윈 폰스타드는 『페른의 아틀라스The Atlas of Pern』(1984), 『땅의 아틀라스The Atlas of the Land』(1985), 『드래곤랜스 세계의 아틀라스Atlas of the Dragonlance World』(1987), 『잊힌 영역 아틀라스The Forgotten Realms Atlas』(1990) 및 『중간계의 아틀라스The Atlas of Middle-earth』(1981년 및 1991년)의 두 판본을 포함한 상상의 세계 지도책으로 유명했다. 연대기, 백과사전 등 개별 상상의 세계에 대한 데이터로 가득 찬 다른 참고 작품은 저작자의 허가 없이 수집되고 출판되기도 했다. 그러나 유산은 작가의 미공개 자료를 논의하고 포함하는 학문적 연구를 억제할 수 있다. 예를 들어, 톨킨 유산은 톨킨의 미공개 퀘냐Quenya 원고에 대한 학술적 분석의 출판을 허용하지 않았다.[11]

승인된 파생 상품과 보조 상품은 세계의 정경에 추가되지 않을 수 있지만, 세계와 그 자산이 경험되는 방식을 바꿀 수 있다. 예를 들어, 다스 베이더를 레고 미니 피겨나 버블헤드 장난감으로 처음 접하면 1977년 '스타워즈'에서 다스 베이더가 처음 등장했을 때 가졌던 위협적인 분위기가 줄어들 것이다. 마찬가지로 폰스타드Fonstad의 『중간계의 아틀라스』 또는 바바라 스트레이치Barbara Strachey의 『프로도의 여행The Journeys of Frodo』(1992)과 같은 지도책이나 파이클 페리Michael W. Perry의 『톨킨을 풀어내다Untangling Tolkien』(2006) 또는 다니엘 월리스Daniel Wallace의 『스타워즈의 새로운 필수 연대기The New Essential Chronology to Star Wars』(2005)와 같은 연대기를 살펴보는 것은 책을 읽지 않았거나 영화를 본 적이 없는 사람들에게 많은 이야기와 줄거리를 드러낼 것이다. 특정 세계, 특히 장난감 상점에서의 공격적인 마케팅은 청중이 원작의 핵심 작품을 경험할 만큼 나이가 들기 전에 세계에 대해 너무 많은 것을 드러낼 위험이 있다.

　세계 기반 상품의 생산에는 세계 소유자의 승인이 필요하지만, 세계에 대한 정보를 분석, 토론 또는 편집하는 학문적 작업은 종종 권한 부여 및 승인의 필요성을 피할 수 있다. 칭찬이든, 비평이든, 아니면 둘 다이든, 학문적 분석은 세상에 관한 관심을 불러일으키고 일반적으로 세상을 볼 수 있는 새로운 맥락을 제공하므로 청중이 세상을 경험하는 방식도 바꿀 수 있다. 이러한 세계에 대한 논의에 승인이 보통 필요하지 않다는 사실은 학문이 다음 저술가, 즉 정교화론자와 팬 프로덕션으로의 격차를 해소한다는 것을 의미한다.

정교화론자와 팬 프로덕션Elaborationists and Fan Productions

　다른 작가의 세계를 배경으로 한 팬 프로덕션은 『사랑에 빠진 올랜도Orlando Innamorato』(1495) 및 『돈키호테』(1605)를 위해 제작된 것과 같은 초기 히가받지 않은 후속작 이후로 존재해 왔다. 어떤 의미에서 팬 프로덕션은 관객이 세상을 경험하는 동안 항상 하는 일의 확장으로 볼 수 있다. 세계 게슈탈텐이 발생하면서 틈을 메우는 것이다. 미디어 학자 헨리 젠킨스Henry Jenkins는 다음과 같이 설명했다.

트랜스미디어 텍스트의 백과사전적 야망은 종종 스토리 전개에 있어 공백이나 과잉으로 보일 수 있는 결과를 낳는다. 즉, 완전히 말할 수 없는 잠재적인 플롯이나 공개할 수 있는 것 이상을 암시하는 추가 세부 정보를 소개한다. 따라서 독자들은 자신의 삶을 영위할 때까지 이러한 스토리 요소를 계속해서 자세히 설명하고, 추측을 통해 작업하려는 강한 동기를 갖게 된다. 팬픽션은 상업적으로 제작된 자료에서 발견한 '간극을 메우려는' 독자의 욕구를 반영하는 새로운 방향으로, 이러한 미디어 프랜차이즈를 허가 없이 확장한 것으로 볼 수 있다.[12]

'파농Fanon'은 많은 팬들이 정경이라고 생각하지만 실제로는 그렇지 않은 이론과 격차를 메우는 아이디어를 설명하는 데 사용되는 용어이다.[13] 앤서니 버지Anthony Burdge와 제시카 버크Jessica Burke가 '정교화론자'라고 부르는 팬픽션 작가들,[14] 무의식적으로 빈틈을 채우는 것을 넘어 의식적으로 이야기와 세계 소재를 고안하여 세계의 내러티브와 캐릭터를 정교하게 확장한다(팬픽션, 머시니마, 기타 사용자가 만든 상상의 세계에 대한 추가 사항에 대해 많은 스토리가 있지만, 이러한 종류의 추가물은 거의 비정규적이므로 이에 대한 자세한 분석은 이 장의 범위를 벗어난다).

팬이 만든 자료는 공식 캐논이 되는 경우가 거의 없으며, 드물게 될 때도 보통은 낮은 수준의 캐논으로 받아들여진다. 예를 들어, 팬 '타우니아 폴란드Tawnia Poland'는 '다스 케이더스Darth Caedus'라는 이름을 제안했고, 팬들에게 카렌 트래비스Karen Traviss의 책 『희생Sacrifice』(2007)에 등장할 새로운 시스Sith 캐릭터의 이름을 지어 달라고 요청한 '다스 후Darth Who 콘테스트'에서 우승했다. 이 콘테스트는 스타워즈 C-캐논Star Wars C-canon에 있는 스타워즈 소설 포스의 유산 Legacy of the Force 시리즈에서 따온 것이다. 또한 더 희귀한 요소는 캐논 수준을 높이는 요소이다. 루카스는 행성 이름 '코러산트Coruscant'를 좋아했는데, 처음에는 티머시 잰Timothy Zahn의 확장된 우주(EU) 소설 『제국의 상속자Heir to the Empire』 (1991)에서 처음 사용되었고, '보이지 않는 위험The Phantom Menace'(1999)에서 도 사용했다. 그리고 아일라 세큐라Aayla Secura라는 캐릭터는 루카스가 '클론의 공격Attack of the Clones'(2002)에 그녀를 넣기 전에 여러 EU 소설과 만화에 처음 등장했다. 두 경우 모두 C-캐논의 요소가 G-캐논으로 옮겨졌다.[15]

팬 프로덕션은 그 자체로 정식 작품이 되지 않지만, 여러 면에서 정식 작품에 영향을 미칠 수 있다. 진행 중인 세계를 제작하는 작가는 종종 팬 프로덕션, 팬 메일, 인터넷 포럼 토론 및 판매 수치를 통해 팬들의 반응을 알고 있으며, 이러한 반응은 해당 세계를 배경으로 한 후속 작품의 제작에 영향을 미친다. 예를 들어, 원래 '제국의 역습'과 '제다이의 귀환'에서 사소한 캐릭터였던 보바 펫Boba Fett은 팬들에게 너무 인기가 많아 '클론의 공격'에서 더 많은 배경 스토리를 제공받았다.[16] 마찬가지로 '보이지 않는 위험'의 자 자 빙크스Jar Jar Binks에 대한 팬들의 부정적인 반응은 '클론의 공격' 및 '시스의 복수'(2005)에서 역할이 훨씬 줄어들게 했다.[17] 작가는 또한 문제에 대한 해결책이나 스토리가 나아갈 방향에 관한 팬 이론(파농 fanon)을 고려할 수도 있고, 실제 스토리의 연속에서 이를 사용하게 된다 (TVtropes.org에서는 "물론이죠, 왜 안 될까요?"라고 불리는 상황). 예를 들어 피어스 앤서니Piers Anthony는 팬들의 제안을 『잔트Xanth』 시리즈에 활용하는 것으로 유명하다.[18] 따라서 팬의 반응(그리고 그들이 나타낼 수 있는 상업적 성공 또는 실패)은 작품과 세계의 디자인에 영향을 미칠 수 있으며, 잠재적으로 작가의 원래 의도와는 다른 방향으로 이끌 수 있다.

세계에 표준 자료를 제공하는 것에 진심인 팬들은 직원이나 프리랜서가 될 수도 있고, 어떤 경우에는 세계를 이어가도록 시성된 횃불 주지기 될 수도 있다(평생 '닥터 후Doctor Who' 팬인 스티븐 모팻Steven Moffat은 결국 수석 작가이자 '닥터 후'의 총괄 프로듀서가 되었다).[19] 그러나 자신이 좋아하는 세계에서 작업하는 데 자신의 경력을 바칠 수 있는 수단과 기회를 가진 팬은 상대적으로 적다. 그리고 일부 세계에서는 진행 중인 창작에 수백 명의 사람을 고용하지만, 그들 중 대다수는 저자 계층의 하위에 있으며, 무엇이 캐논이 될 것인지 결정할 권한을 가진 상위권에 가까운 사람은 아마도 극소수에 불과하다. 그러나 작가의 서클이 팬에게 훨씬 더 빨리 도달하고, 많은 사람이 제한된 형태이기는 하지만 세계의 정전에 추가할 수 있는 세계가 있다. 우리는 그러한 세계를 참여 세계라고 부른다.

참여 세계Participatory Worlds

많은 세계는 여러 기여자의 작업으로 구축된 공유 세계이다. 따라서 그러한 세계는 적어도 어떤 의미에서는 참여적이라고 말할 수 있다. 그러나 일부 세계에서는 세계 청중의 참여를 허용하여 작성자와 청중 간의 구분이 모호해진다. 세계는 여전히 작가에 의해 시작되며, 작가는 세계가 처음에 어떤 모습일지, 그 안에 참여자와 거주자가 어떤 규칙을 따를지 결정한다. 따라서 개인이 아닌 팀이 담당하더라도 저자의 역할은 여전히 존재한다. 그러나 참여 세계는 청중이 세계와 그 사건에 참여할 수 있게 하고, 세계에 표준적인 추가를 초래하는 영구적인 변화를 만들 수 있게 해준다. 이러한 추가는 디에게시스diegesis 일부이고 디에게시스 이벤트(MMORPG에서처럼)에 참여하는 아바타의 동작, 테이블탑tabletop 게임 또는 세계 내에서 적극적으로 세계를 구축하고 변경할 수 있는 MUD의 플레이어 캐릭터의 동작일 수 있다. 또는 세계 외부에서 변화를 일으키고 세계의 형태와 미래를 다른 사람들과 협상하는 플레이어일 수 있다.

참여 세계는 상호작용 세계의 하위 집합이다. 모든 참여 세계는 본질적으로 개방적이고 상호작용을 하지만 모든 상호작용 세계가 사용자가 저작물을 공유하면서 세계를 영구적으로 변경하도록 허용하는 것은 아니기 때문이다. 예를 들어, 싱글 플레이어 비디오 게임의 세계에서는 상호작용이 가능하지만, 플레이어가 하는 어떤 일도 세계의 표준에 영구적인 변화를 불러오지는 않는다. 개별적인 플레이 경험은 다를 수 있지만, 세계는 고정되어 있다(플레이어가 소유한 게임의 복사본

은 세계의 사례일 뿐이다).[20] 반면에 대부분의 MMORPG에서는 플레이어의 아바
타는 다른 플레이어가 확인할 수 있는 세계를 변경할 수 있으며, 그 변화는 세계 범
위 내에서 상대적으로 작더라도 그 세계 역사의 일부가 된다. '세컨드 라이프
Second Life'(2003) 및 '갈락시키Galaxiki'(2007)와 같은 다른 세계는 게임이 아니
지만, 사용자가 자신의 속성을 만들고 이름을 지정하고 편집할 수 있다.

참여 세계에서 플레이어의 저작 행위는 세계 내부에서 생성된 변경(캐릭터가
상대와 싸우거나 구조물을 구축하는 경우)부터 외부에서 만들어진 것들(플레이
어가 게임 제작자에게 연락하여 게임 변경을 요구하는 경우)까지 다양하다. MUD
또는 MMORPG에서의 일반적인 플레이어 활동은 다른 플레이어가 관찰할 수 있
는(또는 그 효과를 관찰할 수 있는) 이벤트를 생성하지만, 일부 온라인 세계에서
는 플레이어가 세계 자체를 더욱더 직접적이고 심오하게 적극적으로 재구성하고
변경할 수 있다. 리처드 스크렌타Richard Skrenta의 '몬스터Monster'(1988) 이후 일
부 MUD에는 '온라인 생성' 기능이 있어 플레이어가 공간을 편집하고 개체를 생
성 및 삭제하고 게임 세계 내에서 게임 세계를 변경할 수 있다. 세계의 규칙은 내부
에서도 변경될 수 있다. MMORPG인 '사막 속의 이야기A Tale in the Desert'(2003)
에서는 플레이어가 게임 세계에 대한 다양한 변경을 요청하는 청원을 구성할 수
있으므로 사회적 연결이 중요하다. 이 청원은 다른 플레이어의 서명이 충분할 경
우 허용되며, 세계를 바꿀 수 있는 능력을 게임의 법적 시스템에 통합한다.

세계에 대한 변화는 영향을 받는 인프라와 플레이어가 영향을 미칠 수 있는 정
도에 따라 분류될 수 있다. 캐릭터가 집을 지을 때, 집을 지을 수 있는 땅덩어리를
만들 때, 땅을 놓을 수 있는 공간 자체를 생성할 때, 또는 공간을 편집하거나 세계
에 추가하는 방법을 제어하는 규칙이 있는 경우에 지도가 변경될 수 있다. 물론 타
임라인은 발생하는 이벤트로 구성된다. 하지만 '세컨드 라이프'나 대부분의
MMORPG와 같은 더 큰 세계에는 수천 개의 동시 이벤트가 포함되어 있으므로 일
부 대규모 이벤트가 게임 내에서든, 비하인드 스토리에서든, 전체적으로 세계에

영향을 미칠 수 있음에도 불구하고 모든 이벤트를 포함하는 실제 타임라인을 만들 수는 없다. 계보는 캐릭터와 그들의 관계에 따라 결정되며, 대부분의 온라인 세계에서는 기존 아바타의 생성을 통해 새로운 아바타를 도입하지 않지만(이론적으로는 가능하지만), 캐릭터는 오래 지속될 수 있으며 사회 구조(예, 길드)를 구축할 수 있는데 이것은 사용자의 세계 경험 대부분을 결정한다. 앞서 논의한 것처럼 세계의 본질은 때때로 내부 또는 외부적으로 변경될 수 있으며, 세계의 문화는 종종 플레이어 상호작용에서 발생하지만, 세계 내에서 허용되는 개체나 활동과 같은 많은 세계 요소는 세계를 만든 사람에 의해 심어질 수 있다. 온라인 세계의 문화는 세계를 만드는 사람들에 의해 제안될 수 있지만, 문화적 요소를 받아들이거나 거부하는 것은 세계의 시민, 플레이어와 그들의 아바타이며, 제작자와 함께 세계의 창조자와 함께 공동 창조자가 된다.

세컨드 라이프와 같은 세계의 문화는 주로 세계 주민들에 의해 생산되며, 온라인 세계에서 내에서 가상 물체를 건설하고, 이를 실제 화폐로 판매하는 것은 큰 사업이 되었다. '세컨드 라이프' 및 '엔트로피아 유니버스Entropia Universe'(2003)와 같은 세계에는 실제 통화와 교환할 수 있는 세계 내 통화가 있으며, 2006년에는 '가상 토지 재벌인' 안시 청Anshe Chung은 미화 9.95달러의 투자로 세컨드 라이프에서 최초로 백만장자가 되었다.[21] 엔트로피아 유니버스에서 가상 우주 정거장은 2009년에 33만 달러에 팔렸고, 2010년에는 가상 리조트가 63만 5천 달러에 판매되었다.[22] 2009년 세컨드 라이프 경제 가치는 미화 5억 6,700만 달러로 추산되었으며, 이는 미국 전체 가상 상품 시장의 약 4분의 1에 해당한다.[23] 참여 세계의 구축과 이러한 인프라의 변화는 이차세계가 일차세계와 더욱 밀접하게 연결됨에 따라 일차세계의 사회 및 경제 구조에 점점 더 큰 영향을 미친다.

물론 가장 참여도가 높은 상상의 세계는 당신이 직접 창조한 세계이다. 1990년대 판타지와 공상과학 작가들을 위한 세계 구축에 대한 '방법론' 책이 등장한 이후 빌 애플턴Bill Appleton의 매킨토시용 월드 빌더World Builder(1986)부터 마크 로젠

펠더Mark Rosenfelder의 『언어 구성 키트The Language Construction Kit』(2010년에 출판되었지만, 그 버전은 1996년부터 인터넷에서 사용할 수 있었다) 그리고 『행성 건설 키트The Planet Construction Kit』(2010), '브라이스Bryce'(1994), '3DS 맥스3DS Max'(1996), '블랜더Blender'(2002), '오토데스크 모션빌더Autodesk MotionBuilder'(2009) 같은 컴퓨터 애니메이션 프로그램, 그리고 삼차원 풍경, 사물, 캐릭터의 디자인과 구축을 가능하게 하는 기타 많은 것들이 나타났다. 수많은 결정, 복잡함, 복잡성을 수반하는 세계 구축 행위는 잘 구축된 세계에 대한 더 큰 감사로 이어질 뿐만 아니라 아마도 일차세계 자체에 대한 더 큰 사색으로 이어질 것이다.

창조, 하위창조, 그리고 하나님 형상Creation, Subcreation, and the Imago Dei

그럴듯하고 감동적인 '다른 세계'를 건설하려면 우리가 아는 유일한 실제 '다른 세계', 즉 영의 세상을 그려야 한다.

— C. S. 루이스, 『다른 세계들: 에세이와 스토리』[24]

우리가 들어가는 가상의 '세계'는 우리에게 탈출의 수단, 상상의 방식, 그리고 우리 자신이 전능하고, 무한하고, 아름답고, 원하고, 심지어 숭배받는다고 상상할 수 있는 절대 고갈되지 않는 가능성의 샘을 제공한다. 비디오 게임과 같은 가상 현실 경험과 세컨드 라이프와 같은 온라인 세계는 영화나 소설보다 훨씬 더 오늘날 사용할 수 있는 세계 건설의 가장 강력한 형태이며, 플레이어의 에이전시가 이 정도로 확장되었기 때문에 많은 가상 세계에서 말 그대로 세계를 건설하거나 혼자서 적을 파괴하여 상징적으로 세계에 질서를 가져오고 새롭게 '건설'하는 것은 플레이어(거주자)에게 달려 있다. 내가 주장하는 바는 세계 건설은 명백히 종교적 노력이고, 지구상에서 가장 오랜 노력 중 하나이니, 오늘날 기장 새로운 방식으로 실행되고 있다는 것이다.

— 레이첼 와그너Rachel Wagner, 『갓와이어드:

종교, 의례 및 가상 현실Godwired: Religion, Ritual, and Virtual Reality』[25]

이 시점에서 윌Will의 생각은 플레이어가 우주에서 생명체를 만드는 어려움과 좌절감을 직접 경험하고, 생명체가 전혀 존재하지 않는다는 사실을 인식해야 한다는 것이다.

— 차임 진골드Chaim Gingold, 『포자의 간략한 역사A Brief History of Spore』[26]

그런데도 - 각 환상의 세계가 얼마나 개별적인지 생각해 보면 흥미롭다 - 환상에는 매우 확실하고 지속적인 특성이 있으며, 창조물에 관한 경이로움에 대한 헌신만큼 뚜렷이 변함없는 것은 없을 것이다. 그리고 그 경이로움은 거의 모든 것보다 더 중요하며 잃어버릴 수 없는 영적인 유익이라는 심오한 의미가 있다.

—C. N. 맨러브C. N. Manlove, 『판타지 문학의 충동The Impulse of Fantasy Literature』[27]

기적, 신비주의, 신앙의 의미에서 경이로움은 인간 경험에 대한 가상 세계의 가장 중요한 기여일 수 있다.

— 에드워드 캐스트로노바Edward Castronova,
『가상 세계로의 탈출Exodus to the Virtual World』[28]

하위 창조는 본질적으로 기존 개념을 새로운 방식으로 결합하여 일차세계를 변형한 이차세계를 생산하는 공동 작업이다. 일차세계인 창조는 하위 창조와 이차세계를 가능하게 하고, 개념적·물질적 지원을 제공하며, 하위 창조는 창조를 반영하는 것으로 볼 수 있다. 따라서 우리는 인간의 창의성에 관해 글을 쓰는 많은 저자들이 창세기 1장 27절을 해석하여 하느님께서 자신의 형상인 하느님 형상대로 인간을 창조하신 것을 발견한다. 이마고 데이Imago Dei는 창조에 대한 우리의 열망이 하나님의 형상으로 창조된다는 의미 일부이며, 브루스 마즐리시Bruce Mazlish에 따르면 "인류의 가장 깊은 열망 중 하나"라고 한다.[29] 교황 요한 바오로 2세는 그의 "예술가들에게 보내는 교황 성하의 편지"에서 하위 창조와 유사한 아이디어에 대해 '하위창조자' 대신 '장인'으로 대체하여 다음과 같이 썼다.

> 성경의 첫 페이지는 하느님을, 작품을 생산하는 모든 사람의 모범으로 제시한다. 인간 장인은 창조주이신 하느님의 형상을 반영한다. 이러한 관계는 창조자stwórca와 장인twórca이라는 단어 사이의 어휘적 연결로 인해 폴란드어에서 특히 분명하다.
>
> '창조자'와 '장인'의 차이점은 무엇인가? 창조자는 존재 자체를 부여하고 무無에서 유有를 가져온다. -라틴어로 ex nihilo sui et subiecti- 이것은 엄밀한 의미에서 전능하신 분만이 소유할 수 있는 작동 방식이다. 반면 장인은 이미 존재하는 것을 사용하여 형태와 의미를 부여한다. 이것은 하느님의 형상으로 만들어진 인간에게 특유한 작동 방식이다. 사실, 성경은 하느님께서 남자와 여자를 "당신 형상대로"(창세기 1:27 참조) 창조하셨다고 말씀하신 후에 그들에게 땅을 다스리는 임무를 맡기셨다고 덧붙인다(창세기 1:28 참조). 이것은 창조의 마지막 날이었다(창세기 1:28~31 참조). 그 전날에는 우주 탄생의 리듬을 표시하듯이 야훼께서 우주를 창조하셨다. 마지막으로, 그는 자기 설계의 가장 고귀한 열매인 인간을 창조하셨고, 인간의 창의성이 발휘될 수 있는 광대한 장으로서 눈에 보이는 세계를 인간에게 종속시키셨다.[30]

하위 창조는 창조에 의존하지만, 본질적으로 일차세계에 존재한다고 알려진 것 너머에 어떤 가능한 세계가 존재할 수 있는지 상상하도록 요구한다. 그것은 발명과 실험을 장려하며, 하위 창작자가 상상하는 다양한 구조와 요소의 조합에서 비롯되는 결과, 그리고 아마도 그것을 단어, 이미지, 사물, 소리, 상호 작용으로 구체화하는 데 어려움에 대한 검토로 이어진다. 그렇게 함으로써 우리는 만약 그렇지 않았다면, 그리고 기존 창조물과 달랐다면 어떤 것일지 추측할 수 있다. 하위 창작자가 '제작자가 이미 사용했다고 알고 있는 채널'을 넘어서는 안 된다고 제안한 사람에게 톨킨은 다음과 같이 답했다.

> 우리는 창조와 하위 창조 관계의 본질에 대해 완전히 의견이 다르다. 나는 '창조자의 통로에서 해방되는 것은 이미 사용되었다고 알려진' 것이 '하위 창조'의 근본적 기능이며, 그의 잠재적 다양성의 무한함에 대한 찬사이며, 에세이에서 말했듯이 실제로 그것이 전시되는 방법의 하나라고 말했어야 했다. 나는 형이상학자가 아니다. 하지만 나는 그것이 호기심 많은 형이상학이라고 생각했어야 했다. 형이상학은 하나가 아니라 여러 개, 아니 잠재적으로 셀 수 없이 많은 것이 있다. 우리가 짐작할 수 있는 한도 내에서 알려진 통로가 유일하게 가능한 통로이거나 효과적이거나 아마도 그분이 받아들이실 수 있는 통로라고 선언한 것이다![31]

세계 구축 행위는 사람에게 세계를 창조하는 데 관련된 다양한 결정을 의식적으로 고려하게 하고, 적어도 어느 정도는 관련된 어려움을 깨닫게 해준다. 물질적 고려사항 외에도 하위창조자는 또한 세계에서 철학적 가능성을 가지고 놀 수 있으며, 변화가 세계의 주민들에게 어떤 영향을 미칠지 추측할 수 있다. 에드워드 카스트로노바Edward Castronova가 제안했듯이, "세계를 건설하는 작업 대부분은 어떤 종류의 세상이 좋은 세상인지에 대한 암묵적인 메시지 전달과 관련이 있다."[32]

세계 구축의 측면에 대한 이러한 숙고는 앞서 인용한 내용에서 논의된 경이로움과 더불어 주요 세계 자체에 대한 더 큰 감사로 이어질 수 있다. 존 캐럴Jon Carroll은 미스트Myst의 창시자 중 한 명인 랜드 밀러Rand Miller를 인터뷰하면서 다음과 같이 썼다.

내 노트에는 『와이어드Wired』의 편집장인 케빈 켈리Kevin Kelly의 질문이 있었다. 내가 묻고자 계획했던 질문은 아니었지만, 예상치 못한 일들이 많이 일어났다. "전 세계를 디자인하는 것이 신에 대한 당신의 생각을 어떻게 바꾸었나?"

랜드는 뺨을 부풀리고 불었다. "글쎄, 우리는 그것에 대해 몇 시간이고 이야기할 수 있을 거야. 가장 간단한 방법은 미스트를 만드는 데 얼마나 큰 노력이 필요했는지, 현실 세계보다 미스트가 얼마나 하찮고 비현실적인지, 따라서 모든 창조물이 얼마나 기적적인지 알고 있다고 말하는 것 같다. 우리의 경험과 일치하면… 그저 하나님이 얼마나 위대하신지 깨닫게 된다."[33]

그러므로 하위 창조 활동은 모든 하위 창조 세계에서 불가피한 상대적인 단순성과 불완전성을 고려할 때 그것이 아무리 크고 자세하더라도 겸손해지는 경험이 될 수 있다. 이차세계를 일차세계(인류가 집단적으로도 아주 작은 부분만 본)와 비교하면 후자의 상상할 수 없는 광대함과 복잡성에 대한 숭고한 경험으로 이어질 수 있다.

자신만의 세계를 만드는 것이 하위 창작 과정을 경험하는 가장 좋은 방법이라는 점은 의심할 여지가 없지만, 세계를 만드는 경험에 관련된 숙고는 플레이어가 게임의 맥락 안에서 세계를 구축하는 '신의 게임'이라는 비디오 게임 장르에도 존재한다. 마크 헤이스Mark Hayse는 다음과 같이 요약한다.

신의 게임은 또한 일부 이론가들에게 플레이어-게임 현성을 신-인간의 은유로 성찰하도록 영감을 준다. 케빈 켈리Kevin Kelly는 새로운 비디오 게임 세계를 디자인하고 감독하는 플레이어의 작업은 창조의 지속적인 신성한 활동을 반영한다고 생각한다(1995). 예를 들어, 켈리는 신의 게임이 플레이어가 날씨와 같은 글로벌 이벤트를 직접 제어하면서 그에 의해 영향을 받는 시뮬레이션된 유기체의 반응에 간접적으로만 영향을 미치는 진화하는 미래를 특징으로 한다고 관찰한다. 또 켈리는 신의 게임 플레이어가 자신이 만든 세계에 관한 관심과 애정을 느끼게 된다고 추측한다. 다른 곳에서 켈리는 기술이 "우리 자신의 창조물을 펼치는 한계와 힘을 경험함으로써 신에 대한 우리의 이해를 향상시킬 수 있다"라고 주장한다(1999, 392). 마찬가지로 스티븐 가너Steven Garner(2005)는 기술을 이용한 창의적인 참여가 이마고 데이Imago Dei, 즉 인간 안에 있는 신의 이미지를 표현하는 것이라고 제안한다. 가너는 하느님께서 사람을 창조하신 것처럼 그 사람들도 자신의 창조 행위를 통해 하느님을 본받을 수 있다고 추론한다. 그러나 노린 허츠펠드Noreen Herzfeld(2005)는 신의 게임이 창의적인 이마고 데이를 제대로 반영하지 못한다고 주장한다. 그녀는 이마고 데이가 신의 게임이 반영할 수 없는 일종의 상호 관계를 암시한다고 주장한다. 대신, 허츠펠드는 신의 게임이 권력과 통제에 대한 즐거운 경험을 조성한다고 주장한다.[34]

예술과 과학의 하위창조자들은 모두 하위 창조의 한계를 정의하기 위해 고군분투했다. 예를 들어, 수천 년에 걸친 작품에서 피그말리온의 동상과 그리스 신화의 헤파이스토스의 자동인형에서부터 오늘날의 로봇과 인공 지능에 이르기까지 자각이 있는 의식적이고 자율적인 존재를 창조하려는 욕구에서 알 수 있다. 극단적으로 말하면, 자율적인 창조에 대한 욕구는 그 자체로 존재하고 기능하는 완전한 상상의 세계를 만들어 낸다. 이는 일차세계와 분리된 이차세계이다.

무로부터의(엑스 니힐로ex nihilo) 창조와는 달리, 하위 창조는 창조자의 역할을 빼앗는 것이 아니라, 오히려 그 역할에 협력하고, 그 역할을 인정하는 것이다. 하위 창조의 욕망은 타락한 상태 이전에 존재하는 인간 본성의 일부이며, 그것과 함께하는 행동과 묵상은 선물이자 하느님께서 시작하신 일을 계속하도록 우리를 부르는, 신성하게 명령받은 소명 일부이다. 모든 선물과 마찬가지로, 그것은 소홀히 여겨지거나 심지어 남용될 수 있지만, 그것은 각 사람에게 양도할 수 없는 권리로 주어진다. 톨킨은 다음과 같이 설명한다.

> 판타지는 자연스러운 인간 활동이다. 그것은 확실히 이성을 파괴하거나 심지어 모욕하지 않는다. 그리고 그것은 과학적 진실에 대한 욕구를 무디게 하지도 않고, 과학적 진실에 대한 인식을 모호하게 하지도 않는다. 오히려 그 반대이다. 이유가 더 날카롭고 명확할수록 더 나은 판타지가 만들어질 것이다. 만약 사람들이 진실(사실 또는 증거)을 알고 싶어 하지 않거나 인지할 수 없는 상태에 있었다면, 판타지는 그들이 치유될 때까지 쇠퇴했을 것이다. … 창조적인 판타지는 태양 아래 보이는 그대로의 세상이라는 엄연한 인식에 기반을 두고 있다. 사실에 대한 인식에 기반을 두지만, 사실을 인정하는 것이지 그것에 대한 노예가 되는 건 아니다. … 물론 판타지는 지나칠 수 있다. 잘못할 수도 있다. 또 나쁜 용도로 사용될 수 있다. 그것은 심지어 그것이 나온 마음을 속일 수도 있다. 하지만 타락한 세상에서 인간의 어떤 것이 그렇지 않은가? 인간은 엘프를 잉태했을 뿐만 아니라 신을 상상하고 숭배했으며 심지어 저자의 악으로 인해 가장 변형된 신을 숭배하기도 했다. 그러나 그들은 다른 재료, 즉 그들의 관념, 그들의 깃발, 그들의 돈으로 거짓 신들을 만들었다. 심지어 그들의 과학과 사회, 경제 이론조차도 인간의 희생을 요구했다. 남용은 적절한 사용을 막지 못한다 Abusus non tollit usum. 환상 혹은 상상은 인간의 권리이다. 우리는 우리의 척도와 파생 방식으로 환상을 만든다. 왜냐하면 우리는 만들어졌기 때문이다. 그리고 만들어졌을 뿐만 아니라 창조주의 형상과 모습으로 만들어졌다.[35]

하위 창조와 상상 세계의 구축은 인간의 상상력만큼이나 오래되었지만, 20세기에 많은 새로운 미디어 창문이 열리면서 더욱 생생하고 구체적으로 되었고, 생산되는 세계의 수가 엄청나게 증가했다. 20세기 후반에 컴퓨터와 인터넷과 같은 새로운 도구가 추가되면서 작품의 제작은 더욱 활발해졌고, 관객이 세계에 접근하여 간접적으로 거주할 수 있게 되었으며, 동시에 일차세계에 더욱 가까이 다가갈 수 있게 되었다. 사회적·정치적·기술적·철학적 가능성을 제안하는 용도이든, 탈출, 오락, 풍자, 치료, 의사소통, 추측 또는 좋은 스토리의 즐거움이든 상상의 세계는 항상 우리와 함께해 왔으며, 상상의 세계에 관한 관심은 절대 줄어들지 않았다. 오히려 더 많은 가능성이 일차세계에서 실현되면서 시간이 지남에 따라 더욱 강해졌다. 그중 많은 것이 이차세계에서 유래를 찾을 수 있다.

하위 창조는 단순한 욕망이 아니라 필요이자 권리이다. 그것은 우리의 비전을 새롭게 하고, 현실에 대해 우리가 만드는 기본 가정 내에서 우리가 알아차리지 못할 수도 있는 존재론적 질문에 대한 새로운 관점과 통찰력을 제공한다. 하위 창조된 세계는 또한 우리의 관심을 그 자체 이상으로 유도하여 우리를 일상과 물질 너머로 이동시키며 우리가 일차세계를 어떻게 개념화하고, 이해하고, 상상하는지에 대한 인식을 증가시킨다. 그리고 우리가 그것에 대해 더 많이 알수록, 우리는 창조 자체의 신성한 계획과 그 안에서 우리의 위치를 더 잘 이해할 수 있다.

> 내 생각에는 하나님께서 자신의 형상과 모양대로 사람을 만드셨다고 말할 때, 그 형상은 하나님의 본질과 관련이 있으며 이것이 창조라는 점을 이해해야 한다. 여기에서 작품과 그것이 나타내는 것이 무엇인지 평가할 가능성이 나온다. 요컨대 예술의 의미는 인간 안에서 신을 찾는 것이다.
>
> — 안드레이 타르코프스키Andrei Tarkovsky, 영화감독[36]

부록APPENDIX

1. 상상 세계의 타임라인 Timeline of Imaginary Worlds

　이 상상의 세계 목록은 상상 세계의 역사에 대한 개요를 제공하기 위해 광범위하게 포함되지만, 아직 완전하지 않으며 크기, 규모, 하위 창조 정도, 복잡성, 인기, 명성, 역사적 중요성 또는 고유성을 기준으로 선택된 세계의 표본일 뿐이다. 항목은 연도별로 연대순으로 정렬되며(한 해에 여러 항목이 있는 경우 알파벳순으로), 각 항목은 연도, 세계 이름(굵은 글씨), 세계 규모 또는 세계 유형(대괄호 안), 저자(가명을 사용했을 경우 실명을 대괄호 안에 표시) 및 최초 공개 작품(일반적으로 이탤릭체) 형식이다.

　이 목록은 작품이나 작가를 기반으로 한 것이 아니라 세계를 기반으로 한 것이므로 세계가 처음으로 대중에게 공개된 작품만 나열되어 있다. 같은 세계를 배경으로 한 다른 작품은 나열되지 않는다. 왜냐하면 그러한 목록은 현재의 목록보다 훨씬 길기 때문이다. 결과적으로, 각각의 세계에서 가장 먼저 배경이 되지 않은 작품은 목록에 나타나지 않는다. 예를 들어, '월드 오브 워크래프트World of Warcraft'(2004)는 워크래프트 세계인 아제로스Azeroth가 이미 '워크래프트: 오크와 인간Warcraft: Orcs & Humans'(1994)에 등장했기 때문에 나열되지 않았으며, 어슐러 K. 르 귄Ursula K. LeGuin의 『빼앗긴 자들The Dispossessed』(1974)은 나열되지 않았다. 그것이 설정된 곳은 1964년 잡지 『어메이징 스토리스Amazing Stories』에 실린 단편 소설『앙자르의 지참금Dowry of the Angyar』에서 처음 소개된 하이니시 Hainish 우주 일부이다. 마찬가지로, 『반지의 제왕』(1954~1955)도 목록에 나오지 않는다. 왜냐하면 중간계가 위치한 세계인 아르다가 이미『호빗』(1937)에 등장하고, 영화 '스타워즈'(1977)도 목록에 없기 때문이다. 왜냐하면 '스타워즈 은하계'는 그보다 불과 몇 달 앞서 나온, 영화를 소설화한『스타워즈: 루크 스카이워커의 모험Star Wars: From the Adventures of Luke Skywalker』(1976)에서 처음 등장했기 때문이다. 물론 이 방향으로 너무 멀리 갈 수도 있다.『신들의 도시The City of the Gods』(1923) 및『톰 봄바딜의 모험The Adventures of Tom Bombadil』(1934)같이 톨킨이 쓴 여러 출판된 저서들은 아르다Arda를 배경으로 하고 있지만, 그들이 제공하는 어렴풋한 시각은 매우 미미하고 덧없으며, 세계와의 연결도 너무나 미약해서(예를 들어 봄바딜은 원래 그곳을 배경으로 하지 않았고, 아르다와 소급적으로만 연결되었다)『호빗』에 비해 세계가 소개되었다는 느낌이 거의 들지 않는다. 따라서 이러한 맥락에서 첫 번째 등장에 대해 어느 정도 독자의 판단을 투영해야 했다.

앞서 소개한 연도는 구성이 아닌 공개 출연 시간을 나타내기도 한다. 일반적으로 전자만 확실하게 알 수 있기 때문이다. 예를 들어, 필립 K. 딕Philip K. Dick의『플로우맨의 행성Plowman's Planet』은 1966년에 작성되었지만, 1988년까지 출판되지 않은『닉과 글리문Nick and the Glimmung』에 처음 등장했다. 따라서 1969년에 출판된『갤럭틱 포트 힐러Galactic Pot-Healer』에 등장한 것이 여기에 첫 번째 공개 등장으로 나열되어 있다. 세계는 주인공이 아닌 장소 이름으로 나열되기 때문에 일부는 '대체 지구' 또는 '미래 지구'로만 나타난다. 예를 들어『어메이징 스토리스』1928년 8월호에서 '아마겟돈Armageddon, 2419 A.D.'에 처음 등장한 벅 로저스Buck Rogers의 세계가 있다. 벅 로저스의 세계에서 알 수 있듯이 여기에 나열된 세계 중 일부는 우리가 알고 있는 일차세계와는 거리가 멀 정도로 먼 과거 또는 미래에 설정된 일차세계 버전이다. 마찬가지로 기본 세계가 독특하고 우리 세계와 충분히 다른 경우 대체 역사도 여기에 나타난다. 예를 들어『안드로이드는 전기 양의 꿈을 꾸는가?Do Androids Dream of Electric Sheep?』(1968)의 샌프란시스코
(나중에 블레이드 러너Blade Runner(1982)의 로스앤젤레스가 됨) 또는 『워치맨
Watchmen』(1986)의 뉴욕 등. 또한 세계는 캐릭터 기반이 아닌 위치 기반이기 때문
에 사람을 중심으로 하는 '버피버스Buffyverse' 목록은 없지만, 버피가 사는 도시
인 '서니데일Sunnydale'(TV 시리즈)에 대한 목록은 있다(그곳을 배경으로 하지만,
그 이전의 영화는 그곳이 아니므로 이 시리즈는 해당 장소의 첫 공개 출연으로 기
록하였다).

　때때로 세계는 소급하여 동일한 우주에 연결된다. 예를 들어, L. 프랭크 바움L.
Frank Baum의 『새로운 원더랜드A New Wonderland』(1900년, 나중에 1903년에 재
발매되었을 때 『놀라운 모국의 마법 군주와 그의 사람들의 모험The Surprising
Adventures of the Magical Monarch of Mo and His People』이라는 제목으로 변경됨)에
는 나중에 Mo로 이름이 변경된 푸니랜드Phunnyland 땅이 소개된다. 몇 년 후인
1915년, 그의 오즈 시리즈 중 9번째 책인 『오즈의 허수아비The Scarecrow of Oz』의
일부는 Mo에서 진행되며 Mo와 Oz가 같은 세계에 살고 있음을 드러낸다. 그러한
경우, 두 세계는 여전히 별도로 나열된다. 왜냐하면 두 세계는 별도로 생각되었고,
둘 다 존재한 지 한참이 지나서야 미약하게 연결되었기 때문이다. 마찬가지로 헨
리 라이더 해거드Henry Rider Haggard의 소설 『그녀와 앨런She and Allan』(1921)은
1880년대에 시작된 그의 『그녀She』 시리즈와 『앨런 쿼터메인Allan Quatermain』
시리즈의 등장인물을 결합했다. 마찬가지로 두 개 이상의 시리즈가 연결된 우주
에서 너무나 미약하게 연결될 수 있어서, 실제적인 모든 목적을 위해 시리즈를 개
별적으로 고려하는 것이 좋다. 예를 들어, 에드거 라이스 버로스Edgar Rice Burroughs
의 『바숨Barsoom』 시리즈(화성에 관한), 『암토르Amtor』 시리즈(금성에 관한) 및
『타잔Tarzan』 시리즈는 모두 틀림없이 동일한 우주에서 발생하지만, 각각은 서로
다른 주인공을 갖고 있으며, 서로 다른 행성에서 발생한다. 그들 사이에 약간의 중
복이 있으므로 각각은 목록에 별도의 항목을 받는다(에드윈 애보트Edwin Abbott

의『플랫랜드Flatland』(1884)의 속편으로 작성된 디오니스 버거Dionys Burger의
『스피어랜드Sphereland』(1960)와 같이 다른 세계를 배경으로 하고 다른 작가가 쓴
것으로 추정되는 속편도 별도의 항목을 보장한다).

라블레Rabelais의『가르강튀아Gargantua』및『팡타그뤼엘Pantagruel』시리즈,
버로스Burroughs의『타잔』시리즈 및 로프팅Lofting의『두리틀 박사Doctor Dolittle』
시리즈도 비슷한 문제를 제기한다. 각 시리즈 내의 여러 책은 시리즈를 연결하는
캐릭터만으로 서로 다른 세계를 소개한다는 점이다. 이 경우, 상호서사적 등장인
물이 있음에도 불구하고 각 시리즈의 모든 세계는 일관된 전체를 형성하지 않으
므로 별도의 항목으로 나타난다. 분류 문제의 또 다른 예는 행성 울러Uller이다. 트
웨인Twayne 출판사의 초대로 존 D. 클라크John D. Clark는 울러 행성을 발명했는
데, 그 후 이 행성은 세 편의 소설(플레처 프랫Fletcher Pratt의『장기적 관점The
Long View』, H. 빔 파이퍼H. Beam Piper의『울러 봉기Uller Uprising』, 주디스 메릴
Judith Merril의『지구의 딸들Daughters of Earth』)의 촬영지로 사용되었고,『석화된
행성The Petrified Planet』(1952)으로 함께 출판되었다. 파이퍼는 계속해서 자신의
『테로-휴먼 미래 역사Terro-Human Future History』세계에 울러를 포함시켰고, 울
러의 대체 버전을 배경으로 한 또 다른 스토리인『울러 봉기Uller Uprising』(1953)
도 썼다. 울러는 테로-휴먼 우주와 함께 목록에 포함되어 있다. 클라크가 울러의
창시자였음에도 불구하고 테로-휴먼 우주는 클라크의 우주가 아니라 파이퍼의 창
조물이었기 때문이다. 반면 울러는 테로-휴먼 우주의 일부이므로 포함되지 않는다.

이 목록을 작성하는 데 알베르토 망구엘Alberto Manguel과 지아니 과달루피
Gianni Guadalupi의『상상의 장소 사전The Dictionary of Imaginary Places』(이는 피에
르 버생스Pierre Versins의『유토피아 백과사전, 특별한 여행과 SF』와 필립 고브스
Philip Goves의『산문 소설의 상상의 항해The Imaginary Voyage in Prose Fiction』를
인정한다), 존 클루트John Clute와 존 그랜트John Grant의『판타지 백과사전The
Encyclopedia of Fantasy』, 존 클루트와 피터 니콜스Peter Nicholls의『공상과학 백과

사전The Encyclopedia of Science Fiction』, 브라이언 스테이블포드Brian Stableford의
『공상과학 장소 사전The Dictionary of Science Fiction Places』, 팀 콘리Tim Conley와
스티븐 케인Stephen Cain의『허구 및 환상 언어 백과사전Encyclopedia of Fictional
and Fantastic Languages』, 스티븐 트로피아노Stephen Tropiano의『TV 타운스Towns』,
모리스 혼Maurice Horn이 편집한『100년의 미국 신문 만화100 Years of American
Newspaper Comics』, 브라이언 애쉬Brian Ash가 편집한『과학소설 시각 백과사전
The Visual Encyclopedia of Science Fiction』과 위키피디아의 목록을 포함하여 여러
출처가 매우 유용했다. 또한, 1900년 이전에 쓰인 많은 작품의 전문은 이제 공개
도메인이 되었으며, 전문 버전은 인터넷에서 찾을 수 있다.

타임라인

참고문헌 NOTES

Introduction

1. Oscar Wilde, The Soul of Man Under Socialism, 1895, first published in The Fortnightly Review, February 1891.
2. Gore Vidal, "The Oz Books" in Gore Vidal, United States: Essays, 1952–1992, New York, New York: Random House, 1993, page 1095.
3. David Lynch, as quoted in Ed Naha, The Making of Dune, New York, New York: Berkley Books, 1984, page 213.
4. As quoted in Norman Holland, Literature and the Brain, Gainsville, Florida: The PsyArt Foundation, 2009, pages 327–328. The two essays Holland is summarizing are Leda Cosmides and John Tooby, "Consider the Source: The Evolution of Adaptations for Decoupling and Metarepresentation" in Metarepresentations: A Multidisciplinary Perspective, Vancouver Studies in Cognitive Science, Dan Sperber, editor, New York, New York: Oxford University Press, 2000, pages 53–116; and John Tooby and Leda Cosmides, "Does Beauty Build Adapted Minds? Toward an Evolutionary Theory of Aesthetics, Fiction, and the Arts" in SubStance 94/95, Special Issue, H. Porter Abbott, editor, 2001, pages 6–27.
5. Michele Root-Bernstein, "Chapter 29. Imaginary Worldplay as an Indicator of Creative Giftedness" in L. V. Shavinina, editor, International Handbook on Giftedness, Dordrecht, The Netherlands: Springer Science+Business Media B.V., 2009, page 599, available at http://www.psychologytoday.com/files/attachments/1035/imaginary-worldplay-indicator-creative-giftedness.pdf (accessed September 23, 2011).
6. Michael O. Riley, Oz and Beyond: The Fantasy World of L. Frank Baum, Lawrence, Kansas: The University Press of Kansas, 1997, page 225.
7. See Marsha Kinder, Playing with Power in Movies, Television, and Video Games: From Muppet Babies to Teenage Mutant Ninja Turtles, Berkeley, California: University of California Press, 1991, pages 122–123.
8. See Janet H. Murray, Hamlet on the Holodeck: The Future of Narrative in Cyberspace, Cambridge, Massachusetts, and London, England: MIT Press, 1997, pages 254–258.
9. See Lev Manovich, The Language of New Media, Cambridge, Massachusetts: MIT Press, 2001, pages 225–227.
10. Technically, the term should be "transmedial storytelling", since an adjectival form is required; I have used this term instead throughout this book.
11. See Henry Jenkins, Convergence Culture: Where Old and New Media Collide, New York, New York: New York University Press, 2006, pages 95–96.
12. Ibid., pages 97–98.
13. Ibid., page 114.
14. Henry Jenkins, "Transmedia Storytelling 101", March 22, 2007, available at http://www.henryjenkins.org/2007/03/transmedia_storytelling_101.html (accessed September 28, 2011).
15. David Bordwell, The Way Hollywood Tells It, Berkeley, California: University of California Press, 2006, pages 58–59.
16. To varying degrees, many of the essays in the anthology Third Person: Authoring and Exploring Vast Narratives discuss world-building and the way narratives and worlds are

related. See Pat Harrigan and Noah Wardrip-Fruin, Third Person: Authoring and Exploring Vast Narratives, Cambridge, Massachusetts: MIT Press, 2009.

17. Michael O. Riley, Oz and Beyond: The Fantasy World of L. Frank Baum, Lawrence, Kansas: The University of Kansas Press, 1997, pages 12-13.

18. See Louis Kennedy, "Piece of Mind: Forget about beginnings, middles, and ends. The new storytelling is about making your way in a fragmented, imaginary world", The Boston Globe, June 1, 2003, page N1.

1. Worlds within the World

1. Charles Ischir Defontenay, Star (Psi Cassiopeia): The Marvelous History of One of the Worlds of Outer Space, first published in 1854, adapted by P. J. Sokolowski, Encino, California: Black Coat Press, 2007, page 28.

2. From Andrew Wyeth, The Helga Pictures, New York: Harry N. Abrams, 1987, page 186.

3. From Thomas G. Pavel, Fictional Worlds, Cambridge, Massachusetts and London, England: Harvard University Press, 1986, page 74.

4. See David Lewis, "Anselm and Actuality", Nous, 4, pages 175-188; and Counterfactuals, Cambridge: Harvard University Press, 1973, pages 84-91; and On the Plurality of Worlds, Malden, Massachusetts: Blackwell Publishing, 1986.

5. See Thomas G. Pavel, Fictional Worlds, Cambridge, Massachusetts and London, England: Harvard University Press, 1986, page 9.

6. Ibid., page 73.

7. See Lubomír Doležel, Heterocosmica: Fiction and Possible Worlds, Baltimore, Maryland: Johns Hopkins University Press, page 28.

8. Ibid., pages 22-23.

9. See Nelson Goodman, Ways of Worldmaking, Indianapolis, Indiana: Hackett Publishing Company, page 104.

10. See Marie-Laure Ryan, Narrative as Virtual Reality: Immersion and Interactivity in Literature and Electronic Media, Baltimore, Maryland: The Johns Hopkins University Press, 2001, page 91.

11. Ibid., page 91.

12. For a discussion of how the imagination was conceptualized before Coleridge, see John Spencer Hill, Imagination in Coleridge, Totowa, New Jersey: Rowman and Littlefield, 1978, pages 1-3.

13. From E. L. Griggs, editor, Collected Letters of Samuel Taylor Coleridge, 6 volumes, London and New York: Oxford University Press, 1956-1971, page 709.

14. From the 1795 "Lecture on the Slave-Trade", in Kathleen Coburn, general editor, and L. Patton, volume editor, The Collected Works of Samuel Taylor Coleridge, Vol. 1, London: Routledge and Kegan Paul; Princeton: Princeton University Press, 1969, page 235.

15. From Chapter xiii of Biographia Literaria I, in Kathleen Coburn, general editor, and James Engell and W. J. Bate, volume editors, The Collected Works of Samuel Taylor Coleridge, Vol. 7, London: Routledge & Kegan Paul; Princeton: Princeton University Press, 1969, page 304.

16. From "The Fantastic Imagination", the Introduction to George MacDonald's The Light Princess and other Fairy Tales (1893), reprinted in The Heart of George MacDonald, Rolland Hein, editor, Vancouver, British Columbia: Regent College Publishing, 1994,

pages 424–425.

17. From Nikolai Berdyaev, The Destiny of Man (1931) as quoted in Dorothy L. Sayers, The Mind of the Maker, San Francisco, California: HarperCollins, page 61. Because the book and its 1937 English translation preceded Tolkien's writing of "On Fairy–stories", it is possible that Tolkien could have been influenced by Berdyaev's work, though there is no indication that he read it or even knew of it.

18. Tolkien used both "sub–creation" and "subcreation" in his writings; I have chosen to use the more streamlined "subcreation" for this book.

19. From J. R. R. Tolkien, "On Fairy–stories", reprinted in Verlyn Flieger and Douglas A. Anderson, editors, Tolkien On Fairy–stories, London, England: HarperCollins, pages 41–42.

20. Ibid., page 52.

21. The subjective nature of autobiography also skews the image of the world depicted, and can arguably be seen as a form of fiction–making as well. For a typology of fictional worlds, see Chapter 2 of Marie–Laure Ryan's Possible Worlds, Artificial Intelligence, and Narrative Theory, Indianapolis, Indiana: Indiana University Press, 1991.

22. From the Prologue to L. P. Hartley's novel, The Go–Between (1953).

23. See Don Carson, "Environmental Storytelling: Creating Immersive 3D Worlds Using Lessons Learned from the Theme Park Industry", Gamasutra, March 1, 2000, available at http://www.gamasutra.com/view/feature/3186/environmental_storytelling_.php.

24. World richness depends on the amount of world data, the variety of world data (data in multiple media windows, as well as from a variety of world infrastructures), and the interconnectedness of the data (in order to promote world gestalten and suggest world infrastructures).

25. Michael O. Riley, Oz and Beyond: The Fantasy World of L. Frank Baum, Lawrence, Kansas: University Press of Kansas, 1997, page 13.

26. See Lubomír Doležel, Heterocosmica: Fiction and Possible Worlds, Baltimore, Maryland: Johns Hopkins University Press, page 31.

27. From Robert Heinlein's Beyond This Horizon, published as a two–part serial in Astounding Science Fiction in the April and May issues of 1942, and later as a novel in 1948.

28. From J. R. R. Tolkien, "On Fairy–stories", reprinted in Verlyn Flieger and Douglas A. Anderson, editors, Tolkien On Fairy–stories, London, England: HarperCollins, page 69.

29. Ibid., pages 60–61.

30. Tolkien wrote, "anything that Hobbits had no immediate use for, but were unwilling to throw away, they called a mathom." (J. R. R. Tolkien, The Lord of the Rings, paperback one–volume edition, Boston and New York: Houghton Miffin Company, 1994, page 5); while Dick wrote, "Kipple is useless objects, like junk mail or match folders after you use the last match or gum wrappers or yesterday's homeopape. When nobody's around, kipple reproduces itself." (Philip K. Dick, Do Androids Dream of Electric Sheep, (originally published in 1968), New York: Ballantine Books, 1990, page 57).

31. Although genetic engineering seems to have breached the third realm, along with selective breeding and Mendelian hybridization experiments in cross–breeding. Humans have the desire to subcreate in the third and fourth realms not only in their fiction, but also in the Primary World as well.

32. Fictional countries can be used to test people's geographical knowledge. For example, two articles by Lester Haines in The Register revealed that in 2004, 10 percent of poll respondents in Britain believed "Luvania" was going to join the European Union, and in

2007, two-thirds of all Hungarians polled would not grant asylum to people from "Piresia". (From "Brits welcome Luvania to EU", The Register, April 29, 2004, and "Hungarians demand ejection of Piresan immigrants", The Register, March 21, 2007, as mentioned at http:www.wikipedia.org/wiki/Fictional_country (accessed May 20, 2009).)

33. Lubomír Doležel, Heterocosmica: Fiction and Possible Worlds, Baltimore and London: The Johns Hopkins University Press, 1998, page 169.

34. Tom Shippey, The Road to Middle-earth, Revised and Expanded Edition, Boston, and New York: Houghton Miffin Company, 2003, page 74.

35. Earlier versions of the Star Wars script had characters carrying the "Aura Spice" instead of the Death Star plans as the McGuffin, and Han Solo being paid in spice instead of money; and in an early version of the Return of the Jedi (1983) script, Chewbacca and Lando were to give Jabba a "phony spice extractor" in exchange for Han. See Laurent Bouzereau, Star Wars: The Annotated Screenplays, New York, New York: Ballantine Books, 1997, pages 87, 91, 241, and 243.

36. This short story appeared in Kevin J. Anderson, editor, Tales from Jabba's Palace, New York: Bantam Spectra, 1995.

37. From the Wookieepedia entry for "gorg", at http://starwars.wikia.com/wiki/Gragra (accessed December 16, 2008).

38. Of course, the Star Wars universe is vast and growing, therefore, by the time you read this, there may be more of an explanation available. Also, more on the question can be found on Wookieepedia, The Star Wars Wiki, which lists 34 different forms of non-sentient life on Tatooine, and states that: Tatooine was once a lush world that had large oceans and a world-spanning jungle inhabited by the native and technologically advanced Kumumgah. Sometime in its history, the Rakatan Infinite Empire invaded the planet and conquered and enslaved its native inhabitants. After a terrible plague weakened the Rakata, the Kumumgah eventually rebelled and managed to drive the Rakata off the planet. In response, they subjected the planet to an orbital bombardment that "glassed" (that is, fused the silica in the soil into glass, which then broke up over time into sand) the planet and boiled its oceans away. It is possible that the Kumumgah's excessive production started this drastic climatic change before the Rakata arrived. Nonetheless, this change split the indigenous Kumumgah into two races: the Ghorfas and the Jawas. From the "Tatooine" page of Wookieepedia, available at http://starwars.wikia.com/wiki/Tatooine#cite_ref-EP4NOVEL_4-0 (accessed December 9, 2011).

39. From a draft of a 1971 letter to Carole Batten-Phelps, in The Letters of J. R. R. Tolkien, edited by Humphrey Carpenter, Boston, Massachusetts: Houghton Miffin Company, 1981, page 412.

40. From a 1963 letter to Colonel Worskett, in The Letters of J. R. R. Tolkien, edited by Humphrey Carpenter, Boston, Massachusetts: Houghton Miffin Company, 1981, page 333.

41. For more on the Klingon augment virus, see http://memory-alpha.org/en/wiki/ Klingon_augment_virus (accessed September 3, 2008).

42. From "Secrets of the Millennium Falcon", by Pablo Hidalgo with Chris Reiff and Chris Trevas, October 26, 2008, http://www.starwars.com/vault/books/feature20081026.html?page=2 (accessed October 28, 2008).

43. See "Retroactive Continuity" at http://en.wikipedia.org/wiki/Retconned (accessed September 3, 2008).

44. See Christopher Tolkien, "Foreword", in J. R. R. Tolkien, The Silmarillion, edited by Christopher

Tolkien, (Boston, Massachusetts: Houghton Miffin Company, 1977), pages 7-8.

45. From a draft of a letter to A. C. Nunn, in The Letters of J. R. R. Tolkien, edited by Humphrey Carpenter, Boston, Massachusetts: Houghton Miffin Company, 1981, page 290.

46. A similar challenge exists for the audience of murder mysteries, who must piece together a series of what appear to be unconnected facts and events in order to solve the mystery.

47. Though the media-related meaning of the term is new enough that it does not appear in the Second Edition of the Oxford English Dictionary from 1989.

48. Of course, newspaper stories can describe other places or worlds, and radio drama is capable of creating a world through dialogue, sound effects, and ambience, but these are exceptions which are far from being the typical experience that most users have with these media.

49. Ryan divides "absorption in the act of reading" into four degrees: concentration, imaginative involvement, entrancement, and addiction. See Marie-Laure Ryan, Narrative as Virtual Reality: Immersion and Interactivity in Literature and Electronic Media, Baltimore, Maryland: The Johns Hopkins University Press, 2001, pages 98-99.

50. Norman Holland, Literature and the Brain, Gainesville, Florida: PsyArt Foundation, 2009, page 48.

51. This should not be confused with Doležel's use of the term "saturation" to denote an intensional function; see Lubomír Doležel, Heterocosmica: Fiction and Possible Worlds, Baltimore, Maryland: Johns Hopkins University Press, pages 169-184.

52. The count was made using the Second Edition of the book that appeared in 1999.

53. Terry Eagleton, Literary Theory: An Introduction, 3rd Edition, Minneapolis, Minnesota: University of Minnesota Press, 2008, page 66.

54. See Steven Lehar, The World in Your Head: A Gestalt View of the Mechanism of Conscious Experience, Mahwah, New Jersey: Lawrence Erlbaum Associates, 2002; and Norman Holland, Literature and the Brain, Gainesville, Florida: PsyArt Foundation, 2009.

55. See David Bordwell, Narration in the Fiction Film, Madison, Wisconsin: The University of Wisconsin Press, 1985, page 54.

56. See Douglas A. Anderson, The Annotated Hobbit, Second Edition, Boston, Massachusetts: Houghton Miffin Company, 2002.

57. Martin Gardner and Russell B. Nye, The Wizard of Oz and Who He Was, East Lansing, Michigan: University of Michigan State Press, 1957, page 30, referenced in Michael O. Riley, Oz and Beyond: The Fantasy World of L. Frank Baum, Lawrence, Kansas: University Press of Kansas, 1997, page 194.

58. From a draft of a letter to a Mr. Thompson, in The Letters of J. R. R. Tolkien, edited by Humphrey Carpenter, Boston, Massachusetts: Houghton Miffin Company, 1981, page 231.

59. From a 1944 letter to Christopher Tolkien, in ibid., page 79.

60. The use of Primary World defaults to fill gaps is especially evident in "overlaid worlds" that rely on so many Primary World defaults that they have a very low degree of secondariness; for example, the world of Spider-man, which takes place in a New York City very similar to the real one, except for the super-villains that continually plague it, or the other thinly-veiled versions of New York City found in Batman's Gotham City or Superman's Metropolis (the story of Superman does involve the fictional planet of Krypton, but only in its backstory).

61. See Kendall Walton, Mimesis as Make-Believe: On the Foundations of Representational

Arts, Cambridge, Massachusetts and London, England: Harvard University Press, 1990.

62. See Marie-Laure Ryan, "Fiction, Non-Factuals and the Principle of Minimal Departure", Poetics 8, 1980, page 406.

63. From the "Sound in Space" section of the Star Wars Technical Commentaries: Astrophysical Concerns webpage by Dr. Curtis Saxton, available at http://www.theforce.net/ SWTC/astro.html#sound (accessed November 19, 2008).

64. See Irvin Rock, The Logic of Perception, Cambridge, Massachusetts: MIT Press, 1983, pages 240–282.

65. From a draft of a letter to Carol Batten-Phelps, in The Letters of J. R. R. Tolkien, edited by Humphrey Carpenter, Boston, Massachusetts: Houghton Miffin Company, 1981, page 412.

66. J. R. R. Tolkien, The Hobbit, New York: Ballantine Books, 1965, page 17.

67. Tolkien writes that "Frodo also showed signs of good 'preservation': outwardly he retained the appearance of a robust and energetic hobbit just out of his tweens." From J. R. R. Tolkien, The Fellowship of the Ring, New York: Ballantine Books, 1965, page 71.

68. See Douglas A. Anderson, The Annotated Hobbit, Second Edition, Boston, Massachusetts: Houghton Miffin Company, 2002, page 207.

69. As quoted in Richard Ellmann, James Joyce, New Revised Edition, London, England: Oxford University Press, 1983, page 521.

70. From a letter to Naomi Mitchison, in The Letters of J. R. R. Tolkien, edited by Humphrey Carpenter, Boston, Massachusetts: Houghton Miffin Company, 1981, page 174.

71. From a 1965 letter to Miss A. P. Northey in The Letters of J. R. R. Tolkien, edited by Humphrey Carpenter, Boston, Massachusetts: Houghton Miffin Company, 1981, page 354.

72. See Chris Baker, "Master of the Universe", Wired 16.09, September 2008, page 141.

73. From John Keats' letter of 1817 to his brothers George and Thomas, reprinted in The Complete Poetical Works of John Keats, edited by Harry Buxton Foreman, published by H. Frowde, 1899, page 277, and also available at http://www.mrbauld.com/ negcap.html (accessed September 22, 2008).

74. The question as to whether balrogs (mythical beasts in Tolkien's works) have wings is debatable, because while they seem to be suggested in the descriptions Tolkien provides, there is no clear evidence one way or the other; although the fact that the Balrog falls into the abyss with Gandalf when the bridge breaks seems to suggest either no wings or at least no functional wings.

75. Or a span of time, providing a temporal separation from the Primary World; being set in the future or distant past makes a world inaccessible to us as well.

76. From J. R. R. Tolkien, "On Fairy-stories", reprinted in Verlyn Flieger and Douglas A. Anderson, editors, Tolkien On Fairy-stories, London, England: HarperCollins, page 83.

77. From C. S. Lewis, "On Science Fiction" in Of Other Worlds: Essays and Stories, edited by Walter Hooper, New York and London: Harcourt Brace and Company, 1966, pages 64–65.

2. A History of Imaginary Worlds

1. From the "Prooemium" section of Philostratos the Younger, Imagines, third century AD, translated by Arthur Fairbanks, available at http://www.theoi.com/Text/PhilostratusYounger.html (accessed January 23, 2009).

2. Margaret Cavendish, "To the Reader" in The Description of a New World, Called the Blazing-World, printed by A. Maxwell in London, 1666.

3. Published histories of these areas often value and emphasize different things from those that are useful to an analysis of world-building. Thus, some of the texts that are important to those histories will not be important to the analysis in this chapter, while other works that are important to a history of world-building may not meet their criteria for importance.

4. Diskin Clay, "The Islands of the Odyssey", Journal of Medieval and Early Modern Studies, 37:1, Winter 2007, pages 141-161.

5. Herodotus, Histories, Book III, translated by George Rawlinson, from The Internet Classics Archive, available at http://classics.mit.edu//Herodotus/history.html (accessed January 26, 2009).

6. James Patrick, Renaissance and Reformation, Tarrytown, New York: Marshall Cavendish, 2007, page 384.

7. From the end of the "Introduction" of Lucian of Samosata, The True History, translated by H. W. Fowler and F. G. Fowler, Oxford, England: The Clarendon Press, 1905, availableat http://www.sacred-texts.com/cla/luc/wl2/wl211.htm (accessed January 27, 2009).

8. From S. C. Fredericks, "Lucian's True History as SF", Science Fiction Studies, No. 8, Volume 3, Part 1, March 1976, available at http://www.depauw.edu/sfs/backissues/8/fre-dericks8art.htm (accessed January 27, 2009).

9. David Marsh, Lucian and the Latins: Humor and Humanism in the Early Renaissance, Ann Arbor, Michigan: University of Michigan Press, 1999.

10. See http://en.wikipedia.org/wiki/Hayy_ibn_Yaqdhan and http://en.wikipedia.org/wiki/Ibn_al-Nafis#Theologus_Autodidactus (both accessed February 2, 2009).

11. From the "Introduction" of Rosemary Tzanaki, Mandeville's Medieval Audiences: A Study on the Reception of the Book of Sir John Mandeville (1371-1550), Surrey, England: Ashgate Publishing, 2003, page 1.

12. Ibid., page 6.

13. As quoted in John Ashton, editor, The Voiage and Travayle of Sir John Maundeville, Knight, London, England: Pickering and Chatto, 1887, page vii.

14. From the "Introduction" of Rosemary Tzanaki, Mandeville's Medieval Audiences: A Study on the Reception of the Book of Sir John Mandeville (1371-1550), Surrey, England: Ashgate Publishing, 2003, page 7.

15. Andrew Hadfield, Literature, Travel, and Colonial Writing in the English Renaissance 1545-1625, Oxford, England: Oxford University Press, 1999.

16. François Rabelais, Les horribles et épouvantables faits et prouesses du très renommé Pantagruel Roi des Dipsodes, fils du Grand Géant Gargantua, "Chapter XXXII. How Pantagruel with his tongue covered a whole army, and what the author saw in his mouth", translated by Sir Thomas Urquhart of Cromarty and Peter Antony Motteux, available online at http://en.wikisource.org/wiki/Pantagruel/Chapter_XXXII (accessed February 10, 2009).

17. See "Antillia",http://en.wikipedia.org/wiki/Antillia, and "Isle of Seven Cities", http://www.nationmaster.com/encyclopedia/Isle-of-Seven-Cities (both accessed February 26, 2009).

18. Nathalie Hester, Literature and Identity in Baroque Italian Travel Writing, Ashgate Publishing, 2008, page 3.

19. Percy G. Adams, Travelers and Travel Liars, 1660-1800, Berkeley and Los Angeles: University of California Press, 1962, pages 17-18.

20. Philip Babcock Gove, The Imaginary Voyage in Prose Fiction: A History of Its Criticism and a Guide for Its Study, with an Annotated Checklist of 215 Imaginary Voyages from 1700 to 1800, London, England: The Holland Press, 1961, pages 124-125.

21. Ibid., page 136.
22. Daniel Defoe, Robinson Crusoe, New York: Greenwich House Classics Library, distributed by Crown Publishers, Inc., 1982, page 71.
23. From Part One, Chapter Four of Jonathan Swift, Gulliver's Travels, 1726, reprinted by Sandy Lesberg, editor, New York: Peebles Press International, Inc., page 62.
24. From Book V, Chapter xii, of Hans Jacob Christoffel von Grimmelshausen, Der Abenteurliche Simplicissimus Teutsch, 1668, available at http://web.wm.edu/history/rbsche/grimmelshausen/bk5-chap12.html (accessed March 4, 2009).
25. A number of "Hollow Earth" theories are collected and summarized at http://en.wikipedia.org/wiki/Hollow_Earth (accessed March 6, 2009).
26. According to Peter Fitting, editor, Subterranean Worlds: A Critical Anthology, Middleton, Connecticut: Wesleyan University Press, 2004, page 8.
27. As quoted in Paul Burns, The History of the Discovery of Cinematography, available at http://www.precinemahistory.net/1750.htm (accessed March 12, 2009).
28. The case of Neo in The Matrix (1999) even reverses this idea, as he must leave the secondary world in order to be made aware of it; and the Primary World that we know is revealed to be only a secondary world within the ruined and rebuilt "real world" controlled by the machines.
29. Percy G. Adams, Travelers and Travel Liars, 1660–1800, Berkeley and Los Angeles: University of California Press, 1962, page 131.
30. Ibid., page 224.
31. Philip Babcock Gove, The Imaginary Voyage in Prose Fiction: A History of Its Criticism and a Guide for Its Study, with an Annotated Checklist of 215 Imaginary Voyages from 1700 to 1800, London, England: The Holland Press, 1961, page 159.
32. Frank E. Manuel and Fritzie P. Manuel, Utopian Thought in the Western World, Cambridge, Massachusetts: The Belknap Press of Harvard University Press, 1979, page 21.
33. See Brian R. Goodey, "Mapping "Utopia": A Comment on the Geography of Sir Thomas More", Geographical Review, Vol. 60, No. 1, January 1970, pages 15–30.
34. Ibid., page 18.
35. See the edition of More's Utopia in the Cambridge Texts in the History of Political Thought series, edited by George M. Logan and Robert M. Adams, New York and Cambridge: Cambridge University Press, 1975.
36. Frank E. Manuel and Fritzie P. Manuel, Utopian Thought in the Western World, Cambridge, Massachusetts: The Belknap Press of Harvard University Press, 1979, pages 1–2.
37. Thus, any division that one could attempt to make between utopias and dystopias would reveal particular beliefs and agendas; the only solution is to consider them both together as potential social structures.
38. Some worlds were guilty of female chauvinism; Marie Anne de Roumier Roberts's Les Ondins (1768) features the country of Castora, ruled by a queen, from which all men have been banished. Any visiting men who stay longer than a day are sacrificed to the goddess Pallas, the Protectoress of Castora.
39. Tommaso Campanella, The City of the Sun, 1602, available from Project Gutenberg at http://www.gutenberg.org/files/2816/2816-h/2816-h.htm (accessed April 9, 2009).
40. Edward H. Thompson, "Christianopolis-The Human Dimension", paper presented at the Table Ronde "Publicists and Projectors in 17th-Century Europe" at the Herzog August Bibliothek, Wolfenbüttel, February 1996, and available at http://homepages. tesco.net/

eandcthomp/andpro.htm (accessed April 16, 2009).

41. Frank E. Manuel and Fritzie P. Manuel, Utopian Thought in the Western World, Cambridge, Massachusetts: The Belknap Press of Harvard University Press, 1979, page 22.

42. See the discussion of the sale of one of the only four remaining copies of Morgan's book at http://antiques-collectibles-auction-news.com/2008/02/27/14th-century-work-of-art-by-the-italian-painter-allegretto-nuzi-1315-1373-soars-to-295000-at-philip-weiss-auctions-multi-estate-sale-held-feb-23-24-2008/ (accessed April 17, 2009).

43. Marie Louise Berneri, Journey Through Utopia, Berlin, Germany, and New York, New York: Schocken Books, 1950, page 177.

44. Frank E. Manuel and Fritzie P. Manuel, Utopian Thought in the Western World, Cambridge, Massachusetts: The Belknap Press of Harvard University Press, 1979, page 3.

45. See the entry "Bodin, Félix" by Paul K. Alkon in Samuel L. Macey, editor, Encyclopedia of Time, New York: Routledge Press, 1994, pages 67–68.

46. According to Lyman Tower Sargent, who claims there were "160 utopias published between 1800 and 1887" and "the same number of utopias written between 1888 and 1895 as in all the previous 87 years." From Lyman Tower Sargent, "Themes in Utopian Fiction in English Before Wells", Science Fiction Studies, Number 10, Volume 3, Part 3, November 1976, available at http://www.depauw.edu/sfs/backissues/10/sargent10art.htm (accessed April 21, 2009).

47. From Etienne Cabet, Voyage to Icaria, reprinted in Marie Louise Berneri, Journey Through Utopia, New York: Schocken Books, 1950, page 229.

48. A list of over 2900 uchronias can be found online at "Uchronia: The Alternate History List" at http://www.uchronia.net/ (accessed April 28, 2009).

49. The next century would see even more distant uchronias, like Olaf Stapledon's Last and First Men: A Story of the Near and Far Future (1930) which covers about 2 billion years, and his Star Maker (1937) which covers even more.

50. The term "science fiction" appeared in Chapter 10 of William Wilson's A Little Earnest Book upon a Great Old Subject (1851). "Scientist" was a deliberate coinage, appearing in print in 1840, and it appears to have been first suggested, along with "science", in the 1830s, according to Raymond Williams's Keywords: A Vocabulary of Culture and Society, Oxford, England: Oxford University Press, page 279.

51. See Philip Babcock Gove, The Imaginary Voyage in Prose Fiction: A History of Its Criticism and a Guide for Its Study, with an Annotated Checklist of 215 Imaginary Voyages from 1700 to 1800, London, England: The Holland Press, 1961, page 205.

52. Tilberg J. Herczeg, "The Habitability of the Moon", in G. Lemarchand and K. Meech, editors, A New Era in Bioastronomy, ASP Conference Series, Vol. 213, 2000, page 594.

53. See Brian Stableford, "Science fiction before the genre" in Edward James and Farah Mendleson, editors, The Cambridge Companion to Science Fiction, Cambridge and New York: Cambridge University Press, 2003, page 18.

54. Margaret Cavendish, The Description of a New World, Called the Blazing-World, printed by A. Maxwell in London, 1666. Also available at http://digital.library.upenn.edu/women/newcastle/blazing/blazing.html (accessed June 4, 2009).

55. Ibid.

56. Baron Ludvig Holberg, "Chapter I. The Author's Descent into the Abyss" from Nicolai Klimii Iter Subterraneum (1741), available at http://www.archive.org/stream/nielsklimsjourne00holb/nielsklimsjourne00holb_djvu.txt (accessed June 4, 2009).

57. All titles of poems and section headings are taken from the DAW Books translation that

appeared in C. I. Defontenay, Star (Psi Cassiopeia): The Marvelous History of One of the Worlds of Outer Space, Encino, California: Black Coat Press, 2007.

58. According to Pierre Versins's "Introduction" to the 1975 reprint of Star, that also appeared in the 2007 reprint cited earlier.

59. From Part III, Chapter III of Camille Flammarion's Uranie, translated from the French by Mary J. Serrano, available at http://fiction.eserver.org/novels/uranie/default.html (accessed July 9, 2009).

60. From C. S. Lewis, "On Stories" in Essays Presented to Charles Williams, Oxford, England: Oxford University Press, 1947, and reprinted in Of Other Worlds: Essays and Stories, edited by Walter Hooper, New York and London: Harcourt Brace and Company, 1966, page 12.

61. See the "Vril" page of Wikipedia, available at http://en.wikipedia.org/wiki/Vril (accessed July 10, 2009).

62. Lin Carter, Imaginary Worlds: The Art of Fantasy, New York: Ballantine Books, 1973, page 19.

63. See "Upmeads", http://manchesterhistory.net/edgarwood/upmeads1.html (accessed May 28, 2009).

64. According to Sheila A. Egoff, Worlds Within: Children's Fantasy from the Middle Ages to Today, Chicago and London: American Library Association, 1988, page 45.

65. The 596-word digression reads thus: In old, old, olden times, when all our world was just loose earth and air and fire and water mixed up anyhow like a pudding, and spinning around like mad trying to get the different things to settle into their proper places, a round piece of earth got loose and went spinning away by itself across the water, which was just beginning to try to get spread out smooth into a real sea. And as the great round piece of earth flew away, going around and around as hard as it could, it met a long piece of hard rock that had got loose from another part of the puddingy mixture, and the rock was so hard, and was going so fast, that it ran its point through the round piece of earth and stuck out on the other side of it, so that the two together were like a very-very- much-too-big spinning top. I am afraid all this is very dull, but you know geography is never quite lively, and after all, I must give you a little information even in a fairy tale-like the powder in jam. Well, when the pointed rock smashed into the round bit of earth the shock was so great that it set them spinning together through the air-which was just getting into its proper place, like all the rest of the things-only, as luck would have it, they forgot which way around they had been going, and began to spin around the wrong way. Presently Center of Gravity-a great giant who was managing the whole business-woke up in the middle of the earth and began to grumble. "Hurry up," he said. "Come down and lie still, can't you?"

So the rock with the round piece of earth fell into the sea, and the point of the rock went into a hole that just fitted it in the stony sea bottom, and there it spun around the wrong way seven times and then lay still. And that round piece of land became, after millions of years, the Kingdom of Rotundia.

This is the end of the geography lesson. And now for just a little natural history, so that we may not feel that we are quite wasting our time. Of course, the conse- quence of the island having spun around the wrong way was that when the animals began to grow on the island they all grew the wrong sizes. The guinea pig, as you know, was as big as our elephants, and the elephant-dear little pet-was the size of the silly, tiny, black-and-tan dogs that ladies carry sometimes in their muffs. The rabbits were about the size of our rhinoceroses, and all about the wild parts of the island they had made their burrows as big as railway tunnels. The dormouse, of course, was the biggest of all the creatures. I can't tell you how big he was. Even if you think of elephants it will not help you at all. Luckily there was only one of him, and he was always asleep. Otherwise I don't think the Rotundians could have borne with him. As it was, they made him a house, and it saved the expense of a brass band, because no band could possibly have been heard when the dormouse was talking in his sleep. The men and women and children in this wonderful island were quite the right size, because their ancestors had come over with the Conqueror long after the island had settled down and the animals grown on it.

From Edith Nesbit, "Uncle James, or The Purple Stranger" in The Book of Dragons (1900), reprinted by Chronicle Press, 2001, pages 25–26. Also available at http://www.online-literature.com/edith-nesbit/book-of-dragons/2/ (accessed June 1, 2009).

66. From Edith Nesbit, The Magic City, London: MacMillan and Company, 1910, page 84. Also available at http://www.gutenberg.org/files/20606/20606-h/20606-h.htm (accessed June 2, 2009).
67. Sheila A. Egoff, Worlds Within: Children's Fantasy from the Middle Ages to Today, Chicago and London: American Library Association, 1988, page 73.
68. Michael O. Riley, Oz and Beyond: The Fantasy World of L. Frank Baum, Lawrence, Kansas: The University Press of Kansas, 1997, page 62.
69. In some cases, stories were presented as being already mediated; for example, John Kirkby's The History of Automathes (1745) is itself being read from a manuscript by the narrator.
70. Leonard Bacon, "Introduction" in Austin Tappan Wright, Islandia, New York and Toronto: Farrar & Rinehart, Inc., 1942, page viii.
71. Pierre Couperie and Maurice C. Horn et al, A History of the Comic Strip, translated from the French by Eileen B. Henessy, New York: Crown Publishers, Inc., 1967, pages 27–28.
72. Ibid., page 155. The study discussed was conducted by F. E. Barcus.
73. Michael O. Riley, Oz and Beyond: The Fantasy World of L. Frank Baum, Lawrence, Kansas: The University Press of Kansas, 1997, page 42.
74. Ibid., page 47.
75. Ibid., pages 98–99.
76. Ibid., page 150.
77. David Kyle, A Pictorial History of Science Fiction, London and New York: Hamlyn Publishing Group Limited, 1976, page 117.
78. The Hall of the Mist is from Donald Wandrei's "The Red Brain" in Weird Tales, October 1927; Ulm is from S. P. Meek's "Submicroscopic" in Amazing Stories, August 1931; Valadom is from Donald Wandrei's "Colossus" in Astounding Stories, January 1934; the Pygmy Planet is from Jack Williamson's "The Pygmy Planet" in Astounding Stories, February 1932; Vulcan is from Ross Rocklynne's "At the Center of Gravity" in Astounding Stories, June 1936; Soldus is from Nat Schachner's "The Sun-world of Soldus" in Astounding Science-Fiction, April 1938; Lagash is from Isaac Asimov's "Nightfall" in Astounding Science-Fiction, September 1941; Logeia is from Fletcher Pratt's novel The Undesired Princess, first serialized in Unknown, beginning in February 1942; Hydrot is from Arthur Merlyn's "Sunken Universe" in Super Science Stories, May 1942; Placet is from Fredric Brown's "Placet is a Crazy Place" in Astounding Science-Fiction, May 1946; and Aiolo is from Murray Leinster's "The Plants" in Astounding Science-Fiction, January 1946.

79. Philip Francis Nowlan's future Earth first appeared in "Armageddon, 2419 A.D."in Amazing Stories, August 1928; Zothique first appeared in Clark Ashton Smith's "The Empire of the Necromancers" in Weird Tales, September 1932; Robert E. Howard's Hyborian Age first appeared in "The Phoenix on the Sword" in Weird Tales, December 1932; the Lensman universe first appeared in E. E. Smith's Triplanetary (serialized in Amazing Stories, January–April, 1934); Nehwon first appeared in Fritz Leiber's "Two Sought Adventure" in Unknown magazine, August 1939; the Future History Universe first appeared in Robert Heinlein's "Life-Line" in Astounding Science-Fiction, August 1939; the Foundation universe first appeared in Isaac Asimov's "Foundation" in Astounding Science-Fiction, May 1942, while his Galactic Empire universe first appeared in "Blind Alley" in Astouding Science-Fiction, March 1945; Ray Bradbury's version of Mars first appeared in "Rocket Summer" in Planet Stories, Spring 1947; the Psychotechnic League universe first appeared in Poul Anderson and John Gergen's "The Entity" in Astounding Science Fiction, June 1949; the Viagens Interplanetarias universe first appeared in L. Sprague de Camp's "The Animal-Cracker Plot" in Astounding Science Fiction, July 1949; the Instrumentality of Mankind future history universe first appeared in Cordwainer Smith's "Scanners Live in Vain" in Fantasy Book #6, 1950; and the Terro-Human Future History universe first appeared in H. Beam Piper's "Uller Uprising" in The Petrified Planet (1952).

80. Hugo Gernsback, "Reasonableness in Science Fiction", Wonder Stories, December 1932, reproduced in David Kyle, A Pictorial History of Science Fiction, London and New York: Hamlyn Publishing Group Limited, 1976, page 80.

81. David Kyle, A Pictorial History of Science Fiction, London and New York: Hamlyn Publishing Group Limited, 1976, page 147.

82. Anatevka was originally named "Boyberik" in Sholem Aleichem's fictional memoir Teyve and His Daughters (1894).

83. From the voiceover for the 1939 trailer for MGM's The Wizard of Oz. The trailer can be viewed at http://www.youtube.com/watch?v=VNugTWHnSfw (accessed October 14, 2011).

84. Oakdale, Illinois is from As the World Turns (1956-2010); Central City is from The Many Loves of Dobie Gillis (1959-1963); Bay City, Illinois is from Another World (1964-1999); Salem is from Days of Our Lives (1965-present); Collinsport, Maine is from Dark Shadows (1966-1971 and 1991); Llanview, Pennsylvania is from One Life to Live (1968-2011); Pine Valley is from All My Children (1970-2011); Genoa City, Wisconsin is from The Young and the Restless (1973-present); Hazzard County, Georgia is from The Dukes of Hazzard (1977-1985); Corinth, Pennsylvania is from Loving (1983-1995); Cabot Cove, Maine is from Murder, She Wrote (1984-1996); Twin Peaks, Washington is from Twin Peaks (1990-1991); Cicely, Alaska is from Northern Exposure (1990-1995); Capeside, Massachusetts is from Dawson's Creek (1998-2003); and Harmony is from Passions (1999-2008).

85. Mayfield appeared in Leave it to Beaver (1957-1963), Still the Beaver (1985-1986), and The New Leave it to Beaver (1986-1989); Mayberry, North Carolina appeared on The Danny Thomas Show in 1960, The Andy Grifftith Show (1960-1968), and Mayberry, R.F. D. (1968-1971); Hooterville appeared in Petticoat Junction (1963-1970) and Green Acres (1965-1971); Port Charles, New York is from General Hospital (1963-present), Port Charles (1997-2003), and General Hospital: Night Shift (2007-2008); and Fernwood, Ohio is from Mary Hartman, Mary Hartman (1976-1977), Forever Fernwood (1977), and Fernwood 2-Night (1977-1978).

86. For example, the Neighborhood of Make-Believe in Mister Rogers' Neighborhood has an unusually elaborate geography for a children's program (including non-Euclidean spaces); characters that occupy a broad ontological spectrum; and in at least one episode, an intertextual reference referring to an event (the are in Corney's factory) that occurred 21 years earlier on the show, which could only be remembered by adults who had seen the show during their own childhood.

87. The city of Opar appears in The Return of Tarzan (1913); Pal-ul-don, a kingdom in Zaire, in Tarzan the Terrible (1921); the village of Alali and the region of Minuni in Tarzan and the Ant Men (1924); the cities of Castra Sanguinarius and Castrum Mare in Tarzan and the Lost Empire (1929); the African country of Midian in Tarzan Triumphant (1932); the lands of Onthar and Thenar in Tarzan and the City of Gold (1933); and the city of Ashair in Tarzan and the Forbidden City (1938).

88. Other worlds of his include Maxon's Island in the South China Sea in A Man Without a Soul (1913); the island of Flotsam in The Cave Girl (1913); Lutha, a country in Southern Europe in The Mad King (1914); and Lodidhapura, a city in the jungles of Cambodia, in The Jungle Girl (1931).

89. From Edgar Rice Burroughs, "Protecting the Author's Rights", The Writers 1932 Year Book & Market Guide, reprinted in Edgar Rice Burroughs Tells All (Third Edition), compiled by Jerry L. Schneider, Amazon.com: CreateSpace, 2008, page 160.

90. According to Lin Carter, Imaginary Worlds: The Art of Fantasy, New York: Ballantine Books, 1973, page 44.

91. In letters 19 and 294 in J. R. R. Tolkien, The Letters of J. R. R. Tolkien, edited by Humphrey Carpenter, Boston, Massachusetts: Houghton Miffin Company, 1981, pages 26 and 375, respectively.

92. In the Storisende edition published by McBribe, at least, in which several works can form a single volume; see http://en.wikipedia.org/wiki/The_Biography_of_Manuel for the list of books.

93. The state of Winnemac is the setting for Babbitt (1922), Arrowsmith (1925), Elmer Gantry (1927), The Man Who Knew Coolidge (1928), and Dodsworth (1929).

94. Helen Batchelor, "A Sinclair Lewis Portfolio of Maps: Zenith to Winnemac", Modern Language Quarterly, December 1971, Volume 32, Issue 4, pages 401~429. Another example of an American locale outside the realm of fantasy and science action is William Faulkner's Yoknapatawpha County, Mississippi, which served as the setting for fourteen novels and several short stories, with Faulkner's hand-drawn map of it included in Absalom, Absalom! (1936).

95. From Sylvia Wright's "Introduction" in the 1958 edition of Austin Tappan Wright, Islandia, New York, New York: New American Library, pages v-vi.

96. Humphrey Carpenter, Tolkien: A Biography, Boston, Massachusetts: Houghton Miffin Company, 1977, pages 194-195.

97. From Tolkien's "Foreword" to The Lord of the Rings, Boston, Massachusetts: Houghton Miffin Company, 1966, page 5.

98. From a draft of a 1955 letter to W. H. Auden, in The Letters of J. R. R. Tolkien, edited by Humphrey Carpenter, Boston, Massachusetts: Houghton Miffin Company, 1981, page 216.

99. Mike Foster, "America in the 1960s: Reception of Tolkien" entry in Michael D. C. Drout, editor, J. R. R. Tolkien Encylopedia: Scholarship and Critical Assessment, New York, New York, and London, England: Routledge, 2007, page 14.

100. For the dates, creators, and works of first appearance of these worlds, see the Appendix.

101. From Michael Pye and Lynda Miles, The Movie Brats, Geneva, Illinois: Holt, Rinehart, and Winston (now Holt MacDougal), 1979, as reprinted in Sally Kline, editor, George Lucas: Interviews, Jackson, Mississippi: University of Mississippi Press, pages 79–80.

102. According to Alex Ben Block and Lucy Autrey Wilson, George Lucas's Blockbusting: A Decade-by-Decade Survey of Timeless Movies Including Untold Secrets of Their Financial and Cultural Success, New York, New York: HarperCollins Publishers, 2010, page 624.

103. See Matthew Kirschenbaum, "War Stories: Board Wargames and (Vast) Procedural Narratives" in Pat Harrigan and Noah Wardrip-Fruin, editors, Third Person: Authoring and Exploring Vast Narratives, Cambridge, Massachusetts: MIT Press, 2009, pages 357–358.

104. Some examples are Christoph Weickhmann's New-Erfundene Große Konig-Spiel (The Newly Invented Great King's Game) (1650), and Johann Christian Ludwig Hellwig's Versuch eines aufs Schachspiel gebaueten taktischen Spiels von zwey und mehreren Personen zu spielen (Attempt at a Tactical Game for Two and More Persons, Based on Chess) (1780), according to Rolf F. Nohr's "war" entry in Mark J. P. Wolf, editor, Encyclopedia of Video Games: The Culture, Technology, and Art of Gaming, Westport, Connecticut: ABC-CLIO/Greenwood Press, 2012.

105. Begun in 1919, the Marx Toy Company made metal playsets during the 1930s and 1940s, like the Sunnyside Service Station (1934) and the Roadside Service Station (1935). With the advent of plastics, production became easier and less expensive, and the number of playsets increased as did their popularity. In the 1950s, Marx produced more generic sets, like Cowboy and Indian Camp (1953) and Arctic Explorer Play Set (1958), as well as sets based on actual events like the Civil War and real places like Fort Apache (1951) and Fort Dearborn (1952). Other sets were adaptations of existing properties in other media, like the Roy Rogers Ranch Set (1952), Lone Ranger Rodeo (1952), Walt Disney's Davy Crockett at the Alamo (1955), and Gunsmoke Dodge City (1960). The transmedial nature of these sets, which played on the popularity of existing franchises, encouraged the sale of playsets in general.

106. Although many LEGO sets are based on other franchises (like Star Wars), the LEGO system universe has its own settings and narratives. For example, in the LEGOLAND Idea Book of 1980, we find: This book is presented like a story. Just follow our two Mini-Figures™, Mary and Bill, as they build their LEGOLAND home and community and then move on to other adventures by car, on foot, and nally by spaceship. Along the way you'll find lots of ideas for building, designing and combining: how to build an airport, or a spaceship, how to put on a circus, how to light up your town at night. (From the LEGOLAND Idea Book, Hamburg, Germany: Muhlmeister & Johler, 1980.)

The narrative, which is laid out between graphical building instructions of the models seen in the story, follows Mary and Bill as they build their home, go into town for the day, and return to find their house on fire, which is quickly extinguished by the fire department. They then travel to see a circus, stay overnight at a windmill, visit a seaside town where they have a new house and buy furniture for it, have their car towed and fixed near an airport, and take part in other activities. Later they go to a movie theater where a movie about astronauts is playing, and when they leave the theater at night, they don space helmets and air tanks and fly off in their own spaceship. They travel to a moon base, and with another astronaut, they go to answer an SOS signal, which turns out to be coming from a downed alien spaceship. They meet the aliens, tow their spaceship back to the moon base, and help repair it. The aliens leave and Mary and Bill follow them to the aliens' planet, where they see strange buildings, vehicles, and other varieties of aliens. After their stay, Mary and Bill fly off in their spaceship, returning to Earth, where they arrive at a medieval castle (implying that their journey involves time travel as well as space travel, though this is never stated explicitly). They are brought to the castle in a horse and carriage, explore it and meet another couple there (who appear to be the lord and lady of the manor), and together the two couples attend a jousting tournament (where, oddly enough, two spacemen wearing medieval helmets are sitting among the crowd). After a brief tour of another, smaller castle, Mary and Bill are off again in their spaceship, waving goodbye as they often do when leaving a location. On the last page, they are shown looking out of their spaceship and waving goodbye to the reader as well. On the front and back cover of the book, Mary and Bill are pictured back in a town, telling the townspeople about their adventure (images of which appear in dialogue balloons). On the back cover, however, the medieval castle can be seen just over the hill, implying nearby proximity.

107. According to the Wikipedia page on David Wesely found at http://en.wikipedia.org/wiki/David_Wesely (accessed January 29, 2010).

108. See "Historia de los CRPGs", Meristation Zonafora, at http://zonaforo.meristation.com/foros/viewtopic.php?p=15403838 (accessed February 1, 2010); Matt Barton, "The History of Computer Role-Playing Games Part 1: The Early Years (1980–1983)", Gamasutra, at http://www.gamasutra.com/features/20070223a/barton_pfv. htm (accessed February 1, 2010); and Rusty Rutherford, "The Creation of PEDIT5", Armchair Arcade, available at http://www.armchairarcade.com/neo/node/1948 (accessed February 1, 2010). Also see Matt Barton, Dungeons and Desktops: The History of Computer Role-Playing Games, Wellesley, Massachusetts: A. K. Peters, 2008.

109. Sources seem to vary (especially on the Internet) as to whether Ultima was released in 1980 or 1981; however, The Official Book of Ultima by Shay Addams, with a preface by Richard Garriott, says it was "published by California Pacific in 1980". See Shay Addams, The Official Book of Ultima, Radnor, Pennsylvania: COMPUTE! Publications, 1990, page 15.

110. Dan Koeppel, "Massive Attack: Fasten Your Seat Belts: Peter Jackson's Second Lord of the Rings Installment Will Feature One of the Most Spectacular Battle Scenes in Film History, a Product of the Digital Dark Arts", Popular Science, January 23, 2003, page 44.

111. For example, see the Wikipedia page for "Simulated Reality" at http://en.wikipedia. org/wiki/Simulated_Reality (accessed February 2, 2010).

112. As quoted in Benjamin Svetkey, "The New Face of Movies", Entertainment Weekly, #1086, January 22, 2010, page 34.

113. See Chris Baker, "Master of the Universe", Wired 16.09, September 2008, page 136.

114. See the "Preserving Virtual Worlds" page at http://pvw.illinois.edu/pvw/ and the Library of Congress's page http://www.digitalpreservation.gov/partners/pvw/pvw.html (accessed February 3, 2010).

115. Thomas G. Pavel, Fictional Worlds, Cambridge, Massachusetts and London, England: Harvard University Press, 1986, pages 84–85.

116. Alan Lightman, Einstein's Dreams, New York, New York: Warner Books, pages 71–72.

117. These worlds can be found in Bob Shaw's Orbitsville (1975), Frederik Pohl and Jack

Williamson's Farthest Star (1975), Robert Forward's Dragon's Egg (1980), Larry Niven's Ringworld (1970), Terry Pratchett's The Colour of Magic (1983), and Somtow Sucharitkul's Mallworld (1984), respectively.

118. From "A First Note" at the beginning of Ursula K. LeGuin's Always Coming Home, New York and London: Bantam Books, 1985. Perec's apartment building may be too small to be considered an imaginary world by some, but I include it here (and in the Appendix) due to the high degree of development and detail that the building and its apartments are given (which is certainly more than such buildings receive in traditional literature), and the importance of the spaces to the narratives contained in the book.

119. Edward Castronova, Mark W. Bell, Robert Cornell, James J. Cummings, Matthew Falk, Travis Ross, Sarah B. Robbins and Alida Field, "Synthetic Worlds as Experi- mental Instruments", in Bernard Perron and Mark J. P. Wolf, editors, The Video Game Theory Reader 2, New York and London: Routledge, 2008, pages 284-285.

3. World Structures and Systems of Relationships

1. Charles Ischir Defontenay, Star (Psi Cassiopeia): The Marvelous History of One of the Worlds of Outer Space, first published in 1854, adapted by P. J. Sokolowski, Encino, California: Black Coat Press, 2007, page 24.

2. From the short story "Ton, Uqbar, Orbis Tertius" in Jorge Luis Borges, Fictions, 1944, reprinted in Jorge Luis Borges, Collected Fictions, translated by Andrew Hurley, New York, New York: Penguin Books, 1998, pages 71-72.

3. From J. R. R. Tolkien, "On Fairy Stories", as reprinted in Tree and Leaf, Boston, Massachusetts: Houghton Miffiin Company, 1964, page 64.

4. George Lucas, from an interview by Claire Clouzot in Ecran, September 15, 1977, pages 33-41, and later translated from the French by Alisa Belanger and reprinted in Sally Kline, editor, George Lucas: Interviews, Jackson, Mississippi: University of Mississippi Press, 1999, where the quote appears on page 58.

5. J. R. R. Tolkien, as quoted in Humphrey Carpenter, Tolkien: A Biography, Boston, Massachusetts: Houghton Miffiin Company, 1977, page 195. The quote comes from a January 1971 radio interview by the BBC.

6. Michael O. Riley, Oz and Beyond: The Fantasy World of L. Frank Baum, Lawrence, Kansas: The University Press of Kansas, 1997, pages 176-177.

7. Ibid., pages 208-209.

8. Both quotes are from Diana Wynne Jones, The Tough Guide to Fantasyland, New York, New York: DAW Books, 1996, page 11.

9. Michael O. Riley, Oz and Beyond: The Fantasy World of L. Frank Baum, Lawrence, Kansas: The University Press of Kansas, 1997, pages 186-187.

10. Thomas More, Utopia, edited by George M. Logan and Robert M. Adams, New York and Cambridge: Cambridge University Press, 1989, page 125.

11. As described by Culley Carson-Grefe:The very novel we read takes its existence from a clever manipulation of the mean- ing of the word hole. The history of the land of Archaos-the book we read-has supposedly been reconstructed by searching out what was lacking in official history: everything that was missing was Archaos. Because Archaos represented such a threat to its neighbors, all references to it had been eliminated. ⋯ This supposedly verifiable lacuna assumes a wholeness to history impossible to justify in other

than fanciful terms. At the same time, the very idea of the hole takes on an entirely new meaning. No longer an emptiness, a mere absence, it is a cutting out, an extraction.
From Culley Carson-Grefe, "Hole Studies: French Feminist Fiction", available at: http://crisolenguas.uprrp.edu/Articles/Hole%20Studies%20French%20Feminist%20 Fiction.pdf.

12. See page 10 and pages 111-113 of Garrison Keillor, Lake Wobegon Days, New York, New York: Penguin Books, 1985.

13. George Barr McCutcheon, Graustark: A Story of a Love Behind a Throne, Chicago, Illinois: Herbert S. Stone & Company, 1903, page 61.

14. See Ricardo Padron, "Mapping Imaginary Worlds" in James R. Akerman and Robert W. Karrow Jr., editors, Maps: Finding Our Place in the World, Chicago and London: The University of Chicago Press, 2007, page 261.

15. See John Knoll, with J. W. Rinzler, Creating the Worlds of Star Wars: 365 Days, New York, New York: Harry N. Abrams, Inc., 2005, days 167 and 200.

16. The maps by Pauline Baynes, "M. Blackburn", and Richard Caldwell can be found in Akerman and Karrow (see endnote 14), Barbara Strachey's maps in her book Journeys of Frodo (1981), Karen Wynn Fonstad's maps in the two editions of The Atlas of Middle-Earth (1991 and 2001), Shelly Shapiro's maps in certain reissues of Tolkien's books, James Cook's maps in Alberto Manguel and Gianni Guadalupi's The Dictionary of Imaginary Places (2000), and John Howe's maps in Brian Sibley's The Maps of Tolkien's Middle-earth (2003).

17. Adrian Leskiw, "Nation of Breda", in The Map Realm: The Fictional Road Maps of Adrian Leskiw, available at http://www-personal.umich.edu/~aleskiw/maps/breda. htm (accessed March 8, 2010).

18. See Michael W. Perry, Untangling Tolkien: A Chronology and Commentary for The Lord of the Rings, Seattle, Washington: Inkling Books, 2003; Kevin J. Anderson and Daniel Wallace, Star Wars: The Essential Chronology, New York, New York: Del Rey, 2000; and Michael and Denise Okuda, Star Trek Chronology: The History of the Future, New York, New York: Pocket Books, 1993 (first edition), 1996 (second edition).

19. John H. Raleigh, The Chronicle of Leopold and Molly Bloom: Ulysses as Narrative, Berkeley and Los Angeles: University of California Press, 1977.

20. Constantino Baikouzis and Marcelo O. Magnasco, "Is an eclipse described in the Odyssey?", Proceedings of the National Academy of Sciences 105, (June 24, 2008), page 8823, available at http://www.pnas.org/content/105/26/8823 (accessed March 23, 2010).

21. John Clute, entry for "Time Abyss" in John Clute and John Grant, editors, The Encyclopedia of Fantasy, New York: St. Martin's Griffin, 1999, pages 946-947.

22. Richard C. West, "The Interlace Structure of The Lord of the Rings", in Jared Lobell, editor, The Tolkien Compass, Chicago, Illinois: Open Court Publishing Company, 1975 (first edition), 2003 (second edition), page 76-77.

23. George MacDonald, At the Back of the North Wind, New York, New York: Schocken Books, 1978, page 88.

24. Walter Hooper, C. S. Lewis: Companion & Guide, New York, New York: HarperCollins Publishers, 1996, pages 420-423.

25. Brian Stableford, The Dictionary of Science Fiction Places, New York, New York: The Wonderland Press, 1999, page 34.

26. Rick Sternbach and Michael Okuda, Star Trek: The Next Generation Technical Manual,

New York and London: Pocket Books, 1991. See "Relativistic Considerations" on page 78 and "Warp Propulsion Systems" on pages 54–74.

27. Ibid., page 55.

28. See for example the "Star Trek Universe Timelines" at http://img.trekmovie.com/images/st09/stotimelines.jpg (accessed April 1, 2010).

29. See Tom Shipppey, J. R. R. Tolkien: Author of the Century, Boston Massachusetts: Houghton Miffiin Company, 2001, pages 243–244. Shippey quotes the insult and describes its context, concluding, "But the subtlety and the tension depend on carrying in one's head a string of distinctions between elvish groups, and a whole series of pedigrees and family relationships. The audiences of Icelandic sagas could do this, but readers of modern novels are not used to it, and easily miss most of what is intended." (page 244).

30. Although Dooku became the padawan of Master Thame Cerulian at the age of thirteen, he trained with Yoda before this and could still be considered an apprentice of Yoda's; Yoda even refers to Dooku as his old padawan in Attack of the Clones (2002).

31. Joshua Davis, "Second Coming", Wired, December 2009, page 192.

32. See Harald Stumpke, Bau und Leben der Rhinogradentia with preface and illustrations by Gerolf Steiner, Stuttgart, Germany: Fischer, 1961, and Harald Stumpke, Anatomie et Biologie des Rhinogrades–Un Nouvel Ordre De Mammiferes, Issy-les-Moulineaux, France: Masson, 1962. Also see J. B. Post, An Atlas of Fantasy, revised edition, New York, New York: Ballantine Books, 1979, page 152.

33. Raymond King Cummings, "Chapter XIX. The City of Arite" of The Girl in the Golden Atom (1922).

34. C. H. Hinton, An Episode of Flatland: Or, How a Plane Folk Discovered the Third Dimension, Swan Sonnenschein & Co., Limited: Bloomsbury, England, 1907, pages 1–2.

35. Dionys Burger, Sphereland: A Fantasy about Curved Spaces and an Expanding Universe, New York, New York: Quill/HarperResource, 2001, page 61. Sphereland was originally published in Dutch in 1965.

36. A. K. Dewdney, The Planiverse: Computer Contact with a Two-Dimensional World, New York: Copernicus, an imprint of Springer-Verlag, 2001 (original edition 1984), pages ix and xi.

37. Ronald D. Moore, Battlestar Galactica Series Bible, 2003, page 2, available at http://leethomson.myzen.co.uk/Battlestar_Galactica/Battlestar_Galactica_Series_Bible.pdf (accessed March 8, 2011).

38. Charles Ischir Defontenay, Star (Psi Cassiopeia): The Marvelous History of One of the Worlds of Outer Space, first published in 1854, adapted by P. J. Sokolowski, Encino, California: Black Coat Press, 2007, page 167.

39. Austin Tappan Wright, Islandia, Bergenfield, New Jersey: Signet, 1942, page 62.

40. Frank Herbert, Dune, New York: Berkley Books, 1977 (originally published by the Chilton Book Company, 1965), page 514.

41. Arika Okrent, In the Land of Invented Languages, New York, New York: Spiegel & Grau, 2009.

42. Lin Carter devotes an entire chapter of his book Imaginary Worlds to a discussion of good and bad names and how they function; see Lin Carter, "A Local Habitation and a Name: Some Observations on Neocognomia", Imaginary Worlds, New York, New York: Ballantine Books, 1973, pages 192–212.

43. For lists of words with different meanings in different languages, see Adam Jacot de Bonoid, The Meaning of Tingo: And Other Extraordinary Words from Around the World,

New York, New York: The Penguin Press, 2006. For example, "dad" in Albanian means "wet nurse or babysitter", "babe" in SiSwati means "father or minister", and "mama" in Georgian means "father" (page 81). Invented languages that combine invented roots to make words can inadvertently result in words with unwanted real-language connotations; for example, in Tolkien's work, the character Celeborn ("silver tree") has a name that in Telerin Quenya translates as "Teleporno".

44. See "Earth: Final Conflict" in Tim Conley and Stephen Cain, Encyclopedia of Fictional & Fantastic Languages, Westport, Connecticut: Greenwood Press, 2006, page 55.

45. George Orwell, Nineteen Eighty-Four, New York: Harcourt, Brace, and Company, 1949, pages 51 and 53.

46. Thomas More, Utopia, edited by George M. Logan and Robert M. Adams, New York and Cambridge: Cambridge University Press, 1989, page 123.

47. Margaret Cavendish, The Description of a New World, Called the Blazing-World, 1666.

48. Tim Conley and Stephen Cain, Encyclopedia of Fictional & Fantastic Languages, Westport, Connecticut: Greenwood Press, 2006, page 13.

49. The glossary can found on pages 289-295 of the text of the Second Volume of the 1751 edition, which is available at http://books.google.com/books?id=OpPRAAAA MAAJ&printsec =frontcover#v=onepage&q&f=false (accessed October 25, 2011).

50. For example, in the Star Wars galaxy, words taken from Primary World languages are often used as names; for example, Tatooine (from Tataouine (also transliterated "Tatooine"), the Arabic name of the capital of the Tataouine Governate in Tunisia, where Star Wars was filmed), Vader (Dutch for "father"), Yoda (similar to "Yoddha", Sanskrit for "great warrior"), Padme (Sanskrit for "Lotus"), Amidala (a feminine form of the Buddha Amida), Leia (Assyrian for "royalty"), Dooku (similar to "doku", Japanese for "poison"), and so on. Lucas even takes names directly from existing English words (Bail, Bane, Coruscant, Mace, Maul, Rancor, Solo, and so forth) or makes names from obvious variations from them (Ephant Mon (from "Elephant Man"), Sidious (from "insidious"), or Tyranus (tyrannous, tyrant), and so on). While the use of foreign words can add meaning to names, names whose etymologies are too obvious, or call attention to their origins too blatantly, may run the risk of undermining the verisimilitude of a world.

51. J. R. R. Tolkien, "A Secret Vice", in The Monsters and the Critics and Other Essays, edited by Christopher Tolkien, London, England: HarperCollins Publishers, 1997 (originally published by George Allen & Unwin Ltd. in 1983), pages 198-223.

52. Pierre Berton, The Secret World of OG, Toronto, Ontario: McClelland and Stewart, 1961.

53. From Lord Dunsany, "Of the Making of the Worlds" in The Gods of Pegana (1905).

54. From Letter 181 of Humphrey Carpenter, editor, The Letters of J. R. R. Tolkien, Boston, Massachusetts: Houghton Miffin Company, 1981, page 235.

55. Ibid., see Letters 15, 25, 31, 109, 153, 154, 156, 163, 165, 200, 211, 212, and especially 131, 144, and 181.

56. Ibid., from Letter 276, page 361.

57. Ibid., from Letter 259, page 349.

58. Ibid., from Letter 265, page 352.

59. Stephen Prickett, Victorian Fantasy, Bloomington and London: Indiana University Press, 1979, page 229.

60. Other Bible stories are also used for inspiration: in Defontenay's Star (1854), when the Starians are wiped out, Ramzuel escapes in an abare (spaceship) with his family and later

his descendents become the new Starian people; and Book IV is even named "Exodus and Deuteronomy".

61. From Letter 142 of Humphrey Carpenter, editor, The Letters of J. R. R. Tolkien, Boston, Massachusetts: Houghton Miffin Company, 1981, page 172.
62. Lin Carter, Imaginary Worlds: The Art of Fantasy, New York, New York: Ballantine Books, page 180.
63. From Letter 169 of Humphrey Carpenter, editor, The Letters of J. R. R. Tolkien, Boston, Massachusetts: Houghton Miffin Company, 1981, page 224.
64. Diana Wynne Jones, The Tough Guide to Fantasyland, New York, New York: DAW Books, Inc., 1996, page 20.
65. From Letter 180 of Humphrey Carpenter, editor, The Letters of J. R. R. Tolkien, Boston, Massachusetts: Houghton Miffin Company, 1981, page 231.
66. Philip K. Dick, "How to Build a Universe That Doesn't Fall Apart Two Days Later", 1978, in Philip K. Dick, I Hope I Shall Arrive Soon, New York, New York: Doubleday, 1985, pages 4–5.

4. More than a Story: Narrative Threads and Narrative Fabric

1. Charles Ischir Defontenay, Star (Psi Cassiopeia): The Marvelous History of One of the Worlds of Outer Space, first published in 1854, adapted by P. J. Sokolowski, Encino, California: Black Coat Press, 2007, page 237.
2. For an overview of the conceptualization of narrative units, see Jan Christoph Meister, "Narrative Units", in Routledge Encyclopedia of Narrative Theory, edited by David Herman, Manfred Jahn, and Marie-Laure Ryan, London, England, and New York, New York: Routledge, 2005, pages 382–384.
3. Although this may be the first time the term "narrative fabric" is used, this extension of the metaphor of narrative threads has been suggested by others; for example, Eugène Vinaver described the alternating themes of interlace narrative as needing to "alternate like threads in a woven fabric, one theme interrupting another and again another, and yet all remaining constantly present in the author's and the reader's mind." As quoted in Carol J. Clover, The Medieval Saga, Ithaca, New York: Cornell University Press, 1982, page 143, which cites page 76 of Vinaver's The Rise of Romance (Gloucestershire, England: Clarendon Press, 1971) as the source of the quote.
4. Although it is often the degree of invention, rather than the amount, that creates conflicts; a narrative fabric could be woven, for example, about the intersecting lives of a hundred characters living in New York City over several decades, producing a dense and detailed narrative fabric which does not become a secondary world.
5. For a look at how simultaneity was dealt with in Icelandic and medieval sagas, see the "Simultaneity" chapter In Carol J. Clover, The Medieval Saga, Ithaca, New York: Cornell University Press, 1982, pages 109–147.
6. From J. R. R. Tolkien, "In the House of Tom Bombadil" in The Fellowship of the Ring, New York: Ballantine Books, 1965, page 181.
7. It should also be noted here that narrative resolution depends on the level of narrative we are considering; while the preceding passage is a very low-resolution version of the history of the Barrow-downs, the passage is at the same time also a summary of what Bombadil is telling the hobbits, which involves less compression.

8. From a letter to Sir Stanley Unwin, reprinted as Letter 129 in Humphrey Carpenter, editor, The Letters of J. R. R. Tolkien, Boston, Massachusetts: Houghton Miffin Company, 1981, page 142.

9. From the "Introductory Note" in 1951 Second Edition of The Hobbit, as reprinted in Douglas A. Anderson, annotator, The Annotated Hobbit, Boston, Massachusetts: Houghton Miffin Company, 1988, page 322.

10. From a letter to Sir Stanley Unwin, reprinted as Letter 24 in Humphrey Carpenter, editor, The Letters of J. R. R. Tolkien, Boston, Massachusetts: Houghton Miffin Company, 1981, page 29.

11. Michael O. Riley, Oz and Beyond: The Fantasy World of L. Frank Baum, Lawrence, Kansas: The University Press of Kansas, 1997, page 104.

12. Ibid., page 133. Riley's comment that the later Oz novels were weaker appears on page 171.

13. For example, Jean Webster's novel Just Patty (1911) is a prequel to her earlier book When Patty Went to College (1903).

14. As Internet searches of the terms reveal, "interquel", "intraquel", and "midquel" have all been independently invented a number of times since the mid-1990s, with all three terms being used interchangeably to suggest the same thing. This is why I propose "midquel" as a more general term, and "interquel" and "intraquel" as two specific and different types of midquels.

15. Mario Puzo, The Sicillian, New York, New York: Random House, 1984, page 354 in the paperback edition.

16. Pages 303 and 304, to be precise. Technically speaking, The Lord of the Rings extends a bit beyond the events of The Silmarillion, if one includes the timeline in Appendix B, which gives two pages' worth of events into the Fourth Age.

17. Thanks to Sean Malone for calling my attention to The Last Ringbearer.

18. The order of first public appearance of sequence elements can also differ from the order in which an author created them; for example, C. S. Lewis's seven books that make up The Chronicles of Narnia have a different order of creation, order of publication, and order in which they take place (see Chapter 6).

19. Michael O. Riley, Oz and Beyond:The Fantasy World of L. Frank Baum, Lawrence, Kansas: The University Press of Kansas, 1997, page 141.

20. Ibid., pages 152-153.

21. Ibid., page 134.

22. Ibid., page 135.

23. Ibid., page 137.

24. Jenkins writes, "Television and fi lm producers often express the need to maintain absolute fidelity to one definitive version of a media franchise, fearing audience confusion. Comics, on the other hand, are discovering that readers take great pleasure in encountering and comparing multiple versions of the same characters." From Henry Jenkins with Sam Ford, "Managing Multiplicity in Superhero Comics: An Interview with Henry Jenkins" in Pat Harrigan and Noah Wardrip-Fruin, editors, Third Person: Authoring and Exploring Vast Narratives, Cambridge, Massachusetts: MIT Press, 2009, page 307.

25. Although sometimes earlier works do not receive the retconning they clearly need. For example, in the novelization of Star Wars that came out in late 1976 before the movie, during the scene in which Ben Kenobi gives Luke his lightsaber, the text reads:"Your

father's lightsaber," Kenobi told him. "At one time they were widely used. Still are, in certain galactic quarters." Since by the end of Episode III Kenobi, Yoda, Anakin, and the Emperor are the only ones left who have lightsabers, they cannot be "widely used" anywhere; this line of dialogue did not appear in the movie, but was part of the extra material added for the novelization. From the Star Wars novelization, credited to George Lucas (though ghostwritten by Alan Dean Foster), New York, New York: Ballantine Books, 1976, page 79.

26. Ibid., pages 123-124.
27. For examples and descriptions of what some authors have done with Oz and Baum's characters, see http://en.wikipedia.org/wiki/Land_of_Oz.
28. Some, though, like Philip Jose Farmer's Wold Newton Family stories or Alan Moore's League of Extraordinary Gentlemen series, combine characters from other sources but have their stories set in the Primary World or some version of it, rather than an original imaginary world.
29. The use of Yoyodyne as a background detail on Star Trek: The Next Generation (1987-1994) comes from the film The Adventures of Buckaroo Bonzai Across the 8th Dimension (1984), although the name itself originally comes from the fictional aerospace company in Thomas Pynchon's novels V. (1963) and The Crying of Lot 49 (1966).
30. See http://en.wikipedia.org/wiki/Morley_(cigarette) for a list of shows in which Morley cigarettes have appeared. The list even includes The Dick Van Dyke Show (1961-1966), thought to be the earliest appearance of Morley cigarettes.
31. King's eighth Dark Tower book, The Wind Through the Keyhole (2012), is an interquel which takes place between books four and five of the series.
32. Regarding the retroactive linking of Baum's worlds, Riley writes about Baum's sense as a businessman:[Baum's] suggestion in 1915 to his publishers that their reissue of his "Laura Bancroft" book BABES IN BIRDLAND under his own name include the subtitle "An Oz Fairy Tale." In his opinion, this connection would give it the appeal of his Oz stories and lead to larger sales. Quite rightly, I believe, his publishers felt that this might be perceived as deceptive and that the connection to Oz could be made in the advertising of the books. Thus, Baum never then pulled his Bancroft world into his larger fantasy world.From an e-mail from Michael O. Riley to the author, March 5, 2012.
33. Anthony Flack, as quoted in Dave Morris and Leo Hartas, The Art of Game Worlds, New York, New York: HarperCollins, 2004, page 174.
34. See especially the work of Roger Schank, Marie-Laure Ryan, Jesper Juul, Brenda Laurel, Janet Murray, and Chris Crawford.
35. Other LEGO video games, like those based on the Indiana Jones and Batman franchises, are very similar in their activities-running, jumping, climbing, beating up enemies, picking up studs-to the LEGO Star Wars games, but in different attire.
36. Jon Carroll, "Guerillas in the Myst", Wired magazine, 2.08, August 1994, page 72.
37. See John Knoll, Creating the Worlds of Star Wars 365 Days, New York, New York: Harry N. Abrams, Inc., 2005, pages 123, 149, 146, 147 in particular.
38. J. W. Rinzler, The Making of Star Wars Revenge of the Sith, New York, New York: Del Rey Books, 2005, page 50.
39. Ibid., pages 167 and 200, respectively.
40. The same can be said for other extradiegetic material pertaining to a world, such as advertising, merchandising, and so forth. As Pat Harrigan and Noah Wardrip-Fruin point

out, "Everyone of a certain age (and their parents) knows what an Ewok is, but the word Ewok is never used in Return of the Jedi (1983), the movie in which they appear; the information was transmitted via the spin-off toys, comics, cartoons, and books." From Pat Harrigan and Noah Wardrip-Fruin, editors, Third Person: Authoring and Exploring Vast Narratives, Cambridge, Massachusetts: MIT Press, 2009, page 23.

41. From letter 342, to Mrs. Meriel Thurston, on November 9, 1972, in Humphrey Carpenter, editor, The Letters of J. R. R. Tolkien, Boston, Massachusetts: Houghton Miffin Company, 1981, page 422.

5. Subcreation within Subcreated Worlds

1. Margaret Cavendish, The Description of a New World, Called the Blazing-World, printed by A. Maxwell in London, 1666. Also available at http://digital.library.upenn.edu/ women/ newcastle/blazing/blazing.html (accessed February 24, 2011).

2. On page 152 of Arthur C. Clarke's 3001: The Final Odyssey (New York, New York: Del Rey Books, 1997), Captain Dmitri Chandler says "Where have I heard that idea before? Of course, Frank-it goes back a thousand years-to your own time! 'The Prime Directive'! We still get lots of laughs from those old Star Trek programs." Having his characters laugh at Star Trek seems to place his own world on a higher, more realistic plane, which of course is debatable, especially considering some of the events of Clarke's own story.

3. Lubomír Doležel, Heterocosmica: Fiction and Possible Worlds, Baltimore, Maryland: Johns Hopkins University Press, 1998, page 149.

4. Rand and Robyn Miller with David Wingrove, Myst: The Book of Atrus, New York, New York: Hyperion, 1995, pages 203-204 (paperback edition).

5. According to Cyan programmer and official D'ni Historian Richard "RAWA" Watson, a kind of world gestalt occurs to fill in the missing details of a world if the description does not cover them: The majority of Gehn's Ages were very short as he tested the effects of various phrases that he was copying from other Books. As page 123 of The Book of Atrus explains, a Descriptive Book will [connect] to an Age once the very first word is written. It's just that the more detailed your descrip- tion, the more the Age will match what you want. If you just write the word "island" and use the Book, you'll link to a complete Age, but the only thing you'll know about it before you get there is that it will have an island. Everything else will be filled in "at random", meaning the Book will just link to one of countless Ages that match your generic description. You don't even know if it will have oxygen or not. Not a good idea. So many of Gehn's Ages would have just been a few paragraphs to cover the safety kinds of things and the particular phrase he was trying to test. (Similar to the test Ages that Atrus writes at the end of The Book of Atrus.) Ironically, these shorter Ages of Ghen's are much more likely to have been stable, as they were too short to have many contradictions in them. To use the programming analogy for the Art, many of Gehn's Ages were simple, such as:10 PRINT "Hello" 20 GOTO 10 From an e-mail from Richard A. Watson to the author, September 17, 2004. Watson must be referring to the hard cover edition of Myst: The Book of Atrus, as the passage he describes comes later than page 123 in the paperback edition.

6. Rand and Robyn Miller with David Wingrove, Myst: The Book of Atrus, New York, New York: Hyperion, 1995, page 212 (paperback edition).

7. Verlyn Flieger, "Tolkien and the Idea of the Book" in Harold Bloom, editor, Bloom's Modern

Critical Interpretations: The Lord of the Rings-New Edition, New York, New York: Infobase Publishing, 2008, page 130.

8. Ibid., pages 132-133.
9. Ibid., pages 145-169.
10. J. R. R. Tolkien, "Leaf by Niggle", reprinted in The Tolkien Reader, New York, New York: Ballantine Books, 1966, pages 100-101.
11. The letters in question are #163, which mentions the appearance of Strider, Saruman, the Stewards of Gondor and others, while Faramir's appearance is mentioned in letter #66.
12. From "The Brick Moon" (1869) in "The Brick Moon and Other Stories by Edward Everett Hale" at Project Gutenberg, available at http://www.gutenberg.org/ ebooks/1633 (accessed February 28, 2011).
13. Olaf Stapledon, Last and First Men, & Star Maker: Two Science-fiction Novels, Chelmsford, Massachusetts: Courier Dover Publications, 1968, pages 364-365.
14. Although it is clear in Lovecraft's work that his Dreamworld is something beyond the dreams of one individual, multiple Primary World characters appearing in the same dream could be explained by technology, as the dream-invading apparatus used in the film Inception (2010).
15. Margaret Cavendish, The Description of a New World, Called the Blazing-World, printed by A. Maxwell in London, 1666. Also available at http://digital.library.upenn.edu/ women/newcastle/blazing/blazing.html (accessed February 24, 2011).
16. Edith Nesbit, The Magic City, London: MacMillan and Company, 1910, pages 14-15. Also available at http://www.gutenberg.org/files/20606/20606-h/20606-h. htm (accessed March 1, 2011).
17. Ibid., page 27.
18. Ibid., page 11.
19. J. R. R. Tolkien, The Silmarillion, edited by Christopher Tolkien, (Boston, Massachusetts: Houghton Miffin Company, 1977), page 17.
20. Ibid., page 20.
21. E. R. Eddison, A Fish Dinner in Memison, New York, New York: Ballantine Books, 1969, page 266.
22. Ibid., page 308.
23. Ibid., page 312.
24. Rand and Robin Miller, with David Wingrove, Myst: The Book of Atrus, New York, New York: Hyperion, 1995, page 262 (paperback edition).
25. From Letter #131, to Milton Waldman, in The Letters of J. R. R. Tolkien, edited by Humphrey Carpenter, Boston, Massachusetts: Houghton Miffin Company, 1981, page 145.

6. Transmedial Growth and Adaptation

1. From letter #131, to Milton Waldman, in Humphrey Carpenter, editor, The Letters of J. R. R. Tolkien, Boston, Massachusetts: Houghton Miffin Company, 1981, page 145.
2. John M. MacGregor, Henry Darger: In the Realms of the Unreal, New York, New York: Delano Greenidge Editions, LLC, 2002, page 24.
3. Henry Jenkins, Convergence Culture: Where Old and New Media Collide, New York: New York University Press, 2006, page 114.
4. At what point can something no longer be considered an adaptation? How much narrative

must be carried over? For example, when adapting The Lord of the Rings into a video game, we could have Frodo passing through mazes of forests, eating evenly distributed lembas wafers that lie in his path, while being chased by four black Nazgul-and end up with a game which is only Pac-Man (1980) with new graphics.

5. One can find Tolkien's concern for his publisher's wishes in a number of letters, for example, letter #35 to C. A. Furth, in which he discusses whether or not The Lord of the Rings is shaping up as a suitable sequel to The Hobbit. He adds in a footnote: Still, there are more hobbits, far more of them and about them, in the new story. Gollum reappears, and Gandalf is to the fore: "dwarves" come in; and though there is no dragon (so far) there is going to be a Giant; and the new and (very alarming) Ringwraiths are a feature. There ought to be things that people who liked the old mixture will find to have a similar taste. From letter #35 in Humphrey Carpenter, editor, The Letters of J. R. R. Tolkien, Boston, Massachusetts: Houghton Miffin Company, 1981, page 42.

6. For an examination of the how the screenplays evolved, see Laurent Bouzereau, Star Wars: The Annotated Screenplays, New York, New York: Ballantine Books, 1997.

7. Future media may be able to add a few more sensory registers. Developing technologies aim to bring experiences of smell and taste to audiences, but since these require physical contact with at least trace amounts of the objects being experienced, and have effects that linger, unlike image and sound which can be switched off or changed abruptly, it seems unlikely that they will play much of a part in mediated experiences of imaginary worlds. The sense of touch, likewise, could become involved with virtual reality hardware like force feedback gloves, but these, too, are not expected to reach the stage of sophistication necessary to reproduce experiences with a level of realism to match that of sight and sound.

8. While "auralization" does not appear in the current edition of the Oxford English Dictionary, I believe it is a sound coinage based on the relationship between "visual" and "visualization", and can therefore be used to refer to sound design and the process of making audible sound from a description of a sound. The word "auralization" is also already used in the more narrow sense of using a computer to calculate and reproduce sound waves in computer simulations of spaces; for example, see Michael Vorländer, Auralization: Fundamentals of Acoustics, Modelling, Simulation, Algorithms and Acoustic·Virtual Reality, New York, New York: Springer, 2008.

9. J. R. R. Tolkien, The Lord of the Rings, one-volume edition, Boston, Massachusetts: Houghton Miffin Company, 1994, page 452.

10. Ibid., page 564.

11. J. R. R. Tolkien, Endnote E of "On Fairy-Stories" in Tree and Leaf, London, England: George Allen & Unwin Ltd., 1964, page 67.

12. Laurent Bouzereau, Star Wars: The Annotated Screenplays, New York, New York: Ballantine Books, 1997, page 49.

13. Christina Scull and Wayne G. Hammond, The J. R. R. Tolkien Companion and Guide: Chronology and Reader's Guide, Boston, Massachusetts: Houghton Miffin Company, 2006, pages 647-649.

14. For example, the kitchen of Dex's Diner in Star Wars Episode II: Attack of the Clones (2002) is seen only briefly through the Diner's order window in the film, yet photographs in Star Wars Mythmaking: Behind the Scenes of Attack of the Clones reveal all the piping, machinery, utensils, furnishings, and food of the cluttered set. See Jody Duncan, Star

Wars Mythmaking: Behind the Scenes of Attack of the Clones, New York, New York: Ballantine Books, 2002, pages 74 and 107. The existence of so much detail that is barely, if at all, seen in the film can be justified by the fact that it can be revealed in "Making Of" books such as Duncan's, and at the same time helps to give fans more reasons to buy the books, since they can reveal more of the Star Wars universe.

15. Douglas A. Anderson, The Annotated Hobbit, Second Edition, Boston, Massachusetts: Houghton Miffin Company, 2002.
16. J. R. R. Tolkien, "On Fairy-stories" in Verlyn Flieger and Douglas A. Anderson, editors, Tolkien On Fairy-stories, London, England: HarperCollins Publishers, 2008, pages 61–62.
17. J. W. Rinzler, The Making of Star Wars Revenge of the Sith, New York, New York: Del Rey Books, 2005, page 208.
18. Jody Duncan, Star Wars Mythmaking: Behind the Scenes of Attack of the Clones, New York, New York: Ballantine Books, 2002, page 48.
19. Ibid., page 40. The preceding page also notes how Yoda's role in the film changed because the digital model was able to do much more than the puppet model could (as in Yoda's lightsaber fight with Count Dooku).
20. Designer Joe Johnston, as quoted in Laurent Bouzereau, Star Wars: The Annotated Screenplays, New York, New York: Ballantine Books, 1997, page 279.
21. Jody Duncan, Star Wars Mythmaking: Behind the Scenes of Attack of the Clones, New York, New York: Ballantine Books, 2002, page 175.
22. David E. Williams, "The Politics of Pre-Viz", American Cinematographer, Authoring Images, Part I, May 2007, pages 8–13.
23. Some may question the inclusion of Lake Wobegon as an imaginary world, perhaps citing its lack of invention (claiming it is too similar to the Primary World) or its incompleteness (due to a lack of visualization of much of it). To this, I would respond by pointing out Keillor's book, Lake Wobegon Days (1985), which gives a detailed history of the town, as well as the abundance of Lake Wobegon stories in subsequent books and on the air over several decades, which develop the town and its inhabitants. Lake Wobegon's degree of development, its self-containedness and disconnectedness from the areas around it, and regular cast of inhabitants, qualifies it for inclusion under a broad definition of imaginary worlds.
24. Matthew Miles Griffiths, Senior Designer at SCI Games, as quoted in Dave Morris and Leo Hartas, The Art of Game Worlds, New York, New York: HarperCollins, 2004, pages 112–114.
25. As quoted in Dave Morris and Leo Hartas, The Art of Game Worlds, New York, New York: HarperCollins, 2004, page 122.
26. Neil Randall and Kathleen Murphy, "The Lord of the Rings Online: Issues of Adaptation and Simulation" in Gerald Voorhees, Joshua Call, and Katie Whitlock, editors, Dungeons, Dragons and Digital Denizens: Digital Role-Playing Games, New York, New York: Continuum, 2012, page 121.
27. These reasons, and more, are described in detail in Trevor Elkington, "Too Many Cooks: Media Convergence and Self-Defeating Adaptations" in Bernard Perron and Mark J. P. Wolf, editors, The Video Game Theory Reader 2, New York, New York: Routledge, 2008, pages 213–235.
28. Although this is not always the case. For example, an encyclopedic work could be made about a video game world which merely describes its contents without adding any

narrative to them.

29. Danny Bilsen, as quoted in "Building Transmedia Worlds", Game Theory with Scott Steinberg, September 29, 2010, available at http://gametheoryonline.com/2010/09/29/transmedia-video-game-toys-comics-fi lms-movies-tv/.

30. See Chapter 4 in Henry Jenkins, Convergence Culture: Where Old and New Media Collide, New York, New York: New York University Press, 2006.

7. Circles of Authorship

1. Wim Wenders, "A Conversation with Wim Wenders", Wim Wenders interviewed by Scott Derrickson, IMAGE: A Journal of the Arts and Religion, Summer 2002, Number 35, page 47.

2. J. R. R. Tolkien, in a draft of a letter to Carole Batten-Phelps, in J. R. R. Tolkien, The Letters of J. R. R. Tolkien, edited by Humphrey Carpenter, Boston, Massachusetts: Houghton Miffin Company, 1981, page 413.

3. Jack Stillinger, Multiple Authorship and the Myth of Solitary Genius, Oxford, England: Oxford University Press, 1991, pages 186-187.

4. J. R. R. Tolkien, from letter #131 to Milton Waldman, in The Letters of J. R. R. Tolkien, page 145.

5. Ibid., page 371. In letter #292, Tolkien complains of hearing from a fan who was writing a sequel and asks the press to do what they can to stop him. On page 404, in letter #315, written to his son Michael in 1970, Tolkien does write "I should like to put some of this stuff into readable form, and some sketched for others to make use of." However, this, too, appears to be referring to usage that would bring in income, rather than expansion by other writers, since the sentence that follows refers indirectly to the literary income passing on to his children.

6. See the "Star Wars Canon" Wikipedia webpage, available at http://en.wikipedia.org/wiki/Star_Wars_canon; and Chris Baker, "Master of the Universe", Wired 16.09, September 2008, pages 134-141. For a discussion of the debates surrounding Star Wars canon, see http://www.canonwars.com/SWCanon2.html. These pages, however, were written before the release of the 3-D versions of the films, so it is unclear if they are considered more canonical than the original two-dimensional versions of the films.

7. Tom Shippey, The Road to Middle-earth, Revised Edition, Boston, Massachusetts: Houghton Miffin Company, 2003, page 315. The list of nine versions appears on pages 313-314.

8. See the explanation provided by Turkano, Senior Member of the Star Trek Wiki, on the "Who Owns Star Trek?" webpage available at http://forums.startrekonline.com/showthread.php?t=77190.

9. Walter Jon Williams, "In What Universe?" in Pat Harrigan and Noah Wardrip- Fruin, editors, Third Person: Authoring and Exploring Vast Narratives, Cambridge, Massachusetts: MIT Press, 2009, page 27. Unlike what one might think, writing for an existing world is not necessarily easier than inventing one; on page 29 of the essay, Williams adds, "Tie-in novels are said to be easier than the original ones because the characters and settings are already established. As far as my Star Wars book went, it would have been a lot less work to have invented it all myself."

10. Carol Pichefsky, "Expanded Universes, Contracted Books: A Look at Tie-in Novels",

Wizard Oil blog on Orson Scott Card's Intergalactic Medicine Show, available at http://www.intergalacticmedicineshow.com/cgi-bin/mag.cgi?do=columns&vol=carol_pinchefsky&article=010.

11. See the discussion, regarding how the Tolkien estate did not give permission to publish certain scholarship which contained analysis of Tolkien's unpublished work, in Erik Davis, "The Fellowship of the Ring: Wherein an Oxford don and his ragtag army of fans turn a fairy tale about hobbits into the ultimate virtual world. Can any movie ever do it justice?", Wired 9.10, October 2001, pages 130–131.

12. Henry Jenkins, "Transmedia Storytelling 101", March 22, 2007, available at http://www.henryjenkins.org/2007/03/transmedia_storytelling_101.html (accessed September 12, 2011).

13. See the "fanon" TVtropes.org webpage available at http://tvtropes.org/pmwiki/pmwiki.php/Main/Fanon (accessed September 15, 2011).

14. See Anthony Burdge and Jessica Burke, "Fandom" entry in Michael D. C. Drout, editor, J. R. R. Tolkien Encyclopedia: Scholarship and Critical Assessment, Boca Raton, Florida: CRC Press, 2007, pages 194–195.

15. For a list of other elements that started as unauthorized additions and became canon, see the "Canon Immigrants" TVtropes.org webpage, available at http://tvtropes.org/pmwiki/pmwiki.php/Main/CanonImmigrant (accessed September 15, 2011).

16. Techically, Boba Fett's popularity began even before The Empire Strikes Back, since he first appeared in the Star Wars Holiday Special (1978) as an animated character. Also, see "Confirmation Case: Boba Fett" on the "Star Wars Canon: Overview" webpage, available at http://www.canonwars.com/SWCanon2.html (accessed September 15, 2011).

17. For more on the controversy surrounding Jar Jar, see the "Jar Jar Binks" Wikipedia webpage, available at http://en.wikipedia.org/wiki/Jar_Jar_Binks (accessed September 15, 2011); and the "Hear the Critics Speak" webpage available at http://www.mindspring.com/~ernestm/jarjar/jarjarcritics.html (accessed September 15, 2011).

18. See the "Sure, Why Not?" TVtropes.org webpage at, available at http://tvtropes.org/pmwiki/pmwiki.php/Main/SureWhyNot (accessed September 15, 2011), which also has a list of examples from different media, including some from Anthony's Xanth series.

19. For a list of fans that became employees or freelancers, see the list at "Promoted Fanboy", TVtropes.org webpage, available at http://tvtropes.org/pmwiki/pmwiki.php/Main/PromotedFanboy (accessed September 16, 2011), and the "Running the Asylum" TVtropes webpage, available at http://tvtropes.org/pmwiki/pmwiki.php/Main/RunningTheAsylum (accessed September 16, 2011).

20. This is not to say that the player's actions cannot be integrated into the events of the canon; in Riven, for example, Catherine is able to continue as a character in Myst III: Exile (2001) only because the "stranger" (the player's character) rescued her, provided that the "right" ending was chosen. At the same time, only one ending of Riven is considered canonical, and Catherine is present in Myst III: Exile even if the player does not choose the canonical ending; so the narrative assumes that the "right" ending occurred, and thus the world remains unchanged by the player's actions.

21. According to Robert D. Hof, "Second Life's First Millionaire", Bloomberg Businessweek, November 26, 2006, available at http://www.businessweek.com/the_thread/techbeat/archives/2006/11/second_lifes_fi.html (accessed September 20, 2011).

22. See Mike Schramm, "Man buys virtual space station for 330k real dollars", Joystiq, January 2, 2010, available at http://www.joystiq.com/2010/01/02/man-buys-virtual-space-station

-for-330k-real-dollars/ (accessed September 21, 2011), and "Planet Calypso Player Sells Virtual Resort for $635,000.00 USD", PR Newswire, November 12, 2010, available at http://www.prnewswire.com/news-releases/planet-calypso-player-sells-virtual-resort-for-63500000-usd-107426428.html (accessed September 21, 2011).

23. Kathryn Gibson, "Second Life economy totals $567 million US dollars in 2009—65 percent growth over 2008", Helix, February 4, 2010, available at http://www. helixvirtualworlds. com/blogs/secondlife/2009endofyearsecondlifeeconomy (accessed September 21, 2011).

24. C. S. Lewis, "On Stories" in Of Other Worlds: Essays and Stories, edited by Walter Hooper, New York, New York: Harcourt Brace & Company, 1966, page 12.

25. Rachel Wagner, from the book proposal for her book Godwired: Religion, Ritual, and Virtual Reality, January 2010, page 2.

26. Chaim Gingold, discussing Will Wright's Spore (2008), in Chaim Gingold, "A Brief History of Spore" in Pat Harrigan and Noah Wardrip-Fruin, editors, Third Person: Authoring and Exploring Vast Narratives, Cambridge, Massachusetts: MIT Press, 2009, page 131.

27. C. N. Manlove, The Impulse of Fantasy Literature, Kent, Ohio: Kent State University Press, 1983, page 156.

28. Edward Castronova, Exodus to the Virtual World, New York, New York: Palgrave MacMillan, 2007, page 201.

29. Bruce Mazlish, The Fourth Discontinuity: The Co-evolution of Humans and Machines. New Haven, Connecticut: Yale University Press, 1993, page 195.

30. From Pope John Paul II, "Letter of His Holiness Pope John Paul II to Artists", 1999, available at http://www.vatican.va/holy_father/john_paul_ii/letters/documents/hf_jp-ii_let_23041999_artists_en.html (accessed September 21, 2011).

31. J. R. R. Tolkien, in a draft of a letter to Peter Hastings, in J. R. R. Tolkien, The Letters of J. R. R. Tolkien, edited by Humphrey Carpenter, Boston, Massachusetts: Houghton Miffin Company, 1981, pages 188–189. Quotes from Hasting's letter, including the one mentioned earlier, appear on pages 187–188.

32. Edward Castronova, Synthetic Worlds: The Business and Culture of Online Games, Chicago, Illinois: University of Chicago Press, 2005, page 262. I would like to thank Mark Hayse for bringing this quote to my attention.

33. Jon Carroll, "Guerillas in the Myst", Wired 2.08, August 1994, page 73.

34. From Mark Hayse, "god games" entry in Mark J. P. Wolf, editor, Encyclopedia of Video Games: The Culture, Technology, and Art of Gaming, Santa Barbara, California: ABC-CLIO/Greenwood Press, 2012. The works that Hayse cites in the quote are Stephen R. Garner, "Hacking with the Divine: A Metaphor for Theology-Technology Engagement", Colloquium 37, No. 2, 2005, pages 181–195; Noreen Herzfeld, "God Mode in Video Games", paper presented at the 2005 Conference on Violence and Religion, Vallendar, Germany, July 2005; Kevin Kelly, Out of Control: The New Biology of Machines, Social Systems and the Economic World, New York: Basic Books, 1995; and Kevin Kelly, "Nerd Theology", Technology in Society 21, 1999, pages 387–392, available at http://www.kk.org/writings/nerd_theology.pdf (accessed September 21, 2011).

35. J. R. R. Tolkien, "On Fairy-stories" in Verlyn Flieger and Douglas A. Anderson, editors, Tolkien On Fairy-stories, London, England: HarperCollins Publishers, 2008, pages 65–66.

36. Andrei Tarkovsky, June 11, 1982, Diari Martirologio, pages 503–504, as quoted in Instant Light: Tarkovsky Polaroids, edited by Giovanni Chiaramonte and Andrey A. Tarkovsky, London, England: Thames & Hudson, 2004, page 86.

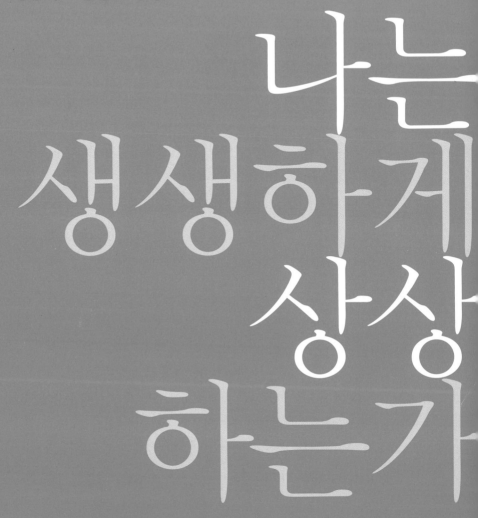

01 생생하고 싱싱한 상상

나는
생생하게
상상
하는가

우리들의 고민 편지

과학을 유독 좋아하는 중학교 3학년 A양은 토론의 달인이다. 그녀는 논리적인 근거를 찾아 주장
하는 것을 좋아한다. 그런 특성을 가지고 있다 보니 다른 사람의 이야기를 들을 때도 논리적이지
않으면, 물고 늘어져서 항복을 받아내곤 한다. 진로 활동의 앞부분은 다양한 정보를 탐색하고 논
리적으로 가능성을 찾아가는 작업이라 그녀에게 잘 맞았다. 그런데 진로 활동의 후반 작업은 대부
분 미래의 내용을 체계적으로 정리하는 것이 많기에 그녀로서는 받아들이기가 어렵다. 그래서 A
는 진로상담 교사에게 미래 상상의 과학적인 원리와 근거를 얘기해 달라고 으름장을 놓았다.

– 온라인 캠프에 올라온 진로 고민 편지

2주일 동안 진로 동아리는 휴강이었다. 학생들은 오랜만에 만났지만 표정에는 웃음이 사라지고 동아리의 분위기는 무겁게 가라앉아 있다. 수업 시간이 되었는데도 민샘이 들어오지 않는다. 병원에 다니시는 건 알고 있었지만 오늘은 정상 수업을 할 수 있을 거라는 말을 들었던 터였다. 바로 그때, 교실 문이 열리고 웬 낯선 사람이 들어왔다.

"안녕하세요. 최온달이라고 해요. 민샘의 부탁으로 1일 멘토로 오늘 여러분 앞에 섰습니다. 미래의 의사를 꿈꾸는 의대생입니다. 반가워요!"

"어, 샘도 민샘이라고 부르시네요. 민샘은 오늘 안 오세요?"

"혹시, 교빈이라는 친구인가요? 가장 질문을 많이 할 거라고 민샘이 얘기해 주셨는데, 제가 중학생일 때도 민샘이라고 불러서인지 습관이 되었네요. 힘든 이야기를 꺼내서 미안하지만, 민샘께서 입원하셨어요. 급하게 결정되었나 봐요. 안정이 필요하다는 의사 선생님의 요청을 결국 받아들이신 거죠. 간 기능이 매우 약화되셨어요. 과중한 업무와 극도의 스트레스로 다른 증세들도 보이는 상태입니다. 그래서 저 역시 입원을 권유해 드렸어요."

중학교 때 민샘을 만나 꿈을 찾고 결국 의대에 입학하게 된 최온달은 민샘이 가장 아끼는 학생 멘토다. 대학에 들어간 이후에도 방학 때마다 민샘이 청소년 캠프를 열면 꼭 시간을 내어 멘토로 참여하여 민샘을 돕는 애제자이다. 민샘의 부탁을 받고 일정을 조정하여 1일 멘토로 온 것이다.

민샘의 입원 소식에 교실은 술렁거렸다.

"걱정 말아요. 많이 좋아지셨으니 곧 뵐 수 있을 거예요. 여러분도 이민구 선생님을 민샘이라고 부른다면서요?"

"네!"

"멘토님, 민샘은 저희가 만든 애칭인데, 선생님도 그렇게 부르셨다니 참 놀라워요. 오늘 오셨으니까 선생님 애칭도 하나 만들어 드릴까요?"

"그래요, 좋죠!"

"최온달 선생님이니까 당연히 온달 장군으로 할 거라 예상하셨겠지만, '옹달샘'이 어떨까요? '샘' 시리즈로!"

"아주 창의적인데요. 평생 온달 장군이라는 별명으로 살아왔는데 '옹달샘'은 느낌이 새로운데요. 하하하!"

"민샘의 제자 옹달샘! 잘 어울려요."

교빈이가 가라앉은 분위기를 끌어올리려고 재치 있게 멘토의 애칭을 만들었다. 민샘이 입원하셨다는 소식이 학생들의 마음에 큰 부담으로 다가온다. 승헌이는 승헌이대로 찬형이의 빈자리가 신경이 쓰이고, 민샘의 입원 소식에 가슴이 아팠다. 한편으로는 찬형이의 빈자리를 아파하는 하영이를 똑바로 쳐다보지도 못하는 입장이다. 이래저래 심경이 복잡했다.

"오늘 1일 수업 주제는 '마음껏 상상하라' 입니다."

그러면서 책상 한 가득 비닐 지퍼 백을 꺼냈는데, 민샘이 만든 게 분명했다. 카드로 수업을 하는 것은 민샘의 전매특허이다.

"민샘이 만들어 주신 카드

마음껏 상상하라

죠? 저희들은 익숙해요."

"네? 아니에요. 오늘 수업은 제가 준비한 거예요. 저는 자칭 민샘의 수제자랍니다. 민샘의 수업 방식을 누구보다도 잘 알아요. 중학교 때 처음 민샘을 만나면서 이런 카드로 대화를 많이 했었거든요. 그런데 오늘 카드는 민샘도 가지고 있지 않은 최신 카드입니다. 제가 새롭게 만든 거랍니다."

"정말이에요?"

"교빈 학생, 설마 저를 못 믿는 것은 아니죠? 정말입니다. 특히 민샘께서 저에게 부탁을 하셨어요. 자신의 꿈을 생생하게 상상하는 과학적 원리를 학생들에게 소개해 주면 좋겠다고요."

'자신의 꿈을 생생하게 상상하는 과학적 원리'라는 말을 듣는 순간 하영이가 긴장한 듯 고개를 들었다. 눈이 커졌다. 찬형이와 경수가 동아리를 떠나게 된 가장 민감한 문제가 바로 이것이었다.

카드에는 전혀 들어보지 못한 신기한 단어들이 있었다. 옹달샘은 단숨에 학생들의 이목을 집중시키는 데 성공했다. 이렇게 의사를 꿈꾸는 의대생과의 특별 멘토링이 시작되었다.

내 미래의 그 어느 날

"저는 학창시절에 매우 현실적인 학생이었답니다. 그래서 민샘이 얘기하던 비전을 쓰라는 말, 비전을 상상하라는 말이 귀에 잘 들어오지 않았죠. 반발도 하고, 시키는 것을 하지 않기도 했어요. 그런 저에게 민샘이 몇 권의 책과 CD를 선물로 주셨는데, 바로 그때 읽고 본 내용이 내 인생을 바꾸었는지도 모릅니다."

'어, 찬형이와 비슷한 분이다. 만약 찬형이가 이 수업까지 들었다면 상황이 달라졌을지도……'

하영이, 승헌이, 교빈이, 수희 모두 비슷한 생각을 하고 있었다. 어쩌면 민샘이 일부러 옹달샘을 불렀을지도 모른다. 워낙 계획적이고 섬세하게 수업을 준비하는 민샘의 특징을 학생들도 이미 알고 있기 때문이다.

"그 중 한 책에는 몇 가지 과학적인 근거들이 들어 있었어요. 『18시간 몰입의 법칙』이라는 책이었던 것으로 기억해요. 나는 그 책에 나온 과학적인 근거들을 보면서 민샘이 제시하는 활동을 받아들이기 시작했어요. 그리고 의사를 꿈꾸는 의대생이 된 지금, 실제로 그때의 과학적인 근거들을 하나씩 의학 연구를 하면서 확인하고 있답니다."

"샘, 그런데 단어 카드를 보니 너무 어려워요."

"교빈 학생이 보기에도 그렇죠, 저도 그렇게 생각해요. 그런데 어때요? 그래서 왠지 더 과학적인 느낌이 들면서 끌리지 않나요?"

"듣고 보니 그러네요. 왠지 더 믿음이 생기는 것 같기도 하고."

"저도 여러분과 똑같았어요."

옹달샘은 민샘이 하던 방식처럼 또 다른 카드를 조별로 나눠 주었다. 그리고 앞서 나눠 준 단어 카드와 내용을 연결시켜 보라는 미션을 주었다. 조별 미션을 시작할 즈음, 승헌이가 다른 질문을 꺼냈다.

"샘, 저는 승헌이라고 해요. 그런데 궁금한 게 하나 있어요. 옛날에 민샘이 선물로 주셨다는 것 중에 CD의 내용은 무엇이었나요?"

"다큐멘터리였어요. 사실 그 내용은 나눠 준 카드에 이미 담겨 있는데, 바로 이겁니다."

우주항공국에서 우주인을 훈련시키는 과정에서 쓰이는 방법이다. 가상의 상황에 대한 훈련을 진행하는 방법인데 예를 들어, 헬멧을 쓰고 가상의 100미터 달리기 장면에 몰입하게 되었을 때, 실제 땀이 흐를 정도로 실감나게 상상을 하게 된다. 물론 몸은 의자에 앉아 있다. 그런데 달리는 상상을 한 이후에 헬멧을 벗으면, 몸의 각 근육에 미리 붙여 놓은 선을 통해 컴퓨터에는 실제 근육이 활성화되는 결과가 나타난다. 상상한 것이 실제 육체의 변화를 만들어내는 것이다.

우주인 훈련

"여러분은 혹시 비슷한 경험이 있지 않나요. 상상만 했는데 실제로 자신의 몸에 반응이 일어나는 경험 말이에요."

"당연히 있죠. 눈을 감고 레몬을 먹는 상상을 하면 실제로 입에 침이 고여요."

"저는 아주 창피했던 기억을 떠올리면 식은땀이 나요."

"좋아하는 사람을 떠올리면 마음 한 구석이 저려요."

"어얼!"

몇몇 친구들이 자신의 경험을 말하였다. 마지막 교빈이의 말에는 여기저기서 친구들이 리액션을 터뜨렸다. 학생들은 이미 '상상의 힘'을 경험하고 있었다. 단지 그것이 매우 신뢰할 만한 과학적 접근이라는 것을 몰랐을 뿐이다. 본격적으로 조별 미션을 수행했다. 용어가 다소 낯설지만, 학생들은 내용 카드를 읽으며 하나씩 이해해 나갔다.

주로 암 치료에 쓰이는 치료법으로, 환자로 하여금 체내에서 백혈구가 암세포를 모조리 잡아먹는 상상을 끊임없이 하게 하면, 실제로 암세포가 줄어들거나 암이 극적으로 완치되는 치료법이다. 선진국에서는 이 요법만을 전문적으로 시술하는 병원들이 많이 있으며, 이 요법을 통해 암의 완치에 이른 환자 또한 수백만 명에 이른다

내시 심상 요법

"의학적인 내용은 예비 의사인 제가 얘기하는 게 더 신뢰가 가지 않을까요. 그래서 하나 더 소개하자면 바로 '내시 심상 요법'입니다. 암 투병을 하는 사람에게도 적용되는 방법인데요, 백혈구가 암세포를 잡아먹는 상상을 반복적으로 하게 하는 겁니다. 그 자체가 치료 방법이에요. 때로는 암이 완치되는 경우도 있답니다."

"샘, 어떻게 그런 비과학적인 방법으로 치료를 하죠? 믿어지지 않아요."

"혹시, 하영 학생 아닌가요? 매우 똑똑한 친구라고 들었어요. 하지만 안타깝게도 방금 하영 학생의 말은 과학을 제대로 모르는 태도에서 나온

거랍니다. 육체와 같은 눈에 보이는 부분을 다루는 것보다 눈에 보이지 않는 내면과 정신을 다루는 것이 더 수준 높은 과학입니다. 하영 학생은 아직 어리고 정보가 부족하니 선입견을 가지고 바라볼 수밖에 없습니다. 중요한 것은, 실제로 이런 방법으로 치료하는 전문 병원이 선진국에서는 이미 아주 많다는 거예요. 자, 이제 나머지는 여러분이 조별로 이해한 다음 발표해 보세요."

"1조의 수희입니다. 저희 조는 뇌 과학 분야에 대해 발표할게요. 전두엽에는 미래 기억을 담당하는 분야가 있습니다. 여기서 '미래 기억'

"전두엽에는 미래기억을 담당하는 분야가 있다. 미래기억이란 미래의 목표를 기대하고 마음에 품어 현재의 불편함이 미래의 목표를 이루는 데 장애가 되지 않도록 하는 기능이다. 예를 들어 신경외과 의사가 되고 싶다면 많은 시간과 돈을 들여 노력해야 그 목표를 이룰 수 있다. 만일 힘든 수련기간에 마음 속으로 이미 신경외과 의사가 된 자신의 모습을 그릴수 있다면 그 사람은 그런 그림을 그리지 못하는 사람보다 훨씬 수월하게 자신의 목표를 이룰 수 있는 것이다.

전두엽

이란 미래의 목표를 기대하고 마음에 품어 현재의 불편함이 미래의 목표를 이루는 데 장애가 되지 않도록 하는 기능이죠. 예를 들어 신경외과 의사가 되고 싶다면 많은 시간과 돈을 들여 노력해야 그 목표를 이룰 수 있습니다.

만일 힘든 수련 기간에 마음속으로 이미 신경외과 의사가 된 자신의 모습을 그릴 수 있다면, 그 사람은 그런 그림을 그리지 못하는 사람보다 훨씬 수월하게 자신의 목표를 이룰 수 있다는 것입니다."

"발표 잘 했어요. 이 방법은 제가 의사가 되는 과정에서 이미 잘 응용하고 있습니다."

"2조의 승현입니다. 지희 조는 신경 과학에 대해 발표하겠습니다. 사람의 두뇌에는 수조 개에 달하는 신경 섬유가 있습니다. 만일 어떤 한 가지 상상을 지속적으로 계속하면 수십만, 수백만 개의 신경 섬유들이 모여서 신경 초고속도로를 만든다고 합니다. 신경 초고속도로는 실제 경험과 상상의 차이를 구별하지 못하는 인간의 두뇌로 하여금 마음속의 상상이 현실 세계에서 이미 이루어진 것이라고 착각하게 만듭니다. 그렇게 되면 두뇌는 자신이 상상한 것을 현실에서 찾기 위한 노력을 멈추지 않습니다. 그 결과 신경 초고속도로를 가진 사람은 그렇지 않은 사람보다 몇 배나 빨리, 그리고 쉽게 마음속의 목표를 이룰 수 있다고 합니다."

> **자율 신경 요법이란?**
> 독일의 의학박사 J. H. 슐츠가 개발한 치료법으로 환자 스스로 병세가 호전되는 그림을 마음에 그림으로써 실제 치료로 이어지게 하는 치료법이다.
> 이 치료법으로 효과를 볼 수 있다고 알려진 질환으로는 고혈압, 불면증, 긴장성 질환, 편두통, 궤양성 대장염, 당뇨, 갑상선 질환, 월경 전 증후군, 천식, 소화성 궤양 등이 있다. 슐츠 박사는 이 연구로 노벨상 후보에 올랐다.

"여러분, 혹시 이런 경험 없나요? 우연의 일치 같은데, 참 신기하게 딱 맞아떨어지는 경험요. 어떤 친구 이야기를 하는데 딱 그 친구가 들어오거나, 뭔가를 기대하고 있는데 마침 그 순간 그 기대가 이루어지는 이상 야릇한 경험 말이에요. 뭔가 관심 있는 분야가 있는데 신문을 펼치면 관련 정보가 바로 보이는 경우도 있죠."

이는 의미 있는 우연의 법칙으로, '싱크로니시티'라고 한다. 간절히 상상하면 관련 정보들이 끌어당겨지는 것이다. 이는 다양한 용어로 사용되기도 하는데, '끌어당김의 법칙'이라고 부르기도 한다.

> 싱크로니시티(Synchrocicity). '의미있는 우연의 일치'를 설명하는 원리이다. 예를 들어 옛날 노래를 머릿속에 떠올리면서 아무 생각 없이 라디오를 켰더니 그 노래가 흘러나오는 현상과 비슷하다.
> 융은 이미 오래 전에 '무의식적인 마음과 인지되는 현상세계 사이에는 싱크로니시티가 있다'고 주장하였다. 이러한 원리에서 '자성예언',신경언어프로그래밍"끌어당김의 법칙'등이 나온 것이다. 한 가지를 간절히 상상하여, 잠재된 무의식 속에 그것을 각인화하면 자신도 모르게 환경 속에서 관련 정보에 민감하여, 끌어당기게 된다는 것이다.

싱크로니시티

"어때요. 생생하게 미래를 상상한다는 것이 무슨 주문과 주술을 외우는 것이 아니라, 과학적인 근거를 바탕으로 이루어진다는 것을 깨달았나요? 그럼 지금부터 실제로 이러한 생생한 상상의 방법을 적용하는 포트폴리오 작업을 해 보도록 하겠습니다."

2020년 4월 3일, 전세기 타고 미국 2시간, 일본 30분.

"칠레산 와인 한 잔 하실래요?"

핑크색 블라우스가 무척이나 잘 어울리는 승무원이 나에게 말을 건넸다.

"아뇨. 뉴욕에 도착하면 곧장 생방송에 들어가야 돼서 알코올은 곤란할 것 같아요. 엄청 마시고 싶지만요. 오렌지 주스로 주세요."

미처 배려하지 못한 데 대한 미안한 표정을 지으며 승무원은 오렌지 주스를 주었다. 전세기를 마련한 것은 작년 2월의 일이다. 어떤 날은 유럽으로, 어떤 날은 남미로, 또 어떤 날은 중국으로……. 오늘 일정만 해도 오전 10시에 뉴욕에서 토크쇼 생방송이 있고, 오후 4시에는 한국에서 세미나가 잡혀 있다. 저번 달에는 한국 시간으로 오전에 샌프란시스코로 건너가 베스트셀러가 된 내 책과 관련하여 독자와의 만남이 이루어졌고, 오후에는 일본에서 생방송을 하고 다시 한국으로 돌아와 세미나에 참석하는 강행군도 마다하지 않았다. (중략) 내 전세기 안은 별천지다. 없는 게 없고 안 되는 것이 없다. 시간 절약을 위해 비행기를 타자마자 메이크업 아티스트가 내 화장을 고쳐 주고 스타일리스트는 옷을 골라 놓고 있다. 이동 시간이 많은 나는 거의 모든 업무를 비행기 안에서 해결한다. 거기에는 아담한 침실, 작은 바, 스크린을 활용한 영화관도 마련되어 있다. 사우나를 좋아하는 나를 위해 스태프가 특별 주문해서 아담한 크기의 사우나와 욕조도 구비해 놓았다. 물론 바로 옆에는 간단한 운동 기구들도 놓여 있어 헬스클럽이 부럽지 않다.

조혜련의 『미래 일기』 중에서

여러 미래 일기 사례들 보고 나서 학생들은 각각 자신의 진로 비전을 이룬 미래의 어느 날을 결정하여 '미래의 하루 일기'를 작성했다. 과학적인 근거를 통해 확신을 얻게 된 학생들은 더더욱 마음을 기울여 자신의 미래를 떠올려 보았다. 학생들이 쓴 미래 일기 중에 최고의 작품은 철만이의 글이었다.

「스포츠 해설가라는 게 늘 그렇듯이 모든 정보를 머릿속에 넣고 가야 한다. 한국 국가 대표의 원정 경기이고 세계 최강 스페인과의 경기이기에 더욱 긴장되었다. 후보 선수까지 포함하여 40명의 선수 이력을 모두 외웠다. 등 번호도 외웠고, 양 팀 감독의 선수 교체 카드까지 이미 예상했다. 박지성 신예감독과 히딩크 노장 감독의 만남 그 자체가 세계적인 화젯거리였다. 경기 시작 10분 전, 이 시간이 나에게는 가장 긴장된다. 대한민국 최고의 해설가이지만 긴장감은 여전하다. 통일된 대한민국 7,000만 국민이 모두 이 경기를 보며 내 목소리를 들을 것이다. 긴장감이 절정에 이르렀을 때 나만의 의식을 통해 마음의 평화를 찾는다. 지갑에 들어 있는 가족사진을 꺼내서 보는 것이다. 사랑하는 아내와 두 딸이 나를 보며 웃고 있다. 5초, 4초, 3초, 2초, 1초, 큐 사인이 떨어지고 드디어 중계가 시작된다. 그라운드에서 직접 뛰지는 않지만, 나는 그라운드를 쳐다보며 중학교 시절 운동장을 달리던 마음으로 이 순간을 즐기고 있다. …… .」

– 철만이의 미래일기 –

미래 일기 작성법
1. 자신의 진로 비전이 무엇인지 구체적인 직업명을 확정한다.
2. 그 직업의 현장에 있을 만한 나이와 연도를 확인한다.
3. 해당 직업에 종사하는 미래의 하루를 생생하게 상상한다.
4. 일과, 장소 구분, 사람 관계, 일의 내용, 섬세한 감정 등이 반영된 일기를 작성한다.

철만이의 감동적인 미래 일기는 수업의 분위기를 다시 끌어올리는 데에 큰 도움이 되었다. 철만이는 이제 학기 초 말을 더듬던 학생이 아니라 스포츠 진행자나 스포츠 정보 분석가 등에 어울리는 말투와 표현력을 조금씩 보이고 있다. 진로를 탐색하고 있을 뿐인데 그 과정에서 이미 자신의 꿈에 대한 준비를 하고 있는 것이다.
"학생이 그 철만이죠? 11명을 제치고 골을 넣었다던 그 친구? 그리고 피구 라인, 발야구 라인을 엄청 잘 그린다고 소문이 난 친구?"

"와! 어떻게 그렇게 잘 아세요?"

"민쌤이 다 이야기해 주셨어요."

"민쌤, 은근히 입이 가벼우시네."

"좋은 칭찬은 소문낼수록 더 좋은 거예요. 자, 여러분 지금부터는 오늘 활동의 하이라이트입니다. 바로 미래 신문을 제작할 겁니다."

"미래 일기와 내용이 겹치지는 않을까요?"

"철만이가 아주 중요한 질문을 했어요. 두 가지의 내용을 꼭 구분해야 합니다."

미래 일기와 구분되는 미래 신문의 특징과 작성법

1. 미래 일기는 꿈을 이룬 삶의 소소한 일상을 생생하게 기록하는 것이고, 미래 신문은 꿈을 이룬 삶의 지위나 성과, 의미 등을 사회적인 의미나 가치로 기술하는 것이다.
2. 미래 신문은 자신의 직업 영역에서 어떤 성과를 냈는지 기자의 입장으로 쓴다.
3. 눈길을 끄는 표제를 먼저 잡고, 내용을 짐작할 수 있는 부제를 넣은 뒤 내용을 자세히 기술한다.
4. 해당 분야의 특징에 따라 사회적으로 인정받는 발견, 발명, 수상 등을 이슈화한다.
5. 자신의 비전을 넘어 사명과 소명의 차원에서 생생하게 내용을 떠올리며 기록한다.

미래 신문을 만드는 과정에서 하영이는 교사와 작가의 꿈 중에 어떤 것으로 쓸까 고민하다가 결국 작가의 꿈을 이룬 미래 신문을 쓰기로 했다. 다음은 하영이의 미래 신문이다.

「누구나 들어본 그녀의 이름! 놀라운 신인 작가에서 영화, 드라마, 애니메이션, 게임, 연극과 뮤지컬까지 이야기가 있는 곳에는 언제나 강하영 그녀의 모습이 보인다.

이젠 유명 강사로도 유명한 그녀! 그녀가 앞으로 어떻게 나갈 것인지가 무척 궁금하다.

"제가 쓴 소설 중에 애니메이션으로 제작되는 것이 많은데, 그 중에 정말 아끼는 등장인물은 직접 그려서 보여 주고는 했어요. 삽화나 중간에 나오는 이미지로는 부족하게 느껴지더라고요. 그런데 애니메이터들이 자작으로 만드는 애니메이션 중 주인공의 설정을 부탁하시더라고요. 너무 황송했죠. 절대 놓치기도 싫었고요."

그녀는 자신의 소설 삽화와 디자인을 직접 하기로도 유명하다. 하지만 그녀의 본업은 엄연히 작가이므로, 작품의 방향을 물어 보았다. 이전 작품처럼 간접적으로 이어지는 책들이라고 한다. 최근에 나올 작품에 대해서도 물어 보았다.

"제가 IT 회사 다니랴, 강의 하랴 바쁘다 보니 요즘은 글감도 전부 일터에서 나와요."

듣기만 해도 내용이 궁금해진다. 앞으로의 멋진 행보를 기대한다.」

○○○ 기자.

"자, 여러분! 이제 개인의 미래 신문을 다 만들었으니 이것을 조별로 묶어 실제 신문으로 구성해 볼까요. 제목은 조별로 멋지게 지어 봐요. 나름대로 꾸미는 것도 자유입니다."

내 인생의 미래 명함

수업을 마쳤는데, 하영이가 돌아가지 않고 남아
있었다. 옹달샘 역시 하영이와 꼭 인사를 하고
싶었다. 미래 신문의 내용도 인상적이었지만 더
욱 온달 멘토의 마음을 끈 것은 수업 태도였다.
활동이 많아 다소 바쁘게 지나가는 수업이었음
에도 불구하고 하영이가 거의 모든 수업 내용을
꼼꼼하게 기록하는 모습을 보였기 때문이다.

"하영이는 진로 동아리 수업을 할 때마다 그렇게 열심히 적어요?"

"그렇지는 않아요. 오늘 수업에서 더 열심히 적은 거예요."

"특별한 이유라도 있나요?"

"제 특별한 친구에게 소개해 주려고요."

"그렇구나. 오늘 수업 내용이 그 친구에게 도움이 될 거라는 확신이
들었나 봐요?"

"네. 수업을 더 일찍부터 들었더라면 지난번과 같은 일은 일어나지 않았
을 거예요."

"찬형이 이야기죠?"

"네."

온달 멘토도 내용은 알고 있었다. 민샘 병실로 찾아갔을 때, 민샘은 찬형
이에 대한 애정과 걱정으로 쉼 없이 이야기했다. 하영이는 다이어리를
펴서 뭔가 종이 하나를 꺼냈다.

"샘, 오늘 하루만 오신다고 하셨죠? 십십해
요. 이거 받으세요."

"이게 뭐죠?"

"제 명함이에요. 미래 명함이요. 아까 미래 신문 만들고 잠깐 여유가 있
어서 명함도 만들었어요. 미래 신문은 가지고 다닐 수 없지만, 명함은 항

상 가지고 다니면서 저의 미래를 생생하게 상상하려고요. 샘이 오늘 말
씀해 주신 정신의 작용이 활발하게 일어나도록 말이에요."

"똑소리 나는 학생이라고 민샘이 말씀하셨는데, 정말이네!"

"저~ 샘, 부탁이 있는데요."

"명함까지 받았는데 샘도 도움을 줘야죠. 얘기해 보세요."

"미래 상상의 원리를 가르쳐 준 카드 있잖아요, 제가 일주일만 빌려 가면
안 될까요?"

"자! 선물입니다. 가져도 돼요."

"우아! 감사합니다."

과학적인 근거를 확신하고 미래를 상상하기

자신의 진로 비전을 이미 이룬 것처럼 상상하는 것은, 과학적인 원리를 바탕으로 실제 꿈을 이루는 데 도움이 되는 접근법입니다. 다음에 제시한 카드 이미지는 이번 활동에서 다룬 과학적 원리의 내용입니다. 각 카드의 내용을 떠올려 보고, 이 중 3개의 주제를 선택하여 '미래를 상상하는 과학적인 원리' 라는 주제로 내용을 기술합니다.

과학적인 근거를 확신하고 미래를 상상하기

자신의 진로 비전을 이미 이룬 것처럼 상상하는 것은, 과학적인 원리를 바탕으로 실제 꿈을 이루는 데 도움이 되는 접근법입니다. 다음에 제시한 카드 이미지는 이번 활동에서 다룬 과학적 원리의 내용입니다. 각 카드의 내용을 떠올려 보고, 이 중 3개의 주제를 선택하여 '미래를 상상하는 과학적인 원리'라는 주제로 내용을 기술합니다.

마래의 꿈을 상상하는 것은 과학적인 원리를 근거로 하고 있다. 뇌 과학에서 보면, 뇌의 앞부분인 전두엽은 우리가 상상하는 미래기억을 판단하는데, 만약 미래에 대한 상상이 현실과 차이가 발생하면 그 차이를 줄이기 위해 미래의 변화를 만들 수 있는 정보와 에너지를 끌어 모은다고 한다. 자율 신경 요법처럼 환자들이 지속적으로 자신의 병이 낫는다는 상상을 하게 함으로써 실제로 병을 치료하기도 한다. 우주인을 훈련하는 과정에도 이러한 상상 요법을 사용한다고 하니, 상상은 과학적인 원리를 바탕으로 삼고 있는 것이 틀림없다. 나 역시 이제부터는 나의 꿈을 이루는 미래를 구체적으로 상상하면서 노력하고싶다.

내 꿈을 이룬 그 어느 날

다음은 미래 일기의 작성법과 한 학생의 미래 일기 사례입니다. 내용을 읽은 뒤 자신의 꿈을 이룬 미래의 어느 날을 생생하게 떠올리고 작성법에 맞게 일기를 작성합니다.

미래 일기 작성법
1. 자신의 진로 비전이 무엇인지 구체적인 직업명을 확정한다.
2. 그 직업의 현장에 있을 만한 나이와 연도를 확인한다.
3. 해당 직업에 종사하는 미래의 하루를 생생하게 상상한다.
4. 일과, 장소 구분, 사람 관계, 일의 내용, 섬세한 감정 등이 반영된 일기를 작성한다.

스포츠 해설가라는 게 늘 그렇듯이 모든 정보를 머릿속에 넣고 가야 한다. 한국 국가 대표의 원정 경기이고 세계 최강 스페인과의 경기이기에 더욱 긴장되었다. 후보 선수까지 포함하여 40명의 선수 데이터와 역사까지 다 외워 갔다. 등번호까지 외웠으며 양 팀 감독의 선수 교체 카드까지 이미 예상했다. 박지성 감독과 스페인의 노장 감독 히딩크의 만남 그 자체가 세계 적인 이슈였다. 경기 시작 10분 전, 이 시간이 나에게는 가장 긴장된다. 대한민국 최고의 베 테랑 해설가이지만 긴장감은 여전하다. 통일된 대한민국 7천만 국민이 모두 이 경기를 보며 내 목소리를 들을 것이다. 긴장감의 절정에 이르렀을 때 나만의 의식을 통해 마음의 평화를 찾는다. 지갑에 들어 있는 가족사진을 꺼내서 보는 것이다. 사랑하는 아내와 두 딸이 나를 보 며 웃고 있다. 5초, 4초, 3초, 2초, 1초, 큐 사인이 떨어지고 드디어 중계가 시작된다. 그라운 드에서 직접 뛰지는 않지만, 나는 그라운드를 쳐다보며 중학교 시절 운동장을 달리던 마음으 로 이 순간을 즐기고 있다. …… . - 철만이의 미래일기 -

_____

_____

_____

_____

_____

_____

_____

내 꿈을 이룬 그 어느 날

다음은 미래 일기의 작성법과 한 학생의 미래 일기 사례입니다. 내용을 읽은 뒤 자신의 꿈을 이룬 미래의 어느 날을 생생하게 떠올리고 작성법에 맞게 일기를 작성합니다.

미래 일기 작성법
1. 자신의 진로 비전이 무엇인지 구체적인 직업명을 확정한다.
2. 그 직업의 현장에 있을 만한 나이와 연도를 확인한다.
3. 해당 직업에 종사하는 미래의 하루를 생생하게 상상한다.
4. 일과, 장소 구분, 사람 관계, 일의 내용, 섬세한 감정 등이 반영된 일기를 작성한다.

스포츠 해설가라는 게 늘 그렇듯이 모든 정보를 머릿속에 넣고 가야 한다. 한국 국가 대표의 원정 경기이고 세계 최강 스페인과의 경기이기에 더욱 긴장되었다. 후보 선수까지 포함하여 40명의 선수 데이터와 역사까지 다 외워 갔다. 등번호까지 외웠으며 양 팀 감독의 선수 교체 카드까지 이미 예상했다. 박지성 감독과 스페인의 노장 감독 히딩크의 만남 그 자체가 세계 적인 이슈였다. 경기 시작 10분 전, 이 시간이 나에게는 가장 긴장된다. 대한민국 최고의 베 테랑 해설가이지만 긴장감은 여전하다. 통일된 대한민국 7천만 국민이 모두 이 경기를 보며 내 목소리를 들을 것이다. 긴장감의 절정에 이르렀을 때 나만의 의식을 통해 마음의 평화를 찾는다. 지갑에 들어 있는 가족사진을 꺼내서 보는 것이다. 사랑하는 아내와 두 딸이 나를 보 며 웃고 있다. 5초, 4초, 3초, 2초, 1초, 큐 사인이 떨어지고 드디어 중계가 시작된다. 그라운 드에서 직접 뛰지는 않지만, 나는 그라운드를 쳐다보며 중학교 시절 운동장을 달리던 마음으 로 이 순간을 즐기고 있다. …… . - 철만이의 미래일기 -

드디어 일이 터지고 말았다. 내가 그렇게 경고했던 인류 최악의 바이러스가 나타났다.

나라 전체가 지금 난리법석이다. 한 번도 경험하지 못한 악성 바이러스가 전국을 강타하고 있

다. 새벽부터 휴대폰에 불이 났다. 정부기관과 대기업에서 나를 찾는 전화이다.

나는 연구소에 전화를 걸어, 준비된 백신을 무료로 배포하라고 지시했다. 주변에서는 무료로 배

포하지 말고 얼마씩이라도 돈을 받으라고 하지만 나는 고집을 굽히지 않았다. 나의 어릴 적 우

상이던 안철수 씨도 백신을 무료로 배포했다.

국민의 어려움을 틈타서 돈을 벌지는 않겠다는 게 바로 나의 생각이다. 점심 이후 방송 인터뷰

가 5개나 잡혀 있을 만큼 바쁘지만, 나는 행복하다. _나의 미래 일기 중에서

미래 신문에 등장한 내 이름

다음은 미래일기와는 다른 '미래 신문'의 특징과 다른 학생의 미래 신문 사례입니다. 내용을 읽고 자신의 미래에 꿈을 이룬 시기에 대한 신문 기사를 작성해 봅니다. 아래의 작성법에 근거하여 생생하게 떠올린 뒤에 기록합니다.

> **미래 일기와 구분되는 미래 신문의 특징과 작성법**
> 1. 미래 일기는 꿈을 이룬 삶의 소소한 일상을 생생하게 기록하는 것이고, 미래 신문은 꿈을 이룬 삶의 지위나 성과, 의미 등을 사회적인 의미나 가치로 기술하는 것이다.
> 2. 미래 신문은 자신의 직업 영역에서 어떤 성과를 냈는지 기자의 입장으로 쓴다.
> 3. 눈길을 끄는 표제를 먼저 잡고, 내용을 짐작할 수 있는 부제를 넣은 뒤 내용을 자세히 기술한다.
> 4. 해당 분야의 특징에 따라 사회적으로 인정받는 발견, 발명, 수상 등을 이슈화한다.
> 5. 자신의 비전을 넘어 사명과 소명의 차원에서 생생하게 내용을 떠올리며 기록한다.

세계적인 작가, 강하영! 그녀에게 끝이란 없다

혼자 일한다고요?
우리는 팀워크입니다

컴퓨터게임 개발자

우리 세계에서 컴퓨터게임 개발자라고 하면 4개 정도의 전문가를 말합니다. 게임 기획자, 게임 시나리오 작가, 게임 프로그래머, 게임 그래픽 디자이너입니다. 그래서 개발자 모임을 가지면 다 모이게 되죠. 각자 영역의 작업을 혼자 할 수 있지만 그것이 큰 퍼즐로 맞춰지려면 서로 방향을 통일하고 의사소통을 해야 한답니다. 그래서 우리는 개인의 개성을 철철 넘치면서도 아름다운 팀을 이루며 작업을 하지요.

영화 속에서 수염도 깎지 않고, 어두운 골방에 앉아 개발에 몰두하는 전문가의 모습은 제발 잊어 주세요! 어쩌면 이러한 개성 존중과 역할 분담의 문화가 이 시대의 문화에 아주 잘 맞는 모습이 아닐까 생각해요.

미래의 게임 개발자를 꿈꾸는 청소년들을 환영합니다. 자신의 강점을 가장 잘 살리면서도 다른 사람과 조화를 이루는 세상에 당신을 초대합니다. 그리고 지금부터 조금씩 그런 분위기를 연습하는 것도 좋아요. 자기 공부를 열심히 하지만, 필요할 때는 다른 친구들과 아름다운 조화를 만들 수 있는 네트워크의 힘을 미리 맛보는 거죠.

비전의 시나리오가 있는가

우리들의 고민 편지

제주도에서 초등학교까지 살다가 서울로 이사 온 C양. 아나운서의 꿈을 꾸면서 학교의 진로 활동을 처음부터 성실하게 참여하였다. 아나운서의 꿈을 이루었다고 상상하면서 그 미래의 결과를 선언하는 것에 흠뻑 도취되었던 C양은 문득 다른 생각이 들었다. '꿈을 이루는 결과에 대해서만 말하는 것은 뭔가 아쉽다. 같은 미래라도 꿈을 이루는 과정에 대해서도 계획을 세워야 하지 않을까?' 꿈을 이루는 과정을 보다 선명하게 상상하거나 계획하는 방법은 뭘까?

– 온라인 캠프에 올라온 진로 고민 편지

구체적으로 상상하면 구체적으로 이룬다

"승헌아, 병문안 가도 된데?"

"선생님의 안정이 필요하다며 학생들 방문을 아직은 못 하게 한 대."

"그럼 얼마나 더 입원해 계실 거래?"

"글쎄, 정확하게 말씀은 하시지 않으셨지만 좀더 계셔야 하나 봐."

교무실에 다녀온 승헌이를 붙잡고 교빈이가 민샘의 근황을 물었지만 승헌이 역시 시원한 답을 해주지 못해 안타까웠다. 동아리 학생들 역시 애가 탔다. 민샘이 수업 도중 창백한 얼굴로 의자에 주저앉으신 이후로 샘을 보지 못하고 있어 걱정이 이만저만이 아니었다. 승헌이가 교무실을 휘저으며 다른 선생님들에게 정보를 듣고 오는 게 전부이니, 그저 답답할 뿐이었다. 무슨 큰 병을 앓고 계신 건 아닌지 불안하기도 했다.

"승헌아, 그럼 오늘도 분명 다른 멘토가 오시는 거지? 일일 멘토."

"맞아. 지난 주 온달 샘이 그랬잖아. 자신에게 주어진 기회는 한 번뿐이라고, 그리고 이번 주에는 다른 분이 오실 거라고 말이야."

"지난번 수업 때는 의사 멘토가 오셔서 그런지 과학적 근거가 머릿속에 팍팍 꽂혔는데, 오늘은 어떤 멘토가 오실까? 아, 누구든 괜찮은데 기왕이면 여대생 멘토가 오시면 좋겠다!"

바로 그때 동아리 교실 문이 열렸다. 교빈이의 간절한 바람이 통했을까, 코끝에 아련한 향수 냄새가 풍겼다. 본능적으로 향기를 따라 고개를 돌린 교빈이는 그 짧은 순간에 직감했다. 여대생 멘토였다.

"여러분, 안녕! 민샘의 부탁으로 오늘 일일 멘토를 맡게 된 서보연이라고 해요. 오랜만에 중학교에 오니까 너무 기분 좋네요."

"저, 선생님, 혹시 대학생이에요?"

"대학생처럼 보인다는 거예요? 아니면 대학생처럼 보이지 않는다는 거예요?"

"당연히 대학생처럼 보이죠."

"대학원생이에요. 진로 동아리니까 내 전공도 궁금하죠? 문예창작을 전공했고, 부전공으로는 경영학을 했어요."

"문예창작과 경영학이요! 너무 거리가 멀지 않아요?"

"노, 노우! 요즘은 거리가 먼 학문이 더 결합하기 좋아요. 창조적인 생각이 잘 나오거든요."

"민샘이 선생님을 보낸 데는 오늘의 활동 주제와 관련이 있지 않을까요?"

"이름이 뭐예요?"

"교빈이요."

"아주 눈치가 빠른데, 오늘은 '미래의 시나리오'를 쓸 거예요."

"시나리오라고요?"

"그래요, 시나리오. 처음 들어보는 건 아니겠죠? 걱정 마세요, 어렵지 않으니까. 선생님도 중학교 때 민샘을 만났는데, 그때도 이런 시나리오를 썼어요. 그러나저러나 선생님이라고 부르지 말고, '보연 선배' 또는 '선배님'이라고 부르면 어때요? 대학생 분위기도 낼 겸 말이에요."

"야! 진짜 쏘우 쿠~울 하시네요!"

일일 멘토 보연 선배와 동아리 학생들의 만남은 이렇게 시작되었다. 보연 선배는 보기에 매우 쿨해 보이고 장난스러움이 있지만, 사실은 민샘이 그러한 콘셉트를 부탁했다. 이번 수업에서 시나리오를 다루기 때문에 이 분야를 전공한 보연 멘토를 보낸 것이다.

"당신은 늦어노 1980년에는 미국에서 가장 유명한 아시아 스타가 될 것이며, 1,000만 달러를 거머쥐게 될 것이다. 그리고 그것을 얻는 대가로 카메라 앞에 서는 순간마다 당신이 보여 줄 수 있는 모든 것을 보여 줄 것이며, 그렇게 함으로써 평화와 조화 속에서 살게 될 것이다."

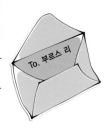
To. 부르스 리

"웬 편지예요?"

"교빈 학생, 이것은 특별한 편지예요. 미래의 자신에게 보낸 편지랍니다."

"미래로 가는 타임머신 영화인가 보죠?"

"그렇지 않아요. 실제 있었던 이야기랍니다. 뉴욕 플래닛 할리우스 레스토랑에 전시된 부르스 리의 편지 내용이죠."

"부르스 리라면 전설 속의 무술 영화배우잖아요."

"맞아요. 부르스 리는 1970년 1월에 10년 뒤의 자신에게 편지를 썼어요. 그리고 10년 뒤 그 꿈을 구체적으로 이루었답니다."

"네에! 정말 놀랍네요."

"구체적으로 꿈을 꾸면 구체적으로 이룰 수 있어요. 브루스 리처럼, 1980년, 미국, 1,000만 달러, 카메라 등 아주 구체적인 내용으로 상상하는 것이 필요해요."

"숫자를 넣으면 구체적으로 상상하는 것인가요?"

"그건 아니죠. 꿈을 구체적으로 상상한다는 것은 '상황'이 들어 있다는 것을 말해요. 상황은 사람, 사건, 배경 등이 들어간 시나리오를 뜻하죠."

"시나리오!"

미래의 시나리오를 쓰다

1958년 미국에서 유학 생활을 하던 한 한국 학생이 기숙사 옆 공원 벤치에 앉아 있다.

'내가 여기에 와서 이렇게 공부할 수 있는 것은 나라의 도움 없이는 불가능한 일이었어. 나는 과연 나라를 위해서 무슨 일을 할 수 있을까? 아, 그래. 내 삶의 이력서를 작성해 보자.'

그는 종이를 꺼내서 자신의 미래 목표와 경로를 작성하기 시작했다. 먼 훗날 그는 『50년 후의 약속』이라는 책에서 자신의 미래 이력서와 실제 이력서를 공개했다.

그의 이름은 이원설 박사이다. 이원설 박사의 이야기는 꽤 유명하다. 미래 이력서는 미래의 인생 시나리오를 작성하기 위한 다리 역할을 한다. 왜냐하면 미래 이력서를 작업하는 과정에서 미래의 나이를 구분하기 때문이다.

이원설의 미래 이력서	이원설의 실제 이력서
2000년 은퇴 1992~1999년 대학 총장 1985~1991년 대학원장 1980~1984년 학장 1972~1979년 한국 대학에서 교수 1968~1971년 미국 대학에서 교수 1961~1967년 한국 대학에서 조교수 1960년 박사 학위 취득	1985년 대학교 총장 1982년 대학교 부총장 1969년 단과대학 학장 1964년 한국 문교부 고등교육국장 1961년 박사 학위 취득

"와, 보연 선배님 대단해요! 실제로 이렇게 이루어진 게 맞죠? 선배님, 그런데 자세히 보니까, 미래 이력서에 적은 연도보다 실제 이력서는 많이 앞당겨져 있어요."

"맞아요, 구체적으로 상상한 것에 대한 결과죠."

"저도 미래 이력서를 쓰고 싶어요. 당장 명령을 내려 주세요!"

미래 이력의 효과
• 자신의 직업 비전이 최종적으로 이루어지는 시기를 정한다.
• 직업 비전을 이룬 이후의 삶에 대한 방향도 정한다.
• 최종적인 비전을 이루기 위해 중간 단계의 목표와 시기를 정한다.
• 인생 시나리오와 장기 로드맵을 작성하기 위한 기초 데이터를 제공한다.

미래 이력서는 자체의 작품성보다는 인생 시나리오를 위한 준비 작업으로 적합하다. 가장 중요한 점은 나이를 구분하는 것이다. 나이 구분은 대개 대학 입학부터 시작된다. 오늘 수업은 누구보다도 하영이의 기대가 크다. 교사 또는 작가, 아니면 작가 겸 교사가 되려는 하영이에게 보연 멘토는 자신의 미래 모습처럼 보이기도 했다.

그런데 하영이에게 살짝 풀리지 않는 의문이 있었다. 솔직한 하영이는 보연 멘토에게 그 고민을 꺼내 보기로 했다.

사실 VS 상상 "샘, 미래의 시나리오나 미래 이력서를 작성한다는 것은 '사실'을 쓰는 것인가요? 아니면 '상상'을 쓰는 것인가요? 조금 혼동이 돼요."

"정확히 말하면 '사실'에 근거한 '상상'이죠. 선생님처럼 문학을 사랑하고 창작을 하는 사람들은 이 법칙을 철저하게 지킨답니다."

"사실에 근거한 상상? 그게 쉽지가 않아요. 우리가 자기의 미래 시나리오나 이력서를 쓰려고 할 때, 일단 경험하지 않은 것을 쓰는 거잖아요. 이미 앞서 활동했던 미래 일기나 미래 신문을 쓸 때는 그나마 상상이 쉬웠는데, 미래 시나리오나 미래 이력서 작업을 할 때는 이게 무작정 상상할 수 있는 게 아닌 것 같아요. 왜냐하면 숫자와 나이가 들어가야 되니까요. 그걸 어떻게 상상해요? 말이 상상이지 그건 거짓말이 아닐까 싶어요."

승헌이는 하영이의 질문을 들으면서 깜짝 놀랐다. 하영이의 말 속에, 언제부터인가 찬형이의 사고방식이 조금씩 보였기 때문이다. 미래를 상상하는 것이 마치 비과학적이고, 주술을 외우는 것과 같다고 하면서 민샘과 갈등했던 찬형이의 고민이 하영이에게도 보였던 것이다. 정말 이상하다. 하영이는 지난 시간에 미래를 상상하는 과학적인 근거들을 들을 때만 해도 전적으로 수긍하며, 심지어는 수업에 사용한 카드를 찬형이에게 보여 주겠다고 받아가기까지 했다.

'서로 좋아하면, 이렇게 생각이 조금씩 닮아가는 것일까?'

승헌이는 가까운 과거를 잠시 떠올렸다. 동아리 수업 이전부터 하영이를 좋아했으며, 교빈이가 놀리듯 이야기했지만 실제로 승헌이는 하영이 때문에 동아리에 들어왔던 것이다.

본격적으로 동아리 활동을 하면서 서로의 가치가 다른 것에 갈등하고 충돌하며 실망했던 때가 파노라마처럼 스쳐 지나갔다. 어쩌면 MT를 통해 내면의 차이를 알아가는 과정이 없었다면 승헌이는 지금도 하영이를 좋아하고 있었을지도 모른다.

이런 생각을 하면서, 하영이를 살짝 훔쳐보니 정말 자신과 더 멀어지는 느낌이었다.

'우리가 각자 자신의 가능성, 자신의 적성을 찾아 직업의 비전을 찾아가면서 행복을 발견하는 것처럼, 사람을 사랑하는 것도 서로에게 잘 맞는 사람이 따로 있는 거구나.'

그렇게 볼 때 하영이는 자신보다 찬형이에게 더 잘 맞는 친구인 것 같다.

"사실에 근거하여 미래를 상상한다고 했을 때, 그 사실은 과거와 현재의 사실인가요, 아니면 미래의 사실인가요?"

"하영이라고 했죠? 마치 나의 중학교 시절을 보는 것 같아. 질문이 아주 날카롭고 정교해. 마음에 들었어요. 그럼 한번 구체적으로 살펴볼까요. 과연 사실에 근거하여 미래를 상상한다는 것이 어떤 것인지."

하영이는 자신의 모습이 까다로운 완벽주의자로 보이는 것이 매우 싫었다. 부드러워 보이고 싶었다. 대화를 할 때는 눈과 말에 힘을 빼려고 애를 썼다.

그런데 이상하게도 자신 앞에서 강하게 나오는 사람이 있으면 자신도 모르게 더 강한 모습을 보이곤 했다. 하지만 자신에게 약한 모습, 부드러운 모습으로 다가오는 사람들에게는 자연스럽게 대했다. 진로 페스티벌 예행연습을 하는 동안 찬형이의 강한 도전에 화가 나서 뛰쳐나갔지만 결정적인 순간 용서를 구하며 약해진 찬형이에게는 마음을 열었다. 그 뒤로도 하영이는 찬형이와 좋은 감정을 발전시키고 있었다. 사실 며칠 전 하영이는 미래 상상의 과학적인 원리를 담은 카드를 모두 들고 찬형이를 만나서 설명해 주었다. 하지만 찬형이는 쉽게 받아들이려 하지 않으려 했다. 어쩌면 지금 하영이는 그런 찬형이를 더 잘 돕기 위해 자세하게 질문을 계속하고 있는지도 모른다.

보연 선배는 어려운 내용의 차트를 화면에 띄웠다.

분석적 사고	추론적 사고	종합적 사고	대안적 사고	발산적 사고
개념 분석	연역, 귀납추론	의사결정, 판단	창의적 문제해결	정확성
				유창성, 융통성,
	비판적 사고			독창성, 정교성
논리적 사고			창의적 사고	

"다소 어려운 내용일 수 있지만, 상상력을 이해할 때 도움이 될 것 같아서 보여 주는 거예요. 어때 무슨 내용인지 알겠어요?"

학생들은 처음 보는 어려운 내용에 고개를 갸우뚱거렸다. 하영이는 더욱 유심히 화면에 집중했다. 하영이가 뭔가 간단한 내용이라도 꺼낼 모양이었다.

"선배님, 정확할지는 모르지만 제가 이해한 내용을 한번 설명해 볼게요. 전체적으로는 생각하고 표현하는 부분을 정리한 것 같아요. 왼쪽은 주로 논리적이고 과학적인 부분이 있고요. 오른쪽은 창의적으로 상상하는 부분이 있어요. 그리고 그런 논리적인 부분과 창의적인 부분의 경계에 문제 해결이 있는 것 같아요. 어쩌면 문제를 해결하려면 그러한 논리성과 창의성이 모두 필요한 거겠죠?"

"논리적인 사고와 창의적인 사고는 서로 분리된 것이 아니라 영향을 주면서 발전합니다. 다시 말하면 논리적인 면이 있어야 창의적인 면이 풍성해진다는 거죠."

보연 멘토는 노트북을 검색하여 카레이싱 게임의 한 장면을 보여 주었다.

"잘 아는 게임 제작자가 있는데, 게임의 기획부터 일러스트까지 모두 하는 분이에요. 이 분은 모두가 아는 명문대를 나오지 않고, 마이스터 고등학교 졸업 후 바로 취업을 했어요. 언젠가 이 분의 집에 간 적이 있었는데, 집 전체가 만화책으로 가득 차 있고, 모든 벽은 화이트보드와 그림으로 채워져 있었어요. 그런데 그 분의 연구실에 들어가서 책상 위에 놓인 책들을 보는 순간 깜짝 놀랐어요. 다양한 물리학 책들이 영어 원서까지 포함하여 가득 쌓여 있는 거예요. 너무 궁금해서 물어 보았죠. 아니 왜 이렇게 어려운 책을 보고 계시냐고 말이에요."

게임 제작자는 애니메이션 게임에 등장하는 자동차 경주 장면에서 자동차가 300킬로미터 이상으로 달리다가 코너를 돌 때 속도 및 밀리는 힘에 따라 타이어가 어느 정도로 모양이 변형되는지를 연구하고 있었다고 해요. 애니메이션 작업할 때 타이어를 그리기 위해서요."

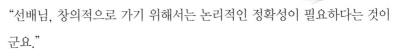

"선배님, 창의적으로 가기 위해서는 논리적인 정확성이 필요하다는 것이군요."

"창의적 사고 안에 있는 발산적 사고의 내용을 보면, 정확성, 유창성, 융통성, 독창성, 정교성이 있어요. 그러니까 정확한 것이 바탕에 깔려 있는 사람이 유창하게 가짓수를 늘릴 수도 있고, 다양한 가짓수를 아는 사람이 그 속에 형성된 공통된 틀을 찾아 그 틀을 깨는 융통성을 발휘할 수 있답니다. 틀을 깨는 연습을 해 본 사람은 독창적으로 눈길을 끄는 방법을 알게 되고, 이 모든 과정을 거치면서 형성된 통찰력을 바탕으로 한 가지 주제를 정해서 깊이 풀어 가는 정교성을 보이게 됩니다."

"창의적인 상상이란, 없는 것을 만드는 것이 아니라 이미 있는 것을 정확하게 알고 그것으로부터 상상한다는 것이군요."

그래도 학생들은 아직 한 가지가 풀리지 않았다. 미래를 상상하는 데 필요한 사실과 정보는 도대체 뭘까? 아직 살아보지 않은 나의 나이를 상상할 때 참고해야 할 정확하고 논리적인 정보가 과연 무엇인지 알 수가 없었다.

보연 멘토는 한 학생의 미래 이력서를 사례로 보여 주었다. 미래를 상상하기 위해 먼저 알아야 할 논리적인 정보

들을 소개하기 위한 사례였다.

"지금 나눠 준 카드를 잘 보고, 과연 이 친구가 자신의 미래 이력을 상상하기 위해 먼저 알아보아야 할 정보가 무엇인지 최대한 찾아보세요."

하영이는 카드를 보자마자 마음속으로 '유레카'를 외쳤다. 바로 느낌이 온 것이다.

'바로 이거야. 상상을 위해 필요한 사실이. 사실에 근거한 상상이 무엇인지 이제 알겠다.'

이윽고 학생들은 빨리 발표를 하고 싶어 입이 간지러울 정도였다. 보연 멘토는 학생들의 밝아진 표정을 보면서 뭔가 깨달음을 전해 주는 행복을 느꼈다.

"지금부터 자유롭게 발표를 해 볼까. 의사가 되기 위한 학생이 미래를 상상하기 위해 기본적으로 알아야 할 정보는 무엇일까요?"

"의대에 입학해요."

"네, 그 학생은 대학병원을 선호하는 것 같아요. 그러려면?"

"전문의 과정이 필요해요."

"인턴 과정을 거쳐야 해요."

"기간은?"

"1년이요."

"그 다음은?"

"레지던트 4년입니다."

바이스, 치프, 펠로우, 부교수, 교수, 과장 등 여기저기서 학생들이 신나게 정보를 꺼냈다. 물론 이것은 하나의 사례에 불과했다. 하지만 한 가지를 정확히 알게 되면 또 다른 의사의 과정으로 정보를 확산시킬 수 있다.

"최근에 이러한 방식에 변화가 있는데 혹시 아는 사람 있나요?"

"저는 철만이라고 해요. 저의 사촌형은 원래 의대를 나오지 않았는데, 의학 전문 대학원에 입학했어요."

"그래요. 이처럼 과정에 대한 정보가 매우 다양합니다. 그러니까 기본적인 정보와 변형된 정보를 알아보는 게 중요한 거죠."

"정보에 너무 신경을 쓰다 보면 상상에 방해가 되지 않을까요?"

"철만 학생, 아주 좋은 지적이에요. 어차피 진로 비전을 이루는 과정은 지속적인 작업이랍니다.

지금 미래를 상상하는 과정에서 알아야 하는 정보는 가장 일반적인 정보로도 충분해요. 그리고 실제 그 직업을 추구하는 과정에서 점차 정보를 더욱 관리하게 될 거예요. 여러분들의 이후 수업들은 그런 과정이 포함될 거예요."

보연 멘토는 7개의 섞여 있는 문장 카드를 조별로 나눠 주었다. 그 속에는 한 학생의 인생 시나리오가 들어 있었다.

"두 가지 미션을 줄게요. 일단 내용을 함께 읽어 보고 인생의 시나리오 순서를 맞춰 보세요. 그리고 그 내용의 핵심을 꺼내 미래 이력서를 만들어 봐요."

"선배님, 원래는 미래 이력서를 쓴 다음에 인생 시나리오를 쓰는 게 맞잖아요. 왜 거꾸로 활동을 하죠?"

"일부러 그렇게 한 거예요. 완성된 인생 시나리오를 요약하여 미래 이력서를 정리해 보면, 나이 구분이나 흐름이 더 쉽게 이해될 수 있거든요. 어차피 미래 이력서에 살을 붙여서 흐름을 만든 것이 시나리오이므로 뒤집어서 요약해도 같은 내용이 나올 수 있을 거예요."

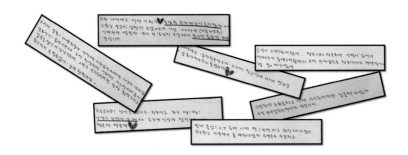

미래의 시나리오를 쓰는 작업은 상상을 하는 일이지만, 그것은 분명 사실과 정보에 근거한 상상이어야 한다는 점은 학생들에게 선입견을 깨는 수업이었다. 그러기 위해 자신의 희망 직업에 대한 일반적인 정보를 더 알아야 한다는 것도 깨달았다. 그러한 정보를 기준으로 미래의 나이를 구분 짓고, 시나리오로 살을 붙이면 된다.

"순서를 잘 맞췄고, 미래 이력서도 잘 만들었어요. 철만 학생, 어때요? 이제 더 쉽게 다가오지 않나요?"

무대 연출가를 꿈꾸는 함선미 학생의 미래 이력서
19세 수능을 치르고 부산대학교 신문방송학과에 합격
22세 학교 선배와 사랑에 빠짐
23세 졸업과 함께 1년 해외 연수
25세 SBS에 무대감독으로 취직. 그런데 계약직이라 아쉽다.
32세 열애 10년 만에 결혼 성공! 그런데 신혼 1년 만에 미국 장기 출장. 슬프다.
38세 올림픽 개막식 무대 연출 제안 들어옴
45세 은퇴 및 가정에만 집중

"네, 멘토님. 조금 아까 어려운 내용을 들을 때는 더 정확한 정보를 알아야 한다는 부담이 컸는데, 막상 함선미 학생 사례를 보니까 사랑 이야기, 결혼 이야기 등 정말 재미있고 설레는 마음으로 쓰면 되겠구나 하는 생각이 들어요."

"그래요, 좋은 인생 시나리오의 기준은 바로 '자신의 마음을 설레이게 하는가!' 랍니다."

미래의 나에게 편지를 보내다

보연 멘토는 포트폴리오에 자신의 미래 이력서와 인생 시나리오를 만들어 오는 과제를 내 주었다. 여기에 더하여 10년 뒤 미래의 자신에게 보내는 편지를 써 오게 했다.

보연 선배와 헤어질 시간이 되었다. 아이들은 한 번의 만남이 너무 아쉬웠다. 특히 교빈이의 아쉬움이 컸다. 그의 목소리에는 안타까움이 가득 묻어났다. 농담반 진담반으로 교빈이가 이야기를 꺼냈다.

"병원에 계신 민샘에게는 좀 죄송하긴 하지만, 보연 선배님이 또 오시면 안 될까요? 애들아, 어때?"

"그래요. 민샘이 충분히 쉬시는 동안만이라도 부탁해요, 네?"

"나도 그러고 싶지만 확신하지는 못하겠다. 다음 주의 내 일정을 확인해 봐야 해. 가능성이 높지는 않아. 일단 너희들의 마음은 아주 고맙게 받을게."

진로는,
논리적 사실에
근거한 창의적
상상이다.

나의 미래 이력서 쓰기

미래 이력서 사례를 보고, 자신의 미래 이력에서 꿈을 이루는 과정에 필요한 기본적인 정보를 먼저 적고, 그것을 바탕으로 자신의 미래 이력서를 작성합니다.

의사를 꿈꾸는 최상훈 학생의 미래 이력서

20살 의대 합격
28살 의대 졸업. 대학병원에 취직하기위해 노력
29살 드디어 대학병원에 취직,전문의사가 되기위해 노력.
30살 1년간의 인턴이 끝나고 레지던트 되다. 결혼을 한다.
34살 4년간의 레지던트가 끝나고 전문의 자격 획득.
       어시스턴트를 많이 하면서 실력을 늘린다.
37~38살 바이스(3년차 의사) 와 치프(4년차 의사)가 된다.
       (전문의 시험을 준비한다.)
39살 '펠로우'가 되고 교수가 되기 위해 노력.
40살 미국에 교환교수로 갔다 오고 조교수가 되기 위해 노력
41~48살 조교수와 부교수, 정교수가 되면서 많은 레지던트
       를 가르치고 위독한 환자들을 수술한다.
50살 과장이 된다.

기본적인 정보

미래 이력서

나의 미래 이력서 쓰기

미래 이력서 사례를 보고, 자신의 미래 이력에서 꿈을 이루는 과정에 필요한 기본적인 정보를 먼저 적고, 그것을 바탕으로 자신의 미래 이력서를 작성합니다.

의사를 꿈꾸는 최상훈 학생의 미래 이력서

20살 의대 합격
28살 의대 졸업. 대학병원에 취직하기 위해 노력
29살 드디어 대학병원에 취직, 전문의사가 되기위해 노력.
30살 1년간의 인턴이 끝나고 레지던트 되다. 결혼을 한다.
34살 4년간의 레지던트가 끝나고 전문의 자격 획득.
　　　어시스턴트를 많이 하면서 실력을 늘린다.
37~38살 바이스(3년차 의사) 와 치프(4년차 의사)가 된다.
　　　(전문의 시험을 준비한다.)
39살 '펠로우'가 되고 교수가 되기 위해 노력.
40살 미국에 교환교수로 갔다 오고 조교수가 되기 위해 노력
41~48살 조교수와 부교수, 정교수가 되면서 많은 레지던트
　　　를 가르치고 위독한 환자들을 수술한다.
50살 과장이 된다.

통역사가 되기 위한 기본적인 정보

외국어대학 또는 일반 대학의 외국어학과 입학
통역 또는 번역대학원
일반 통역자격증, 관광통역자격증
일반 기업의 번역이나 통역실무
큰 기업이나 정부의 통시통역으로 진출
통역사가 되기 위한 기본적인 정보

미래 이력서

20세, 외국어대학 입학

24세, 통번역대학원 입학

27세, 대기업 해외 업무 파트 입사 및 자격증 취득

29세, 외교통상부 통역 담당 입성

33세, 대통령 통역 및 국제회의 전담 통역사

나의 인생 시나리오 쓰기

다음은 간호사를 꿈꾸는 학생의 인생 시나리오 앞부분 예시입니다. 앞에서 작성한 자신의 미래 이력서를 바탕으로 나이대별로 자신의 인생 시나리오를 기록합니다.

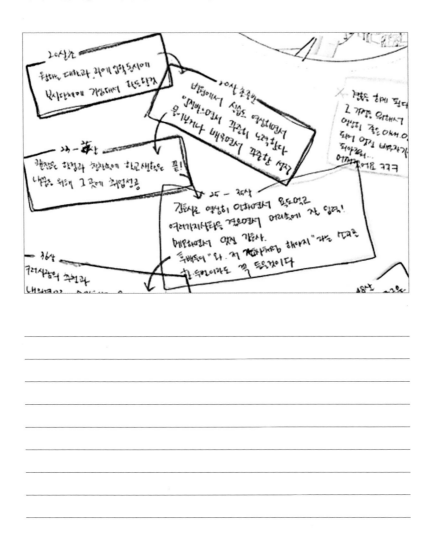

_____

_____

_____

_____

_____

_____

_____

_____

미래의 나에게 편지 쓰기

다음은 1970년 1월에 부르스 리가 10년 뒤의 자신에게 보낸 편지입니다. 미래 이력서와 인생 시나리오를 쓰면서 느낀 점을 담아 10년 뒤 미래의 자신에게 보내는 편지를 작성합니다.

> "당신은 늦어도 1980년에는 미국에서 가장 유명한 아시아 스타가 될 것이며, 1,000만 달러를 거머쥐게 될 것이다. 그리고 그것을 얻는 대가로 카메라 앞에 서는 순간마다 당신이 보여 줄 수 있는 모든 것을 보여 줄 것이며, 그렇게 함으로써 평화와 조화 속에서 살게 될 것이다."
>
> 뉴욕 플래닛 할리우스 레스토랑에 전시

참고
서론 : 미래에 하고 있을 일, 되어 있을 모습을 아는 척하기
본론 : 지금의 모습, 가능성과 비교하여 꿈을 이룬 모습 축하
결론 : 미래의 그 모습을 위해 지금의 다짐 표현

미래의 나에게 편지 쓰기

다음은 1970년 1월에 부르스 리가 10년 뒤의 자신에게 보낸 편지입니다. 미래 이력서와 인생 시나리오를 쓰면서 느낀 점을 담아 10년 뒤 미래의 자신에게 보내는 편지를 작성합니다.

> "당신은 늦어도 1980년에는 미국에서 가장 유명한 아시아 스타가 될 것이며, 1,000만 달러를 거머쥐게 될 것이다. 그리고 그것을 얻는 대가로 카메라 앞에 서는 순간마다 당신 이 보여 줄 수 있는 모든 것을 보여 줄 것이며, 그렇게 함으로써 평화와 조화 속에서 살 게 될 것이다."
>
> 뉴욕 플래닛 할리우스 레스토랑에 전시

참고
서론 : 미래에 하고 있을 일, 되어 있는 모습을 아는 척하기
본론 : 지금의 모습, 가능성과 비교하여 꿈을 이룬 모습 축하
결론 : 미래의 그 모습을 위해 지금의 다짐 표현

지금쯤 전 세계의 이목이 집중된 월드컵 경기 결승전을 생중계하고 있겠지. 네가 자랑스러워.

20년 전 정말 소심했던 네가 조심스럽게 꿈꾸던 스포츠 전문 아나운서의 꿈을 당당하게 이루어 냈구나. 어때, 꿈꾸던 삶을 마음껏 누리는 기분이. 처음 그 꿈을 부모님께 말했을 때 혼났던 기억 나니? 말도 잘 못 하는 주제에 무슨 아나운서냐고 그러셨잖아. 꿈을 이룬 다음 부모님의 반응은 어땠어? 무척 자랑스러워하셨을 거야. 어떤 운동경기가 잘 맞는지 궁금해. 학교 다닐 때 체육대회 축구중계를 했던 생각을 하면, 축구경기가 가장 잘 맞을 것 같기도 한데. 열심히 해! 어떤 운동경기든 네가 중계를 하면 사람들이 다들 즐거워할 거야. 나는 너를 믿어. 늘 노력하는 너의 성실한 태도가 지금의 너를 만들어 낸 거야.

그 자리에 머물지 말고 더 날아 봐. 아자!!

근준이의 나에게 쓰는 미래 편지

수리하는 삶 vs 정비하는 삶

컴퓨터 보안전문가

저는 컴퓨터 보안전문가입니다. 학창 시절 컴퓨터가 너무 좋아, 부수고 조립한 컴퓨터만 수십 대였습니다. 대학 때는 나름 잘난 척하며 해킹도 해 보았습니다. 그때는 다른 사람의 시스템에 침투하는 것이 마치 훈장처럼 여겨지던 시절이었습니다. 그러나 지금은 그런 침투를 막아주는 전문가가 되어 있답니다. 어쩌면 그 당시의 경험이 지금 큰 도움이 되고 있을지도 모릅니다.

현재 저는 기업과 개인의 시스템을 지켜 주는 프로그램을 개발하고 관리하는 일을 하고 있습니다. 그런데 한 가지 안타까운 경험을 많이 합니다. 조금만 신경을 써서 미리 보안에 신경을 쓰면 충분히 예방이 가능한데, 전혀 신경을 쓰고 있지 않다가 무슨 바이러스가 터지면 그때서야 난리법석을 피우는 사람이 너무나 많다는 거죠. 그러다 파일을 모두 날리고, 컴퓨터가 엉망이 되어 시간과 돈을 허비하는 경우가 많습니다.

저는 이것을 보면서 자동차를 떠올려 보았어요. 평소에 꾸준히 정비를 잘 해 두는 사람이 있고, 아무런 정비를 하지 않고 있다가 크게 하나 고장이 나면 수리를 맡겨서 비용을 지불하는 사람이 있습니다. 이는 지혜롭지 않습니다. 수리하는 삶보다는 정비하는 삶이 더 중요하다는 것, 꼭 기억해 두세요!

03 내 인생의 체계적인 로드맵

나는 체계적인 계획이 있는가

우리들의 고민 편지

중학교 3학년 M양은 사실 1학년, 2학년 때에도 미래의 계획을 세운 적이 있다. 그런데 그때마다 목표는 다시 희미해져가고, 결국 제자리로 돌아가곤 하였다. 도대체 무엇이 문제일까? 미래를 상상하는 그 자체만으로도 이룰 수 있는 힘이 생긴다고 하였는데, 내게는 무엇이 부족한 것일까? 3학년에 올라와서 진로 상담 교사에게 고민을 말하였더니, 체계적인 준비 항목까지 생각해 보라고 하였다. 얼핏 설명을 들었지만, 막상 시작하려고 하니 막막하다. 미래의 꿈을 이루기 위한 준비 항목에는 무엇이 필요하고 어떻게 그것을 체계화할 수 있을지 궁금하다.

– 온라인 캠프에 올라온 진로 고민 편지

우리 힘으로 한번 해 보는 거야

"올까?"

"누구, 민샘?"

"아니, 보연 선배."

"교빈이 너, 보연 선배에게 완전 푹 빠졌구나. 민샘이 알면 섭섭해하실걸."

"그러나 저러나 민샘은 언제 오실까? 기말 고사 기간이 되기 전에는 오셔야 할 텐데."

"안 되겠어. 이번 주에 민샘 계신 병원에 가 봐야겠어. 우리가 모두 가면 샘이 힘들어하실 테니까 학생 멘토인 수희와 함께 다녀올게."

"승헌이 너, 혹시 병문안 핑계로 수희와 데이트하려는 거 아냐?"

"아, 아니야. 그런 걸 왜 병문안 핑계를 대. 만나고 싶으면 떳떳하게 그냥 말하면 되지."

"어라, 정말이야? 그럼 지금 한번 말해 보시지. 저기 수희 있다. 수희야! 흡, 왜 입을 막아!"

진로 박람회 일정이 조금씩 다가오고 있었다. 진로 페스티벌에 대한 경험이 있어서일까. 아니면 항상 그렇듯이 민샘이 나타나면 금방 준비가 될 것 같아서일까. 학생들은 민샘이 없는 동안 넋 놓고 진로 박람회를 잊고 있었다. 그런데 이미 준비를 시작해야 할 시기가 지나고 있었다. 학교 자체 행사도 아니고 전국 단위의 행사인데다 메인 부스를 맡은 것인데 학생들은 잠시 그 긴장의 끈을 놓고 있었던 것이다.

"얘들아, 잠깐 할 얘기가 있어. 선생님 들어오시기 진에 의견을 히나 모을 게 있어. 잠깐만 집중해 줄래?"

수희였다. 웬만해서는 앞에 나서는 스타일이 아닌데, 무슨 일이 있나 보다. 학생들은 숨을 죽이고 학생 멘토 수희의 말을 기다렸다. 사실 수희는 며칠 전 민샘이 입원해 있는 병원을 방문했었다. 수희를 반갑게 맞은 민샘은 당분간 학생들이 방문하지 않았으면 좋겠다는 부탁을 해 온 것이다. 학생들의 얼굴을 보면 그나마 붙잡고 있던 긴장감이 와르르 무너질 것 같고, 미안함과 안타까움에 견딜 수 없을 것 같기 때문이라고 했다. 수희는 그날 병실에서 민샘을 보는 순간 눈물을 왈칵 쏟았다. 홀쭉하게 말라 있는 민샘의 모습, 일어나서 걷기도 힘들어하는 모습에 너무나 충격을 받은 것이다. 자세히 물어볼 수는 없었으나 수희가 보기에 민샘은 한 달 뒤에도 그리고 그 이후에도 동아리 교실에 나올 수 없을 것처럼 보였다.

민샘은 이미 오래 전부터 조금씩 치료를 받고 있었다. 학생들에게 티를 내지 않았지만 병원에서는 당분간 일을 하지 말라고 권유를 받은 터였다.

"수희야, 사실 아직 말을 많이 하기는 힘든 상태인데, 오늘 학생 멘토인 너만 살짝 부른 건 한 가지 부탁이 있어서야."

"무슨 부탁이요?"

"박람회가 걱정이야. 교장 선생님은 참가를 취소하실 생각인 것 같고. 하지만 나는 너희들의 생각을 묻고 싶어. 만약 동아리 친구들이 내가 없더라도 박람회 준비를 할 수 있다면 존중해 주고 싶어. 수희 네가 의견을 물어봐 줄 수 있겠니? 하지만 절대로 강요하지는 마라. 아이들이 포기하겠다고 하면 내가 교장 선생님께 말씀 드리마."

수희는 지금 동아리 학생들에게 바로 그 의견을 물어 보려는 것이다. 민샘이 생각보다 많이 아프다는 말은 꺼내지 않았다. 그저 진로 박람회의 준비가 곧바로 시작되어야 할 시기이기에 우리의 의견을 모아 달라는 민샘의 부탁을 전달했다.

"민샘 없이 우리가 어떻게 큰 행사를 준비할 수 있을까?"

"그래도 박람회를 연다면 민샘이 빨리 퇴원하실지도 모르잖아."

처음에는 다들 부정적인 입장이었다. 민샘 없이는 어렵다는 것과 민샘이 있더라도 이렇게 큰 행사를 치르는 것은 민샘을 더 아프게 하는 것이라는 의견이 많았다. 수희는 고개를 끄덕였다.

"제 생각은 달라요. 저는 민샘을 위해 꼭 이 행사를 우리 힘으로 치렀으면 좋겠어요!"

철만이었다. 철만이의 목소리에는 비장함이 깃들어 있었다. 철만이는 늘 그랬듯이 말이 없는 친구이다. 철만이에게 민샘은 동아리의 다른 누구보다도 소중한 존재다. 공만 찰 줄 알았고 머리 쓰는 것은 꽝이었던 말더듬이를 미래의 스포츠 진행자와 트레이너의 꿈을 꾸는 멋진 아이로 바꿔 준 분이었다.

"민샘을 위해서 박람회에 참가해야 한다는 게 무슨 말이니, 철만아?"

"민샘이 없으니 할 수 없다는 것은 민샘의 가르침과도 맞지 않아. 우리가 그동안 배운 가르침을 살려 참가해야 한다고 봐. 우리 스스로 해 내는 모습을 보여 드리면 민샘도 힘을 내서 빨리 회복하실 거야."

"철만이의 생각에 나도 동의해. 만약 박람회 참가가 취소된다면, 그야말로 민샘은 자신 때문에 우리의 진로 과정이 흐트러졌다고 자책하실지 몰라. 민샘을 위해서라도 우리는 멋지게 이 박람회를 치러야 한다고 생각해."

분위기는 급반전되었다. 철만이의 용기 있는 발언과 승헌이의 지지 발언에 동아리 친구들은 가슴속에서 뭔가 뜨거운 것이 올라오는 느낌을 받았다. 자신들을 위해 수많은 자료를 만들어서 준비하고 한 사람 한 사람의 아픔까지도 살피면서 도와주었던 민샘의 얼굴이 아이들의 마음에 어떤 뜨거움을 만들어 내고 있었다. 수희는 아이들의 생긱이 하니로 모아졌다고 확신했다. 바로 그때 동아리 교실 문이 열렸다.

내 인생의 로드맵

"보연 선배가 아니어서 실망했죠?"

"아, 아니요!"

"내 이름은 하유진이에요. 청소년 심리상담을 전공했고, 지금은 청소년 코칭 심리학 박사과정을 공부하고 있답니다."

"나는 온달, 보연과 함께 3인방으로 통하는데, 여러분 얘기 많이 들었어요."

"어, 온달 샘도 아세요?"

"그럼요. 우리는 민샘을 추종하는 자칭 수제자들이죠. 청소년 때부터 민샘을 통해 꿈을 꾸고 이렇게 성장했답니다. 그래서 민샘이 이렇게 멘토로 부르면 어디든지 간답니다."

수희는 사회복지와 청소년상담에 관심을 가지고 희망 직업군을 찾았었다. 수희가 보기에 하유진 멘토님은 차분한 말투와 상대방을 배려하는 목소리 톤, 그리고 호감 가는 외모까지 자신의 미래 모습을 상상하기에 더 없이 좋은 본보기였다.

"누가 수희예요?"

"네! 저요."

"네가 학생 멘토구나. 잘 부탁해요. 그리고 여러분이 나를 부를 때는 '하샘'이라고 하셈. 그리고 여러분과 친해지고 싶어서 그러는데 말을 놓아도 될까요?"

"네, 그래요. 우리도 빨리 샘과 친해지고 싶어요!"

하샘을 바라보며 교빈이가 해맑게 웃으며 말했다. 승헌이는 이런 교빈이를 쳐다보면서 뭔가 핀잔하듯이 눈치를 주었다. 승헌이가 왜 그러는지 알 것 같다.

'야, 너는 쓸개도 없냐. 방금 전까지 오매불망 보연 선배만 그리워하더니, 벌써 잊어버리고 하샘한테 빠지냐?'

오늘은 진로 비전의 미래를 상상하는 과정 세 번째 시간이다. 첫 시간에는 옹달샘과 미래 일기와 미래 신문을 만들어 보았다. 이 과정에서 미래를 상상하는 과학적인 원리를 살펴보았다. 두 번째 시간에는 보연 선배와 미래 이력서를 토대로 인생 시나리오를 작성했다. 과제로 미래에 보내는 편지도 작성해 보았다.그리고 미래의 구체적인 시나리오를 상상하기 위해서는 일반적이고 객관적인 진로의 단계 정보가 필요하다는 사실을 함께 공부했다. 이제 세 번째 활동에서는 하샘과 이러한 미래의 상상을 체계적으로 하나의 지도에 정리하는 작업을 하게 되었다. 이름 하여 '인생 로드맵' 작업이다.

미래 일기   미래 신문   미래 이력서   인생 시나리오

인생 로드맵이란?
　　자신의 인생 목표를 연도와 나이로 구분하여, 각각의 목표, 자격과 공부, 역할과 우선순위, 네트워크, 비용 등을 적어 만든 작품이다. 자신의 진로 비전을 체계적인 결과로 만들기에 적합한 작품 형태이다. 앞서 제작한 미래 이력서, 인생 시나리오의 내용을 체계적인 표로 바꾼 결과물이다.

하샘은 화면을 통해 이전에 작업했던 4개의 작품을 마치 전시회를 하듯이 진열해서 보여 주었나.

"하샘, 이렇게 꾸며 놓으니까 너무 예쁘고 보기 좋은데요. 박람회 때도 벽을 저렇게 꾸미면 좋겠어요."

교빈이의 말을 들은 다른 학생들도 같은 생각을 하고 있었다. 우리의 작품을 저렇게 액자로 만들어 박람회 전시장 벽을 꾸민다면 너무 예쁠 것 같다는 생각이 든 것이다. 서너 명은 고개를 숙이고 열심히 메모를 했다. 화면에 보이는 모습을 그리고 그 밑에 간단한 메모를 했다. 박람회 전시장 스케치였다. 동아리 전체의 의견이 모아진 마당에 세 명의 리더급 학생들은 자연스럽게 큰 책임감을 느끼고 있었다.

"인생 로드맵 작업이 이전의 미래 상상 활동과 다른 점은 체계적인 계획이 포함되어 있다는 점이야. 미래 일기와 미래 신문, 미래 이력서, 인생 시나리오, 미래 편지 등은 어떤 결과에 대한 상상을 생생하게 그리는 것이 중요해. 하지만 이것만으로는 미래를 만들어 갈 수 없어. 이런 것들을 종합해서 체계적인 실천 목표까지 표현해야 한다."

15살 / 2012년	20살 / 2017년	27살 / 2024년	35살 / 2032년	40살 / 2037년

화면에 등장한 거대한 그림은 학생들의 시선을 압도했다. 가장 위쪽에 나이와 연도가 보였다. 학생들은 이미 미래 이력서와 인생 시나리오 작업을 했기 때문에 저 숫자가 무엇을 의미하는지는 금방 눈치 챌 수 있었다. 하지만 나머지 내용은 매우 생소했다.

"표가 좀 복잡하지? 가장 위쪽은 당연히 미래의 나이와 연도를 적는 거겠지? 그럼 그 아래부터 다섯 째 칸까지는 어떤 내용들로 채운 것인지 토론해 보렴."

학생들은 카드의 주제와 내용을 연결하는 작업을 매우 쉽게 진행했다. 그

	15세(2012년)	20세(2017년)	27세(2024년)	35세(2032년)	40세(2037년)
목표	기능사 자격증 제빵 기능사 자격증 베이킹 마스터 자격증	산업 기사 자격증 케이크 디자이너 자격증 한국 호텔 관광 전문학교 입학	내 이름을 건 제과점 개업	체인점을 보유한 제과점 CEO	내 이름을 건 큰 회사의 CEO
준비	나만의 레시피 100개 제빵에 사용될 도구 이름과 사용 용도 외우기 케이크 디자이너 자격증 공부	케이크 디자이너 자격증을 위한 케이크에 대한 전문적인 공부	제과점에서 판매할 제빵들 개발하기	빵을 만들어서 보육원, 고아원에 선물 체인점 관리	나의 레시피가 담긴 제빵책 출간
관계	파티시에, 제빵사에 관심 있는 친구들과 같이 연구 김영모 선생님 만나 보기	파티시에 꿈을 삼아서 성공한 사람들을 만나 보기	다른 제빵사들과 인맥 쌓기 주변 이웃과 좋은 관계	체인점 직원들과 좋은 관계 제빵사들과 아이디어 교류	파티시에와 관련 없는 사람들과도 관계 확대
역할	착하고 슬기로운 둘째딸 친구 인맥 넓은 학생 모든 일에 열심히 하는 학생	한국 호텔 관광 전문학교에서 인정받는 학생 센스 있고 당당한 여자 유머와 감각 있는 친구	배려와 이해심 있는 친구 친구들 중 가장 성공한 사람	친절한 제과점 사장	나 자신을 위해 사는 사람 센스 있고 유머 감각 있는 CEO
비용	도구 및 재료 구입 비용 30만 원 나의 밝은 미래를 위해 다닐 학원비 20만 원	대학 입학 등록금 600만 원×2년 내 미래를 위한 3억 원 적금	제과점 개업을 위한 비용 1억 원	제빵 재료비 100만 원	재료, 기술 수업비용 250만 원

런데 막상 이렇게 진행하다 보니까 몇 가지 결정적인 궁금증이 생겼다.

"하샘, 우리가 미래 이력서와 인생 시나리오 작업을 할 때는 19세나 20세를 출발로 잡아서 대학 입학부터 시작했는데요. 이번 인생 로드맵 사례에는 15세부터 시작하고 있네요?"

"수희가 꼭 필요한 질문을 했네. 인생 로드맵의 기본적인 항목 구분은 비슷하지만 꼭 그 기준에 맞출 필요는 없어. 이 친구는 제빵 전문가를 꿈꾸는 중학생이거든. 이 친구에게는 당장 지금부터의 준비가 너무 중요하기에 15세부터 목표를 정한 거야."

"그럼, 마지막 나이 때가 40세인데, 40세를 마지막으로 하기에는 너무 젊지 않아요?"

"이 사례의 주인공은 15세부터 시작한 나머지 너무 일찍 마무리를 했어. 일반적으로는 20세에 시작해서 50대 이후의 버전이 하나 더 들어가곤 해."

"그럼, 가장 일반적인 나이 기준을 좀 소개해 주세요."

"함께 해 볼까. 처음은 거의 20세로 보면 되겠지. 자, 그 다음은 몇 살을 기준으로 할까?"

"대학을 졸업한 뒤 처음 직장에 들어갈 나이요."

"그럼 몇 살?"

"24세쯤 되겠죠."

"남자라면 중간에 2년간 군대에 다녀 올 텐데?"

"아, 그럼 26세쯤 되겠네요."

"바로 여기서부터 남자와 여자의 사회 진출 나이 기준이 좀 달라진단다. 그 다음에는 어떤 단계가 필요할까?"

"그 직업 세계에서 아주 중요한 역할을 하는 시기까지 올라가는 정도요."

"그 다음은?"

"그 다음은 당연히 그 직업 세계에서 최고의 성공을 이루는 시기겠죠."

"그 다음은?"

"그 다음은…… 그 다음은 필요 없을 것 같은데요. 이미 성공했잖아요."

"성공 이후의 삶에 대한 계획이 정말 필요해."

"성공 이후의 삶에 대한 계획이요?"

"혹시 민샘과 '비전과 사명'에 대한 수업을 했었니?"

"네, 했어요."

하샘은 비전과 구별되는 사명의 크기를 다시 한 번 설명해 주었다. 자신의 비전을 통해 타인과 세상을 돕는 삶에 대해서 배운 내용을 다시 확인시켜 준 것이다. 보통 우리가 비전을 이루기까지의 과정은 매우 치열하게 달려가기 때문에 주위를 돌아보거나 베푸는 삶을 살기가 어렵다. 대부분의 성공한 사람들은 자신이 성공의 정점에 오른 뒤, 그 성공을 가지고 다른 사람을 돕는 삶을 살게 된다.

"이 시대의 부자는 크게 세 가지로 나뉜다. 먼저 물질적인 부자

| 물질적 부자 | 정신적 부자 | 사회적 부자 |

야. 그들은 자신의 꿈이 명확하고 그 꿈을 성취한 부자들이지. 그러나 그러한 물질적 부자 중에 '정신적 부자'를 찾기는 무척 어렵다. 정신적 부자는 '깨끗함'을 가진 사람들을 말하지. 한편, 정신적 부자들 중에서 '사회적 부자'를 다시 선별하면 정말 소수만 남게 된다고 해. 사회적 부자는 존경받는 부자를 말한다. 널리 사람들을 구제하는 부자들이야. 바로 이런 사회적 부자들은 대개 성공 이후의 삶에 대한 계획을 가지고 있었다고 본다."

하샘은 인생 로드맵 작성 중에 가장 중요한 '목표 구분'의 유형을 정리해 주는 활동을 시작했다. 진로 교육의 초기에는 매우 일반적이고 획일적인 목표 유형이 존재한다. 하지만 현재와 미래의 목표 발전의 흐름은 극심한 변화를 겪게 되기에 하샘은 학생들에게 그러한 흐름을 구분하고 자신만의 목표 흐름을 찾아갈 수 있는 힘을 심어 주고자 했다.

	20	27	35	45	55
목표	사범대 입학	교사	부장 교사	교감	교장

A코스–유지형 커리어

	20	27	35	45	55
목표	법대 입학	검사	판사	변호사	인권 운동가

B코스– 융합형 커리어

	20	27	35	45	55
목표	문학 전공	대학원 입학	박사 과정	부교수	정교수

C코스– 학문형 커리어

목표	20	27	35	45	55
	건축 전공	수학 강사	기업 CEO	정치 보좌관	여행 전문가

D코스-점프형 커리어

목표	20	27	35	45	55
	경영학 전공	리더십 강사	작가+강사	작가+강사 +CEO	작가+강사+ CEO+방송인

E코스-혼합형 커리어

"이게 뭐예요? 하샘. 인생 로드맵에서 목표 부분만 따로 떼어내서 5개를 만드셨네요."

"그래, 다섯 가지 유형인데, 과거에는 없던 새로운 방식의 목표 유형 구분 전략이란다."

"과거에는 없었다고요? 이거 새로 만드신 거예요?"

"그래, 민샘이 만들어 주신 거야. 용어도 민샘이 직접 만드신 거란다."

"왜 새로운 것을 만드셨어요?"

"변화 때문이지. 직업 세계의 변화가 너무나 빠르기 때문에 이러한 유형들을 미리 알지 못하면 당황하기 쉽단다."

인생 로드맵의 목표 유형

〈A코스- 유지형 커리어〉 아주 정직하게 전공에서 출발하여 승진하는 목표 유형

〈B코스- 융합형 커리어〉 같은 전공 안에서 맥을 같이 하는 영역으로 이동하는 유형

〈C코스- 학문형 커리어〉 학문을 추구하여 그 분야의 연구원이나 교수로 가는 유형

〈D코스- 점프형 커리어〉 전혀 상관없던 영역으로 경력을 점프하여 도전하는 유형

〈E코스- 혼합형 커리어〉 동시에 여러 개의 직업을 조화롭게 함께 가는 유형

학생들은 다섯 가지 유형에 따라 자신의 희망 직업 목표 단계를 다시 한 번 점검해 보았다. 어떤 유형이 자신에게 맞는지 서로 토론하며 고민했고, 그 속에서 이전에는 몰랐던 새로운 안목이 생기는 것을 경험했다.

"수희는 어떤 목표 유형인지 궁금한데?"

하샘은 수희를 각별하게 생각했다. 민샘에게 이미 이야기를 들었고, 수희가 사회복지나 청소년상담 쪽의 진로를 희망하는 것도 알고 있었다. 더군다나 수희가 현재 진로 동아리의 학생 멘토를 담당하고 있기에 하샘은 자신과 비슷한 삶을 살게 될 수희의 진로에 더욱 관심이 갔던 것이다.

"처음 이 유형을 보았을 때는 융합형 커리어라고 생각했는데, 좀 더 마음을 기울여 기록하고 보니 혼합형 커리어 쪽에 가까운 것 같아요."

"그럼, 여기 빈 칸을 수희가 고민한 내용으로 한번 채워 볼까?"

	20	27	35	45	55
목표	사회 복지학 상담학 부전공	사회복지사 활동 상담학 대학원	사회복지사 진로 상담사 상담학 박사	사회복지사 진로 상담사 청소년 상담학 교수 스토리텔링 작가	진로 상담사 청소년 상담 교수 스토리텔링 작가 학교 설립자

"쓰고 보니 제가 이렇게 욕심이 많은지 몰랐어요."

"수희야, 그건 욕심이 아니라 열정이란다. 한 분야에 눈을 뜨게 되면 그 방법을 사용하여 다른 분야를 함께 진행하는 것이 가능해진다. 수희는 충분히 그럴 가능성이 있어!"

수희는 자신이 기록한 내용을 바탕으로 목표 아랫부분에 준비할 요소 및 관계를 적어 보았다. 목표가 다시 한 번 정리되니 자연스럽게 준비 항목과 관계 요소가 구체적으로 채워지기 시작했다.

다시 희망을 만나다

"저, 샘. 하나 더 궁금한 게 있어요. 제일 아래에 비용 부분이 있는데. 비용을 꼭 써야 하나요? 정확하게 계산하기도 어려운데."

"수희 네 말이 맞다. 계산하기가 쉽지 않을 거야. 그래도 한번 써 보고 나중에 수정해도 된다. 비용을 쓰는 이유는 그만큼의 가치 크기와 책임감을 부여하기 위함이야. 우리는 눈에 보이지 않는 사람의 마음, 정성, 가치 등을 측정할 때 돈의 액수를 사용하기도 한다. 그것은 이전에 가치 수업할 때 이미 배웠지?"

"네, 배웠어요. 가치가 가장 우선이라는 사실이요."

수희는 마음속에 한 가지 소망이 생겼다. 혹시 민샘이 안 계시는 동안 하샘이 우리 동아리를 맡아서 진로 박람회 준비를 도와주시면 어떨까 하는 실낱같은 희망……

"수업을 마무리하면서 한 가지 소식을 전해 줄게. 당분간 내가 여러분과 함께 동아리 활동을 진행하게 되었어. 민샘이 퇴원하실 때까지만."

"저, 정말이요?"

"수희가 이렇게 반가운 표정을 지어주니, 나도 힘이 나는데. 후훗!"

진로 박람회에 참가하기로 결정한 바로 오늘, 두렵고 떨리는 마음으로 좁은 길을 선택한 학생들의 마음에 희망이 일어나는 순간이었다. 특히 수희는 누구보다도 큰 안도의 한숨을 내쉬었다. 나름 어깨가 무거웠기 때문이었다. 부담이 큰 게 사실이었다. 어쩌면 친구들이 박람회 참가를 하지 않는 쪽으로 의견을 모아 주기를 기대했었다. 부담을 견딜 자신이 없어서였다. 그러나 철만이와 승헌이의 용기 있는 지지 발언에 힘을 얻었고, 이제 자신의 롤모델과 같은 하샘이 함께하게 되었으니 수희는 깜깜한 어둠 속에서 등불을 만난 느낌이었다.

진로는,
성공 이후까지
꿈꾸는 인생의
로드맵이다.

인생 로드맵의 선명한 의미 구분

진로 비전의 결과 이미지를 상상하는 작업은 크게 다섯 가지입니다. 미래 일기, 미래 신문, 미래 이력서, 인생 시나리오 그리고 과제로 제출했던 미래 편지입니다. 이러한 상상의 작업을 참고로 하여 작업하는 '인생 로드맵'은 과연 이러한 작품들과 어떤 차이점이 있는지, 차이점의 내용을 로드맵의 항목을 중심으로 기록합니다.

| 미래 일기 | 미래 신문 | 미래 이력서 | 인생 시나리오 |

참고
서론 : 다섯 가지 미래 상상 작품의 특징 소개
본론 : 이런 작품과는 다른 인생 로드맵의 특징과 항목 구성
결론 : 인생 로드맵 작성의 효과 및 나의 다짐

_____

_____

_____

_____

_____

_____

인생 로드맵의 선명한 의미 구분

진로 비전의 결과 이미지를 상상하는 작업은 크게 다섯 가지입니다. 미래 일기, 미래 신문, 미래 이력서, 인생 시나리오 그리고 과제로 제출했던 미래 편지입니다. 이러한 상상의 작업을 참고로 하여 작업하는 '인생 로드맵'은 과연 이러한 작품들과 어떤 차이점이 있는지, 차이점의 내용을 로드맵의 항목을 중심으로 기록합니다.

| 미래 일기 | 미래 신문 | 미래 이력서 | 인생 시나리오 |

참고
서론 : 다섯 가지 미래 상상 작품의 특징 소개
본론 : 이런 작품과는 다른 인생 로드맵의 특징과 항목 구성
결론 : 인생 로드맵 작성의 효과 및 나의 다짐

미래 일기, 미래 신문, 미래 이력서, 인생 시나리오, 미래 편지 등은 자신의 미래를 생생하게 상상하여 기록한 것이다. 이러한 작업들은 자신의 꿈을 늘 마음속에 간직하고 살도록 도와주는 역할을 한다. 그런데 인생 로드맵은 좀 느낌이 다르다. 그 미래의 꿈을 이루기 위한 보다 구체적이고 체계적인 내용들을 정리한 느낌이다. 목표, 필요한 노력, 네트워크, 역할 그리고 비용까지 기록하면서 체계적인 그림을 완성하는 것이다. 나 역시 막연하게 상상하는 것이 아니라 보다 세부적인 전략을 담아 인생 로드맵을 작성할 것이다.

인생 로드맵의 목표 유형 찾기

인생 로드맵의 핵심 항목은 '목표 유형'입니다. 나이와 연도별로 발전하는 자신의 인생 목표는 다음 다섯 가지 코스로 구분됩니다. 자신의 유형을 찾아 그 내용을 기술합니다.

	20	27	35	45	55
목표	사범대 입학	교사	부장 교사	교감	교장

A코스-유지형 커리어

	20	27	35	45	55
목표	법대 입학	검사	판사	변호사	인권 운동가

B코스- 융합형 커리어

	20	27	35	45	55
목표	문학 전공	대학원 입학	박사 과정	부교수	정교수

C코스- 학문형 커리어

	20	27	35	45	55
목표	건축 전공	수학 강사	기업 CEO	정치 보좌관	여행 전문가

D코스-점프형 커리어

	20	27	35	45	55
목표	경영학 전공	리더십 강사	작가+강사	작가+강사+CEO	작가+강사+CEO+방송인

E코스-혼합형 커리어

	20	27	35	45	55
목표					

인생 로드맵의 목표 유형 찾기

인생 로드맵의 핵심 항목은 '목표 유형' 입니다. 나이와 연도별로 발전하는 자신의 인생 목표는 다음 다섯 가지 코스로 구분됩니다. 자신의 유형을 찾아 그 내용을 기술합니다.

	20	27	35	45	55
목표	사범대 입학	교사	부장 교사	교감	교장

A코스-유지형 커리어

	20	27	35	45	55
목표	법대 입학	검사	판사	변호사	인권 운동가

B코스- 융합형 커리어

	20	27	35	45	55
목표	문학 전공	대학원 입학	박사 과정	부교수	정교수

C코스- 학문형 커리어

	20	27	35	45	55
목표	건축 전공	수학 강사	기업 CEO	정치 보좌관	여행 전문가

D코스-점프형 커리어

	20	27	35	45	55
목표	경영학 전공	리더십 강사	작가+강사	작가+강사+CEO	작가+강사+CEO+방송인

E코스-혼합형 커리어

	20	27	35	45	55
목표	컴퓨터공학 전공	의학전문 대학원	의료전문 프로그램 개발	의료 유비쿼터스 기업 CEO	정치인 의료복지정책 수립

나의 인생 로드맵 작성하기

다음 인생 로드맵 사례를 참고하여, 나이와 연도를 구분한 뒤 목표 유형을 넣고, 나머지 인생 로드맵 칸을 채웁니다. 대학 입학을 시작으로 하고, 마지막 칸은 성공 이후의 가치 있는 삶을 넣습니다.

목표				
준비				
관계				
역할				
비용				

기자들에게도 쓰나미가 몰려오고 있어요

기자

저는 현직 기자입니다. 처음에는 정치부로 입문했다가 지금은 국제부에 있습니다. 그런데 몇 해 전 아주 놀라운 일이 있었어요. '퓰리처상'이라고 들어 보셨죠? 언론보도 분야에서는 세계적으로 권위 있는 상입니다. 그 상의 종류에 '특종상'이란 게 있습니다. 그런데 어느 해에 역사상 최초로 그 특종상 수상자가 없었습니다. 전 세계의 기자들은 허탈해했죠. 그 해에 다양한 특종이 없었던 것도 아닙니다.

그 원인을 확인해 보니 놀라운 결과가 나왔습니다. 특별한 사건을 신속하게 먼저 보도하는 특종을 스마트폰과 트위터가 먼저 보도해 버린 것입니다. 기자가 아닌 현장의 일반인들이 자신의 스마트폰으로 사진과 영상을 찍어 실시간으로 중계를 하고 그것이 실시간으로 전 세계에 퍼진 것입니다. 그러다 보니 기자들의 특종이 사라진 것은 당연한 결과겠죠.

하지만 기자들은 이러한 변화의 쓰나미를 겸허하게 인정하고 더 열심히 뛰고 있습니다. 분명 기자들만의 영역이 살아있기 때문이죠. 이것이 바로 '기자정신'입니다.

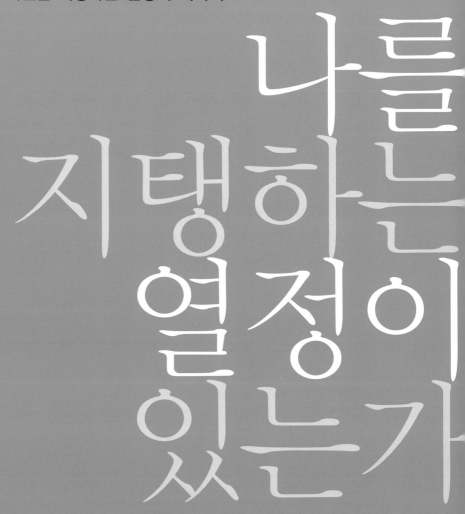

04 비전을 지탱하는 열정의 에너지

나를 지탱하는 열정이 있는가

우리들의 고민 편지

학교에서 진행하는 진로 활동을 통해 새로운 인생을 시작하게 되었다고 큰소리쳤던 H군. 그에게 진로 활동은 인생의 터닝 포인트가 되었다. 그런데 진로 활동의 초반부터 후반까지 쉼 없이 상승하던 에너지가 어느 정도 한계에 이르니 한풀 꺾이기 시작했다. 목표를 이루어 가는 삶이 조금은 피곤하고 많은 것을 포기해야 하는 삶으로 다가온 것이다. '생각 없이 쉽게 살던 때는 그래도 즐거웠는데……' 하는 생각까지 들었다. 정말 고민이다. 하나의 꿈을 이루는 삶은, 내가 좋아하던 많은 것을 포기하고 한 가지에만 오직 집중해야 하는 걸까?

– 온라인 캠프에 올라온 진로 고민 편지

"와! 신난다! MT 이후에 처음으로 나오는 것 같아요."

"그렇게 좋으니, 교빈아!"

"네, 하샘. 존경해요. 어떻게 오시자마자 이런 아름다운 1박2일 워크숍을 추진할 수 있으세요? 외모와 마음도 아름다우신데, 이렇게 추진력까지 있으시니 정말 완벽하셔요."

"교빈아, 주변사람 생각 좀 해 줘라. 우리 지금 손발이 오그라든다."

"승헌이, 너도 좀 배워. 수희에게 이런 아름다운 표현을 좀 해 봐. 넌, 너무 하드 해!"

"뭐, 하드 해? 어휴~."

"샘, 그런데 우리가 머물 곳은 어디예요?"

"저기 '비전 하우스'라고 보이지? 거기서 머물 거야."

"어, 저곳은 학교처럼 보이는데요. 아주 작은 학교요."

"그래, 원래는 학교였어. 숲 속 초등학교. 주위를 둘러보면 알겠지만 주변에 집이 별로 없잖아. 학생 수가 점차 줄어들어서 결국 폐교가 된 거지. 그래서 눈독을 들이다가 어렵게 학교를 인수했단다."

"어떻게 인수를 다 하셨어요?"

"학교 교육을 돕고자 하는 민샘을 비롯해서 우리의 비전과 진심을 이해한 분들이 후원해 주셨단다."

"그러나 저러나 하샘, 저기 담벼락에 비전 하우스라는 글씨……, 멀리서 보면 비닐하우스로 보이기도 하겠어요."

"비닐하우스, 그거 재미있네. 하하하!"

이번 1박2일 워크숍은 주말을 이용하여 하샘이 학교에 허락을 얻어 진로 동아리 학생들을 이곳 비전하우스로 데려온 것이다. 연구실 겸 캠프 장소로 쓰는 비전하우스 안에 들어서자 입구에 캠프의 제목과 시간표가 붙어 있었다.

	전환	오픈 강연	비전을 지탱하는 꿈의 목록	꿈의 목록
1일차	전략 수립	강연 1	300 VS 100	전략의 필요성
		강연 2	골라 먹는 재미	진로와 진학 전략
		강연 3	학습은 살아 있다	진학과 학습 전략
		강연 4	원대한 꿈, 하루의 습관	학습과 습관 전략
2일차	진로 관리	강연 5	재미있는 진로 관리	진로 블로그
		강연 6	꼼꼼한 진로 관리	진로 시트
		강연 7	함께 가는 진로 항해	진로 모임
		강연 8	새로운 터닝 포인트	진로 관리 과정 검증

"야, 하샘. 정말 지독해요. 이렇게 공부를 많이 해요? 1박2일의 정신에 어긋나요."

"걱정하지 마, 교빈아. 여기에는 강의 시간만 넣었어. 나머지 운동, 식사, 캠프파이어는 따로 있어."

"그나마 다행이네요. 그래도 좋아요. 함께 놀고, 강연도 듣고, 진로 박람회 준비도 하니 이번 캠프는 아주 의미 있을 것 같아요. 그런데 샘, 모든 강의를 하샘 혼자 진행하시는 거예요, 힘들지 않으시겠어요?"

"너희들이 있잖니. 일방적인 강의가 아니라 너희들이 토론하며 만들어갈 거야."

하샘은 아이들을 믿고 있었다. 하샘은 이미 민샘과 의견을 모았었다. 어쩌면 민샘의 강력한 의지로 추진된 캠프였다. 민샘은 수희를 통해 동아리 학생들이 진로 박람회를 예정대로 추진한다는 것을 전달받았다. 너무나 고맙고 기특한 마음이 들었다. 그래서 다소 무리가 있지만 더 신경을 써서 이번 1박2일 캠프를 기획한 것이다.

"샘, 목표를 찾고 그런 후에는 목표를 향해 미친 듯이 달려가는 게 맞겠죠? 그런데 목표가 너무 선명하고, 목표를 추구하는 삶이 너무 강하면

때로 피곤하지 않을까요?"

"교빈이가 시간표를 보더니 피곤이 확 밀려 오나 보구나."

"아뇨. 민샘이 떠올라서 한 말이에요. 그 삶의 가치와 간절함은 알겠지만 결국 너무 아프시잖아요. 매일 상담에다 매주 자료 제작과 수업 연구 등, 일하시는 모습을 보면 보람은 있어 보이지만, 무척 힘드실 것 같다는 생각이 들어요."

하샘은 학생들을 비전하우스의 작은 전시관 같은 방으로 데리고 들어갔다. 한쪽 벽에 커다란 패널이 여러 개 전시되어 있었다.

가고 싶은 곳	만나고 싶은 사람	배우고 싶은 것	서고 싶은 강단	이루고 싶은 것
북한	손석희	패러글라이딩	삼성 본관 강당	유창한 영어
7대 불가사의	오카노 마사유키	행글라이더	청와대 강당	마라톤 완주
성지순례	아카타니 아키히로	경비행기 조종	국회 강당	슬라이딩 책장
세계 명문 대학	니시무라 아키라	윈드서핑	세계 지식 포럼	연구소 세팅
아마존 밀림	엘빈 토플러	스카이다이빙	세계 대학 포럼	자전거 일주
남극	최봉오	스쿠버다이빙	한동대학교 강당	저자 사인회
북극	방영혁	암벽 등반	열린 음악회	아침 마당 출연
그랜드캐니언	정진홍	한식 요리	세종문화회관	백분 토론 출연
나이아가라	이지성	양식 요리	연세대학교 강단	합창단 공연
아프리카	이어령	피아노	다보스 포럼	베스트셀러
프랑스	김영세	골프	한국 코칭 대회	학교 설립
영화 촬영지	릭 워렌	포토샵	극동 방송	피아노 연주
홍해	강헌구	일러스트	아침 마당	크루즈 호 횡단
터키 아라랏 산	공병호	인 디자인	명사 특강	축구 주전
토리노 성당	구본형	맥 디자인	관훈 클럽	도서관 서재
어릴 적 살던 곳	박경철	성악	하버드 대학교	영춘권 사범
한국 박물관 20	안상헌	바리스타	예일 대학교	한강 수영 횡단
한국 미술관 50	존 나이스비트	바둑	프린스턴 대학교	박사 학위
크레이지 호스	스펜서 존슨	요트	카이스트	성악 시연
백악관	켄 블랜차드	철인 3종	서울교육청	30명 산 등정
세계 지식 포럼	스티븐 코비	수영	지역교육청	교육 정책 입안
다보스 포럼	브라이언 트레	코칭 기법	대통령 앞	허리 30인치
지식 콘서트	이시	마술	교육 장관 앞	동화책 저술
뉴스데스크	톰 피터스	영춘권	피닉스 센터	동화책 DB
KTX 관광지	조엘 오스틴	응급 처치 기법	카네기 센터	미디어 도서관
제주도	한홍		리더십 센터	강의 CD 300
군복무 했던 곳	앤디 앤드루스	*배움 이슈	윌리엄 연구소	세계 일주
어릴 적 살던 곳	강준민	날고 싶다		

가고 싶은 곳	만나고 싶은 사람	배우고 싶은 것	서고 싶은 강단	이루고 싶은 것
시선 집중 방송	전쯔단	노래하고 싶다	*강의 이슈	*성취 이슈
	로렌 커닝햄	먹고 싶다	정치인 대상	서재의 꿈
*장소 이슈	풀정	그리고 싶다	성공학 관련	건강의 꿈
유명 관광지	김경섭	생각하고 싶다	종교인 대상	노래의 꿈
원시 문화지	유시민	즐기고 싶다	선교사 대상	여행의 꿈
영화 촬영지		누리고 싶다	대학생 대상	영향력 삶
숨겨진 맛집	*만남 이슈	쉬고 싶다		집필가의 삶
한국의 명산	종교 지도자	건강하고 싶다		
세계의 명산	방송인	땀 흘리고 싶다		
종교 유적지	언론인			
추억 깃든 곳	작가			
드라이브 코스	성공학 대가			
하이킹 코스	목회자			
마라톤 코스	특별한 일본인			
유명 박물관	정치인			
유명 미술관				
역사 유적지				
유명 휴양림				
세계의 도시				

'이민구의 꿈 목록'

"어, 이거 민샘 이름이잖아요?"

"그렇지, 민샘 것이지. 교빈이가 보기에는 민샘이 한 가지 목표를 추구하
느라 지쳐 보였겠지만, 사실 민샘과 그의 제자들은 삶을 즐기는 방법을
알고 있단다. 여기 내 것도 있고, 다른 학생들의 것도 붙어 있지?"

"정말, 저희 민샘 것 맞아요? 와! 이렇게 하고 싶은 게 많으신가 봐요?"

"민샘과 우리 멘토들은 해마다 연말이 되면 여기 모여 비전 페스티벌을
한단다. 그 가운데는 꼭 이렇게 '꿈 목록'을 만들어 벽에 붙여 놓는 시간
을 갖지."

"꿈 목록이 뭐예요?"

비전을 지탱하는 꿈의 목록

아주 많은 꿈의 목록이 적힌 패널이 있고, 그 옆에는 그 패널의 주인공
이야기가 적혀 있다.

존 고다드 이야기

1944년 미국 로스앤젤레스, 어느 비 내리는 오후, 열다섯 살의 한 소년이 식탁에 앉아 있었습니다. 옆에서는 할머니와 숙모가 차를 마시며 이야기를 나누고 있었는데, 할머니가 숙모에게 "내가 이것을 젊었을 때 했더라면……"이라는 이야기를 하고 있었습니다. 소년은 문득 생각했습니다. '나는 커서 무엇을 했더라면……'이라는 후회는 하지 말아야지.

그리고 소년은 곧바로 연필과 노란 종이를 꺼냈습니다. 그리고 맨 위에 '나의 꿈의 목록'이라 쓰고, 자신이 평생에 하고 싶은 것, 가고 싶은 곳, 배우고 싶은 것을 하나씩 기록했습니다. 조금만 노력하면 할 수 있는 것들과 불가능해 보이는 것들까지도 개의치 않고 기록했습니다.

드디어 127개의 목록을 작성했습니다. 소년은 그 목록을 항상 가지고 다니면서, 시간이 날 때마다 그 목록을 보았습니다. 그 꿈을 이루는 모습을 상상하면서…….

그는 결국 111개의 꿈을 이루었고, 또다시 꿈은 500개로 늘어났습니다.

지금은 세계에서 가장 유명한 탐험가가 되었으며, 인류학자와 다큐멘터리 제작자로도 알려져 있습니다. 그의 꿈은 결코 실천하기 어렵거나 크고 거창한 것이 아니었습니다. '플루트 배우기, 윗몸 일으키기 200회, 인디언 문화 배우기' 등 때론 엉뚱해 보이기도 하는 작은 꿈들부터 목표를 정하고 차근차근 이루어 나갔습니다.

작은 꿈들은 다시 '나일 강 탐험, 킬리만자로 등반, 비행기 조종하기' 등 이루기 어려운 꿈들로 발전했고, 결국 그는 다섯 살 때부터 꿈꾸던 탐험가가 되었습니다.

「존 고다드 127가지 실제 꿈의 목록」

탐험할 장소

1. 이집트 나일 강
2. 남미의 아마존 강
3. 중부 아프리카 콩고 강
4. 미국 콜로라도 강
5. 중국 양쯔 강
6. 서아프리카 니제르 강
7. 베네수엘라 오리노코 강
8. 니카라과의 리오코코 강

원시 문화 답사

9. 콩고
10. 뉴기니 섬
11. 브라질
12. 인도네시아 보르네오 섬
13. 북아프리카 수단(존 고다드는 이곳에서 모래 폭풍을 만나 산 채로 매장 당할 뻔했음)
14. 호주
15. 아프리카 케냐
16. 필리핀
17. 탕가니카(지금의 탄자니아)
18. 에티오피아
19. 서아프리카 나이지리아
20. 알래스카

등반할 산

21. 에베레스트 산
22. 아르헨티나의 아곤카과 산(안데스 산맥 주의 최고봉)
23. 매킨리 봉(알래스카, 북미 대륙 최고봉인 6,194미터)
24. 페루의 후아스카란 봉
25. 킬리만자로 산
26. 터키의 아라라트 산(노아의 방주가 닿은 곳이라고 알려짐)
27. 케냐 산
28. 뉴질랜드의 쿠크 산
29. 멕시코의 포포카테페틀 산
30. 마터호른 산(알프스의 고산)
31. 라이너 산
32. 후지 산
33. 베수비오 산(이탈리아 나폴리 만 동쪽의 활화산)
34. 자바 섬의 브로모 산
35. 그랜드 테튼 산
36. 캘리포니아의 대머리 산

배워야 할 것들

37. 의료 활동과 탐험 분야에 경력을 쌓는다(원시 부족들 사이에 전해져 오는 치료 요법과 약품을 배웠음).

38. 나바호 족과 호피 족 인디언에 대해 배울 것   39. 비행기 조종술 배우기

40. 로즈 퍼레이드(장미 축제 행렬)에서 말 타기

사진 찍기

41. 브라질 이구아수 폭포

42. 잠베지 강(잠비아의 짐바브웨 국경 지대)의 빅토리아 폭포(이 과정에서 존 고다드는 아프리카 멧돼지에 쫓김을 당했음)

43. 뉴질랜드의 서덜랜드 폭포   44. 미국 서부 요세미티 폭포

45. 나이아가라 폭포

46. 마르코 폴로와 알렉산더 대왕의 원정길 되짚어 가기

수중 탐험

47. 플로리다의 산호 암초 지대

48. 호주의 그레이트 배리어 대암초 지대(이곳에서 존은 135킬로그램의 대합조개 촬영에 성공했음)

49. 홍해   50. 피지 군도

51. 바하마 군도

52. 오케페노키 늪지대와 에버글레이즈(플로리다 주 남부 습지대) 탐험

여행할 장소

53. 북극과 남극   54. 중국 만리장성

55. 파나마 운하와 수에즈 운하   56. 이스터 섬(거석 문명의 섬)

57. 바티칸 시(이때 교황과 접견)

58. 갈라파고스 군도(태평양상의 적도 바로 아래의 화산섬)

59. 인도의 타지마할 묘   60. 피사의 사탑

61. 프랑스 에펠탑   62. 블루 그로토

63. 런던 탑   64. 호주의 아이어 암벽 등반

65. 멕시코 치첸 이차의 성스런 우물

66. 요르단 강을 따라 갈릴리 해에서 사해로 건너가기

수영해 볼 장소

67. 니카라과 호수

68. 빅토리아 호수(중부 아프리카에 있는 세계에서 두 번째로 큰 호수)

69. 슈피리어 호수(북미 오대호의 하나)

70. 탕카니카 호수(아프리카 중동부)   71. 남미의 티티카카 호수

해낼 일

72. 독수리 스카우트 단원 되기   73. 잠수함 타기

74. 항공모함에서 비행기를 조종해서 이착륙하기

75. 전 세계의 모든 국가들을 한 번씩 방문할 것(현재 30개국 남음)

76. 소형 비행선, 열기구, 글라이더 타기

77. 코끼리, 낙타, 타조, 야생말 타기

78. 4.5킬로그램의 바다 가재와 25센티미터의 전복 채취하기

79. 스킨스쿠버 다이빙으로 12미터 해저로 내려가서 2분 30초 동안 숨 참고 있기

80. 1분에 500 타자하기   81. 플루트와 바이올린 연주하기

82. 낙하산 타고 뛰어내리기   83. 스키와 수상스키 배우기

84. 전도 사업 참여하기

85. 탐험가 존 뮤어의 여행길을 따라 여행할 것

86. 원시 부족의 의약품을 공부해 유용한 것들 가져오기

87. 코끼리, 사자, 코뿔소, 케이프 버펄로(남아프리카 들소), 고래를 촬영할 것

88. 검도 배우기   89. 지압술 배우기

90. 대학교에서 가르치기   91. 해저 세계 탐험하기

92. 타잔 영화에 출연하기

93. 말, 침팬지, 치타, 오셀롯(표범 비슷한 스라소니), 코요테를 키워 볼 것

94. 발리 섬의 장례 의식 참관　　　95. 햄 무선국의 회원이 될 것

96. 자기 소유의 천체 망원경 세우기

97. 저서 한 권 갖기(나일 강 여행에 관한 책을 출판했음)

98. 「내셔널지오그래픽」지에 기사 게재

99. 몸무게 80킬로그램 유지

100. 윗몸일으키기 200회, 턱걸이 20회 유지

101. 불어, 스페인어, 아랍어를 배울 것

102. 코모도 섬에 가서 날아다니는 도마뱀의 생태를 연구할 것(섬에 접근하다가 20마일 해상에서 보트가 뒤집히는 바람에 실패했음)

103. 높이뛰기 1미터 50센티　　　104. 멀리뛰기 4미터 50센티

105. 1마일을 5분에 주파하기

106. 덴마크에 있는 소렌슨 외할아버지의 출생지 방문

107. 영국에 있는 고다드 할아버지의 출생지 방문

108. 선원 자격으로 화물선에 승선해 볼 것

109. 『브리태니커 백과사전』 전권 읽기(현재까지 각 권의 대부분을 읽었음)

110. 성경을 앞장에서 뒷장까지 통독하기

111. 셰익스피어, 플라톤, 아리스토텔레스, 찰스 디킨스, 헨리 데이비드 소로, 애드가 알렌 포, 루소, 베이컨, 헤밍웨이, 마트 트웨인, 버로우즈, 조셉 콘래드, 탈 메이지, 톨스토이, 롱펠로우, 존 키츠, 휘트먼, 에머슨 등의 작품 읽기(각 사람의 전작은 아니더라도)

112. 바흐, 베토벤, 드뷔시, 이베르, 멘델스존, 랄로, 림스키 코르사코프, 레스피기, 리스트, 라흐마니노프, 스트라빈스키, 토흐, 차이코프스키, 베르디의 음악 작품들과 친숙해지기

113. 비행기, 오토바이, 트랙터, 윈드서핑, 권총, 엽총, 카누, 현미경, 축구, 농구, 활쏘기, 부메랑 등을 다루는 데 우수한 실력을 갖출 것

114. 음악 작곡

115. 피아노로 베토벤의 월광곡 연주하기

116. 불 위를 걷는 것 구경하기(발리 섬과 남미의 수리남에서 구경했음)

117. 독사에게서 독 빼내기(이 과정에서 사진을 찍다가 등에 마름모 무늬가 있는 뱀에게 물렸음)

118. 영화 스튜디오 구경 119. 폴로 경기하는 법 배우기

120. 22구경 권총으로 성냥불 켜기

121. 쿠푸(기제의 대 피라미드를 세운 이집트 제4왕조의 왕)의 피라미드 오르기

122. 탐험가 클럽과 모험가 클럽의 회원 되기

123. 걷거나 배를 타고 그랜드 캐니언 일주

124. 지구를 배로 일주할 것(현재까지 네 차례의 일주를 마쳤음)

125. 달 여행(신의 뜻이라면 언젠가는!)

126. 결혼해서 아이들을 가질 것 127. 21세기에 살아 볼 것

목록을 찬찬히 읽어보면서 승헌이가 입을 열었다.

"샘, 이러한 '꿈 목록' 이 이전에 우리가 배운 진로 비전의 결과와는 어떻게 다르죠?"

"꿈 목록은 삶을 재미있게 만드는 요소지. 자칫 하나의 목표를 향해 가는 길이 너무 지치고 메마르지 않게 우리의 삶에 윤활유 역할을 한단다."

꿈 목록 작성법

1. 하고 싶은 것, 가고 싶은 곳, 만나고 싶은 사람, 이루고 싶은 것 등의 소제목에 따라 쓴다.
2. 각각에 번호를 달면서 쓴다.
3. 다 적은 뒤에는 그 중에서 더 우선되는 목록을 체크한다.
4. 그 중에서도 올해 꼭 하고 싶은 목록을 체크한다.
5. 가지고 다니면서 자주 보고 내용을 추가한다.
6. 이룬 것들을 목록에 체크한다.
7. 매년 업데이트한다.

꿈 게시판의 글로벌 소통

"샘, 미래를 상상하며 만들었던 작품이 이전에도 여러 가지가 있었는데, 여기 와서 보니 꿈 목록이란 게 또 있군요. 앞으로도 더 있나요?"

"수희는 배웠던 내용들이 잘 정리되어 있나 봐. 꿈 목록까지가 결과 상상의 작품이란다. 어쩌면 전체 진로 동아리 수업 중에 목표를 찾아 설정하고, 그 목표를 구체화하고 시각화하는 작업의 핵심은 이미 마무리된 것으로 본다."

"정말요! 그럼 미래 일기, 미래 신문, 미래 이력서, 미래 편지, 미래 인생 시나리오 등은 다른 나라에서도 비슷한 진로 탐색의 결과물인가요?"

"일단 우리가 하지 않은 것들도 있지. 예를 들어 미래 명함을 만들기도 하고, 또는 미래 스케치라는 것도 있고. 그림으로 그리는 작업들이지. 그리고 외국의 경우에는 '꿈 게시판'이라고 해서 이루고 싶은 것들의 사진, 그림, 문구 등을 붙여서 작품을 만들기도 해. 일본의 경우에는 '보물 지도 무비'라고 해서 자신의 비전이나 꿈 목록 등을 감동적인 영상을 만들어 노트북이나 휴대폰에 저장하여 가지고 다니기도 한단다."

"약간의 차이는 있지만 전반적으로는 비슷하네요."

"그럼. 진로 비전을 세우고, 꿈을 꾸는 사람은 어디서나 통하는 법이란다."

"샘, 그런데 아까 말씀하셨죠. 진로를 찾는 작업, 진로의 목표를 구체화하고 시각화하는 것은 모두 끝냈다고요. 그럼, 이제 진로 동아리의 배움은 여기서 끝나는 것인가요?"

진로 동아리의 전체 흐름 중에 진로 인식, 존재 발견, 강점 발견, 적성 발견, 직업 발견, 세계 발견, 진로 검증, 비전 선언, 결과 상상은 이렇게 마무리가 되었다. 진로를 탐색하고, 그 결과 한두 가지의 희망 직업을 결정하는 작업을 했으며, 그 희망을 생생하게 상상하여 구체화하는 작업도 마무리했다. 이제 남은 것은 '전략 수립'과 '진로 관리' 등의 작업이다.

이 부분은 진로 결정 이후의 실천 내용을 말한다. 한편, 이러한 모든 과정을 표현하기 위한 마지막 '진로 표현' 활동이 남아 있다.

"지금까지의 활동으로 '진로'를 찾아가는 여행은 거의 끝자락에 온 거야. 이번 1박2일 동안의 여덟 가지 릴레이 강의는 '진로' 이후의 실천을 위한 전략과 관리를 위한 '지혜'를 다룰 거야. 그리고 가장 중요한 한 가지……"

"가장 중요한 한 가지요?"

"이번 워크숍에서 진로 박람회의 기획을 모두 완성하고 돌아갈 거다."

"와우! 기대돼요."

수희가 기대된다고 이야기한 이유는 당연하다. 수희의 머릿속에는 온통 진로 박람회에 대한 부담으로 가득했다. 민샘을 직접 만난 유일한 학생이기에 그의 부담은 더 클 수밖에 없었다.

학생들은 릴레이 달리기처럼 진행될 1박2일의 비전 강의도 기대가 되지만, 더욱 설레는 것은 진로 박람회 기획을 완성할 수 있다는 것이었다. 마음속에 큰 부담을 덜어낼 수 있기 때문이다. 민샘에게 보여 주고 싶다. 우리 스스로 진로 박람회를 잘 준비해 해냈다는 것을……

진로는,
한 가지의 '진로 비전'과
수많은 '꿈 목록'이
함께 가는 것이다.

내 인생에 생기를 불어넣는 꿈 목록 작성하기

진로 비전은 한두 가지의 희망 직업을 찾는 여행이었습니다. 그런데 자칫 그런 목표를 추구하는 삶이 너무 강할 때 '재미'의 가치가 낮아질 수도 있습니다. 바로 그럴 때, 우리의 비전을 든든하게 지탱해 주는 것이 바로 '꿈 목록'입니다. 평생의 흥미와 열정을 만들어 줄 꿈 목록을 작성해 봅니다. 아래의 사례와 작성법을 읽고, 다음 페이지에 작성해 봅니다.

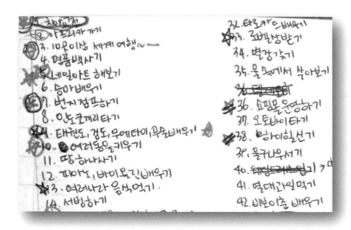

꿈 목록 작성법

1. 하고 싶은 것, 가고 싶은 곳, 만나고 싶은 사람, 이루고 싶은 것 등의 소제목에 따라 쓴다.

2. 각각에 번호를 달면서 쓴다.

3. 다 적은 뒤에는 그 중에서 더 우선되는 목록을 체크한다.

4. 그 중에서도 올해 꼭 하고 싶은 목록을 체크한다.

5. 가지고 다니면서 자주 보고 내용을 추가한다.

6. 이룬 것들을 목록에 체크한다.

7. 매년 업데이트한다.

내 인생에 생기를 불어넣는 꿈 목록 작성하기

가고 싶은 곳	만나고 싶은 사람

내 인생에 생기를 불어넣는 꿈 목록 작성하기

이루고 싶은 것	불가능할 것 같은 도전

내 인생에 생기를 불어넣는 꿈 목록 작성하기
※새로운 제목을 적어서 작성해 보세요.

내친구 포트폴리오 살짝 엿보기

---

1. ~~만나고~~ 만나고싶은사람   2. 가고싶은곳   3. 하고싶은것   4. 갖고싶은것

~~상동원~~ ★   ~~영국런던~~   ~~파마~~   · 상동천
~~루먼드그린스~~   2. 맨체스터   ~~파마~~ ~~네일~~   · 카메라
2PM   3. 배를린장벽   · 놀이기구타기   · 전자사전
2AM   4. ~~서울~~   · 구름안기기   · 비행기모형
원빈   5. 뉴욕   · 카밍 퍼스컬   ·
~~명따옹손~~   6. 로스앤젤레스   · 웃 돈자뱃길쇼핑사기   ·
조앤 K롤링   7. 알래스카   · 우주여행
동크루즈   8. 보스턴   · 재벌이랑결혼
이명박   9. 시애틀   · 냉장차보기
2NE1   10. 괌   · 자어보기
원더걸스   11. 하와이   · 방송출연
~~유재석~~   12. 로마   ~~연기~~
   13. 태국   ~~합기도~~
   14. 요르단   ~~바이크~~
   15. 첼시

가고싶은 곳   배우고 싶은 것   만나고 싶은 사람
~~파마~~ ★   ★기타(도기타)   1. 슈퍼주니어 ★
2. 일본   2. 승마   ★ 2. 동방신기
3. 오스트레일리아   3. 사격   ★ 3. 초등학교 때 선생님
4. 뉴질랜드   4. 해금   4. 김수영
5. 러시아   5. 가야금
6. 덜린   6. 사전
7. 캐나다   7. 일렉기타
8. 이집트   8. 펜싱
9. 이탈리아   9. 검도.   하고싶은 일.
10. 독일   10. 테니스   ~~1. 기부하기~~
11. 인도.   11. 노래   2. 내집설계.
   12. 수영   3. 노래 잘하기

실시간 생방송을 만드는 작가의 세계

방송작가

저는 라디오 방송작가입니다. 청소년들 중에 방송작가를 꿈꾸는 친구들을 종종 보는데 대부분 텔레비전의 드라마 작가를 원하더군요. 저는 그런 친구들에게 새로운 세상을 소개해 주고 싶어요. 바로 라디오 작가입니다.

텔레비전은 아무래도 시각적인 면이 강합니다. 내용의 실수나 부족한 부분 등이 화면을 통해 커버가 되죠. 더욱이 요즘에는 화면에 재미있는 자막을 넣어서 보는 즐거움을 더해 주죠. 이는 녹화방송이기에 가능한 것입니다. 반면 라디오 방송은 실시간 생방송이랍니다. 그리고 눈으로 볼 수 없고 절대적으로 듣는 것에 의존하죠. 그렇기 때문에 작가로서는 더욱 대본에 신경을 쓸 수밖에 없습니다. 방송이 진행되는 2시간 동안은 그야말로 초긴장입니다.

요즘에는 청취자의 참여가 많아, 청취자가 보내는 문자, 트위터 내용, 게시판에 올라온 글 또는 실시간 전화 통화로 나오는 내용까지 모두 관리하게 됩니다. 작은 부스 안에서 새로운 세상이 펼쳐지는 것이죠. 저는 이것이 라디오 방송의 매력이라고 생각합니다. 라디오 방송에도 많은 전문작가가 필요합니다. 여러분의 눈을 라디오로 돌려보는 것도 창의적인 시도가 될 것입니다.

전략수립

2

비전의 실행전략이 있는가

우리들의 고민 편지

늘 목표를 세우는 것만 잘 하는 숭학생 A양. 그의 방은 수많은 목표에 대한 그림과 시나리오로 가득하다. 그것들을 보고 있으면 이미 꿈을 이룬 것처럼 늘 충만하다. 그런데 그렇게 몇 달이 지나고 일 년이 지나도 변화는 없다. 시들해질 무렵 A양은 다시 진로 캠프나 리더십 캠프에 가서 목표를 아름답게 만들어 온다. 그런데 이제는 고민이 된다. 계속 이런 식으로 목표 만들기만 반복할 수는 없기 때문이다. 목표를 실천으로 연결하는 다리 역할이 필요한데 그것이 무엇인지 도무지 모르겠다.

– 온라인 캠프에 올라온 진로 고민 편지

"똑, 똑, 똑!"

"들어오세요."

동아리 친구들이 1박 2일 워크숍을 떠난 그때, 누군가 민샘의 병실 문을 두드렸다. 생각지도 못한 사람의 방문에 민샘은 흠칫 놀랐다. 찬형이었다. 잠시 어색한 분위기가 감돌았다. 놀란 마음을 추스르고 민샘은 밝게 웃어 주었다. 찬형이는 웃음이 나오지 않는 모양이었다. 그저 슬픔에 찬 눈으로 민샘을 바라보며 서 있었다. 민샘은 찬형이가 병원으로 찾아올 거라고는 꿈에도 생각지 못했다.

"죄, 죄송해요."

"죄송하다니, 찬형이가 죄송할 건 없다."

"저 때문에 쓰러지신 거잖아요."

찬형이는 수업 중에 자신이 반발을 하고 분란이 일어난 후 민샘이 쓰러진 바로 그날을 한시도 잊지 못했다.

그 누구의 눈치도 보지 않고, 직설적으로 쓴 소리를 내뱉던 찬형이가 자신의 모습을 발견하게 된 결정적인 계기가 있다. 진로 페스티벌 예행연습에서 하영이를 슬프게 만들었던 일과 민샘이 쓰러진 그날의 일이다. 자신의 그런 언행이 다른 사람에게 얼마나 큰 상처를 줄 수 있는지를 절실하게 깨달았다. 그리고 자기 자신도 그만큼 아프다는 것을 뼈저리게 느꼈다. 민샘은 찬형이의 그런 마음을 알고 있었다.

"찬형아, 너는 감성적인 친구가 아니잖니. 샘이 알고 있는 찬형이는 매우 현실적이고 판단이 빠른 친구야. 샘의 말을 들어 보렴. 내가 아픈 것은 10년 넘게 한시도 쉬지 않고 달려온 탓이다. 이미 전부터 병원에 다니면서 간수치를 정기적으로 점검하고 있던 차에 진로 페스티벌을 전후로 스트레스가 극도로 심했단다. 그럼에도 몸을 살피지 않은 채 달렸지. 그런데 바로 그날, 샘이 힘겹게 지탱하던 긴장이 한꺼번에 풀려 버린 탓에 쓰러진 거지, 찬형이 때문은 절대 아니다. 샘은 지금 10년간 밀린 잠을 자고 있을 뿐이야. 어쩌면 찬형이에게 고마워해야 할지도 몰라.”

하지만 민샘의 어떤 위로도 찬형이의 귀에 들어오지 않았다. 당장 민샘 자신의 건강 미래도 상상하지 못하는 사람이 학생들에게는 생생한 미래를 상상하라고 했다는 것이 찬형이로서는 답답했다. 지금도 그 생각에는 변함이 없었다. 민샘에게 반발했던 그날의 생각을 찬형은 지금도 바꿀 뜻이 없었다.

“찬형아, 부탁이 하나 있다.”

“뭔데요? 한 가지만 빼고 모두 들어 드릴게요.”

“그 한 가지를 부탁한다.”

“죄송해요. 그건 들어 드릴 수 없어요.”

민샘의 부탁이 무엇인지 찬형은 알고 있고, 찬형이가 들어 줄 수 없는 부탁이 무엇인지 민샘도 알고 있다. 다시 동아리로 돌아갈 수는 없다는 찬형이의 생각에는 변함이 없었다. 가끔 다시 돌아가고 싶은 마음이 들 때도 있지만 그때마다 상처받은 자존심과 민샘에 대한 죄책감이 고개를 쳐들었다. 민샘은 진로 박람회를 생각할 때마다 찬형의 역할이 아쉬웠다. 진로 페스티벌 때도 훌륭하게 역할을 해 준 찬형이가 있어야 승헌이의 리더십과 서로 보완이 된다는 것을 누구보다도 잘 알고 있기 때문이다. 그러기에 찬형의 거절은 너무 아팠다. 아픈 몸보다 마음이 더 아팠다.

같은 시각, 1박2일 워크숍에서는 진로 박람회에 대한 기획 미팅이 열리고 있었다. 사방의 벽이 모두 화이트보드로 둘러싸인 교실 안에서 학생들은 실제로 진로 박람회에 전시될 내용을 그리는 작업을 했다.

“와! 신기해요. 이렇게 큰 화이트보드도 있어요?”

“벽지 대신 화이트보드용 시트를 붙인 거야. 이 방의 이름은 ‘창조의 방’이란다.”

"이곳에서 그림을 그리면서 아이디어를 창조하는 거군요."

"그래, 민샘과 함께 진로 동아리의 교육과정을 처음 만들 때도 바로 이 방에서 모든 벽에 그림을 빼곡하게 그렸던 기억이 나……."

하샘과 학생들은 일단 박람회에서 사용할 부스의 형태를 확인해 보았다. 일반 부스 3개 정도의 크기를 쓸 수 있었다. 실제 3개의 부스로 사용할 수도 있고, 칸을 없애고 크게 하나로 사용할 수도 있다. 그리고 바로 옆에 있는 특설 강연장에서 하루 두 번 강연 계획을 잡아 시청각 설명회를 진행할 수 있다.

"하샘, 그냥 크게 하나의 부스로 쓰면 좋겠어요."

"진로 페스티벌 때처럼 미술관 느낌으로 벽을 구성하면 좋겠어요."

"대형 화면을 통해 우리가 수업에서 보았던 화면과 영상들이 계속 반복해서 돌아갈 수 있도록 하면 어떨까요?"

"선물을 준비할 필요가 있어요. 진로 페스티벌 때 메일로나 현장에서 주었던 진로 활동의 자료와 영상을 CD 한 장에 담아 주면 어떨까요?"

많은 학생들이 자발적으로 각자의 의견이 꺼냈다. 결국 전체를 4개의 주제로 나누고, 부스의 4개 벽면을 활용하여 구성하자는 것이었다. 특성 강연장에서는 '진로 콘서트'라는 제목으로 시리즈 강연을 진행하기로 했다. 다만 진로 콘서트의 세부 주제와 강연 담당자는 아직 결정하지 않았다.

A 세션	B 세션	C 세션	D 세션
진로 기초	진로 설계	진로 선언	진로 실천
진로 인식	직업 발견	비전 선언	전략 수립
존재 발견	세계 발견	결과 상상	진로 관리
강점 발견	진로 검증		진로 표현
적성 발견			

목표와 실행을 연결하는 다리

하샘은 진로 박람회 스케치를 어느 정도 진행한 이후, 다시 장소를 정돈

하고 수업을 진행하였
다. 우선 3장의 카드
묶음을 조별로 나눠 주
었다.

"이 3장의 카드에 어떤
공통점이 있는지 찾아보렴."

"샘, 민샘과 했던 것보다 훨씬 쉬워요. 사실 민샘의 미션은 좀 어려웠거
든요."

"어떡하지, 교빈아. 이것도 민샘이 만든 건데."

"우잉, 민망해라!"

『다윗과 골리앗』은 성서에 등장하는 이야기이다. 두 번째 카드에는 『적
벽대전』에서 제갈공명의 지혜로 부족한 화살 10만 개를 얻게 되는 장면
이다. 마지막은 『300』이라는 영화인데, 100만 명에 맞서 싸운 300 전사
의 이야기이다.

"아마 자세한 내용을 확인하려면 검색과 토론을 열심히 해야 할 거야. 가
장 설명을 잘한 조는 저녁 바비큐 파티에 고기 5인분 추가다!"

검색은 쉽다. 하지만 공통점을 찾는 것이 어렵다. 뻔히 아는 '내용'에 담
긴 '의미'를 찾아내야 하기 때문이다.

10여 분이 지난 후, 먼저 카드 내용에 대해 이야기하는 시간을 가졌다.

"여러분, 이 카드는 무슨 영화의 장면일까?"

"『적벽대전』이요!"

"특히 이 장면은 유명한데, 누가 한번 이야기해 볼까? 좋아, 하영이가 말
해 보자."

"제갈량이 3일 안에 조조의 진영에서 10만 개의 화살을 빼앗아 오는 미
션을 수행하는 장면이에요. 안개와 바람의 움직임을 파악하고, 배의 곁
에 볏짚을 가득 붙여서 적진으로 보냈는데, 깜짝 놀란 조조의 군대가 안

개 속에서 희미한 배를 향해 화살을 무진장 쏘았지요. 결국 제갈량은 피를 흘리지 않고 고슴도치처럼 화살이 수북하게 박힌 배를 받을 수 있었습니다."

"영화를 본 사람은 알겠지만, 제갈량의 지략은 정말 대단하지? 이번에는 『300』이라는 영화야. 이 내용은 승헌이가 얘기해 볼까? 자, 100만 대군이 쳐들어 왔는데 이를 막는 전사가 몇 명이었지?"

"300명이요."

"어떻게 되었나?"

"100만 명이 300명을 당해 낼 수가 없었어요."

"어떻게 그게 가능하지? 만약 100만 명이 300명을 둘러싸서 한꺼번에 공격하면 1분 안에 끝날 텐데, 비결이 뭘까?"

"가장 중요한 것은 지형을 잘 이용했다는 거예요. 해안가의 절벽 쪽에 난 길의 좁은 길목에 300명이 자리를 잡은 거죠. 아무리 100만 명이지만 길이 좁으니 한꺼번에 공격할 수가 없었어요. 일대일로 붙으면 300을 당할 재간이 없거든요."

"좋아. 그러면 『다윗과 골리앗』은 어떤 이야기지? 이번에는 교빈이가 이야기해 보렴."

"다윗이라는 꼬마가 골리앗이라는 거인을 죽인 이야기입니다."

"끝인가? 나머지 2개의 카드에는 구체적인 싸움 이야기가 나오는데 다윗 이야기는 너무 싱거운데."

"자세히 나와 있지 않았어요, 하샘. 그냥 돌멩이를 던져서 맞혔다고 해요. 정말 그게 끝이에요."

"교빈이가 검색 엔진을 과소평가했군. 다윗이 구체적으로 어떻게 싸웠는지 나와 있단다."

다윗이 싸운 골리앗은 거인이다. 키가 286센티미터이고, 갑옷의 무게는

58킬로그램, 손에 든 창날의 무게는 7킬로그램이다. 골리앗의 창에 베어 죽는 사람보다 그 창에 맞아서 죽은 사람이 많았다는 소문도 있다. 이런 골리앗을 향해 펼친 다윗의 전술은 '슬링'이라는 오래된 밧줄 무기였다. 줄 끝에 감싸 쥐는 부분이 있고 여기에 직경 5~7센티미터쯤 되는 돌을 넣고 돌리다가 한쪽 줄을 놓으면 돌이 날아간다.

이 무기는 고대 오리엔트·그리스·로마 등지에서 무기로 사용된 것으로 전해진다. 아메리카 인디언이나 폴리네시아에서 흔히 볼 수 있으며, 티베트의 여러 민족에는 지금도 사냥 용구나 놀이 용구로 남아 있다. 보통 속도가 200~300킬로미터나 되었다고 하니, 당시로서는 치명적인 살인 병기였다. 실제로 다윗이 주군으로 모시던 사울 왕의 직속 부대에는 600명 정도의 슬링 정예 부대가 있었다고 한다.

"와! 하샘, 놀라워요. 얼굴만 예쁘신 줄 알았는데, 정말 박식하세요."

"교빈아, 고마워. 칭찬으로 들을게. 그런데 여기서 한 가지 더 놀라운 사실이 있어. 역사서를 좀 더 살펴보면 당시 골리앗과 싸우던 때에 다윗의 눈에는 골리앗 이외에 4명의 거인이 더 보였다고 해. 이름은 이스비브놉, 삽, 라흐미, 무명의 거인 등이었다. 그 중 라흐미는 골리앗의 동생이야. 자료에는 그 다음 이야기가 나와 있지 않으나 충분히 상상이 되는 이야기이다.

한번 떠올려 보자. 다윗은 돌 다섯 개를 들고 나갔다고 했고, 거인은 모두 5명이고, 다윗이 사용한 무기는 당시 최고의 살인 병기였다. 다윗은 야수로부터 자신의 양들을 지키기 위해 그 무기 사용법을 늘 훈련하고 있었다. 지, 그 다음 이야기를 상상해 보자."

"어, 뭐가 떠오를 것 같은데요. 저는 다윗이 골리앗 앞에 섰을 때 이렇게 외쳤을 것 같아요. You! First!"

"멋있는데, 그럼 골리앗을 죽인 뒤에는 그 뒤에 있는 다른 거인을 보면서 또 얘기했겠네?"

"그렇죠. You! Second!"

학생들은 하샘과 함께 이야기 속에 몰입되었다. 그럼 과연 이 세 가지 이야기의 공통점이 무엇일까? 내용을 알아보았으니 이제 그 속에 담긴 공통점을 찾아야 한다.

"세 이야기 모두 목표가 있어요. 100만 명에 맞서서 길목을 차단하고 나라를 지켜야 한다는 목표, 3일 안에 화살 10만 개를 얻어내야 한다는 목표, 전쟁터에서 상대방 적장과 일대일로 붙어서 이겨야 한다는 목표요."

"승헌이가 잘 얘기했다. 목표가 있다는 것이 공통점이기는 하지만, 이 세 가지 이야기를 묶을 정도의 강한 매력은 아닌 것 같은데? 다른 공통점은 무엇일까?"

"그 목표를 이루기 위한 방법이 탁월했어요. 정말 기가 막힌 지혜와 기술을 사용한 거죠."

"하영이의 보충설명이 그럴싸한걸. 바람, 안개, 해안가, 절벽, 볏짚으로 만든 배, 위치 선정, 2미터 길이의 슬링 도구 그리고 자신감."

"맞아요. 자신감 하면 스파르타죠. 하얀 치아를 보이면서 이렇게요. 스파~르~타으."

"교빈이가 영화를 제대로 보았구나. 하하하!"

 "공통점은 바로 '전략' 이다. 목표에 날개를 달아 주는 '전략'! 전략은 목표를 실행으로 연결시키는 역할도 한다."

"아, 전략이군요!"

"국가 대표 팀 축구 경기에서 선수들이 너무 열심히 뛰는데도 어떤 날은 경기가 안 풀리는 경우를 보았을 거야. 바로 그때 언론에서 꼭 하는 말이 있지?"

"전략이 부족하다고 해요."

"바로 그거야. 역시 축구이야기에는 철만이가 전문가답다."

학생들은 오늘의 주제가 '전략' 이라는 것을 명확하게 깨달았다. 진로의 목표를 다 세웠다면 이것으로 끝이 아니라 이제 전략을 세워야 한다는 것이다. 전략에 대한 더 자세한 이해를 위해 그 다음 활동을 진행했다.

목표 유형	목표	전략	시간	실행	성찰	특　징
목표 유형 A "아무 의욕이 없어요."	×	×	×	×	×	무감각, 무기력,
목표 유형 B "뭔가 열심히 하는데……."	×	×	○	○	×	방향 없는 열심, 스케줄링
목표 유형 C "항상 위축되어 있어요."	×	×	×	×	○	자기 비하, 낮은 자존감
목표 유형 D "꿈이 계속 바뀌어요."	○	×	×	×	×	행동 부재, 변화 부재, 반복
목표 유형 E "지키지 못할 목표만……."	○	○	○	×	○	지키지 못할 기준 제시
목표 유형 F "자꾸 기복이 심해요."	○	×	×	○	×	기복, 지속성 저하, 습관 부재
목표 유형 G "자기만 알아요."	○	○	○	○	×	이기적인 성취자 가능성

하샘은 학생들에게 표 하나를 나눠 주었다. 목표, 전략, 시간, 실행, 성찰이라는 실행의 원리를 보고, 그 가운데 자신의 유형을 체크해 보게 했다. "그럼, 하나씩 확인해 볼까? 첫 번째 A유형은 아무 의욕이 없는 유형이다. 다행히 여러분 중에는 여기에 해당하는 사람은 없네. 만약 주변의 친구들이 진로에 대한 목표가 없고, 전략에 대한 고민도 전혀 없다면 바로 이러한 상태에 빠질 가능성이 매우 높다."

목표 유형	목표	전략	시간	실행	성찰	특　징
목표 유형 A "아무 의욕이 없어요."	×	×	×	×	×	무감각, 무기력,

첫 번째 유형

"두 번째 B유형은 뭔가 열심히 하는데 이상하게 결과가 잘 나오지 않는 유형이야. 목표가 없으니 전략이 없는 것은 어찌 보면 당연한 결과이다. 이루어야 할 목표가 없는데, 어떻게 이루어야 하는지 고민할 이유도 없다. 그런데 이상한 것은, 목표도 없고 전략도 없는데 시간을 내어 뭔가를 열심히 한다는 것이다."

"하샘, 그야말로 쓸데없이 노력만 하는 거군요. 왜 그런 행동을 반복할까요?"

"그럴 수밖에 없다. 여기 보면 '성찰'이 없기 때문이지. 자신을 돌아보고 자신에게 목표와 전략이 없다는 것을 깨달을 기회가 없다. 그러니 그냥 열심히 뭔가 하는 것에 스스로 위안을 삼는 거야."

"하샘, 부끄러운 이야기지만 진로 동아리에 오기 전에 제가 바로 그런 유형이었어요."

"저도 교빈이와 마찬가지예요."

"샘, 저도 그랬어요."

"교빈이와 다른 친구들이 솔직하게 이야기해 줘서 고맙구나. 물론 지금은 그렇지 않으니 다행이지 뭐."

목표 유형	목표	전략	시간	실행	성찰	특 징
목표 유형 B "뭔가 열심히 하는데……."	×	×	○	○	×	방향 없는 열심, 스케줄링

두 번째 유형

세 번째 유형은 철만이가 손을 들고 발표를 자청했다. 왜냐하면 철만이 자신의 과거 모습에 해당되었기 때문이다. 목표가 없고, 전략도 없으며, 시간에 대한 열정도 없고, 구체적인 노력도 없다. 그러면서도 늘 자신을 돌아보는 습관이 유독 강하여 늘 자신을 자책하고 부끄러워했다. 물론 지금의 철만이는 절대 그렇지 않다는 것을 모두 알고 있다.

목표 유형	목표	전략	시간	실행	성찰	특 징
목표 유형 C "항상 위축되어 있어요."	×	×	×	×	○	자기 비하, 낮은 자존감

세 번째 유형

"앞의 세 가지 유형은 모두 목표가 없는 경우다. 그런 의미에서 현재 여러분과는 약간 거리가 있는 유형들이지. 그래서 발표를 한 친구들도 대부분 과거의 모습이 그랬다고 했던 거야. 그런데 지금부터 살펴볼 세 가지 유형은 모두 목표가 있는 경우란다. 여러분은 지난 시간까지의 활동을 통해 진로의 결과를 상상하고 그것을 시각화하는 활동까지 마무리했다. 진로 동아리가 여기서 모든 활동을 마무리한다면 여러분은 꿈을 이룰 수 있을까?"

"하샘, 그래서 전략에 대한 활동이 추가로 있는 거군요. 꿈을 이루어 가는 과정까지 책임을 지는 거죠. 아주 훌륭해요. '최고의 서비스'라고 자부합니다."

"무슨 말이니? 교빈아. 무슨 상품 후기 같잖아."

"그냥 진로 동아리 활동이 판매만 하고 그만두는 게 아니라, 사후 서비스까지 철저하게 해주는 '정수기 서비스' 같아서요."

목표 유형	목표	전략	시간	실행	성찰	특 징
목표 유형 D "꿈이 계속 바뀌어요."	○	×	×	×	×	행동 부재, 변화 부재, 반복

네 번째 유형

"표현을 참 재미있게 하는구나. 네 번째 유형은 꿈이 계속 바뀌는 유형이다. 진로의 목표를 세웠는데, 전략과 실행은 전혀 없고 그냥 꿈만 계속 살아 있는 경우야. 이런 친구들은 어떻게 도와주면 좋을까? 만약 여러분이 멘토라면 어떤 도움을 주면 좋을지 생각해 보렴."

"초반에 배웠던 '진로 점검표'를 하나씩 확인하게 도와주는 거예요."

	진로 구분			진로 점검				
	직업명	시기	지속	진로 정체감	가족 일치도	진로 합리성	정보 습득률	진로 준비도
1	축구 선수	초등	×	×	×	○	×	×
2	가수	중등	×	×	×	×	○	○
3	작가	중등	×	×	○	○	○	○
4	국어 교사	고등	○	○	○	○	○	○

교빈이가 잘 정리해 놓은 자신의 포트폴리오를 꺼내 네 번째 수업에서 배웠던 진로 점검표의 내용을 보여 주었다. 꿈이 계속 바뀌는 친구에게는 더없이 적절한 자기 성찰 방법임에 틀림없다. 어느덧 학생들은 배운

내용을 바탕으로 다른 사람을 관찰하고 도울 수 있는 준비를 갖춰 가고 있었다.

목표 유형	목표	전략	시간	실행	성찰	특　징
목표 유형 E "지키지 못할 목표만……"	○	○	○	×	○	지키지 못할 기준 제시

다섯 번째 유형

"샘, 이번 유형은 독특한것 같아요. 도무지 이해가 되지 않아요. 목표와 전략, 시간 배치와 실행이 모두 있는데 '실행'만 없어요. 그리고 성찰을 한다면 분명 실천을 하지 않고 있다는 사실도 깨달았을 텐데……. 이러한 상태가 지속되기도 쉽지 않겠어요. 도대체 어떤 유형의 사람이죠?"

"하영이 주변에는 이런 친구가 없니? 많지는 않겠지만 여러분 중에도 앞으로 이런 유형이 나올 수 있다. 이런 사람은 철저하고 꼼꼼하게 계획하고 관리하는 그 자체를 통해 안정감을 얻는 사람들이야. 그런데 문제는 지키지 못할 목표와 전략을 세운다는 것이지. 만약 이런 친구들이 '성찰'을 제대로 한다면 분명히 개선될 거야.

하지만 그렇지 않을 경우에는 성찰 이후에 목표를 낮추지 않고 오히려 떨어진 부분을 더 만회하려고 더 높은 목표와 전략을 수립하지. 그러니 계속 기대치는 높아지게 되고 결과는 나오지 않는 삶이 반복되는 거야."

"우리에게 적용해 본다면, 진로 목표를 수립한 이후에 전략을 짤 때는 현실적으로 가능한 수준으로 해야겠군요."

"그래, 수희가 말한 내용을 다음 카드로 정리해 주마."

하샘은 목표와 전략, 시간 관리의 목표를 지나치게 높이 잡으면 결국 현실적인 실행력이 떨어질 수 있다는 것을 지적하면서 'SMART 원리'를 소개해 주었다. 목표와 전략을 수립할 때 꼭 기억해야 할 원리이다.

목표 설정의 SMART 원리

Simple & Specific: 단순하고 구체적일 것
Measurable: 측정 가능할 것
Ambitious: 도전적일 것
Realistic: 현실적으로 실현 가능할 것
Timed: 달성 시한이 정해진 목표일 것

"이제 두 유형이 남았네. 하나는 승헌이가, 다른 하나는 수희가 설명해 줄래?"

"네, 여섯 번째 유형은 좀 복잡해요. 쉽게 말하면, 목표를 찾은 이후 아무 대책 없이 무작정 달려가는 유형입니다. 섬세한 전략이나 시간 개념도 없고, 게다가 성찰의 힘도 없는 유형이지요. 이때 나타날 수 있는 현상은 결과의 기복이 심하다는 거예요. 어떤 경우에는 열매를 거둘 수도 있겠지만, 지속되지 않고 롤러코스터를 타는 경우가 많습니다. 이런 친구에게는 진로 목표 설정 이후의 전략이 더없이 필요하겠는데요?"

"승헌이는 마치 대학생 선배가 후배들에게 설명해 주는 것 같은 느낌이 드는걸. 민샘이 칭찬을 아끼지 않았던 이유가 있었네."

목표 유형	목표	전략	시간	실행	성찰	특 징
목표 유형 F "자꾸 기복이 심해요."	○	×	×	○	×	기복, 지속성 저하, 습관 부재

여섯 번째 유형

"저는 일곱 번째 마지막 유형에 대해 설명할게요. 이 유형은 목표, 전략, 시간, 실행을 모두 갖추고 있습니다. 이런 경우 자신이 원하는 결과를 얻을 수 있을 것 같아요. 단, 성찰이 없다 보니까 자신의 목표는 이루어 가지만 주위에 사람이 없는 경우가 아닐까요? 목표를 성취하되 배려하지 않고 정상에 올랐을 때, 어쩌면 외로울 수 있습니다. 저는 그렇게 이해했어요."

목표 유형	목표	전략	시간	실행	성찰	특 징
목표 유형 G "자기만 알아요."	○	○	○	○	×	이기적인 성취자 가능성

일곱 번째 유형

"역시 수희는 상담을 통해 사람을 돕는 꿈을 가진 친구라서 그런지 유형에 대한 이해도 아주 따뜻하구나. 설명을 제대로 잘 했다."

진로의 목표를 찾은 것이 끝이 아니라는 사실을 깨달은 것만으로도 학생들은 릴레이 강의 첫 시간이 의미 있었다. 그리고 진로 목표를 세운 그 이후에는 '전략'이 필요하다는 사실에 모두 공감했고, 그러한 전략이 바로 시간, 실행, 성찰과 연결된다는 사실도 깨달았다.

진로에서 습관까지

"우리는 1박2일의 릴레이 강의 시리즈를 통해 전략에 눈뜨게 될 거야. 오늘은 전략이 무엇인지, 전략이 왜 필요한지, 전략의 위치가 어디쯤인지, 전략이 목표 이외에 다른 어떤 항목과 연결되어 있는지 알아보았다. 전략의 세부 내용은 크게 세 가지였는데 승헌이가 말해 보렴."

"진학, 학습, 습관이요. 하샘, 진로 활동에서 학습이나 공부 습관도 배우나요?"

"진로 동아리에서 학습 교과목에 대한 공부를 가르칠 생각은 없다. 그 영역은 훌륭하신 선생님들이 많이 계시기 때문이지. 여기서의 전략은 학습의 방향, 습관의 기초 등을 통해 구체적인 공부와 노력의 틀을 만들어 주는 것까지 할 거야. 바로 거기까지가 진로 활동의 울타리가 된다."

진로는, '목표'를 찾은 이후의 '전략'까지를 포함한다.

목표 설정에서 전략으로 넘어가기

오랜 시간의 진로 목표 수립 과정을 마무리하고, 이제 진로의 실천 단계로 넘어가게 됩니다. 진로 목표를 찾는 작업이 끝났지만 이제 실천을 위해서 전략을 수립하게 되죠. 다음은 진로 동아리 학생들이 진로 박람회에서 전시하게 될 전체 그림입니다. 사실 여기에 적힌 4개의 파트와 12개의 모듈은 동아리의 전체 강의과정을 그대로 반영하고 있습니다. 표에 음영이 들어가 있는 부분이 지금까지 진행한 내용인데, 제목을 떠올리면서 가장 기억에 남는 부분 세 가지를 골라 간단하게 점검해 보세요.

A 세션	B 세션	C 세션	D 세션
진로 기초	진로 설계	진로 선언	진로 실천
진로 인식	직업 발견	비전 선언	전략 수립
존재 발견	세계 발견	결과 상상	진로 관리
강점 발견	진로 검증		진로 표현
적성 발견			

참고
내용에 포함할 요소: 3개 항목, 기억에 남는 세부 내용, 자신의 삶이 변화된 점

_____

_____

_____

_____

_____

_____

_____

목표 설정에서 전략으로 넘어가기

오랜 시간의 진로 목표 수립 과정을 마무리하고, 이제 진로의 실천 단계로 넘어가게 됩니다. 진로 목표를 찾는 작업이 끝났지만 이제 실천을 위해서 전략을 수립하게 되죠. 다음은 진로 동아리 학생들이 진로 박람회에서 전시하게 될 전체 그림입니다. 사실 여기에 적힌 4개의 파트와 12개의 모듈은 동아리의 전체 강의과정을 그대로 반영하고 있습니다. 표에 음영이 들어가 있는 부분이 지금까지 진행한 내용인데, 제목을 떠올리면서 가장 기억에 남는 부분 세 가지를 골라 간단하게 점검해 보세요.

A 세션	B 세션	C 세션	D 세션
진로 기초	진로 설계	진로 선언	진로 실천
진로 인식 존재 발견 강점 발견 적성 발견	직업 발견 세계 발견 진로 검증	비전 선언 결과 상상	전략 수립 진로 관리 진로 표현

참고
내용에 포함할 요소: 3개 항목, 기억에 남는 세부 내용, 자신의 삶이 변화된 점

일단 이렇게 많은 내용을 진행한 것 자체가 신기하다. 한 가지 일을 끝까지 해 본 적이 없는 나로서는 지금까지 진행하여 온 그 자체가 큰 보람이다. 비전 선언이나 결과 상상은 다른 리더십 캠프에서도 조금씩 맛 본 적이 있다. 하지만 앞에서 진행하였던 진로 탐색의 내용은 그야말로 나를 발견하는 흥미진진한 시간 그 자체였다. 특히 존재 발견에서의 인생 그래프가 가장 기억에 남는다. 그리고 진로를 검증하는 과정에서 실제 만남과 인터뷰를 하는 방법을 배우고 실천해 보았던 것이 가장 인상적이었다. 실제로 나는 그때의 활동 결과로 나의 롤모델인 도서관 사서를 만나서 인터뷰를 진행하였다. 그 기억은 아마 내가 어른이 되어서도 잊히지 않을 것이다.

나의 전략 유형은 무엇인가

다음은 전략의 중요성에 대해 다룬 세 가지 이야기입니다. 이 이야기의 내용을 다시 한 번 상기하고, 아래의 목표 전략 유형 중에 자신의 현재까지의 모습에 가장 가까운 유형을 선택한 후, 앞의 이야기 내용과 선택한 유형을 연결하여 간단한 문장을 작성하세요.

목표 유형	목표	전략	시간	실행	성찰	특 징
목표 유형 A "아무 의욕이 없어요."	×	×	×	×	×	무감각, 무기력,
목표 유형 B "뭔가 열심히 하는데……."	×	×	○	○	×	방향 없는 열심, 스케줄링
목표 유형 C "항상 위축되어 있어요."	×	×	×	×	○	자기 비하, 낮은 자존감
목표 유형 D "꿈이 계속 바뀌어요."	○	×	×	×	×	행동 부재, 변화 부재, 반복
목표 유형 E "지키지 못할 목표만……."	○	○	○	×	○	지키지 못할 기준 제시
목표 유형 F "자꾸 기복이 심해요."	○	×	×	○	×	기복, 지속성 저하, 습관 부재
목표 유형 G "자기만 알아요."	○	○	○	○	×	이기적인 성취자 가능성

_____

_____

_____

_____

_____

나의 전략 유형은 무엇인가

다음은 전략의 중요성에 대해 다룬 세 가지 이야기입니다. 이 이야기의 내용을 다시 한 번 상기하고, 아래의 목표 전략 유형 중에 자신의 현재까지의 모습에 가장 가까운 유형을 선택한 후, 앞의 이야기 내용과 선택한 유형을 연결하여 간단한 문장을 작성하세요.

목표 유형	목표	전략	시간	실행	성찰	특 징
목표 유형 A "아무 의욕이 없어요."	×	×	×	×	×	무감각, 무기력,
목표 유형 B "뭔가 열심히 하는데……."	×	×	○	○	×	방향 없는 열심, 스케줄링
목표 유형 C "항상 위축되어 있어요."	×	×	×	×	○	자기 비하, 낮은 자존감
목표 유형 D "꿈이 계속 바뀌어요."	○	×	×	×	×	행동 부재, 변화 부재, 반복
목표 유형 E "지키지 못할 목표만……."	○	○	○	×	○	지키지 못할 기준 제시
목표 유형 F "자꾸 기복이 심해요."	○	×	×	○	×	기복, 지속성 저하, 습관 부재
목표 유형 G "자기만 알아요."	○	○	○	○	×	이기적인 성취자 가능성

돌아보면, 나에게는 늘 꿈이 있었다. 그런데 아무런 노력을 하지 않았다. 그리고 꿈은 계속 바뀌었고 그러한 삶이 반복되었다. 이제 와서 보니 나의 목표에는 전략이 없었다. 영화 「300」이나 「적벽대전」의 제갈량처럼 전략을 가지고 나의 목표를 실천으로 옮기려는 노력이 모자랐다. 이제 전략의 중요성을 이해하였으니, 이제는 구체적인 실천 전략을 세워 하나씩 꿈의 과정을 만들어 가 볼 것이다.

나의 목표 설정 유형 점검하기

진로 목표가 선명한 사람은 이제 더 이상 목표가 없는 삶에 대한 두려움은 없습니다. 문제는 그 목표를 구체적인 세부 목표로 바꾸어 실천해야 하는데 쉽지 않습니다. 진로 목표를 이루기 위해서는 다양한 세부 목표, 즉 공부 목표, 습관 목표, 경험 목표 등을 수립해야 하는데, 자신의 목표 설정 유형이 다음의 SMART 원리에 비춰 보았을 때 어떤 부분이 강하고 부족한지 점검하고 개선점을 기록해 봅니다.

 목표 설정의 SMART 원리

Simple & Specific: 단순하고 구체적일 것

Measurable: 측정 가능할 것

Ambitious: 도전적일 것

Realistic: 현실적으로 실현 가능할 것

Timed: 달성 시한이 정해진 목표일 것

_____

_____

_____

_____

_____

_____

나의 목표 설정 유형 점검하기

진로 목표가 선명한 사람은 이제 더 이상 목표가 없는 삶에 대한 두려움은 없습니다. 문제는 그 목표를 구체적인 세부 목표로 바꾸어 실천해야 하는데 쉽지 않습니다. 진로 목표를 이루기 위해서는 다양한 세부 목표, 즉 공부 목표, 습관 목표, 경험 목표 등을 수립해야 하는데, 자신의 목표 설정 유형이 다음의 SMART 원리에 비춰 보았을 때 어떤 부분이 강하고 부족한지 점검하고 개선점을 기록해 봅니다.

목표 설정의 SMART 원리

Simple & Specific: 단순하고 구체적일 것

Measurable: 측정 가능할 것

Ambitious: 도전적일 것

Realistic: 현실적으로 실현 가능할 것

Timed: 달성 시한이 정해진 목표일 것

나는 다이어리의 여왕이고, 목표 설정의 여왕이다. 나는 과도하게 목표를 많이 세우는 특징을 갖고 있다. 늘 꼼꼼하게 기록하고 목표를 세우는데 뭔가 변화가 보이지 않는다. 그래서 늘 답답했는데 이제 그 이유를 알았다. 내가 세운 목표는 SMART의 2가지 원리를 어기고 있었다. 첫째, 측정 가능한 표현을 쓰지 않았다. 늘 추상적으로 목표를 기록한 것이다.

둘째, 달성 기한을 정하지 않았다. 그러다 보니 항상 목표를 뒤로 미루며 살았다. 앞으로는 이두 가지 문제점을 확실하게 개선하여 구체적이고 실현 가능한 목표를 세울 것이다.

막힌 담을 허무는 트랜스포머가 되세요

통역사

글로벌 세계는 '지구촌'이라는 단어를 만들었습니다. 그리고 이제는 '글로벌'이 '글로컬'로 바뀌었습니다. 국가 대 국가가 아니라, 한 지역 한 기관이 전 세계를 상대로 소통하는 것이죠. 이러한 시대에 저는 아주 매력적인 직업을 갖고 있습니다. 통역사입니다. 원래는 번역가를 꿈꾸었는데, 우연히 통역을 하게 되었다가 아예 이 길로 들어섰답니다. 한번 들어선 뒤에는 빠져 나갈 수가 없게 되었어요. 매력에 빠진 거죠.

저는 가끔 영화 속 트랜스포머가 된 듯 느낍니다. 다양한 통역의 상황에서 여러 가지 모습으로 변신하거든요. 국제회의에 가게 되면 헤드셋을 끼고 동시통역을 합니다. 이때의 긴장감은 정말 최고조에 이릅니다. 중요한 국제회의에 가게 되면 '위스퍼링 통역'을 하죠. 속삭인다는 뜻의 영어인데요. 중요한 국제 미팅의 대화에 방해가 안 되게 귀에 대고 조용히 통역을 해 주는 것입니다. 연설장에 가서는 '순차통역'을 합니다. 제가 제일 부담 없이 즐기는 통역이죠. 한 문장의 연설을 듣고 통역하는 것입니다. 저는 이때 그 사람의 몸짓과 표정까지 살려서 최대한 느낌을 전달하려고 합니다. 싱크로율 100퍼센트랍니다. 기업에 가서 통역할 때는 국제화상회의를 통역하는 '원격통역'을 주로 합니다.

어때요. 정말 흥분되지 않나요? 자신의 전문영역에서도 상황에 따라 트랜스포머처럼 변신하는 것이 중요합니다. 꼭 통역사를 꿈꾸는 사람이 아니더라도 이것을 기억한다면 정말 멋진 직업인이 될 수 있을 거예요.

진로와 진학을 연결 했는가

우리들의 고민 편지

동해바다가 보이는 강원도의 끝자락의 K중학교에 다니는 O군. 그는 바다를 보면서 늘 자신의 꿈을 상상하고 키워왔다. 중학교에 올라와서 시작한 진로 활동을 통해, 초등학교 때의 막연했던 꿈이 보다 구체적으로 그려지는 것 같았다. 이제 어느 정도 목표가 구체화되니 새로운 고민이 생겼다. 원대한 진로의 꿈을 이루기 위해서는 무엇보다 당장 고등학교를 잘 선택해야 하는 '진학'이 중요할 것 같다. 그런데 도대체 어떤 고등학교를 선택해야 할까? 기준도 모르겠고, 정보를 찾는 방법도 모르겠다.

– 온라인 캠프에 올라온 진로 고민 편지

소포에 담긴 민샘의 진심

병실에 누워 있는 민샘은 잠을 이루지 못하고 뒤척였다. 한 장면이 머릿속에서 떠나지 않는다. 아픈 몸 때문이 아니라 아픈 마음 때문이다. 또 같은 장면이다. 며칠 동안 계속 그 장면이 머릿속을 꽉 채우고 있다.

"자신의 비전을 꿈꾸는 것은 좋아요. 그런데 왜 꼭 자신의 꿈을 이루어서 다른 사람을 도와주어야 하는 거죠? 도저히 이해가 되지 않아요. 슈바이처나 테레사 수녀 같은 사람은 특별한 경우라고 생각해요. 그런 삶을 우리에게도 강요하는 것은 옳지 않아요."

지난번 경수가 했던 이야기……. 자신이 어렵게 이룬 성공을 타인과 세상을 위해 사용해야 한다는 것을 끝까지 부정하던 경수의 모습이 지금까지 민샘의 마음을 아프게하고 있다.

'정말 모를까. 정말 그 느낌을 모르는 것일까, 넘치는 사랑을 받은 적이 없다면, 사랑을 나누는 것이 불가능한 것일까. 경수의 재능이 민샘은 너무 아까웠다. 마틴 루터 킹의 연설문을 영어로 유창하게 말하는 실력인데, 그 재능을 세상을 위해 쓸 수만 있다면 얼마나 아름다울까.'

결국 민샘은 침대에서 일어나 앉았다. 그리고 의사가 절대로 꺼내지 말라고 한 노트북을 조심스레 꺼냈다.

며칠 뒤, 경수의 책상 위에 소포가 하나 놓여 있었다. 보낸 이가 민샘이었다. 경수는 한국에 들어온 이후 짧은 만남 동안 그래도 가장 많은 대화를 나눈 사람이 민샘이었다. 소포를 열어보니 CD 두 장과 편지가 있었다. 경수는 왠지 편지를 읽기가 부담스러웠다. 그래서 CD를 먼저 컴퓨터에 넣어서 실행했다. 『여섯 명의 시민들』이라는 영상이었다. 원래 자막에 민샘이 추가로 더 넣어서 내용을 만든 것이었다.

헤드십(Headship)이 있고, 리더십(Leadership)이 있다. 목표를 성취하여 다른 사람들보다 높은 위치에 있다면 헤드십이 있는 사람이다. 하지만 다른 사람들이 그를 존경하지 않는다면, 껍데기와 같은 헤드십만 있을 뿐 리더십은 없다. 진정한 리더십은 "내가 리더야!"라고 외칠 때 생기는 것이 아니라 "저 사람을 따르고 싶다!"라는 사람들이 있을 때 생겨나는 것이다.

만약, 어떤 학생이 세상을 위한 '미션'은 없고 자기를 위한 '찬란한 비전'만 갖고 있을 경우, 그 상태로 그가 꿈을 이룬다면 '헤드십'이 될 가능성이 높다. 비전에 더하여 미션까지 선명한 학생은 존경받는 리더로 성장할 가능성이 높다.

영상과 함께 보이는 자막

프랑스와 영국의 백년전쟁(1337~1453) 당시, 영국의 에드워드 3세는 프랑스 북부에 있는 작은 항구 도시 '칼레'라는 마을 때문에 무척 화가 난 상태였다. 무려 1년 동안이나 그 작은 도시를 함락시키지 못하고 고전했기 때문이다. 그러나 칼레 시민들은 프랑스 정부의 지원이 끊기자 항복을 선언했다. 하지만 이미 자존심을 구긴 에드워드 3세는 도저히 그냥 항복을 받을 수 없다며 칼레에서 대표자 6명을 뽑아 교수형에 처하겠다고 했다. 그러면서 다음날 아침까지 그 6명은 속옷 차림과 맨발로 교수대 앞에 서라고 명령했다. 칼레 시민들은 광장에 모여 과연 누가 죽을지를 두고 난상 토론을 벌이지만 답이 쉽게 나오지 않았다. 바로 그때 한 사람이 조용히 일어났다. 시끄럽던 광장은 그가 일어나자 일순간 조용해졌다. 그는 그 도시에서 가장 부유한 유스타슈 드 생 피에르

(Eustache de St. Pierre)로, 가장 부유하면서도 존경받는 인물이었다. 그가 천천히 입을 열었다.

"여러분! 이런 비극적인 사태를 막을 수 있는 가능성이 있다는 사실에 감사합시다. 제가 먼저 이 한 목숨 바쳐 영국 왕께 용서와 자비를 구하겠습니다. 기꺼이 속옷 차림과 맨발로 목에 밧줄을 두르고 나가 영국 왕의 뜻을 따르겠습니다."

그러자 도시의 또 다른 부자인 장 데르가 일어났다. 그리고 유명한 사업가 자크 드 위쌍이 일어났다. 자크 드 위쌍 역시 상속 받은 재산과 사업을 통해 번 재산이 상당했다. 또한 옆에 있던 자크의 사촌인 피에르 드 위쌍이 자크의 선택에 감동하며 자기도 함께 가겠다고 일어섰다. 그리고 뒤따라 쟝 드 피엥스와 앙드리에 당드르도 일어나 모두 여섯 명이 되었다. 그들은 모두 사업가, 법률가, 시장이었고, 귀족 출신이었다. 그들이 그렇게 할 수 있었던 것은, 성공에 대한 비전을 이룬 것을 넘어 자신이 이룬 성공이 타인과 세상을 위해 사용되어야 한다는 철저한 미션 의식을 가지고 있었기 때문이다. 그리고 그러한 미션 의식을 어린 시절부터 품고 자랐기에 그런 위대한 결정을 내릴 수 있었던 것이다.

경수는 말없이 다른 CD를 넣어 실행했다.

"이렇게 넘어지면 어떻게 하죠?(실제로 그는 넘어짐.) 여러분이 모두 알다시피 다시 일어나야 하죠. 하지만 가끔 살다 보면 넘어졌을 때 다시 일어날 수 있는 힘이 없다고 느낄 때도 있어요. 여러분! 팔다리가 없는 저에게도 희망이란 게 있다고 생각되나요? 제가 다시 일어서  는 것은 불가능하겠죠? 하지만 그렇지 않아요. 저는 백 번이라도 다시 일어나려고 시도할 거예요. 만약에 백 번 모두 실패하고 제가 일어나기를 포기한다면 저는 다시는 일어서지 못할 거예요. 하지만 실패하더라도 다시 시도한다, 그리고 또다시 시도한다면 그것은 끝이 아닙니다."

그렇게 말한 뒤, 닉은 몸으로 기어가서 머리를 바닥에 비비면서 몸을 비틀어 일어섰다.

그 이후의 영상에는 닉 부이치치(Nick Vujicic)의 사진들에 배경 음악을 넣었고, 다음과 같은 자막이 쓰여 있었다. 경수는 무표정하게 자막을 읽어 갔다.

우리 주위에는 남보다 열악한 환경에서 살아가는 사람이 많다. 여기서의 열악한 환경은 경제적인 여건이나 주변 환경일 수도 있고, 아니면 몸이 불편한 장애일 수도 있다.

장애인들의 경우 전체의 90퍼센트가 후천적인 이유(질병 56퍼센트, 사고 34퍼센트)로 장애자가 된다고 한다(2010년 2월 국립재활원 발표). 정상인으로 살다가 장애가 시작되었기에 그 어려움을 받아들이기는 무척 어렵다. 아름다운 세상을 못 보게 되거나, 마음껏 뛰는 행복을 경험해 본 사람이 더 이상 걸을 수 없게 되는 아픔은 말로 표현할 수 없을 것이다. 한편, 선천적인 장애를 가지고 태어난 사람들은 더 큰 고통을 받아들여야 한다. 다른 사람과 다르게 처음부터 불완전하고 불편한 상태로 태어났다는 그 자체를 받아들이기 어렵다. 성인이 되어서 장애를 경험하면 그래도 의식의 성숙함이 있지만, 어린아이가 받아들이기에는 너무 큰 상실감을 겪게 된다.

여기서 이런 아픈 사람들의 이야기를 꺼낸 것은, 오히려 희망을 이야기하기 위해서이다. 선천적이든 후천적이든 자신의 장애와 불편함을 있는 그대로 받아들이고 자신의 삶을 통해 이 땅의 많은 청소년들에게 희망을 주는 삶이 있기 때문이다. 이들의 대부분은 자신의 장애와 불편함을 통해 아름다운 미션을 이루어 가고 있다.

희망의 사람 '닉 부이치치는 공을 찰 수 있는 다리도, 물살을 가르며 헤엄을 칠 수 있는 팔도 없는 1급 중증 장애인이다. 8세 때 이미 인생을 끝내고 싶을 만큼 절망적인 삶을 살았다. 그는 넘어질 때마다 절망했다. 신체적 결함이 그의 의지를 제한할 때마다 아픈 가슴을 쓸어 내렸다. 하지만 지금 그는 누구보다 행복하다. 자신을 있는 그대로 인정해 주고 사랑해 주는 가족과 친구가 있고, 무엇보다 사람들에게 희망과 용기를 전하는 자신의 사명을 발견했기 때문이다. 이제 그는 더 이상 절망 앞에 머무르지 않는다. 그는 전 세계를 다니며 한창 자라나는 청소년들에게 열정적으로 희망의 메시지를 전하고 있다.

그는 어떻게 하면 좀 더 편하게, 좀 더 정상인처럼 살아갈 수 있을지에 대해 고민하지 않는다. 그리고 처음부터 세계적으로 유명해져서 사람들에게 영향력과 인기가 있는 강사가 되어야겠다는 생각을 하지도 않는다. 다만, '아무런 희망도 없어 보이는 내가 할 수 있다면, 당신들도 할 수 있다'는 희망의 메시지를 전하고자 한다. 절대 포기하지 마라는 격려의 메시지를 전하는 것을 자신의 사명으로 정하고 그 사명을 실천했을 때 그는 팔다리로 할 수 없는 수많은 일을 할 수 있었다. 자신의 온몸을 던져 강연하는 닉의 몸짓은 강연을 들은 수많은 청소년들의 마음에 남아서 그들을 움직이게 한다.

닉 부이치치처럼 신체의 불편함을 인정하고, 많은 사람들에게 희망을 주는 사람은 세상에 분명 존재한다. 그들 대부분은 자신의 삶 자체가 다른 이들을 위해 존재한다는 사명 의식을 가지고 있다. 바로 그 사명이 그들에게 극복의 힘을 선사한 것이다. 그들은 오늘도 자신의 몸부림을 통해 우리에게 말하고 있다.

"불편한 것이 불행한 것은 아닙니다. 또 편안한 것이 곧 행복을 말하지도 않습니다. 행복은 자신의 삶이 다른 사람을 행복하게 만들어 줄 때, 하늘이 내려 주는 선물입니다."

영상이 끝났다. 아주 부유한 사람인데 남을 위해 희생한 사람들의 이야기, 아주 불편한 장애인인데 남을 위로하는 삶을 사는 닉의 이야기. 경수의 머릿속은 복잡했다. 자신이 민샘에게 대들듯이 말한 내용이 머리에 떠오른다.

"왜 꼭 자신의 꿈을 이루어서 다른 사람을 도와주어야 하는 거죠? 도저히 이해가 되지 않아요. 그런 삶을 저에게 강요하는 것은 옳지 않아요."

경수는 CD와 함께 들어있던 편지를 그제서야 꺼냈다. 그런데 민샘의 편지가 아니라 한비야 씨의 편지를 각색한 내용이었다.

긴급 구호 팀장 한비야입니다. 모든 사람들이 꿈을 가지라고 말하죠? 하지만 그 꿈이 자신만을 위한 것이라면, 저는 그런 이기적인 꿈은 싫어요. 제가 전 세계를 돌며, 많은 세상을 접하고 사람들을 만날 수 있었던 것은, 이것이 저의 꿈이기 때문입니다. 저의 비전은 이렇게 지구촌의 사람을 돕고 살리는 것입니다. 어쩌면 이것은 제 인생을 위한 비전이라기보다는 제가 이 땅에 태어난 목적, 그리고 제가 이 세상을 위해 꼭 해야 할 '미션', 즉 '사명'이라는 생각이 들었어요. 제가 영문학을 ○○대학교에서 공부한 것도, 어쩌면 이러한 미션을 위한 준비 작업이 아니었나 싶습니다. 대학에 가야 하는 이유, 공부를 해야 하는 이유가 이처럼 '따뜻한 세상'을 만들기 위한 것이라면 이보다 아름다운 일이 어디 있겠어요? 세계의 빈민국과 오지를 걸어서 왕래하며 그 사람들과 친구가 되는 저의 삶이 쉽지만은 않았어요. 하지만 저는 지금까지 잘 버티고 있습니다. 그것은 저의 '미션' 때문입니다. 그런데 그 미션이 무조건 '해야 하는' 무거운 짐이라고 여겼다면 아마 오래하지는 못했을 거예요. 그러나 '미션' 안에 '사랑'이라는 가치가 꼭꼭 새겨져 있습니다.

당신도 비전을 움직이는 미션을 만나고, 그 미션 안에 사람과 세상에 대한 따뜻함을 담아 보세요. 바로 그 순간 인생의 새로운 눈이 떠질 것입니다.

편지의 끝자락에 작게 민샘의 글도 들어 있었다.

경수야, 한비야 씨의 강연을 듣고 간단하게 편지글로 바꿔서 보낸다. 경수의 삶은 다른 사람을 도울 때 더 행복해질 수 있다. 동아리 진로 박람회에 꼭 구경 오렴.

진로에 필요한 진학의 목표

비전하우스에서 연속 강의 두 번째 시간이 시작되었다.

"사실은 미대에 정말 가고 싶은데, 이제 와서 미대 입시를 준비하는 것은 늦은 것 같아요."

"체육 교사를 하고 싶은데, 갑자기 입시 체육을 하려니 겁이 나요."

"소프트웨어 개발 및 게임 기획의 실무 경험이 가산점으로 있다는데 몰랐어요."

"정말 입학하고 싶은 곳이 있는데, 자기주도 학습 전형이라고 해요. 포트폴리오도 없고요."

"마이스터 고등학교만 나와도 바로 취업이 된다고 하는데, 몰랐어요."

"그냥 집 앞에 있는 학교이니까 들어 온 건데, 내신 관리에 실패한 것 같아요."

"선배들 이야기를 들어 보고 결정할 것을, 그냥 고등학교에 입학했더니 후회가 돼요."

하샘은 다양한 인터뷰 영상들을 보여 주었다. 모두 고등학생들로 하나같이 후회하는 내용이었다. 동아리 학생들은 마치 자신들의 미래를 보는 것 같아 마음이 불편해졌다.

"하영아, 영상을 보니 어떤 공통점이 있는지 알겠니?"

"모든 학생들이 후회하고 있어요."

"또?"

"미리 충분히 알아보지 않은 것 같아요."

"그럼 이 친구들의 고민은 진로의 문제일까, 진학의 문제일까?"

"진학이요."

진로 목표가 생기더라도, 그 다음의 진학에 대한 전략이 없다면 후회할 가능성이 높다. 왜냐하면 우리 인생의 장기적인 진로는 중기적인 진학의 영향을 받기 때문이다.

"자, 그럼 지금부터 3편의 신문 기사를 조별로 나눠 줄 거야. 함께 읽어 보고 고등학교 진학에 대해 우리가 알아야 할 것이 무엇인지 고민해 보자."

신문 기사 1

"항공기 제작 '명장의 꿈' 실현해 줄 학교" 마이스터고 신준용 군

중학교 2학년 때 서울에서 경기도 광주로 전학한 신준용(16) 군은 커서 항공기 제작 기술자가 되기로 마음먹었다. 아버지와 담임선생님이 신군이 항공기 제작에 관심이 많다는 걸 눈여겨보고 꾸준히 격려해 주었기 때문이다. 마침 그의 꿈을 펼칠 학교를 찾았다. 경남 사천시에 있는 삼천포공업고등학교였다. 올해부터 마이스터고(산업 수요 맞춤형 고등학교)로 지정된 삼천포공업고등학교는 전국 단위로 항공산업과 40명, 조선산업과 60명을 선발했다. 신군은 학교가 멀어 고민이 되었지만 '학비 전액 무료, 실무 외국어 교육, 해외 연수 및 취업 보장' 등을 내건 마이스터고의 매력에 끌려 지난해 10월 이 학교에 지원했다. "심층 면접을 앞두고 면접 관련 책들을 3권 가량 섭렵했어요. 예상 질문도 뽑아 봤죠." 신군의 면접 전략은 '영어'였다. 기술 명장을 길러 내기 위한 마이스터고가 실무 영어 능력을 중시한다는 걸 미리 알았기 때문이다. "두 번째 면접 질문이 '이 학교에 오면 어떻게 공부할 것이냐?' 였어요. 제가 예상했던 질문이었죠. 저는 항공기 제작 관련 자격증 취득과 토익 점수 600점 이상 얻는 걸 목표로 열심히 공부하겠다고 답했습니다." 그의 면접 전략은 주효했다. 3대 1의 경쟁률을 뚫고 그가 원하는 고등학교에 들어갈 수 있게 되었다. '추락해도 사람이 죽지 않는 항공기'를 만들고 싶은 신군은 이제 막 항공기 제작 기술 명장의 출발선에 들어섰다.

신문 기사 2

"기숙사 생활로 학교생활 적응에 도움" 기숙형 공립고 남은솔 양

강원도 원주에 사는 남은솔(16) 양은 중학교 생활이 순탄치 않았다. 원래 다니

던 학교에 적응하지 못한 나머지 다른 학교로 옮기기도 했다. 남양은 고등학교 진학을 앞두고 신중해졌다. 그때 남양의 아버지가 경기도 여주에 있는 여주여고를 소개했다. 여주여고는 경기도 교육청 지정 자율학교로 중학교 졸업 예정자면 누구나 지원할 수 있다. 또 올해부터 기숙사가 생겨 학교 밖 생활에 대한 부담도 덜게 되었다. 남양은 학교 성적 우수자로 31명을 선발하는 특별전형 지원 대신 125명을 선발하는 일반전형에 지원했다. 다소 불안했기 때문이다. 일반전형은 교과 활동과 출결 상황, 봉사 활동 실적과 수상 실적 등으로 학생을 선발했다. 남양은 봉사 활동 실적에 경쟁력이 있다고 생각했다. "중학교 다닐 때 양로원이나 면사무소 등에 봉사 활동 다니는 걸 좋아했어요. 점수 따러 다닌 건 아닌데 이번 진학에 큰 도움이 됐죠." 제약 회사에 들어가 신종플루와 같은 치명적인 바이러스를 예방하는 백신을 개발하는 게 꿈인 남양은 입학 전에 영재반 시험을 봐서 합격한 상태다. "기숙사 생활에 대한 부담이요? 새롭게 사귀게 될 친구에 대한 기대감이 더 큰걸요."

신문 기사 3

"과학에 대한 열정 일반고서도 쑥쑥" 과학 중점 일반고 김범진 군

서울 지역 고교 선택제 1단계 지원 결과, 구로구 신도림동에 위치한 신도림고는 17대 1의 경쟁률을 기록해 서울 지역 중학생들이 가장 가고 싶은 일반계 고등학교가 되었다. 지난해 3월에 개교해 아직 졸업생도 배출하지 않은 신도림고의 경쟁력은 뭘까? 도서관, 자율학습실 등 친환경 첨단 시설에 찬조금을 일체 받지 않기로 한 학교의 교육 방침, 교과교실제 실시, 과학 중점 고등학교로 선정된 점 등이 학생과 학부모의 관심을 끌었다. 지난해 12월 1지망으로 신도림고를 적어 낸 후 지난 2월 12일 이 학교에 배정되었다는 소식을 듣게 된 김범진(16) 군 또한 "신도림고가 과학 중점고라는 점이 가장 끌렸다"고 말했다. 과학 중점고는 고교 3년간 이수하는 교과목의 40~50퍼센트(수업 시간 기준)를 과학·수학으로 편성해 과학적 소양이 풍부한 인재를 길러 내기 위한 학교로,

올해부터 전국 53개 고교에서 운영되고 있다. 인근 과학고에 지원했다 아깝게 떨어진 김군은 커서 전기·전자 분야 연구원이 되고 싶어 한다. 그에게 과학 중점고인 신도림고 선택과 진학은 새로운 기회이자 도전이다.

-《한겨레》(2010. 3.)

"하샘, 막상 고등학교 진학 자료를 보니까 약간 한숨이 나와요. 1학년 때 이런 정보를 알고 있었더라면 얼마나 좋았을까, 하는 생각이 들어요."

"지금도 늦지 않았다, 교빈아."

"그래도 아쉬워요. 조금 전 인터뷰 영상에서 본 후회가 어떤 것인지 약간 알 것 같아요."

"그래도 교빈이와 동아리 친구들은 나은 거야. 그 인터뷰의 영상들은 대부분 고등학생이었어. 너희들은 아직 중학교 2학년이니까 지금부터 준비해도 충분해."

"샘, 정말 중요한 것은 역시 정보예요. 고등학교의 종류가 생각보다 많아요. 먼저 다양한 고등학교의 유형을 알아야 할 것 같아요. 그 다음에는 자신의 진로 비전과 관련 있는 학교를 찾는 거죠. 그 다음에는 실제로 몇 개의 학교에 대해 알아봐야 할 것 같아요."

"교빈이가 선생님이 말할 결론을 다 이야기해 버렸네. 자, 아래 표를 보면서 정리해 보자."

단계 구분	내 용
1단계	다양한 고등학교의 유형을 파악한다.
2단계	자신의 진로 비전에 맞는 유형의 학교를 몇 개 선정한다.
3단계	선정한 학교 유형 중에 적합도를 위해 탐색한다.

진로를 위한 진학의 탐색 단계

진학을 위한 정보 탐색의 단계를 설명한 뒤, 하샘은 줄긋기 게임을 할 수 있는 활동지를 나눠 주었다. 게임 내용 안에는 11개의 고등학교 유형과 내용을 연결하는 활동이 들어 있다.

일반고	•		• 국제전문 인재 양성
대안고	•		• 직업교육을 위한 맞춤형 교육과정 운영
과학고	•		• 공립고 중 자율성 제고 및 전인교육 구현
외국어고	•		• 특정분야 직업 교육을 통한 인재 양성
국제고	•		• 전문교육보다는 일반교과목 위주로 가르치는 학교
마이스터고	•		• 외국어에 능숙한 인재 양성
예술고	•		• 사립학교의 자율성 확보
체육고	•		• 자연현장 실습 위주 교육
특성화고	•		• 과학인재 양성
자율형사립고	•		• 예술인 양성
자율형공립고	•		• 체육인재 양성

하샘은 학생들이 조별로 줄을 다 그은 뒤 화면에 고등학교의 일반 유형 구분을 보여 주었다.

구분	일반고	특수목적고				특성화고		자율고	
		과학고	외국어고 국제고	예술고 체육고	마이스 터고	특성 (직업)	체험 (대안)	자율형 사립고	자율형 공립고
설립 목적	중학교 교육의 기초 위에 중등교육 실시	과학인재 양성	외국어에 능숙한 인재 및 국제전문 인재 양성	예술인 및 체육인 양성	전문적 인 직업 교육을 위한 맞춤형 교육 과정 운영	소질과 적성 및 능력이 유사한 학생을 대상으 로 특정 분야 인 재 양성	자연 현장 실습 등 체험 위주 교육	학교별 다양한 교육 실시, 사립 학교의 자율성 확보	교육과 정과 학사 운영의 자율성 제고 및 전인 교육 구현

다음 화면에서는 이런 각각의 학교 유형이 학생을 어떻게 선발하는지 정보를 보여 주었다.

학교유형		모집단위	입학전형	사회직배려대상자
일반고		지역/광역	평준화 : 추첨, 배정 비평준화 : 내신+선발고사	–
특수목 적고	과학고	광역	자기주도학습 전형+과학창의성 전형	자기주도학습 전형의 20%
	외국어고 국제고	광역	자기주도학습 전형	20%

학교유형		모집단위	입학전형	사회적배려대상자
특수목 적고	예술고 체육고	전국	내신, 면접, 실기 등	–
	마이스터고	전국	내신, 면접, 실기 등	–
특성 화고	특성(직업)	광역/전국	내신, 면접, 실기 등	–
	체험(대안)	광역/전국	내신, 면접, 실기 등	–
자율고	자율형사립 고	광역	평준화 : 교육감결정(내신, 면접–추첨) 비평준화 : 자기주도학습 전형 (필기고사 금지)	모집정원의 20%
	자율형공립 고	광역	평준화 : 선 지원 후 추첨 비평준화 : 자기주도학습 전형 (필기고사 금지)	–

"아유 하샘, 정말 오랫동안 진로 탐색을 거쳐 진로 비전을 겨우 결정했는데, 그게 정말 끝이 아니었네요. 이런 전략까지 고민해야 하는지는 전혀 몰랐어요."

"교빈아, 이제 알았니? 생소한 정보가 많이 나와서 부담스럽겠지만, 걱정하지 마. 샘이 이 자료들을 잘 정리해서 너희들의 포트폴리오에 넣도록 도와줄게."

"친절한 하샘, 정말 고마워요!"

"이제 정말 중요한 한 가지가 남아 있어. 무엇을 말하는지 알겠니, 수희야?"

구분	입학 가능	사회적 평판	대학 진학	부모 기대감	흥미 적성	학업 성적	가정 환경	합계
일반고	★		★		★	★	★	5
특성화고		★			★	★	★	4
특목고		★	★					2
자율고		★	★	★				3
대안학교	★					★	★	3

"학교 유형 중에서 자신에게 적합한 학교를 점검하고 좁혀 가는 과정 아닐까요? 그런데 학업 성적은 왜 다른 색깔이에요?"

"모든 것의 기본이 되기 때문에 일부러 구분해 준 거란다. 종류가 다양하지만 공부만큼은 모든 기회의 기본이니까 꼭 열심히 해야 해. 알겠지? 성적이 어느 정도 기본이 되어 있으면 정말 기회는 많다."

진학을 위한 정보 수첩 만들기

"이런 과정을 거쳐 자신이 희망하는 몇 개의 학교를 정한 뒤에는 지속적으로 점검해야 한다. 그러기 위해 선생님이 '진학을 위한 정보 수첩'을 추천할게."

하샘은 수첩에 넣어 두고 지속적으로 학교를 알아보고 기록할 활동지를 소개해 주었다. 그리고 앞에서 소개한 기본적인 고등학교 유형도 모두 준비하여 수첩과 함께 선물로 주었다.

"샘, 정말 고마워요. 감동했어요. 이 수첩 들고 다니면서 조금씩 채워 볼게요. 든든해요. 나만의 정보가 쌓인다고 생각하니까 너무 든든해요!"

"수희가 마음에 들어 하니 고마워. 다른 친구들의 표정도 나쁘지는 않네."

"하샘, 그런데 궁금한 게 있어요. 어떤 방법으로 이런 정보를 모을 수 있을까요?"

고등학교명	
정보수집 방법	
학습 분위기	
학교까지 가는 방법과 거리	
진학 이후의 장래성	
대학 진학 상황	
학교의 장점	
학교의 단점	
기타 궁금한 사항	

"그 방법은 다른 친구들이 자연스럽게 의견을 말해 볼래?"

"학교로 직접 찾아가요."

"졸업한 선배에게 물어봐요."

"학교에 전화해 봐요."

"인터넷으로 검색해요."

하샘은 학생들이 학교 정보를 더 쉽게 찾아볼 수 있도록 3개의 사이트를
화면에 소개해 주었다.

(www.careernet.re.kr)

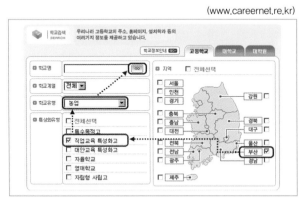

커리어넷의 학교 정보

(www.sen.go.kr)

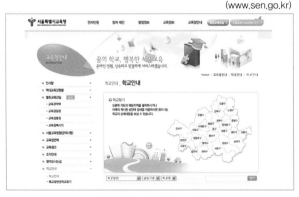

서울특별시교육청의 학교 안내

학생들은 머리가 조금 얼얼했다. 그래도 마음속 깊은 곳에서 뭔지 모를
뿌듯함이 올라왔다. 포트폴리오와 정보 수첩을 함께 가지고 다니면 어딜
가도 든든할 것 같은 믿음이 생겼다.

(www.jinhak.or.kr)

진학진로정보센터의 고교학과 정보

"자, 그럼 맛있는 간식을 먹고, 그 다음 활동을 시작하자."
"네, 샘!"

동아리 친구들은 전략을 찾아가는 활동에서 이전과는 또다른 희망을 보
았다. 자신의 꿈을 찾았을 때는 방향을 찾은 기쁨이었지만, 지금은 방법
을 찾아서 기쁜 것이다. 이제 진짜 변화가 조금씩 보인다.

진로는,
'진학'의 전략을
통해 후회 없이
갈 수 있다.

고등학교 유형 파악하기

다음은 고등학교의 다양한 유형을 줄긋기의 형태로 확인해 보는 것입니다. 아래에 있는 정보를 보지 않고 줄긋기를 한 뒤에 내용을 확인하세요. 그리고 자신이 호감을 가지고 있던 학교 유형을 3개 적어 보세요.

일반고　•	• 국제전문 인재 양성
대안고　•	• 직업교육을 위한 맞춤형 교육과정 운영
과학고　•	• 공립고 중 자율성 제고 및 전인교육 구현
외국어고　•	• 특정분야 직업 교육을 통한 인재 양성
국제고　•	• 전문교육보다는 일반교과목 위주로 가르치는 학교
마이스터고　•	• 외국어에 능숙한 인재 양성
예술고　•	• 사립학교의 자율성 확보
체육고　•	• 자연현장 실습 위주 교육
특성화고　•	• 과학인재 양성
자율형사립고　•	• 예술인 양성
자율형공립고　•	• 체육인재 양성

구분	일반고	특수목적고				특성화고		자율고	
		과학고	외국어고 국제고	예술고 체육고	마이스터고	특성 (직업)	체험 (대안)	자율형 사립고	자율형 공립고
설립 목적	중학교 교육의 기초 위에 중등교육 실시	과학인재 양성	외국어에 능숙한 인재 및 국제전문 인재 양성	예술인 및 체육인 양성	전문적인 직업교육을 위한 맞춤형 교육 과정 운영	소질과 적성 및 능력이 유사한 학생을 대상으로 특정분야 인재 양성	자연 현장 실습 등 체험 위주 교육	학교별 다양한 교육 실시, 사립 학교의 자율성 확보	교육 과정과 학사 운영의 자율성 제고 및 전인 교육 구현

_____

_____

_____

고등학교 유형 파악하기

다음은 고등학교의 다양한 유형을 줄긋기의 형태로 확인해 보는 것입니다. 아래에 있는 정보를 보지 않고 줄긋기를 한 뒤에 내용을 확인하세요. 그리고 자신이 호감을 가지고 있던 학교 유형을 3개 적어 보세요.

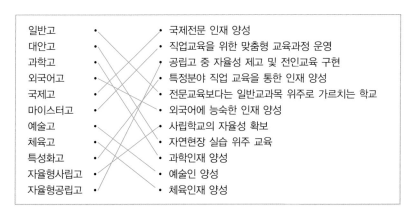

구분	일반고	특수목적고				특성화고		자율고	
		과학고	외국어고 국제고	예술고 체육고	마이스터고	특성 (직업)	체험 (대안)	자율형 사립고	자율형 공립고
설립 목적	중학교 교육의 기초 위에 중등교육 실시	과학인재 양성	외국어에 능숙한 인재 및 국제전문 인재 양성	예술인 및 체육인 양성	전문적인 직업교육을 위한 맞춤형 교육 과정 운영	소질과 적성 및 능력이 유사한 학생을 대상으로 특정분야 인재 양성	자연 현장 실습 등 체험 위주 교육	학교별 다양한 교육 실시, 사립 학교의 자율성 확보	교육 과정과 학사 운영의 자율성 제고 및 전인 교육 구현

1. 마이스터 고등학교

2. 체육 고등학교

3. 자율형 공립 고등학교

나에게 맞는 유형의 학교 점검하기

다음은 7개의 기준에 따라 대표적인 고등학교 유형을 평가할 수 있는 표입니다. 샘플을 보고 자신의 경우를 생각하여 별표를 넣고, 합계를 기록해 주세요. 그리고 그 결과를 바탕으로 현재 시점에서 자신의 희망하는 고등학교 1위, 2위, 3위의 순위를 기록해 보세요.

구분	입학 가능	사회적 평판	대학 진학	부모 기대감	흥미 적성	학업 성적	가정 환경	합계
일반고	★		★		★	★	★	5
특성화고		★			★	★	★	4
특목고		★	★					2
자율고		★	★	★				3
대안학교	★					★	★	3

구분	입학 가능	사회적 평판	대학 진학	부모 기대감	흥미 적성	학업 성적	가정 환경	합계
일반고								
특성화고								
특목고								
자율고								
대안학교								

_____

_____

_____

_____

_____

_____

_____

학교 정보 관리하기 연습

커리어넷의 학교 정보 사이트를 통해 자신이 선호하는 유형과 지역의 학교를 확인하고, 나름의 조사를 통해(방문, 전화, 선배, 검색) 아래의 정보를 채워 봅니다. 이렇게 정보를 탐색해 본 결과에 대한 느낌을 아래에 기술합니다.

고등학교명	
정보수집 방법	
학습 분위기	
학교까지 가는 방법과 거리	
진학 이후의 장래성	
대학 진학 상황	
학교의 장점	
학교의 단점	
기타 궁금한 사항	

_____

_____

_____

_____

학교 정보 관리하기 연습

커리어넷의 학교 정보 사이트를 통해 자신이 선호하는 유형과 지역의 학교를 확인하고, 나름의 조사를 통해(방문, 전화, 선배, 검색) 아래의 정보를 채워 봅니다. 이렇게 정보를 탐색해 본 결과에 대한 느낌을 아래에 기술합니다.

고등학교명	드림고등학교
정보수집 방법	선배에게 물어보기, 인터넷으로 확인하기, 검색엔진
학습 분위기	반에 따라 차이가 나지만, 특히 이과 계열은 상당히 열공모드
학교까지 가는 방법과 거리	버스로 20분
진학 이후의 장래성	동문체육대회 및 축제 때 오는 학교출신 유명인들이 꽤 많다.
대학 진학 상황	대학 진학률이 높으며, 특히 이과 계열 진학률이 높다.
학교의 장점	전교생이 들어갈 수 있는 도서관, EBS강사 선생님 많음
학교의 단점	다소 자율적이지 않고 무섭게 관리하는 분위기
기타 궁금한 사항	교복, 두발자율 토론이 진행 중인 것으로 아는데, 결론이 궁금

한 번도 이런 방식으로 고등학교 진학 정보를 확인해 본 적이 없었다. 이제라도 이런 방식으로 진학 정보를 스스로 모을 수 있다는 게 신기할 따름이다. 처음이라 시간이 약간 오래 걸렸는데 이후로는 더욱 효과적으로 정보를 모으고 정리할 수 있을 것 같다. 목표가 좀 더 구체적으로 정리되는 느낌이 든다. 이제 이 목표를 바탕으로 열공 모드에 돌입해야겠다.

노벨문학상이 나오는 그날까지

번역가

'올 해도 또!' 아쉽습니다. 노벨문학상을 받지 못한 것이죠. 저는 번역가입니다. 지금은 외국의 작품을 우리말로 번역하는 일을 하고 있지만, 저는 꿈을 꾸고 있습니다. 우리나라의 정말 좋은 문학작품을 외국어로 번역하는 일을 할 것입니다. 그래서 우리 민족이 작품을 통해 느끼는 아름다운 정서를 외국 사람들에게도 전하고 싶습니다.

사실 노벨문학상에서 우리나라가 아직 성과를 내지 못하는 것은 이런 번역의 문제가 있기 때문입니다. 그래서 언젠가 방송에서 '올해의 노벨문학상은 한국의 ○○○'라는 말을 꼭 듣고 말 겁니다. 그러기 위해서는 더욱 노력해야겠지요.

우리의 언어인 한글은 너무나 과학적이고 섬세합니다. 그래서 우리가 작품을 읽으면서 느끼는 이 깊은 울림을 외국어로 번역하는 것이 어려운 작업임에 틀림이 없습니다. 혹시 번역가를 꿈꾸는 후배들이 있다면, 저는 기꺼이 환영합니다. 함께 이러한 위대한 작업을 할 수 있으니까요.

07 꿈이 있다면 공부를 포기할 수 없다!

나의
현재
수준을
아는가

우리들의 고민 편지

중학교 3학년 C양은 학교의 진로 활동에 참여하는 것이 행복하다. 그런데 문제가 있다. 일주일에 한 번 있는 진로 활동은 행복한데, 나머지 수업시간은 행복하지 않다. 예전에는 학교 공부의 스트레스를 진로 활동을 통해 풀었다. 그런데 진로 활동에 깊이 들어가 보니, 자신의 진로와 자신의 공부가 밀접하게 관련이 있다는 것을 느끼기 시작했다. 하지만 구체적으로 학습과 진로를 어떻게 연결시켜야 하는지 방법은 아직 모르겠다.

– 온라인 캠프에 올라온 진로 고민 편지

격차, 그 냉정한 현실

"원래는 의사가 꿈이었는데 지금은 접었어요. 성적이 오르지 않아서요."

"꿈을 점점 끌어내리는 중이에요. 성적이 계속 내려가고 있어서요."

"제 비전이요? 부모님이 꿈도 꾸지 말래요. 제 성적으로는 불가능하대요."

영상에는 3명의 고등학생이 인터뷰를 한다. 꿈이 있었지만 현재는 없거나 그 수준을 많이 끌어내린 학생들에 대한 인터뷰이다. 동아리 친구들은 영상을 보면서 저마다 내심 이런 인터뷰는 절대 하지 않으리라 생각하면서 보고 있다.

하샘은 동아리 리더들 중에 성적 때문에 가장 고민이 많을 것 같은 교빈이에게 물어 보았다.

"3명의 선배들 인터뷰에 등장하는 공통점은 무엇이지?"

"꿈이 지속되지 않았어요."

"꿈의 내용이 바뀐 것일까?"

"아뇨. 꿈을 포기하거나 수준을 끌어내린 거예요."

"그럼, 새로운 흥미가 생기거나 강점 지능이 바뀐 것일까?"

"문제는 똑같아요. 성적 때문이에요."

"이상하네. 혹시 교빈이는 자기 발견 과정에서 직업을 탐색할 때 어떤 기준으로 탐색했지?"

"강점, 흥미, 재능, 성향, 가치, 적성 등이요."

"그럼 그때 혹시 성적도 영향을 미친 것이니?"

"그렇지 않아요. 탐색 과정에서 성적 때문에 꿈을 제한하지는 않았어요."

"그럼, 왜 이제 와서 성적이 새롭게 등장한 거지?"

"음, 그건 잘 모르겠어요. 그래서 답답해요. 왜 지금에 와서 성적이 갑자기 전략으로 등장했을까요? 너무 불편해요. 진로 비전을 찾았을 때는 하늘을 날 것 같았는데, 성적 얘기가 나오니까 적잖이 위축이 돼요."

정말 공부를 하지 않는 친구들이 있었다. 3년 전 여름, 기말 고사를 마치고 하샘은 한 학교의 요청으로 특별한 아이들을 만나러 갔었다. 그 아이들과 1개월간의 여름 프로그램을 진행하기 위해서였다.

도착해서 첫 만남을 가졌는데 아이들의 표정이 모두 어두웠다. 진로, 공부, 그 어떤 것도 제대로 채우지 못한 채 그저 학교를 마지못해 다니는 친구들을 모아서 방학 특별반을 만든 것이다. 생각했던 것보다 더 마음을 열기가 어려웠다. 당시 기말고사를 끝마치고 바로 방학을 준비하던 시점이라, 하샘은 기말고사를 주제로 계획에 없던 독특한 활동으로 진행해야 했다.

"지금부터 솔직하게 한번 얘기해 보자. 선생님이 준비해 온 강의가 오늘은 정말 맞지 않는 것 같아서 그 대신 여러분에게 필요한 것을 하려고 해. 자신이 이번 기말고사를 포함하여 평상시 시험을 치를 때 보통 며칠 전부터 시험공부를 제대로 시작하는지 평균적인 시간을 한번 이야기해 보자. 여기 아래의 기준은 21일 그러니까 시험 3주 전부터 시작할게. 그럼 앞에 있는 친구부터 시작해 볼까?"

"저는 시험 하루 전에 시작해요."

"저는 하루 전도 아니고 전날 밤부터 시작해요."

"저는 시험 이틀 전이요."

"저는 아예 안 해요."

아이들은 의외로 솔직하게 이야기를 꺼냈다. 서로 다 아는 처지이니 창피할 것도 없이 오히려 자신이 공부를 더 안하는 것을 자랑스러워하는 느낌이 들 정도로 떳떳하게 이야기하는 친구들도 있었다. 실시간으로 발표를 들으면서 그래프를 그렸다. 다 그리고 보니 매우 충격적인 공부 현황표가 나왔다. 그런데 이 결과를 보더니 학생들도 조금씩 느낌을 갖기 시작했다. 자신들이 정말 공부를 안 하고 있다는 사실을 눈으로 확인한 것이다.

보통 자기주도학습을 하는 학생들은 21일 전 혹은 28일 전부터 시험에 대비한다는 말을 해 주고, 그 친구들의 그래프도 보여 주었다. 그랬더니 살짝 자존심을 상해하는 것 같았다.

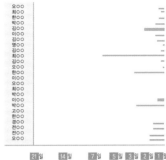

시험공부 현황표

"여러분, 변화의 시작은 냉정하게 자신의 모습을 볼 때부터 시작됩니다. 병원에 갔는데 부끄럽다고 자신의 아픈 부위를 보여 주지 않거나 말을 하지 않으면 결코 치료를 받을 수 없습니다."

학생들은 처음 시작했을 때와는 달리 점차 수업에 집중하는 모습을 보였다. 당시 기말고사를 막 치른 뒤였기에, 기말고사를 중심으로 과목별 시험 준비도 그래프를 그려 보았다.

당시 수업에 참여한 한 친구의 그래프는 다음과 같다.

이 학생은 2과목을 제외한 다른 모든 과목을 시험 2~3일 전에 시작했다. 그런데 유일하게 일찍 시작한 2과목 중 위에 있는 과목은 이상하게 공부를 하면 할수

과목별 시험 준비도

록 이해도가 떨어지는 것을 경험했다고 한다. 그 얘기를 하자 교실은 웃음바다가 되었다. 그리고 또 한 과목은 일찍 시작했지만 시작하자마자 포기했기 때문에 점선으로 표시했다. 그러던 이 친구가 그로부터 3개월 후에 시험을 치르고 하샘의 메일로 그래프를 보내 왔다.

After 그래프와 내용을 본 진로 동아리 학생들은 탄성을 질렀다.

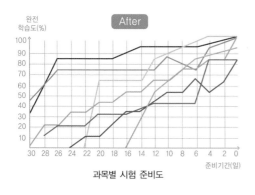

After

완전
학습도(%)

과목별 시험 준비도

준비기간(일)

"와! 샘, 정말 멋져요. 이렇게 바뀔 수도 있군요. 비결이 뭐예요? 저희도 도와주시면 안 돼요?"

"교빈이가 가장 놀라는구나. 비결은 이미 이야기했다. 비결은 냉정하게 현실을 직시하는 것이야."

목표치와 자신의 현재 수준의 격차를 냉정하게 인식하는 방식은 다양한 형태로 적용된다. 하샘은 한 학생의 자료를 더 보여 주었다. 기말 고사를 계획할 때 이전 중간고사의 점수를 기준으로 삼아 목표 점수를 적는다.

과목	이전 점수	목표 점수	실제 점수	도구	시험 준비 달성률(%)										3회 반복		
					10	20	30	40	50	60	70	80	90	100	1회	2회	3회
국어	65	100		교과서													
				우공비													
				최종 준비													
과학	80	90		교과서													
				학교 프린트													
				EBS 교재													
				클주													
				최종 준비													
수학	65	90		교과서													
				익힘 책													
				공부의 신													
				쎈													
				내신 플러스													
				최고 득점											★		
				최종 준비													
영어	88	100		교과서													
				프린트													
				비상 문제집													
				최종 준비													
국사	70	90		교과서													

과목	이전 점수	목표 점수	실제 점수	도구	시험 준비 달성률(%)										3회 반복		
					10	20	30	40	50	60	70	80	90	100	1회	2회	3회
국사	70	90		프린트													
				투탑													
				최종 준비													
사회	70	90		교과서											★		
				프린트											★		
				투탑											★		
				최종 준비													
중국어	70	90		교과서													
				프린트													
				최종 준비													

시험 전략표

그리고 실제 점수 칸은 당연히 비워 놓는다. 오른쪽에는 각 과목별, 교재별로 시험 준비 달성률을 기록한다.

"교빈아, 이런 표를 책상 앞에 붙여 놓고 3주 전부터 시험공부를 하면 어떤 느낌이 들 것 같니?"

"이전 점수와 목표 점수의 차이를 보면 긴장감이 생길 것 같아요. 실제 점수 칸은 더 신경 쓰일 것 같고요."

"하샘, 사실 이런 표 본 적 있어요. 하영이는 이미 이것과 비슷하게 만들어서 공부하고 있더라고요."

"그렇구나. 역시 하영이네!"

기준과 수준 그리고 내용

진로는 진학과 연결되어 있고, 진학은 현재의 학습과 연결되어 있다. 바로 이것이 이번 활동의 핵심이며, 진로 비전 이후 전략의 주요 내용이다. 그리고 학습에서는 목표치와 자신의 현재 수준 간의 격차를 냉정하게 인식하는 것이 그 출발이다.

"진로와 진학, 학습을 연결하는 전략을 배워 보자. 전체를 7단계로 나눠서 알아볼 거야."

진로와 진학에서 학습으로 넘어오는 7단계 전략

1단계: 인생 로드맵의 공부 수준
2단계: 입학사정관 및 인재상의 세부 학습 수준
3단계: 진로를 위한 진학 과정의 고등 입학 학업 수준
4단계: 나의 현재 수준
5단계: 목표와 현재 수준의 격차 인식
6단계: 나의 공부 목표 세우기
7단계: 공부 이외의 체험영역 관리하기

가장 중요한 점은 지금의 단기적인 학습 중심으로만 보는 것을 경계해야한다. 물론 장기적인 진로를 무작정 장기적인 것으로만 보면서 현재의 학습을 무시하는 것도 문제일 수 있다. 이 둘 사이의 경계를 항상 생각해야 한다. 학습은 현재 느낄 수 있는 것이기에 늘 생각하기 쉬우나 장기적인 진로 비전은 그렇지 않다.

따라서 진로와 학습을 연결하는 첫 번째 단계는 장기적인 진로와 단기적인 학습의 중간 단계인 '진학'을 통해 끊임없이 장기와 중기, 단기를 연결하는 것이 중요하다.

〈1단계: 인생 로드맵의 공부 수준〉

	20세	25세	32세	40세	55세
목표	이화여자대학교 신문방송학과	졸업과 동시에 아나운서 합격	프리랜서 선언 방송사 휘젓기	시청률 1위 예능 MC	아나운서 아카데미 설립

"인생 로드맵 기억나지? 거의 로드맵의 첫 번째에 대학 입학을 썼을 거야. 가고 싶은 대학을 보는 순간, 이미 목표와 현재의 격차가 자연스럽게 느껴질 거야."

대학을 목표로 정했다면 당연히 대학의 인재상과 인재 선발의 기준을 알고 있어야 한다. 이것은 기본 중의 기본이다.

인재 기준	검증하는 항목	검증하는 방법 예측	준비 항목
자기 주도력	비전, 진로, 진학 목표	자기소개서 표현 검증, 면접의 답변 검증	직업 체험 롤모델 탐색 인생 로드맵핑 공부 로드맵핑
수학 능력	교과 성적, 학습 역량	학생부 검증, 학업 성취 경험, 면접의 답변 검증	성적 추이 축적 학습 유형 분석
조직 리더십	조직화 경험, 이끈 경험	학급·단체 리더십 증빙 서류, 프로젝트 진행 경험, 면접의 답변 검증, 캠프를 통한 검증	학습 간부 임명장 공모 참여 결과
사회 기초력	봉사 활동, 동아리 활동	교내외 활동 증빙, 면접을 통한 검증	봉사 증빙 축적 동아리 활동 결과
문제 해결력	좌절, 문제 상황 극복 경험	면접을 통한 검증, 에세이 제출을 통한 검증	에세이 기록장 일기장 관리
국제화 역량	해외 활동, 어학 성취	어학 인증 증빙, 영어 발표 및 토론, 면접 검증	해외 경험 결과물 어학 인증 결과물
혁신 창의성	창의적 기획, 해결 경험	면접 시 예상외 질문과 답변 검증, 입상, 공모 증빙	창의적 시도 결과 기획 참여 결과
인간 관계력	인성, 태도, 관계, 소통	인성 검사 결과 증빙, 토론을 통한 소통 역량 체크, 캠프를 통한 협응력 검증	인성 진단 결과 토론 모임 참여 테마 캠프 참여
지식 성찰력	독서를 통한 성찰	독서 이력철, 터닝 포인트, 독서 경험과 의미 답변	독서 이력 관리 독서 토론 참여

입학사정관의 인재상별 준비 전략

"대학마다 차이가 있지만, 여러분이 대부분 꿈꾸는 대학의 공통적인 인재상과 선발 기준을 보면 위의 표와 같아. 이 중에서 가장 중요한 것은 무엇일까? 승헌이가 대답해 볼까?"

"학습이요."

"아쉽지만, 아니다. 지금 우리가 학습 전략을 말하고 있다고 무조건 학습을 외치는 것은 곤란해."

"자기 주도력이요. 그게 기본이죠."

"그렇지, 자기 주도력이 제일 중요해."

"나머지 요소들은 '더하기'이다. 그러니까 있거나 없으면 '더하기' 또는

'빼기'로 점수 차가 나는 것이지. 주도력에 대해서는 승헌이가 마저 이야기해 주겠니?"

"자기 주도력은 '곱하기'네요. 그러니까 자기 주도력이 '0'이라면 나머지를 모두 더한다 할지라도 전체 값이 '0'이 되는군요."

"그렇지. 그래서 자기 주도력이 제일 중요한 거야. 여기서 자기 주도력은 이미 우리가 완성한 '진로 비전'으로 충분히 해결이 되었다. 우리가 지금 고민하는 것은 바로 '학습' 부문이야. 어느 대학이나 입학 전형에 학습 부문이 들어가 있다는 거야. 대학 진학을 위한 학습은 크게 두 가지로 나뉜다. 무엇일까?"

"내신과 수능이요."

"그래. 내신은 얼마나 성실하게 고등학교까지의 교육 과정을 이수했는지를 말해 준다. 그리고 수능은 대학에 진학한 이후에 교육 과정을 얼마나 잘 소화할 수 있는지를 확인하는 거야. 그렇기 때문에 내신은 정답이 있는 공부이다. 그리고 수능은 주로 정답이 없는 공부야. 그래서 내신과 수능에서 차이가 나는 학생들이 많단다."

"하샘, 그럼 논술은요?"

"주로 수시를 통해 인재를 선발하는 대학이 논술을 치르는데, 논술은 학습 능력이라기보다는 사고 능력, 지식 능력, 통찰 능력 등을 확인하는 거란다. 여기까지가 2단계이다. 진학의 목표에 대한 정확한 기준을 알아야 한다는 것이다. 아마 승헌이 네가 갈 대학은 거의 논술을 보지 않을까 싶다. 논술은 상위권 대학들이 주로 치르거든."

<3단계: 진로를 위한 진학 과정의 고등입학 학업 수준>

"3단계는 이제 대학 진학에서 고등학교 진학 단계로 내려오는 거야. 대학 진학의 인재 선발 기준 안에 학습 수준이 있고, 그 학습 수준의 하나인 내신이 고등학교의 공부 수준이다. 그런 고등학교에 입학하기 위한 중학교의 내신 수준을 보면 점점 더 기준이 현실로 내려오는 것이다."

"샘, 점점 수사망이 좁혀 들어 올 때 범인이 느끼는 불안감이 지금 저에게도 느껴지는데요."

"그래, 교빈아. 멀리 있던 진로가 진학을 거치면서 자연스럽게 현실로 접근하는 게 느껴지지? 그렇지만 그렇게 불안감을 느낄 필요는 없어."

학교유형		모집단위	입학전형	사회적배려대상자
일반고		지역/광역	평준화 : 추첨, 배정 비평준화 : 내신+선발고사	–
특수목 적고	과학고	광역	자기주도학습 전형+과학창의성 전형	자기주도학습 전형의 20%
	외국어고 국제고	광역	자기주도학습 전형	20%
	예술고 체육고	전국	내신, 면접, 실기 등	–
	마이스터고	전국	내신, 면접, 실기 등	–
특성 화고	특성(직업)	광역/전국	내신, 면접, 실기 등	–
	체험(대안)	광역/전국	내신, 면접, 실기 등	–
자율고	자율형 사립고	광역	평준화 : 교육감결정(내신, 면접-추첨) 비평준화 : 자기주도학습 전형 (필기고사 금지)	모집정원의 20%
	자율형 공립고	광역	평준화 : 선지원 후추첨 비평준화 : 자기주도학습 전형 (필기고사 금지)	–

<4단계: 나의 현재 수준>

드디어 4단계에서는 자신의 현재 '학력'을 분석하게 된다. 학년별·과목별 성적표의 점수 추이를 분석한 다음, 현재의 수준을 바탕으로 5단계의 '격차 인식'을 해 본다.

<5단계: 목표와 현재 수준의 격차 인식>

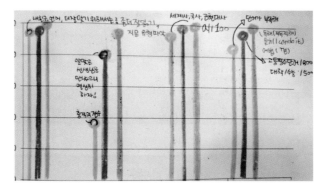

과목별로 파랑색은 목표치, 초록색은 현재 수준이고, 주황색은 노력해서
1년 안에 끌어 올릴 수준을 표시하고 있다.

<6단계: 나의 공부 목표 세우기>

이제 모든 단계를 종합해서 과목별로 자신의 이번 학년과 학기 공부 목
표를 세운다. 공부 목표는 학년을 기준으로 학기로 나누고, 학기는 평상
시 공부와 시험 공부로 구분한다. 공부 목표를 세울 때는 공부의 결과인
점수로 목표를 세울 수도 있고, 과정의 목표를 세울 수도 있다. 과정의
목표는 과목별 공부 체계나 영역 또는 교재의 유형으로 구분할 수 있다.
예를 들어 문학, 비문학 등으로 나누거나 교과서, 자습서, 개념 문제, 유
형 문제, 심화 문제, 기출문제, EBS 문제 등으로 교재를 구분하여 공부
목표에 넣을 수 있다.

<7단계: 공부 이외의 체험 영역 관리하기>

마지막 단계에서는 공부 이외의 학습 영역을 확인하게 된다. 이것은 7가
지 단계 중에 2단계에서 살폈던 대학 진학이나, 3단계에서 다룬 고등학
교 진학에서 살피는 자기주도학습 전형 중에 학습 이외의 독서 지식이나
체험 등의 결과에 대한 수준을 말한다. 그런데 이 부분은 학습 영역이라

154

기보다는 다음 활동에서 다룰 습관 차원으로 관리하는 것이 더 적절하기에 진로에서 진학, 진학에서 학습 그리고 학습에서 습관으로 넘어가는 과정의 연결고리에 가깝다.

학습에 대한 스타일 이해

"우리는 보통 자기만의 스타일이 있다. 옷 입는 스타일, 말하는 스타일 등등. 진로 동아리에서 옷 입는 스타일이 가장 세련된 사람은 누구지?"

"저요!"

"아니에요. 교빈이는 더울 때 춥게 입고, 추울 때 덥게 입는 이상한 스타일이에요."

"야, 승헌. 네가 진정한 스타일을 몰라서 그래. 원래 멋쟁이는 여름에 더워 죽고, 겨울에 얼어 죽는 거야. 알아?"

"그래, 교빈이 스타일 멋있지! 마찬가지로 학습에도 자기만의 스타일이 있다. 학습에 대한 전략을 세울 때 자신의 학습 스타일을 정확하게 아는 것도 매우 중요하단다."

"정확히 알면 어떤 도움이 되는지 궁금해요?"

"좋아. 그럼 한번 예를 들어 볼까? 다음 두 가지 스타일 중에 교빈이 너의 스타일을 말해 봐."

읽기형 VS **쓰기형**

"저는 읽기형이요."

읽으면서 공부할 때 공부가 잘 되는 스타일이 있고, 쓰면서 공부할 때 공부가 잘 되는 스타일이 있다. 2개의 스타일로 그룹을 나누고 각각의 장점과 단점을 찾아보도록 했다.

"읽기형은 시간을 오래 끌지 않죠. 건너뛰기를 잘합니다. 그래서 기본 개념에 대한 정확한 이해를 놓칠 때가 있어요. 스스로의 머리를 믿다가 실수하는 경우가 많아요."

"쓰기형은 꼼꼼한 게 자랑이죠. 풀이 과정이 잘 정리되어 있고요. 그런데

때로는 시간 조절에 실패하여 전체를 골고루 다 공부하지 못할 때가 있어요."

이런 스타일을 미리 알면 자신에게 가장 잘 맞는 환경을 선택할 수 있다. 또 자기 스타일에서 부족한 부분을 보완하고 강점을 강화시킬 수도 있다. 하샘은 학생들의 학습 스타일 중 가장 기본이 되는 유형으로 구분해서 도움을 주었다.

렌쥴리, '종합 재능 포트폴리오' 참고

구 분	기 준	질 문
언어 사고 유형	주의 집중	교사와 친구의 말에 집중하는가?
	인내	다른 사람의 말 중간에 끼어드는가?
	이타성	다른 사람이 말하도록 격려하는가?
	적절성	간단하고 요점에 맞게 말하는가?
	존중	의견을 말한 친구를 기억하여 이름을 불러 주는가?
	건설성	다른 친구의 생각을 더 발전시키려 하는가?
	관용	자신과 다른 생각에도 귀 기울이는가?
	개방성	자신의 생각을 기꺼이 바꾸려 하는가?
교수 선호 유형	강의	교사의 구두 강의 방식을 선호하는가?
	토론	토론의 소통 방식을 선호하는가?
	또래 교수	학생 서로가 가르치는 방식을 선호하는가?
	흥미 센터	다양한 소재와 자료를 수집하는 것을 선호하는가?
	학습 게임	게임 형식의 수업 진행을 선호하는가?
	매체 이용	멀티미디어 수업 방식을 선호하는가?
	시뮬레이션	역할 놀이를 통한 학습 방식을 선호하는가?
	독립 연구	프로젝트 형식의 팀별 독립 연구를 선호하는가?
환경 선호 유형	개인 배치	개인별로 활동하는 수업 모형을 선호하는가?
	집단 배치	집단으로 묶여 활동하는 모형을 선호하는가?
	상호 배치	어른(교사)과 함께 배치된 그룹을 선호하는가?
	결합 배치	다양한 그룹이 결합된 배치를 선호하는가?
사고 선호 유형	입법적 (기획자)	만화 그리기를 통한 표현을 선호하는가?
		글쓰기를 통한 사고 표현을 선호하는가?
		기획하는 방식의 사고 표현을 선호하는가?
	행정적 (촉진자)	타인을 도와주는 사고 표현을 선호하는가?
		타인에게 설명해 주는 사고 표현을 선호하는가?
		이유를 밝혀 증명하는 사고 표현을 선호하는가?
	사법적 (평가자)	결과에 대해 평가하기를 선호하는가?
		방향을 결정하는 사고 표현을 선호하는가?

구 분	기 준	질 문
표현 선호 유형	문어적	글로 표현하는 방식을 선호하는가?
	구어적	토론 방식으로 표현하기를 선호하는가?
	드라마	역할극을 통해 표현하기를 선호하는가?

진로는,
학습의 전략을 통해
격차를 좁히는
것이다.

냉정하게 학습의 현실 알기(1) 시험 달성률

아래의 그래프는 한 학생이 일반적인 시험공부의 달성률을 그래프로 그린 것입니다. 자신의 최근 가장 마지막에 본 시험을 떠올려, 과목별로 시험 4주 전부터의 공부 진행도를 그려 봅니다. 그리고 그린 이후에 간단하게 느낌을 기술해 봅니다.

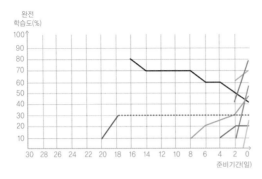

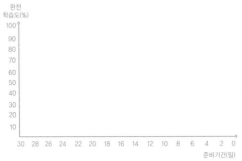

_____

_____

_____

_____

_____

_____

냉정하게 학습의 현실 알기(1) 시험 달성률

아래의 그래프는 한 학생이 일반적인 시험공부의 달성률을 그래프로 그린 것입니다. 자신의 최근 가장 마지막에 본 시험을 떠올려, 과목별로 시험 4주 전부터의 공부 진행도를 그려 봅니다. 그리고 그린 이후에 간단하게 느낌을 기술해 봅니다.

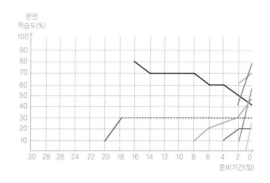

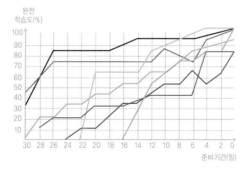

사실 지난 시험부터 시험 한달 전에 공부를 시작했다. 계획을 세우는 방법을 배웠고 그대로 적용해 보았다. 하지만 이렇게 그래프를 그려보지는 않았다. 그때의 공부 과정을 이렇게 그래프로 그려보니 과목별로 내가 어떻게 공부를 시작하고 진행하였는지 한눈에 보인다. 이 시험의 결과를 이미 알고 있기 때문에 달성률과 시험 결과의 연관성도 어느 정도 보인다.

뭐랄까, 나의 시험을 내가 주도한다는 느낌이 든다. 앞으로는 시험 준비 기간에 이 그래프를 주 단위로 그리면서 시험공부를 해야겠다.

냉정하게 학습의 현실 알기(2) 목표와 현실 격차

다음은 진로 비전을 세운 한 학생의 인생 로드맵을 통해 대학 진학의 학습 수준과 이를 이루는 과정에서 고등학교 진학의 수준을 확인하는 기초 자료입니다. 자신의 인생 로드맵과 고등 진학 목표를 참고하여 목표 학습 수준과 현재 학습 수준을 비교하는 글을 써 봅니다.

	세	세	세	세	세
목표					

학교유형		모집단위	입학전형	사회적배려대상자
일반고		지역/광역	평준화 : 추첨, 배정 비평준화 : 내신+선발고사	–
특수목적고	과학고	광역	자기주도학습 전형+과학창의성 전형	자기주도학습 전형의 20%
	외국어고 국제고	광역	자기주도학습 전형	20%
	예술고 체육고	전국	내신, 면접, 실기 등	–
	마이스터고	전국	내신, 면접, 실기 등	–
특성화고	특성(직업)	광역/전국	내신, 면접, 실기 등	–
	체험(대안)	광역/전국	내신, 면접, 실기 등	–
자율고	자율형사립고	광역	평준화 : 교육감결정(내신, 면접–추첨) 비평준화 : 자기주도학습 전형 (필기고사 금지)	모집정원의 20%
	자율형공립고	광역	평준화 : 선지원 후추첨 비평준화 : 자기주도학습 전형 (필기고사 금지)	–

_____

_____

_____

_____

_____

_____

냉정하게 학습의 현실 알기(2)
목표와 현실 격차

다음은 진로 비전을 세운 한 학생의 인생 로드맵을 통해 대학 진학의 학습 수준과 이를 이루는 과정에서 고등학교 진학의 수준을 확인하는 기초 자료입니다. 자신의 인생 로드맵과 고등 진학 목표를 참고하여 목표 학습 수준과 현재 학습 수준을 비교하는 글을 써 봅니다.

	20 세	25 세	32 세	40 세	55 세
목표	이화여자대학교 신문방송학과	졸업과 동시에 아나운서 합격	프리랜서 선언 방송사 휘젓기	시청률 1위 예능 MC	아나운서 아카데미 설립

학교유형		모집단위	입학전형	사회적배려대상자
일반고		지역/광역	평준화 : 추천, 배정 비평준화 : 내신+선발고사	–
특수목적고	과학고	광역	자기주도학습 전형+과학창의성 전형	자기주도학습 전형의 20%
	외국어고 국제고	광역	자기주도학습 전형	20%
	예술고 체육고	전국	내신, 면접, 실기 등	–
	마이스터고	전국	내신, 면접, 실기 등	–
특성화고	특성(직업)	광역/전국	내신, 면접, 실기 등	–
	체험(대안)	광역/전국	내신, 면접, 실기 등	–
자율고	자율형사립고	광역	평준화 : 교육감결정(내신, 면접-추첨) 비평준화 : 자기주도학습 전형 (필기고사 금지)	모집정원의 20%
	자율형공립고	광역	평준화 : 선지원 후추첨 비평준화 : 자기주도학습 전형 (필기고사 금지)	–

나는 아나운서를 꿈꾸고 있다. 나의 인생 로드맵 출발은 이화여대 신문방송학과에 입학하는 것으로 시작된다. 전형요소를 확인해 본 결과 내신과 수능이 거의 최상위 수준이다. 수시로 들어가는 전략을 짤 때에 내신의 중요성은 더 올라가며 여기에 논술준비가 포함된다. 글쓰기는 대회수상 실적도 있고 해서 어느 정도 자신이 있지만 내신은 목표치의 60퍼센트 정도이다. 지금부터 내신시험과 수행평가 등에 더욱 집중하여 한 단계 한 단계 벽돌을 쌓는 마음으로 준비할 것이다. 적어도 고등학교에 진학할 즈음까지는 목표의 90퍼센트를 이룰 것이다.

도서관에서 꿈을 만나도록 도와줍니다

사서

안철수, 에디슨, 워렌 버핏, 이런 사람들의 공통점을 아세요? 도서관을 통째로 읽어 버린 사람들입니다. 대단하죠. 교실보다 도서관을 더 즐겁게 드나들고 서점에서도 주저 없이 바닥에 앉아 책 한 권을 읽어 버리는 아이들을 보면 저는 심장이 터질 것 같은 희열을 느낍니다. 저는 도서관 사서입니다.

이 시대의 위대한 인물들은 도서관에서 자랐습니다. 컴퓨터 대출 시스템이 본격화된 1990년대 중반 이전까지는 종이로 만든 대출 카드를 썼는데, 그 카드가 시커멓게 변해 몇 번이나 다시 만들었던 인물들이죠.

여러분 생각에 도서관은 왠지 '정숙 모드' 또는 '엄숙 모드'라서 숨 막히지 않나요? 어쩌면 우리는 세상을 살면서 너무나 많은 볼거리와 소음 속에서 생각할 시간, 꿈 꿀 시간을 놓치고 있는지도 모르겠어요. 30초 단위로 자신의 스마트폰을 보는 습관이 있다고 하니 도대체 언제 상상을 하겠어요. 저는 제가 꿈꾸던 사서가 되었습니다. 그리고 이제는 아이들이 꿈꿀 수 있는 도서관 문화를 만들 겁니다. 여러분, 저처럼 도서관에서 살고 싶은 사람 또 있나요?

하루의 실천 전략이 있는가

우리들의 고민 편지

요즘 들어 부쩍 초등학교 시절을 그리워하는 Y양. 뭐든 잘 할 수 있었고, 노력한 만큼 결과를 만들어 낼 수 있었던 시절이었다. 그런데 중학생이 된 자신의 모습은 더없이 초라하다. 이제 부모님도 자신에게 크게 기대하지 않는 눈치여서 슬프다. 그래서 학교에서의 진로 활동에 더욱 집중하였고 멋진 결과를 만들어 부모님께 보여 드렸다. 그걸 보신 아버지의 한마디가 아직도 잊혀지지 않는다. "아름다운 목표를 세운 것에는 박수를 보낸다. 그런데 먼 미래의 꿈이 이루어지려면, 우선 너의 하루하루를 바꾸어야 할 것 같다. 목표는 너의 마음속에 두면 되고, 아빠에게는 너의 일상습관으로 보여 주렴." 이게 무슨 말인가. 목표와 습관이 도대체 무슨 관계란 말인가.

– 온라인 캠프에 올라온 진로 고민 편지

결과를 바꾸는 습관의 구조

1박2일의 묘미는 역시 바비큐 잔치이다. 신나게 먹고, 강변 산책까지 하고 돌아온 아이들은 오늘의 마지막 워크숍을 준비하고 있다. 학생들은 하샘과 함께 고기를 굽고 식사를 하면서 더욱 친해졌다. 특히 수희는 하샘의 전화번호까지 받아 놓았다. 하샘의 존재 그 자체가 수희의 롤모델이었기 때문이다. 수업을 할 때의 꼼꼼하고 탁월한 전문성에 더하여 학생들과 친해지는 순간에는 소탈하게 자신을 드러내어 주는 모습이 매력적이다.

"수희야, 너는 어쩌면 그렇게 나의 중학교 시절과 비슷하니?"

"정말 그래요? 그럼 제가 나중에 크면 하샘처럼 될 수 있겠네요?"

"그렇게 되는 건가. 그렇다면 아주 장래가 기대되는 학생인데, 하하하!"

목표 의식은 사람의 마음에 긴장감을 불어 넣고, 사람의 생각에 집중력을 높여 준다. 오늘 오프닝 강연까지 포함하면 다섯 번째 워크숍인데, 학생들은 모두 집중을 잘 하고 있다. 이들에게는 동일한 목표가 있기 때문이다. 바로 진로 박람회라는 공동의 목표이다. 더군다나 이번 1박2일 동안 배우는 내용들이 고스란히 진로 박람회에 사용되는 전시 항목이라 학생들은 집중할 수밖에 없다.

"화면에 보이는 빙산은 매우 유명해. 빙산의 층마다 퍼센트가 적혀 있는데, 그것은 영향력의 크기를 말하는 거야. 자, 여기 감성, 행동, 습관 등 5개의 단어 카드가 있다. 토론한 뒤에 순서를 배열해 보도록. 그럼, 시작!"

빙산은 보이는 부분과 보이지 않는 부분이 있다. 보이는 부분은 보이지

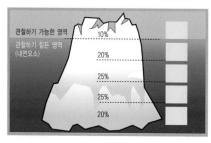

않는 부분의 끝자락일 뿐이다. 진짜 모습은 물속에 잠겨 있다. 과연 어떤 연결 구조가 있는 것일까? 학생들은 토론에 몰입했다.

"어떤 행동을 했을 때 감성이 생기잖아. 그러니까 행동이 감성보다 아래겠지."

"아닌 것 같아. 어떤 감성에 영향을 받아서 행동을 일으키는 게 맞지 않을까?"

"결과가 수면 위에 올라오는 거야. 그렇다면 결과를 만들어 내는 것은 무엇일까?"

"어떤 행동을 통해 결과를 만드는 게 아닐까, 행동은 사고에 영향을 받기도 하잖아. 너무 어렵네."

동아리 친구들은 갑론을박, 서로 의견이 분분했다. 학생들의 의견이 너무 갈리자 하샘은 시간을 아낄 겸 카드 2개의 위치를 정해 주었다.

"가장 위에는 '결과' 카드고, 밑에서 세 번째는 '행동' 카드다. 이제 정리가 좀 되겠지?"

결과를 바꾸는 것은 습관이다. 오랜 시간이 지난 뒤, 우리의 진로 비전은 현실로 나타날 것이다. 그것이 바로 빙산이 드러난 10퍼센트이다. 그런데 결과를 만드는 것은 바로 우리가 오

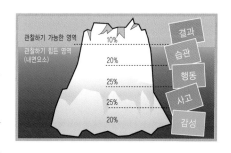

랜 시간 가지고 있던 '습관' 이라는 것이다.

"수희야, 보이지 않는 부분은 오랜 시간이 걸린다."

"왜 그렇죠?"

"내면적인 부분이기 때문이야. 어떤 습관이 형성되려면 오랜 시간 어떤 행동이 반복되는 과정이 필요하지. 행동이 반복되기 위해서는 특정한 사고의 자극이 필요해. 그런데 우리의 생각을 움직이게 하는 자극 중에 가

장 강력한 것은 감성적인 것들이다."

"하샘, 이 구조에서 우리의 진로 비전을 위한 '전략'으로 꼭 기억해야 할 것은 무엇이죠?"

"습관이다."

"습관이라면 우리가 매일매일 살아가는 과정에서 보이는 그 습관인가요?"

"정확하게 이해했다. 가장 멀리 있는 진로에서 출발하여, 진학을 거쳐, 학습 전략을 만난 뒤, 이제 마지막으로 하루의 습관으로 건너온 거야. 장기적인 진로, 중기적인 진학, 단기적인 학습, 그리고 가장 마지막은 하루하루의 '습관'이다."

시간을 정복하는 비전의 강자

"혹시 '습관'이라는 단어를 한자로 본 적이 있니?"

"아뇨."

하샘은 5분 정도의 시간을 주고 인터넷 사전을 통해 검색을 하도록 했다.

"샘, 습(習)은 새 날개 모양의 글자(羽)와 둥지(白) 모양이 합쳐져 만들어진 거래요. 그러니까 둥지 위에 있는 새의 모양으로 만들어진 글자죠."

"그래, 좀 더 이해를 확장시켜서 만들어진 원리를 말하는 것인데, 바로 거기서 어떤 의미가 파생되어 지금의 '익힐 습'자로 쓰이게 되었다고 한다."

"둥지 위에 있는 새의 모습이 지금의 '익히다'라는 뜻이 된 것을 살펴야 할 문제군요. 이러면 어떨까요? 둥지 위에 있는 어린 새의 모습이고요. 아직 어리기에 둥지 위에 있지만, 점차 자라면서 날기를 연습할 거고, 그래서 나는 법을 익히게 되었다. 어때요, 그럴 듯하죠?"

"샘, 교빈이가 나름 논리를 잘 만들었는데, 제가 검색한 사전에는 약간

다르게 나왔는데요?"

어원에 대한 설명이 약간씩 차이가 났다. 하영이가 찾은 어원은 '어린 새가 날갯짓(羽)을 하여 스스로(自→白) 날아오르기를 연습하다'라고 나와 있다. 그리고 보면 교빈이의 풀이가 잘 맞아떨어진 것이다. 교빈이는 자신의 의견이 일리가 있다는 분위기가 형성되자 어깨에 힘을 주었다.

"교빈이도, 하영이도 모두 잘 찾았다. 그리고 해석도 잘 했어. 습관의 '습'이라는 글자는 말 그대로 일상에서 반복적으로 익히는 것을 말한다. 자, 그럼 습관을 좀 더 정확하게 이해하기 위해서 그 옆의 '관'자를 같은 방식으로 한자 어원으로 풀어 보렴. 그리고 이번에는 승헌이가 대답해 보자."

"마음(心)이라는 글자와 꿰다(貫)라는 글자가 합쳐진 거예요."

"그래, 선생님이 좀 더 보충하자면 貫이라는 글자는 옛날에 사용하던 동전인 엽전의 모양에서 나온 것이다."

"엽전이요? 가운데 구멍이 있는 그 엽전이요?"

"그래, 보통 엽전은 가운데에 줄을 넣어 꿰어서 다니잖니. 사극에서 보았지? 바로 그 모양을 말한다."

"그럼, 어떻게 해석이 될까요?"

"다양하게 해석이 되겠지. 한번 의미를 만들어 볼까?"

"제가 한번 해 볼게요. 어떤 것을 반복적으로 훈련하면 습관이 되는데, 그런 습관은 먼저 마음을 뚫고 지나가는 감성의 울림이 있어야 가능하다."

"저도 한번 해 볼게요. 습관은 한번 제대로 형성이 되면, 평생을 꿰뚫고 지나가듯 일평생의 습관으로 자리를 잡는다."

승헌이의 답변을 듣고, 수희도 한 줄을 거들었다. 학생들은 주어진 정보를 바탕으로 자유롭게 상상하면서 이야기를 확장하고 있었다. 다양한 이야기가 나오지만 중요한 공통점은 습관이 우리의 일상에서의 반복과 관련이 있다는 것이다. 그리고 그러한 습관이 쌓여서 우리의 일생에 영향을 줄 수 있다는 것이다. 그래서 우리의 진로 비전은 원대함으로 표현하지만, 우리의 습관 전략은 일상의 치열함으로 표현된다.

"그런데 여기서 한 가지 문제가 있다. 도대체 무엇을 습관으로 들여야 우리의 진로 비전에 도움이 될 것인가이다. 그 습관을 찾기 위해 독특한 실험을 해보자."

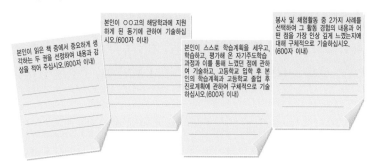

하샘은 각 조별로 2명씩 짝을 지었다. 화면에 보이는 4개의 질문 중에 하나를 골라 상대방에게 물어 보고 답변을 듣는 활동이었다. 말로 하는 것이라 단어 수를 정할 수 없으니 시간을 1분으로 제한했다. 작은 쪽지를 나눠 주고 거기에 각 질문마다 점수를 적게 했다. 10점을 만점으로 주게 했다. 점수 쪽지를 나눠 주기 전까지는 그저 즐겁게 활동하려 했는데, 쪽지를 받는 순간 다들 자세가 달라졌다. 이게 바로 평가의 무서움이라는 사실을 하샘은 실감했다.

"제가 이 학교에 가고 싶은 이유는, 저의 꿈을 이루기 위해서입니다. 사회복지사 겸 상담가가 되고 싶은데……."

"저는 노숙자들에게 식사를 대접하는 밥 퍼 주기 봉사 활동에 참여했습니다. 그 활동은 특히 추운 겨울에 노숙자들이 가장 많이 모이는 역으로 가서 뜨거운 국밥을 대접하는 일이었습니다. 처음에는 지나가는 시민들이 쳐다보는 바람에 좀 창피했지만, 국밥을 받아 들고 가는 분들이 진심으로 고마워하는 모습을 보면서 말할 수 없는 보람을 느꼈습니다."

수희가 발표를 하는 동안 같은 조의 친구들은 쪽지에 점수를 적었다. 갑자기 전체 분위기가 사뭇 진지한 면접 분위기로 바뀌고 있었다. 시간이 지나자 하샘은 서로 입장을 바꿔 교대하도록 했다. 면접관처럼 팔짱을 끼고 들으면서 점수를 적던 학생들은 이번에는 자세를 가다듬고 어떤 질문이 나올지 긴장하는 모습을 보였다. 4개의 질문 중에 하나를 말하는 것이지만 미리 준비한 내용이 아니기에 학생들의 긴장감은 높았다.

"어때, 얘기가 잘 나오니. 점수는 잘 나왔어? 수희는 어때?"

"새로운 경험이었어요. 발표를 할 때는 너무 긴장이 되어서 알고 있던 내용도 잘 안 떠오르더라고요. 그런데 제가 말할 때는 몰랐는데 질문을 하고 답변을 듣는 입장이 되니까 상대방의 생각이 정리되어 있는지 그렇지 않은지 바로 느껴졌어요."

"좋은 경험 했지? 사실 이 내용은 대학에 입학할 때 제출하는 자기소개서와도 거의 같다. 자기소개서의 항목은 아무 생각 없이 살다가 막판에 갑자기 쓸 수 있는 내용이 아니다. 거의 모든 내용이 오랜 시간 축적되어 온 경험과 생각, 성찰의 결과를 물어 보는 거란다."

"하샘, 조금 느낌이 오는데요. 우리가 일상의 습관 속에서 채워야 할 것이 무엇인지 살피면서 자기소개 항목을 보았잖아요. 그런데 자기소개서의 항목 그 자체가 오랜 시간 쌓인 생각이니, 바로 이 내용들을 평상시의 습관 속에서 축적해 가야 하는 것이죠?"

역시 하영이가 깔끔하게 정리를 해주었다. 평상시에 꾸준히 독서를 통해 사고하는 습관을 쌓아야 한다. 인생의 신로 비전을 계획하고 그 진로 비전을 진학의 차원에서 끊임없이 점검해야 한다. 일상 속에서 봉사 및 체험 활동을 해야 하며, 그런 활동을 통해 건강한 감성을 만들어 가야 한다. 바로 이런 모든 과정을 통해 '습관'이 형성되고, 그 쌓인 습관이 자기소개서의 내용으로, 진로 비전의 결과로 드러나게 된다.

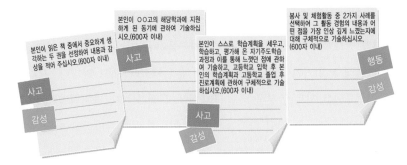

본인이 읽은 책 중에서 중요하게 생각하는 두 권을 선정하여 내용과 감상을 적어 주십시오.(600자 이내)

사고

감성

본인이 ○○고의 해당학과에 지원하게 된 동기에 관하여 기술하십시오.(600자 이내)

사고

본인이 스스로 학습계획을 세우고, 학습하고, 평가해 온 자기주도학습 과정과 이를 통해 느꼈던 점에 관하여 기술하고, 고등학교 입학 후 본인의 학습계획과 고등학교 졸업 후 진로계획에 관하여 구체적으로 기술하십시오.(600자 이내)

사고

감성

봉사 및 체험활동 중 2가지 사례를 선택하여 그 활동 경험의 내용과 어떤 점을 가장 인상 깊게 느꼈는지에 대해 구체적으로 기술하십시오.(600자 이내)

행동

감성

"샘, 정리가 되었어요. 그러니까 일상의 습관을 채우는 것들은 '계획·체험·지식·감성' 등이고, 이 항목은 진로 비전을 이루기 위한 중요한 진학의 관문에서 꼭 필요한 것들이군요."

"그런데 하샘, 이런 것들을 모두 하기에는 우리의 하루가 너무 짧아요. 너무 바쁘고 시간이 모자라요!"

하샘은 시간이 부족하다고 하는 학생들을 위해 공부, 경험, 습관 등을 골고루 유지하는 ○○학생의 바쁜 시간 속에서 공부 이외에 진로를 위한

2학기 목표		목표	전략			
			도구	시간	방법	비용
공부	1	단어&문법	해커스 어휘, 능률 VOCA	매일 아침 6시~7시 30분	두 권 하루에 1회씩~ 누적 방법 시도!!!	0
	2	듣기 잡아 버리기	외고듣기 final, 듣기 특강, 추가 문제집	학원 숙제는 밤 10시~12시30분 까지 일짜로!!!	학원 진도, 미정	추가 문제집
	3	과학 미리 잡아버리기	완자, 오투	학원에서 틈틈이 해결	학원 진도 – 예복습	10,000원
	4	어휘력 잡아 버리기	1등급 어휘력	숙제, 복습 – 매일 아침 단어 외우고 남는 시간 – 부담감 0	과외쌤 진도+ 처음부터 1바닥씩	0
	5	시, 비문학 분석 잡기	시의 원리, 비문학 독해의 원리, 단비	시 – 월요일, 비문학 – 수요일	둘 책다 처음부터 소단원 1개씩, 단비=이동중	0
	6	심도 있는 시사 상식	최신 이슈, 시사 상식	되도록 매일 한글 – 아침 식사 후	이하 생략	0
경험	1	롤모델과의 만남 추가	세계 발견 블로그 제작	틈틈이 블로그 관리 및 도전	멘토에게 자료 문의	부모님이,,,, ㅋㅋ

170

2학기 목표		목표	전략			
			도구	시간	방법	비용
경험	2	꿈관련 도서 10권읽기	롤모델 저서 목록	자투리 시간 활용 독서(이동)	미리 목록 짜서 엄마에게 토스	부모님이,,,, ㅋㅋ
	3	꿈관련 영상 5편 보기	강의영상 리스트	잠이 올때, PMP로 조금씩 보기	네이버 강연 목록 서칭	
	4	꿈 관련 대학 탐방 2회	대학탐방 프로그램	놀토이용	친구들과 함께 계획잡고 실행	
습관	1	단어 매일 외우기	계획대로	• 2번과 3번은 주 단위 피드백 항목에 넣는다. • 매일 플래닝은 전날 저녁 12시 • 주간 피드백은 일요일 밤 9시 • 6시 기상을 위한 1시 이전 취침		
	2	게임 하루로 잡기	붙어있는 종이로			
	3	6시 기상	알람			
	4	매일 플래너 쓰기	플래너			
	5	주말에 피드백하기	플래너			

경험 목표와 습관 목표 등을 포함하여 전략을 수립한 사례를 보여 주었다. 그럼 도대체 어떻게 하루의 시간을 지혜롭게 사용할 수 있을까? 그것이 오늘 살펴야 할 또 하나의 주제이다. 하샘은 차근차근 시간을 관리하는 방법을 설명해 주었다.

〈1단계: 시간을 바라보는 시야 넓히기〉

하샘은 먼저 뒤죽박죽 창고와 엉망진창 공부 시간 관리를 비교해 놓은 표를 보여 주었다. 학생들은 공감 백배의 눈빛으로 내용을 훑었다.

	뒤죽박죽 창고	엉망진창 공부 시간 관리
공통점 1	공간이 제한되어 있다.	시간이 제한되어 있다.
공통점 2	공간보다 많은 물건이 쌓여 있다.	한정된 시간보다 많은 일정이 있다.
공통점 3	원칙이나 질서 없이 물건을 쌓아 둔다.	원칙과 계획 없이 남는 시간에 공부한다.
공통점 4	어디에 뭐가 있는지 알 수 없다.	언제, 무엇을 해야 할지 전략이 전혀 없다.

〈2단계: 나의 시간 관리는 어떤지 시간 일기 제작〉

'시간 일기'는 자신의 일주일이 어떻게 지나가고 있는지, 일주일의 시간 사용을 그대로 채워 보는 것이다. 다소 부정적인 시간 사용도 모두 솔직하게 적어야 한다.

〈3단계: 나의 시간을 잡아먹는 시간 도둑 찾기〉

시간 일기를 보면 자신의 시간 도둑이 보인다. 반복적으로 시간을 빼앗아 가는 나쁜 습관들이 보인다.

바로 그것들을 제거하는 게 우선이다. 자신의 시간 일기에서 보이는 표면적인 시간 도둑은 무엇인가? TV 시청, 무절제한 인터넷 사용, 실시간 문자 주고받기, 게임, PMP로 강의 시청하다가 영화로 빠지기, 학교 끝나고 돌아오는 길에 PC방 출석하기, 친구들 생일이나 온갖 경조사 챙기기, 그것도 아니면 멍 때리기……. 그 어떤 것이든 시간 도둑을 발견하는 것으로 첫 발을 내딛지만, 도둑을 잡으려면 어떻게 해야 할까? 깨달은 날부터 '그거 안 하기!' 라고 쓰면 될까?

그렇지 않다. 보다 근본적인 원인이나 환경, 자신의 태도 등을 파악하고 고쳐 나가야 한다. 시간 도둑을 체포하기 위해 먼저 '자기진단'을 해 본다.

*거의 그렇다(0)/ 자주 그렇다(1)/ 가끔씩 그렇다(2)/ 거의 아니다(3)

	내 용	점수
1	친구에게 전화가 자주 오고, 통화 시간이 길다.	
2	독서실, 공부방 그리고 집에서 공부할 때도 친구들이 자주 불러낸다. 전반적으로 외부 환경 때문에 공부 집중 시간이 짧다.	
3	공부할 때 자꾸 다른 생각이나 습관이 끼어들어 공부 시간이 길게 늘어지고 실제 공부 양은 얼마 안 되는 경우가 많다.	
4	생각을 많이 하는 공부, 오래 걸리는 공부는 귀찮다는 생각이 먼저 든다.	
5	혼자 공부하는 시간이나 개인적인 삶에 우선순위가 없다. 그냥 닥치는 대로 한다.	
6	항상 예기치 않는 약속이나 일이 생겨 계획대로 되지 않아 꼭 미루게 되고, 과제나 시험공부를 벼락치기로 한다.	
7	책상이 항상 어질러져 있다. 책과 문제집이 항상 쌓여 있다.	

	내 용	점수
8	의사전달이 잘 안 된다. 정보를 늦게 얻거나 이해를 잘 못하여 부모님, 친구, 선생님과 갈등이 자주 일어난다.	
9	모든 일은 내가 다 해야 한다. 내 공부뿐 아니라 친구들의 생일, 미팅이나 사소한 일까지 내가 다 챙겨야 직성이 풀린다.	
10	다른 친구가 부탁을 하면 무슨 일이 있어도 거절을 못 한다.	
11	삶이나 공부에 대해 뚜렷한 목표나 계획이 없다. 그래서 하루 종일 뭔가 꽉 차고 바쁘게는 살았는데, 뿌듯한 의미나 보람이 없다.	
12	늘 계획을 세우지만 의지가 약하여 번번이 실천에 옮기지 못하는 생활이 반복된다.	
	합계	

나의 시간을 도둑질하는 12가지 유형의 자기진단 목록

표시가 끝났으면 오른쪽 하단에 합산 점수를 기록한다. 그리고 다음의 기준에 따라 간단하게 진단을 내려 본다.

합산 점수 0~17점: 당신은 시간 계획과는 거리가 먼 사람이다. 따라서 다른 사람들, 다른 친구들의 계획에 좌지우지된다. 이런 경우 자신의 공부를 올바른 방향으로 주도해 가기 어렵다. 이러한 학생은 이 책을 읽고 가장 열심히 실천해야 할 사람이다.

합산 점수 18~24점: 이런 학생은 시간을 관리하기 위해 노력하지만 끈기가 없어 번번이 실패한다. 이런 친구들에게는 시간 관리 도구가 절실하다.

합산 점수 25~30점: 이 친구는 시간 관리 상태가 양호한 편이다. 물론 아직 개선해야 할 점은 충분히 있다.

합산 점수 31점 이상: 이 점수에 속한 친구는 자신의 시간 관리 방법을 다른 친구에게 소개해 주고 가르칠 수 있을 성도이다. 사신의 시간 관리 방법을 최대한 많은 친구들에게 보급하는 일을 해야 한다.

이러한 시간 도둑의 12가지 유형은 다시 외부 환경적인 이유와 내면적인 요인으로 정리해서 이해할 수 있다. 이처럼 원인을 다각도로 분석하면

시간 도둑이 발생하는 외적인 요인	시간 도둑이 발생하는 내적인 요인
• 시간 관리에 대한 정보 부족 • 주변에 문제를 볼 수 있도록 돕는 사람 부재 • 서로 시간 관리를 점검해 줄 협력자 없음 • 친구와의 빈번한 전화 • 예상보다 길게 늘어지는 식사 • 친구들의 잦은 호출 • 시간의 우선순위 없음 • 공부 환경의 열악함 • 친구들에 대한 지나친 배려 • 공부 이외의 지나친 야외 활동 • 의사 전달 소통 부족	• 한정된 시간에 많은 공부를 하려는 과욕 • 자신의 시간을 분석하기 싫어하는 귀차니즘 • 잦은 미루기 태도 • 시간 관리를 돕는 자기만의 방법(도구) 없음 • 남의 조언을 귀담아 듣기 싫어함 • 친구의 요청에 거절 못함 • 다른 사람과 어려움을 나누지 못함 • 다른 사람을 탓하는 습관 • 지나친 간섭 습관 • 계획에 없던 즉흥적인 결정 • 다른 사람에 대한 잦은 비난 습관

더욱 정확하게 문제의 본질을 발견하고 해결할 수 있는 힘이 생긴다.

"다소 어려울 수 있지만 흐름은 간단하다. 우선 드러난 시간 도둑을 잡아야 하고, 드러난 시간 도둑이 있게 된 외적·내적 요인을 찾아 제거하는 거지. 이 정도면 시간 도둑의 본질에 대해 뭔가가 보이기 시작하지?

실제 자신의 시간 도둑을 분석한 어느 중학교 여학생의 사례를 살펴보자. 예전 같으면 단순히 자신의 드러난 시간 도둑만 나열해 보았을 테지만, 쉽게 개선이 안 되는 것을 발견하고 이번에는 외적·내적 요인까지 모두 분석해 보았다고 한다."

드러난 시간 도둑	외적 요인	내적 요인
정기적인 PC방 출입 전화 통화 및 문자 잦은 친구 모임	← 시간 관리의 정보 부족 시간의 우선순위 없음 도움 구할 사람이 없음 의사전달 소통 부족	← 친구의 요청에 거절 못함 지나친 간섭 습관 계획에 없는 즉흥적 결정 잦은 미루기 태도

"하샘, 이런 방법으로 시간 도둑을 잡은 다음에 여유로워진 시간 활용방법도 가르쳐 주세요."

하샘은 수희의 요청을 듣고 한 가지 자료를 찾아 보여 주었다. 일주일 단위로 시간 사용을 성찰한 결과 샘플이다. 비전을 추구하는 과정에서 '평가'가 없다면 긴장감은 사라진다. 삶의 기복이 생기고, 똑같은 실수를 반복하게 된다. 그래서 주 단위로 자신의 삶에 대해 점검을 해야 한다.

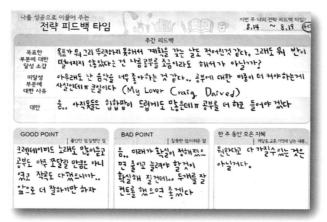

또 하루 단위로 자신의 핵심 목표를 점검해야 한다.

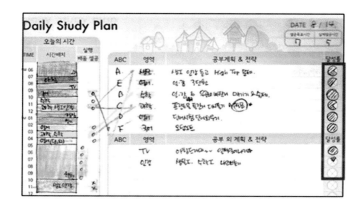

우리가 매일 실천해야 할 습관 중에 지식, 행동, 감성 등이 있다. 하샘이 추가로 보여준 계획표에는 그러한 내용을 채우고 있다. 매우 간단하지만 규칙적으로 점검하다 보면 자연스럽게 그 기준이 내면화되어 행동이 강화된다.

또 감성 역시 민감하게 드러나는 효과가 있다. 별도의 기록 칸에는 하루의 중요한 정보나 간단한 감성 이야기와 사건을 기록할 수 있다. 일기를 쓰지 않는 학생이 많으므로 이렇게 간단하게 계획표에 기록하는 것도 좋다.

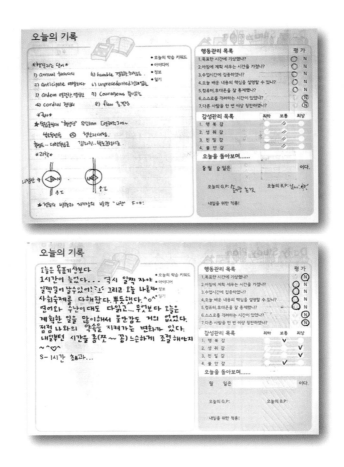

하루 또 하루 그리고 하루

2장의 카드에 그리이스
로마 신화의 캐릭터가 들
어 있다. 학생들은 조별
로 자료조사에 들어갔다.
크로노스와 카이로스라는 이름만으로도 학생들은 기대 이상의 정보를
모으고 정리할 수 있었다. 하샘이 이번 활동을 마무리하며 꼭 들려주고
싶었던 이야기라고 한다.
"하영이가 크로노스에 대해 한번 설명해 볼까?"

"크로노스는 시작과 끝이 있는 물리적인 시간이에요. 아들 제우스에게 죽임을 당한 신이죠. 바로 거기서 시간은 '시작'과 '끝'이 있게 되었대요."

"카이로스는 승헌이가 설명해 보렴."

"오른쪽의 카이로스는 기회의 신이라고 해요. 앞머리가 무성해서 카이로스를 잘 못 알아본대요. 우리가 시간의 기회를 잘 모르는 것처럼 말예요. 뒷머리는 대머리입니다. 그래서 카이로스를 발견한 사람이 손을 뻗어 잡으려 해도 뒷머리가 반질거려 놓친다고 해요. 그리고 등과 발에는 날개가 있어 금방 사라져 버립니다. 이처럼 우리에게 기회는 잘 발견하고 만드는 사람의 것입니다."

"두 사람 모두 잘 조사했다. 여러분의 하루 시간을 어떤 습관으로 채우는가에 따라 여러분의 시간은 크로노스가 되기도 하고 카이로스가 되기도 해. 아름다운 진로 비전을 위해 자기에게 주어진 시간을 균형 잡힌 지식, 경험, 감성, 공부로 채우길 바란다."

진로는,
원대한 꿈과 치밀한
하루 습관의
만남이다.

원대한 결과를 바꾸는 일상의 요소

아래의 빙산 모형에 들어갈 단어를 골라 기입한 뒤, 진로 비전이라는 결과를 바꾸는 습관의 요소 및 습관을 바꾸는 내면의 요소를 순서대로 정리하여 간단하게 설명하세요.

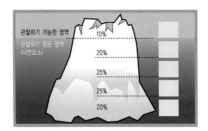

_____

_____

_____

_____

_____

_____

원대한 결과를 바꾸는 일상의 요소

아래의 빙산 모형에 들어갈 단어를 골라 기입한 뒤, 진로 비전이라는 결과를 바꾸는 습관의 요소 및 습관을 바꾸는 내면의 요소를 순서대로 정리하여 간단하게 설명하세요.

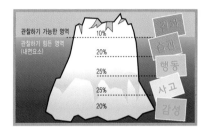

결과는 수면 위에 올라 온 빙산의 일각이다. 빙산의 일각이 중요하지 않다는 것은 아니다. 다만 보이지 않는 90퍼센트의 더 큰 요소가 숨겨져 있다는 것이다. 어쩌면 결과가 나의 꿈의 성취일 수도 있다. 그런데 꿈의 성취를 만드는 것은 수면 아래의 습관이다. 결국 결과를 만드는 것은 습관이다. 그러니 드러난 결과를 붙잡고 보이는 것들을 바꾸려하기보다는 습관을 점검하고 개선하는 것이 지혜로울 것 같다. 그 습관을 만드는 것은 반복적인 행동, 행동에 영향을 주는 것은 사고, 사고에 결정적인 자극을 주는 것은 바로 감성이다.

진학의 이슈를 지금의 준비 상태로 답변해 보기

진로 비전의 핵심 관문인 진학의 과정에서 공통적으로 물어 보는 질문이 나열되어 있습니다. 이 중에 한 가지를 골라서 그 내용에 맞게 아래에 기술하세요. 그런 뒤, 그 아래에 지금의 준비 상태로 질문에 답변한 소감을 기록합니다. 이를 통해 우리의 중요한 결과를 위해 매일의 순간에 준비해야 할 요소를 확인하게 됩니다.

본인이 읽은 책 중에서 중요하게 생각하는 두 권을 선정하여 내용과 감상을 적어 주십시오.(600자 이내)

본인이 ○○고의 해당학과에 지원하게 된 동기에 관하여 기술하십시오.(600자 이내)

본인이 스스로 학습계획을 세우고, 학습하고, 평가해 온 자기주도학습 과정과 이를 통해 느꼈던 점에 관하여 기술하고, 고등학교 입학 후 본인의 학습계획과 고등학교 졸업 후 진로계획에 관하여 구체적으로 기술하십시오.(600자 이내)

봉사 및 체험활동 중 2가지 사례를 선택하여 그 활동 경험의 내용과 어떤 점을 가장 인상 깊게 느꼈는지에 대해 구체적으로 기술하십시오.(600자 이내)

소감

진학의 이슈를 지금의 준비 상태로 답변해 보기

진로 비전의 핵심 관문인 진학의 과정에서 공통적으로 물어 보는 질문이 나열되어 있습니다. 이 중에 한 가지를 골라서 그 내용에 맞게 아래에 기술하세요. 그런 뒤, 그 아래에 지금의 준비 상태로 질문에 답변한 소감을 기록합니다. 이를 통해 우리의 중요한 결과를 위해 매일의 순간에 준비해야 할 요소를 확인하게 됩니다.

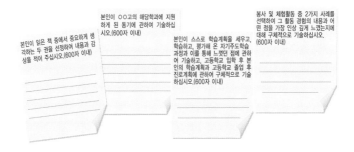

나는 환경운동가를 꿈꾸고 있다. 환경 관련학과에 진학할 것이며, 연구소에서 일을 하고 싶다. 이후에는 환경단체에 들어가서 국토를 보존하는 연구와 활동을 할 것이다. 궁극적으로 국회의원 환경정책 보좌관을 거쳐, 나도 국회로 진출하고 싶다. 그래서 환경을 위한 법을 꼭 만들고 싶다. 이를 위해 초등학교 6학년 때부터 환경보존 국토순례를 참가하고 있다. 국토를 종단하며 환경 문제를 눈으로 보고, 기록하며, 자료를 수집하는 체험이다. 이미 3회째 참여하는 동안 나는 어느덧 환경문제에 대해 발표를 하거나 토론이 가능한 수준이 되었다.

실제 체험을 통해 얻은 지식은 내가 고등학교나 대학에 가서도 도움이 될 것이다.

소감

나의 비전과 나의 체험이 하나로 연결되는 느낌이 든다. 공부, 체험, 봉사, 독서 등 내가 할 수 있는 모든 활동이 나의 꿈과 관련이 있다는 확신이 든다. 어떤 목적에 의해 내 삶이 정리되는 느낌은 나에게 말할 수 없는 확신과 안정감을 준다.

꼭! 작성해 보세요 | 포트폴리오 활동 3

습관을 관리하는 나의 시간 도둑 찾기

공부, 체험, 지식, 감성 등을 채우는 습관이 우리의 진학과 진로에 필요하다는 것을 배웠지만 막상 시간을 사용하려고 하면 부족한 경우가 많습니다. 다음 표에 표시하고 결과를 분석한 뒤 문제점과 개선점을 기록하세요.

○ / △ / X

	내 용	점수
1	친구에게 전화가 자주 오고, 통화 시간이 길다.	
2	독서실, 공부방 그리고 집에서 공부할 때도 친구들이 자주 불러낸다. 전반적으로 외부 환경 때문에 공부 집중 시간이 짧다.	
3	공부할 때 자꾸 다른 생각이나 습관이 끼어들어 공부 시간이 길게 늘어지고 실제 공부 양은 얼마 안 되는 경우가 많다.	
4	생각을 많이 하는 공부, 오래 걸리는 공부는 귀찮다는 생각이 먼저 든다.	
5	혼자 공부하는 시간이나 개인적인 삶에 우선순위가 없다. 그냥 닥치는 대로 한다.	
6	항상 예기치 않는 약속이나 일이 생겨 계획대로 되지 않아 꼭 미루게 되고, 과제나 시험 공부를 벼락치기로 한다.	
7	책상이 항상 어질러져 있다. 책과 문제집이 항상 쌓여 있다.	
8	의사전달이 잘 안 된다. 정보를 늦게 얻거나 이해를 잘 못하여 부모님, 친구, 선생님과 갈등이 자주 일어난다.	
9	모든 일은 내가 다 해야 한다. 내 공부뿐 아니라 친구들의 생일, 미팅이나 사소한 일까지 내가 다 챙겨야 직성이 풀린다.	
10	다른 친구가 부탁을 하면 무슨 일이 있어도 거절을 못한다.	
11	삶이나 공부에 대해 뚜렷한 목표나 계획이 없다. 그래서 하루 종일 뭔가 꽉 차고 바쁘게는 살았는데, 뿌듯한 의미나 보람이 없다.	
12	늘 계획을 세우지만 의지가 약하여 번번이 실천에 옮기지 못하는 생활이 반복된다.	

내친구 포트폴리오 살짝 엿보기

습관을 관리하는 나의 시간 도둑 찾기

공부, 체험, 지식, 감성 등을 채우는 습관이 우리의 진학과 진로에 필요하다는 것을 배웠지만 막상 시간을 사용하려고 하면 부족한 경우가 많습니다. 다음 표에 표시하고 결과를 분석한 뒤 문제점과 개선점을 기록하세요.

○ / △ / ✕

	내 용	점수
1	친구에게 전화가 자주 오고, 통화 시간이 길다.	○
2	독서실, 공부방 그리고 집에서 공부할 때도 친구들이 자주 불러낸다. 전반적으로 외부 환경 때문에 공부 집중 시간이 짧다.	○
3	공부할 때 자꾸 다른 생각이나 습관이 끼어들어 공부 시간이 길게 늘어지고 실제 공부 양은 얼마 안 되는 경우가 많다.	○
4	생각을 많이 하는 공부, 오래 걸리는 공부는 귀찮다는 생각이 먼저 든다.	○
5	혼자 공부하는 시간이나 개인적인 삶에 우선순위가 없다. 그냥 닥치는 대로 한다.	○
6	항상 예기치 않는 약속이나 일이 생겨 계획대로 되지 않아 꼭 미루게 되고, 과제나 시험 공부를 벼락치기로 한다.	○
7	책상이 항상 어질러져 있다. 책과 문제집이 항상 쌓여 있다.	△
8	의사전달이 잘 안 된다. 정보를 늦게 얻거나 이해를 잘 못하여 부모님, 친구, 선생님과 갈등이 자주 일어난다.	○
9	모든 일은 내가 다 해야 한다. 내 공부뿐 아니라 친구들의 생일, 미팅이나 사소한 일까지 내가 다 챙겨야 직성이 풀린다.	△
10	다른 친구가 부탁을 하면 무슨 일이 있어도 거절을 못한다.	○
11	삶이나 공부에 대해 뚜렷한 목표나 계획이 없다. 그래서 하루 종일 뭔가 꽉 차고 바쁘게는 살았는데, 뿌듯한 의미나 보람이 없다.	△
12	늘 계획을 세우지만 의지가 약하여 번번이 실천에 옮기지 못하는 생활이 반복된다.	○

문제를 읽고 점검하는 동안 매우 심각하다는 생각과 함께 한숨이 나왔다. 거의 모든 문항이 부정적인 질문을 하고 있는데, 전부 동그라미 또는 세모이다. 내 삶의 시간은 나를 위한 알찬 시간이 없다. 가장 심각한 문제는 매우 바쁜데 실속이 없다는 것이다. 그 이유를 생각해 보니, 2가지 문제점이 보였다. 하나는 내 삶에 구체적인 계획이 없다는 것이다.

또 하나는 내 삶의 상당 부분이 친구들과의 관계로만 채워져 있다는 것이다. 특히 친구들의 생일과 온갖 고민 상담까지 다 챙기고 있어서 더더욱 내 삶은 나를 위한 시간이 없다. 2가지 문제 중에 계획을 세우는 부분을 먼저 실천하면 그 다음 문제는 자연스럽게 해결될 것이다.

속을 준비를 하는 이상한 관객

마술사

이상한 사람들이 한 곳에 모입니다. 남에게 속겠다고 작정한 사람들입니다. 그리고 저는 그 사람들을 반드시 속여야 합니다. 무슨 범죄를 조장하는 것이 아닙니다. 저는 마술사입니다.

 사람들이 참 이상하죠. 자기 돈을 내면서 속고 싶어 합니다. 그리고 정말 속았을 때에 웃음을 터뜨립니다. 그리고 박수를 보내죠. 그러고 보면 저는 아름다운 속임수를 펼치는 것입니다. 사람들의 마음속 스트레스를 날려 주니까요. 아이들에게는 상상의 날개를 달아 주기도 하니까요. 어때요, 이만하면 돈 받고 속일만 하죠?

마술은 정교한 예술입니다. 컴퓨터그래픽을 사용하는 마술이 아닌 경우에는 순전히 민첩한 손놀림과 시선처리 등의 방법으로 관객을 속여야 합니다. 오랜 시간 정교하고 치밀하게 구성을 하고 연습에 연습을 반복해야 합니다. 그래서 저는 저 자신을 무대연출가라고 부릅니다.

아직은 우리나라에 마술문화가 다양하지 않습니다. 슬프기도 하지만 어쩌면 이것은 기회일 것입니다. 더 많은 마술사가 등장할 수 있으니까요. 아름다운 속임수로 사람들을 행복하게 하고 싶은 사람은 마술사의 꿈을 함께 꾸어도 좋을 듯합니다.

진로관리

3

09 진로 블로그, 로그인

진로를 꾸준히 관리하는가

우리들의 고민 편지

가족보다 친구보다 컴퓨터를 좋아하는 중학생 P군. 진로 활동의 결과 컴퓨터 보안전문가라는 목표를 세워서 이제 달려가려 한다. 그런데 목표를 세웠지만, 그 목표를 차근차근 관리하는 방법은 모르겠다. 특히 자신이 컴퓨터를 좋아하니 컴퓨터를 통해 자신의 목표를 더 구체적으로 관리하고, 정보를 체계화하는 방법은 없을까?

– 온라인 캠프에 올라온 진로 고민 편지

"지금과 같은 상태로 일정을 강행하신다면, 아무리 좋은 약으로도 이제 도와 드릴 수 없습니다. 휴식을 취하셔야 합니다."

민샘은 병실에 우두커니 앉아 오래되지 않은 과거의 그날을 떠올리고 있었다. 드림 중학교로 오기 훨씬 전의 일이다. 진로 상담가로, 대학에 출강하는 교수로, 기업과 학원의 조직을 컨설팅하는 조직 전문가로 그의 삶은 상상을 초월하는 강행군의 연속이었다.

일 년 전에 피를 토하며 한 번 쓰러진 이후 정기적으로 간수치를 체크하며 병원에서 관리해 오고 있었는데, 이번 검사결과는 최악의 몸 상태를 나타냈다. 급기야 의사와 주변 모든 사람들이 경고 사인을 보냈다.

'아, 할 일을 저리 쌓아 두고 어찌 쉴 수 있단 말인가?'

하지만 어쩔 수 없이 며칠 휴가를 내야 했다. 일단 고민을 좀 해 보자는 것이다. 병원에서 링거를 맞으며 휴식을 취하기로 했다. 단기간에 몸 상태를 끌어올리기에 링거만큼 좋은 게 없다. 중요한 일정을 미루고 급한 결재를 처리한 뒤 바로 병원으로 향했다. 차 안에 들어가 앉는 순간, 지금까지 힘겹게 붙잡고 있던 삶의 긴장이 풀리기 시작했다. 자신의 몸 하나 건강하게 관리하지 못하면서 그동안 수많은 청소년들의 교육을 책임지겠다고, 조국의 교육을 변화시키겠다고 달려온 삶이 그에게는 너무 버거웠다. 이 흐름을 끊고 잠시 쉬어가야겠다는 생각이 밀려 왔다. 바로 그 순간 그는 택시 기사에게 차를 돌리라고 했다. 갑자기 가야 할 곳이 떠올랐기 때문이다. 인생의 고비마다 그가 찾는 곳이 있었다. 그곳에는 그가 만나야 할 사람이 있다.

"갑자기 연락드려 놀라셨죠? 죄송합니다."

"괜찮네. 자네 바쁜 거 내가 잘 알고 있는데 뭐. 허허! 괜찮아, 괜찮아."

"학교 수업은 하실 만하세요? 정년도 얼마 남지 않으셨잖아요. 무리하지 마세요."

"난 아직 팔팔하니 자네 걱정이나 하게. 건강해야 멀리 갈 수 있네."

"선생님, 늘 그렇듯이 함께 걷고 싶었습니다."

"그러세. 함께 걸으면서 얘기 나누는 것도 무척 오랜만이네."

민샘은 오랜 추억이 깃든 모교를 찾았다. 인생의 멘토인 은사를 찾은 것이다. 그는 인생의 결정적 고비가 있을 때마다 이곳을 찾는다. 그리고 은사님과 함께 학교 뒤 숲속 오솔길을 걷곤 했다. 말없이 한참을 나란히 걸었다. 뭘 묻고 답하는 것도 없이 그저 편하게 산책을 하면서 이심전심의 말없는 대화를 나누었다. 민샘에게는 이 시간이 세상에서 가장 편안하게 느껴졌다. 산책에서 돌아와 두 사제는 찻잔을 두고 마주앉았다. 그윽하게 우러난 차를 한 모금 마시고 잔을 놓자 스승이 먼저 입을 열었다.

"세상을 다 구할 수는 없네. 자신에게 맡겨진 사람들에게 집중해야 해."

"너무 무리하게 달리는 것을 경계하라는 말씀이시죠?"

"자네가 가진 꿈의 크기를 나는 알고 있어. 하지만 만날 때마다 조금씩 건강이 나빠지는 것 같아 걱정이야."

"제가 처음부터 너무 큰 도화지를 폈나 봐요. 그리기가 벅찹니다."

"누구에게나 더 부담이 가는 대상이 있는 법이야. 슈바이처 의사는 아프리카 원주민에 대한 부담을 떨칠 수가 없었어. 테레사 수녀의 눈에는 빈민들이 들어 왔고, 안철수 교수는 늘 기업가들을 생각하지. 이는 청소년들도 마찬가지야. 어떤 학생은 유독 결손 가정의 아이들에게 관심이 많고, 또 어떤 학생들은 홀로 사는 노인에 대한 관심으로 그쪽 분야로 봉사활동을 하지."

"또 그 말씀이시군요. 사실 신생님의 그 가르침을 제가 학생들에게 그대로 전하고 있어요. 오프라 윈프리의 말이 떠오르네요. '부담이 가는 사람들이 있다면 그것은 당신에게 맡겨진 사명' 이라는……."

"그럼 자네에게 사명의 대상은 누구인가?"

"……."

말문이 막혔다. 그는 스승 앞에서 한없이 작아졌다. 스승의 결정적인 질문 앞에서 그는 당연히 '인생의 목표를 모르고 달려가는 청소년들이요'라고 대답해야 하는데, 그만 말문이 막히고 만 것이다. 요즘의 삶은 마치 이 나라의 모든 청소년을 다 구원할 것처럼 달려가느라 정작 예전처럼 청소년들을 직접 만날 기회를 거의 갖지 못하고 있는 형편이다. 그래서 떳떳하게 그 대답을 드릴 수가 없었던 것이다. 그렇게 차 한잔의 대화는 흘러갔다. 그는 백발이 하얀 스승을 뵈며 오래도록 건강하게 곁에 계셔 주시기를 빌었다. 그는 저물녘에야 스승에게 작별 인사를 하고 나왔다.

"화분이야. 언젠가 자네가 오면 주려고 정성들여 키웠다네."

"선생님······."

차로 돌아와 화분을 바닥에 내려놓는데 줄기 사이에 작은 종이가 끼워져 있다. 선생님이 직접 쓰신 메모인데 영국 성공회 대주교가 죽기 전에 지은 자신의 묘비명을 적어 놓은 글이었다.

내가 젊고 자유로워서 상상력이 한계가 없었을 때,

나는 세상을 변화시키겠다는 꿈을 꾸었다.

내가 성장하고 현명해질수록

나는 세상이 변하지 않으리라는 걸 발견했다.

그래서

내 시야를 약간 좁혀 내가 사는 나라를 변화시키겠다고 결심했다.

그러나 그것 역시 불가능해 보였다.

내가 황혼의 나이가 되었을 때 나는 필사적인 한 가지

마지막 시도로 나와 가장 가까운 가족을 변화시키겠다고 결정했다.

그러나 아아,

아무도 변화를 받아들이지 않았다.

그리고 이제 죽음의 자리에 누워 나는 문득 깨달았다.

만일 내가 자신을 먼저 변화시켰더라면

그것이 거울이 되어 내 가족을 변화시켰을 텐데,

그것의 영감과 용기로부터 나는

내 나라를 더 좋아지게 할 수 있었을 텐데,

그리고 누가 아는가.

내가 세상까지도 변화시켰을지!

한참 시간이 흐른 지금 민쌤은 병원 침대에 앉아 그때를 떠올리고 있다. 결국 욕심을 버리고 작은 학교의 진로 상담 교사로 새로운 시작을 했지만, 여기서도 욕심이 과했나 보다. 스승이 하신 말씀을 떠올리며 그는 자신도 모르게 경직되어 있던 몸에 힘을 뺐다. 병실에 누워서도 동아리 아이들과 진로 박람회를 걱정하며 몸과 마음을 혹사시키고 있었던 것이다.

'이제 믿고 맡기자. 아이들은 충분히 잘할 수 있을 거야. 아이들을 나의 그늘 아래 두면 안 돼. 이제 그들은 스스로 갈 수 있어야 해. 놓아 주자. 놓아 주자…….'

범주를 관리하라

"잘 잤니? 1박2일의 마지막 날이다. 오늘은 좀 특별한 방법으로 활동을 진행할 거야. 조별로 흩어져서 동시에 큰 미션을 수행하고 다시 모인다. 강의 강사는 각 조의 조장이 될 거야. 쌤이 조를 재구성했는데, 교실 앞에 붙은 명단별로 다시 한 번 모여 볼까."

하영, 승헌, 수희들 중심으로 3개 조가 만들어졌다. 조장들은 사뭇 진지했다. 예정된 강연의 주제를 조장이 진행한다는 것 자체가 부담으로 다가왔다.

"1조 승헌이네 조는 '진로 블로그 방'으로 들어가면 돼. 2조 하영이네 조는 '진로 점검 방'으로 들어가고, 3조 수희네 조는 '진로 네트워크 방'으로 들어간다."

"샘, 방 이름이 독특해요. 강의 주제와 방 이름이 비슷해요."

"그래, 맞아. 아까 얘기했던 것처럼 이번 강의는 각각 3개 조가 동시에 준비한 뒤, 한 조씩 각 방에서 순서대로 발표할 거야. 진로 박람회에서 보여 줄 내용의 마지막 수업이라고 생각하면 돼. 조별 세부 활동 내용은 방에 들어가면 '미션 페이퍼'가 있을 거야. 아자!"

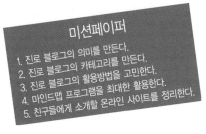

미션페이퍼

1. 진로 블로그의 의미를 만든다.
2. 진로 블로그의 카테고리를 만든다.
3. 진로 블로그의 활용방법을 고민한다.
4. 마인드맵 프로그램을 최대한 활용한다.
5. 친구들에게 소개할 온라인 사이트를 정리한다.

미션 페이퍼 내용을 함께 읽은 승헌이네 조는 90분이라는 짧은 시간을 최대한 활용하여 미션을 완성했다. 오늘은 승헌이네 조부터 발표를 한다고 했다. 들어서자마자 승헌이는 역할 분담을 하고 시간을 부여한 뒤, 바로 미션 수행에 돌입했다. 하영이도 진로 체크리스트라는 새로운 도구를 개발하는 작업을 시작했고, 수희는 진로 네트워크라는 방법론을 개발했다. 그러고 보니 3개 조의 미션이 주제는 같지만 성격이 모두 다르게 구성되었다. 진로 비전의 목표를 세운 이후, 이제 스스로 자신의 진로를 실천하고 관리하는 과정에서 사용할 수 있는 '셀프 시스템'을 만드는 것이다.

진로 블로그는 온라인상에서 자신의 진로 정보를 꾸준히 관리해 나가는 것이다. 진로 체크리스트는 자신의 방 벽에 붙여 놓고 계속 보면서, 자신의 진로 활동을 체크하는 도구를 말한다. 진로 네트워크는 진로를 추구하는 과정에서 함께 교류하고, 멘토링을 할 수 있는 관계를 형성하는 무형의 네트워크를 만드는 방법을 말한다. 블로그와 체크리스트는 눈에 보이는 도구이지만, 네트워크는 무형의 결과물을 만드는 것이라 수희의 부담은 더 클 수밖에 없었다.

어느 덧 90분이 지나고 하샘은 각 방의 문을 열어 보았다. 첫 번째 발표는 승헌이네 조가 준비한 진로 블로그이다.

"와, 얼마나 열심히 준비했는지 열기가 느껴진다. 1번인데 준비됐니?"

"네, 준비됐어요!"

"얘들아! 1조의 진로 블로그 방으로 모여라. 자기 조의 작업 결과물은 제자리에 그대로 두면 돼. 모두가 이동할 거니까."

승헌이는 하얀색 벽 전체를 화면으로 사용했다. 먼저 마인드맵 프로그램을 열어서 실시간으로 진로 블로그의 아이템을 시연해 주었다.

"지금부터 진로 블로그 조와 함께 온라인 블로그를 통한 진로 관리 과정을 하나씩 배워 보도록 하겠습니다. 참고로 이번 발표는 제가 일방적으로 강의를 하는 것이 아니라 여기 계신 분들이 모두 함께 참여하는 방식으로 진행하겠습니다.

자, 그럼 이렇게 마인드맵 프로그램을 띄워 보겠습니다. 1단계로는 '브레인스토밍'을 해 볼 거예요. 혹시 브레인스토밍과 마인드맵의 차이를 누가 이야기해 주실까요?"

"브레인스토밍은 한 주제에 대해 뭐든 떠오르는 것을 나열하는 방식입니다. 반면 마인드맵은 상위 구조와 하위 구조의 방식으로 뿌리가 뻗어 나가고 생각을 발전시키는 방식입니다."

"감사합니다 하영 학생. 그럼 제가 제목을 '진로 블로그'라고 먼저 넣을 테니 여러분께서 떠오르는 것을 편안하게 외쳐 주세요."

참가자들은 정말 편안하게 떠오르는 대로 말했다. 승헌이는 직접 마인드맵에 내용을 입력하면서 참가자들의 침여를 유도했다. 참가자들은 자신이 말한 내용이 화면에 실시간으로 보이게 되니 너무 즐거워서 더욱 열심히 생각을 꺼내기 시작했다.

자, 그럼 이제 '브레인스토밍'에서 '마인드맵으로 넘어가 볼까요? 이번에도 여러분이 함께 참여해 주셔야 합니다. 여기에 보이는 많은 단어들

중 같은 종류를 묶어 주시면 됩니다. 묶은 것들을 하나로 부를 수 있는 단어가 떠오르면 말해 주십시오. 우리는 그것을 '상위 주제'라고 부르겠습니다. 상위 주제에 따른 내용은 '하위 내용'이라고 하겠습니다. 여러분이 무엇을 말씀하시든 제가 바로 화면상에서 조정할 것이니 여러분은 실시간으로 눈앞에서 자신의 생각이 정리되는 것을 보게 될 것입니다."

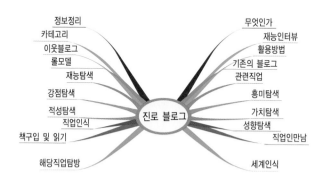

"재능 탐색, 강점 탐색, 적성 탐색, 흥미 탐색, 성향 탐색, 가치 탐색 등을 하나로 묶으면 좋겠어요. 같은 하위 내용으로요."

"수희 학생 고마워요. 좋은 의견이에요. 그렇다면 이 내용으로 묶을 상위 주제를 뭐라고 하면 좋을까요?"

"자기 발견으로 하면 어떨까요?"

"알겠습니다. 추후에 수정할 수도 있으니 일단 '자기 발견'에 묶도록 하겠습니다."

"자기 발견을 만든다면, 다른 동등한 상위 주제로 '직업 발견'을 넣으면 좋겠어요."

이번에는 하영이가 의견을 꺼냈다.

"하영 학생, 그럼 직업 발견이라는 상위 주제에 대해, 여기에 나온 것 중 하위 내용으로 들어갈 것이 있으면 말씀해 주세요. 없다면 추가로 얘기해 주셔도 됩니다."

"여기에 없지만 직업 발견에는 한국의 직업, 세계의 직업이라고 들어가면 좋겠어요."

"거기에 과거 직업, 현재 직업, 미래 직업 등을 추가하면 어떨까요?"

"그건 좀 성격이 다른 것 같아요. 이 부분은 매우 민감한 관찰 항목이니 별도의 상위 주제로 빼면 좋겠어요. 제목은 '직업 변화'로 하면 어떨까요?"

"하영 학생의 소중한 의견 감사해요. 직업 변화라는 상위 주제가 생긴다면, 직업 생성, 직업 소멸, 직업 예측도 하위 내용으로 포함하면 잘 어울리겠는데요."

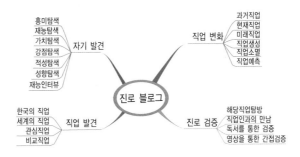

마치 마술을 부리듯 눈앞에서 단어들을 마우스로 움직이는 승헌이의 손놀림에 친구들은 넋을 잃고 빠져들었다. 어느새 브레인스토밍 화면은 마인드맵의 구조로 바뀌어 있다. 친구들은 누가 시킨 것도 아닌데 자연스럽게 박수를 치기 시작했다.

"와! 진로 박람회에서도 이런 방식으로 시연을 하면 정말 대박 날 것 같아요."

"승헌이를 진로 블로그 조장으로 세운 것은 정말 잘하신 거예요, 샘."

"맞아요, 맞아!"

교빈이가 승헌이를 칭찬하니, 다른 친구들도 합세하였다. 승헌이는 실시간으로 인터넷을 열어서 검색창에 진로 블로그라고 입력해 보았다. 과연 진로 블로그라는 이름이 이미 존재하는 것인지, 아니면 다른 청소년들이 진로 블로그를 만들고 있는지 확인하기 위해서다. 눈에 띄는 결과물이 보이지는 않는다.

"여러분, 보시다시피 진로 블로그는 아직 온라인에서도 생소한 단어입니다. 이 얘기는 곧 우리가 새로운 영역을 개척하고 있다는 것이죠. 여기서 중요한 점은 단어에 대한 의미를 정리할 필요가 있다는 것입니다. 일단 진로 블로그에 대한 의미를 우리 스스로 의미를 만들어 보죠. 떠오르는 대로 한번 이야기해 주실까요?"

"진로 블로그란, 자신의 진로를 탐색하기 위한 자료를 정리하는 블로그입니다."

"수희 학생 고마워요. 다른 분들의 의견도 듣고 싶습니다."

"우리가 용어를 섞어 쓰는 것 같아요. 수희가 말한 내용 중에 '탐색'이라는 것은 흥미, 재능, 강점, 성향, 가치 등을 탐색하는 것으로 통일하면 좋겠어요. 탐색의 결과로 결정한 희망 직업군이 나오면, 그것을 다양한 방법으로 더 알아보는 과정이 있잖아요. 그때는 '진로 검증'이라는 단어가 적합하지 않을까요?"

"하영 학생, 의견 감사합니다. 그럼 하영 학생이 그 두 가지를 합쳐서 진로 블로그의 새로운 의미를 만들어 주실까요?"

"진로 블로그란, 진로 탐색을 거쳐 찾아낸 자신의 희망 직업군을 지속적으로 검증하기 위해 정보를 관리하는 블로그를 말합니다."

"역시, 하영 학생! 깔끔합니다. 여러분 어때요?"

"짱입니다!"

"그럼 그 내용을 여기에 이렇게 넣어 드릴게요. 혹시 이 상위 주제들이 실제 블로그 화면으로 바뀌면 제목을 바꿀 수도 있어요. 너무 딱딱한 느낌이 든다면 충분히 바꿀 수 있습니다."

"자기 발견은 '나는 누구일까?'로 하면 어떨까요?"

"철만 학생, 창의적인 제목이에요. 그렇다면 '진로 검증'은 무엇으로 바꿀까요?"

"진로 검증은 '정말 그럴까?'로 하면 짝이 잘 맞을 것 같아요."

"좋습니다. 여러분, 한 가지 기억할 것은 지금 우리가 함께 작업하는 것은 방법을 이해하기 위한 것이고, 여러분의 개인 진로 블로그를 만들 때는 더 창의적인 제목을 지어 주세요."

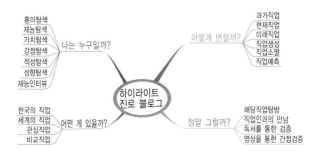

승헌이는 마인드맵을 저장하고 이번에는 슬라이드 화면을 열어 주었다. 이미 구성 작업을 다 해 놓았다.

"여러분, 우리가 방금 함께했던 작업은 '진로 블로그의 의미를 규정하는 것'과 '범주를 구성하는 것'을 진행한 과정입니다. 이제 이러한 내용을 바탕

으로 실제 블로그의 화면 구성을 함께 진행해 보도록 하죠. 역시 이번에도 여러분이 저와 함께 진행해 주셔야 합니다."

슬라이드 안에 앞에서 작업한 범주를 넣은 뒤, 승헌이는 4개의 추가할 만한 범주를 추천해 주었다. 그것은 '진로 에세이' '진로 포트폴리오' '이웃 블로그' '참고 사이트' 이다.

 Tip. 진로 블로그 운영의 주의 사항
1. 매일 꾸준히 조금씩 진행한다.
2. 인터넷 검색을 하다가 관련된 정보가 들어오면 블로그에 담는다.
3. 자신의 진로 포트폴리오 내용은 하나씩 옮기는 작업을 진행한다.
4. 희망 직업군의 관련 직업군을 우선으로 검색하여 검증을 진행한다.
5. 희망 직업군의 롤모델을 찾아 그 인물의 모든 것을 블로그로 가져와서 관찰한다.

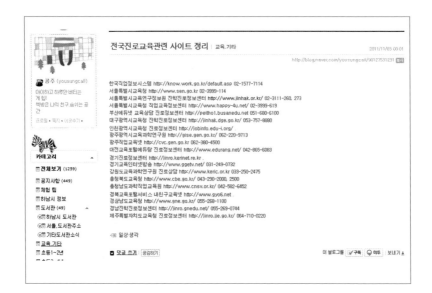

언제든지 내 블로그와 연결하기

인터넷의 바다에서 검색하다가 관련 정보가 나왔을 때 이 정보를 자신의 블로그로 옮기는 방법은 간단하다. 승헌이는 화면을 띄워 주면서 정보를 블로그로 모으는 과정을 시연해 보였다.

이렇게 마음에 드는 사이트가 나오면, 하단에 다음과 같은 마크를 확인하고 '보내기'에 마우스를 대면 다음과 같은 항목이 뜨고, 여기서 '내 블로그에 담기' 버튼을 누르면 된다.

또한 아래와 같은 사이트를 정리한 페이지의 모든 과정을 승헌이는 마인드맵과 슬라이드 프로그램을 통해 실시간으로 시연해 보였다. 참가자들은 단순히 강의를 듣는 것이 아니라 직접 참여하면서 내용을 익힐 수 있었다. 진로 블로그의 의미를 만들고, 다양한 아이디어를 꺼낸 뒤, 그것들을 질서 정연하게 범주를 만들고, 이를 바탕으로 블로그의 화면 구성으로 옮기는 과정을 배울 수 있었다. 그리고 인터넷에서 정보를 발견했을 때 블로그로 모으는 방법도 확인했다.

제목	대문 이미지

카테고리

- 해당직업 탐방
- 직업인과의 만남
- 독서를 통한 검증
- 영상을 통한 검증
- 진로 에세이
- 진로 포트폴리오
- 이웃 블로그
- 참고 사이트

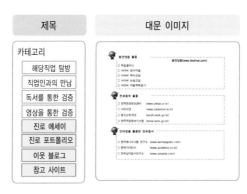

진로는, 웹블로그를 통해 더 깊어질 수 있다.

나의 진로 블로그 구상하기

다음은 진로 동아리에서 함께 작업한 진로 블로그의 범주 구성입니다. 내용을 참고하여 자신만의 진로 블로그 범주를 마인드맵 형식으로 그려 보세요. 그리고 자신의 진로 블로그 개념과 이름을 짓고, 이를 설명해 주세요.

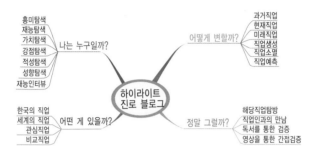

나의 진로 블로그 구상하기

다음은 진로 동아리에서 함께 작업한 진로 블로그의 범주 구성입니다. 내용을 참고하여 자신만의 진로 블로그 범주를 마인드맵 형식으로 그려 보세요. 그리고 자신의 진로 블로그 개념과 이름을 짓고, 이를 설명해 주세요.

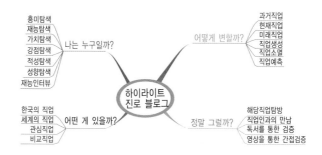

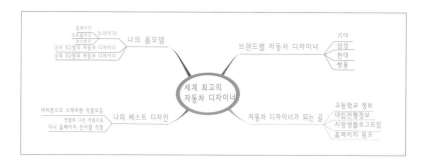

나의 블로그 이름은 '아반떼 m15'이다. 내가 가장 좋아하는 자동차 디자인이 아반떼 m16인데, 뒤에 숫자는 현재의 나이를 말한다. 어릴 적부터 자동차에 푹 빠져 살았다. 한 번도 꿈을 바꾸지 않고 오직 자동차 디자이너만을 꿈꾸며 살았다. 내 스마트폰에는 벌써 50개 정도의 자동차 스케치 작품이 들어 있다. 이 이미지를 블로그에도 전시할 것이다. 이런 습작들을 별도로 작품집으로 만들어 대학 전형과정에 제출할 생각도 하고 있다.

저의 이미지는 그 자체가 브랜드입니다

모델

저는 전문 모델입니다. 주로 패션쇼에서 의상을 입고 워킹을 하죠. 그리고 잡지 모델도 겸하고 있습니다. 많은 청소년들은 모델을 생각할 때 그저 예쁘고 날씬하게 키가 큰 사람을 떠올리는 것 같아요. 하지만 정작 이 세계에서 중요한 것은 자신의 외모를 드러내는 것이 아닙니다. 자신이 입고 있는 옷의 강점이 가장 잘 드러나게 자신을 표현하는 사람이 최고의 모델이죠.

그래서일까요. 세계적인 패션모델들은 아주 표준형의 미인이라기보다는 매우 개성 있는 외모를 가진 경우가 많습니다. 물론 거기에 저도 포함됩니다. 쑥스럽네요. 남자 모델의 경우에도 울퉁불퉁한 근육질은 별로 없어요. 정작 중요한 옷을 강조하지 못하게 하는 근육은 거절한답니다. 만약 모델을 꿈꾸는 학생이 있다면, 일단 패션 잡지와 패션 케이블 채널 등을 통해서 제가 말한 특징들을 한번 확인해 보시기 바랍니다.

그리고 또 한 가지 강조하고 싶은 게 있어요. 세계무대로 나가고 싶은 사람이라면 한 가지 질문을 스스로에게 던져 보아야 합니다. '나는 가장 한국적인 사람인가?' 가장 한국적인 외모가 가장 세계적인 모델로 통한답니다. 우리 것이 좋은 것이고, 가장 세계적인 것입니다.

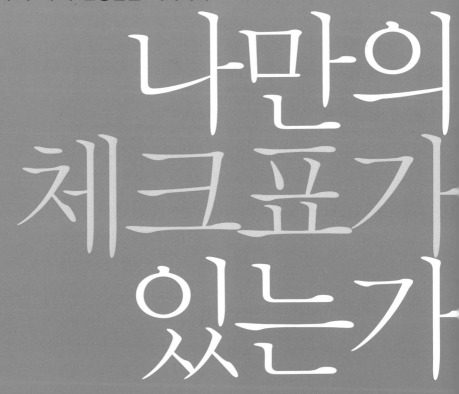

나만의
체크표가
있는가

동영상 강의

우리들의 고민 편지

진로 활동을 통해 포트폴리오를 차곡차곡 모은 D군. 컴퓨터를 통해 진로 블로그까지 다 만들어 놓았다. 이제 남은 것은 세운 목표대로 한 땀 한 땀 노력하는 것뿐이다. 그런데 이 모든 준비를 다 했음에도 불구하고, 자꾸 잊어버린다. 진로 포트폴리오를 보는 것 자체를 잊어버리고, 진로 블로그 관리도 잊어버린다. 머릿속이 완전 지우개이다. D는 이런 자신이 한심하다. 그런데 어쩌랴. 건망증 심한 머리만 탓하고 있을 수는 없다. 보다 더 쉽게 나의 일과를 체크하며 잊지 않고 갈 수 있는 방법은 없을까?

– 온라인 캠프에 올라온 진로 고민 편지

청문회를 시작하겠습니다!

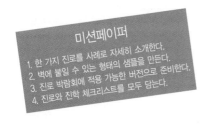

"안녕하세요. 진로 점검 방에 오신 것을 환영합니다. 지금부터 청문회를 시작하겠습니다."

"네! 청문회요? 무슨 청문회……."

"여러분은 국가가 관리하는 최고의 인재들입니다. 오늘 이곳에서 2단계에 걸친 인사 청문 절차를 거치게 될 겁니다. 단, 첫 번째 단계를 통과해야 두 번째 단계로 갈 수 있습니다."

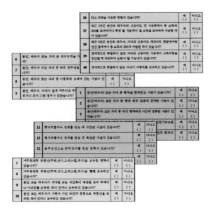

참가자들은 어안이 벙벙했다.

하영이는 참가자들에게 점검표를 나눠 주면서 점검표에 솔직하게 표시해 달라고 부탁을 했다. 이것은 실제로 국가가 관리하는 최고의 인재들을 고위 공직자로 선발하기 전에 제출하는 점검표이다.

"점검 결과는 어른들 기준이므로 여러분과 맞지 않는 부분이 있을 수 있다는 것을 양해하시기 바랍니다. 점검표의 예, 아니오 개수와 상관없이 점검하는 동안 불안하거나 양심에 찔리는 등의 감정이 일어난 횟수가 5번 이상인 분은 1단계에서 탈락입니다."

학생들은 매우 흥미롭게 점검을 실시했다. 마치 자신이 고위 공직자 후보에 오른 사람인 양 여겨졌다. 나라의 요직에 오르는 사람들은 이런 점검표를 스스로 작성한다는 것을 처음 경험했다.

"자, 양심에 거리끼거나 부끄러움이 느껴진 횟수가 5회 이상인 분이 계십니까? 안 계시는군요. 여러분은 모두 대한민국 최고의 고위 공직자 인사 검증 시스템 1단계를 통과했습니다. 이제 매우 까다로운 2단계가 여러분을 기다리고 있습니다.”

화면에 깨알 같은 글씨로 나열된 검증 제출 항목이 보인다. 자세히 보니 우리나라 것이 아니라 미국 백악관의 인사 검증 점검표이다. 사회적인 정직함에 대해 더 까다롭게 검증하는 질문이 훨씬 많아 보였다.

“백악관의 검증 점검표는 참고로 보여준 것이고, 이제 제대로 2단계 인사 검증 절차를 진행하겠습니다. 첫 번째 검증 대상자는 유승헌 조장입니다. 앞으로 나오시죠. 자, 이제 참가자 여러분은 유승헌 조장을 검증하셔야 합니다. 주어진 메모지에 2개의 질문을 적으시고, 각각에 대해 1~5점으로 매겨 주시면 됩니다. 한 사람이 한 가지 질문만 해 주시고, 유승헌 조장은 예, 아니오 중 하나로만 답변해 주세요.

먼저 교빈이가 질문을 하였다.

“유승헌 조장은 리더십이 뛰어난 것으로 알고 있는데, 혹시 두려워 떨어 본 적이 있습니까?”

“네? 네!”

“유승헌 조장은 혹시 어릴 적 용돈을 받기 위해 한 번이라도 거짓말을 한 적이 있습니까?”

“네? 네.”

이전 방에서 멋지게 발표하던 승헌이의 모습이 아니었다. 질문이 워낙 구체적이어서 답변을 솔직하게 할 수밖에 없었다. 질문한 사람들이 질문지에 표시하고 결과를 하영이에게 제출했다.

“유승헌 조장님 감사합니다. 여러분 어때요, 점검표가 얼마나 무서운지,

얼마나 우리를 긴장시키는지 알겠죠? 진로를 추구하는 과정에서도 이러한 점검표가 분명 필요합니다. 여기 한 장의 점검표가 있습니다. 꿈, 건강, 지식에 대해 여러분의 삶을 점검해 보겠습니다. 각 질문에 1~5점으로 답하시면 됩니다."

	제 목	점검
꿈꾸는 삶	나는 5년 전에 꿈꾸었던 모습으로 지금 살고 있는가?	
	나는 현재의 모습을 있게 한 과거의 시간에 감사하는가?	
	나는 현재의 모습으로 살았을 때, 10년 후가 설레는가?	
	나는 10년 뒤의 행복한 삶에 대해 꿈을 가지고 있는가?	
	나는 10년 뒤의 꿈을 위해 지금 구체적인 노력을 하는가?	
신체적인 삶	나는 건강하고 매력적인 몸을 가꾸며 살고 있는가?	
	나는 신체적인 건강에서 오는 활기찬 에너지를 매일 느끼는가?	
	나는 신체적인 건강을 위해 규칙적인 운동 습관을 유지하는가?	
	나는 신체적인 건강을 위해 균형 잡힌 식단을 유지하는가?	
지적인 삶	나는 시대의 변화를 이해하고 그 속도감을 읽고 있는가?	
	나는 매일 신문을 보며 사회 전반의 흐름을 이해하고 있는가?	
	나는 내가 가진 지식으로 다른 사람을 도울 만한 수준인가?	
	나는 주변 사람들에게 꼭 필요한 지식과 정보로 도움을 주고 있는가?	
	나는 매일 꾸준히 독서를 하며 새로운 지식을 만나고 있는가?	
	나는 주변에 힘든 사람을 볼 때마다 책을 추천하는 것을 즐기는가?	

삶의 영역별 균형 진단표

"이런 방식으로 여러분의 다양한 삶의 영역을 점검해 볼 수 있습니다. 각 영역별로 평균을 내서 다음과 같은 그래프에 표시해 볼까요?"

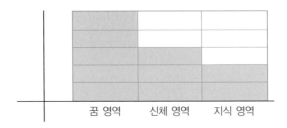

이렇게 그래프로 보면 한눈에 자신의 영역을 비교할 수 있다. 학생들은 점검표의 힘을 느꼈다. 하영이는 한쪽 벽면에 있는 커다란 패널을 보여

주었다. 이것은 원래 이 비전 하우스에 있던 민쌤의 일년 점검표이다. 하영이가 양해를 구하고 빌린 것이다. 하루 단위로 운동, 집필, 독서를 점검하여 주 단위로 그 흐름을 그래프로 표현해 놓았다. 이렇게 보면 전체적인 흐름도 보이고, 상대적으로 약한 영역도 보인다. 그리고 특정한 시기에 많이 내려간 곳이 있고 반대의 경우도 있음을 알 수 있다.

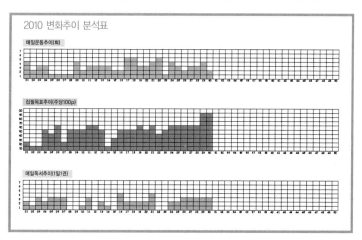

진로를 관리하는 점검표의 힘

"여러분, 점검표의 힘을 알았으니 이제 진로 점검표를 한번 살펴볼까요?"

"샘, 진로 점검표가 무서워지는 건 아닐까요, 혹시 매일 엄마가 우리를 앉혀 놓고 아까처럼 체크하는 건 아니겠죠?"

"걱정 말아요, 교빈 학생. 그건 아니니까요."

하영이네 조가 준비한 점검표는 크게 두 가지 영역이다. 바로 장기적인 '진로'와 중기적인 '진학' 부분이다. 널리 가는 진로에서 점검표가 디디욱 필요하다는 결론을 내렸다. 가까운 단기적 학습이나 습관 등은 계획표나 진로 포트폴리오를 통해서도 충분히 관리가 된다고 여겼다. 여기서 중요한 것이 점검 항목과 기준이다.

"아나운서를 꿈꾸는 친구가 꾸준하게 관리해야 할 진로 점검표를 만든다고 했을 때, 여러분 생각에는 어떤 점검표가 필요할 것 같아요? 영역은 진로와 진학 두 가지입니다.

먼저 진로를 위해 멀리 보고 지금부터 준비하면서 체크해야 할 항목을 떠올려 볼까요?"

"일단 '말하기'가 가장 중요할 것 같아요. 말하는 연습, 그리고 말 잘하는 사람을 관찰하는 연습 등이 필요하지 않을까요?"

"좋은 의견이에요, 수희 학생. 그런데 말하는 연습을 꼭 지금부터 해야 할까요?"

"당연하죠. 아나운서 경쟁률이 1000 대 1 수준인데, 제대로 준비하지 않으면 힘들어요."

"말하는 연습이라고 점검표에 적으면 점검하기가 어려울 것 같은데요?"

"구분을 해야죠. 연습을 해서 점검이 가능한 행동 요소와 그 행동을 통해 끌어 올리고 싶은 능력 요소로 말이에요."

"좋습니다. 방금 말씀하신 부분을 이렇게 표현해 볼게요. 하나의 예로 들어 보죠."

	행동	횟수	점검표
표현력연습	뉴스 따라 하기	1일 1회	
	책 소리 내어 읽기	1일 1회	
	표현 녹음해서 듣기	1주일 1회	
	거울보고 몸짓해 보기	1일 1회	
	토론 녹화 보기	1주일 1편	
	목욕탕에서 숨 참기	1주일 1회	

항목에 따른 행동 점검표

"아주 좋아요. 이런 방식으로 하면, 정말 여러 가지 항목을 점검하면서 꾸준하게 진로를 관리할 수 있을 것 같아요."

하샘이 너무 흡족해하는 표정으로 점검표 내용을 칭찬하였다. 하영이는 자신감을 얻어, 더 큰 목소리로 다음 내용을 이어갔다.

"좋아요. 아나운서의 경우, 지금 우리가 살핀 것은 아나운서의 전문적인 표

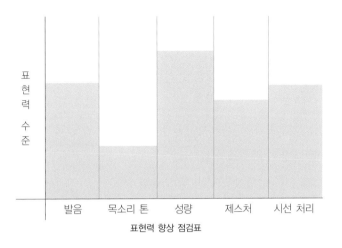

표현력 향상 점검표

	행동	횟수	점검표
지식능력	신문 사설 읽기	1일 1회	
	경제 신문 읽기	1일 1회	
	100분 토론 시청하기	1주일 1회	
	아나운서 아카데미 다니기	1주일 1회	
	아나운서 홈페이지 보기	1주일 1편	
	국사 및 세계사 공부하기	1개월 1권	

현력 부분인데요. 그럼 이번에는 '지식 능력' 부분을 살펴보도록 할게요.

이런 방식으로 아나운서가 되기 위한 '지식 능력'의 훈련 요소를 점검하면 자연스럽게 해당 분야의 능력이 향상된다. 앞서 했던 바와 마찬가지로 자신의 능력이 어느 정도 수준까지 향상되고 있는지 확인할 수 있다.

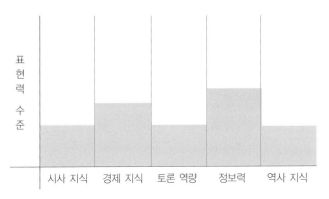

"하영 샘, 점검할 것이 너무 많아요. 아나운서되기가 정말 힘든가 봐요."

"교빈 학생 말이 맞아요. 직업의 특성이 그렇습니다. 아나운서는 종합 지식인이며, 경쟁률이 높기 때문에 기준이 까다롭습니다. 하지만 우리가 꿈꾸는 모든 직업이 아나운서와 같은 기준은 아니니 걱정 마세요."

"샘, 만약 아까 처음에 했을 때처럼 정치인이나 고위 공직자가 되고자 한다면 어떤 내용이 점검표가 될까요?"

"이미 보셨는데요. 가상 청문회 때 보았던 항목이 곧 점검표입니다. 교통 법규나 법 위반, 세금 탈루, 위장 전입, 병역 의무, 가족 재산 증식이나 증여 등 많은 점검표가 있는데, 그 모든 것이 지금부터 관리를 해야 하는 영역입니다."

"아, 그래서 청문회할 때 보면 그렇게 대단한 사람들이 세금이나 이사 등의 문제로 곤욕을 치르는 거구나."

교빈이의 말을 듣고 학생들은 마음이 씁쓸하였다. TV에서 보았던 청문회 장면들이 떠올랐기 때문이다. 사회적으로 훌륭한 분들이 인사청문회에 나와서 쩔쩔매던 장면이 생각났다. 과거보다 인재를 뽑는 기준이 까다로워진 것은 사실이다. 그냥 똑같은 시험으로 등수를 매겨 뽑던 시절은 기준이 단순했지만, 지금은 가고자 하는 진로 영역에서 요구하는 기준에 맞춰 준비하지 않으면 영역에 진입하기가 어렵다.

잠시 후, 하영이가 다시 발표를 시작하였다.

"그럼 이번에는 '진학' 점검표를 알아볼까요?"

진학의 경우 고등학교는 가장 기본적인 '내신'과 '자기주도학습전형'이 필요하고, 학교 유형에 따라서는 각종 경시 대회나 올림피아드의 수상 결과가 인정되기도 한다.

중요한 점은 아나운서를 꿈꾸는 학생이라면, 장기적인 진로에 맞춰서 고등학교 진학도 생각해야 한다는 것이다. 인문 사회 계열의 일반고 또는 특수 목적 계열의 외고 등이 적합할 수 있다. 그리고 이런 학교에 입학하기 위해 필요한 내신 수준, 자기주도전형에서 요구하는 비전, 학업 계획, 독서, 봉사, 경험 등을 미리 관리하고 있어야 한다.

	행동	횟수	점검표
지 식 능 력	독서 포트폴리오	1주 1권	
	체험 활동 기록	1개월 1회	
	플래너 쓰기	1일 1회	
	예습과 복습	1일 1회	
	학교 정보 모으기	1주일 1회	
	봉사 활동	1개월 1회	

학생들은 하영이가 꼼꼼하게 준비한 내용을 보면서 찬사를 보냈다. 아나운서를 사례로 보았듯이 진로 관리를 위한 점검표는 진로와 진학을 함께 고민해야 한다는 것을 정확하게 이해할 수 있었다. 또 각각의 진로 특성에 따라 기준이 달라진다는 점도 새롭게 깨달았다. 하영이는 마지막 그래픽 자료를 보여 주면서 핵심내용을 정리해 주었다.

"진로를 위해 지금부터 꾸준하게 준비하면서 관리해야 할 내용이 있으며, 또 한편으로는 진학을 하는 과정까지만 필요한 내용이 있다는 것을 기억해 주시기 바랍니다."

진로의 분위기 연출

진로 점검표는 책상 앞에 크게 붙여 둘 때 더욱 효과적이다. 이런 환경에서 공부하게 되면 공부에 대한 동기부여가 잘 될 뿐 아니라 시간 관리에도 도움이 된다. 하영이는 아나운서를 준비하는 친구의 종합점검표 샘플을 보여 주었다. 월 단위로 매일 체크할 수 있는 기준이 눈에 띄었다.

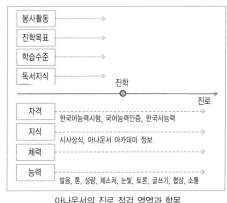

아나운서의 진로 점검 영역과 항목

		행동	회수	체크리스트
진로	표현력 연습	뉴스 따라하기	1일 1회	
		책 소리 내어 읽기	1일 1회	
		표현 녹음해서 듣기	1주일 1회	
		거울보고 제스처	1일 1회	
		토론 녹화 보기	1주일 1편	
		목욕탕에서 숨 참기	1주일 1회	
	지식 능력	신문사설 읽기	1일 1회	
		경제신문 읽기	1일 1회	
		100분 토론 시청하기	1주일 1회	
		아나운서 아카데미	1주일 1회	
		아나운서 홈페이지	1주일 1회	
		국사 및 세계사	1개월 1권	
	체력	줄넘기 500	1일1회	
	자격	한국어능력시험	3개월 1회	
		국어능력인증시험	2개월 1회	
		한국사능력시험	6개월 1회	
진학	고등 진학	독서 포토폴리오	1주 1권	
		체험활동 기록	1개월 1회	
		플래너 쓰기	1일 1회	
		예습과 복습	1일 1회	
		학교정보 모으기	1주일 1회	
		봉사활동	1개월 1회	

"생각해 봐요. 매월, 매일 자신의 꿈을 위해 해야 할 일정한 횟수와 양의 준비 항목이 있다면 어쩔 수 없이 시간을 아껴 써야 합니다. 자연스럽게 시간을 소중히 여기게 되고, 당연히 시간 도둑도 없어지겠죠?"

"맞아요 하영 샘. 이런 표 하나 만들어서 책상 앞에 붙여 두면 정말 하루 하루 체크를 하면서 긴장할 수 있을 것 같아요. 자, 다음 순서는 수희 샘 의 방으로 이동하겠습니다!"

교빈이가 갑자기 자신이 사회자인양 안내멘트를 꺼냈다. 교빈이는 정말 방송계로 나가야 하는 인물임에 틀림이 없다.

진로는,
체크리스트로 인해
철저히 관리된다.

사람을 선발할 때 내 점검표

다음은 국가가 고위 공직자를 선발할 때 확인하는 점검표입니다. 만약 대한민국의 고위 공직자를 선발하는 권한이 내게 있다면 어떤 질문을 할 것인지 생각하여 세 가지 이상 작성해 보세요.

36	리스 차량을 이용한 경험이 있습니까?	예 ( )	아니오 ( )
37	최근 5년간 본인과 배우자의 신용카드 연 사용총액이 총 소득의 50%를 초과하거나 특정 월 사용액이 월 소득을 초과하여 사용한 적이 있습니까?	예 ( )	아니오 ( )
38	최근 5년간 본인과 배우자, 자녀의 신용카드, 체크카드, 현금영수증 연간 합계액이 총 소득의 10%에 미달된 적이 있습니까?	예 ( )	아니오 ( )
39	경제력으로 독립하지 않은 자녀의 신용카드 사용이나 소득수준을 감안할 때 과도하여 논란이 될 가능성이 있습니까?	예 ( )	아니오 ( )
40	경제력으로 독립하지 않은 자녀가 자동차를 보유하고 있습니까?	예 ( )	아니오 ( )

6	본인, 배우자 또는 자녀 중 외국국적을 가졌습니까?		
7	본인, 배우자 또는 자녀 중 외국 영주권을 가졌습니까?		
8	본인, 배우자 또는 자녀 중 이중국적 상태에 있는 사람이 있습니까?	예 ( )	아니오 ( )
9	본인, 배우자, 자녀가 실제 거주지와 주소지가 다르거나 파기 그런 경우가 있었습니까?		

1	본인(배우자) 또는 자녀 중 병역을 면제받은 사람이 있습니까?	예 ( )	아니오 ( )
2	본인(배우자) 또는 자녀 중 병역 복무 도중에 전역한 사람이 있습니까?	예 ( )	아니오 ( )
3	본인(배우자) 또는 자녀 중 파기 병역비리 사건에 연루된 사람이 있었습니까?	예 ( )	아니오 ( )

11	형사처벌이나 징계를 받은 후 사면권 사실이 있습니까?	예 ( )	아니오 ( )
12	형사처벌이나 징계를 받은 후 복권된 사실이 있습니까?	예 ( )	아니오 ( )
13	음주운전으로 면허정지를 받은 경력이 있습니까?	예 ( )	아니오 ( )

7	거주목적외 부동산(주택,상가,오피스텔,대지)을 보유한 경력이 있습니까?	예 ( )	아니오 ( )
8	거주목적외 부동산(주택,상가,오피스텔,대지)을 현재 보유하고 있습니까?	예 ( )	아니오 ( )
9	본인 또는 배우자가 재개발 또는 재건축이 예정된 곳에 주택이나 아파트를 보유한 적이 있거나 보유하고 있습니까?	예 ( )	아니오 ( )
10	본인 또는 배우자가 가족이 아닌 타인과 공동으로 부동산을 보유한 적이 있거나 보유하고 있습니까?	예 ( )	아니오 ( )

_____

_____

_____

_____

사람을 선발할 때 내 점검표

다음은 국가가 고위 공직자를 선발할 때 확인하는 점검표입니다. 만약 대한민국의 고위 공직자를 선발하는 권한이 내게 있다면 어떤 질문을 할 것인지 생각하여 세 가지 이상 작성해 보세요.

		예	아니오
36	리스 차량을 이용한 경험이 있습니까?	예 ( )	아니오 ( )
37	최근 5년간 본인과 배우자의 신용카드 연 사용총액이 총 소득의 50%를 초과하거나 특정 월 사용액이 월 소득을 초과하여 사용한 적이 있습니까?	예 ( )	아니오 ( )
38	최근 5년간 본인과 배우자, 자녀의 신용카드,체크카드, 현금영수증 연간 합계액이 총 소득의 10%에 미달한 적이 있습니까?	예 ( )	아니오 ( )
39	경제적으로 독립하지 않은 자녀의 신용카드 사용액이 소득수준을 감안할 때 과도하여 논란이 될 가능성이 있습니까?	예 ( )	아니오 ( )
40	경제적으로 독립하지 않은 자녀가 자동차를 보유하고 있습니까?	예 ( )	아니오 ( )

		예	아니오
6	본인, 배우자 또는 자녀 중 외국국적을 가		
7	본인, 배우자 또는 자녀 중 외국 영주권을 가지고 있습니까?		
8	본인, 배우자 또는 자녀 중 이중국적 상태에 있는 사람이 있습니까?	예 ( )	아니오 ( )
9	본인, 배우자, 자녀가 실제 거주지와 주소를 옮기거나 퍼거 그런 경우가 있었습니까?		

		예	아니오
1	본인(배우자) 또는 자녀 중 병역을 면제받은 사람이 있습니까?	예 ( )	아니오 ( )
2	본인(배우자) 또는 자녀 중 병역 복무 도중에 전역한 사람이 있습니까?	예 ( )	아니오 ( )
3	본인(배우자) 또는 자녀 중 파거 병역비리 사건에 연루된 사람이 있었습니까?	예 ( )	아니오 ( )

		예	아니오
11	형사처벌이나 징계를 받은 후 사면된 사실이 있습니까?	( )	( )
12	형사처벌이나 징계를 받은 후 복권된 사실이 있습니까?	( )	( )
13	음주운전으로 면허정지를 받은 경력이 있습니까?	( )	( )

		예	아니오
7	거주목적外 부동산(주택,상가,오피스텔,대지)을 보유한 경력이 있습니까?	예 ( )	아니오 ( )
8	거주목적外 부동산(주택,상가,오피스텔,대지)를 현재 보유하고 있습니까?	예 ( )	아니오 ( )
9	본인 또는 배우자가 재개발 또는 재건축이 예정된 곳에 주택이나 아파트를 보유한 적이 있거나 보유하고 있습니까?	예 ( )	아니오 ( )
10	본인 또는 배우자가 가족이 아닌 타인과 공동으로 부동산을 보유한 적이 있거나 보유하고 있습니까?	예 ( )	아니오 ( )

1. 영화 『에어포스 원』에서처럼 가장의 역할과 국가의 역할이 충돌할 때 무엇을 선택하겠습니까?

2. 착한 거짓말이라고 아시죠? 좋은 목적을 위해서는 거짓말을 할 수 있다고 생각합니까?

3. 트루먼 대통령처럼 전쟁을 끝내기 위해 원자폭탄을 투하해야 한다면 허락하겠습니까?

4. 군대를 다녀오셨습니까?

나의 진로에 따른 점검표 만들기

다음 사례는 아나운서를 꿈꾸는 학생의 진로를 관리하기 위해 점검표를 만든 것입니다. 내용을 살펴보고, 자신의 진로에 맞게 관리하고 점검해야 할 행동 목록을 작성해 보세요.

	행동	횟수	점검표
표현력연습	뉴스 따라 하기	1일 1회	
	책 소리 내어 읽기	1일 1회	
	표현 녹음해서 듣기	1주일 1회	
	거울보고 몸짓 해 보기	1일 1회	
	토론 녹화 보기	1주일 1편	
	목욕탕에서 숨 참기	1주일 1회	
지식능력	신문 사설 읽기	1일 1회	
	경제 신문 읽기	1일 1회	
	100분 토론 시청하기	1주일 1회	
	아나운서 아카데미 가기	1주일 1회	
	아나운서 홈페이지 보기	1주일 1회	
	국사 및 세계사 공부하기	1개월 1권	

항목에 따른 행동 점검표

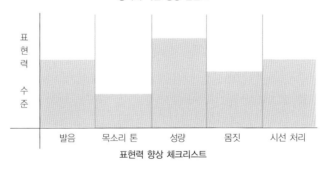

표현력 향상 체크리스트

_____

_____

_____

_____

_____

_____

나의 진로에 따른 점검표 만들기

다음 사례는 아나운서를 꿈꾸는 학생의 진로를 관리하기 위해 점검표를 만든 것입니다. 내용을 살펴보고, 자신의 진로에 맞게 관리하고 점검해야 할 행동 목록을 작성해 보세요.

	행동	횟수	점검표
표현력 연습	뉴스 따라 하기	1일 1회	
	책 소리 내어 읽기	1일 1회	
	표현 녹음해서 듣기	1주일 1회	
	거울보고 몸짓 해 보기	1일 1회	
	토론 녹화 보기	1주일 1편	
	목욕탕에서 숨 참기	1주일 1회	
지식 능력	신문 사설 읽기	1일 1회	
	경제 신문 읽기	1일 1회	
	100분 토론 시청하기	1주일 1회	
	아나운서 아카데미 가기	1주일 1회	
	아나운서 홈페이지 보기	1주일 1회	
	국사 및 세계사 공부하기	1개월 1권	

항목에 따른 행동 점검표

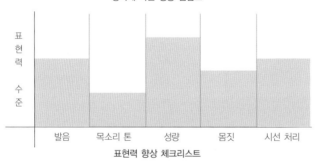

표현력 향상 체크리스트

〈국제축구심판을 꿈꾸는 학생의 행동 점검 목록〉

크게 2가지로 나눠서 행동 목록을 생각했다. 신체능력과 지식능력 부분이다. 신체능력에서는 매일 줄넘기, 10킬로미터 조깅, 팔 힘을 키우기 위한 철봉운동도 포함한다. 축구심판은 팔을 많이 쓴다. 90분을 뛰어야 하므로 조깅과 체력은 필수이다. 한편 지식 부분에서는 우선 축구경기를 시청하거나 경기장에 가서 보는 경험을 늘린다. 축구 중계를 들으며 용어를 익히고, 축구 용어나 경기 규정 관련 책도 조금씩 읽을 것이다.

가장 평범한 것이 가장 위대한 것이다

사진작가

김연아의 사진들을 보면 행복합니다. 그 사진들 중에서도 가장 큰 울림을 주는 것은 상처 난 발을 찍은 사진이죠. 박지성의 발 사진과 발레리나 강수진의 발 사진에서 보았던 감격이 떠오릅니다.

프리미어리그에서 이영표와 박지성이 맞대결을 펼친 때가 있었습니다. 그런데 그때 수비수 이영표가 볼을 몰다가 상대팀 공격수 박지성에게 빼앗깁니다. 박지성은 그 볼을 패스했고, 바로 골로 연결되었습니다. 슬픈 만남이었습니다. 그 경기가 끝나고 한 장의 사진이 인터넷에 올라왔습니다. 경기 중에 박지성이 이영표의 뒤로 가서 살짝 손을 잡아 주는 사진이었습니다. 둘 다 아무 말이 없었지만 그 사진은 우리에게 이렇게 이야기하는 듯했습니다. "형, 미안해!", "괜찮아, 지성아. 나는 실수했고 너는 잘 한 거야!"

울림이 있지 않습니까? 이것이 사진이 주는 아름다움입니다. 저는 아름다움을 찾기 위해 사진작가의 삶을 살고 있습니다. 그리고 저는 믿습니다. 가장 아름다운 컷, 가장 위대한 컷은 아주 평범함 삶에서 나온다는 것을요.

조언을 구할 멘토가 있는가

우리들의 고민 편지

중학교 3학년 S양은 주변의 친구들이 부럽다. 다양한 사교육을 받은 친구들이기에 어떤 어려움이 생기면 다들 의논할 멘토가 있는데, 자신은 그런 멘토가 없다. 의논할 사람이 없는 현실에 슬픔이 밀려온다. 그래서 S양은 항상 책을 통해 답을 찾아왔다. 학원을 다닐 형편이 안 되어 교과서와 문제집만 가지고 스스로 공부해야 했으며, 꿈을 찾는 과정에서도 그저 위인전과 다양한 독서를 통해 스스로 꿈을 찾아가야 했다. 지금까지는 그래도 잘 이겨왔다. 그런데 이제부터가 진짜이다. 자신의 꿈을 이루는 과정에서 조언을 구할 멘토, 자신이 포기하고 싶을 때 의견을 구할 멘토를 찾을 수 있는 방법이 없을까?

– 온라인 캠프에 올라온 진로 고민 편지

멘토는 조언자이다

'진로 점검 방'에서 나온 학생들은 이제 마지막 발표인 '진로 네트워크 방'으로 들어갔다. 참가자들이 모두 의자에 앉자, 머리에 물을 묻혀서 펑키 스타일로 올린 교빈이가

나왔다. 그런 교빈이의 모습에 동아리 친구들은 터져 나오는 웃음을 참느라 애썼다. 교빈이는 한참을 정지 동작 상태로 있더니 갑자기 고개를 쳐들고 얼굴을 떨면서 이야기한다.

"Why me? Why! Why! 도대체 왜! 왜! 왜! 제가 이 일을 해야 하죠? 저는 호빗 족이에요. 키도 작고 이렇게 못난 제가 왜 이 반지를 쥐고 가야 하냔 말이에요!"

빵 터지고 말았다. 『반지의 제왕』에 나오는 주인공 프로도를 흉내 낸 것이다. 한참 아이들이 웃고 있는데, 뜬 머리를 꽉 누르더니 목소리를 바꿔서 또 이야기한다.

"프로도, 자신에게 어떤 문제 상황이 주어질 때, 왜 그 문제가 나에게 왔는지 생각하기보다는 일단 어떻게 그 문제를 해결할 수 있을지 생각해 보자."

교빈이의 짧은 콩트가 끝나자 수희가 나와 발표를 시작했다.

"두 번째 멘트는 건달프의 조언이었죠. 건달프는 프로도에게 생명과도 같은 멘토였습니다. 혹시 여기 침가한 학생들은 멘토가 있습니까?"

수희는 먼저 멘토링에 대해 설명해 주었다. 그렇다면 멘토는 구체적으로 텔레마코스에게 어떤 교육을 했을까? 아이들이 이런 궁금증을 떠올릴 무렵, 수희는 멘토의 특수한 교육 방법을 소개해 주었다. 멘토가 텔레마코스를 위해 쏟은 정성은 매우 다양한 측면에서 살필 수 있다.

멘토링이란?
　멘토링은 한 사람의 멘토(Mentor)가 한 사람의 멘제(Menger)와 1:1로 관계를 맺고 멘제의 잠재력을 계발하여 지혜롭고 현명한 차세대 지도자로 세우는 일(Standing Together)이다. 이는 기원전 1250년경을 배경으로 작품화한 시인 호머의 『그리스 신화』에서 이타카 왕국의 왕자인 텔레마코스(Telemachus)를 당시 최고로 존경받는 멘토라는 스승이 20년 동안 정성껏 지도하여 현명한 왕으로 세웠다는 데서 기인한다.

멘토는 교육을 대화식으로 실시했으며 함께 이야기를 나누며 사색했다. ─대화식

멘토는 텔레마코스의 상상력을 최대한 동원하게 하여 열렬한 토론을 벌였다. ─토론식

멘토는 질문자였고 텔레마코스는 대답하는 사람이었다. ─문답식

멘토는 텔레마코스를 동료처럼 대하여 거리를 좁혔다. ─동료 관계

멘토는 제자가 대답을 못할 때에는 그냥 건너뛰었으며, 가까운 사물을 예를 들어 설명하기를 좋아했다. ─예화식

멘토는 수학, 철학, 논리학에 평생을 기울여 집중했다. ─지, 정, 의 교육

텔레마코스가 불안한 흔들림으로 가득 차 있다가도 신 같으면서 아버지처럼 정다운 멘토 스승의 이야기에 스스로 녹아 버렸다. ─아버지처럼

용기 있는 자가 멘토를 얻는다

"여러분, 어떤 사람이 멘토를 만날 수 있을까요?"

"텔레마코스 왕처럼 특별한 사람이 멘토를 곁에 둘 수 있겠죠."

"교빈 학생의 말대로면 우리 같은 사람은 멘토를 만나기가 어렵겠군요."

수희는 한 장의 사진을 화면으로 보여 주었다. 장가행(14), 장신행(12) 두 자매의 사진이었다. 그리고 그 사진에 얽힌 이야기를 시작했다.

재능은 있지만 집이 가난하여 변변한 바이올린이나 첼로

교습을 받지 못하는 두 자매가 있
었다. 어느 날 동생 신행이 엄마에
게 사진 한 장을 내밀었다.
"엄마, 나도 한나 언니처럼 첼리
스트가 되고 싶어요."

그날부터 신행이와 가행이의 간절한 꿈이 시작되었다. 그리고 자매는 장한나 언니에게 편지를 썼다. 그리고 이 편지는 중앙일보에 소개되었다.

"저희를 소개하려니 자꾸 심장이 두근거리고 꿈을 꾸는 것 같아서 서로 볼을 꼬집어보고는 '아야!' 하는 소리를 듣고 정신을 차렸습니다. 선생님의 연주는 특별했어요. 선생님처럼 훌륭한 연주자가 되고 싶습니다. 저희의 멘토가 되어 주세요."

참가자들은 수희의 입을 통해 이어지는 이야기에 푹 빠져 들었다.

얼마 후 가행이와 신행이는 장한나 언니에게 편지를 받았다.

가행이와 신행이에게

안녕!

가행이와 신행이가 언니에게 쓴 편지 잘 읽었단다.

꿈을 이루기 위해서 열심히 노력하는 모습이 너무나 예쁘고 대견하구나. 언니 가 해 주고 싶은 말이 있다면 선생님에게 배우지 않는 시간에도 꾸준히 배울 수 있다는 점을 알려주고 싶구나.

늘 건강이 최고란다. 열심히 하지만 무리하지는 말고 우리 만날 때까지 하루하루 씩씩하게 노력하자.

안녕.

2011년 2월 한나 언니가.

결국 그들은 여주에서 장한나와 만나게 되었고, 오디션을 본 후 장한나 오케스트라에 들어가 함께 연주를 하게 되었다. 멘토가 되어 달라고 부탁한 자매에게 세계적인 첼리스트이며 지휘자인 장한나는 기꺼이 멘토가 되어 주었다. 불가능할 것 같은 꿈이 이제 현실이 된 것이다.

"와! 수희 샘, 너무 감동적이에요. 평범한 자매에게 특별한 일이 실제로 일어났군요. 우리도 가능할까요?"

"물론 가능해요, 교빈 학생. 딱 한 가지만 있으면 가능합니다."

"그 한 가지가 뭐예요? 정말 궁금해요!"

"용기!"

가행이와 신행이에게는 작은 재능과 간절한 마음만 있었다. 그런 그들이 자신들의 현실을 인정하고 그저 가만히 있었다면 아마도 지휘자 장한나를 멘토로 얻지 못했을 것이다. 용기를 내었기에 거대한 산이 움직인 것이다.

"용기가 있으면 진심은 전해집니다. 장한나 씨가 신행이와 가행이를 받아 준 것처럼, 장한나 씨 역시 불가능할 것 같은 세계적인 지휘자 로린 마젤에게 용기를 내어 자신의 진심을 전달했습니다. 제자를 받지 않기로 유명한 로린 마젤은 장한나가 보낸 그녀의 지휘 영상을 보며 흔쾌히 그녀의 멘토가 되어 주기로 결심했다고 합니다."

용기가 있으면 멘토를 얻을 수 있고, 그렇게 해서 멘토를 얻은 사람은 자신 역시 다른 사람의 멘토가

되어 주기를 주저하지 않는다.

온 세상이 나의 멘토

"수희 샘, 제 주위에는 멘토로 삼고 싶은 훌륭한 사람이 없어요. 환경이
너무 열악해요."

"지금부터 방법을 가르쳐 줄게요. 누구나 멘토를 만날 수 있는 방법이 있
답니다."

처음 시작할 때는 두렵고 떨렸던 수희가 이제는 살짝 미소를 보이는 여
유까지 보였다. 교빈이가 오프닝을 재미있게 해 주었고 가행이와 신행
이 이야기에 친구들이 뜨거운 반응을 보여 주었기에 이제 조금 자신감
이 붙은 것이다. 수희의 자신감 넘치는 말을 듣고 많은 친구들이 멘토를
만날 수 있다는 기대감을 가지게 되었다. 이제 수희는 그 방법을 전해
줄 것이다.

〈멘토를 만나는 첫 번째 방법: 주위의 조언에 귀를 기울여라〉

수많은 CEO들은 자신의 인생을 바꾼 한 마디의 조언을 마음에 새기고
있다. 평생 함께해 주는 멘토는 아니지만 한 마디의 말이 가슴속에 오래
도록 영향을 미친다.

진희정, 『내 인생 최고의 조언』에서 발췌

당대의 위인들	위인을 낳은 최고의 조언
앤 멀케이(제록스 CEO)	'도랑에 빠진 소' 우화를 기억하세요.
하워드 슐츠(스타벅스 회장)	당신에게 없는 기술과 특성이 무엇인지 먼저 파악하라. 그리고 당신에게 없는 것을 가지고 있는 사람을 고용하라.
앤디 그로브(인텔 회장)	모든 사람들이 사실이라고 믿는 것이 아무것도 아닐 수 있다.
잭 웰치(GE 전 회장 겸 CEO)	다른 사람이 아닌 당신 자신이 되어라.
테드 카플(ABC '나이트라인' 진행자)	당신이 좋아하는 것을 해라.
브라이언 로버츠(컴캐스트 CEO)	다른 사람에게 공을 돌려라.
멕 휘트먼(이베이 사장 겸 CEO)	친절해라. 최선을 다하라. 그리고 관망하라.

당대의 위인들	위인을 낳은 최고의 조언
리처드 브랜슨(버진 애틀랜틱 에어웨이즈와 버진 그룹 창립자)	바보짓을 해서라도 남들에게 즐거움을 선사하라. 그렇지 않으면 살아남지 못할 것이다.
리처드 딕 파슨스 (타임워너 사장 겸 CEO)	협상 테이블에 앉았을 때는 항상 남을 위해 무언가를 남겨 두어라.
워렌 버핏 (버크셔 헤더웨이 CEO)	주변 사람들이 모두 동의했다고 해서 당신이 옳은 게 아니다. 당신이 제시한 사실이 옳기 때문이다.
클라우스 클라인펠트(지멘스 CEO)	당신이 바라는 미래를 구체적으로 그려라.
짐 콜린스(『성공하는 기업들의 8가지 습관』 저자)	진정한 인내는 옳지 못한 기회에 대해 '아니다'라고 말하는 데서 나온다.
A. G. 래플리(P&G 회장 겸 CEO)	힘든 일을 끝까지 물고 늘어질 수 있는 용기를 가져라.
샐리 크로첵(시티 그룹 CFO)	부정적인 시각을 갖고 있는 사람의 말에 귀 기울이지 마라.
섬너 레드스톤(바이어컴 회장 겸 CEO)	당신의 타고난 직감을 따르라.
피터 드러커(대학 교수, 저자)	마음에 들지 않는다면 당장 떠나라.
허브 켈러허(사우스웨스트 항공 창립자 겸 회장)	사람들의 타이틀이 아니라 그들 자신을 존경하라.
테드 터너(CNN 창립자이자 타임워너 전 부회장)	젊을 때 시작하라.
도니 도이치(광고 회사 도이치 CEO)	당신이 좋아하는 일을 한다면, 돈은 따라오게 되어 있다.
헥터 루이즈(AMD의 CEO)	당신 주변에 믿을 만한 인재들을 많이 두어라. 그리고 그들을 믿어라.
릭 워렌(새들백 교회의 건립자이며 목사, 『목적이 이끄는 삶』의 저자)	정기적으로 피터 드러커의 가르침에 귀를 기울여라.
데이비드 닐먼(제트블루 항공사 창립자 겸 CEO)	가족과 일의 균형을 유지하라.
미키 드렉슬러(J. 크루의 CEO)	성장 가능성이 없는 사업은 접어라.
클레이튼 크리스텐슨(하버드 비즈니스스쿨 교수)	당신은 어떤 사람에게도 배울 수 있다.
브라이언 그레이저(아카데미상 수상, TV와 영화 제작자)	당신의 것은 진정한 아이디어와 그 아이디어를 적을 수 있는 신념입니다.
앤 퍼지(광고 회사 영&루비컴 브랜즈 CEO)	당신의 직업을 너무 성급히 결정하지 마라.
비벡 폴(위프로 테크놀로지스 CEO)	과거에 당신이 갖고 있던 기대가 현재 당신의 능력을 발휘하는 데 방해가 되지 않는가?
마크 베니오프(세일즈포스닷컴 창립자 겸 CEO)	회사 운영에 있어 사회 공헌 활동을 활성화시켜라.

〈멘토를 만나는 두 번째 방법: 멘토 액자를 만들어라〉

"와! 이게 뭐예요? 수희 멘토님. 액자가 너무 많아요!"

"교빈 학생의 입이 '떡' 벌어졌네요. 이건 하샘이 붙인 액자

들이에요. 사실 이 방에 처음 들어왔을 때 저도 놀랐어요. 그런데 하샘의 이야기를 듣고 내용을 알게 되었죠. 이 이야기는 하샘을 모셔서 들어 보죠."

"쑥스럽네. 이 방은 원래 이름이 '진로 네트워크 방'이야. 나뿐 아니라 다른 분들의 액자도 다 걸려 있지."

"하샘, 어떻게 사진 속의 인물이 멘토가 될 수 있어요?"

"영역별로 자신이 존경하는 대표적인 인물을 선정하여 액자로 만드는 거야. 샘은 삶이 답답해질 때면 이 방에 들어온단다. 그러면 이 많은 액자 속 인물들이 필요에 따라 나에게 이야기를 해 준단다. 그 내용은 대부분 책이나 인터뷰에 나온 내용들이지."

"주제가 정해져 있나요?"

"정해져 있어. 공부가 힘들 때는 피터 드러커 교수가 나를 격려한단다. 지식 노동자의 삶이 힘들지만 인내하다 보면 그 지식이 당신의 인생을 바꿀 거라고 말해 주지. 시대의 변화가 너무 빨라 정보를 따라가기가 벅찰 때가 있다. 지식이 메마르고 정보의 원천이 말라가는 때가 있는 거지. 그럴 때 만큼 괴로운 시간이 없다. 그럴 때는 미래 학자

"지식노동자의 삶이 힘들지만 인내하다 보면 그 지식이 당신의 인생을 바꿀 겁니다. 힘 내세요."

"저는 미래를 예측하기 위해 매일 10시간씩 신문을 읽습니다. 손끝이 시커멓게 변할 때까지 읽죠. 현재를 읽으면 미래가 보입니다. 정보가 마를 때면 신문을 읽고 다시 일어나십시오."

존 나이스비트가 내게 이야기를 건네 준다."

하샘은 이 방을 매우 좋아한다. 힘든 일이 있을 때마다 이 방에 들어와서 액자 속의 사람들과 대화를 나눈다. 지쳐서 그냥 현실에 안주하고 싶은 마음이 들 때 이 방에 들어오면 벽에 걸린 오카노 마사유키라는 혁신가가 그를 격려하는 것 같다.

"현실에 안주하면 그것으로 끝입니다. 세상이 필요한 것이 무엇인지 읽고, 변화와 혁신을 추구하세요. 그런 삶은 당신에게 무한한 행복을 줄 겁니다."

학생들은 하샘의 이야기를 들으면서 하샘의 얼굴과 액자를 번갈아 가며 쳐다보았다. 하샘이 이야기를 마무리하고 다시 수희가 이야기를 이어갔다.

"실제로 만나는 것도 행복하지만 그럴 수 없을 때는 이렇게 자신의 멘토 액자를 만드는 것도 좋은 방법이랍니다. 이렇게 다양한 멘토 액자를 만들기 위해서는 한 가지 중요한 과정이 필요합니다. 영역별 또는 주제별로 인물을 분류할 수 있어야 합니다. 그래야 상황에 따라 멘토를 만날 수 있습니다. 이를 가장 잘 보여 주는 자료가 바로 여러분 뒤쪽 벽에 걸려 있는 민샘의 멘토 액자입니다."

학생들은 뒤를 돌아보고 깜짝 놀랐다. 사진 속에는 민샘과 함께 수많은 사람들이 정렬되어 있었다. 자세히 보니 모두 주제별로 인물이 분류되어 있었다.

"이걸 보니까 민샘이 더욱 그립다."

"민샘의 그 깊은 힘은 바로 여기서 나오는 것이구나."

"민샘에게는 이렇게 많은 멘토가 있었어."

동아리 학생들은 민샘의 사진을 보자, 작은 목소리로 여기저기서 아쉬움
을 토로하였다. 수희는 발표를 마무리하며 마음속으로 다짐했다. 자신도
언젠가 이 방의 한쪽 벽에 자신의 멘토 액자를 붙이겠다고……

내 인생의 멘토 리뷰하기

멘토링과 멘토에 대한 자료를 읽고, 자신이 현재까지 살아오면서 자신의 주위에 어떤 멘토가 있었는지 생각해 봅니다. 떠오르는 사람을 중심으로 어떤 면에서 그가 멘토였는지 기록합니다.

> **멘토링이란?**
> 멘토링은 한 사람의 멘토(Mentor)가 한 사람의 멘제(Menger)와 1:1로 관계를 맺고 멘제의 잠재력을 계발하여 지혜롭고 현명한 차세대 지도자로 세우는 일(Standing Together)이다. 이는 기원전 1250년경을 배경으로 작품화한 시인 호머의 〈그리스 신화〉에서 이타카 왕국의 왕자인 텔레마코스(Telemachus)를 당시 최고로 존경받는 멘토라는 스승이 20년 동안 정성껏 지도하여 현명한 왕으로 세웠다는 데서 기인한다.

멘토는 교육을 대화식으로 실시했으며 함께 이야기를 나누며 사색했다. —대화식
멘토는 텔레마코스의 상상력을 최대한 동원하게 하여 열렬한 토론을 벌였다. —토론식
멘토는 질문자였고 텔레마코스는 대답하는 사람이었다. —문답식
멘토는 텔레마코스를 동료처럼 대하여 거리를 좁혔다. —동료 관계
멘토는 제자가 대답을 못할 때에는 그냥 건너뛰었으며, 가까운 사물을 예를 들어 설명하기를 좋아했다. —예화식
멘토는 수학, 철학, 논리학에 평생을 기울여 집중했다. —지, 정, 의 교육
텔레마코스가 불안한 흔들림으로 가득 차 있다가도 신 같으면서 아버지처럼 정다운 멘토 스승의 이야기에 스스로 녹아 버렸다. —아버지처럼

_____

_____

_____

_____

_____

_____

내 인생의 멘토 리뷰하기

멘토링과 멘토에 대한 자료를 읽고, 자신이 현재까지 살아오면서 자신의 주위에 어떤 멘토가 있었는지 생각해 봅니다. 떠오르는 사람을 중심으로 어떤 면에서 그가 멘토였는지 기록합니다.

 멘토링이란?

멘토링은 한 사람의 멘토(Mentor)가 한 사람의 멘제(Menger)와 1:1로 관계를 맺고 멘제의 잠재력을 계발하여 지혜롭고 현명한 차세대 지도자로 세우는 일(Standing Together)이다. 이는 기원전 1250년경을 배경으로 작품화한 시인 호머의 〈그리스 신화〉에서 이타카 왕국의 왕자인 텔레마코스(Telemachus)를 당시 최고로 존경받는 멘토라는 스승이 20년 동안 정성껏 지도하여 현명한 왕으로 세웠다는 데서 기인한다.

멘토는 교육을 대화식으로 실시했으며 함께 이야기를 나누며 사색했다. ─대화식
멘토는 텔레마코스의 상상력을 최대한 동원하게 하여 열렬한 토론을 벌였다. ─토론식
멘토는 질문자였고 텔레마코스는 대답하는 사람이었다. ─문답식
멘토는 텔레마코스를 동료처럼 대하여 거리를 좁혔다. ─동료 관계
멘토는 제자가 대답을 못할 때에는 그냥 건너뛰었으며, 가까운 사물을 예를 들어 설명하기를 좋아했다. ─예화식
멘토는 수학, 철학, 논리학에 평생을 기울여 집중했다. ─지, 정, 의 교육
텔레마코스가 불안한 흔들림으로 가득 차 있다가도 신 같으면서 아버지처럼 정다운 멘토 스승의 이야기에 스스로 녹아 버렸다. ─아버지처럼

5학년 때 담임선생님이 나에게는 멘토였다. 우리 반은 자체적인 피구 리그를 진행하고 있었다. 하지만 나는 당시 자전거 사고로 목발을 하고 있었다. 반 전체가 피구를 하는 데 나만 참여할 수가 없었다. 선생님은 친절하게 나를 배려해 주려고, 나의 생각을 물은 뒤에 나를 피구심판으로 세워주셨다. 목발을 집고 초라하게 구경하던 나를, 가장 중요한 심판으로 바꿔주셨다. 선생님은 늘 그렇게 약자를 배려하고 섬세하게 도와주셨다. 어쩌면 지금 내 모습은 그 분을 닮아가고 있는지도 모른다.

나를 뒤흔든 조언 리뷰하기

세계적인 위인들의 인생을 바꾼 조언을 보면서, 자신의 인생에 영향을 준 '언어'를 떠올려 봅니다. 언제 어떤 상황에서 누구에게 들은 말이었는지, 그 말이 자신에게 어떤 영향을 주었는지 기술합니다.

당대의 위인들	위인을 낳은 최고의 조언
앤 멀케이(제록스 CEO)	'도랑에 빠진 소' 우화를 기억하세요.
하워드 슐츠(스타벅스 회장)	당신에게 없는 기술과 특성이 무엇인지 먼저 파악하라. 그리고 당신에게 없는 것을 가지고 있는 사람을 고용하라.
앤디 그로브(인텔 회장)	모든 사람들이 사실이라고 믿는 것이 아무것도 아닐 수 있다.
잭 웰치(GE 전 회장 겸 CEO)	다른 사람이 아닌 당신 자신이 되어라.
테드 카플(ABC '나이트라인' 진행자)	당신이 좋아하는 것을 해라.
브라이언 로버츠(컴캐스트 CEO)	다른 사람에게 공을 돌려라.
멕 휘트먼(이베이 사장 겸 CEO)	친절해라. 최선을 다하라. 그리고 관망하라.
리처드 브랜슨(버진 애틀랜틱 에어웨이즈와 버진 그룹 창립자)	바보짓을 해서라도 남들에게 즐거움을 선사하라. 그렇지 않으면 살아남지 못할 것이다.
리처드 딕 파슨스 (타임워너 사장 겸 CEO)	협상 테이블에 앉았을 때는 항상 남을 위해 무언가를 남겨 두어라.
워렌 버핏 (버크셔 헤더웨이 CEO)	주변 사람들이 모두 동의했다고 해서 당신이 옳은 게 아니다. 당신이 제시한 사실이 옳기 때문이다.

나를 뒤흔든 조언 리뷰하기

세계적인 위인들의 인생을 바꾼 조언을 보면서, 자신의 인생에 영향을 준 '언어'를 떠올려 봅니다. 언제 어떤 상황에서 누구에게 들은 말이었는지, 그 말이 자신에게 어떤 영향을 주었는지 기술합니다.

당대의 위인들	위인을 낳은 최고의 조언
앤 멀케이(제록스 CEO)	'도랑에 빠진 소' 우화를 기억하세요.
하워드 슐츠(스타벅스 회장)	당신에게 없는 기술과 특성이 무엇인지 먼저 파악하라. 그리고 당신에게 없는 것을 가지고 있는 사람을 고용하라.
앤디 그로브(인텔 회장)	모든 사람들이 사실이라고 믿는 것이 아무것도 아닐 수 있다.
잭 웰치(GE 전 회장 겸 CEO)	다른 사람이 아닌 당신 자신이 되어라.
테드 카플(ABC '나이트라인' 진행자)	당신이 좋아하는 것을 해라.
브라이언 로버츠(컴캐스트 CEO)	다른 사람에게 공을 돌려라.
멕 휘트먼(이베이 사장 겸 CEO)	친절해라. 최선을 다하라. 그리고 관망하라.
리처드 브랜슨(버진 애틀랜틱 에어웨이즈와 버진 그룹 창립자)	바보짓을 해서라도 남들에게 즐거움을 선사하라. 그렇지 않으면 살아남지 못할 것이다.
리처드 딕 파슨스 (타임워너 사장 겸 CEO)	협상 테이블에 앉았을 때는 항상 남을 위해 무언가를 남겨 두어라.
워런 버핏 (버크셔 헤더웨이 CEO)	주변 사람들이 모두 동의했다고 해서 당신이 옳은 게 아니다. 당신이 제시한 사실이 옳기 때문이다.

초등학교 4학년 때 담임선생이 유난히 자신감 없어 하던 나에게 "선생님은 너의 판단을 믿는다. 네가 선택했다면 그것이 최고야! 자신 있게 행동하렴." 하고 말해 주셨다. 그때 이후 나는 정말 자신감을 갖게 되었다. 중학교 1학년 때는 학생 간부들을 위한 극기 체험 훈련이 있었는데, 코스 훈련 중에 우리 조가 정해진 길에서 벗어났었다. 나는 그 당시 조장이라 당황해하고 있었는데 조원 중 한 명이 말해 주었다. "네가 우리의 리더야. 네가 선택하면 우린 따를 거야." 나는 그때 리더의 책임감에 대해 처음으로 마음 깊은 곳에서 울리는 소리를 들었다. 물론 당시 우리 조는 무사히 산행을 마치고 복귀하였다.

나의 멘토 액자 만들기

다음의 멘토 액자를 보고, 자신의 삶에 영향을 주고 조언해 줄 만한 주제별 멘토 액자를 아래에 스케치합니다. 포함된 인물이 어떤 면에서 조언을 주는지 아래에 기록합니다.

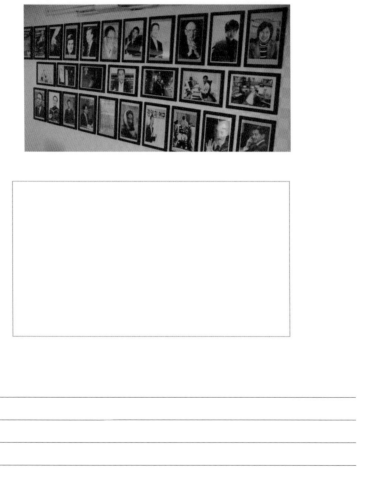

_____

_____

_____

_____

_____

나의 멘토 액자 만들기

다음의 멘토 액자를 보고, 자신의 삶에 영향을 주고 조언해 줄 만한 주제별 멘토 액자를 아래에 스케치합니다. 포함된 인물이 어떤 면에서 조언을 주는지 아래에 기록합니다.

안철수	인순이	김제동	김영세	오바마
박지성	장한나	유재석	홍명보	반기문

나는 반기문 유엔사무총장의 따뜻한 카리스마를 존경한다. 다른 친구들처럼 강한 카리스마가 없는 나에게 반기문 총장은 희망이다. 그래도 홍명보 감독 같은 카리스마를 늘 꿈꾼다. 반기문과 홍명보 스타일의 중간지점이 바로 박지성이다. 박지성은 타인에게 부드럽고, 자신에게 엄격하다. 나는 그런 리더가 되고 싶다. 그리고 김제동, 오바마 같은 언어의 달인들을 멘토로 모시고 싶다. 단순히 말을 잘 하는 것이 아니라 소통의 달인들이 나의 멘토이다.

성우로 출발해 보이스 컨설팅까지

성우

저는 얼굴이 없습니다. 저의 얼굴을 아는 이도 없습니다. 어쩌면 저는 수십 가지 얼굴을 가지고 있습니다. 저의 직업은 성우입니다. 텔레비전 방송에서 성우의 역할은 많이 줄어들었습니다. 아마도 기억나는 목소리는 대표적인 한두 개의 목소리뿐일 겁니다.

추석이나 설날 TV에서, 또는 외국 영화에서 저의 목소리를 들으셨을 거예요. 텔레비전보다는 라디오 광고에서 저는 더 많은 활동을 합니다. 그리고 요즘은 목소리 자체가 브랜드가 되는 시대이기에 저는 보이스 컨설팅이라는 영역을 노크하고 있답니다.

혹시 자신의 목소리가 마음에 드시나요? 타인 앞에서 이야기할 때 또는 책을 읽을 때 자신의 목소리가 좀 더 매력적으로 울려 퍼지기를 원하지는 않나요? 수술을 해서 성대를 조절하는 경우를 제외한다면 다른 영역에서는 트레이닝을 통해 발성법과 호흡법을 바꿀 수 있습니다. 그러면 또 다른 세상을 경험하게 되는 것이지요. 어쩌면 외모를 중시하는 시대의 변화가 저에게 기회를 만들어 준 것일 수도 있습니다.

진로의 전체가 떠오르는가

우리들의 고민 편지

중학교에 올라온 이후 학교에서 진행하는 진로 활동의 전 과정을 성실하게 따라온 B군. 그는 진로 상담 교사의 숨소리조차 받아 적을 태세로 열심히 참여하였다. 그러다 보니 진로 활동이 다 끝날 무렵, 그가 작성한 활동지와 만든 결과물은 상자가 넘칠 정도로 많아졌다. 결과물을 보니 마음이 뿌듯하다. 그런데 웬일일까? 그 전체가 하나의 끈으로 이어지듯이 큰 그림으로 그려지지 않는다. 아무리 내용을 더듬어 보려 하지만 부분적인 기억만 떠오를 뿐 전체 그림이 안 보인다. '전체 내용을 일목요연하게 정리하여 내 방에 배치할 수는 없을까?'

– 온라인 캠프에 올라온 진로 고민 편지

'진로 네트워크 방'에서 수희의 발표를 들은 학생들은 민샘을 더욱 그리워했다. 민샘의 멘토 액자에서 민샘의 모습을 보았기 때문이다. 수희가 진행한 진로 네트워크 활동은 학생들에게 여러 가지 생각을 하게 만든 시간이었다.

마지막 시간은 하샘이 진행할 계획이다. 아이들이 서둘러 교실을 나가려는 순간 하샘이 아이들을 불러 세웠다.

"얘들아, 잠깐만 기다려!"

"왜요?"

"진로 네트워크 방에서 너희에게 보여 줄 게 있어."

"뭔데요, 샘. 꼭 이 방에서 보아야 하는 거예요?"

"그래. 꼭 이 방에서 봐야 해!"

아이들이 다시 자리로 돌아오자 하샘은 컴퓨터를 켜서 화면에 비추었다. 진로를 실현하는 과정에서 멘토를 만나고, 세상의 모든 사람을 멘토로 삼는다는 수업 내용과 분명 관련이 있으리라고 짐작했다. 그런데 뭔가를 보여 주려는 하샘의 표정과 행동이 왠지 어색했다. 가장 먼저 눈치를 챈 사람은 수희였다.

'왜 그러실까, 무슨 일이 있나, 뭘 보여 주려는 걸까?'

준비를 끝내고 하샘은 크게 한숨을 내 쉬었다. 하샘의 표정에는 긴장한 모습이 역력했다.

"샘, 왜 그러세요. 어디 아프세요? 잠깐 쉬었다 하죠."

"아니야, 수희야. 지금 봐야 해. 아침에 메일이 왔어. 너희들이 봐야 할 것 같아."

'To 하이라이트'라고 적힌 파일 이름이 보였다. 하이라이트? 이것은 학생들이 지은 진로 동아리 이름이다. 다들 술렁이고 있는데 이윽고 파일이 열렸다. 그 순간 긴 탄식이 터졌다.

"민샘! 민샘이야!"

"저, 정말. 민샘이야!"

그토록 뵙고 싶었던 민샘이 영상에 등장하자 반가움에 눈물을 흘리는 친구도 있었다. 영상 속의 민샘은 그런 아이들을 한동안 미소로 바라보고 있다가 이윽고 입을 연다.

"하이라이트 친구들, 안녕. 미안하구나, 샘이 이런 모습으로 인사를 해서. 하지만 꼭 하고 싶은 말이 있어서 용기를 낸 거란다. ……."

민샘은 힘겨운지 잠시 말을 멈춘다. 아이들은 눈도 깜박이지 않고 화면을 지켜보았다. 무슨 말을 하실까? 민샘은 아침에 하샘에게 메일을 보내 부탁했다. 캠프의 마지막 수업에 진로 박람회 구성이 포함되어 있다는 것을 민샘도 알고 있었다. 그래서 바로 이때 영상을 보여 주도록 부탁한 것이다.

"다들 고맙고 미안하다. 그리고 너희들이 자랑스럽다. 모두 진로 박람회에서 잘해 낼 거라 믿는다. 얘들아, 기도해 주렴. 샘이 어서 나아서 너희들 옆에 서 있을 수 있도록 말이야."

민샘은 힘이 드는지 잠시 심호흡을 한다. 아이들 생각에 정말 하고 싶은 말은 아직 못 한 것 같다. 그래서 더욱 안타깝다.

"어, 민샘!"

그런데 갑자기 영상이 끝나 버렸다. 민샘은 힘들기도 하지만 감정이 복받쳐서 더 이상 말을 잇기 어려워하는 모습을 보였다. 마저 하지 못한 말은 하샘에게 메일로 적어 보냈다고 한다.

"나머지 이야기는 선생님이 말해 줄게. 곧 기말 고사지? 행여 진로 박람회 준비 때문에 기말 고사 준비에 소홀하지 않기를 당부하셨어. 진로 박람회보다도 여러분 한 사람, 한 사람의 진로에 필요한 공부와 시험이 너무 소중하다는 뜻이셨어. 민샘 마음 이해가 되지?"

"네, 하샘."

아이들의 대답소리에는 힘이 없었다. 그들 모두는 벽에 붙어 있는 민샘의 사진을 보며 마음속으로 다짐했다.

'샘, 공부 열심히 할게요. 그리고 진로 박람회도 잘해 낼 거예요. 그러니 약속해 주세요. 꼭 완쾌하셔서 박람회에 오실 거라고요. 우리의 작품을 샘께 꼭 보여 드리고 싶어요. 샘은 우리의 영원한 멘토이십니다.'

꿈의 공간

하샘은 아이들이 민샘의 영상으로 인해 흔들리지 않을까 염려되었다. 하지만 오히려 아이들은 마음을 더 굳게 다져 먹었다. 다소 지쳐 있는 순간에 민샘의 영상 편지는 오히려 큰 격려가 되었다.

"여기 너희들이 모인 곳은 바로 '창조의 방'이야. 모든 벽이 화이트보드로 만들어져 있어. 캠프의 마지막은 바로 여기서 진행할 거야."

귀로는 하샘의 이야기를 듣고 있지만 아이들의 눈은 한쪽 벽을 유심히 쳐다보고 있었다. 정말 처음 보는 거대한 종이 앞에 한 사람이 서 있다.

"녀석들, 샘 이야기는 듣는 척만 하고 정신은 온통 딴 곳에 팔려 있네. 그 사진이 뭔지 아니?"

"몰라요. 종이 위의 그림은 마인드맵 같은데요. 이렇게 큰 마인드맵도 있어요?"

"우리가 지금 진행할 작업도 어쩌면 이런 메가 마인드맵을 만드는 일일

메가 마인드맵이란?
개인 및 팀의 마인드맵을 모아서 전체의 큰 마인드맵으로 만든 것. 사진 속의 보잉사처럼 큰 조직은 종종 모든 직원들의 창의적인 아이디어를 모으는 메가 마인드맵 작업을 진행한다.

238

수 있어. 이 '창조의 방'의 모든 벽은 화이트보드로 되어 있지. 바로 여기에 우리가 지금까지 배우며 진행한 진로 활동의 모든 것을 담아 볼 거야. 그리고 오늘 우리가 여기서 구상하고 만들어 내는 결과가 곧 진로 박람회에 그대로 반영될 거야. 그런 마음으로 참여해 주길 바란다."

"와! 진짜 거대한 그림이 나올 것 같은데요. 기대돼요, 샘."

"진로 페스티벌 기억나지? 사실 지금에야 밝히는 거지만 그 당시 진로 페스티벌에 나도 가서 구경했단다. 나뿐 아니라 보연, 온달 멘토도 다 갔었어. 민샘이 초청하셨거든."

"그랬군요. 어쩐지 어디선가 본 듯한 미모였어요. 후홋!"

"교빈아, 알아줘서 고맙다 하하하! 이제 중요한 이야기를 하려고 해. 오늘 활동을 진행한 승헌이와 하영이 그리고 수희가 각각 진로 박람회 각영역 담당자가 될 거야. 그리고 교빈이와 철만이도 하나의 영역을 함께 맡을 거야. 이것은 민샘이 부탁하신 거야. 괜찮지?"

"물론이에요."

"그리고 샘이 알기로는 진로 박람회 메인 부스의 크기가 아마도 이 교실과 비슷한 것으로 알고 있어. 그리고 너희들이 메인 부스를 쪼개지 않고 넓게 쓰겠다고 의견을 모은 것으로 기억한다. 그러니 오늘 여기서 진로 박람회장을 상상하면서 기획과 구성을 해 보자."

"샘, 이건 뭐예요? 모양은 프린터인데, 크기가 장난이 아니네요."

"교빈이는 이런 기계 처음 보니? 대형 프린터기이다. 일명 '플로터'라고 하지. 옆에 있는 것은 다양한 우드락 재료야. 우리가 했던 작품들을 출력해 그것을 우드락에 붙이면 그 자체로도 훌륭한 작품이 되거든. 옆방에는 코팅 기계도 있고 액자도 많이 있어. 그야말

로 꿈을 표현하는 과정에서 필요한 거는 다 갖추어 놓았단다."

"와! 정말 꿈의 공간이네요."

"지금까지는 선생님들을 위한 꿈의 공간이었고, 오늘 이후로는 너희들을 위한 꿈의 공간이 될 거야."

"화이트보드에 직접 그림을 그리는 것도 가능하죠?"

"물론이다. 하영아, 그럼 조별 미션을 확인해 보자."

박람회 준비 영역	위치	담당	전시 내용
존재 발견과 자기 발견	정면 벽	철만 교빈	인생 그래프, 재능 분석 그래프 종합 적성표, 전체 이정표
세계 발견의 정보 활동	오른쪽 벽	승헌	영상 자료, 도서 자료, 인재상, 변화상, 직업상, 미래상
비전 선언과 꿈 게시판	뒤쪽 벽	수희	비전 구성, 과학적 근거, 인물 사례, 정체성 표, 사명 선언, 꿈 목록, 장기 로드맵, 멘토 액자
진로를 위한 진학 전략	왼쪽 벽	하영	학교 정보표, 입시 정보표, 진로 점검표

곧바로 조별 활동에 들어갔다. 하샘은 아주 경쾌한 음악을 틀어 주었다. 학생들은 노래를 따라 부르며 그야말로 신나게 활동에 몰입했다. 컴퓨터 실이 따로 있고, 민샘이 수업 시간에 사용했던 다양한 카드와 자료들도 모두 사용이 가능했다. 학생들 입장에서는 이미 배웠던 내용을 다시 한 번 복습하고 정리하는 느낌이 들었다. 그 과정에서 교빈이와 철만이는 첫 번째 어려움에 봉착했다.

"철만아, 존재 발견에는 인생 그래프를 전시하는 게 관람객의 이해를 돕는 데 효과적일 것 같아. 그런데 누구 것을 샘플로 할까? 너무 개인적인 거라 부탁하기가 쉽지 않네. 민샘의 샘플은 너무 강하여 부담이 될 것 같고."

"네 말이 맞아. 인생 그래프는 개인의 사생활도 들어 있기에 빼는 게 좋겠어."

"철만아. 내 것을 걸면 어떨까?"

"교빈이 네 것을?"

철만이는 깜짝 놀랐다. 자신의 인생 그래프를 소개하기 싫어서 교빈이는 동아리에 나오지 않았던 적도 있었다. 그런 교빈이가 많은 사람들에게 자신의 인생 그래프를 공개한다는 것이 놀라울 따름이었다.

"괜찮겠어?"

"그때와 지금은 달라. 이미 내가 변화되었잖아. 걱정 마. 그리고 내 것은 '달라지기 전'과 '달라진 후'가 함께 있어서 사람들이 보기에 더 이해하기 쉬울 거야."

교빈이는 자신의 달라진 모습을 스스로 느끼고 있었다. 어린 시절에는 많이 아프고 눈치를 보면서 자랐지만 그조차도 지금은 인정하고 받아들였다. 오히려 눈치를 보며 자란 경험 때문에 지금은 많은 사람들을 관찰하고 분위기를 살리며 웃음을 줄 수 있다고 생각했다. 더욱이 지금 자신이 웃음을 만들며 사는 것이 예전 같으면 사람들 속에서 인정받고 생존하기 위한 나름의 처절한 삶이었다면, 지금은 자신의 선명한 꿈인 방송 연출가, 방송인을 이루는 과정으로 생각했다.

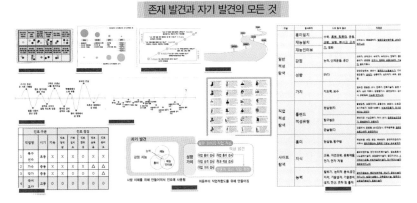

존재 발견과 자기 발견의 모든 것

교빈이와 철만이는 꼼꼼하게 지난 활동을 점검하고 하나씩 자료를 다시 꺼내 작품화했다. 자리를 잡고 순서를 배치하여 붙이기 시작했다. 작품을 붙이는 것만으로도 담당한 벽이 다 채워졌다.

"어때, 철만아?"

"그림이 잘 나왔어. 교빈아, 지금 다시 보니까 링컨 대통령의 인생 그래

프와 너의 인생 그래프가 완전히 비교되는데, 교빈이 네 인생은 마치 심
장 박동 같아.”

“그런데 철만아, 너 혹시 박람회 때는 긴장해서 말 더듬으면 안 돼. 알았지?”

“걱정 마. 이제 더듬던 거 기, 기억도 아, 안나.”

“어? 너, 장난치는 거지. 놀랐잖아. 하하하!”

승헌이는 세계 발견과 정보 담당을 맡았다. 일단 승헌이네 조는 이전 진
로 페스티벌에 사용했던 ‘비전 출판사’의 시스템을 최대한 활용하기로
했다. 여기서는 다양한 국내 직업군과 해외 직업군의 정보를 보여 주고,
필요한 경우 자료를 직접 출력해 주기로 했다. 자기 발견을 통해 자신에
게 ‘맞는 직업’, ‘관심 있는 직업’, ‘더 알고 싶은 직업’ 등이 나오면 그
분야의 직업들을 더 객관적으로 살필 필요가 있다. 다양한 정보를 객관
적으로 파악하고 현상을 판단하는 것은 승헌이의 실제 삶의 유형과도 맞
았다. 그 과정에서 꼭 필요한 것은 자신의 직업관이라는 관점인데, 이 부
분도 빼지 않고 포함시키기로 했다.

승헌이는 자신이 맡은 벽의 앞쪽에 책상 3개를 놓았다. 그 위에는 200개
의 직업 전망과 914개의 직업 설명이 자세히 들어 있는 직업 사전을 올

려놓아서 읽을 수 있게 했다. 세 번째 책상 위에는 직업 카드를 올려놓아 참가자가 자유롭게 정보를 만날 수 있도록 구성했다. 하샘은 진행되는 작업을 둘러보면서 일일이 확인하고, 혹시 놓치는 부분이 있으면 지적해 주었다.

"승헌아, 직업 카드를 분류할 때 방법론이 있지 않았니?"

"네, 있어요. 하샘."

"그 방법론을 누군가가 여기에 서서 계속 설명해 주기는 어려울 것 같은데?"

"그럼, 방법론을 간단히 정리해 책상 위에 붙여 두면 어떨까요? 참가자가 스스로 보고 진행할 수 있도록 하는 거죠."

"좋은 생각이야. 그리고 승헌아, 직업 관련 영상 목록을 저렇게 붙여 놓았는데, 영상 목록을 보면 참가자들이 그 영상을 보고 싶어 하지 않을까?"

"생각해 보니 그래요. 진로 페스티벌 때는 노트북 책상을 따로 두었는데, 이번 행사는 참가자가 훨씬 많을 테니 노트북을 두기보다는 큰 프로젝션 TV를 두어 자동으로 직업 영상을 시연해 주는 게 나을 것 같아요."

"그럼 실제 현장에서 TV를 놓을 위치를 미리 고민해 두어야 할 것 같네."

승헌이는 다른 영역 담당자들의 양해를 구하고, 6개 적성에 따른 직업 유형 분류 배너를 교실 입구에서부터 들어오면서 볼 수 있도록 나란히 세워 두었다. 행사 느낌이 나도록 들어오는 길목에 세워 둔다면 한껏 분위기를 끌어올리는 데 도움이 될 것 같다.

"승헌아, 사람들이 6개 유형의 직업군 분류 배너를 보면 혹시 자신의 직업 유형을 궁금해하지는 않을까? 만약 그렇다면 바로 자신의 직업 적성 유형을 확인하도록 도와주는 게 좋겠지? 순서를 만들어 놓기는 했지만 참가자 입장에서는 가려운 곳을 먼저 긁어 주면 좋을 것 같아."

"그럼, 이렇게 해요. 배너 옆에 표지판을 두어서 '자신의 유형을 바로 알고 싶은 분은 자기 발견 영역에 가시면 즉석 진단이 가능합니다.'라고 하면 어떨까요?"

"참 좋은 생각이야. 승헌이는 상대방의 말을 빨리 이해하고 판단하는 강점이 있구나."

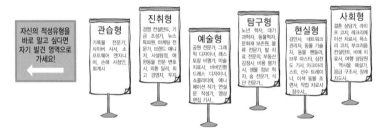

하샘은 미소를 지으며 승헌이에게 엄지손가락을 치켜세워 주었다.

한편, 수희는 해야 할 작업의 양이 굉장히 많았다. 진로 비전의 의미를 구분하는 작품도 많았고, 실제 진로 비전의 결과물로 정리해야 했다.

"수희가 할 게 많구나. 조원들과 잘 협동하여 작품을 만들어 보렴. 선생님 생각에 박람회 참가자들이 수희 영역에서 가장 오래 머물 것 같다. 다양한 볼거리도 많고, 학생들 사례도 풍성하니까."

"부담되지만 즐겁게 준비해 볼게요, 샘. 그런데 민샘 건강이 어떤 상태인데요? 박람회 전까지 나으셔서 오실 수 있을까요?"

"글쎄, 수희야. 희망 버전으로 말해 줄까, 솔직 버전으로 말해 줄까?"

"솔직 버전으로 알려 주세요."

"내 생각엔 그날 못 오실 것 같아. 무리하지 않으려면 안 오시는 게 더 나을지도 몰라."

"수희야, 생각보다 전시할 내용이 많지?"

"네. 그리고 보면 우리가 참 활동을 많이 하긴 했어요. 그런데 하샘, 걱정이 있어요. 여기에 전시된 내용 중에는 참가자가 그냥 읽어만 봐도 아는 내용이 있지만 또 어느 정도 설명을 들어야 하는 것도 있어요. 일일이 다 설명해 주는 것이 현장 분위기에 어떨까 고민이 돼요."

"어떻게 할까? 보여 주고 말해 주고 싶은 게 정말 많은데 말이야."

"박람회에서 꼭 희망을 나누고 싶어요. 단순한 이벤트로 끝나지 않고 제대로 이해할 수 있도록 돕고 싶어요."

"혹시 말이야, 우리가 전시할 내용을 한 권의 자료집으로 엮어서 당일에 나눠 주면 어떨까?"

"정말요? 좋은 생각이에요. 그런데……."

"너 지금 나와 똑같은 고민을 하고 있구나. 누가 자료집을 쓰느냐는 거지? 샘이 수업 때 눈여겨 둔 사람이 있긴 한데……."

"하영이요?"

"그래, 하영이라면 할 수 있을 것 같아."

"하영이 희망 직업이 교사와 작가였어요. 하영이도 글 쓰고 책 내는 교사

가 되고 싶다고 했어요. 좋아할 거예요.”

하샘은 수희네 조가 붙이고 있는 나머지 비전 선언의 학생 사례를 둘러본 다음, 하영이네 조로 이동했다. 과연 하영이가 자료집 쓰기를 받아들일지 고민하면서 조심스럽게 다가갔다.

“하영아, 잘 되어 가니?”

“네, 한번 보시고 부족한 부분은 꼭 말씀해 주셔야 해요.”

“네 의견을 구하고 싶은 게 하나 있는데…….”

“말씀하세요, 무엇이든지요.”

“하영이 꿈이 교사 겸 작가라고 하던데 이참에 자료집을 한번 써 볼 생각 없니?”

“네, 자료집이요?”

그 순간 하영이는 뭔가 몰래 먹다가 들킨 양 깜짝 놀랐다. 그 놀라는 표정이 하샘은 의아했다.

“사실 민샘과 함께 진로에 관한 책을 쓰고 있었거든요. 물론 지금은 접었지만요."

"정말? 나는 몰랐는데."

"당연하죠. 비밀 프로젝트였으니까요. 진로 동아리 친구들이 등장하는 책을 쓰자는 민샘의 제안이 있었어요."

"언제?"

"수업 초반 무렵 자기 발견 결과, 저의 꿈이 교사와 작가로 결정되고 나서요."

"그랬구나. 그럼 지금 어느 정도 썼니?"

"이제 소용없어요. 민샘이 입원하신 뒤에 중단되었거든요."

"그럼, 나와 한번 계속 진행해 볼까? 그럼 진로 박람회에 맞춰서 나올 수 있을 거야. 어쩌면 하영이의 책이 민샘에게도 큰 힘이 될 거야."

"민샘 없이 저 혼자 가능할까요?"

"이제 진로 동아리의 핵심 내용을 다 배웠잖니. 하영이의 언어 감각과 글 솜씨라면 충분하고도 남아."

"그럼, 한번 해 볼게요. 하지만 너무 기대는 마세요, 샘."

"알았어. 너무 기대하지 않을 테니까 쓰다가 중단한 그곳부터 다시 시작하는 거다."

진로 이후의 전략

하샘은 하영이네 조의 벽에 전시된 작품들을 둘러보았다. 진로를 결정한 이후의 전략 부분으로, 주로 '진학' '학습' '습관' 등을 다루고 있다. 하영이의 강점과 작품 내용이 잘 맞았다. 공부를 잘하는 하영이에게는 전략 부분의 전시 작업이 즐거웠다. 박람회 조 편성과 역할을 미리 결정해 준 민샘의 통찰에 하샘은 고개가 끄덕여졌다.

진로와 진학 체크리스트

		행동	회수	체크리스트
진로	표현력 연습	뉴스 따라하기[1일]	1회	
		책 소리 내어 읽기	1일 1회	
		표현 녹음해서 듣기	주일 1회	
		거울보고 제스처	1일 1회	
		토론 녹화 보기	1주일 1편	
		목욕탕에서 숨 참기	1주일 1회	
	지식 능력	신문사설 읽기	1일1회	
		경제신문 읽기	1일 1회	
		100분 토론 시청하기	1주일 1회	
		아나운서 아카데미	1주일 1회	
		아나운서 홈페이지	1주일 1회	
		국사 및 세계사	1개월 1권	
	체력	줄넘기 500	1일1회	
	자격	한국어능력시험	3개월 1회	
		국어능력인증시험	2개월 1회	
		한국사능력시험	6개월 1회	
진학	고등 진학	독서 포토폴리오	1주 1권	
		체험활동 기록	1개월 1회	
		플래너 쓰기	1일 1회	
		예습과 복습	1일 1회	
		학교정보 모으기	1주일 1회	
		봉사활동	1개월 1회	

하영이는 바로 옆에 진로 관리를 위한 점검표 결과물을 전시했다. 그래프까지 깔끔하게 붙여 자신의 진로를 추구하는 과정에서 목표를 놓치지 않고 집중할 수 있는 환경을 보여 주었다. 작품 전시를 마무리하면서도 하영이는 책을 쓴다는 생각에 마음이 무거웠다.

'민샘 없이 나 혼자 책을 정말 완성할 수 있을까? 공부라면 자신이 있는데……. 그래도 한번 해 보자. 완성해서 민샘께 선물로 드리면 무척 좋아하실 거야.'

우리들의 출사표

이렇게 해서 진로 박람회의 부스 구성에 대한 예행연습이 완성되었다. 동아리 멤버들은 방 가운데 모여 자신들이 만들어 낸 아름다운 광경에 박수를 보냈다. 그간의 과정들이 파노라마처럼 스치고 지나갔다. 고비도 있고 아픔도 있었지만 결국 여기까지 왔다. 아이들을 바라보는 하샘은 감격스러웠다. 이 모습을 어서 민샘에게 보여 드리고 싶었다.

"자, 여길 보세요. 샘이 하나, 둘, 셋 하면 찍는 거야. 등 뒤의 작품과 함께 찍어서 민샘에게 보낼 거니까 예쁘게 웃어 보세요."
온 벽에 가득한 작품 전시를 끝내고 그 앞에서 하이라이트 클럽 멤버들이 모두 활짝 웃고 있다. 그 웃음 뒤에는 저마다 출전을 앞둔 비장한 출사표들을 품고 있다. 아이들은 스스로에게 이렇게 외치고 있다!
'좋아, 오늘 우리는 출사표를 던진다! 세상을 향해 외친다! 우리가 간다! 기다려라!'
'민샘, 보고 계시죠? 멋지게 해 내겠습니다.'
'다 배웠다. 그러나 여기가 끝이 아니다. 바로 여기서 내 인생은 다시 시작한다. 새로운 터닝 포인트이다.'

진로는,
그것을 깨닫는
순간이, 인생의
터닝포인트이다.

존재 발견과 자기 발견 리뷰하기

다음은 진로 박람회에 전시될 존재 발견과 자기 발견의 핵심 내용이 담긴 결과물입니다. 흐름을 보면서 배웠던 내용을 떠올려 보세요. 그리고 '존재 발견과 자기 발견'이라는 주제로 전시회의 큐레이터가 되었다고 가정하고, 다른 사람에게 이 내용을 쉽게 설명하는 글을 써 봅니다.

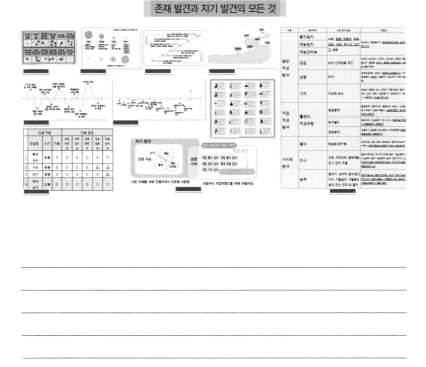

_____

_____

_____

_____

_____

_____

_____

존재 발견과 자기 발견 리뷰하기

다음은 진로 박람회에 전시될 존재 발견과 자기 발견의 핵심 내용이 담긴 결과물입니다. 흐름을 보면서 배웠던 내용을 떠올려 보세요. 그리고 '존재 발견과 자기 발견' 이라는 주제로 전시회의 큐레이터가 되었다고 가정하고, 다른 사람에게 이 내용을 쉽게 설명하는 글을 써 봅니다.

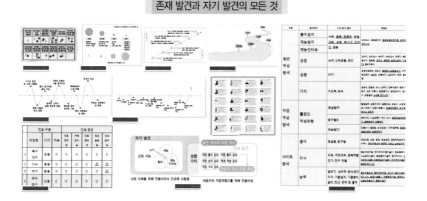

존재 발견과 자기 발견의 모든 것

작품을 보다 자세히 설명한다면, 진로 인식과 존재 발견, 자기 발견과 강점 발견 그리고 적성 발견의 내용을 모두 담고 있다. 진로 인식은 진로가 무엇인지, 진로가 공부와 무슨 관련이 있는지 그리고 자신이 지금 어디쯤에 있는지 깨닫는 것이다. 존재 발견은 자신의 과거와 현재를 있는 그대로 인정하고 차이를 받아들여서 스스로를 존중하는 것이다. 비교하지 않고 자신의 존재 안에서 기쁨을 얻는 것이다. 강점과 적성은 흥미, 재능, 강점 지능, 가치, 성향, 그리고 적성을 확인하여 자신의 희망직업군을 확인하는 작업이다. 이 과정을 모두 거치면서 자신의 직업 비전을 명확하게 세우는 것이 중요하다.

세계 발견과 정보를 통한 검증 리뷰하기

다음은 진로 박람회에 전시될 세계 발견과 정보를 통한 검증의 핵심 내용이 담긴 결과물입니다. 흐름을 보면서 배웠던 내용을 떠올려 보세요. 그리고 '세계 발견과 정보를 통한 검증'이라는 주제로 전시회의 큐레이터가 되었다고 가정하고, 다른 사람에게 이 내용을 쉽게 설명하는 글을 써 봅니다.

세계 발견과 정보를 통한 검증 리뷰하기

다음은 진로 박람회에 전시될 세계 발견과 정보를 통한 검증의 핵심 내용이 담긴 결과물입니다. 흐름을 보면서 배웠던 내용을 떠올려 보세요. 그리고 '세계 발견과 정보를 통한 검증'이라는 주제로 전시회의 큐레이터가 되었다고 가정하고, 다른 사람에게 이 내용을 쉽게 설명하는 글을 써 봅니다.

세계 발견과 정보를 통한 검증은 크게 3가지를 담고 있다. 첫째는 직업 탐색 단계이다.

자신의 직업관을 확인하고, 직업 카드를 통해 더 자세히 직업을 탐색하며, 세계의 직업까지 탐색의 범위를 넓힌다. 둘째는 직업의 인재상, 변화상, 미래상, 직업상 등을 확인하면서 나에게 적합한 직업을 확인하고 예측하는 과정을 거친다. 셋째는 직업 검증 단계이다.

먼저 자신의 의사결정 유형이 합리적인지 확인하고, 직업명, 전공, 과정 등을 통해 주변 직업을 더 깊이 알아보고 그 속에서 자신의 직업을 검증한다. 이런 과정을 모두 거치면 자신의 진로가 명확하게 최종 결정될 것이다.

비전 선언과 꿈 게시판 리뷰하기

다음은 진로 박람회에 전시될 '비전 선언과 꿈 게시판'의 핵심 내용이 담긴 결과물입니다. 흐름을 보면서 배웠던 내용을 떠올려 보세요. 그리고 '비전 선언과 꿈 게시판'이라는 주제로 전시회의 큐레이터가 되었다고 가정하고, 다른 사람에게 이 내용을 쉽게 설명하는 글을 써 봅니다.

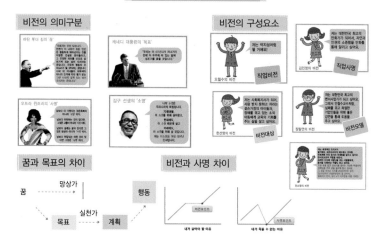

_____

_____

_____

_____

_____

_____

비전 선언과 꿈 게시판 리뷰하기

다음은 진로 박람회에 전시될 '비전 선언과 꿈 게시판'의 핵심 내용이 담긴 결과물입니다. 흐름을 보면서 배웠던 내용을 떠올려 보세요. 그리고 '비전 선언과 꿈 게시판'이라는 주제로 전시회의 큐레이터가 되었다고 가정하고, 다른 사람에게 이 내용을 쉽게 설명하는 글을 써 봅니다.

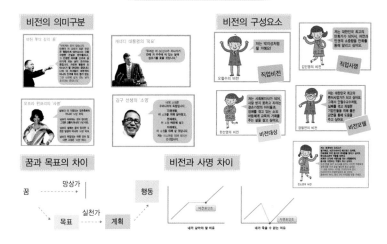

진로에서 비전의 단계로 넘어올 때는 그 관계를 잘 이해해야 한다. 진로 탐색을 통해 자신의 희망 직업을 찾았다면, 비전은 그 탐색의 결과를 미래의 언어로 구체화하여 표현하고 시각화하는 작업이다. 먼저 '비전'의 다양한 쓰임을 이해하고, 다음에는 비전 표현 전체를 구성하는 핵심 요소를 이해하고 구분하며 정리한다. 그 과정에서 비전의 다양한 유사 의미들을 구분한다. 비전, 사명, 소명, 목적, 목표 등의 의미를 정확하게 구분할 수 있어야 다른 사람에게 자신의 비전을 정확하게 표현할 수 있다.

진로 이후의 전략 리뷰하기

다음은 진로 박람회에 전시될 '진로 이후의 전략'의 핵심 내용이 담긴 결과물입니다. 흐름을 보면서 배웠던 내용을 떠올려 보세요. 그리고 '진로 이후의 전략'이라는 주제로 전시회의 큐레이터가 되었다고 가정하고, 다른 사람에게 이 내용을 쉽게 설명하는 글을 써 봅니다.

진로 이후의 전략

진로를 위한 진학 전략   진학을 위한 학습 전략   학습을 위한 습관 전략

진로 이후의 전략 리뷰하기

다음은 진로 박람회에 전시될 '진로 이후의 전략'의 핵심 내용이 담긴 결과물입니다. 흐름을 보면서 배웠던 내용을 떠올려 보세요. 그리고 '진로 이후의 전략'이라는 주제로 전시회의 큐레이터가 되었다고 가정하고, 다른 사람에게 이 내용을 쉽게 설명하는 글을 써 봅니다.

진로 탐색을 마치고, 그 결과로 미래의 비전으로 구체적인 작품을 마친 후에는 한 가지 중요한 과정이 남아 있다. 바로 전략 과정이다. 비전이 있지만 실천이 없는 사람이 많다. 이런 사람은 비선을 행동으로 바꿀 실천 전략이 없기 때문이다. 여기서는 3가지 전략을 배운다.

진로를 위한 진학 전략, 진학을 위한 학습 전략, 그리고 하루하루의 습관 전략이다. 진학 전략에서는 다양한 고등학교의 유형과 특징을 이해하고 자신에게 맞는 진학 목표를 찾아간다.

학습 전략에서는 구체적으로 시험을 관리하는 그래프를 그리게 된다. 습관 전략에서는 진학을 위한 지식, 체험, 봉사, 공부, 감성 등의 습관을 배우게 되고, 구체적인 행동목록과 점검표를 가지고 있다면 그것을 얼마든지 실천으로 연결할 수 있다.

길 위의 오케스트라 지휘자

영화감독

영화감독은 오케스트라의 지휘자와 같습니다. 영화를 이해하고 완성하는 예술적인 재능뿐 아니라 많은 사람들을 이끌고 화합해야 하는 리더십이 필요한 존재입니다. 그리고 다양한 영역을 해석할 수 있는 안목이 필요합니다. 영화음악, 미술, 촬영, 편집 등의 전 분야를 이해할 수 있는 눈을 가지고 있어야 합니다.

물론 영화감독, 미술감독, 촬영감독, 편집 담당이 별도로 있지만 이를 전체적으로 모을 수 있어야 하는 것이 영화감독의 역량입니다. 때로는 일사불란하게 진두지휘하여 일정을 소화해야 하지만 또 한편으로는 섬세하게 배우들과 스태프를 격려하기도 합니다.

그래서 한 사람의 멋진 영화감독 밑에서 배운 사람들 중에 유독 훌륭한 감독이 많이 나오는 것은 이러한 과정을 보고 배우기 때문입니다. 영화감독이 되는 과정이 다소 힘들고 오랜 시간이 걸리며 영화의 흥행에 대한 부담이 있지만, 그래도 꿈이 있는 사람이라면 꼭 도전해 보라고 권합니다.

진로 표현

4

13 내 생애 첫 모니터링

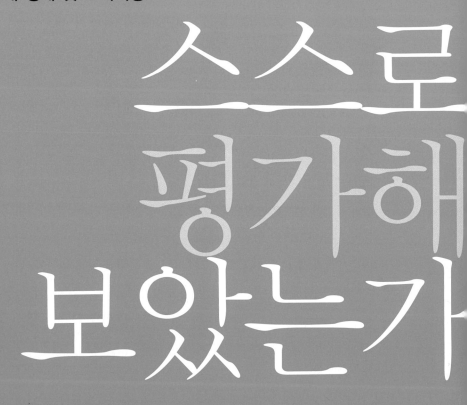

스스로
평가해
보았는가

우리들의 고민 편지

누가 보아도 자신만만한 중학생 G양. 진로 활동 내내 수업 분위기를 주도했고, 그런 자신의 모습에 스스로도 늘 만족스러웠다. 진로 활동을 마무리하는 과정에서 자신의 비전을 발표하고, 발표 내용을 서로 평가하는 시간이 있었다. 자신의 발표에 대한 친구들의 평가서를 받아든 G양은 자신의 눈을 의심하지 않을 수가 없었다. 자신의 기대와 정반대의 결과가 나온 것이다. 그것도 평가한 친구들이 거의 모두 같은 의견이었다. 뭐가 잘못된 걸까? G양은 자신이 생각하는 자신의 모습과 타인이 바라보는 모습 사이에 어떤 문제가 있는지 모르겠다.

– 온라인 캠프에 올라온 진로 고민 편지

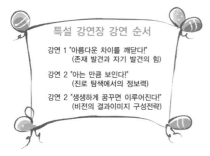

특설 강연장 강연 순서

강연 1 "아름다운 차이를 깨닫다!"
(존재 발견과 자기 발견의 힘)

강연 2 "아는 만큼 보인다!"
(진로 탐색에서의 정보력)

강연 2 "생생하게 꿈꾸면 이루어진다!"
(비전의 결과이미지 구성전략)

진로 박람회 1개월 전, 벌써 온라인 홈페이지에 홍보가 한창이다. 그리고 진로 박람회장에는 이미 현수막도 내걸렸다. 특히 올해는 드림 중학교 동아리 팀 '하이라이트'가 메인 부스 전시회를 하게 되었다는 광고가 이미 나가고 있었다. 메인 부스 옆 특설 강연장에서는 3개의 강연이 진행될 예정이다. 놀랍게도 이 강연 역시 진로 동아리의 리더들이 직접 마이크를 잡는다는 홍보가 나간 상태이다.

"철만아, 우리가 첫 번째 발표자야. 가장 중요한 역할을 맡게 되었어. 우리 둘이 번갈아 가면서 발표하게 될 텐데, 누가 먼저 마이크를 잡을까?"

"첫 발표는 좀 부담스럽지? 내가 할게. 내가 앞부분을 할 테니, 교빈이 네가 바로 이어서 해."

"고마워, 철만아."

사실 철만이도 교빈이가 먼저 하겠다고 나서기를 바라고 있었다. 그런데 막상 교빈이의 얼굴을 보니 지금 막 무대에 선 것처럼 긴장한 모습이 역력했다. 말 잘하는 하영이나 승헌이가 먼저 하면 더 좋으련만, 진로 수업의 흐름상 '존재 발견과 자기 발견'이 먼저 나와야 다음 내용이 이어진다. 혹시나 너무 긴장한 탓에 옛날처럼 말을 더듬기라도 할까 봐 철만이는 벌써부터 가슴이 쿵쾅거렸다.

"얘들아, 안녕. 이제 얼마 남지 않았네. 우리가 앞으로 네 번만 더 보면 진로 박람회야. 시간이 참 빠르지? 그런데 교빈이와 철만이는 왜 그렇게 얼굴색이 안 좋니? 어디 아프니?"

"하샘. 진로 박람회 홈페이지 보셨죠? 저희 이름이 벌써 나와 있어요. 특설 강연장의 강의 순서에 저희 이름이 첫 번째로 올라 있어요. 그래서 이렇게 심각한 거예요."

"충분히 이해한다. 걱정 마. 교빈이 실전에 강하잖아."

철만이와 교빈이의 첫 번째 강의에 이어 승헌이와 수희가 두 번째 강의를 진행할 계획이다.

그리고 마지막 강연은 하영이가 담당하게 된다. 철만이와 교빈이는 진로 페스티벌에서도 같은 부스를 진행했었고, 진로 박람회 구성도 함께 진행했기에 호흡이 잘 맞는다. 다만 맨 처음에 발표하게 된 점은 하샘도 다소 걱정이 되긴 한다. 승헌이와 수희는 함께 부스를 운영해 본 적이 있고, 평상시 동아리 수업 때도 시범 조교 역할을 함께한 덕분에 매우 손발이 잘 맞는다. 최근 들어 부쩍 가까워진 두 친구의 강연은 하샘이 보기에도 큰 무리가 없어 보인다. 승헌이의 선명한 리더십 색깔과 수희의 차분하고 부드러움이 조화를 잘 이룰 것이기 때문이다.

그리고 마무리를 하영이가 맡게 되었다. 하영은 가장 중요한 시기에 강연을 맡게 된 데에 설레면서도 다시 시작된 책 쓰기에 온통 신경이 날카로워져 있었다.

예행연습 때 창조의 방에서 구성했던 각 담당영역이 강연장에서는 다소 바뀌게 되었다. 그렇게 된 데는 팀웍이나 분량에 대한 하샘의 판단이 있었지만 결정적인 것은 하영이의 생각이었다. 하영이는 찬형이가 가장 힘들어 했던 내용을 본인이 직접 발표하고 싶어 했다. 혹시나 찬형이가 올지도 모르기 때문이었다. 올 가능성이 높지는 않지만, 하영이는 기대를 품고 있다. 하영이의 생각에 승헌이 수희 그리고 하샘도 모두 동의했기에 강의주제를 조정할 수 있었다 .

"많이 부담스럽지? 말 잘하는 승헌이나 하영이도 두렵다고 하니, 다른 친구들이 느낄 부담은 얼마나 클지 짐작이 간다. 그래서 선생님이 오늘 기쁜 소식을 가져왔다."

"기쁜 소식이요?"

"그래, 하영아. 앞으로 남은 네 번의 수업에서는 '발표'에 대한 '자신감'을 심어 줄 내용으로 진행할 계획이야."

"샘, 진로 여행에 필요한 모든 내용은 지난번 수업으로 모두 끝났다고 하셔서 그렇지 않아도 남은 수업에는 뭘 할까 궁금했어요. 강의과정에 '진로 표현'이 '발표'에 관한 거였군요."

"진로에 대한 모든 과정을 끝마쳤어도 제대로 표현하지 못한다면 원하는 꿈을 이루기 어려울 수도 있다."

"진로 과정을 잘 배워도 '표현'할 수 없다면 꿈을 이루기 어렵다고요?"

하샘은 한 장의 사진을 보여 주었다. 진로 활동에서 자주 보았던 빙산 그림이다.

그런데 오늘은 내용이 좀 다르다. 직업관 및 관점에서도 빙산을 보았고, 진로의 습관 전략을 배울 때도 빙산 그림을 본 적이 있다. 그런데 이번 그림은 뭔가 확실히 다르다.

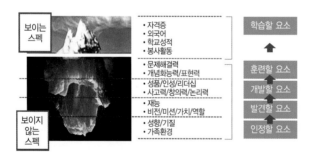

이 시대의 리더들은 보이는 경력 이외에 보이지 않는 경력을 더 중요하게 여긴다. 자신을 인정하고 재능을 발견하며, 역량을 개발한 다음 문제 해결 능력과 표현력 등을 갖춰야 비로소 물 위로 모습을 드러낼 수 있다. 정작 일반적인 경력은 물 위에 보이는 부분에 불과하다. 그런데 여기서 눈여겨봐야 할 것은 바로 '표현력'이다. 아무리 뛰어난 재능과 성품을 가졌더라도 그것을 제대로 표현하지 못하면 결코 물 밖으로 나올 수 없다. 이것이 바로 '커뮤니케이션'의 비밀이다.

"앞으로의 네 번의 수업은 자신이 찾은 진로의 비전을 다른 사람 앞에서 자신 있게 표현하고 소통할 수 있는 방법을 가르쳐 주겠다. 이 부분을 잘 배운다면 당장 진로 박람회에서 강의할 때도 크게 도움이 될 거야. 그리고 앞으로 원하는 학교에 진학하거나 직장에 들어갈 때에도 많은 도움이 될 것이다."

"하샘, 정말 진로 동아리 수업은 마지막 한순간까지 버릴 게 없네요. 정말 알차요!"

"고맙다, 교빈아."

모니터에 나온 내 모습 평가하기

하샘은 전체 학생에게 미션을 주었다. 아주 흥미로운 미션이었다. 두 사람이 번갈아 가면서 '자기소개'를 한다. 주제는 자신의 진로에 따라 고등학교 진학 면접에서 '자기소개'를 하는 것이다. 발표하는 동안 짝은 그 장면을 휴대폰 동영상으로 촬영을 한다. 서로 발표와 촬영을 번갈아 가면서 하게 된다. 그런 다음 자신의 발표 장면을 휴대폰 영상으로 점검한다. 활동이 시작되자 교실은 완전히 시장 바닥으로 변했다.

"안녕하세요. 이 학교에 꼭 입학하고 싶습니다. 저의 꿈은……."

여기저기서 자기소개 발표가 이어지고, 휴대폰 사진촬영음이 들렸다. 발표와 촬영이 모두 끝났고 촬영한 자신의 모습을 동영상으로 살펴보는 시간을 가졌다.

"휴~ 부끄러워."

"너무 어색해."

"내 표정이 정말 이랬어?"

"눈이 어딜 쳐다보고 있는 거야?"

"손발이 모두 오그라든다. 너무 창피해!"

영상을 본 아이들의 비명이 이어졌다. 평가 자료를 나눠 주고, 각자 자신의 모습을 스스로 평가해 보도록 했다. 자신의 발표 장면을 보는 것도 힘들지만 그것을 보면서 평가하는 것은 더욱 불편한 작업이었다.

"힘들지? 연예인들도 자신의 방송 장면을 녹화해서 모니터하는 것이 가장 힘들어서 어떤 사람은 매니저에게 맡기기도 한대. 자, 그럼 이제 좀 더 많은 사람들 앞에서 발표해 볼까?"

하샘은 교실 전체의 자리 배치를 바꿔 조별로 전체가 나란히 정면을 바라보게 한 후 한 명씩 나와 1분씩 발표를 하도록 했다. 그러면 나머지 친구들은 그 발표를 보면서 평가서에 각자의 소견을 쓴다. 발표가 끝나면 각자의 평가서를 본인에게 전해 준다. 평가자들은 평가 내용을 모두 적고 종합하여 평균 점수를 내게 한다. 만점은 10점이다.

구분	기준	평가								
		나	승헌	교빈	수희	하영	철만	신영	영수	평균
호감도	옷과 사람, 분위기에서 긍정적인 에너지가 느껴지는가?	3	4	5	3	5	5	3	4	4.00
	표정에서 여유와 친밀감이 느껴지는가?	4	3	4	3	5	6	2	3	3.75
	음색에서 주의를 집중시키는 매력이 느껴지는가?	7	7	5	7	6	7	5	6	6.25
자신감	눈빛에서 충분한 자신감이 느껴지는가?	2	5	6	5	6	6	7	6	5.38
	시선 처리가 적절하고 청중과의 교감이 되는가?	6	6	5	6	3	7	5	4	5.25
	적절한 몸짓을 통해 자신감을 보여 주는가?	6	7	3	2	3	4	5	3	4.13
전달력	전달하고자 하는 핵심 내용을 충분히 전달했는가?	5	2	2	2	3	2	3	2	2.63
	주어진 시간 안에 충분히 내용을 전달했는가?	3	4	3	4	3	4	4	4	3.63
	시작 내용이 참신하고 주의를 집중시켰는가?	3	6	3	5	3	5	6	3	4.25

구분	기준	평가								
		나	승헌	교빈	수희	하영	철만	신영	영수	평균
전달력	마무리 내용이 인상적인 이미지를 남겼는가?	5	6	5	6	8	4	5	7	5.75
	자신의 강점과 가능성을 명확하게 각인시켰는가?	2	7	4	7	3	4	5	6	4.75

자기소개 프레젠테이션 평가 체크리스트

점수표가 완성되자 학생들은 다시 소란스러워졌다.

"야, 교빈아. 너 평균 몇 점 나왔냐?"

"엉망이야. 얼굴을 못 들겠어. 승헌이 넌?"

"이상해, 분명히 이 부분은 자신이 있었는데 평가가 너무 낮게 나왔어."

그냥 느낌을 이야기하는 것보다 숫자로 말하는 것이 더 명확하다는 것을 온몸으로 느낄 수 있는 시간이었다. 학생들은 다양한 발표 기준에 대해 자신의 모습이 어떻게 보이는지 스스로 영상을 보기도 하고, 다른 사람에게 점수를 받아 보기도 했다. 그 중에 한 친구의 사례를 통해 하샘은 꼭 하고 싶었던 이야기를 들려주었다.

눈빛에서 충분한 자신감이 느껴지는가?	2	5	6	5	6	6	7	6	5.38

"이 친구는 자신감에서 본인은 2점이라는 낮은 점수를 주었는데, 정작 다른 친구들은 중간 이상의 점수를 주었어. 자신이 보는 자기 모습과는 좀 다른 결과지?"

전달하고자 하는 핵심 내용을 충분히 전달했는가?	5	2	2	2	3	2	3	2	2.63

"이 친구는 어때, '핵심 전달' 면에서 본인은 5점이나 주었는데, 다른 친구들한테서는 아주 낮은 점수를 받았지? 이 친구는 실제로 핵심 전달을 잘 못했던 거지."

간단한 피드백 이후, 학생들은 자신의 점수를 바탕으로 그래프를 그렸다. 숫자로 보는 것도 실감나지만 그래프로 그리면 상호 비교가 더욱 선명해진다.

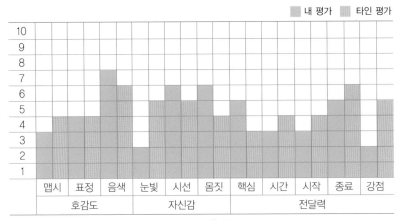

자기 소개 체크리스트 결과 그래프

하샘은 여기서 그치지 않고 한 가지를 더 주문했다. 이번에는 각각의 기준 내용에 칸이 하나 더 있는 표를 나눠 주고 왼쪽에는 자신이 스스로 평가한 점수를, 그리고 오른쪽 칸에는 여러 사람이 평가한 점수의 평균을 넣어 그리게 했다. 학생들은 이전에 한 번도 생각한 적이 없었던, 그리고 생각하고 싶지 않았던 자신의 커뮤니케이션 특징과 능력을 꼼꼼하게 체크하게 되었다. 당장은 창피하고 불편할 수 있지만, 이 작업을 통해 학생들의 발표력이 크게 향상될 것이라고 하샘은 믿었다.

"교빈아, 어때, 자신이 평가한 막대기와 다른 사람들이 평가한 막대기의

자기 소개와 타인평가 비교 그래프

높이가 일치하니?"

"아니요, 너무 달라요."

"자신의 평가 점수가 주로 높고 다른 사람의 평가 점수가 낮게 나오기도 하고, 반대로 자신의 평가보다 다른 사람의 평가가 더 높게 나오기도 한다."

"샘, 제가 그래요."

"철만이의 경우는 객관적으로 표현력이 있다는 것이니, 더욱 자신감을 가지렴."

마지막으로 학생들은 자신의 평가 결과를 보면서 강점과 약점 그리고 보완점을 적어 보았다. 보완점은 실천 가능한 내용으로 구성했다.

이름	장점	단점	해결책
오민서	• 음색이 좋다. • 시선과 몸짓이 좋다. • 강점 전달이 잘 된다.	• 핵심 전달이 약하다. • 표정 관리가 약하다. • 시간 관리가 약하다.	• 핵심을 적어서 전달 • 거울 보면서 연습 • 시간을 정해 발표 연습

"여러분, 과제가 있다. 오늘 자신의 휴대폰에 저장된 발표 녹화 장면 있지? 그것을 컴퓨터로 옮긴 뒤 샘한테 메일로 보내 주어야 한다. 마지막 날 변화된 자신의 모습과 비교해 볼 거니까. 알겠지?"

눈으로 말하면 된다

오늘부터 수업이 끝난 후 진로 박람회 강의를 담당한 친구들은 한 명씩 개인 지도를 받기로 했다. 오늘은 교빈이가 남아서 발표지도를 받았다.

"교빈아, 오늘 수업 도움이 되었니?"

"네, 많은 도움이 되었어요. 구체적인 기준도 알게 되었고요. 하지만 샘, 그래도 떨려요. 앞에 섰을 때 많은 사람들의 시선이 저를 집중한다는 게 부담스러워요."

"교빈인 늘 밝고 활동적이어서 분위기를 주도하잖니. 평소의 모습을 봐서는 절대 두려워하지 않을 것 같은데?"

"그게 그렇지 않아요. 자연스러운 상황에서는 편하게 잘 나오는데, 그렇지 않은 경우에는 얼어버려요. 그래서 철만이에게는 미안하지만 바람회 강연 첫 순서도 부탁했어요."

"지금부터 박람회까지 자신감을 쌓아 갈 수 있도록 도와줄게. 자신감이라는 건 무작정 격려한다고 되는 것은 아니란다. 오히려 구체적인 정보와 기준을 알고 준비할 때 자신감이 생긴다."

"그 말씀이 맞는 것 같아요. 오늘 수업을 통해 제가 발표하는 모습이 타인에게 어떻게 보이는지 처음으로 알게 되었거든요. 그리고 저의 강점인 부분과 약점인 부분을 정확하게 알게 되어서 좋았어요. 적어도 무엇을 고쳐야 하는지는 정확하게 알게 되었잖아요."

발표의 3P 원리
Purpose
Place
Person

"바로 그런 자세가 중요해. 그러면 선생님이 교빈이의 자신감을 위해 한 가지 정보를 더 말해 줄게. 카드에 뭐라고 적혀 있니?"

"발표의 3P 원리라고 되어 있네요. 첫 번째는 목적, 두 번째는 장소, 세 번째는 사람이에요."

"맞다. 발표의 성공은 바로 여기에 달려 있어. 이 세 가지를 가장 먼저 정리해야 한다. 우선 이번 교빈이의 발표 목적은 무엇이니?"

"존재 발견과 자기 발견에 대해 전달하는 거예요."

"내용은 이미 다 충분히 이해하고 있는 거지?"

"물론이죠. 같은 내용으로 진로 페스티벌도 해 봤고, 1박2일 캠프 때 박람회 전시 자료정리를 다 했잖아요. 내용만큼은 충분히 이해하고 있어요."

"좋아, 꼭 기억할 것이 있어. 교빈이가 생각하는 강의 목적과 그 강의를 들으러 온 사람들의 목적이 일치할 때, 긍정의 에너지가 강연장에 가득 차게 된단다. 강연장에 온 사람들은 원하는 게 뭘까? 적어도 교빈이가 발표하는 주제에 관해서 말이야?"

"글쎄요. 존재 발견과 자기 발견이라는 진로 탐색이 뭔지 궁금하지 않을까요?"

"이론이 궁금한 걸까?"

"절대 그렇지 않아요."

"정말 훌륭한 사람들의 아름다운 인생 사례를 보고 싶어 하는 것일까?"

"그것도 아닌 것 같아요. 실제 자존감이 낮은 학생이 이 과정을 통해 어떻게 변하게 되었는지를 보고 싶어 할 것 같아요."

"빙고! 바로 그거야. 교빈이의 이야기를 보여 주렴. 선생님이 교빈이가 만든 박람회 전시 패널을 보니 교빈이 자신의 인생 그래프를 용기 있게 넣었더구나. 그 프로그램을 통해 교빈이의 변화 과정을 보여 줘. 수업 때 나온 포트폴리오 자료를 충분히 보여 주면 더욱 좋겠지?"

"하샘, 이제 좀 그림이 그려져요. 안개가 조금씩 걷히는 느낌이에요."

"그 다음 단어가 뭐지?"

"Place, 장소예요."

"강연이 이루어지는 장소를 충분히 고려해야 한다. 지금부터 눈을 감고, 머릿속에 떠올려 보렴. 박람회 장소 중에 임시로 만든 강연장 세트를 떠올려 봐. 박람회에 참가한 사람들이 하나둘 강연장 안에 들어올 거야. 장소와 관련하여 떠오르는 정보를 나열해 보자."

"시끄러울 것 같아요, 방음이 안 될 테니까요. 일반 강연처럼 미리 조용히 기다리는 분위기가 아니라 들락날락할 테니까 목소리가 잘 들려야겠어요. 글자가 많은 슬라이드는 방해가 되겠어요. 심플하게 만들어야겠어요."

"아마도 집중시키는 게 가장 큰 문제일 거야. 교빈이만의 방법은 없을까?"

"참여시키는 거요. 중간 중간 인터뷰를 할게요. 그러면 집중도가 올라갈 것 같아요."

"교빈이가 직접 관람객 사이에 들어가 인터뷰를 하는 건 어떨까?"

"좋을 것 같아요. 그러려면 공간의 크기와 유선 마이크인지 무선 마이크인지 등을 미리 살펴야 할 것 같아요."

"많은 사람들이 팔짱을 끼고 교빈이를 주시하면 부담되지만 네가 말한 것처럼 청중을 참여시키면 교빈이는 원래의 장점을 잘 살릴 수 있을 거야. 어때, 점점 구체화되어 가지?"

"네, 신기해요. 샘, 이제 남은 게 Person, 사람이에요. 사람에 대한 정보를 미리 생각해 봐야겠군요."

"연령과 직업 등의 정보에 먼저 접근해 볼까?"

"진로 박람회에는 교사나 학부모, 학생들이 많을 것 같아요. 강사가 교육 전문가라면 어른들이 주로 많겠지만, 중학생이 강사로 나온다면 학생들이 많이 올 것 같아요."

"내 생각도 그래. 문제는 대상의 연령층이 섞이게 되면 어느 한 대상에게 맞추기가 어렵다는 거야. 어떻게 하면 좋을까?"

"약간의 실마리가 떠오르기는 해요. 일단 강의 내용이 아주 간단하고 쉬워야 할 것 같아요. 그리고 중간 중간 서로의 관계를 묶어 버리는 거예요."

"관계를 묶는다면?"

"그러니까 교사, 학부모, 학생은 서로 관련이 있잖아요. 그 부분을 이용하는 거죠."

"어떤 방법으로 가능할까?"

"예를 들면, 학생들을 대상으로 퀴즈를 내는데 문제의 내용이 부모나 교사와 관련된 것으로 내는 거예요. 그러면 모두 긴장하게 될 것 같아요. 예를 들어 '선생님이 존경스러운 순간 베스트 5' 같은 퀴즈를 내는 거죠."

"물론 그런 내용이 강의 주제와 잘 연결되는 것은 기본으로 해야겠지?"

하샘과 교빈이는 마치 소크라테스가 제자들과 문답하듯이 차근차근 정보를 풀어 갔다. 교빈이는 처음보다는 분명 자신감이 올라갔다. 정보가 없을 때는 막연했지만, 정보를 알아 가면서 자신감이 붙은 것이다.

"교빈아, 끝으로 한 가지 덧붙이고 싶은 게 있다."

"뭔데요?"

하샘은 노트북을 열어 영상을 하나 보여 주었다. 오마마 대통령의 연설 장면이다. 교빈은 예전 같으면 그냥 보고 지나쳤을 텐데 오늘은 더욱 자세히 보게 되는 것 같다.

"오바마 대통령의 눈을 잘 보렴."

"눈에 자신감이 넘쳐요."

"바라보는 방향은 어떠니?"

"마치 누군가 한 사람을 뚫어지게 보는 것 같아요."

"계속 한 사람만 보고 있니?"

"아뇨. 오른쪽, 가운데, 왼쪽…… 와! 이 넓은 공간의 구석구석을 다 보는 것 같아요."

"좋아. 그러면 이번에는 소리를 완전히 줄일 테니까 다시 한 번 오바마의 시선을 따라가 보렴."

음을 소거하고 영상을 보니 시선 처리, 손동작 등의 움직임이 훨씬 더 잘 보였다. 특히 시선 처리는 청중을 집중시키기에 충분했다. 교빈이는 시선 처리에 어떤 규칙이 있음을 깨달았다.

"샘, 규칙이 있어요."

"뭐지?"

"한 사람을 찍어서 보는 것 같아요."

"또?"

"왼쪽, 가운데, 오른쪽 이렇게 3군데 정도 방향을 잡아서 적당히 머물다가 다른 곳으로 옮기는 것 같아요."

"정확하게 찾아냈다. 대단한데!"

"그런데 샘, 한 사람만 보면 다른 사람들이 소외되지 않을까요?"

"그렇지 않아. 한 사람을 보고 이야기하면 그 주변 사람들은 모두 긴장한 단다. 모두 자기를 보고 있다고 생각하는 거지."

"샘, 이 영상 저 빌려 주시면 안 될까요? 계속 보면서 연습하고 싶어요."

"물론이지. 자, 어때, 정보를 알면 자신감이 생긴다는 말이 실감나니?"

"실감나요, 행복해요. 오늘 수업과 샘과의 만남을 통해 박람회의 강연이 기대가 돼요. 오늘부터 정보를 바탕으로 열심히 연습할게요. 지켜봐 주 세요."

진로는,
표현할 수 있을 때
비로소 자신의
것이 된다.

내 인생의 커뮤니케이션 관문

인재들이 드러나기 위해서는 커뮤니케이션이라는 관문을 거쳐야 합니다. 다음의 인재상 발전 단계는 바로 그런 점을 보여 주고 있습니다. 그렇다면 자신이 지금까지 살아오면서 다른 사람과의 대화나 여러 사람 앞에서의 표현력으로 인한 긍정적, 부정적 스토리를 간단하게 표현해 보세요. 그리고 그 일로 느꼈던 교훈을 간단히 기록합니다.

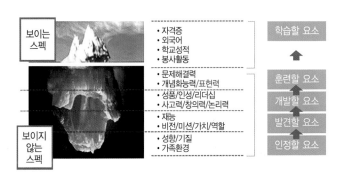

내 인생의 커뮤니케이션 관문

인재들이 드러나기 위해서는 커뮤니케이션이라는 관문을 거쳐야 합니다. 다음의 인재상 발전 단계는 바로 그런 점을 보여 주고 있습니다. 그렇다면 자신이 지금까지 살아오면서 다른 사람과의 대화나 여러 사람 앞에서의 표현력으로 인한 긍정적, 부정적 스토리를 간단하게 표현해 보세요. 그리고 그 일로 느꼈던 교훈을 간단히 기록합니다.

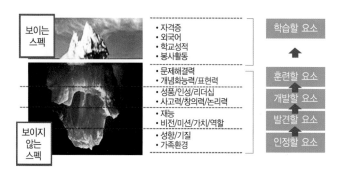

커뮤니케이션의 단계가 중요하다는 것은 알고 있었지만 인재가 되기 위한 중요한 관문이라는 것은 몰랐다. 초등 6학년 때 학교에서 토론대회가 있었다. 당시 나는 반 회장이었는데, 항상 앞에서 이끄는 역할을 했기에 친구들은 반대표로 나를 추천했다. 나 역시 큰 부담감 없이 토론대회에 나가기로 결심했다. 평소에 사람들 앞에 나서서 말하는 것에는 웬만큼 자신이 있었기에 별 준비 없이 간단한 자료 조사만 하고 나갔다. 그런데 이게 웬일인가.

막상 토론 자리에 마이크를 앞에 두고 앉아 있으니 아무 생각도 나지 않았다. 더구나 상대방 친구들은 팀을 이루어 상세하게 자료를 조사하는 등 토론 준비를 꼼꼼하게 해온 것이다.

그날 나는 내 인생에서 가장 치욕스러운 경험을 했다. 논리적으로 주장하는 친구들과 비교가 되면서 나는 얼굴도 빨개졌고 심지어는 목소리도 떨렸다. 돌이켜 보면 아프면서도 소중한 기억이다.

나의 커뮤니케이션 스타일 점검하기

자신을 아는 주변 인물을 찾아가 다음의 커뮤니케이션 기준에 따라 평가를 받아 봅니다. 먼저 자신이 평가를 하고 타인의 평가를 받아 봅니다. 특정한 발표를 기준으로 하는 것이 아니라 평소의 의사소통을 떠올리며 표시합니다.

구분	기준	평가								평균
		나								
호감도	옷과 사람, 분위기에서 긍정적인 에너지가 느껴지는가?									
	표정에서 여유와 친밀감이 느껴지는가?									
	음색에서 주의를 집중시키는 매력이 느껴지는가?									
자신감	눈빛에서 충분한 자신감이 느껴지는가?									
	시선 처리가 적절하고 청중과의 교감이 되는가?									
	적절한 몸짓을 통해 자신감을 보여주는가?									
전달력	전달하고자 하는 핵심 내용을 충분히 전달했는가?									
	주어진 시간 안에 충분히 내용을 전달했는가?									
	시작 내용이 참신하고 주의를 집중시켰는가?									
	마무리 내용이 인상적인 이미지를 남겼는가?									
	자신의 강점과 가능성을 명확하게 각인시켰는가?									

나의 커뮤니케이션 스타일 점검하기

자신을 아는 주변 인물을 찾아가 다음의 커뮤니케이션 기준에 따라 평가를 받아 봅니다. 먼저 자신이 평가를 하고 타인의 평가를 받아 봅니다. 특정한 발표를 기준으로 하는 것이 아니라 평소의 의사소통을 떠올리며 표시합니다.

구분	기준	평가								
		나	재욱	찬휘	상윤	윤호	희준	태형	영수	평균
호감도	옷과 사람, 분위기에서 긍정적인 에너지가 느껴지는가?	3	4	5	3	5	5	3	4	4.00
	표정에서 여유와 친밀감이 느껴지는가?	4	3	4	3	5	6	2	3	3.75
	음색에서 주의를 집중시키는 매력이 느껴지는가?	7	7	5	7	6	7	5	6	6.25
자신감	눈빛에서 충분한 자신감이 느껴지는가?	2	5	6	5	6	6	7	6	5.38
	시선 처리가 적절하고 청중과의 교감이 되는가?	6	6	5	6	3	7	5	4	5.25
	적절한 몸짓을 통해 자신감을 보여 주는가?	6	7	3	2	3	4	5	3	4.13
전달력	전달하고자 하는 핵심 내용을 충분히 전달했는가?	5	2	2	2	3	2	3	2	2.63
	주어진 시간 안에 충분히 내용을 전달했는가?	3	4	3	4	3	4	4	4	3.63
	시작 내용이 참신하고 주의를 집중시켰는가?	3	6	3	5	3	5	6	3	4.25
	마무리 내용이 인상적인 이미지를 남겼는가?	5	6	5	6	8	4	5	7	5.75
	자신의 강점과 가능성을 명확하게 각인시켰는가?	2	7	4	7	3	4	5	6	4.75

나의 커뮤니케이션 강·약점 파악하기

자신의 의사소통에 대한 평가 점수로 다음의 그래프를 채워 봅니다. 상대적으로 낮은 기준과 높은 기준을 찾아 아래 장점과 단점을 적고 개선점을 실천 사항 위주로 작성해 봅니다.

10											
9											
8											
7											
6											
5											
4											
3											
2											
1											
	맵시	표정	음색	눈빛	시선	몸짓	핵심	시간	시작	종료	강점
	호감도			자신감			전달력				

이름	장점	단점	해결책
오민서	• 음색이 좋다. • 시선과 몸짓이 좋다. • 강점 전달이 잘 된다.	• 핵심 전달이 약하다. • 표정 관리가 약하다. • 시간 관리가 약하다.	• 시간 정하고 발표 연습 • 핵심을 적어서 전달 • 거울 보면서 연습

10											
9											
8											
7											
6											
5											
4											
3											
2											
1											
	맵시	표정	음색	눈빛	시선	몸짓	핵심	시간	시작	종료	강점
	호감도			자신감			전달력				

이름	장점	단점	해결책

우리가 선진국임을 증명하는 기준

큐레이터

가난한 사람에게 문화·예술을 말하는 것은 자칫 '배부른 사치'로 보일 수 있기에 조심해야 합니다. 그러기에 한 나라가 성장하고 선진국으로 진입할수록 먼저 문화·예술의 보편화가 일어나기도 합니다. 우리나라는 이제 그 과정에 있습니다.

저는 큐레이터입니다. 작품 전시를 기획하고 관리하는 전문가이죠. 저는 선진국으로 가는 관문 역할을 하고 있다고 생각합니다. 제가 할 일이 더욱 많아지는 것, 즉 더 많은 예술 전시회가 열리고 많은 사람들이 예술을 즐기는 문화가 생긴다면 그야말로 우리나라가 문화 선진국으로 가고 있다는 증거인 셈입니다.

저는 주로 박물관과 미술관에서 활동합니다. 그런데 최근에는 외국 작품을 들여와 전시하거나 우리의 고유문화예술을 외국에서 전시하는 기획도 합니다. 그러다 보니 외국어 실력이 필요하다는 것을 절실하게 느낍니다. 글로벌 변화가 이런 직업의 영역까지 손을 뻗고 있습니다. 더 열심히 준비해야 시대를 이끌 수 있겠죠.

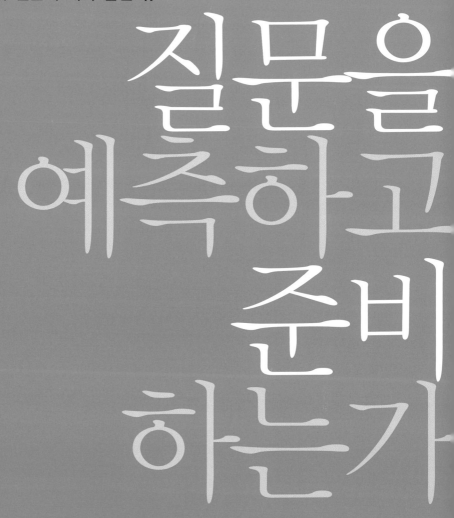

질문을 예측하고 준비하는가

우리들의 고민 편지

누구보다도 자기주도적인 학교생활을 하는 중학생 M군에게도 걱정이 있다. 진로에 관한 지식도 풍부하고 진로에 대한 확신도 있지만 결정적으로 표현이 서툴다. 긴장을 하면 말을 더듬기도 한다. 발표 이후 질문이라도 받으면 머릿속이 하얗게 변한다. 그래서 M군은 억울하다. 자기주도 학습 전형 등으로 고등학교, 대학교에 가려면 자신 있는 표현이 중요한데, 그런 상황을 생각만 해도 손에 땀이 난다. 방법이 없을까?

– 온라인 캠프에 올라온 진로 고민 편지

"선생님이 지금 머릿속에 어떤 단어를 떠올렸는데 한번 맞혀 보렴. 질문은 5번만 허용하고 샘은 '예, 아니오'로만 대답할 거야. 자유롭게 먼저 질문이 떠오르는 사람이 손을 들고 발표하면 된다."

"먼저 해 볼게요. 우리가 모두 아는 단어인가요?"

"예."

"야, 교빈아. 그렇게 쉬운 질문을 던지면 어떻게 해. 당연히 우리가 아는 단어를 생각하셨겠지. 질문 하나 날아갔잖아. 두 번째 질문할게요. 우리가 먹는 음식입니까?"

"아니요."

"우리가 일상에서 사용하는 도구입니까?"

"예."

"오예! 이제 2개 남았다. 무엇을 고칠 때 사용합니까?"

"앗! 예."

"마지막 질문은 승헌이한테 맡기자. 승헌아, 우리 좀 살려줘. 너만 믿는다."

"샘, 좀 길게 질문해도 되죠?"

"예."

"뭐야? 끝났잖아. 마지막 질문인데 그렇게 물어보면 어떻게 해? 급 실망이다."

"에고~ 미안, 미안, 교빈. 나도 실수할 수 있지."

하샘은 좀처럼 흐트러지는 모습을 보이지 않는 승헌이가 마지막 질문을 실수하고 어색해하는 모습이 귀엽게만 보였다.

"지금부터 새로운 미션을 줄게. 먼저 2명씩 짝을 지으렴. 방금 선생님과 했던 방법대로 생각 맞히기 게임을 한다. 정확하게 5개 질문 안에 맞혀야 한다."

학생들은 2명씩 마주 보고 앉았다. 하샘은 이런 수업 방식을 매우 좋아했다. 강사의 강의를 듣는 것도 좋지만 모두 주인공이 되어 참여하는 강의야말로 민샘에게 배운 탁월한 강의법이다. 분위기가 한껏 고조되자 하샘은 예정에 없던 왕중왕전을 진행했다. 단어 맞히기에 성공한 사람들끼리 또다시 짝을 이루어 대결하는 것이다. 교실은 열기로 가득했다. 잠시후 하샘은 헛기침을 한번 하더니 문 쪽을 가리켰다.

"지금부터 특별 손님을 모시겠습니다. 오늘의 파워 인터뷰 주인공입니다. 소개하죠. 서보연 멘토입니다."

"네? 보연 멘토라고요. 우아!"

교빈이의 입이 귀까지 올라갔다. 보고 싶었던 보연 멘토였다. 파워 인터뷰를 위해 하샘이 부른 것이다. 보연 멘토는 정말 인터뷰 마당에 나온 양 앞에 놓인 의자에 앉았다.

"파워 인터뷰 규칙을 소개합니다. 먼저 샘이 질문할 수 있는 주제를 보여주면 이와 관련된 질문을 하는 거예요. 물론 보연 멘토가 답변을 하겠죠. 그런데 보연 멘토는 질문 이후에 질문한 사람의 질문 수준에 대해 점수를 매길 겁니다. 점수가 가장 높은 학생에게는 오늘 보연 멘토가 저녁을 쏜다고 합니다."

"샘, 제가 먼저 선약하면 안 될까요?"

"교빈아, 진정해라. 수준 높은 질문을 해야 가능한 일이다."

입장을 바꿔 보면 질문이 보인다

"보연 멘토는 살아오면서 자신을 바꿀 만한 계기가 있었습니까?"

질문 주제 1
이 사람은 자기 자신을
잘 알고 있는가

"보연 멘토는 자신의 강점과 약점이 무엇인지 말씀해 주실까요?"

"보연 멘토는 자신의 성장 과정 중에 지금의 모습이 있기까지 가장 영향을 준 사람은 누구입니까?"

많은 학생들이 질문공세를 쏟아냈다. 보연 멘토는 학생들의 질문에 답변한 뒤, 질문 수준에 점수를 매겼다. 생각보다 수준 높은 질문이 많이 나와서 점수를 차별하기가 다소 어려웠다. 이런 방식으로 주제를 정하고 질문을 구성하여 그 사람을 알아보는 것이 바로 면접 전문가들이 자주 사용하는 방법이다.

하샘은 지금 그것을 경험하도록 돕고 있는 것이다.

기준	주제	질문 예시
자기 발견	강점 파악	자신만이 가진 강점이 무엇이라고 생각합니까?
	경험 의미	이제껏 가장 의미 있었다고 생각하는 경험은 무엇입니까? 그리고 그 경험을 통해 깨달은 것은 무엇입니까?
	약점 파악	자신의 약점은 무엇이라고 생각합니까? 꿈을 이루는 과정에서 그 약점을 개선하기 위해 어떤 노력을 하겠습니까?

하샘은 첫 번째 주제를 마감하면서 활동지를 주고, 이런 방식의 자기 발견 질문을 더 만들어 보도록 했다.

질문 주제 2
이 사람은 명확한 꿈과 목표를 가지고 있는가

"보연 멘토는 이미 꿈을 이루었습니까? 아직 꿈을 이루어 가고 있는 중입니까?"

"보연 멘토는 꿈을 찾는 과정에서 어떤 가치를 가장 우선순위로 두었습니까?"

"보연 멘토는 꿈을 이루는 과정에서 혹시 좌절해 본 적은 있습니까? 있다면 어떻게 극복하셨습니까?"

역시 다양한 질문들이 나왔다. 보연 멘토는 처음 활동 초반에는 학생들의 질문 수준을 평가하는 데 마음을 더 기울였다. 그런데 점차 인터뷰가 진행될수록 아이들의 질문 수준이 상향 평준화되어, 모두 높은 수준으로 올라가고 있었다.

분위기가 이러다 보니 아이들은 모두 더 수준 높은 질문을 하기 위해 고민하기 시작했다.

기준	주제	질문 예시
세계 발견	직업 비전	10년 뒤, 자신이 어떤 직업으로 어떻게 살고 있을지에 대한 그림과 확신이 있습니까?
	직업 정보	자신이 꿈꾸는 직업이 구체적으로 어떤 일을 하는지 알고 있습니까?
	롤모델과의 만남	자신과 같은 꿈을 이미 이룬 사람에 대해 알아본 적이 있습니까? 롤모델과의 직·간접적인 만남을 통해 깨달은 것은 무엇입니까?
	사명의식	자신이 그 직업을 가져야 하는 이유가 무엇입니까? 그리고 그 직업을 성취한 이후의 삶에 대한 고민을 해 보았습니까?

이번에도 역시 질문 예시가 담긴 자료를 주고, 질문을 더 만들어 보게 했다. 학생들은 진로 수업 과정을 모두 완료했기에 이런 질문을 만드는 것쯤은 매우 쉽고 즐거웠다. 마치 자신이 면접관이라도 된 것처럼 질문을 쏟아 내기 시작했다.

"보연 멘토는 그 꿈을 이루기 위해 구체적으로 어떤 노력을 하고 계신가요?"

"최종적인 꿈을 이루는 과정에서 각각 단계를 구분해 놓았나요? 그렇다면 지금은 어떤 단계인가요?"

질문 주제 3
이 사람은
꿈을 이루기 위해
노력하는 사람인가

교빈이의 연속 2개의 질문에 하샘은 내심 놀라고 있었다. 질문 수준이 전문 면접관 수준 못지않아 보였기 때문이다. 어떻게 이런 수준이 가능하게 되었을까? 일단 내용에 대한 정확한 이해가 이루어졌기에 가능한 것이다. 한 사람의 진로에 대해 이렇게 방대한 활동을 할 만한 일이 아이들의 평생에 몇 번이나 있을까? 그런 의미에서 진로 동아리 학생들은 한 사람의 인생 전체를 보는 힘을 가지게 된 것이다. 예리한 질문들이 쏟아지자 보연 멘토는 잠시 물을 마시면서 대답을 준비할 정도로 긴장했다. 그리고 지난번에 만났을 때보다 더욱 성숙해진 아이들의 모습에 무척 놀라워했다.

"보연 멘토님, 지금 많이 힘드시죠? 조금 편한 질문을 드릴게요. 지난번 우리 동아리에 일일 멘토로 오셨죠? 그때 정말 감사했습니다. 그런데 궁금한 게 있어요. 보연 멘토님의 꿈을 이루는 과정에서 저희들과의 단 한 번의 만남은 어떤 의미가 있을까요? 단순히 민샘의 부탁 때문인지, 아니면 자신의 꿈과 관련이 있는 것인지, 그리고 실제로 수업 내용이 자신의 꿈에 연결되었는지 궁금해요."

"네? 하영 학생의 질문이 장난 아니네요. 답변 드리죠."

질문 주제 4
이 사람은
정말 창의적으로
생각하는 사람인가

마지막으로 하샘은 매우 독특한 주제를 들어 보였다. 만약 앞에 앉아 있는 사람이 정말 창의적인 사람인지를 알고 싶다면 과연 어떤 질문을 던져야 할까?

기준	주제	질문 예시
창의성	경제 개념과 가치	당장 1억 원이 생긴다면 그 돈으로 무엇을 하겠습니까?
	판단 가치	내일 지구가 멸망한다면 당신은 오늘 무엇을 하겠습니까?
	문제 해결과 가치	풍랑을 만난 배에 구명보트가 하나인데 정원은 10명이고, 남녀, 계층, 직업, 연령이 섞인 사람이 50명 있습니다. 당신은 어떤 기준으로 10명을 보트에 태우겠습니까?
	시대 인식	남한과 북한의 현재 문제가 무엇이며, 어떻게 해결되어야 한다고 생각합니까?
	관계 상황	회사에 입사했습니다. 당신의 상사가 당신에게 당신이 잘할 수 있거나 하고 싶은 일과는 상관없는 일을 계속 맡긴다면 어떻게 하겠습니까?

보연 멘토는 끝나자마자 크게 한숨을 내쉬었다. 그리고 학생들을 향해 엄지손가락을 높이 치켜세웠다.

"와! 샘이 대학에 입학할 때 치렀던 입학사정관 심층 면접보다 더 어려웠어요. 여러분 정말 대단해요. 하샘이 정말 잘 지도해 주셨나 봐요."

"무슨? 사실 나도 놀랐어. 이 정도 수준일 줄 몰랐어. 여러분, 스스로도 놀랍지 않나?"

"맞아요. 면접관으로 입장을 바꾸니 이렇게 생각이 달라지네요."

"입장을 바꾸는 것. 교빈 학생이 아주 적절하게 표현했어요. 그게 핵심이에요. 여러분이 중요한 관문마다 자신의 생각을 꺼낼 텐데 입장을 바꾸어 질문을 예상하고 답변을 준비하면 상황은 180도 달라집니다."

"그런데 보연 멘토님, 뭐 잊으신 거 없나요?"

"뭐? 아, 수준 높은 질문 왕 뽑는 거? 당연히 발표해야죠. 오늘 저녁 저와 함께 식사할 수 있는 동아리 질문 대마왕은? …… 뭣들 하니? 책상 좀 두들겨 줘야지."

"두구두구두구두구두구!"

"축하한다, 교빈아. 저녁에 보자. 수업 끝나고 다시 올게."

"올레!"

커뮤니케이션을 앞두고 질문을 예측하여 답변을 준비하는 사람은 그 상황을 즐기는 사람이다. 시험공부를 할 때도 덮어놓고 힘겹게 외우는 학생이 있는 반면, 전체를 파악하고 예상 문제를 스스로 만들어 풀어 보면서 시험에 대비하는 학생들이 있다.

하샘은 다시 2명씩 짝을 짓게 했다. 그리고 짝마다 5개의 질문 유형 카드를 나눠 주었다.

"오늘 우리가 하는 활동은 '질문'에 관한 것이다. 여러분이 진로 과정에서 만나는 다양한 면접과 표현의 순간을 준비할 때, 이러한 질문법으로 예상 질문을 꺼내고 준비한다면 훨씬 수준 높은 면접을 치를 수 있을 것이다. 그럼 이번에는 질문의 유형을 알아볼까. 앞의 친구가 카드 하나를 들면, 상대방은 그 유형에 맞게 질문을 해야 한다."

하샘은 한 가지씩 예시 질문을 보여 주었다.

유형	유형 성격	진로 질문 예시
What	수렴하는 질문	당신의 꿈은 무엇입니까?
Who	관계를 묻는 질문	가장 영향을 준 사람은 누구입니까?
How	과정을 묻는 질문	꿈을 위해 어떤 노력을 하고 있습니까?
But	날카롭게 파고드는 질문	그렇게 확신하는 근거가 뭡니까?
If	만약의 가정 상황으로 확장하는 질문	만약 꿈이 이루어진다면 그 다음에는 무슨 꿈을 꾸겠습니까?

이러한 질문들을 스스로 예상해 보고 답변을 준비한다면 자신감은 무한하게 상승할 것이다. 하샘은 학생들이 이런 질문을 만들고 답변을 준비하는 것에 익숙해질 수 있도록 질문 카드를 만들었다. 그리고 그 카드를 모두에게 선물로 주었다.

"공통적인 질문은 윗 부분에 있으니, 그 아래부터는 스스로 작성해 본다. 이런 질문지가 그 어떤 질문에도 자신감을 높여 준다."

"하샘, 고마워요!"

동아리 학생들은 하샘의 섬세한 준비와 배려에 진심으로 감사해했다.

특별한 취미가 있는가?

가장 친한 친구는 누구이고, 그와 친한 이유는?

최근에 가장 흥미롭게 읽은 책은 무엇인가?

아르바이트를 한 적이 있다면 가장 기억에 남는 일은?

어학연수 경험이 있다면 가장 기억에 남는 것은?

봉사 활동 경험이 있다면 어떤 보람을 느꼈는가?

자신의 삶에 가장 영향을 준 사람은 누구인가?

자신이 부모로부터 배운 것은 무엇인가?

자신에게 가장 소중한 것은 무엇인가?

살면서 가장 행복했던 순간은?

살면서 가장 슬펐던 순간은?

살면서 가장 힘들었던 순간은?

슬프고 힘든 순간을 어떻게 극복했는가?

왜 이 학교에 입학하려고 하는가?

왜 다른 학과가 아닌 이 학과를 희망하는가?

자신의 강점은 무엇인가?

자신의 약점은 무엇인가?

성격 때문에 손해 본 적이 있는가?

본인의 인생관은 무엇인가?

최근에 본 영화 중 가장 감명 깊었던 것은?

현재 건강한 편인가? 건강하다면 그 비결은 무엇인가?

요즘 가장 즐겨 찾는 인터넷 사이트는 무엇인가?

좋아하는 운동이 있는가?

남들이 자신을 어떻게 평가하는가?

"이런 질문들은 그 사람이 어떤 사람인지 알 수 있는 '인성'에 대한 질문들이란다. 이러한 인성에 대한 평가 기준은 일반적으로 여섯 가지 정도로 구분된다. 그러니까 여러분은 이 카드의 뒤쪽에 틈나는 대로 여섯 가지 주제에 대한 질문을 적어 보렴. 그리고 그 질문에 대한 스스로의 답변에 대해 나름대로 평가도 해 보고, 짝을 정해서 서로 평가를 주고받는 것도 좋을 거야."

하샘은 한 학생의 그래프를 보여 주었다. 여섯 가지 인성의 주제로 평가한 그래프이다. 이 학생은 지금껏 자신이 남들 앞에서 말을 잘한다고 생각해 왔다. 자신감도 있었다. 다들 자신에게 주목하고 있다고 확신했다. 그런데 하샘과 함께 이런 수업을 하면서 발표를 한 뒤에 학생들에게 평가를 받아 보았더니 그야말로 결과가 충격적이었다. 스스로의 평가와 다른 사람들의 평가가 너무 달랐던 것이다. 이후 이 학생은 평가 내용을 냉정하게 받아들여 자신의 부족한 부분을 더 열심히 채웠다고 한다.

	인간관계	매너와 예절	배려와 공감	도전 의지	어려움 극복	도전적 사고

"하쌤! 오늘 정말 대단한 수업이었어요. 더 높은 수준의 커뮤니케이션을 배울 수 있었어요."

"좋아. 승헌아! 도움이 되었다니 쌤도 기쁘다. 앞으로 질문 카드를 가지고 다니면서 더 많은 질문을 적어 보렴. 그리고 스스로 답변도 해 보고, 그래프로 그려서 강점과 약점을 분석해 보는 것도 잊지 말고, 특히 진로 박람회에서 발표하는 리더들은 더 신경을 써야겠지?"

"네~ 쌤!"

리더는 언어가 다르다

오늘은 개인 지도를 받기 위해 승헌이가 남아 있었다.

"오늘 예, 아니오 퀴즈 문제에서 다소 민망했지, 승헌아?"

"말도 마세요. 쥐구멍에라도 들어가고 싶었어요."

"승헌이는 리더십도 있고 워낙 반듯해서 한편으로는 부담도 있을 것 같아."

"맞아요. 바로 그 점이 저를 더 힘들게 하는 것 같아요. 쌤, 걱정이에요. 박람회 강연을 잘할 수 있을까요? 더구나 수희와 함께 발표하는 거라 부담이 더 커요."

"선생님도 눈치가 있어 알고는 있다. 수희를 좋아한다지? 수희도 너를 좋아하니?"

"아직 잘 모르겠어요. 저를 편하게 여기는 것은 확실해요."

"그래서 이번 강연회가 더 중요하겠구나. 동아리 친구들과 민샘이 승헌이에게 거는 기대감, 그리고 수희 앞에서 멋지게 이끌어 가는 모습을 보여 주고 싶은 마음이 있을 거야."

하샘은 CD 3장을 꺼내 하나씩 승헌이에게 보여 주었다. '불편한 진실'이라는 앨 고어의 다큐멘터리, 케네디 대통령과 닉슨의 TV토론 영상, 그리고 대니얼 길버트 하버드 대학 교수의 강연 장면이었다.

| 앨 고어 | 케네디 | 대니얼 길버트 |

승헌이는 세 사람의 영상 장면에 완전 몰입했다. 어쩌면 저토록 멋지게 말할 수 있을까? 자신도 그렇게 강의를 진행하고 싶은 열망이 들끓었다.

"공통점이 뭘까? 승헌아."

"정말 말을 잘 해요."

"또 다른 공통점은?"

"유명한 사람들이잖아요. 앨 고어는 미국의 부통령, 케네디는 대통령, 길버트는 하버드 대학교수라고 나와 있어요."

앨 고어의 환경 다큐멘터리 영상은 발표 자료는 물론이고 여유로운 모습과 목소리가 너무 매력적이다. 케네디는 닉슨과의 토론에서 심금을 울릴 만한 명언들을 쏟아 낸다. 그리고 표정에도 자신감이 넘쳐 보인다.

대니얼 길버트 교수의 강의는 학생들을 감동시켜, 강의가 끝나자 학생들이 모두 기립 박수를 보냈다. 이 모든 영상이 승헌이에게는 너무나 매력적으로 다가왔다.

"이들도 승헌이처럼 큰 부담을 짊어진 리더들일까?"

"하샘, 장난하지 마세요. 이분들과 어떻게 저를 비교하세요. 이분들이 느끼는 부담은 거대한 산 같지 않을까요? 많은 사람들이 지켜보고 기대하고 있으니까요."

"그럼, 이분들은 어떻게 그것을 극복했을까?"

"글쎄요. 뭐 물어보지 않아서……."

케네디는 원래 수줍음이 많아 원고를 보면서 연설하던 초선 의원이었다. 부끄러워 고개를 들지도 못하고 원고만 읽던 케네디는 그 이후 피나는 노력을 한다. 보지 않고도 말할 수 있을 정도로 원고를 완벽하게 이해했으며, 시선 처리하는 법을 연습했다.

앨 고어는 환경 다큐멘터리 해설 강사가 되기까지 1,000번의 프레젠테이션을 거친다.

길버트 교수는 강의용 슬라이드 한 장을 만드는 데 100시간을 투자하는 열정으로 유명하다.

"샘, 정말이에요? 타고난 명강사들이 아니라, 정말 그렇게 노력해서 잘하는 사람들이에요?"

"그래. 샘이 보기에 승헌인 리더로서의 소명과 사명이 있는데, 그걸 이루려면 이 사람들과 같은 노력이 필요하단다."

"네, 저도 그렇게 생각해요. 노력이 필요할 것 같아요."

"청중 앞에 서는 일은 반복할수록 여유가 생기는 법이란다. 여유가 생겨야 자신이 가진 모든 것을 다 보여 줄 수 있지 않겠니? 그래야 청중의 마음에 울림이 되어 감동을 줄 수 있겠지. 지독한 반복 연습이야말로 가장 효과적이고 정직한 방법 아닐까?"

"맞아요, 샘! 앞의 영상은 저에게 확실한 답을 주었어요. 지금부터 박람회 강의 준비에 들어갈게요. 샘, 제 강의 연습을 녹화해서 드릴 테니까 인정사정없는 피드백 부탁드려요."

하샘은 인사를 하고 나가는 승헌이를 불러 세워 CD 3장을 선물로 주었다. 뒤돌아 나가는 승헌이의 어깨가 한결 가벼워 보였다.

스스로에게 질문하고 답변하기

진로의 내용을 모두 이해했더라도 그 내용을 100퍼센트 표현할 수 있는 것은 아닙니다. 이해한 것을 충분히 표현할 수 있어야 자신의 진로에 한 발짝 더 다가설 수 있습니다. 그러기 위해 아주 효과적인 방법은 나의 표현을 듣는 사람의 입장에서 질문해 보는 것입니다. 다음에 제시한 5개의 질문 유형을 참고하여 자신의 진로에 대해 '자기소개' 방식으로 표현하는 글을 써 보세요.

유형	유형 성격	진로 질문 예시
What	수렴하는 질문	당신의 꿈은 무엇입니까?
Who	관계를 묻는 질문	가장 영향을 준 사람은 누구입니까?
How	과정을 묻는 질문	꿈을 위해 어떤 노력을 하고 있습니까?
But	날카롭게 파고드는 질문	그렇게 확신하는 근거가 뭡니까?
If	만약의 가정 상황으로 확장하는 질문	만약 꿈이 이루어진다면 그 다음에는 무슨 꿈을 꾸겠습니까?

_____

_____

_____

_____

_____

_____

_____

스스로에게 질문하고 답변하기

진로의 내용을 모두 이해했더라도 그 내용을 100퍼센트 표현할 수 있는 것은 아닙니다. 이해한 것을 충분히 표현할 수 있어야 자신의 진로에 한 발짝 더 다가설 수 있습니다. 그러기 위해 아주 효과적인 방법은 나의 표현을 듣는 사람의 입장에서 질문해 보는 것입니다. 다음에 제시한 5개의 질문 유형을 참고하여 자신의 진로에 대해 '자기소개' 방식으로 표현하는 글을 써 보세요.

유형	유형 성격	진로 질문 예시
What	수렴하는 질문	당신의 꿈은 무엇입니까?
Who	관계를 묻는 질문	가장 영향을 준 사람은 누구입니까?
How	과정을 묻는 질문	꿈을 위해 어떤 노력을 하고 있습니까?
But	날카롭게 파고드는 질문	그렇게 확신하는 근거가 뭡니까?
If	만약의 가정 상황으로 확장하는 질문	만약 꿈이 이루어진다면 그 다음에는 무슨 꿈을 꾸겠습니까?

나의 꿈은 항공기 조종사이다. 만약 항공기 조종사의 꿈을 가지지 않았다면 나는 아마도 비행기 조립 완구를 만들거나 파는 사람이 되어 있을 것이다. 이 꿈을 갖게 된 것은 초등학교 4학년 때 경험했던 '에어쇼' 때문이다. 그때의 충격과 환희는 정말 대단했다. 그때 이후 비행기 장난감, 모델, 레고블럭 등을 모으기 시작했다. 중학교에 올라가서는 항공대학교에 혼자 지하철을 타고 가서 경비행기를 구경하고 구내식당에서 밥도 먹고 올 정도였다.

정말 다행인 것은 부모님이 나의 꿈을 지지해 준다는 것이다. 나는 지금 항공 관련 고등학교 진학을 준비하고 있다. 반드시 입학해서 하나씩 단계를 밟아 나갈 것이다. 항공대학교에 진학할 것이고, 군대는 공군으로 입대할 계획이다.

질문으로 파악하는 나의 인성

다음은 한 학생이 여러 가지 질문에 답변하면서 파악된 인성의 여섯 가지 주제들을 그래프로 표현한 것입니다. 각 주제마다 왼쪽은 자신의 평가 점수, 오른쪽은 다른 사람의 평가 점수의 평균을 넣은 것입니다. 그래프 아래의 주제에 스스로 답변해 보면서 스스로의 평가 점수를 그래프로 그리고, 다른 사람의 평가 점수를 받아 그래프를 완성해 봅니다.

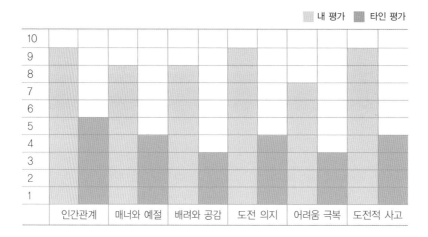

나의 발표 준비 과정 점검하기

케네디는 원래 수줍음이 많아 원고를 보면서 연설하던 초선 의원이었습니다. 부끄러워 고개를 들지도 못하고 원고만 읽던 케네디는 그 이후 피나는 노력을 합니다. 보지 않고도 말할 수 있을 정도로 원고를 이해했으며, 시선 처리를 연습했습니다. 앨 고어는 명강사가 되기까지 1,000번의 프레젠테이션을 거쳤습니다. 길버트 교수는 강의용 슬라이드 한 장을 만드는 데에 100시간을 투자하는 열정으로 유명합니다. 그의 강의에 감동한 하버드 학생들은 모두 기립 박수를 보냅니다. 이런 내용을 바탕으로 자신의 발표 연습을 돌아봅니다. 주로 어떤 방법으로 얼마나 연습하는지, 그 결과가 어떠했는지 돌아보고 개선할 점을 적어 봅니다.

앨 고어

케네디

대니얼 길버트

나의 발표 준비 과정 점검하기

케네디는 원래 수줍음이 많아 원고를 보면서 연설하던 초선 의원이었습니다. 부끄러워 고개를 들지도 못하고 원고만 읽던 케네디는 그 이후 피나는 노력을 합니다. 보지 않고도 말할 수 있을 정도로 원고를 이해했으며, 시선 처리를 연습했습니다. 앨 고어는 명강사가 되기까지 1,000번의 프레젠테이션을 거쳤습니다. 길버트 교수는 강의용 슬라이드 한 장을 만드는 데에 100시간을 투자하는 열정으로 유명합니다. 그의 강의에 감동한 하버드 학생들은 모두 기립 박수를 보냅니다. 이런 내용을 바탕으로 자신의 발표 연습을 돌아봅니다. 주로 어떤 방법으로 얼마나 연습하는지, 그 결과가 어떠했는지 돌아보고 개선할 점을 적어 봅니다.

앨 고어

케네디

대니얼 길버트

내가 존경하는 최고의 연설가들이 이렇게 연습을 많이 하고 무대에 서는 줄은 미처 몰랐다. 나는 그래도 말을 잘 한다고 생각했다. 실제로 남들과 의사소통할 때 대화를 주도하곤 한다. 하지만 그 수준을 넘어서지는 못했다. 정말 중요한 공식적인 자리, 공개 발표회 같은 것은 아직 경험하지 못했다. 하지만 이제부터는 좀 다르다. 내가 가고 싶은 고등학교는 자기주도 학습 전형으로 선발하고 구술 면접도 있다. 먼저 표현하고 싶은 내용을 정확하게 이해해야 자신감이 생길 것이다. 그 다음에는 나의 발표를 남에게 평가받아 볼 것이다. 다소 불편하겠지만 그렇게 해야 나의 표현력이 크게 향상될 것이라고 믿는다. 앨 고어, 케네디, 길버트처럼 연습하며 준비할 것이다.

내 이름이 들어간 간판을 다시 걸 때까지

제과제빵사

언제부터인가 눈에 띄게 빵집이 많아졌습니다. 그 빵집들은 위층에 카페도 운영하고 있습니다. 그런데 예전의 향수를 간직했던 'ㅇㅇㅇ베이커리' 처럼 자기 이름을 건 간판을 이젠 보기가 쉽지 않습니다. 그만큼 제과제빵업계가 대형 체인화하고 있다는 증거이지요. 물론 저도 그러한 체인점 가운데 하나를 운영하고 있습니다.

하지만 제게는 아직 꿈이 있습니다. 보란 듯이 다시 제 이름을 건 간판을 다는 것이죠. 그래서 당당하게 대형 빵집과 경쟁하는 모습을 상상합니다. 그러기 위해 저는 요즘도 틈틈이 새로운 빵을 연구하고 만들어 보고 있습니다. 그리고 그 빵을 주변 주민들에게 무료로 시식하게 하고 의견을 묻곤 하지요.

이 정도면 저의 열정이 느껴지나요? 제과제빵사를 꿈꾸는 친구들과 이런 열정을 나누고 싶어요. 끊임없이 새로움을 추구하고 그 새로움을 사람들과 나누려는 마음이라면 충분히 가능성이 있다는 것! 바로 그것을 저는 증명해 보이겠습니다.

나만의 스토리가 있는가

우리들의 고민 편지

스마트한 중학생 J양은 소설을 좋아한다. 소설 속에 담긴 주인공의 성공 이야기가 너무 아름답기 때문이다. 특히 어려움과 고통을 극복하고 꿈을 이루는 이야기를 가장 좋아한다. 진로 활동의 결과를 발표할 때 이야기로 표현하는 기법에 대해 배웠지만, J양은 난감하다. 다른 사람의 이야기는 너무 좋아하지만 막상 자신의 이야기를 만드는 것은 다른 차원이기 때문이다. 더구나 J양은 스스로가 생각해도 큰 어려움 없이 지금까지 살아왔다. 그러다 보니 감동을 만드는 임펙트가 없다. 어떡하나? 감동을 거짓으로 지어 낼 수도 없지 않은가.

– 온라인 캠프에 올라온 진로 고민 편지

수업이 시작되자 하샘은 영상을 보여 주었다. 애리조나 총기 난사 사건의 희생자들을 추모하기 위해 버락 오바마 미국 대통령이 연설하는 장면이다. 아이들은 자막을 읽으며 내용을 따라간다. 그런데 31분 10초가 지났을 즈음 오바마는 슬픔으로 감정이 북받쳐 올라 말을 멈춘다. 그리고 고개를 숙여 눈을 감는다. 아이들에게도 그 슬픔이 전해지는 듯했다. 잠시 후 오바마는 다시 말을 이으려고 고개를 든다. 그런데 다시 눈물을 글썽이며 차마 말을 잇지 못한다. 그래도 대통령이기에 울고 있을 수만은 없다. 마음을 추스르려고 다른 방향을 쳐다보며 여전히 침묵한다. 결국 또 말을 잇지 못한다. 32분 1초가 될 때까지 그는 침묵했다.

"이것이 미국인을 울린 '51초의 침묵 연설'이다."

"샘, 감동적이에요. 진심이 느껴져요."

"백 마디 말보다 더 통하는 것 같아요. 저도 저런 멋진 연설가가 되고 싶어요."

31분 10초   51초

감정이 북받쳐 올라 눈을 감고

다시 말을 이으려다 눈물이 나려 하고

32분 1초

애써 다른 곳을 보며 한번 더 마음 누르고

승헌이와 교빈이가 큰 소리로 자신의 감동을 나누었다. 하샘은 감동의 여세를 몰아 이번에는 다른 영상을 보여 주었다. 스티브 잡스가 등장한다. 그는 무대 위에 혼자 서 있다. 잠시 후 누군가가 무대 위에 등장하더니 잡스에게 서류 봉투 하나를 주고 나간다. 수만 명의 청중은 숨소리도 내지 않고 그 광경을 지켜본다. 강의가 시작되었는데, 말은 하지 않고 이상한 퍼포먼스만 하고 있는 것이다. 잡스는 '이게 뭐지?' 하는 표정으로 봉투를 연다. 그리고 아주 얇은 뭔가를 꺼낸다. 노트북이다.

"와우!"

그 순간 청중의 박수가 터진다. 잡스는 한 마디의 말도 하지 않았다. 노트북이 얇다고 소리치지도 않았다. 그저 의미를 극대화할 수 있는 드라마를 연출한 것뿐이다.

스티브잡스가 서류봉투를 받아
그 속에서 얇은 노트북을 꺼낸다.

"하영이가 가장 놀라는 표정이구나. 더 놀라운 것은 잡스의 강연과 그의 프레젠테이션은 1막, 2막, 3막 같은 형식으로 구성된다는 것이다."

"정말요? 무슨 강의가 연극처럼 '막'이 있어요?"

어쩌면 오바마와 잡스가 서 있는 강연장은 공연이 펼쳐지는 무대와 같다. 딱딱하게 자신이 하고 싶은 말만 전하고 내려가는 것은 청중의 하품을 만들어 낸다. 그리고 그런 연사가 다시 나오면 청중은 가방에서 책을 꺼내서 읽기 시작한다.

"두 사람의 연설을 보았는데 공통점이 뭘까?"

"집중이 돼요."

"진심이 전해져요."

"뭔가 울림이 있어요."

"말이 없어요."

"일반적인 커뮤니케이션과 달라요."

자발적인 학생들의 답변이 이어졌다. 학생들은 지난 시간까지 가장 일반적인 발표와 표현 기법을 배웠다. 그런데 오늘은 조금 다른 차원의 기법인 것 같다.

"샘, 이게 지난 시간까지 배운 표현 기법보다 더 높은 수준인가요? 감동은 있지만 제 생각엔 너무 심플한 것 같아요."

"하영이의 솔직한 표현, 고맙구나. 훨씬 더 높은 수준이지. 감성에 접근하는 방식이다."

"그래도 어떻게 보면 대충 하는 것 같은 느낌이 들어요. 전문성도 느껴지지 않는 것 같아요."

"카드에 적힌 것과 같이 세 명의 강사가 있다. 누가 제일 수준이 높은 강사일까?"

"어려운 내용을 어렵게 전달하는 사람이 제일 수준이 높은 게 아닐까요? 다른 사람들이 모르는 것을 자신은 알고 있는 거잖아요."

"하영이가 질문을 정확하게 이해하지 못했나 보구나. 샘은 지금 연구자로서의 수준을 물어본 게 아냐. 강사로서의 수준을 물어본 거지."

"그렇군요. 그러면 반대죠. 쉬운 내용도 어렵게 전달하는 강사가 최악이고, 어려운 내용을 청중에게 들리는 쉬운 말로 전하는 강사가 최고죠."

"잘 이해했구나."

"강연이 간단한데, 감동이 크다는 것은 분명 더 높은 수준인 거죠?"

"그래서 오바마나 잡스를 세계적인 연설가라고 하는 거란다."

"샘, 비결이 뭘까요?"

"스토리가 있기 때문이지."

"스토리요?"

감동은 이야기에서 나온다

하영이의 질문이 이어진다.

"샘, 스토리가 뭐예요? 우리가 스토리, 스토리 하는데 사실 정확히는 잘 모르겠어요."

"스토리는 '이야기'이다."

"그건 다 아는 거고요."

"그게 전부야."

"네?"

"이야기를 알면 된다는 거다."

"이야기는 뭔데요?"

"한번 볼까? 이야기가 뭔지."

그 순간 교실 밖에서 교빈이가 갑자기 뛰어들어 왔다. 언제 나갔지? 분명 교실에 있었는데……. 교빈이는 들어오자마자 소리쳤다.

"얘들아! 모여 봐. 너희들 혹시 그 이야기 알아? 모르지? 좋아, 지금부터 이야기해 줄게. 있잖아……."

"동작 그만!"

하샘이 제지하자 교빈이는 그 상태로 멈췄다. 하샘과 교빈이가 미리 설정한 장면이었다. 멈춰버린 교빈이의 모습! 이건 완전히 코미디이다. 아이들은 배꼽을 잡고 웃었다. 하샘과 교빈이는 장난스러운 표정을 지으며 자리로 돌아갔다.

"이런 경우가 종종 있지? 하영아."

"많죠."

"이럴 때 집중이 잘 되지 않아?"

"완전 몰입이죠."

"그게 바로 이야기이다. 집중시키고 몰입시키는 것의 대부분은 이야기란다."

하샘은 매우 다양한 단어 카드를 조별로 나눠 주었다. 같은 종류별로 그룹을 지으라는 것이다. 단어 자체는 매우 익숙한 단어들이다.

"샘, 이 단어들은 왠지 친근한데, 왜 그럴까요?"

"맞아요. 아주 가깝게 느껴지는 단어들이에요."

"교빈이와 승헌이가 이 단어를 친숙하게 여기는 것은 당연해. 이 단어들은 여러분이 좋아하는 드라마, 영화, 책의 주제들이니까."

"그러고 보니 드라마 주제가 다 들어 있어요."

친숙하지만 이 상태로 분류를 한다는 것은 너무나 어려운 일이었다. 아이들이 난감해하자 하샘은 기다렸다는 듯이 큰 단어 카드를 4개씩 나눠 주었다.

"4개의 큰 카드 안에 종류별로 분류해서 붙이면 돼. 이젠 좀 할 만하겠지? 교빈."

"이젠 너무 쉬워요. 사랑 이야기는 아예 답이 들어 있네. '사랑'이라고 씌어 있잖아요."

오랜만에 카드 분류 활동을 하는 아이들의 표정이 아주 밝다. 최근 들어 박람회 준비 등으로 수업의 긴장도가 계속 높은 상태여서 오늘 활동은 아이들의 긴장감을 풀어 주려는 의도가 있었다. 일부러 민샘이 즐겨 하던 카드 활동을 해 본 것이다. 이제 하샘도 아이들과 정이 많이 들었다.

'동아리 정식 활동으로는 오늘이 마지막이구나. 다음 한 시간은 진로 박람회 현장 세팅으로 사용해야 한다. 민샘이 학생들에게 그토록 애정을 가졌던 이유를 이제 알겠다. 나 역시 이 친구들과 헤어지는 건 너무 섭섭해. 언제 이리 정이 깊어졌지⋯⋯.'

"하샘, 다 했어요. 우리 조가 제일 먼저 했어요."

"아니에요. 우리 조는 벌써 끝내고 지금 검토하고 있었어요."

"그럼 한번 볼까?"

"모험, 가족, 사랑, 성공 여기에 모든 이야기가 다 들어 있어. 예전에는 이 중에 하나만 정해서 이야기가 만들어졌는데 지금은 몇 가지씩 섞여 있는 경우가 많아. 해리포터에는 어떤 이야기가 들어 있을까?"

"성장 이야기요."

"순수한 사랑도 있어요."

"영웅담이죠."

"음모 이야기요."

"복수도 들어 있죠."

학생들은 막연했던 이야기에 대해 이제 조금씩 눈뜨기 시작했다. 팀별로 추가 미션을 주어졌다. 두 팀이 서로 대결하는 방식이다. 양 팀의 조장이 각각 영화나 드라마, 책 제목을 공개하면 상대방 조는 더 빠른 시간 안에 그 작품 속에 들어 있는 구체적인 이야기들을 찾아내야 한다.

"자, 이제 준비가 다 된 것 같다. 이러한 이야기 유형을 바탕으로 자신의 이야기를 써 보는 시간을 가져 보자. 많은 이야깃거리들 중에 자신의 과거로부터 현재까지를 표현하기에 적합한 주제를 몇 개 꺼내 보렴. 그런 뒤에 그것을 중심으로 간단한 자기소개를 작성해 본다."

학생들은 이런 과정을 통해 '이야기가 담긴 자기소개'를 작성해 보려 한다. 너무 과장되지 않고 담백하게 자신을 표현하는 연습을 해 보는 것이다.

"교빈이의 어린 시절과 현재의 변화가 잘 드러나는 단어들을 골랐구나."

"네. 순서를 잘 정리하면 저만의 이야기를 만들 수 있을 것 같아요."

그순간 갑자기 교빈이의 표정이 매우 진지해졌다.

"샘, 고마워요."

"뭐가 고맙다는 거니, 교빈아?"

"오늘이 마지막 시간이라는 거 알고 있어요. 민샘만큼이나 하샘은 저희에게 소중하신 분이에요."

승헌이와 수희도 진지한 표정으로 한 마디씩 거들었다.

"샘, 또 뵐 수 있겠죠?"

"박람회가 끝나고 동아리가 종료되면 비전 하우스에 놀러 가도 되죠?"

하샘은 금방 눈물이 쏟아질 것 같았다. 하샘의 맑은 눈에 아이들의 모습이 하나씩 들어와 박혔다. 마치 오바마 대통령처럼 하샘도 지금 말을 잇지 못했다. 수희가 손수건을 건넸다. 아이들은 다시 고개를 숙여 자기소개서를 쓰는 시늉을 하고 있지만 아이들의 노트 위에도 글자 대신 눈물이 떨어져 얼룩졌다.

수업의 후반부는 이렇게 눈물로 마무리되었다.

나만의 개념으로 돌파구 찾기

수업을 마치고 하영이가 조용히 책상 앞에 앉아 있었다. 하샘이 하영이에게 다가갔다. 종이에는 한 글자도 적혀 있지 않았다.

"샘, 오늘은 여러 가지로 마음이 심란해요. 마지막 시간이라 그런가요? 모든 게 다 막혀 버렸어요."

"무슨 말이니? 모든 게 막혀 버렸다니?"

"제가 민샘과 쓰다 만 책을 다시 쓰고 있었잖아요. 거의 마무리 단계인데 더 이상 진전이 안 돼요. 이러다가는 박람회 발표 준비도 못하겠어요. 그래서 책 쓰기를 포기하려고요."

"그렇구나. 하영이에게 너무 큰 부담을 주어 미안하다."

"괜찮아요. 제가 선택한 건데요. 그리고 샘, 오늘 '이야기'로 자신의 진로를 표현하는 게 저에게는 더없이 어려웠어요."

"어떤 부분이 어려웠니? 그래서 이렇게 한 글자도 쓰지 못했구나."

"저는 평범하게 자랐어요, 별다른 어려움 없이. 그러니까 특별한 이야기가 없었다는 거죠. 그런 제가 어떻게 이야기를 쓸 수 있겠어요?"

"그건 오해야. 평범하게 자랐다는 것은 감사할 일이지. 이야깃거리가 없다고 비난받을 건 아니란다. 있는 그대로 받아들이렴."

"그럼 어떡하죠. 저도 '이야기'를 만들고 싶은데."

"콘셉트로 가 보자."

"콘셉트요?"

"이 친구는 자신의 인생을 보물찾기에 비유했단다. 일부러 이야기로 연결하지 않고 내용의 성격을 잘 이해할 수 있는 개념을 찾아낸 거지. 이것을 '콘셉트'라고 해."

"재미있네요. 없는 이야기를 억지로 만들기보다는 차라리 내용에 맞는 비유를 찾아서 전달한다. 이것이 콘셉트군요?"

"그래, 맞아."

"진로 동아리 첫 시간에 진로를 항해에 비유했었어요. 그럼 그것도 콘셉트인가요?"

"그렇지, 이 작품은 어떤 개념인 것 같니?"

"이것은 자신의 진로 비전을 나무가 자라나는 콘셉트로 잡은 것 같아요. 이런 콘셉트라면 다른 사람에게 자신의 비전을 설명할 때 신선하겠어요. 이야기만큼이나 집중시킬 수 있을 것 같아요."

하영이의 표정이 조금씩 밝아졌다. 희망을 본 것이다. 사실 하영이는 매우 어렵게 진로 동아리 활동을 지탱해 왔다. 숱한 우여곡절을 겪으면서 서로 호감을 갖게 된 찬형이는 중도에 동아리를 나갔고, 자신을 좋아했던 승헌이는 이제 수희와 좋은 사이로 지낸다. 그러던 중, 민샘이 입원하면서 중단된 책 쓰기 비밀 프로젝트를 다시 시작하게 되었지만 마무리를 앞에 두고 포기하려고 한다. 그런데다가 박람회에서 발표할 특별한 이야기가 없어 더욱 무거운 마음이었는데, 오늘 하샘이 개념을 통해 풀어 준 것이다. 하영이는 이제 강연 준비에만 집중하겠다고 마음먹었다.

교실을 나서는 하영이의 머릿속에는 자신의 진로를 기차 여행 콘셉트로 그려 보는 그림이 꿈틀대고 있다. 오랜만에 아주 오랜만에 다시 설레는 느낌이 들었고, 박람회 강연도 정말 잘 될 것 같다.

그렇게 하샘의 마지막 수업은 하영이의 답답한 마음을 풀어 주면서 마무리되었다.

소통의 달인을 추억하다

소통의 달인들은 '감동'을 만들어 내는 커뮤니케이션 능력을 가지고 있습니다. 꼭 많은 말을 하지 않더라도 그 진심이 통하는 경우가 많습니다. 오바마의 51초 침묵 연설 내용을 다시 한 번 상기해 보세요. 자신이 살아오는 동안 비슷한 소통의 감동을 느껴 본 적이 있는지 살펴봅니다. 그때의 상황, 마음 등을 담아 간단하게 소개하는 글을 써 봅니다. 그리고 그 속에서 자신이 배워야 할 부분이 무엇인지 다짐하는 내용으로 표현해 봅니다.

31분 10초

51초

감정이 북받쳐 올라 눈을 감고

다시 말을 이으려다 눈물이 나려 하고

32분 1초

애써 다른 곳을 보며 한번 더 마음 누르고

소통의 달인을 추억하다

소통의 달인들은 '감동'을 만들어 내는 커뮤니케이션 능력을 가지고 있습니다. 꼭 많은 말을 하지 않더라도 그 진심이 통하는 경우가 많습니다. 오바마의 51초 침묵 연설 내용을 다시 한 번 상기해 보세요. 자신이 살아오는 동안 비슷한 소통의 감동을 느껴 본 적이 있는지 살펴봅니다. 그때의 상황, 마음 등을 담아 간단하게 소개하는 글을 써 봅니다. 그리고 그 속에서 자신이 배워야 할 부분이 무엇인지 다짐하는 내용으로 표현해 봅니다.

31분 10초   51초 ⟶   32분 1초

감정이 북받쳐 올라 눈을 감고

다시 말을 이으려다 눈물이 나려 하고

애써 다른 곳을 보며 한번 더 마음 누르고

특별한 기억이 있지는 않다. 이번에 접한 오바마의 침묵 연설이 가장 인상적이다. 영상을 보는 동안 숙연해지고 가슴에서 뭔가 뜨거운 것이 올라오는 느낌이었다. 남 앞에서 발표할 때 나는 신경을 많이 쓰는 편이다. 준비를 많이 하지만 긴장도 많이 한다. 그런데 준비하고 신경 쓴 만큼 발표가 늘 만족스럽지는 않다. 나의 말을 듣는 사람의 표정을 보면 그것을 알 수 있다. 토론학원까지 다니면서 연습했음에도 불구하고 느낌이 살아나지는 않는다. 이제 와서 생각해 보니, 화려한 언변도 중요하지만 오바마처럼 진심이 통하는 연설이 더 중요하겠구나 하는 생각이 들었다. 물론 세련된 표현력도 키우겠지만 마음을 전달하는 발표를 위해서는 내가 먼저 청중의 마음을 읽고 같은 마음을 품어야 한다는 것을 새삼 느끼게 되었다.

나의 진로를 이야기 주제로 표현하기

다음은 일반적으로 쓰이는 이야기의 핵심 유형을 정리한 것입니다. 자신의 성장 과정을 생각하며 자신의 삶을 표현하기에 어울리는 3~5개 정도의 카드를 아래와 같이 선택하여 그 주제를 포함한 진로 이야기를 자기 소개하듯이 기술해 봅니다.

_____

_____

_____

_____

_____

_____

_____

_____

_____

_____

_____

나의 진로를 이야기 주제로 표현하기

다음은 일반적으로 쓰이는 이야기의 핵심 유형을 정리한 것입니다. 자신의 성장 과정을 생각하며 자신의 삶을 표현하기에 어울리는 3~5개 정도의 카드를 아래와 같이 선택하여 그 주제를 포함한 진로 이야기를 자기 소개하듯이 기술해 봅니다.

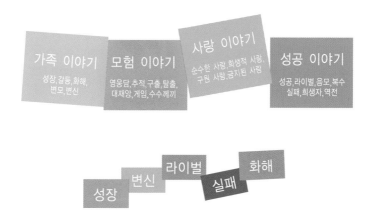

내가 선택한 카드는 갈등, 화해, 변신, 라이벌, 실패, 성공 등이다. 나에게는 쌍둥이 동생이 있다. 우리 둘은 어릴 적부터 늘 경쟁 상대 즉 라이벌이었다. 이러한 관계는 결코 행복한 것은 아니었다. 우리 둘은 보기에는 사이가 좋았지만 마음속으로는 서로를 이기기 위해 칼을 갈고 있었다. 그러던 어느 해, 초등학교 체육대회에서 각기 다른 반인 우리는 이어달리기에서 상대 팀으로 만나 같은 조에서 뛰게 되었다.

고니를 도는 중에 나도 모르게 동생을 팔로 밀쳐냈다. 넘어진 동생은 뒤따라오던 친구에게 부딪혀 크게 다치고 말았다. 그때 나는 선두에서 달리고 있었다. 동생이 걱정된 나는 뒤돌아보며 달리다가 결승점을 앞에 두고 뒤돌아서 동생에게 달려가 일으켜 부축했다. 절뚝거리는 동생을 부축하고 나는 함께 꼴찌로 결승점을 통과했다.

친구들이 다들 뜨거운 격려의 박수를 쳐 주었고, 나와 동생은 그때부터 마음이 통하는 사이가 되었다. 이것이 나의 성장 이야기이다.

향기에 서비스를 담아
전하는 사람

바리스타

'김형수님의 결혼기념일 커피', '박일수님의 새 차를 뽑은 기념 커피'…….

이상한 액자들이 걸려 있는 카페가 있습니다. 저는 이 카페의 주인이자 바리스타랍니다. 바리스타는 커피를 만들어 파는 사람이죠. 그런데 저는 맛있는 커피 향기에 독특한 추억을 담아서 선물하고 있습니다. 저의 가게에 오는 손님들이 특별한 사연을 적어 주면 거기에 맞는 커피를 만들어서 선물하고 기념사진을 찍어 전시합니다. 사진 뒷면에는 그 커피에 담긴 사연과 나름의 향기를 적어 두었다가 일 년 뒤 그 기념일에 다시 그 손님이 오면 그 커피를 다시 서비스합니다.

이런 액자만 벌써 150개입니다. 창의적이죠? 저는 이런 커피의 향기를 사랑합니다. 향기는 추억을 떠오르게 하는 특징이 있지요. 바리스타를 꿈꾸는 친구들은 이러한 향기를 사랑하고 이해할 수 있는 사람이어야 한다고 생각합니다. 그리고 자신도 그러한 추억의 향기를 간직할 수 있는 감성의 소유자라면 더없이 좋을 것입니다.

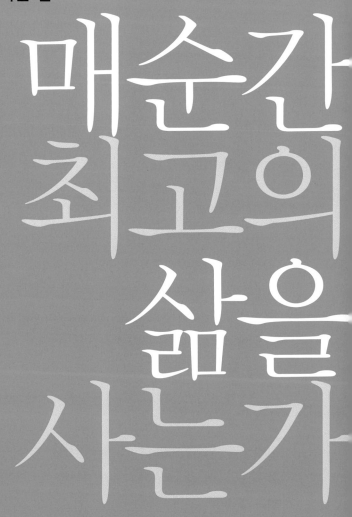

매순간 최고의 삶을 사는가

우리들의 고민 편지

누군가의 도움 없이도 <u>스스로</u> 할 일을 잘하는 중학생 H군, 초등학교는 물론 중학교에 올라온 이후 한 번도 반 회장을 놓친 적이 없다. H군은 자신이 누군가를 도와주거나 그룹을 이끄는 것에는 익숙하지만 다른 사람에게 도움을 구하는 데는 서툴다. 솔직히 그럴 필요를 느껴본 적이 없다. 다른 사람에게 도움을 구하는 것 자체가 남자답지 못하다고 생각하는 것이다. 진로 활동을 마무리하고, 이제부터 진로를 위해 노력을 시작하려는데 선생님이 자신을 불러 애정 어린 마음으로 말씀하셨다. "너의 꿈을 이루는 과정에서 다른 사람과 함께 가렴. 그래야 그 꿈을 이룰 수 있고, 그래야 진정한 행복을 느낄 수 있단다." H군은 선생님이 왜 자신에게 그런 말씀을 하셨는지 이해가 되지 않는다. 무슨 뜻일까?

– 온라인 캠프에 올라온 진로 고민 편지

마침내 진로 박람회가 공식적으로 문을 열었다. 특설 강연장 강연은 개장과 함께 시작된다. 진로 박람회 메인 부스 앞에는 거대한 등대 현수막이 걸렸다. 동아리 멤버들은 모두 침착하게 자신의 자리에서 관람객을 기다리고 있었다. 특설 강연장 옆 대기실에는 5명의 조장들이 모여 있다. 하샘은 학생들에게 따뜻한 스프를 먹이려고 실랑이를 벌이고 있었다.

"어서 먹어. 마지막 경고야. 아침도 안 먹었잖니? 니들 정말 이럴 거야!"

"샘, 긴장되어서 도저히 음식이 안 들어갈 것 같아요."

"하영아, 그래서 샘이 직접 스프를 끓여 온 거야. 몇 숟갈이라도 먹어야 돼. 긴장될수록 속이 든든해야 한다. 샘 말 들어."

고집을 부리던 아이들은 하샘의 성화에 울며 겨자 먹기로 스프를 먹었다. 그런데 철만이는 여전히 숟가락을 들 생각을 않는다. 하샘은 그 심정을 충분히 이해했다. 전체 프로그램의 첫 번째 순서를 맡았으니 오죽 긴장될까? 사람들은 이미 몰려들기 시작했다. 선착순으로 나눠 주는 사은품 때문인지는 몰라도 다들 기다렸다는 듯이 문을 열자마자 박람회장을 가득 채웠다.

"야! 박철만. 너 자꾸 이럴 거야. 피구 라인 하나 제대로 못 그리고……. 벌써 몇 번째야! 야야, 다음 학기 체육 부장은 절대로 철만이 시키지 마!"

"죄, 죄, 죄송해요. 다, 다시 그릴까요. 서, 선생님?"

철만이의 머릿속에 그때의 영상이 떠올랐다. 불안하다. 답답하던 자신의 모습이 왜 하필 이때 떠오른단 말인가. 철만이는 갑자기 자신도 모르게 스프를 한 입에 들이키려 했다.

"철만아, 멈춰! 그 뜨거운 걸 마시면 어떡하니, 큰일 날 뻔했잖아. 괜찮아?"

"네. 괘, 괜찮아요. 서, 서, 선생님."

그 순간 모든 친구들이 눈을 동그랗게 뜨고 철만이를 향해 고개를 돌리며 외쳤다.

"철만아, 괜찮아? 긴장하지 마!"

철만이가 입술을 깨물었다. 손에 땀이 흘렀다. 친구들은 괜찮다고 격려하지만 철만이의 머릿속에는 체육 선생님의 호통 소리가 가득했다.

"피구 라인 하나 제대로 못 그리고……."

철만이는 세차게 고개를 흔들어 그런 환청을 지우려 안간힘을 썼다. 그러자 당시 처음 만났던 민샘의 얘기가 떠올랐다.

"진짜 쉬워. 선생님이 직접 실습도 해 봤거든. 무조건 목표만 보고 가면 돼!"

놀랍게도 체육 선생님의 꾸지람은 희미하게 사라지고 민샘의 그 말만이 머릿속을 가득 채웠다. 마치 지금 민샘이 곁에서 그 말을 다시 들려주며 어깨를 다독이는 느낌이었다. 철만이는 민샘이 함께하신다는 생각이 들자 자신감이 솟았다. 심호흡을 하고 주먹을 불끈 쥐었다.

'그래, 샘 말씀대로 목표만 보고 가보는 거야. 민샘이 이렇게 날 지켜 주고 계시니까 문제없어. 한번 해 보는 거야. 그래, 사나이 박철만, 오늘의 영웅이 되는 거야.'

드디어 철만이가 무대에 올랐다. 강연장은 이미 사람들로 가득 찼다. 그 많은 눈들이 철만이를 지켜보고 있다. 먼저 오프닝 동영상으로 시작을 열었다. 학교에서 진행했던 진로 페스티벌 영상이 상영되고 있었다. 철만이는 그 3분의 시간이 영원히 지속되길 바랐지만 순식간에 지나갔다. 영상이 끝날 즈음 철만이는 무심코 관객 쪽을 바라보았다. 바로 그 순간 관객 끝자락 틈새로 낯익은 사람과 눈이 마주쳤다.

'아! 민샘.'

민샘이다. 지금 민샘이 철만이를 지켜보고 있다. 민샘은 따뜻한 미소로 마치 처음 만난 그때처럼 철만이를 바라보고 있다. 철만이는 민샘을 보면서 아무 말도 할 수 없었다. 그저 함께 웃어 줄 뿐이었다.

'철만아, 앞만 보고 피구 라인을 그리면 돼. 너무 쉬워. 너는 충분히 할 수 있어. 나는 너를 믿는다. 다시 예전으로 돌아가진 말자. 내가 널 응원하러 왔잖니.'

'네, 샘. 알아요. 앞만 보고 다시 피구 라인을 그릴게요. 다신 예전의 철만이가 되진 않을게요. 지켜봐 주세요. 제가 얼마나 잘하는지요. 주전자에 물을 담아 단 한 번에 피구 라인을 그려 보일게요.'

영상이 끝나고 철만이의 발표가 시작되었다. 철만이는 단 한 마디도 더듬지 않고 물 흐르듯이 강의를 이끌었다. 중학생이라고는 믿겨지지 않는 차분함으로 오프닝 강연을 진행했다. 지켜보던 하샘은 눈물을 글썽거렸다.

'민샘이 보셨더라면 얼마나 행복해하셨을까. 가장 아끼는 제자가 이렇게 멋지게 강연하는 것을 꼭 보셨어야 했는데…….'

하샘은 철만이의 강연 장면을 동영상에 담았다. 강연을 끝마칠 무렵 철만이는 눈으로 다시 민샘을 찾았다. 그런데 분명 방금 전까지도 그 자리에 계셨던 민샘이 보이지 않는다.

드라마보다 더 극적인 무대

특설 강연장의 강연은 연속 강연으로, 곧바로 철만이의 소개와 함께 교빈이가 마이크를 건네 받았다. 교빈이는 심장 박동 그래프 동영상으로 강연을 시작했다.

교빈이는 심장이 뛰는 음향 효과까지 넣어서 영상을 보여 주었다. 그런데 갑자기 심장 박동 소리가 약해지자 사람들이 술렁거렸다. 결국 신호가 사라지고 박동 소리가 멎었다. 사람들의 탄식 소리가 들렸다.

그러다가 다시 작은 신호음이 잡혔다. 심장이 다시 뛰고 있는 것이다. 사람들이 약속이나 한 듯이 우레와 같은 박수를 보냈다. 강연장이 박수 소리로 가득했다. 화면이 바뀌면서 플래시로 제작된 심장 그래프가 움직임과 함께 보였다. 그리고 곡선마다 교빈이의 인생사가 나타났다.

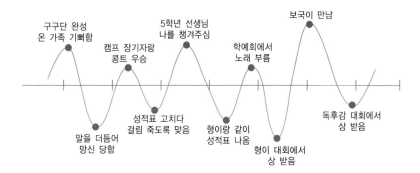

"여러분, 저의 인생은 비교와 열등감의 역사였습니다. 그래서 이렇게 천국과 지옥을 오가는 삶을 살았죠. 이러한 삶을 부끄러워하던 저는 어느 날 깨달았습니다. 이것이 바로 제 심장이 뛰고 있다는 증거였습니다. 저는 형과 비교되는 삶이 죽기보다 싫었습니다. 제가 잘하는 것들은 하나도 보이지 않았고, 형보다 못하는 것들만 보였습니다."

청중은 교빈이의 이야기에 몰입했다. 학생들은 마치 자신의 이야기처럼 공감했다. 부모들은 강의를 들으면서 자신의 자녀를 생각했다. 교사들은 중학교 2학년이 펼치는 발표의 향연에 푹 빠졌다.

한편, 강연장 제일 앞줄에는 국내에 있는 외국인 학교의 중학생들이 청중으로 앉아 있었다. 사실 그 학생들은 당연히 동시통역이 되는 강연인 줄 알고 온 것이다. 그런데 한국어로 강의를 하면서 통역도 없고, 자기네들끼리 박수를 보내고 탄식하는 모습을 보며 인내심이 한계에 이르렀다.

"Excuse me!"

갑자기 장내에 찬물을 끼얹은 듯 정적이 흘렀다. 외국인 학생 한 명이 도저히 참지 못하고 일어나서 영어로 얘기해 달라고 요청한 것이다.

'초대형 방송 사고가 터졌다.'

하샘은 무전기로 주최 측에 통역을 보내 달라고 다급하게 요청했다. 하지만 바로 올 수 있는 통역사가 없었다. 교빈이는 눈앞이 캄캄해졌다. 자신이 구상한 대로 강연이 잘 흘러가고 있었는데, 갑자기 그 흐름이 끊기면서 앞으로 뭘 어떻게 해야 할지 막막해져 버렸다. 그 누구도 영어로 이 외국인 학생들을 통역하기 위해 나설 사람이 없었다.

'아, 이렇게 끝나고 마는구나. 우리 부모님과 형이 이 모습을 보았다면 또 얼마나 나를 비웃을까?'

바로 그때 무대 위로 한 학생이 뛰어 올라왔다. 교빈이는 처음에 누군가 했는데, 가만 보니 경수였다. 경수가 무대로 올라와서 교빈이에게 속삭였다.

"나야, 경수. I have a dream."

잠시 후 감동적인 모습이 연출되었다. 이보다 더 극적인 장면이 있을까? 교빈이는 강연을 이어갔고, 옆에서 경수가 교빈이의 몸짓까지 똑같이 흉내 내면서 영어로 동시통역을 했다. 경수는 원래 그럴 계획이 있었던 것은 아니었다. 그래서 외국인 학생의 소란이 일어났어도 그냥 구경만 하고 있었다. 그게 바로 경수 스타일이었다.

'비전까지는 괜찮지만, 저에게 사명을 강요하지는 마세요. 왜 자신의 비전으로 남을 돕는 삶을 살아야 해요. 제 주변에는 그런 사람이 없어요.'

경수가 민샘에게 대들 듯이 외쳤던 말이다. 경수는 그 후 민샘의 편지를 받으면서 조금씩 민샘의 이야기가 이해되기 시작했다. 하지만 그것은 단지 이해가 된 것일 뿐 마음으로 공감한 것은 아니었다. 남을 위해 사는 것이 과연 어떤 느낌인지 직접 경험한 적이 한 번도 없었기 때문이었다. 그런데 바로 오늘 이 순간 경수는 비로소 그 느낌을 깨달았다.

강의가 끝날 즈음 교빈이가 자신의 이름을 외쳐 주었다. 그러자 강연장을 가득 메운 청중이 모두 경수에게 박수를 보냈다. 경수는 당황했다. 외국인 학생들은 무대 위로 올라와 교빈이와 경수를 번갈아 포옹했다. 교빈이가 경수에게 다가와 속삭였다.

"경수야, 네가 나를 살렸어. 경수 너는 최고의 통역사야! 이 많은 사람들 마음속에 너의 실력으로 감동을 주었어. 고마워."

교빈이는 울고 있었다. 경수가 놀란 눈으로 교빈이를 바라보자 교빈이가 눈으로 한쪽을 가리켰다. 그곳엔 교빈이의 부모님과 형이 교빈이를 향해 진심 어린 박수를 보내고 있었다. 그제야 경수는 교빈이가 우는 이유를 알았다. 그의 강의 내용을 함께했기에 그 마음에 공감한 것이다. 교빈이는 처음으로 부모님과 형 앞에서 자신의 당당하고 멋진 모습을 보여 주었다. 저만치에서 동아리 친구들이 경수와 교빈이를 향해 연신 하트를 날리며 박수를 보냈다.

경수의 마음속에도 아주 작은 떨림이 올라왔다.

'이 느낌일까? 다른 사람을 위해 나의 것을 기꺼이 사용한다는 것이…… 민샘이 이야기했던 사명의 삶이 혹시 이런 느낌일까? 처음 느껴 보는 이 행복감, 나 때문에 다른 삶이 살고 막힌 담이 허물어져 소통이 일어난 이 쾌감. 이것이 내가 가야 할 사명이 아닐까?'

"민샘 봤어? 민샘 봤냐고? 어디 계셔?"

철만이는 강연이 끝난 이후 온 부스를 돌아다니며 민샘을 찾았다. 그런데 동아리 친구들 그 누구도 민샘을 보지 못했다는 것이다. 하샘은 민샘이 최근에 복용하는 약이 독해서 기력이 더 약해져 못 오셨을 거라고 했다. 철만이는 혼란스러웠다.

'잘못 본 것일까? 헛것을 본 걸까?'

잠시 쉬는 시간을 가진 후 승헌이와 수희의 강연이 시작되었다. 승헌이와 수희는 동시에 무대에 올라와서 서로 다정하게 대화하듯이 강연을 진행했다. 특유의 컴퓨터 기술을 총동원하여 비주얼하면서도 마음에 와 닿는 강연이다. 승헌이는 어느 때보다도 더 선명한 목소리로 좌중을 압도했다. 수희는 더없이 차분함과 부드러움으로 승헌이와 조화를 이루었다. 바로 그 다음 강연을 위해 올라갈 준비를 하던 하영이는 승헌이와 수희의 다정한 모습에 마음이 살며시 아려 왔다. 아침에 찬형이에게 받은 문자가 떠올랐기 때문이다.

'미안해, 하영아. 도저히 못 가겠어. 친구들 얼굴을 볼 수가 없어.'

승헌이와 수희는 강연을 마치고 마지막 강사인 하영이를 소개했다. 하영이는 당당한 모습으로 자신만의 지적인 매력을 뽐내며 마치 아나운서처럼 강연을 진행했다. 먼저 비전의 결과물을 만드는 전시 내용을 중심으로 소개했다. 원래 이 부분의 전시 내용은 수희가 작업했는데 강연의 주제로 결정하면서 하영이에게로 넘어온 것이다.

하영이는 교사를 꿈꾸는 사람의 특징을 살려, 미리 준비한 예쁜 종이를 청중에게 나눠 주고 사명 선언서와 미래 이력서를 작성하는 퍼포먼스를 진행했다. 그리고 일부 학생들을 무대로 불러내어 직접 작성한 내용을 발표하게 했다. 강연의 분위기는 최고조에 달했다. 진로를 위한 진학, 학습, 습관의 전략까지 발표를 마무리한 하영은 청중에게 강연 전체 또는 이번 마지막 강연에 대해서 궁금한 점을 질문해 달라고 했다. 마지막 강사로서 하영이는 특별 강연 전체를 마무리하는 분위기를 만들었다. 청중은 질문을 하고 답변을 들으며 직접 궁금증을 해소할 수 있는 시간이 되었다.

"이제 또 질문 없으세요? 충분히 다 이해하신 것으로……."

"질문 있습니다!"

"전략 부분은 꽤 흥미로운 작품이 많더라고요. 그런데 그 앞에 하신 미래를 상상하여 구체적인 목표를 기록하는 부분은 솔직히 받아들이기 어렵습니다. 외국에서도 '시크릿' 같은 상상의 원리가 무조건 받아들여지지는 않습니다. 비과학적인 부분에 대해 비판도 존재합니다. 납득할 만한 근거 없이 미래를 그렇게 상상하라고 하는 것은 잘못된 가치관을 학생들에게 심어 줄 수 있습니다. 이 부분에 대한 답변 부탁드립니다."

질문이 이어지는 동안 마이크를 잡은 하영이의 손끝이 미세하게 떨리고 있었다. 심장 박동도 빨라졌다. 현기증이 일었다. 최근 책을 쓰고 발표 준비를 하면서 극도의 긴장감을 품고 살았는데, 단번에 와르르 무너지는 듯 현기증이 인 것이다. 답변을 못 하고 그만 타이밍을 놓쳐 버렸다.

"답변하지 않는 것은 저의 반론에 동의한다는 뜻입니까?"

강연장이 술렁이기 시작했다. 너무나 아름답고 감동적으로 드라마틱하게 진행되던 특설 강연의 마지막 순서, 가장 지적이고 당당한 하영이의 시간에 이런 반전이 일어날 줄을 누가 알았으랴? 이상하다. 하영이가 그 정도에 답변이 막힐 리가 없는데 계속 머뭇거렸다. 보다 못한 하샘이 무대로 올라가려고 앞쪽으로 달려가고 있는데, 바로 그때 반대편에서 누군가 무대로 올라갔다. 하샘은 누군지 모르는 얼굴이다.

"제가 대신 말씀드리죠. 그 부분은 원래 제가 강연하기로 되어 있었는데, 제가 때를 놓쳤습니다."

금방이라도 울음을 터뜨릴 듯한 표정으로 서 있던 하영이는 그 순간 어안이 벙벙한 채로 찬형이를 쳐다보았다. 찬형이는 걱정 말라는 듯이 살짝 윙크를 보내고는 말을 이어갔다.

"생생하게 미래를 상상하는 것의 과학적 근거와 역사적 근거를 지금부터 말씀드리겠습니다. 먼저 영상을 한 편 보시죠!"

찬형이는 그 자리에서 저장 장치를 연결하여 미우주항공국의 우주인 모의실험 영상을 보여 주었다. 가상의 상황을 상상하면서 그것이 실제 육체의 변화로 나타나는 다큐멘터리였다. 영상이 나가고 나서 찬형이는 화면 하나를 보여 주었다.

찬형이가 수업에 반발하고 동아리를 떠나던 날, 민샘이 찬형에게 선물해 준 액자였다. 찬형이는 역사 속의 사람들이 꿈을 기록하여 어떤 결과를 만들었는지를 하나하나 설명해 주었다. 질문을 한 사람은 찬형이의 확신에 찬 설명에 연신 고개를 끄떡이며 수긍했다.

"오늘 강연 이후 여러분이 관람하시게 될 '하이라이트' 메인 부스의 모든 내용은 학생들이 직접 경험하고 활동한 결과입니다. 오늘 여러분은 우리 모두의 밝은 미래를 볼 것입니다. 이것이 바로 과학을 넘어서는 증거입니다."

화면에 가득한 액자를 보며 눈물을 훔치는 사람이 있었다. 찬형이는 마무리 멘트를 하려다가 그 사람과 눈이 마주쳤다. 민샘이었다. 그 옆에는 철만이와 교빈이, 승헌이와 수희가 서 있었다. 친구들은 모두 찬형이를 향해 하트를 날렸다. 민샘은 찬형이를 미소로 바라보며 고개를 끄덕여 주었다. 찬형이의 눈에서도 눈물이 주르륵 흘렀다.

'민샘, 용서해 주세요. 저를 다시 받아 주세요. 이 말씀을 드리고 싶었어요. 그런데 저의 쓸데없는 자존심 때문에 시기를 놓쳤어요.'

'찬형아, 나는 너를 받아 줄 필요가 없다. 단 한 번도 너를 내 마음에서 내보낸 적이 없기 때문이지. 나는 그저 너를 기다렸을 뿐이란다.'

"여러분, 여기 한 분을 소개합니다. 바로 이 강연을 만드신 분이에요. 미래를 보지 못하고, 한 발자국도 미래로 나아가지 못하던 저를 위해 희생하신 분입니다."

찬형이는 한걸음에 무대에서 뛰어 내려가 민샘에게 달려갔다. 청중은 가운데로 길을 열고 기립 박수를 보냈다. 그 뒤를 다른 동아리 친구들이 따랐다. 카메라 플래시가 여기저기서 불꽃처럼 터졌다. 찬형이는 무릎을 꿇고 민샘에게 고개를 숙였고, 민샘은 그런 찬형이를 뜨겁게 안아 주었다. 찬형이는 창피한 줄도 모르고 민샘의 품에 안겨 엉엉 울어 버렸다. 그런 찬형이의 한쪽 손을 하영이가 꼭 잡아 주었다.

'하이라이트' 부스로 돌아온 하영이는 한 번 더 충격을 받았다. 자신의 이름과 민샘의 이름이 나란히 새겨진 책이 부스 입구에 쌓여 있었다. 오후부터는 시간을 정해서 민샘과 함께 저자 사인회도 진행하기로 되어 있었다. 하영이는 작가의 꿈을 오늘 이미 이루었다. 하영이가 마무리하지 못한 내용을 민샘이 마무리하여 출판 작업을 진행한 것이었다. 박람회에 맞추기 위해서 민샘은 다소 무리한 일정을 소화해야 했다.

책상 위에 놓인 '꿈의 증명서'

따스한 봄날, 민샘의 책상 위에는 4장의 서류가 뒤집힌 채로 놓여 있었다. 뒤집어 보니 '합격 통지서'였다. 하영, 승헌, 수희, 경수의 이름이 쓰여 있다. 다들 꿈꾸던 고등학교에 자기주도학습 전형으로 합격한 것이다. 그런데 경수의 합격 통지서 아래에는 깨알 같은 글씨로 뭔가 적혀 있었다.

'샘, 제 꿈 아시죠? 통역사를 꿈꾸며 외국에 사는 이민자들을 위해 법률 통역을 해 주는 삶을 살 겁니다. 저의 시간을 단 한순간도 낭비하지 않고 세상을 위해 살 거예요. 샘은 저의 인생을 송두리째 바꾸셨어요. 존경합니다.'

민샘은 향긋한 차를 잔에 따르며 그 치열하고 아름다웠던 시절을 살며시 떠올리고 있다. 향기와 함께 얼굴에 미소가 번진다.

진로는,
인생의 결정적인
드라마를
만들어낸다.

진로의 캐릭터를 통해 자신의 모습 보기

진로 동아리는 진로 박람회를 끝으로 48주간의 여정을 마쳤습니다. 그동안 여러 캐릭터의 좌충우돌 여정을 통해 진로의 다양한 콘텐츠를 맛보았습니다. 여러 캐릭터 중에 자신의 모습과 가장 비슷해서 감정이입이 잘 된 캐릭터는 누구입니까? 그 캐릭터가 자신과 비슷한 이유를 생각해 보고 기록해 주세요. 한 명 이상의 캐릭터를 찾아도 괜찮습니다.

드림중학교 '하이라이트'진로동아리

"진로 항해에 등대가 되겠습니다"

주요 등장인물: 하영, 수희, 승헌, 찬형, 교빈, 철만, 경수

_____

_____

_____

_____

_____

_____

_____

_____

_____

진로의 캐릭터를 통해
자신의 모습 보기

진로 동아리는 진로 박람회를 끝으로 48주간의 여정을 마쳤습니다. 그동안 여러 캐릭터의 좌충우돌 여정을 통해 진로의 다양한 콘텐츠를 맛보았습니다. 여러 캐릭터 중에 자신의 모습과 가장 비슷해서 감정이입이 잘 된 캐릭터는 누구입니까? 그 캐릭터가 자신과 비슷한 이유를 생각해 보고 기록해 주세요. 한 명 이상의 캐릭터를 찾아도 괜찮습니다.

주요 등장인물: 하영, 수희, 승헌, 찬형, 교빈, 철만, 경수

내가 가장 감정이입을 많이 했던 캐릭터는 철만이다. 말수가 적고, 내성적이며 자신감이 부족한 철만이는 얼핏 나의 모습과 비슷하다. 그렇게 내성적이다 보니 자신을 잘 이해해 주는 친구나 선생님을 절대적으로 따르고 의존한다는 점도 철만이와 비슷하다.
한편, 교빈이와도 비슷한 특성이 있다. 다른 사람의 평가와 비교에 민감하다는 것이다.
다른 사람에게 인정받고 싶은 마음이 강하다 보니, 특히 다른 친구들의 부탁을 거절해 본 적이 없다. 그게 나쁜 것은 아니지만, 늘 다른 친구들의 일정에 맞춰서 살아가는 느낌이 든다. 나의 시간을 주도적으로 사용하지 못하고 사는 것 같아 안타깝다. 교빈이가 밝게 수업에 참여하고 농담을 할 때도 내 마음은 불편했다. 그 친구가 마음속은 그다지 밝지 않은 것 같아서였다. 자신의 그늘을 숨기고 다른 사람을 즐겁게 하는 것이 나는 슬프고 안타까웠다. 교빈이가 마지막에 경수의 도움으로 발표를 멋지게 마무리한 대목에서는 마치 내가 발표자인 양 기뻤다.

진로 동아리 이전과 이후

진로 동아리에서 표면적인 갈등을 유발한 학생은 찬형과 경수입니다. 다음 표 안에 들어 있는 내용은 찬형과 경수가 달라진 부분을 보여 주는 표현을 발췌한 것입니다. 진로 동아리의 과정을 함께한 당신에게 있어, 이전과 이후는 어떤 변화가 있습니까? 생각과 같은 내면의 변화, 행동이나 습관과 같은 외면의 변화, 어떤 것이든 좋습니다. 자신의 이전 모습과 변화된 지금의 모습을 표현해 주세요.

> "여러분, 여기 한 분을 소개합니다. 바로 이 강연을 만드신 분이에요. 미래를 보지 못하고, 한 발자국도 미래로 나아가지 못하던 저를 위해 희생하신 분입니다. 어린아이 같던 저를 걷고 뛰게 하시려고 애쓰시다가 과로로 병원에 입원까지 하신 분입니다." -찬형
>
> '샘, 제 꿈 아시죠? 통역사를 꿈꾸며 외국에 사는 이민자들을 위해 법률 통역을 해 주는 삶을 살 겁니다. 저의 시간을 단 한순간도 낭비하지 않고 세상을 위해 살 거예요. 샘은 저의 인생을 송두리째 바꾸셨어요. 존경합니다.' -경수

진로 동아리 이전과 이후

진로 동아리에서 표면적인 갈등을 유발한 학생은 찬형과 경수입니다. 다음 표 안에 들어 있는 내용은 찬형과 경수가 달라진 부분을 보여 주는 표현을 발췌한 것입니다. 진로 동아리의 과정을 함께한 당신에게 있어, 이전과 이후는 어떤 변화가 있습니까? 생각과 같은 내면의 변화, 행동이나 습관과 같은 외면의 변화, 어떤 것이든 좋습니다. 자신의 이전 모습과 변화된 지금의 모습을 표현해 주세요.

"여러분, 여기 한 분을 소개합니다. 바로 이 강연을 만드신 분이에요. 미래를 보지 못하고, 한 발자국도 미래로 나아가지 못하던 저를 위해 희생하신 분입니다. 어린아이 같던 저를 걷고 뛰게 하시려고 애쓰시다가 과로로 병원에 입원까지 하신 분입니다." −찬형

'샘, 제 꿈 아시죠? 통역사를 꿈꾸며 외국에 사는 이민자들을 위해 법률 통역을 해 주는 삶을 살 겁니다. 저의 시간을 단 한순간도 낭비하지 않고 세상을 위해 살 거예요. 샘은 저의 인생을 송두리째 바꾸셨어요. 존경합니다.' −경수

진로 동아리 활동을 함께하는 동안, 나에게는 몇 가지 변화가 있었다. 가장 뿌듯한 것은 이야기 속 동아리 친구들처럼 나도 두툼한 진로 포트폴리오 한 권을 완성했다는 것이다. 그 어떤 생각이나 감정의 변화보다도 눈에 보이는 책 한 권이 나에게는 가장 소중하다. 배웠던 내용을 다시 볼 수도 있고, 중요한 진로의 관문에서 포트폴리오를 참고하여 자료를 제출하거나 발표를 준비할 수도 있을 것 같다.

또 한 가지 일어난 변화는 나의 진로에 대해 확신을 갖게 되었다는 것이다. 진로에 대한 확신을 다양한 비전의 언어와 작품으로 만들었다는 것도 큰 수확이다. 내 방 책상 앞에는 다양한 비전을 시각화한 작품과 전략표 그리고 점검표가 붙어 있다. 바로 눈앞에 붙여 놓아서 수시로 볼 수 있다는 점이 좋다.

특히 점검표가 가장 효과적이다. 당장 눈에 보이니까 매일 점검을 하게 된다.

나에게 일어난 변화는 내 인생에서 가장 소중한 전환점이 될 것이다.

'하이라이트'와의 여정을 마치며

진로 동아리와 함께 달려온 48장의 여행을 마치게 되었습니다. 여행을 하는 동안 많은 생각이 들었을 거예요. 그 생각들을 종합하고, 앞으로 남은 자신의 학창시절을 어떤 색깔로 칠할 것인지 진로의 측면에서 계획과 다짐을 기록해 주세요. 민샘은 실제 모델을 기초로 형상화한 인물입니다. 민샘에게 전달하고 싶은 마음도 표현해 주세요. 실제로 민샘이 읽어볼 겁니다.

참고
1. 진로 동아리 활동을 따라오면서 느낀 점
2. 나름대로의 변화를 토대로 앞으로의 진로 계획
3. 민샘에게 하고 싶은 말

'하이라이트'와의 여정을 마치며

진로 동아리와 함께 달려온 48장의 여행을 마치게 되었습니다. 여행을 하는 동안 많은 생각이 들었을 거예요. 그 생각들을 종합하고, 앞으로 남은 자신의 학창시절을 어떤 색깔로 칠할 것인지 진로의 측면에서 계획과 다짐을 기록해 주세요. 민샘은 실제 모델을 기초로 형상화한 인물입니다. 민샘에게 전달하고 싶은 마음도 표현해 주세요. 실제로 민샘이 읽어볼 겁니다.

참고
1. 진로 동아리 활동을 따라오면서 느낀 점
2. 나름대로의 변화를 토대로 앞으로의 진로 계획
3. 민샘에게 하고 싶은 말

민샘, 안녕하세요. 민샘이 실제 인물이라고 하니 더 반갑네요. 정말 잘 배웠어요. 학생들을 위해 정말 정교하게 강의과정을 준비한 샘께 박수를 보냅니다. 그리고 모든 수업에 혼신의 노력을 다하는 샘의 열정에도 감사드립니다. 민샘이 늘 건강했으면 좋겠어요. 이야기 중에 등장하는 민샘의 멘토에게 들은 이야기 기억하시죠? 영국의 성공회 대주교가 남긴 묘비명이요. 샘의 열정은 세상을 모두 바꿀 만하지만, 샘의 몸은 하나입니다. 우선 건강하셔야 해요.

저는 실용음악을 전공하여 음악 프로듀서가 될 꿈을 꾸고 있어요. 요즘은 한 사람의 음악인이 기획, 작곡, 작사, 편곡도 하고, 정교한 악기를 다뤄서 제작도 한답니다. 그뿐인가요.

노래까지 직접 부르기도 하지요. 그래서 더욱 준비할 게 많아요. 하지만 지금은 꾹참고 있어요. 먼저 공부를 해야 하거든요. 그러니까 가고 싶은 고등학교에 진학하기 위해 내신을 관리하고 피아노를 포함하여 몇 가지 실기 실력을 키우는 것이 당장 해야 할 일이죠.

저는 당분간 포트폴리오를 더 쓸 거예요. 이 느낌을 잊어버리고 싶지 않아서요. 하다못해 매일 진로 일기라도 써서 꼭 보관할 거예요. 훗날 저의 꿈을 이룬 후 우리 꼭 만나요.

사람을 관찰하는 힘이 필요해요

스타일리스트

저는 스타일리스트입니다. 방송국과 행사 등에서 모델과 등장인물의 의상을 결정하고 협찬하는 일을 담당합니다. 일의 특성상 매우 짧은 시간 안에 결정을 해야 하는 경우가 많습니다. 그래서 부담이 크죠.

만약 제가 골라준 옷을 주인공이 마음에 들어 하지 않거나, 촬영 분위기에 맞지 않는다면 난처한 상황이 벌어집니다. 물론 처음 이 일을 할 때는 실수를 많이 했습니다. 그런데 언제부턴가 자연스럽게 사람들의 분위기에 맞는 의상을 잘 고르게 되었어요. 그 이유가 무엇일까 곰곰이 생각해 보았는데요. 알고 보니 저도 모르게 사람을 유심히 관찰하는 습관이 생긴 거죠. 평상시에 즐겨 입는 의상 분위기를 꾸준히 관찰하고 날씨나 분위기, 기분에 따라 어떤 옷을 선호하는지도 관찰하였답니다. 이러다 보니 당연히 제가 고르는 옷을 다들 좋아합니다.

스타일리스트는 머리끝에서 발끝까지 전체를 책임지기도 하는데요. 그러기 위해서는 더욱 섬세한 관찰력과 감각이 필요합니다.

주인공이 되고 싶은 학생들이 많은데요. 저는 오히려 이렇게 주변에서 그 주인공을 만들어 주는 삶도 충분히 매력적이라고 생각해요. 어때요? 끌리지 않나요?

진로 활동 포트폴리오 전체 구성 체계

Title		Chapter NO.	Chapter Title	Note
❶ 진로 탐색 편	진로 인식	1	내 인생의 항해를 시작하다	자신의 목표유형을 구분하고, 그 속에서 문제를 인식한다.
		2	1%가능성, 보물찾기	장기적인 진로와 단기적인 공부와의 관계를 찾는다.
		3	아름다운 이정표	진로의 전체적인 과정과 커리큘럼을 큰그림으로 본다.
		4	너의 꿈을 믿니?	현재의 진로상태를 확인할 수 있는 다섯 가지 기준을 세운다.
	존재 발견	5	인생의 심장 박동소리	진로의 주체인 자신의 삶과 모습을 건강한 정체감으로 바라본다.
		6	너는 아주 특별하다	비교의식을 넘어 자신의 차이를 인정하고 자존감을 높인다.
		7	실패 속에 감춰진 교훈	성취와 실패의 곡선에서 다시 시작할 수 있는 효능감을 익힌다.
		8	우리는 페이스메이커	타인과의 관계를 통해서, 자신의 가능성을 객관적으로 이해한다.
	강점 발견	9	강점에서 찾아낸 행복	다중 지능을 이해하고, 자신의 강점 지능을 파악한다.
		10	나를 끌어당기는 힘	자신이 좋아하는 것이 무엇인지 스스로 발견하는 방법을 배운다.
		11	내면의 소리에 귀기울기	자신의 눈과 타인의 눈으로 스스로의 재능을 합리적으로 분별한다.
		12	나를 찾는 교집합	지능, 흥미, 재능, 능력의 개별 요소에서 공통의 직업가능성을 본다.
	적성 발견	13	나만의 스타일	사람과의 관계 속에서 자신의 성향에 맞는 직업가능성을 발견한다.
		14	절대로 포기 못 해!	자신이 소중히 여기는 일반가치와 직업가치를 확인한다.
		15	나에게 꼭 맞아!	자신에게 맞는 직업적성과 직업흥미를 통해 직업유형을 만난다.
		16	진로 네비게이션	강점 발견과 적성 발견의 총체적인 이슈를 통해 희망직업을 결정한다.
❷ 진로 설계 편	직업 발견	1	바라보는 힘, 직업의 관점	직업을 찾는 근본적인 이유에서 출발하여 자신이 직업관을 정립한다.
		2	더 깊이 들여다보기	직업에 대한 정보탐색의 방법론과 도구를 통해 시야를 확장한다.
		3	더 넓은 세상으로 나가는 길	글로벌 시대에 자신의 가능성을 세계로 펼칠 수 있는 가능성을 접한다.
		4	정보의 결정체 만들기	진로 탐색의 과정에서 타인에게 의존하지 않고 스스로 정보를 관리한다.
	세계 발견	5	기준을 알아야 과정이 보이지	직업을 찾는 입장에서 패러다임을 바꿔 인재를 선발하는 입장이 되어본다.
		6	흘러가는 직업의 물결 보기	과거의 직업유형이 현재로 오면서 어떻게 변모하는지 변화를 읽는다.
		7	꿈과 현실을 함께 보는 지혜	사람들의 희망직업, 선호도, 만족도 등의 인식통계를 읽고 해석한다.
		8	직업의 미래상	현재의 이슈를 분석하여 미래의 변화요소와 직업변화를 예측한다.
	진로 검증	9	나의 판단에 저울 달기	자신의 의사결정 유형을 이해하고 진로 의사결정의 객관성과 합리성을 높인다.
		10	직업 옆에 직업	현재의 희망직업을 변별하고 검증할 수 있는 4가지 방법을 적용한다.
		11	생생한 현장의 소리	현장의 직업인을 만나는 사전조치, 진행과정, 사후결과 정리를 단계를 경험한다.

	비전선언	12	예리한 질문 앞에 서 보기	다양한 직업영상을 시청하고, 자신의 직업 적합도를 냉정하게 기록한다.
		13	비전의 다른 옷 입기	진로 탐색의 과정을 통해 나온 희망직업을 기초로 비전의 단계로 점프한다.
		14	비전을 넘어 사명과 소명으로!	비전과 혼동되며 사용되는 꿈, 목표, 목적, 사명, 소명 등의 의미를 구별한다.
		15	부분을 모아야 전체가 보인다	완성된 비전선언의 7가지 핵심 구성요소를 구분하고 단계별로 표현한다.
		16	기록으로 만들어 가는 미래	미래의 꿈이 이루어지는 것을 생생하게 상상하여 다양한 형태로 구성한다.
❸ 진로 실천 편	결과상상	1	생생하고 싱싱한 상상	미래의 꿈을 상상하며 표현하는 것의 과학적 원리를 이해하고 확신한다.
		2	논리적인 상상은 가능하다	사실에 기반한 합리적 상상의 방법을 통해 미래의 시나리오를 제작한다.
		3	내 인생의 체계적인 로드맵	장기적인 목표를 시기별 목표로 세분화하여 영역별로 체계화한다.
		4	비전을 지탱하는 열정의 에너지	진로의 비전을 이루는 과정에서 열정을 만드는 꿈의 목록을 작성한다.
	전략수립	5	5개의 돌과 5명의 거인	진로라는 목표를 구체적으로 실천으로 연결하는 전략유형을 진단한다.
		6	진로로 넘어가는 진학의 다리	진로의 장기적인 목표의 출발점이 되는 진학의 세부전략을 수립한다.
		7	꿈이 있다면 공부를 포기할 수 없다!	진학의 중기적인 목표를 이루기 위한 현재의 학습전략을 꺼낸다.
		8	꿈은 원대하게! 하루는 치밀하게!	진로와 진학, 학습의 목표를 하루하루의 실천으로 연결하는 습관을 형성한다.
	진로관리	9	진로 블로그, 로그인	자신의 진로 비전을 이루는 과정에서 온라인 도구를 통해 과정을 관리한다.
		10	체크! 체크! 긴장감을 지속하라	중장기의 진로 비전을 지속하기 위한 세부적인 체크리스트를 시각화한다.
		11	평생 함께 갈 나의 멘토들	멘토링 네트워킹으로 진로과정의 위기를 스스로 넘길 수 있는 힘을 키운다.
		12	깨닫는 순간, 터닝포인트!	진로와 비전의 전체 과정을 생애적 설계차원의 포트폴리오로 전시한다.
	진로표현	13	내 생애 첫 모니터링	진로 비전을 표현하는 과정에서 관찰자의 시각으로 자신을 모니터링한다.
		14	내 질문에 내가 답한다!	진로 비전을 표현하는 과정에서 적극적인 표현을 위해 예상 질문을 준비한다.
		15	스토리가 만들어 내는 울림	커뮤니케이션의 관문에서 감동을 만들어 내는 스토리 전략을 연출한다.
		16	눈물겹도록 아름다운 날	진로 여정의 전체를 리뷰하고, 캐릭터의 생애에 자신의 모습을 투사한다